Bild-Poesie

Eine philosophisch-kunstwissenschaftliche
Annäherung

Brigitte Descœudres-Sutter

Bild-Poesie

Eine philosophisch-kunstwissenschaftliche Annäherung

MICHAEL IMHOF VERLAG

Dissertation
eingereicht an der Philosophisch-Historischen Fakultät der Universität Basel
von Brigitte Descœudres-Sutter

Erstbetreuerin: Prof. Dr. Angelika Krebs
Zweitbetreuer: Prof. Dr. Roger Fayet

27. September 2022

IMPRESSUM

Layout und Reproduktion: Vicki Schirdewahn, Michael Imhof Verlag
Umschlaggestaltung: Daniela Hoesli
Druck: mediaprint solutions GmbH, Paderborn

© 2024
    Michael Imhof Verlag GmbH & Co. KG
    Stettiner Straße 25, D-36100 Petersberg
    Tel.: 0661/2919166-0, Fax: 0661/2919166-9
    info@imhof-verlag.de, www.imhof-verlag.de

Printed in EU

ISBN 978-3-7319-1430-3

INHALT

Vorwort 8
Einleitung 10
Zum Einstieg 14

TEIL I
Vernunft der Gefühle – Problemstellung und philosophische Grundlagen

1. **Einleitung: Über Gefühle in der Kunst sprechen** 18

2. **Das Problem der künstlerischen Moderne mit Schönheit, Gefühl und Stimmung** 19
    2.1. Die ästhetische Erfahrung 19
    2.2. Das Schöne am Pranger – Die Faszination für Dissonanz, Negation, Differenz 20
    2.3. Vom Schattendasein des Gefühls in der Kunstästhetik der Moderne 21
    2.4. Kitsch – Das Gespenst der bildkünstlerisch erweckten Gefühle 25
    2.5. Fazit und Grundthese 30

3. **Gefühle als Weisen unseres Weltbezugs** 31
    3.1. Ein relationales Konzept unserer geistigen Vermögen 31
    3.2. Umfang und Qualitäten des Begriffs „Gefühl" 32
    3.3. Das Phänomen der Stimmungen 35
    3.4. Die Erfahrung unserer Umgebung und ihre affektiven Aspekte 38
    3.5. Abstrakte Stimmungsräume und unsere leiblichen Empfindungsvermögen 45
    3.6. Fazit: Unser Weltbezug über mentale und vor-bewusst leibliche Vermögen 47

4. **Das Bild und seine Ausdruckseigenschaften** 48
    4.1. Das ästhetische Resonanzereignis – Rezeption als Produktion 48
    4.2. Gefühle als bildkünstlerische Praxis 50
    4.3. Bildkünstlerischer Ausdruck zwischen Gegenständlichkeit und Abstraktion 52
    4.4. Fazit: Das Bild-Werk als Resonanzsphäre 58

5. **Wissensproduktion durch Kunst und die Funktionen der Einbildungskraft** 58
    5.1. Kunst als eigenständige Form von kognitivem Weltzugang 59
    5.2. Ein fruchtbarer Seitenblick auf die Literatur 60
    5.3. Das Wissen von Bildern 62
    5.4. Erkenntnisgewinn durch Bilder und die Rolle der Imagination 65
    5.5. Fazit: Bild-Prägnanz und die integrative Kraft der Imagination 68

6. **Die epistemische Kraft unserer affektiven Bild-Erfahrung** 68
    6.1. Rückblick auf das Verhältnis von Intellekt und Gefühl 69
    6.2. Dichterischer Ausdruck und seine Vermittlung von implizitem Wissen 70
    6.3. Erkenntnis von Welt und Selbst in der emotionalen Kunsterfahrung 74
    6.4. Anstelle eines Fazits: Ethische Dimension von ästhetischer Resonanz 77

7. **Ergebnisse von Teil I** 78

TEIL II
Was Bild-Poesie ist

1. Einleitung 82
1.1. Ein kleines Glossar der Begriffsverwendung 83

2. Lyrik der Moderne – Einige Besonderheiten 84
2.1. Begriffsklärungen und Minimaldefinition des lyrischen Gedichts 85
2.2. Kennzeichen des Dichterischen 89
2.3. Verdächtige Pracht 96
2.4. Dichtung und Dauer 98
2.5. Poesie zwischen Imagination, Sinnlichkeit und Gefühl 101
2.6. Dichtung und „göttliche Inspiration" 104

3. Bild-Poesie: Ein erster Einblick 106
3.1. Familienähnlichkeiten zwischen sieben beispielhaften Bildern 106
3.2. Der poetische Appell 106
3.3. Das dichterische Moment in Paul Klees *Mit dem Adler* 107
3.4. Roger Bissières *Grande composition* und ihre ausserweltlichen Klänge 112
3.5. Otto Nebel, Eine sichtbare Musik für den *Schleiertanz*? 114
3.6. Wols, *Un voyage étrange*: Verloren zwischen Ozean und Wüste 116
3.7. Hans Reichel, *Bilderbogen* verstaubter Erinnerungen 117
3.8. Hans-Hermann Steffens, *Abandonné* – Sublimierung des Vergangenen 118
3.9. Didonet, *La magicienne*: Verheissung des Unmöglichen 120
3.10. Zwei Gegenbeispiele aus der Moderne 122
3.11. Zwischenfazit: Gute Gründe für eine Anmutung „Bild-Poesie" 124

4. Bild-Poesie zwischen Maler-Poeten und träumenden Rezipienten 125
4.1. *Ut poesis pictura*? Ideengeschichte der These „Bild-Poesie" 126
4.2. Bild-Poeten: Eine ideale Gemeinschaft von Solitären 132
4.3. Fazit: Gemeinsames in der Unterschiedlichkeit 143

5. Künstlerbekenntnisse – Eine kritische Betrachtung 145
5.1. Maler-Dichter und Dichter-Maler 147
5.2. Vom „Dichter" und anderen Künstlertopoi 150
5.3. Klee-Epigonen? 156
5.4. Fazit: Künstlerische Positur versus Dichternatur 159

6. „Zur Unzeit gegeigt …"? 160
6.1. Vom Zeitkern der Kunst 161
6.2. Aus ihrer Zeit gefallen – Die besondere Zeitlichkeit von Bild-Poesie ... 163
6.3. Ethische Aspekte 164
6.4. Das Romantische und das Poetische 166
6.5. Klee malte keine „romantischen" Bilder 171
6.6. Dichtung – Märchen – Traum als romantische Anklänge 178
6.7. Fazit: Keine Unzeit für Bild-Poesie 183

7. Ergebnisse von Teil II: Was, wie und wann Bild-Poesie ist 183
7.1. Wozu ein ideelles Konzept „Bild-Poesie"? 185
7.2. Rückblick in tabellarischen Vergleichen der Bild-Attribute rund um das Poetische ... 186
7.3. Offene Fragen 192
7.4. Als Hinführung zum dritten Teil 194

TEIL III
Phänomenologie einer transhistorischen Bild-Poesie

1. Einleitung 198

2. **Spielformen des Poetischen in der Malerei der Moderne** 199
   2.1. „Gerhard Altenbourg, der Bild-Dichter" 199
   2.2. Joan Miró – Zwischen Dichtung und Malerei 205
   2.3. Die Launen des Poetischen 209
   2.4. Das Poetische im Abseits 211
   2.5. Der Privatsammler als Freund, Kritiker und emotionaler Antrieb 217
   2.6. Fazit: Eine vielgestaltige Einheit im Zeichen des Poetischen 219

3. **Bildzeichen aus ferner Vergangenheit oder Die Autonomie des Poetischen** 219
   3.1. Der aufgeräumte *Garten von Nebamun* 220
   3.2. Bild im Dienste des Wortes 221
   3.3. Zeigendes Verbergen des Undarstellbaren 222
   3.4. Eroberung der Wirklichkeit und Verlust des Nichtidentischen 223
   3.5. Auf dem Weg zur Moderne – Neue Anzeichen des Poetischen 224
   3.6. Fazit: Autonomie des Poetischen 226

4. **Bild-Poesie im 21. Jahrhundert?** 227
   4.1. Meral Alma – Kleine Universen in grossem Stil 228
   4.2. Isabella Fürnkäs – Poesie im Chorgesang 230
   4.3. Camille Henrot, *Alloscendency* oder Das eine durch das andere 232
   4.4. Erfahrung von Poesie in Formen visueller Intermedialität 233
   4.5. Pedro Wirz – Naturethik durch Poesie und Schönheit 237
   4.6. Unerreichbare Spiritualität im Schein von Poesie 241
   4.7. Fazit: Vom poetischen Kleinod zur multimedialen und installativen Poesie 243

5. Ergebnisse von Teil III – Vereinzelte Hinweise auf eine transhistorische Bild-Poesie ... 244

SYNTHESE 246

Anmerkungen zu Teil I–III 250

ANHANG

I. **Bibliographien** 282
   Bibliographie Teil I 282
   Bibliographie Teil II 287
   Bibliographie Teil III 291

II. **Dokumente** 292

III. **Abbildungsnachweis** 306

IV. **Anstelle eines Registers: Ausführliches Inhaltsverzeichnis** 308

VORWORT

A tous ceux qui ont un sentiment dans le regard
(Didonet)

Am Ursprung dieser Dissertationsschrift steht die aus einer langjährigen Beschäftigung mit Kunst sowie Künstlerinnen und Künstlern gewonnene Intuition, dass neben den offiziellen, viel kommentierten und schnell wieder von neuen Ansätzen überholten Kunsttrends der Moderne ein kaum wahrgenommener Seitenzweig von „poetischer Malerei" seine leise Existenz fristete. Die Bezeichnung „Bild-Poesie" bezieht sich auf Gemälde, die gewisse bildimmanente Eigenschaften mit der Lyrik gemeinsam haben und die als poetisch erfahren werden. Oftmals stammen diese Werke von Malern, die in naher Beziehung zur Lyrik standen, sei es, dass sie selber dichteten, oder dass sie von ihren Bildern als von „farbigen Gedichten" sprachen. Die meisten dieser Künstler beziehen ihr Schaffen direkt oder indirekt auf das Werk von Paul Klee, dessen kunsttheoretische und dichterische Schriften ebenso wie seine Bilder eine starke, vereinzelt auch unverkennbare Wirkung auf sie ausübte. Einige unter ihnen standen in freundschaftlicher Verbindung zu Klee, andere bildeten untereinander eine Art Gesinnungsgemeinschaft. Die Bilder dieser Maler scheinen bei allen formalen Unterschieden durch Gemeinsamkeiten im künstlerischen Ausdruck verbunden zu sein, was sich auch darin zeigt, dass vonseiten der Rezeption immer wieder eine Erfahrung von „Poesie" beschrieben wird.

Angeregt wurde diese Schrift durch den Maler-Poeten Didonet. Er hat den im Kontext der Dichtkunst immer wieder auftretenden Terminus *Art Poétique* sowohl auf sein eigenes Schaffen als auch beispielhaft auf dasjenige einiger Künstlerkollegen angewandt, die er als eine Art geistige Familie im Zeichen der gemalten Poesie verstand. 1989 wurde die These *Art Poétique* anlässlich einer Ausstellung im Musée Denon (Frankreich) zum ersten Mal öffentlich diskutiert. In seinem Buch *Art Poétique mit Bissière, Didonet, Klee, Nebel, Reichel, Steffens, Wols,* das Didonet unter dem Pseudonym „Karl Epstein" verfasst hat, zeigte er anhand von Bild-Beispielen sowie von Prosatexten und Gedichten dieser Künstler die Nähe ihres Schaffens und Denkens zur schöpferischen Welt von Paul Klee auf (Epstein/Didonet 1995).

Von 1985 bis zu seinem Tod 2009 habe ich Didonet in der Entwicklung seines Konzepts begleitet. Als Abschluss meines anschliessenden Studiums von Kunstgeschichte und Philosophie an der Universität Zürich setzte ich mich im Rahmen meiner Masterarbeit bei Prof. Dr. Sebastian Egenhofer 2016 vertieft mit der *Art Poétique* auseinander. Der Mittelteil der vorliegenden Dissertation umfasst eine wissenschaftliche Erweiterung und argumentative Verfeinerung dieses Themas anhand der ursprünglich von Didonet ausgewählten sieben Künstler. Der Terminus *Art Poétique,* der durch die Schriften von Horaz und Nicolas Boileau, Paul Verlaine und Arthur Rimbaud eher mit der Wort-Poesie verbunden ist, wird hier zu *Bild-Poesie*.

Neu ist an dieser vertiefenden Untersuchung zum einen, dass sie vor dem Hintergrund der jüngsten Emotionsforschung stattfinden kann, die ich mir im Laufe einiger Semester am Lehrstuhl für praktische Philosophie an der Universität Basel bei Prof. Dr. Angelika Krebs aneignen durfte. Auf diese Studien stützten sich die im ersten Teil erarbeiteten philosophisch-ästhetischen Grundlagen für die Argumentation. In den Hauptteil zur Bild-Poesie fliessen auch die über die Jahre neu gewonnenen Fragen an Didonets Konzept der *Art Poétique* ein. Die Bildanalysen werden verstärkt mit Blick auf die strukturalen und expressiven Eigenschaften der Lyrik durchgeführt. Wie in literarischen Texten kann der dichterische Gehalt auch in Gemälden mehr oder weniger ausgeprägt sein. Gegenbeispiele machen deutlich, dass in gewissen Fällen eine Frage nach Bild-Poesie von vornherein aussichtslos oder sogar inadäquat ist. Die Thesen und Ergebnisse werden zudem an weiteren Bild-Beispielen aus der Moderne, aber auch aus der Vergangenheit und der heutigen Gegenwart überprüft.

Mein grosser Dank geht an meine Hauptreferentin, Prof. Dr. Angelika Krebs, Inhaberin des Lehrstuhls für praktische Philosophie an der Universität Basel. In fruchtbaren Diskussionen mit ihr sowie auch im Rahmen ihrer Kolloquien habe ich Anregungen erhalten, ohne welche diese Schrift nicht in derselben Weise hätte entstehen können. Ein herzlicher Dank gebührt meinem Zweitreferenten, dem Kunsthistoriker Prof. Dr. Roger Fayet, Direktor des Schweizerischen Instituts für Kunstwissenschaft SIK in Zürich, der mein zuverlässiger und immer kritisch herausfordernder Ansprechpartner für die künstlerischen Belange war. Prof. Dr. Sebastian Egenhofer, heute Inhaber des Lehrstuhls für die Kunstgeschichte der Moderne an der Universität Wien, verdanke ich die Motivation, den Forschungsansatz meiner Master-Arbeit zu erweitern und zu vertiefen, wozu er auch wichtige Ideen beigetragen hat.

Sein ästhetisches Gelingen verdankt dieses Buch dem Layout von Vicki Schirdewahn vom Michael Imhof Verlag sowie dem Entwurf des Covers und den Farb-Grafiken von Daniela Hoesli: bei beiden bedanke ich mich für eine wunderbare Zusammenarbeit. Ebenso herzlich danke ich meiner Schwester Jrene Gossweiler-Sutter, die den Text mit grosser Sorgfalt lektoriert hat. Mein besonderer Dank geht an Susie und Ludwig Brühwiler sowie an Myrta und Klaus-Felix Wirz-Sutter für ihre vielfältige Unterstützung.

Allen voran und sehr von Herzen möchte ich meinem Ehemann Georges Descœudres danken, mit welchem ich viele Einzelheiten, aber auch grundlegende Fragen in unzähligen Gesprächen diskutieren konnte, von welchen diese Publikation in vielfacher Weise profitiert hat.

EINLEITUNG

VORAUSSETZUNGEN

Poesie und Malerei sind a priori zwei verschiedene Kunstgattungen, deren Vermischung spätestens nach Lessings *Laokoon oder die Grenzen der Mahlerey und Poesie* von 1766 immer wieder kritisch diskutiert wird. In der Moderne vertrat Clement Greenberg 1940 die These von der Notwendigkeit einer strikten Trennung der verschiedenen Kunstgattungen. Wenngleich seine Forderungen ab den 1960er Jahren durch die künstlerische Realität der Postmoderne obsolet wurden, scheinen sie als Skepsis gegenüber einer intrinsischen Verbindung von Malerei und Poesie noch bis gegen Ende des 20. Jahrhunderts nachzuwirken. Dennoch gab es seit dem Anfang der Moderne Künstler[1], die mit Farben und Formen „Gedichte" malten und damit – mehr am Rande der grossen Kunstströmungen als gegen diese – ihre poetischen Welten erschufen. Bilder von Paul Klee zum Beispiel, von Roger Bissière, Hans Reichel, aber auch – in einer etwas unterschiedlichen Weise – von Joan Miró und Gerhard Altenbourg werden immer wieder als poetisch beschrieben.

FRAGESTELLUNG UND GRUNDTHESE

Aus dieser Situation heraus ergeben sich die Fragestellungen der vorliegenden Dissertation. Ihr Hauptanliegen ist zu ergründen, ob und wenn ja, in welcher Weise sich in gewissen bildkünstlerischen Werken der Moderne so etwas wie Poesie manifestiert. Es wird untersucht, welche gestalterischen, technischen und expressiven Bildeigenschaften in der Betrachterin eine Empfindung von Poesie begünstigen.

Trotz der formalen Unterschiede zwischen den untersuchten Bildern lässt sich in vielen Fällen eine innere Verbindung mit Klees schöpferischer Welt erfahren. Daraus ergibt sich die Frage, in welchem Verhältnis sie zu Klees Werk stehen. Die Grundthese lautet, dass Bild-Poesie – im Unterschied etwa zum Impressionismus oder Kubismus – keine mit Klee zeitlich abgeschlossene und unwiederholbare Stilrichtung ist. Als transindividuelle Ausdrucksweise ohne festen Code oder gleichbleibende Botschaft sowie jenseits von historischen Bezugnahmen findet sie ihre permanente Aktualität gerade darin, dass sie über ihre Zeit hinausragend zu jeder Zeit als unzeitgemäss gesehen wird.

VORGEHEN

Die Komplexität des Themas erfordert einen interdisziplinären Ansatz. Im ersten Teil vermittelt die Rezeption der jüngsten emotionsphilosophischen Forschungen eine Vorstellung davon, was Gefühle sind und was sie in unserer Erfahrung von Kunst leisten. Dieses Wissen ist eine unverzichtbare Voraussetzung für das Verständnis von Bild-Poesie. Es fliesst in die kunsttheoretischen Erörterungen des zweiten und dritten Teils ein und prägt die ästhetische Haltung, welche in den phänomenologischen Bildanalysen eingenommen wird. Jedem dieser drei Teile geht eine ausführliche Themeneinführung voran, weshalb hier lediglich das Grundkonzept dieser Arbeit vorgestellt wird.

BEGRÜNDUNG UND ZIEL

Von „Poesie" oder „Schönheit" in einem Kunstwerk zu sprechen, stellte dieses in der modernen Kunstwelt fast reflexartig unter den Verdacht des Kitschs. Das Poetische ist in der Regel schön, seine Wahrnehmung appelliert an unser Gefühl. Einem bildkünstlerischen Werk mit Gefühlen zu begegnen aber erschien vor allem dem modernen Kunstwissenschaftler in höchstem Mass unwissenschaftlich: es musste in seiner Struktur analysiert, kritisiert, klassifiziert und vor allem verstanden werden. Diese Vorbehalte gegenüber der emotionalen Implikation in der Erfahrung von Kunst sind auf kunsttheoretischer Seite auch heute noch verbreitet.

Seit einiger Zeit indessen scheint das Pendel von dieser verkopften Kunstauffassung in die andere Richtung umzuschlagen: Zumindest der Poesie-Begriff wird nicht nur in verschiedensten Lebensbereichen, sondern auch in der Kunst tendenziell inflationär für alles und jedes eingesetzt, was uns in unbestimmter Weise berührt oder erstaunt.

Mit meiner interdisziplinären Studie möchte ich einen wissenschaftlichen Beitrag dazu leisten, diese Bewegung zu bremsen, bevor wir in einer Alles-ist-Poesie-Romantik wieder vergessen, dass Kunst weder mit dem Verstand noch mit dem Gefühl allein erfasst werden kann. Ein besseres Verständnis davon, was Poesie in der Literatur und sehr ähnlich auch in Bildern von uns Lesenden und Betrachtenden fordert und für uns zu leisten vermag, erinnert uns an das, was wir seit Baumgarten und Kant längst wissen: Sinnlichkeit, Gefühl und Verstand sind in der Erfahrung jedes Kunstwerks aufeinander angewiesen.

Die vermittelnde Rolle, welche der Poesie in dieser Bewusstwerdung zukommt, wird uns von Künstlern wie Paul Klee, Joan Miró, Roger Bissière, Didonet, Otto Nebel, Hans Reichel, Hans-Hermann Steffens, Wols, Gerhard Altenbourg, James Coignard und Lou Stengele vor Augen geführt. Sie haben sich die intellektualistische Grundhaltung ihrer Epoche gewissermassen subversiv zunutze gemacht, indem sie in ihren Bildern mit formalen Andeutungen den verstehenden Zugriff zwar verheissen, aber laufend untergraben. In diesem Spannungsverhältnis zwischen Zeigen und Verbergen von sinnhaften Inhalten mobilisieren diese Gemälde Emotionen, ohne welche es uns unmöglich wäre, auch nur Spuren von ihrem Gehalt zu erfahren. Insofern dürfte Bild-Poesie als spezifisches Phänomen der Moderne zu begreifen sein; eine These, die anhand von Beispielen aus der Vor- und Nachmoderne überprüft wird.

Das Dichterische ist das verbindende Element zwischen den Werken dieser Künstlerinnen und Künstler. Die lediglich charakterisierende Bezeichnung „Bild-Poesie", so der Kerngedanke, ist genügend offen, um diese in ihrer Gestalt sehr unterschiedlich erscheinenden Gemälde unter einer Idee zusammenzufassen, ohne sie formal oder methodisch einzuengen. Das Wissen um die Möglichkeit von Poesie im Bild dürfte unseren auf gestalterische Ähnlichkeiten ausgerichteten Blick erweitern und unsere sinnlich-affektiven Vermögen vermehrt auf die Wahrnehmung von dichterischer Prägnanz und mithin auf die affektiven Implikationen in unserer Erfahrung von Kunst – in Bildern wie auch in anderen Kunstmedien – lenken.

FORSCHUNGSSTAND

Die Komplexität des Themas setzt eine Vielfalt von unterschiedlichen kunsthistorischen, kunst- und literaturwissenschaftlichen, philosophischen, literarischen und – zur Spiegelung des Zeitgeistes – zuweilen sogar journalistischen Quellen voraus. Ausser dem winzigen Katalog des *Musée Denon* zur *Art Poétique*, der Publikation des Künstlers Didonet und der erwähnten Masterarbeit sind keine eigentlichen Forschungen zur Spezifität des Poetischen in der Malerei bekannt.

Indessen gerät das Dichterische in den Bildern von Paul Klee in den letzten zwei Jahrzehnten häufiger ins Blickfeld. Wenn an dieser Stelle die umfängliche Klee-Forschung in den Vordergrund gerückt wird, so zeigt sich im Verlauf der vorliegenden Schrift, dass in Publikationen und Kritiken zu anderen Maler-Poeten zunehmend ähnliche Kommentare zu finden sind.

2004 sucht Dorothea Richter in ihrer Dissertation *Unendliches Spiel der Poesie. Romantische Aspekte in der Bildgestaltung Paul Klees* mittels detaillierter Bildanalysen das Romantische in dessen Bildern auf (Richter 2004). Das Romantische und mithin das emotionale Erleben von Kunst steht ebenso im Fokus der Ausstellung von 1993/1994 im Ludwig Forum für Internationale Kunst in Aachen: *Romantik in der Kunst der Gegenwart*. Im Katalog zeigen die Autoren unter der Ägide von Axel und Christa Murken, dass dem Ausdruck einer oftmals gnadenlos realistischen Weltspiegelung vonseiten der „Gegenwartskunst" immer wieder auch romantisch-idealistische, im Vergleich eher unspektakuläre künstlerische Entwürfe entgegengestellt werden (Murken 1993). In einer Ausstellung der Kunstsammlung Jena wurde 2015 *Das Unendliche im Endlichen, Romantik und Gegenwart* anhand von Gemälden, Zeichnungen, Fotografie und Installationen quer durch die Kunstgeschichte thematisiert. Die Publikation macht sichtbar, welche Neuerungen die Romantik gegenüber älteren, an Normen und Regelpoetiken orientierten Ästhetiken einführte (Kat. Romantik/Gegenwart 2015). Vieles verbindet Klee und unsere Maler-Poeten mit dem gattungs- und spartenübergreifenden Geist der Romantik; eine der offensichtlichsten Gemeinsamkeiten ist das Gefühl, nicht von dieser Welt zu sein. In ihren Bildern finden sich romantische Anklänge, wo etwa durch Transparenzen auf geheimnisvolle Dimensionen „hinter dem Bild" verwiesen wird, die nur zu erahnen, nicht aber zu ergründen sind.

Die Konjunktur des Romantischen in der Gegenwart lenkt immer auch wieder die Aufmerksamkeit auf das Poetische im Bild. Folgen wir dem Literaturwissenschaftler und Romantik-Spezialisten Lothar Pikulik, so wird die Erfahrung des Romantischen durch eine „poetische Behandlung des Gegenstandes" und eine „Abkehr vom konventionellen Systemdenken" hervorgerufen (Pikulik 1992). Ähnlich wie in der romantischen Literatur lässt sich in Klees Bildern sehr wohl auch eine Vorliebe für Einfall und Witz, Experiment, Hypothese, Ironie, Analogie und Fragment feststellen. Dennoch werde ich im Vergleich von Beispielen zeigen, dass Klee und seine Gesinnungsgenossen keine romantischen Bilder malten. Es macht wenig Sinn, bildpoetische Gemälde als romantisch oder neoromantisch zu bezeichnen, wenn der gemeinsame Nenner mit der Romantik auf einer systematisch tiefer liegenden Ebene, auf derjenigen der Poesie, angesetzt werden kann.

Die Beziehung zwischen Poesie und Bild ist aus literaturwissenschaftlicher Perspektive mehrfach untersucht worden. Elisabeth Hirschberger zum Beispiel beleuchtet den künstlerischen Dialog gewisser Dichter wie Baudelaire und Mallarmé mit Bildern ihrer Zeit. Ausgehend von einer semiotischen Konzeption der beiden Kunstgattungen deckt sie motivische und stilistische Verwandtschaften der Dichtungspraxis mit der Malerei auf (Hirschberger 1993). Näher an das Thema, aber noch immer aus literaturwissenschaftlicher Sicht, führt uns Sarah Wyman, indem sie die Parallelen zwischen Roman Jakobsons Poetik und Paul Klees *Schöpferischer Konfession* erforscht (Wyman 2004). In dieselbe Richtung stösst Daniel Graf mit seinem Essay „Jenseits des Gedichts. Paul Klee als Poet", in welchem er Klees poetische Doppelbegabung unter die Lupe nimmt. Der Autor geht vor allem der Entwicklung des Sprachkünstlers Klee zum „mit poetischen Mitteln arbeitenden Bild-Künstler" nach. Er setzt dessen Kurztexte in direkte Beziehung zu seinen Gemälden und verweist dabei auf die damit verbundenen Strategien der Rezeptionslenkung. Graf zufolge überträgt Klee die ureigensten Ausdrucksmittel der Poesie in neuartiger Weise auf die Bildkunst. Auch dessen Bildtitel sieht Graf als Gedicht-Miniaturen, die sich auf das Intermediale hin öffnen und gleichsam das Nonverbale beredt werden lassen (Graf 2018).

FORSCHUNGSANSATZ

An dieser Stelle, aber mit umgekehrter Denkrichtung, setzt die vorliegende Untersuchung an. Die These einer Verschränkung von Wort-Poesie und Bild bei Klee und einigen anderen Künstlern der Moderne wird nicht von der Sprache her geführt. Das Bild selbst und insbesondere dessen Erfahrung stehen im Zentrum: Im Vergleich seiner Struktur sowie seiner spezifischen Ausdrucksweise mit den prototypischen Eigenschaften der Lyrik kann in ihm das dichterische Prinzip sichtbar gemacht werden. Dabei wird, anders als bei Graf, das schriftliche Beiwerk der Künstler zunächst weitgehend ausgeblendet und erst in einem zweiten Schritt ergänzend hinzugenommen. Im Fokus steht hier nicht das Sein und Denken des malenden Dichters oder des dichtenden Malers, sondern die grundlegende Frage nach der Möglichkeit von Poesie in der Malerei.

VERLAUF UND METHODEN

Im gesamten Verlauf sind die Titel und Überschriften der kurz gehaltenen Abschnitte wo immer möglich thetisch gerafft, so dass das ausführliche Inhaltsverzeichnis im Anhang eine Art Argumentationslinie vorzeichnet.

Wie erwähnt nähern wir uns einem Verständnis von Bild-Poesie in drei Schritten.

I. Ein erster Teil gilt der Aufarbeitung und der Anpassung der gegenwärtigen Erkenntnis- und Emotionstheorien an die Gegebenheiten der Malerei. Das Vorgehen ist hier in der Regel so, dass die Einleitungen der Unterkapitel den Leitgedanken oder die These des Nachfolgenden vorwegnehmen. In diesem Fall sind sie typologisch gekennzeichnet.

Nach einem kunsthistorischen und allgemein ideengeschichtlichen Rückblick auf die Vorbehalte der Moderne gegenüber den affektiven Komponenten der Kunst führt ein Einblick in die jüngste Erkenntnistheorie zu einem Verständnis davon, welche Formen von Wissen Kunst und insbesondere Bilder vermitteln können. Die unverzichtbare Rolle, welche Emotionen und Stimmungen bei diesem Erkenntnisgewinn spielen, wird von aktuellen philosophischen Emotionstheorien zum zwischenmenschlichen Bereich abgeleitet. Anhand von Bild-Beschreibungen lässt sich zeigen, dass die Art und Weise, wie wir fremde Stimmungen und Gefühle überhaupt wahrnehmen und einfühlen, sich nicht grundlegend von unserer affektiven und leiblichen Erfahrung von Bild-Ausdruck unterscheidet. Der erhebliche Raum, welcher der theoretischen, von anschaulichen Beispielen gestützten Analyse der Wissensproduktion von Kunst und insbesondere der epistemischen Kraft von Emotionen und Stimmungen zuteil wird, ist eine Antwort auf die in der Moderne bis heute weit verbreitete Annahme, dass Wissenszuwachs einzig dem propositionalen Argument und damit dem Intellekt vorbehalten sei. Diesem Missverständnis – so die These – haben einige Künstler der Moderne ihre Bild-Poesie entgegengestellt.

II. Das Kernstück dieser Arbeit ist der zweite Teil: Er widmet sich der grundlegenden Frage, was Bild-Poesie ist. Eine knappe Darstellung der Besonderheiten des lyrischen Gedichts im Allgemeinen und der modernen Lyrik im Besonderen legt die prototypischen Merkmale des Poetischen frei, anhand welcher anschliessend phänomenologische Bildbetrachtungen vorgenommen werden. Untersuchungsgegenstände sind zunächst Gemälde aus der Moderne, deren poetische Kraft in zahlreichen Kommentaren hervorgehoben wurde.

Hier werden, um den Nachvollzug der Beschreibungen nicht zu beeinflussen, die Thesen erst nach eingehender Untersuchung dargelegt und im Rückblick geprüft. Der nachfolgende Einbezug von Selbstdarstellungen dieser Künstler wie der Kommentare von Freunden und Kunstliebhabern in die Argumentation wird im Hinblick auf bestehende Künstler-Topoi hinterfragt. Des Weiteren wird reflektiert, welchen Gewinn die Etablierung einer Vorstellung „Bild-Poesie" für die Werke, für die Künstler und für die Rezipienten verspricht. Als Letztes wird auf philosophisch-ästhetischer Ebene die These einer möglichen Überzeitlichkeit des Poetischen in Bildern begründet. In diesem Zusammenhang werden gattungsübergreifende Attribute wie „romantisch", „magisch", „märchenhaft" und „naiv", die oftmals auch im Zusammenhang mit Bild-Poesie auftreten, auf ihren Bedeutungsursprung zurückgeführt und gegenüber dem Poetischen abgegrenzt.

III. Der abschliessende dritte Teil gilt einer stärker phänomenologisch ausgerichteten Überprüfung der Untersuchungsergebnisse: Weitere Bildbeispiele aus der Moderne machen sichtbar, wie sehr sich die bildpoetischen Erscheinungen sogar innerhalb eines einzelnen Œuvres unterscheiden können. Mit dieser Vielgestalt verringert sich der Erkennungswert – anders gesagt: die Signalwirkung – dieser Bilder für Kunsthändler und Museen: sie stehen nicht für ein formal eindeutig erkennbares und damit markttaugliches Label. Es wird gezeigt, wie solche dichterischen Miniaturen über Kunstsammler zuweilen dennoch ihren Weg ins Museum finden.

Die These einer möglichen Überzeitlichkeit von Bild-Poesie wird anschliessend an Bildern aus vergangenen Zeiten und fremden Kulturen geprüft. Es wird deutlich, dass eine der wesentlichen Voraussetzungen für eine umfassende Erfahrung von Poesie in der Freiheit der Werke von äusseren Zwecken und eindeutigen Botschaften liegt. Ein dichterischer Gehalt vermag sich mit der jeweiligen Rezipientin und insofern auch mit der Zeit zu verändern, wodurch ihm eine transhistorische Aktualität zukommen kann. Zu prüfen ist, ob Bild-Poesie in ihrer formalen Ungebundenheit heute zu neuen Erscheinungsformen findet. Allerdings werden gegenwärtig scheinbar weniger Bilder als eigenständige Kunstwerke geschaffen, und wenn doch, so gelangen eher monumentale Formate oder in anderer Weise aufsehenerregende Gemälde ins Rampenlicht des öffentlichen Kunstgeschehens. Dennoch lassen sich auch in der Gegenwartskunst Spuren von Bild-Poesie feststellen. Für ein abschliessendes Urteil fehlt letztlich die historische Distanz.

Immerhin führt ein Exkurs in die Welt der intermedialen Kunstformen des 21. Jahrhunderts zur Erkenntnis, dass die Erfahrung von Poesie in einem erweiterten, aber dennoch differenzierten Sinn auch in Kunstobjekten, Videos und Raum-Installationen möglich ist. Die vorliegende Studie hätte im Hinblick auf die Gegenwartskunst zumindest das Verdienst, mit einer Sensibilisierung für die leisen Klänge des Poetischen einen Beitrag zum Spektrum unserer ästhetischen Empfindungsvermögen zu leisten.

ZUM EINSTIEG

Gedichte können uns bewegen, ergreifen, erschüttern und dennoch das Geheimnis ihres Gehalts für sich bewahren, schreibt der Literaturwissenschaftler Peter von Matt.[2] Anhand eines beispielhaften Gemäldes möchte ich sichtbar machen, inwiefern Bilder dasselbe tun können.

WOLS' *VOYAGE ÉTRANGE* ODER DAS UNENDLICHE SPIEL VON ANMUTUNGEN

In einer durchsichtigen Atmosphäre zwischen Luft und Wasser lädt ein wenig eingefärbtes, dünnes und bekannte Formen andeutendes Federgestrichel zur Interpretation ein, ohne sich endgültig festlegen zu lassen (Abb. 1).

Das Bild erscheint zunächst als feines, unübersichtliches Strichgebilde in dunkler Tinte, das von durchsichtig hellblauen, ockergelben und rötlichen Farben hinterlegt vom zentralen Bildraum ausgehend fast die gesamte Bildfläche des Querformats einnimmt. Wie aus einem Nebeldunst allmählich heraustretend, fügen sich Zeichenstriche und Farbfelder bald zu einem Schiff-artigen Gebilde mit Segeln und hohem Zentralmasten, der bis zum oberen Rand des Papiers reicht. Ein leicht rötlich akzentuierter Rumpf mit verschwommenen Spiegelungen auf der unteren Seite bestätigt diesen ersten Eindruck. Horizontlinie zwischen Wasser und Himmel gibt es keine; das annähernd körperlose Gebilde scheint wie ein Traum nur momenthaft aus dem Nichts aufgetaucht zu sein, um sich im nächsten Augenblick im ätherischen Blau-Ocker wieder aufzulösen.

In der Fragilität dieser nicht eindeutig einzuordnenden Stimmung vermittelt die Erscheinung dennoch den Anschein von Leben: da und dort fügt sich das wirre Gekritzel für einen Augenblick zu Anzeichen von menschlichen Figuren. In der rechten Schiffshälfte zum Beispiel glaube ich eine im Wasser stehende, für die Umgebung viel zu grosse Frau mit gelbem Rock und blauem Oberteil zu erkennen; ihr Kopf ist überdimensioniert – wie derjenige eines Kleinkindes – mit einer schneckenförmig hochgesteckten, üppigen Frisur. In der Mitte der linken Bildhälfte blickt eine halb kauernde Katze mit aufgeblasenem Kopf zu ihr hinüber – aber es ist wohl doch eher ein Segel. Die Szene belebt sich nun auch im Rumpf des Gefährts: aus dem Mittelfeld schauen unzählige Augenpaare mich an. Offene Münder scheinen zu singen oder zu johlen, überall tauchen Wimpel und Girlanden auf: ob gerade ein Fest im Gang ist?

Aber da, ganz unvermittelt zwischen zwei Wimpernschlägen, sehe ich das Schiff auseinander bersten. Es sind nun schreiende Gesichter. Das Durcheinander wird plötzlich zum Chaos. Aus dem Rumpf brechen Holzbalken ins Wasser, lange wird der Kahn nicht mehr schwimmen können. Wohin aber soll er absinken? Denn auf einmal scheint sich das Geschehen auf den flachen Dächern einer Siedlung abzuspielen, die in einem fernen Wüstenland zwischen hohen, mit Fähnchen behangenen Masten in der Luftspiegelung chimärenhaft vor meinen Augen auftaucht …

Eine seltsame Reise. Warum nicht. Über die allem Räumlich-Bildlichen anhaftende, anschauliche Unergründlichkeit hinaus hat Wols mit seinen Formen und Farben ein vielschichtiges Bedeutungsspektrum angelegt. Jede Betrachterin wird dieses andeutungsreiche Aquarell unterschiedlich erfahren. Sein Titel suggeriert bloss Deutungsrichtungen. Wird der Blick auf die obere Bildhälfte fokussiert, so lässt sich fast zweifelsfrei ein Segelschiff erkennen, aber dann würde die Baby-Frau mitten im folgerichtig imaginierten Wasser stehen. Auch die angedeuteten Mauer-Konstruktionen mit kleinen Fenster-Luken im unteren Teil widersprechen der Schiff-Vorstellung. Gleichwohl sind alle diese Sichtweisen fast gleichzeitig möglich; wie Kippbilder, in welchen das eine auch im Bewusstsein des anderen aufscheinen kann.

Seltsam zeigt sie sich in der Tat, diese Reise. Vielleicht rafft das Bild die Eindrücke der gesamten Zeitspanne zwischen den vorangehenden Träumen und Erwartungen der Reisenden und den Erinnerungen, die von fremden Orten mit nach Hause gebracht werden, in einem

1 Wols, *Un voyage étrange / Eine seltsame Reise,* 1943, Aquarell und Deckweiss auf hellem Ingres-Papier, 16x23,6 cm.

einzigen Anblick zusammen. Unterstützt wird diese Vorstellung von Simultaneität durch die nebelhafte Isolierung des Bildgeschehens gegen die Peripherie. Die atmosphärische Schichtung von transparent aufgetragenen Blau- und Beige-Tönen treibt auch im Zentrum der Zeichnung da und dort ihr Spiel mit der Gleichzeitigkeit von Verhüllung und Erscheinen-Lassen.

Wols hat in seinem Aquarell die Möglichkeit divergierender aber nicht beliebiger Bild-Erfahrungen angelegt. Aus jeder Rezeption geht ein einzigartiges Werk hervor: der Betrachter wird das Unsichtbare hinter dem Gezeigten in individueller Weise – entsprechend seiner Natur und gegenwärtigen Disposition – ergänzen. Das eigentliche Kunstwerk wird damit zur flexiblen Einheit, das mittels der hervorbringenden Kraft des Unterbestimmten immer neu entstehen kann: im Raum zwischen dem materialen Objekt und jeder singulären Erfahrung. Wie auch immer das Erleben dieses Bildgeschehens zwischen Lockung, Widerspruch und semantischen Leerstellen ausfallen mag: für diejenigen, die sich auf das unerschöpfliche Spiel von Anmutungen einlassen, hält es – wie ein hermetisches Gedicht – irreduzible Erfahrungen und Erkenntnisse bereit.

Aber beginnen wir mit dem Anfang, denn auch wir haben eine längere Reise vor uns bis zur konkreten Vorstellung davon, was Bild-Poesie ist.

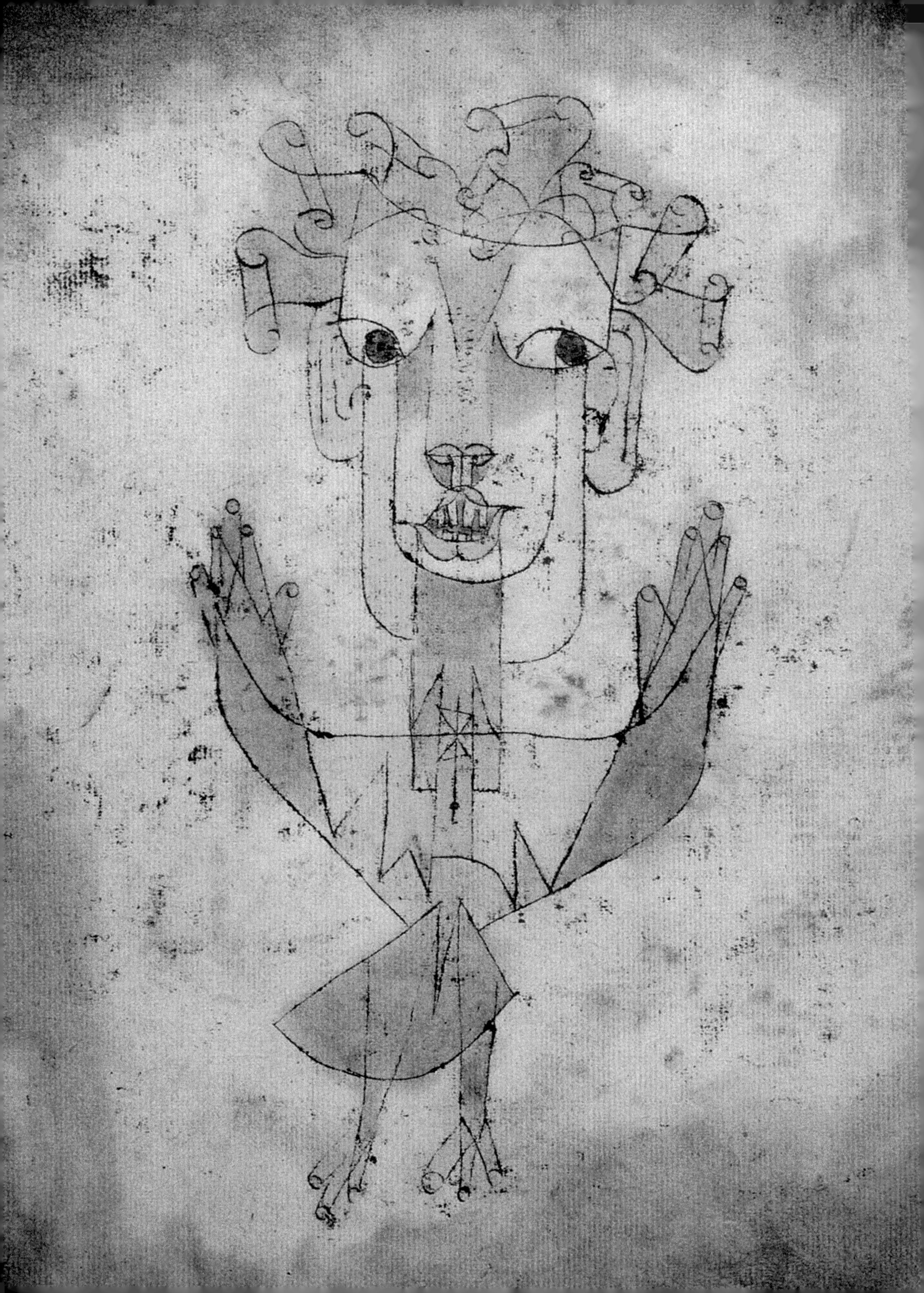

TEIL I:
VERNUNFT DER GEFÜHLE

PROBLEMSTELLUNG UND PHILOSOPHISCHE GRUNDLAGEN

1. EINLEITUNG: ÜBER GEFÜHLE IN DER KUNST SPRECHEN

In diesem ersten Teil wird mittels einer Darstellung der aktuellen Emotionstheorie ein für diese Untersuchung notwendiges Begriffsgerüst erstellt. Ein diskursanalytischer Blick auf ältere Theorien und überholte Begriffsinhalte, in welche sich insbesondere die Kunstgeschichte teilweise bis heute festgebissen zu haben scheint, soll zeigen, auf welchen Ideen die Vorbehalte der modernen Kunstwelt gegenüber den affektiven Implikationen in der Kunst gründen. Die Kenntnis dieser Vorstellungen ist eine notwendige Voraussetzung für das Verständnis der Rolle, welche das Dichterische im Bild für einige Künstler im 20. Jahrhundert spielen mochte (I, 2).

Um den nachfolgenden Bildanalysen und dem theoretischen Beiwerk eine einheitliche Grundlage zu verschaffen, wird im dritten Kapitel zunächst allgemein unsere Weltbeziehung über mentale und leibliche Vermögen dargestellt. Es zeigt sich, dass unsere Gefühle im zwischenmenschlichen Bezugsrahmen irreduzible Funktionen in unserer erkennenden Wahrnehmung eines anderen, fühlenden, wollenden, urteilenden und handelnden Menschen erfüllen. Nicht anders ist es in unserer Erfahrung des Stimmungs- und Gefühlsausdrucks von bildkünstlerischen Gestaltungen, welchen sich erste phänomenologische, das heisst auf Bild-Erscheinungen bezogene Betrachtungen widmen (I, 3). Die Berührungs- und Kommunikationskraft von Bildern schuldet sich weitgehend diesen affektiven Ausdrucks-Komponenten, welche sich ohne emotionale Beteiligung nicht umfassend erkennen lassen. Vergleichende Beschreibungen eines gegenständlichen mit zwei abstrakten Bildern führen vor Augen, dass unterschiedliche Gestaltungsweisen auch verschiedene Anforderungen an unsere mentalen und unsere leiblichen Empfindungsvermögen stellen (I, 4).

Kunst kann Wissen vermitteln, das hat in der Moderne kaum ein Kunsttheoretiker bezweifelt. Für eine solche Wissensproduktion sind jedoch in der Regel Intellekt und allenfalls die Vorstellungskraft angeführt worden. Anhand von Positionen der gegenwärtigen Erkenntnistheorie wird dargelegt, inwiefern die anschauliche Prägnanz eines Bildes implizite Erkenntnisse darüber vermitteln kann, wie es ist und worauf es in ihm ankommt. Dieses umfassende, der propositionalen Erkenntnis gleichwertige, phänomenale und praktische Wissen über den künstlerischen Gegenstand ist in seiner Eigenart unersetzbar. Ein Seitenblick auf die Literatur verweist auf die epistemische Funktion von Leerstellen – was uns im Hinblick auf das dichterische Element von Bild-Poesie im zweiten Teil interessiert. Anhand von Wols' *Seltsamer Reise* lässt sich nachvollziehen, in welcher Weise uns Bild-Poesie zwischen formaler Andeutung, kompositorischer Mehrdeutigkeit und Widerspruch einer gesteigerten Form von Prägnanz aussetzt (I, 5).

Spielt die Kraft der Imagination in der Erkenntnis von und durch Kunst eine gewisse Rolle, so zeigt das nachfolgende Kapitel, dass unsere affektiven Fähigkeiten einen wesentlichen Beitrag zu diesem Wissenszuwachs leisten. Am Beispiel von Paul Klees vieldeutigem *Angelus Novus* können wir erfahren, inwiefern die Einfühlung eines mehrschichtigen Stimmungs- und Gefühlsausdrucks in besonderem Mass auf ein emotionales Mitgehen mit diesem angewiesen ist. Die These lautet, dass unsere affektive Einfühlung stärker gefordert wird, je weniger sich der Intellekt an Bekanntem orientieren kann: Abstraktions- und vor allem Verfremdungsverfahren verlagern die Erfahrung vom Begreifen einer repräsentierten Welt in die Richtung einer ästhetischen Resonanz mit ihren affektiven Gehalten.

Ein Erkenntnisgewinn in der Auseinandersetzung mit Bildern wie dem *Angelus* oder Wols' *Voyage* ergibt sich aus einem lebendigen Spannungsverhältnis zwischen Entfremdung und Resonanz. Im Resonanzereignis, so eine weitere These, hat auch unsere leibliche Empfindung zumindest eine fundierende Funktion. Die integrative Kraft von Gefühlen und Stimmungen ist indessen unersetzbar für die erkennende Erfahrung des Geheimnisses, das hinter jeder guten bildkünstlerischen Gestaltung steckt.

Unsere Affekte sind jedoch nicht nur Medium der ästhetischen Erfahrung, sondern in ihrer Qualität auch deren Produkt: Je höher die Anforderungen an ein aktives Mitfühlen für das Erleben eines ästhetischen Sinngehalts sind, desto tiefer greift die phänomenale Bild-Erkenntnis auch in erweiterndem Sinn in unseren habituellen Gefühlsfundus ein und hinterlässt dort Spuren dieser neuen Erfahrung. Eine emotionale Teilhabe an der vieldeutigen Prägnanz der poetischen Bildsprache vermag somit die Spannweite unserer sinnlichen, emotionalen und geistigen Erkenntnisvermögen auszudehnen (I, 6).

Unser Verstand, unsere Affekte und unser Leib, so lässt sich dieser erste Teil auf den Punkt bringen, haben in einer adäquaten Erfahrung von Kunst komplementäre Funktionen. Ihr Zusammenspiel zu kennen ist eine notwendige Grundlage für unseren anschliessenden Einstieg in die Bildwelt der Moderne mit der Frage, was Bild-Poesie ist.

2. DAS PROBLEM DER KÜNSTLERISCHEN MODERNE MIT SCHÖNHEIT, GEFÜHL UND STIMMUNG

Bild-Poesie zeichnet sich wie ihre lyrisch-literarische Schwester durch eine gewisse Schönheit aus. Diese Schönheit ist nur erfahrbar, wenn wir uns gedanklich und emotional auf das künstlerische Spiel von Bedeutungen einlassen. Zum Gefühl aber hat die Kunstwelt der Moderne ein ausgesprochen zwiespältiges Verhältnis.

Von den vielschichtigen Hintergründen dieser Entwicklung werden uns vor allem philosophisch-ästhetische und kunsthistorische Aspekte beschäftigen. Die politischen Ereignisse und insbesondere die beiden grossen Kriege mochten das Ihrige beigetragen haben zu einem allgemein sich verbreitenden Misstrauen gegenüber jeglicher Kunst, die sich nicht gesellschaftskritisch, fremd und der erlebten Realität entsprechend dissonant zeigte. Darüber hinaus hatten die Kriegsmächte mitunter die manipulative Kraft von künstlerisch erweckten Gefühlen für ihre Zwecke instrumentalisiert. Willentlich provozierten, positiven Emotionen haftete in diesem Licht der Ruch des Trugs und des Verderbens an. Eine Erfüllung von Bedürfnissen wie Harmonie, Schönheit und Trost[3] erschien vielen Kulturphilosophen als unverantwortliche Ablenkung von der durchwegs als unschön und trostlos empfundenen Wirklichkeit. „Gefühl" wurde aus dem kunsttheoretischen Diskurs zusehends ausgeblendet und in künstlerischen Produktionen möglichst unterschwellig gehalten.

Begonnen hatte die Tendenz einer intellektuellen Vereinnahmung des Kunstgeschehens jedoch bereits mit der Entwicklung der französischen modernen Malerei im 19. Jahrhundert. Impressionistische Maltechniken liessen das faktisch gemalte Bild zu einer Art „Partitur des Sehens" werden: der Betrachter wurde erstmals als eigentlicher Ort der Bildproduktion verstanden. Mit dem Impressionismus, analysiert Axel Müller diese sukzessive Veränderung, wich das „wiedererkennende Sehen" weitgehend einem Übersetzen des Bildlichen in begrifflich verfügbare Bedeutungen innerhalb seiner anschaulichen Struktur.[4] Damit vervielfältigten sich die Zugangsweisen zur Kunst: Ikonographische Analysen traten in den Hintergrund zugunsten von Stilgeschichte, Ontologie, Phänomenologie, Soziologie und Strukturanalyse. Die nachfolgenden Kunsttheorien sollten sich im Laufe des zwanzigsten Jahrhunderts zunehmend intellektualisieren.

Das vorliegende Kapitel setzt sich mit dem kunstspezifischen „Nährboden" für das Misstrauen der Moderne[5] gegenüber Schönheit und Gefühl auseinander. Es wird uns zur These führen, dass bildpoetische Strategien eng mit dieser Gefühlsskepsis verbunden und insofern wesentlich als Phänomen des 20. Jahrhunderts zu begreifen sind.

Ein Einblick in Theodor Adornos *Ästhetische Theorie* zeigt, welche Art kulturphilosophischer Ansprüche die moderne Kunstwelt[6] geprägt hat. Ein verkürzter historischer Rückblick auf die Irrwege der Einfühlungstheorien legt nahe, dass auch da Beweggründe für eine regelrechte Fluchtbewegung der bildkünstlerischen Avantgarde[7] vor emotionaler Vereinnahmung ihrer Werke zu finden sind. Letztlich aber hat das Aufkommen von normativen Forderungen nach Medienspezifität die Malerei vorübergehend zu einer Abwendung von narrativen und emotionalen Bildinhalten geführt. Die Wechselwirkung dieser Tendenzen prägte ihrerseits wiederum die Erwartungen an das Kunstwerk: vor Bildern, die sich an ein emotionales Erleben richteten, witterte fast jeder Kunstbeflissene Belanglosigkeit und Kitsch. Dieser wurde zum allgegenwärtigen Schreckgespenst, welches sich allerdings ab den 1980er Jahren – etwa mit Jeff Koons' *amore* – in einer gewissen Selbstzufriedenheit materialisieren sollte.

Um Kunst gegenüber Kitsch abgrenzen zu können, muss vorab geklärt werden, inwiefern sich eine kunstästhetische von einer lebensweltlichen ästhetischen Erfahrung unterscheidet.

2.1. Die ästhetische Erfahrung

Der Begriff des „Ästhetischen" im heutigen Sinne benennt ein universelles menschliches Empfinden:[8] Der Anblick einer harmonisch gegliederten Landschaft wie einer wohlgeformten, leuchtenden Blume vermag Menschen unabhängig von Kultur und sozialer Ordnung zu jeder Zeit unmittelbar zu faszinieren. Diese Formen von Schönheit bezeichnet Kant als „freie Schönheit". Er unterscheidet sie von der „anhängenden" oder „bedingten" Schönheit, die mit einem bestimmten Zweck verbunden ist. Das Kunstwerk fällt in diese zweite Kategorie. Seine Erfahrung obliegt nicht allein einem unmittelbar sinnlichen Wohlgefallen sondern auch der Vernunft, denn als künstlerische Manifestation ist es in ein kulturell bestimmtes Regelsystem eingebunden.[9]

Wichtig für unsere Beschäftigung mit dem Kitsch ist Folgendes: Ob ein Geschmacksurteil über ein natürliches Objekt frei oder angewandt ist, hängt von unserer Einstellung zu diesem ab: Betrachten wir eine echte, tiefrote Rose, können wir uns „interesselos" über den Anlick vollkommener Harmonie freuen.[10] Unsere ästhetische Erfahrung ist dann rein kontemplativ. Denken wir daran, welch angenehmen Duft diese Blume in unserer Wohnung verbreiten würde oder wie gut gerade sie sich als Geschenk eignen würde, so ist unser ästhetisches Urteil nicht mehr frei, sondern an einen spezifischen Zweck gebunden.

Das Sujet eines Kunstwerks ausschliesslich kontemplativ zu betrachten ist in den meisten Fällen inadäquat. Vor einem Abbild der besagten Rose begnügen wir uns nicht mit der interesselosen Betrachtung des isolierten Motivs. Die Bestimmung der künstlerischen Qualität des Gemäldes beruht auf dem impliziten – das heisst mithin emotionalen – Urteil, ob und inwiefern die Darstellung einen Ausdruck von lebendiger Gegenwart zu gewährleisten vermag. Denn anders als die echte Rose verströmt die gemalte keinen Duft noch erzittert sie im leisen Lufthauch. Sie ist auch nicht durch einen glücklichen Zufall der Natur so perfekt geschaffen worden. Diese „Defizite" gegenüber der natürlich lebendigen Schönheit müssen in irgendeiner Weise kompensiert werden: Malerei kann und soll das Faktische einer Rosen-Darstellung überbieten und eine eigentümliche Lebendigkeit des Bild-Gehalts aufscheinen lassen.[11]

Im Unterschied zum lebensweltlichen wird sich somit das kunstästhetische Urteil nicht frei der formalen Schönheit des Sujets hingeben. Unter Einnahme einer ästhetischen Distanz fasst es die gesamte Komposition vor dem Hintergrund ihres kulturhistorischen Kontexts ins Auge.[12] So kann bildkünstlerischer Ausdruck auch einmal über farbliche Dissonanz und befremdend bizarre Formen erreicht werden, wie dies zum Beispiel bei Edvard Munchs berühmtem Bild *Der Schrei* der Fall ist. Eine Empfindung von Schönheit – in erweitertem Sinn – geht dann mit der Faszination angesichts der ästhetischen Stimmigkeit im Bild-Ausdruck einher.

Bildkünstlerische Schönheit kann sich sodann in verschiedenen Ausprägungen zeigen; ihre Feststellung ist komplex und nicht immer auf den ersten Blick erfahrbar.

2.2. Das Schöne am Pranger – Die Faszination für Dissonanz, Negation, Differenz

In den Anfängen des 20. Jahrhunderts hat die Malerei der Avantgarde Aspekte künstlerischer Schönheit zusehends durch Bestrebungen nach Fortschritt und Erneuerung ersetzt. Sie verstand sich als Kundschafterin einer besseren Zukunft, brach mit Traditionen und dekonstruierte althergebrachte Werte. Eine schnelle Abfolge von Ismen – Futurismus, Dadaismus, Surrealismus und Konstruktivismus – sowie von kleineren Bewegungen zeichnete das Kunstgeschehen aus, wobei sich ein nachfolgendes Credo meist kritisch gegen das vorangehende richtete. Der Expressionismus – der uns vor allem mit Max Beckmanns *Kreuzabnahme* begleiten wird (vgl. Abb. 11) – bewegte sich in der Vielgestalt seiner ausdrucksstarken Formensprache eher an der Peripherie dieser Strömungen. Die schöne Erscheinung geriet im Zuge dieses Umbruchs nicht zuletzt unter dem Einfluss von marxistisch geprägten Denktraditionen zusehends unter den Verdacht von bürgerlicher Ideologie.[13] Mit seiner *Ästhetischen Theorie* hat Theodor Adorno einer bereits entfesselten „Flucht vor dem Schönen" zusätzlichen Rückenwind verliehen.

In diesem geistigen Klima schufen Künstler wie Hans Reichel, Wols und Didonet ihre reizvollen Bild-Gedichte, was ihnen regelmässig den Vorwurf von Harmlosigkeit und mangelnder Zeitgenossenschaft eintragen sollte. Ihr Wille, mit ihrer Kunst nicht auf das Schöne und den Trost, den es zu spenden vermag, zu verzichten, hat sie als reaktionäre Aussenseiter erscheinen lassen.[14]

Um die Hintergründe der modernen Vorbehalte gegenüber allem, was als anbiedernde Beschönigung verstanden werden konnte, besser verstehen zu können, seien hier die entsprechenden Grundgedanken von Adornos normativen Forderungen an die Kunst, welche die Moderne während vieler Jahrzehnte prägen sollten, kurz skizziert. Eine künstlerische Erscheinung – so die kaum überhörbare Stimme seiner kritischen Theorie – sei nicht als „Zweck für sich" zu betrachten: interesselose

Wahrnehmung von Kunstobjekten postuliere deren ahistorischen Charakter und stelle sie unter die Auspizien des Ewigen. Kunst indes müsse an praktische Zwecke und damit an ihre Gegenwart gebunden sein; die Menschen aufrütteln und ihnen die gesellschaftlichen Verhältnisse vor Augen führen. Aus dieser Sicht schalt man die schöne Erscheinung als „trügerisch" und „dekorativ", als unrechtmässige Befriedigung des menschlichen Bedürfnisses nach Tröstung, Harmonie und Ordnung, wie sie die Menschen seit jeher auch in die Arme religiöser Glaubenssysteme getrieben haben.[15]

So falsch aus heutiger Sicht Adornos Theorie zunächst erscheinen mag: vieles davon ist einer oberflächlichen Lektüre seiner rhetorisch provokativen Ausdrucksweise zuzuschreiben. Dringt man tiefer in den Text ein, so gewinnen seine apodiktischen Aussagen an Offenheit. In ihrem Kern folgen sie nachvollziehbaren Prinzipien. Diesen entsprechend spielt sich die kunstästhetische Erfahrung notwendigerweise als eine fruchtbare Dialektik von Gegensätzen ab, „und zwar nicht in der schlechten Mitte des Übergangs, sondern nach den Extremen hin".[16] Harmonie ohne das Memento von Dissonanz sei trügerisch und reizlos; als gesetzte oder behauptete sei sie Anbiederung an die verwaltete Welt und werde Teil ihrer Ideologie. Diese Vorbehalte beziehen sich einerseits auf das Bild-Sujet und seinen Ausdruck: ein Gemälde des sozialistischen Realismus, das den optimistisch blickenden Arbeiter eines Kolchos auf einem Traktor zeigt, ist eine propagandistisch zweckhafte Beschönigung der Realität. Auf der anderen, bildimmanenten Seite wird die durchgehende Harmonie eines farbenprächtig gemalten Sonnenuntergangs ohne einen zusätzlichen Ausdruck, der „gegen diesen Schein rebelliert",[17] schal wirken. Die Natur, oder sogar eine gelungene Fotografie, kann das besser; die Malerei muss sich anderer Ausdrucksmittel bedienen. Des Weiteren ist für Adorno Affirmation unbedeutend ohne eine Spur von Negation oder Kritik:[18] Ein Kunstwerk hat nicht nur der Gesellschaft, sondern auch allen vorangehenden Kunstwerken ihr „Anderes" kritisch entgegenzuhalten. Beide Formen der Negation, die bildimmanente wie die gesellschaftskritische, richten sich letztlich gegen eine Identifizierung der Adressaten mit dem Kunstwerk: Es soll uns mit einer Erfahrung von Fremdheit konfrontieren und in dieser Widerständigkeit etwas in uns bewirken.[19] Ein Bild, zu welchem wir partout keinen inneren Zugang finden und das sich jeglicher Identifikation von Sinn entzieht, kann zuweilen gerade dadurch unser gesamtes Denken und Fühlen besetzen.

Adornos dialektischem Verständnis von Kunst ist aus erkenntnistheoretischer Sicht insofern zuzustimmen, als unsere Wahrnehmung grundsätzlich über Identifikationen funktioniert, das heisst über Vergleiche mit Bekanntem. Aus pragmatischen Gründen neigen wir dazu, die Nichtidentität der Dinge auszublenden: wir sehen und erkennen vor allem, was wir bereits kennen. Die fortwährende Unterdrückung des sinnlich Mannigfaltigen wirkt sich letztlich auf unsere Wahrnehmungsfähigkeit aus und schränkt dementsprechend unseren Kontakt zur Welt ein.[20] Durch das Zusammenspiel von Identität und Andersheit schafft Kunst Gelegenheiten, unseren Sinn für Nichtidentisches zu schärfen und zwischen dem geistig Allgemeinen und dem Besonderen, Unbekannten zu vermitteln.[21]

Eine problematische Konsequenz von solchen differenzorientierten, oftmals einseitig interpretierten Theorien war, dass nicht nur das Unerreichbare im Bild, sondern auch das Hässliche oftmals zum ausgehöhlten Selbstzweck wurde und mithin das gehaltvoll Schöne zusehends von der Bildfläche verdrängte. Auf der Seite der Rezeption wichen Einfühlung und emotionales Mitgehen einem intellektuellen Erkennen von Differenz, Störung und Neuheit. Unter diesen Vorzeichen wurden die leisen Töne bildpoetischer Gestaltungen von der modernen Kunstwelt kaum mehr wahrgenommen oder als belanglos abgetan.

2.3. Vom Schattendasein des Gefühls in der Kunstästhetik der Moderne

Mit der apriorischen Geringschätzung der schönen Erscheinung ging somit eine Veränderung der betrachterseitigen Einstellung einher: Kunstwerke wurden mit Neugierde angesehen, analysiert und auf ihr gesellschaftskritisches Potenzial geprüft. Emotionale Zugangsweisen schienen überholt oder deuteten auf eine „kitschige" Haltung. Diese Veränderung hat jedoch noch weiter zurückliegende, in der Kunstgeschichte verankerte Ursprünge.

2.3.1. Gefühl – Ein komplexer Forschungsgegenstand

„Gefühl" ist – ebenso wie „Poesie" – ein Begriff, der jedermann vertraut ist. Wir wissen, worum es sich handelt; fragen wir uns aber, was wir genau darunter verstehen, welche Eigenschaften Gefühle haben und welche nicht, werden wir unsicher; wir antworten vielleicht mit Beispielen. Schon da jedoch werden sich unterschiedliche Auffassungen ergeben: ist beispielsweise Mut ein Gefühl, eine Stimmung, eine Lebenshaltung? „Gefühl" entzieht sich einer Definition durch notwendige und hinreichende Bedingungen. Die komplexe Struktur des Begriffsinhalts mag mit ein Grund dafür sein, weshalb es von der modernen Kunstgeschichte als Forschungsgegenstand vernachlässigt worden ist.[22] Auf philosophisch-ästhetischer Seite ist der Diskurs um die bedeutungsvollen Funktionen des Gefühls auch im zwanzigsten Jahrhundert nie ganz versiegt.[23] Philosophen wie Max Scheler haben allgemein eine Überbewertung des Verstandes beklagt.[24] Vor diesem intellektualistischen Hintergrund konnten die anschliessend nur beispielhaft angeführten Vorbehalte gegenüber den affektiven Aspekten der Kunst entstehen und fortbestehen.

Die manifeste Heterogenität in der Anwendung der Begriffe rund um den affektiven Bereich mag ebenso Folge einer Unterbeleuchtung als auch sekundär wiederum Ursache dafür sein:[25] bis heute fehlt im Deutschen etwa ein Konsens darüber, ob wir von „Emotionen" oder „Gefühlen" sprechen.[26] In der vorliegenden Schrift wird „Gefühl" als Überbegriff und „Emotion" als ein spezifischer Aspekt von Gefühlen verwendet – dazu aber mehr im nächsten Kapitel. Im *Metzler Lexikon für Philosophie* von 2008 ist der Begriff Emotion noch nicht verzeichnet. Einzig das adjektivische „emotiv" wird beschrieben als sprachlicher Ausdruck, der sich vor allem durch einen Mangel an empirischem Gehalt von kognitiven Ausdrücken unterscheidet.[27] Dem Wort „Gefühl" wird allerdings an derselben Stelle ein um nur weniges längerer Abschnitt gewidmet, wobei gleich eingangs auf eine „bis heute" sehr uneinheitliche und häufig unspezifische Verwendung verwiesen wird. Im Gegensatz zu Inhalten der Wahrnehmung seien Gefühle „immer subjektiv, das heisst nie wahr oder falsch […], sondern höchstens angemessen oder unangemessen".[28] In beiden Artikeln werden Kognition und Emotion klar gegeneinander abgegrenzt, wobei „Gefühl" immer deutlich von Tendenzen der Abwertung gezeichnet ist.

Die philosophische Emotionsforschung ist heute in vollem Aufschwung. In den letzten Jahren haben Forscher wie Aaron Ben-Ze'ev und Angelika Krebs, Martha Nussbaum sowie Robert Solomon die komplexe Verstrickung von Emotionen und intellektuellen Fähigkeiten dargelegt.[29] Dennoch bleibt eine längere wissenschaftliche Wegstrecke zu bewältigen um zu bestimmen, was eine *ästhetische* Emotion und was eine *ästhetische* Stimmung ist.

Im jüngeren philosophisch-ästhetischen Diskurs wird die Kunst nach fast einem Jahrhundert bekennendem Intellektualismus allmählich zum Paradigma für die fruchtbare Komplementarität von Gefühl und Intellekt.[30] Dahingehende Erkenntnisse werden allerdings vonseiten vieler Kunst*historiker* oftmals zögerlich aufgenommen, wohl nicht zuletzt, weil die wenigen bestehenden Klassifizierungen noch kaum auf einen einheitlichen Nenner zu bringen sind und das dazugehörige Vokabular insbesondere ausserhalb des Englischen noch keine geschichtlich gefestigte Prägnanz erreicht hat. Die Kunstwelt ist offenbar noch immer geprägt von althergebrachten Vorstellungen darüber, was Gefühle sind und was sie – nicht – zu leisten vermögen.[31] Um im Verlauf dieser Studie den künstlerisch-geistigen Kontext von Bild-Poesie und die entsprechenden Thesen besser einordnen zu können, seien hier die Voraussetzungen für diese Vorbehalte kurz nachgezeichnet.

2.3.2. Einfühlung als Stiefkind der modernen Kunsttheorie – ein Rückblick

Kunst, die menschliche Schicksale vergegenwärtigt, wie etwa Literatur, Theater oder entsprechende gegenständliche Malerei, ist prädestiniert, Gefühle hervorzurufen. Wir versuchen, die Natur von evozierten oder dargestellten Figuren zu verstehen, gerade so, als wären sie wirklich; wir stellen uns vor, wie sich eine Situation für sie anfühlt, vielleicht versuchen wir, uns in ihre Lage zu versetzen, was dazu führen kann, dass wir regelrecht mit ihnen fühlen.[32] Unsere Fähigkeit, lebendige – reelle, fiktive oder bildlich dargestellte – Wesen verstehend einzufühlen, wird heute mit Empathie bezeichnet.

Anders als „Empathie" unterscheidet der ältere Begriff „Einfühlung" nicht zwischen Lebewesen und Dingen, wodurch er sich als Erklärungsmodell für unseren Zugang zu Bildern der Kunst anbietet. Während für den zwischenmenschlichen Bereich etwa Max Scheler, Edith Stein und zeitlich näher auch Peter Goldie in zwei- oder mehrstufigen Systematiken zwischen „Einfühlung" respektive „Empathie" als emotionalem „*Verstehen* von Gefühlen" und „*Mitfühlen*", das heisst richtigem Fühlen *mit* jemandem, unterscheiden,[33] wird in der Kunstgeschichte „Einfühlung" teilweise heute noch als originäres, gleichsam selbstbezügliches und selbstgenügsames Gefühl missverstanden. Der in der heutigen Philosophie gebräuchliche Bedeutungsumfang dieser Begriffe wird im nachfolgenden Kapitel eingehender dargestellt. Ein Rückblick in das kunsthistorische Verständnis von „Einfühlung" lässt uns nachvollziehen, weshalb sie im Laufe der Moderne in Misskredit geraten konnte.[34]

Als eigentlicher Gründungsvater der Einfühlungstheorie gilt Friedrich Theodor Vischer; er hat sie im Kontext der Naturästhetik entwickelt. Zusammen mit seinem Sohn Robert Vischer, der als Kunsthistoriker und Ästhetiker zum eigentlichen Pionier dieses Konzepts im kunstästhetischen Bereich werden sollte, hat er die seit Aristoteles immer wieder auftauchende Frage nach der spezifischen Emotionalität ästhetischen Erlebens in der Mitte des 19. Jahrhunderts erneut aufgenommen. Schon für den Vater galt das Schöne selbst nicht als Ding, sondern als „Akt" im Sinne eines leiblichen Antwortgeschehens auf dessen Formausdruck.[35] Robert Vischer zufolge bezeichnete „Einfühlung" demnach eine Art natürliches Korrespondenzverhältnis zwischen den künstlerischen Formen und den Körperformen sowie -haltungen der Betrachterin. Formen, Farben und Verläufe, die Bewegung simulieren, lassen sich in dieser Weise bestimmten Basisaffekten zuordnen.[36] Obgleich die empirisch-naturwissenschaftlich fortgeschrittenen Einfühlungstheorien der Vischers nicht auf eine romantisch-pantheistische Haltung hindeuten, sollten sie durch ihre Nachfolger Theodor Lipps und Wilhelm Worringer eine romantische Verzerrung erfahren, welcher das bis heute fortdauernde kunstästhetische Problem der Moderne mit dem Konzept „Einfühlung" weitgehend geschuldet ist.

Das Verb „einfühlen" war bereits bei Frühromantikern wie Johann Gottfried Herder zu finden, ebenso bei Novalis, der den Begriff „Einfühlungs-Ästhetik" eingeführt hat. Insbesondere bei Novalis galt der Akt der Einfühlung als eine Gelegenheit, der Natur endlich so nahe zu kommen, wie es die Sehnsucht der Zeit vorschreibt."[37] Vischer der Ältere löste sich mit seiner Theorie von der romantischen Vorstellung einer beseelten Natur: er verstand Einfühlung als Akt der „Seelenleihung", als eine *symbolische* Übertragung oder Projektion von Emotionen auf eine Form, die jedoch in einem zweiten Schritt von der gedanklichen Leistung der Bewusstwerdung ebendieser Symbolik gefolgt wurde.[38]

Vordergründig sehr ähnlich sah Theodor Lipps Einfühlung als Erlebnis der eigenen Vitalität in den Dingen der Welt.[39] Ästhetischer Genuss war für ihn „objektivierter Selbstgenuss": alles Leben, schreibt er, findet in uns Widerhall. Im Unterschied zu Vischer fasste er diesen Selbstgenuss jedoch nicht als Antwort auf ein nur von aussen Gegebenes auf, sondern er ging gewissermassen von einer Auflösung der Scheidung zwischen dem eingefühlten Fremden und dem eigenen Ich aus:[40]

„[...] ich fühle in der Einfühlung in die Erde und den Stein weder mich, abgesehen von dem Stein oder der Erde, strebend, noch fühle ich den Stein oder die Erde, abgesehen von mir, strebend. Ich fühle auch nicht mich strebend, und stelle daneben den Stein oder die Erde als strebend vor. Sondern ich fühle mich strebend in dem Stein und der Erde, oder in dem Gesamtsachverhalt, dem Schweben des Steines über der Erde. Ich fühle mich so in der Betrachtung desselben."[41]

Lipps war insofern wegweisend für die Einfühlungstheorie der bildenden Kunst, als er seine Theorie nicht nur auf Lebewesen, sondern – wie eben ersichtlich wurde – explizit auch auf unbelebte Dinge wie Steine, Stimmungen, Farben und Laute anwandte: „Denn was ich einfühle, ist ganz allgemein Leben."[42] Es ist nicht immer eindeutig, ob Lipps effektiv nur eine Projektion der eigenen Lebendigkeit meint, oder ob es letztlich nicht doch um eine Verlebendigung des Eingefühlten geht, womit seine Vorstellungen definitiv in die Nähe eines romantisch pantheistischen Weltbildes rücken: ein Argwohn, der dem Einfühlungsbegriff aus der Sicht der Kunsttheorie der Moderne mit zum Verhängnis werden sollte.

Aufbauend auf Lipps' Verständnis von Einfühlung prägte Wilhelm Worringer mit seiner vielbeachteten Dissertationsschrift *Abstraktion und Einfühlung* von 1908 die damaligen kunsthistorischen Debatten.[43] Aus Lipps' These der Einfühlung als Befreiung vom Selbst, das sich in der Formbetrachtung gleichsam auflöse,[44] schloss Worringer, dass „alles ästhetische Geniessen [...] auf den Selbstentäusserungstrieb als sein tiefstes, letztes Wesen zurückzuführen" sei.[45] Damit verschob sich das diskursive Interesse vom Objekt auf das betrachtende Subjekt: Bestärkt von Lipps' und Worringers Vorstellungen einer emotionalen Identifikation mit dem Kunstwerk fühlte sich nun jedermann fähig, an der Lust am Wiederfinden des eigenen Wesens im ästhetischen Gegenstand teilzuhaben.[46] Der Laie stellte „seinen Eindruck souverän an die Stelle des künstlerischen Ausdrucks": ein „obszöner" ästhetischer Subjektivismus, welcher, wie Julius von Schlosser kommentierte, die Einfühlungsästhetik mit einer Form von Selbstbefriedigung zu verwechseln schien.[47]

Und gerade diese Rolle wurde der Kunst in der Moderne weniger denn je zugebilligt. Mit dem sich in künstlerischen Kreisen verbreitenden marxistischen Gedankengut veränderten sich wie oben erwähnt allmählich auch die Anforderungen an das Kunstwerk: Die Erfahrung von Trost in der Selbstentäusserung sowie jede Art von selbstbestätigenden Gefühlen – etwa die Empfindung von Schönheit, Harmonie und Poesie – galt zusehends als unzulässige Flucht vor der Realität. Kunst durfte weder sinnlich anbiedernd noch intellektuell leicht zugänglich sein: Der sentimental einfühlenden Rezeption sollte mit distanzfördernden Verfremdungstechniken Einhalt geboten werden. Unter diesen Vorzeichen ist die Einfühlungstheorie zum „ungeliebten Kind" der Kunstgeschichte geworden, wie Frederic Schwartz feststellt.[48] Diese allgemeine Gefühlsskepsis hatte auch zur Folge, dass die Kunstwissenschaft der Moderne über längere Zeitabschnitte an den emotionalen wie an den leiblichen Aspekten in der Erfahrung von Kunst vorbeigeforscht hat.[49]

2.3.3. Modernistische Malerei: Materialität statt hingeträumte Gefühle!

Eine der Konsequenzen des modernen Argwohns gegenüber dem Konzept der Einfühlung war die Rückbesinnung der Malerei auf ihre ureigenen, materialen Qualitäten. Der Ursprung dieses Ansatzes gründet in der Frage, ob man die Eigenschaften verschiedener Künste miteinander vermischen dürfe oder nicht. Angestossen wurde sie bereits in der Antike durch Horaz, der in seinem Lehrgedicht *Ars Poetica* auf die Bildhaftigkeit von Gedichten hinwies. Gedichte, so forderte er, müssen wie Bilder interpretiert werden und erschliessen sich nicht dem flüchtigen Blick. Die Kurzfassung seines Postulats lautet: *Ut pictura poesis* – wie die Malerei, so die Poesie. Die Verschwisterung von Dichtkunst und Malerei ist seit der Renaissance von Kunsttheoretikern unter neuen Vorzeichen und mit wechselndem Ergebnis immer wieder diskutiert und verändert worden. Kathryn Porter Aichele untersucht die einzigartige Langlebigkeit des kritischen Diskurses um diese Formel.[50] Als erster bemerkenswerter Gegner dieses Konzepts gilt Jean de La Fontaine.[51] 1766, hundert Jahre danach, folgte ihm Gotthold Ephraim Lessing mit seiner Schrift *Laokoon oder Über die Grenzen der Malerei und Poesie*: Der Autor argumentierte insbesondere gegen eine Verschmelzung der räumlichen und der zeitlichen Manifestationen von Kunst.[52]

In der Mitte des 20. Jahrhunderts ist diese Debatte wieder aufgeflammt durch den US-amerikanischen Kunsthistoriker Clement Greenberg. Mit seiner Schrift *Towards a Newer Laocoon* hat er die Kunstwelt zwischen 1940 und 1970 in den USA wie in Europa massgeblich geprägt. Seine Forderung war die selbstkritische Besinnung der Malerei und ein Rückzug der einzelnen Künste auf ihre angestammten Medien.[53] Ähnlich wie Lessing bekräftigte er, dass Literatur erzählend und damit diachron sei; die Erscheinung der Malerei hingegen sei wesenhaft synchron.[54] Zielt ein Bild auf die Illusion eines Handlungsgeschehens, so missachtet es gewissermassen das eigentliche Medium der Malerei, indem es die gattungsspezifische Materialität so weit wie nur möglich zu verbergen sucht.[55] Reine Poesie etwa, erläutert Greenberg, strebt nach „unendlicher Andeutung". Um sich gegen sie abzugrenzen, müsse die reine bildende Kunst jegliche inhaltlichen Suggestionen vermeiden.[56] Namentlich die Kunstschöpfer der Romantik hätten das Medium als physisches Hindernis zwischen den Gefühlen des Künstlers und denjenigen seines Publikums angesehen: die höchste Kunst erreichte derjenige, dem es gelang, den materialen Bildträger möglichst zu verschleiern. „Alles wirkte darauf hin", meint Greenberg weiter, „das Medium zu verleugnen, gerade als schämte sich der Künstler vor dem Eingeständnis, dass er sein Bild in der Tat gemalt und nicht etwa hingeträumt hat."[57] Dieser „bodenlosen Sentimentalität der Romantik" gelte es zu entkommen.[58] Bilder sollten nicht als Werkzeug der Kommunikation von Affekten oder Ideen, sondern um ihrer selbst Willen respektiert werden. Sie hätten sich zu ihrer materialen Verfassheit zu bekennen und nichts anderes zu sein als eine opake Fläche mit Linien und Farben auf einer durch ihre Rahmung begrenzten Leinwand.[59]

Eine Kunst der „reinen Form" sah Greenberg in der Abstraktion, die ihre Betrachter nicht mit vom Künstler verfügten Suggestionen, sondern „mit unmittelbareren und kraftvolleren Sinnesempfindungen anrühren" könne.[60] Allerdings haben diese „anrührenden" Sinnesempfindungen weniger mit Emotionen als mit rein leiblicher Erfahrung zu tun. Durch die Materialität ihres Mediums, schreibt er, „sind reine Malerei und reine Skulptur vor allem bestrebt, den Betrachter auf eine physische Weise anzusprechen": „wie funktionale Architektur und wie Maschinen beinhaltet ihr *Aussehen*, was sie *tun*". „Das Bild und die Skulptur", fährt er weiter unten fort, „erschöpfen sich in ihrer visuellen Wahrnehmung. Nichts muss identifiziert, nichts verknüpft, über nichts muss nachgedacht, aber alles muss gefühlt werden."⁶¹ Obgleich Greenberg diese Empfindungen als „Emotionen des bildnerischen Sehens" bezeichnet, ist offensichtlich, dass es sich dabei nicht um komplexe Aktivitäten des affektiven Bereichs handelt. Die reine Sinnlichkeit erscheint bei ihm als vom „Geist" nahezu unabhängiges, physisches Analogon zu diesem: eine leibliche Empfindung, die keinerlei weiteren Anspruch erhebt, als einfach da zu sein.

Festzuhalten von Greenbergs puristischer Theorie bleibt seine Forderung, dass künstlerisch provozierte Sinnesempfindungen einzig in bildnerisch-abstrakten Eigenschaften des Objekts zu gründen haben: Erzählerisches und emotional Bewegendes galt als exklusive Aufgabe von Literatur und Poesie. Diese rund vierzig Jahre dauernde Hegemonie der künstlerischen Materialität kann als Antwort auf eine sentimentalistische Auffassung von „Einfühlung" gesehen werden. Sie sollte ihrerseits ihr Ende durch eine entgegengesetzte Bewegung finden: Nach der kompromisslosen, durch reine Materialität angestrebten Autonomie verkommt das künstlerische Objekt nun stellenweise zum blossen Zeichen für philosophisch-konzeptuelle Denk- und Selbsterfahrungsprozesse. In beiden Extrempositionen entzieht es sich weitgehend dem emotionalen Erleben.

Dieser stark schematisierte Rückblick will zeigen, dass die einschlägigen Theorien der bildkünstlerischen Moderne *entweder* auf Leiberfahrung *oder* auf Geist, kaum aber auf Gefühl setzten. Zu wünschen bliebe mit Frederic Schwartz eine Kunsttheorie, die „den Geist als vom Körper untrennbar betrachtet",⁶² oder – wie es die vorliegende Studie postuliert – die notwendige, fruchtbare Komplementarität von Intellekt und Gefühl in der sinnlich-geistigen Erfahrung des materialen Kunstwerks ins Auge zu fassen vermag.

2.4. Kitsch – Das Gespenst der bildkünstlerisch erweckten Gefühle

Geht man davon aus, dass Kunst eine Erkenntnisfunktion hat, Intellekt und Gefühl sich jedoch gegenseitig ausschliessen, so liegt der Schluss nahe, dass Gefühle, die durch Kunst vermittelt werden, in diesem Erkenntnisprozess nur hinderlich sein können und, wo sie auftreten, unweigerlich auf inhaltslosen Kitsch deuten. Die Kitsch-Diskussion würde allein ein Buch füllen.⁶³ Für unsere Untersuchung interessiert vor allem, welchen Denkvorgängen das Gefühl und im gleichen Fahrwasser auch das Poetische diesen renitenten Kitsch-Verdacht schulden.⁶⁴

Kitsch im bildkünstlerischen Bereich hat zwei Aspekte: Zum einen bezeichnet der Begriff eine bestimmte Art von Bild-Erscheinungen. Ein kitschiges Bild wie der *Röhrende Hirsch* ist darauf angelegt, kitschige Gefühle herbeizuführen. Zum andern meint „Kitsch" auch eine sentimentale Einstellung: Einem qualitativ hochstehenden und ausdrucksstarken Bild wie Max Beckmanns *Kreuzabnahme* kann man mit einer sentimentalen, „kitschigen" Haltung begegnen. Hermann Broch hat Menschen, die Konsumenten des schlechten Geschmacks und zu wahrem Kunstgenuss nicht in der Lage sind, als „Kitsch-Menschen" bezeichnet.⁶⁵ In den nachfolgenden beiden Abschnitten werden die beiden Formen von Kitsch beispielhaft dargestellt und mit Einbezug der spezifisch modernen Kritikpunkte kommentiert, worauf jeweils ein Überblick über ihre Hauptmerkmale folgt.

Da Poesie sowohl in Wort als auch im Bild untrennbar mit einer gewissen Schönheit und ihre adäquate Rezeption mit Gefühl einhergeht (vgl. II, 2.2.3.), ist es an dieser Stelle angebracht, die Unterscheidungskriterien zwischen Schönheit und Kitsch sowie in einem zweiten Schritt rezeptionsseitig zwischen Gefühl und Sentimentalität in den Blick zu nehmen. Diese Kriterien werden im Hintergrund mitgeführt, wenn es darum gehen wird, bildpoetische Erscheinungen gegen Kitsch abzugrenzen und deren Beschreibungen von Sentimentalität fernzuhalten.

2.4.1. Das kitschige Objekt

Das Schöne und Berührende stand in der Moderne unter einem generellen Kitschverdacht. Nach einer Betrachtung, wie sich Kitsch im Bild zeigen kann, soll ein Einblick in die Geisteshaltung der modernen Kunstwelt nahelegen, wie mit der Furcht vor dem Kitsch eine regelrechte Flucht vor dem Schönen einhergehen konnte.

Halten wir uns zunächst einen bekannten Topos von kitschiger Darstellung vor Augen, um festzustellen, wodurch sich Kitsch auszeichnet. Der *Röhrende Hirsch auf Lichtung ins Tal* ist 1921 von Ernst Max Pietschmann mit Öl auf Leinwand gemalt worden (Abb. 2). Das kräftige Tier mit seinem imposanten Geweih steht im Vordergrund einer sonnenbeleuchteten Bergwiese und lässt, so scheint es, sein brünstiges Röhren erschallen. Der Maler war sich offenbar nicht ganz sicher, ob man

2 Ernst Max Pietschmann, *Röhrender Hirsch auf Lichtung ins Tal,* 1921, Öl auf Leinwand, 80x100 cm.

den nach oben gereckten Kopf auch wirklich mit diesem Brunftruf in Verbindung bringen kann: so lässt er dem weit offenen Maul des Hirschs noch so etwas wie ein Räuchlein entsteigen, was wohl den mit den ausgestossenen Lauten verbundenen Atem repräsentieren sollte. Alles in diesem Bild ist auf schnelles Verstehen und Gefallen hin angelegt: das malerische Hellgrün der wie ein Golfrasen aussehenden Bergwiese mit seinen farblich unecht aussehenden Schattenflecken wirken wie eine künstliche Kulisse für die Titelfigur mit ihrem imposanten Kopfschmuck. Die auf eine süssliche Harmonie ausgerichteten Farb-Abstimmungen zwischen dem Hirschen und seiner Umgebung zeigen, dass der Suche nach schönem Schein jeder mögliche Anflug von Bild-Ausdruck geopfert wurde. Steht das brünftige Tier für intensive Gefühle und bevorstehende Lust, so täuscht das Bild diese Intensität nur vor: sein einziges Ziel liegt offensichtlich darin, im Betrachter unmittelbar sentimentale Gefühle zu erwecken. Das Gemälde in seiner Gesamtheit indessen brilliert mit ausdruckslos hübscher Schwäche. Kitschige Bilder leben von ihrem schönen Schein, von einem oberflächlichen Glanz, der nicht anhält, weil das Versprechen von echter, anhaltend ergreifender Schönheit nicht eingelöst werden kann.

Mit einer gerechtfertigten Skepsis gegenüber dem bloss schönen Schein ist der modernen Kunstwelt scheinbar auch das gehaltvoll Schöne zusehends abhanden gekommen. Anders gesagt: Die Furcht vor dem Kitsch hat auch das Schöne in der Kunst korrumpiert und es als eine Art sinnliche Falle erscheinen lassen:[66] „Sinnliche Wohlgefälligkeit", fasst Adorno in den späten 1960er Jahren die Einstellung der Moderne zum Schönen zusammen, „ist geschichtlich zum unmittelbar Kunstfeindlichen geworden." Wohllaut des Klangs sowie Harmonie der Farben führe fast unweigerlich zum Kitsch, der eine Kennmarke der Kulturindustrie sei.[67] Effektiv weckt das, was wir spontan als schön empfinden, unsere Gefühle und unsere Begehrlichkeit. Da diese Begehrlichkeit ein wichtiger Faktor für unser Konsumverhalten ist, wird in der Produktion das naturgemäss aufwändige Schöne zuweilen durch banale Effekte oder blosse Kultivierung von Wirkungen ersetzt.[68] Damit ist laut Adorno substanzlose Schönheit zum kalkuliert anbiedernden Instrumentarium einer Konsumindustrie geworden, die „billige" Gefühle anstelle von echten Gefühlen feilhält. Allenfalls, räumt er ein, könne sich der sinnliche Reiz der Kunst dort legitimieren, wo er nicht Selbstzweck, sondern Träger oder Funktion des Gehalts sei.[69]

Allerdings ist der kritische Theoretiker auch da oftmals missverstanden worden: Was sich in seinen Vorträgen und Schriften vordergründig als apodiktisch gefühlsfeindlich gebärdet, ist letztlich ein berechtigter Widerstand gegen *kalkulierte* Tränen: Kitsch parodiert Katharsis, schreibt er, er verbündet sich mit dem Vulgären, indem er mit hergestelltem und verschachertem Gefühl handelt.[70] Entgegen dem ab den sechziger Jahren weitläufig grassierenden Kitschverdacht gegenüber fast allem, was in der bildenden Kunst Gefühle impliziert, verurteilt Adorno in erster Linie die zweckhaft anbiedernde Gefälligkeit, welche gerade *nicht* zu echten Gefühlen einlädt und die infolgedessen inhaltsleer ist, während sie durch ihr Erscheinen dennoch ästhetischen Ernst postuliert. Das Schöne in der Kunst soll spannungsvolle Zielrichtung, nicht aber Vortäuschung eines schon Erreichten sein.[71]

Im bildkünstlerischen Bereich gehören auch stilanalytische Abgrenzungen zwischen Kitsch und Kunst zu den Topoi dieser Diskussion. Clement Greenberg klagt in seinem Buch *Avantgarde und Kitsch* von 1939 letzteren an, sich seine Mittel, Strategien, Themen und Regeln aus einem „Reservoir von angesammelter Erfahrung" zu entleihen. Die Betrachterin könne so die im Bild vorweggenommene, reflektierte Wirkung unreflektiert geniessen. Für Greenberg war Kitsch sodann vor allem ein Verstoss gegen die Zeitgenossenschaft durch die Wiederholung von entleerten Gesten der Vergangenheit.[72] Vom Zeitkern der Kunst, der mit seinen Produktionsbedingungen zusammenhängt, wird im Zusammenhang mit Bild-Poesie eingehender die Rede sein (vgl. II, 6.–6.2.).

Als Kennzeichen von Kitsch im Bild sind somit folgende festzuhalten:
1. Verfälschung der Bild-Wirklichkeit, „Lüge" im Sinne einer Vortäuschung von Ausdruck: Der *Röhrende Hirsch* täuscht mit seiner Körperhaltung einen Ausdruck von intensiven Gefühlen vor, dem dieses Bild als Ganzes nicht standzuhalten vermag.
2. Gehaltlose, anbiedernde und kalkulierte Gefälligkeit anstelle von echter Schönheit: Das farbenprächtige Abbild eines Sonnenuntergangs wird uns nur in seltenen Fällen tief und anhaltend bewegen.
3. Einladung zu Sentimentalität und widerstandslosem Selbstgenuss: Bilder von Engeln mögen als Talisman ihre Berechtigung haben, als Bilder der Kunst jedoch sind sie kitschig, wenn sie nicht über diese Funktion hinauszuweisen vermögen.
4. Stilanalytisch: Wiederholung von entleerten Gesten der Vergangenheit, Verstoss gegen die Zeitgenossenschaft. Wer heute ein Bild in der Weise der Impressionisten malt, bringt in der Regel wenig Eigenständiges in die bestehende Kunstwelt ein und trägt kaum zur Erweiterung unserer ästhetischen Erkenntnisvermögen bei.

Für die vorliegende Untersuchung müssen die stilanalytischen Aspekte besonders im Auge behalten werden: Die These einer zeitlichen Ungebundenheit von Bild-Poesie hat die jüngeren Produktionen auf Wiederholung von bereits assimilierten künstlerischen Gesten zu prüfen.

2.4.2. Sentimentale Kunsterfahrung oder Die kitschige Rezeption

„Kitsch" bezeichnet wie erwähnt nicht nur ein Objekt, sondern auch eine sentimentale Haltung. Und diese kann grundsätzlich jedem Objekt oder lebensweltlichen Ereignis entgegengebracht werden. Die kitschige Kunst-Rezeption lässt sich in drei Punkten charakterisieren.

Kunst, so hält es die Tradition von Alexander Gottlieb Baumgarten über Immanuel Kant bis hin zu den neusten Ästhetiken, leistet anderes als die selbstbestätigend banale und durch mancherlei andere Objekte erreichbare Erfüllung von Gelüsten, Wünschen und Träumen. Sie kann nur nachhaltig von Interesse sein, wenn sie uns ein eigenständiges Gegenüber darbietet, ein „Anderes" als wir selbst, mit welchem wir uns auseinandersetzen, das uns vielleicht in Frage stellt und an dem wir uns entfalten können.[73]

Nun bleibt aber auch ein echtes Kunstwerk nicht davor bewahrt, einmal als banales Spiegelbild der Wirklichkeit oder des Betrachters selbst gesehen zu werden. Wenn etwa vor Cézannes Apfel-Bild begeisterte Ausrufe wie „Wie echt sie aussehen! Man möchte gleich hineinbeissen" hörbar werden, so ist dabei die spezifische künstlerische Transposition der Früchte und damit der eigentliche Gehalt dieses Bildes verloren gegangen. Erleben wir Beckmanns *Kreuzabnahme* als schlichten Stimulus für eigene Gefühle und Stimmungen, indem das Bild zum Beispiel lediglich Trauer über die Leiden Christi und über die Verfolgung seiner Anhänger, vielleicht auch allgemein über das Leiden in der Welt herbeiführt, wird das Kunstwerk als „Anderes" gleichsam eliminiert. Ludwig Giesz bezeichnet in seiner vielbeachteten *Phänomenologie des Kitschs* diese Art von Rezeption als „kitschige Aneignung",[74] weniger abwertend liesse sich von einer ausserästhetischen Aneignung sprechen. Sie hat in ihrer emotionalen Distanzlosigkeit wenig mit der ästhetischen Bilderfahrung gemein, die über eingehende Ergründung der phänomenalen Erscheinung nach deren Singularität sucht. Beckmanns *Kreuzabnahme* veranschaulicht Gefühle: die Auseinandersetzung mit dem farblichen und strukturalen Bild-Ausdruck vermittelt ein implizites Wissen darüber, wie sich Personen in der gegebenen Situation fühlen könnten. Ein solches Erkennen kann auch ästhetische Gefühle hervorrufen, die sich dann zudem auf die Verhältnisse von Ausdruck und Faktur des Bildes richten. Nur so, schreibt Scruton in *Beauty*, nur aus einer ästhetischen Distanz, kann künstlerische Schönheit erfahren werden. Das Fehlen dieser Distanz befreit die Empfindungen von jeglichem Aufwand, entkoppelt die Erfahrung vom ästhetischen Objekt: der sentimentale Betrachter bleibt in seinen eigenen Gefühlen befangen, die ein X-Beliebiges hätte anstossen können.[75]

Sentimentale Gefühle im Umgang mit Bildern zeichnen sich somit folgendermassen aus:[76]
1. Wir haben sentimentale Gefühle um ihrer selbst willen. Sentimentale Menschen richten ihre Gefühle nicht auf das Objekt: sie geniessen sich selbst in einem abstrakten, zu nichts verpflichtenden Pseudo-Mitfühlen. Ein Kunstobjekt wie die *Kreuzabnahme* kann dann etwa zum blossen Vorwand für ein Schwelgen in einer vom Bild losgelösten Traurigkeit werden, was eine ästhetische Erfahrung des künstlerischen Gegenstands verunmöglicht.
2. Sentimentale Menschen täuschen sich gerne über die Aufrichtigkeit und die Bezogenheit ihrer Gefühle. Sie verstehen sich als grosse Kunst-Liebhaber oder täuschen dies auch nur vor, obgleich sie sich kaum je wirklich mit einem Bild auseinandergesetzt haben.
3. Sentimentale Gefühle steigern sich oftmals aus sich heraus: Eine sentimentale Ekstase vor einem Bild ist ebenso schnell wieder vergessen; sie kann fast übergangslos bei einem beliebig anderen Objekt genauso heftig und unverbindlich wieder auflodern.

Die meisten Menschen haben in gewissen lebensweltlichen Bereichen eine Neigung zum Kitsch, zum Beispiel wenn es um die Dekoration des Weihnachtsbaums geht. Dies ist nicht weiter bedenklich, wenn wir uns dessen bewusst bleiben. Im Erleben von Kunst lässt sich nicht immer unmittelbar feststellen, ob unsere Gefühle echt und auf das Objekt bezogen sind oder nicht. Eine spontane Ergriffenheit kann jedoch einer kritischen Reflexion unterzogen werden; einer Prüfung, ob sich die persönliche Erfahrung über längere Zeit erhalten lässt und ob der betreffende Gegenstand die in uns erweckte Begeisterung wirklich verdient hat. Im positiven Fall wird sich ein emotionales Wissen um die Werthaftigkeit des Objekts und die Authentizität einer künstlerischen Erfahrung einstellen, die ein echtes Glücksgefühl und eine Erfahrung von ästhetischer Schönheit erst ermöglichen.

2.4.3. Kunst im Deckmantel von Kitsch? Jeff Koons' Ästhetik des Banalen

Die moderne Assoziation von sinnlicher Schönheit und Gefühl mit Kitsch und die damit verbundene Tendenz zur Intellektualisierung des Kunstwerks haben ab den 1960er Jahren das Aufkommen konzeptueller Kunstformen begünstigt. Der Besuch einer Ausstellung war und ist bis heute ohne Lesebrille für Kleingedrucktes kaum denkbar: beim Ausstellungsobjekt steht oftmals, gleichsam als Zeuge von dessen Bedeutsamkeit, ein Podest mit einem Stapel eng beschriebenem Papier, welches den Kunstbeflissenen mit den im Werk nachzuvollziehenden künstlerischen Intentionen und Konzepten vertraut macht. Was dann nach längerer Lektüre noch zu sehen ist, verdankt seinen Gehalt mehrheitlich ebendiesem Text – eine blosse Abbildung des Objekts hätte in vielen Fällen genügt, um die künstlerische Idee zu versinnbildlichen. Wen wundert's, dass sich viele Kunstliebhaber, die von einem Ausstellungsbesuch ein sinnlich-emotionales Erlebnis erhoffen, vor den Kopf gestossen fühlen und sich vom offiziellen Kunstbetrieb abwenden.

Der geniale US-amerikanische Marketingstratege Jeff Koons hat erkannt, dass sich die intellektuelle Kunst vornehmlich an Eingeweihte richtet und damit einen Grossteil des Publikums ausklammert. Und für dieses wollte er die emotionale Unmittelbarkeit des Anschaulichen zurückerobern.

Koons' Objekt amore *ist eine gelbe Erscheinung zwischen Kleinkind und Teddybär mit weisslichem Schlabber-Spitzentüchlein, auf welchem in roten Lettern „amore" geschrieben steht; mit Windeln, grünen Bändelchen und mehreren gemalten oder geformten roten Herz-Symbolen (Abb. 3). Die etwas über 80 Zentimeter hohe Figur aus Porzellan von 1988 sitzt, die Arme weit ausgebreitet, auf einem klassischen Ziersockel mit Aussparungen zwischen floralen Goldschnörkeln. Neben den gelben Stirn-Löckchen über*

Mit seinen – schon fast konzeptionell-ironisierenden – Objekten liefert uns der Künstler eine wunderbare Definition und Veranschaulichung von all den Topoi, von welchen sich die Kunst abgrenzen will und auch sollte. Seine Werke generieren spukhaft selbstbewusste Surrogate von Gefühlen, welche die Kunstwelt während vieler Jahrzehnte gleichsam hat verhungern lassen und die nun als Wiedergänger selbstbezüglicher Empfindungen dem Betrachter die Sicherheit vermitteln sollten, dass er mitsamt der Welt seiner Kindheitsträume perfekt ist und es weder viel nachzudenken noch zu erkennen gibt. Will man Koons' *amore* ein solches visuelles Reflexionspotenzial zusprechen, so liesse es sich als Konzeptkunst im Deckmantel von Kitsch verstehen.[80]

2.4.4. Das ethische Unbehagen mit dem Kitsch

Die Welt des Kitschs, das ist ihr innerstes Skandalon, ist herzlos, weil sie Gefühle in ein flüchtiges Stelldichein mit Oberflächen lockt, unter welchen nur Leere zu finden ist: sie produziert „kitschige Gefühle", welche sich mit widerstandslosem Selbstgenuss begnügen. Insofern, konstatiert Roger Scruton, ist unser Hang zum Kitsch kein Exzess der Gefühle, sondern im Gegenteil eher Ausdruck eines emotionalen Mangels.[81]

Ob es nun um kitschige Objekte oder um sentimentale Rezipienten geht: beides stellt gleichermassen ein ethisches Problem dar. Eine Neigung zur sentimentalen Kunsterfahrung wird in den meisten Fällen mit einer allgemein-lebensweltlichen Sentimentalität einhergehen. Diese wiederum ist insofern bedenklich, als sie echten Gefühlen im Weg steht und zu keiner Handlung verpflichtet. Wahre Kunst könnte also ein Mittel sein, unsere Fähigkeit zu echten Gefühlen auszubilden und zu verfeinern, um die Sensibilität für die Wirklichkeit und die damit verbundenen Verpflichtungen besser wahrnehmen zu können.[82]

Es ist also ethisch gesehen nicht unproblematisch, wenn heute das Pendel vom Generalverdacht des Kitschs gegenüber jeglicher Anmutung von Schönheit ins andere Extrem umzuschlagen droht: Im Zuge einer allgemeinen Wert-Relativierung scheint Kitsch als Feindbild weitgehend ausgedient zu haben. Laut Ute Dettmar und Thomas Küpper führt die Tendenz zur Entvertikalisierung des soziokulturellen Raums und die damit verbundene Öffnung im Hinblick auf eine Koexistenz unterschiedlichster Lebensstile und Werte zu einer Durchlässigkeit der Grenzen zwischen Trivial-

3 Jeff Koons, *amore*, 1988, Porzellan, 81,3x50,8x50,8 cm.

dem treuherzigen Teddy-Blick und den kindlich-prallen Pausbacken, dem Einmachglas mit Zier-Läppchen und dem gelben Blümchen zwischen den Beinen ist jedes Detail darauf angelegt, dass man den Anblick unmittelbar als „süss" empfindet.[77]

Koons bedient sich einer Formensprache, die für jedermann zugänglich ist: Kunst sollte ohne all den lästigen denkerischen Aufwand unmittelbar kommunizieren, die Menschen von den Frustrationen, die ihre fortschreitende Ausgrenzung aus der Kunstwelt verursachte, sowie von den Ängsten, nicht mitreden zu können, befreien. Dafür musste alles, was ästhetisch anspruchsvoll war, eliminiert werden. Er wollte, so verkündet Koons in seinen unzähligen Interviews, dem Mittelstand helfen, die Schuld- und Schamgefühle abzubauen, die ihm seine eigene Banalität einflösst. Seine Ästhetik des Banalen will den Menschen geben, was sie bewegt und anspricht, womit sie sich identifizieren können; und sie sollten es möglichst mundgerecht bekommen. Das eigentliche Thema seiner Werke sei das Publikum: dessen Träume und Sehnsüchte.[78] Folgerichtig sind viele seiner Skulpturen aus Edelstahl angefertigt und auf Hochglanz poliert: sie widerspiegeln sowohl die Menschen mitsamt den Farben ihrer Kleider – mithin ihre momentane Gestimmtheit – als auch die Umgebung, in der sie sich befinden.[79]

schema und Hochkulturschema und lässt herkömmliche Denkmuster neu hinterfragen.[83] So mancher Kunsthistoriker begnügt sich heute damit aufzuzeichnen, was gerade gefällt, und was zu welchem Preis eben den Besitzer gewechselt hat. „Stilanalytische Abgrenzungen von Kitsch und Kunst", fassen Dettmar und Küpper die heutige Situation zusammen, „handeln sich den Vorwurf ein, die geschichtliche Relativität und die soziale Funktion von Geschmacksurteilen zu wenig zu bedenken."[84]

Aus dieser relativistischen Sicht wären künstlerische Phänomene fast ausschliesslich in ihrem sozialgeschichtlichen Kontext zu bewerten und es gäbe keine bildimmanenten Unterschiede zwischen Schönheit und Kitsch mehr. Wäre dem wirklich so, würden sich Einfühlung und vor allem ein emotionales Mitgehen mit einem Kunstwerk erübrigen; kunstästhetische Überlegungen und mithin ästhetische Urteile würden in einer Kunst ohne entsprechende Werte hinfällig. Eine solche Auffassung stellt uns allerdings vor die Frage, wie es denn möglich ist, dass wir bei der Vertiefung in ein Bild der Kunst ein intensives und anhaltendes Glücksgefühl erleben können. Trotz einer gewissen Entspannung gegenüber dem Kitsch und dem wiederholten Versuch von Künstlern, das Gefälle zwischen „high" und „low" in der Kunst zu nivellieren, gibt es gute Gründe dafür, die Unterschiede zwischen Kunst und Kitsch in unserem Bewusstsein aufrechtzuerhalten. Denn mit der Entweihung unserer höchsten Werte drohen nicht nur unsere spirituellen Ideale, sondern auch unser Sinn für das Schöne verloren zu gehen.[85]

Fordern Negativästhetiken wie diejenige von Adorno als Gegenkraft für unsere natürliche Tendenz zu Harmonisierung und Trost auch Dissonanz und Störung vom Kunstwerk, so verweist dies auf den Umstand, dass die ästhetische Erfahrung bis zu einem gewissen Grad Modellcharakter für das wirkliche Leben hat. Adorno hat in den 1960er Jahren mit seinen normativen Forderungen an die Kunst deren Potenzial als Vorlage für lebensweltliche Belange in gewisser Weise vorweggenommen: Heute erst scheint die Diskussion über eine der Kunst inhärente Moral im Sinne eines ethischen Vermögens, etwa unsere Aufgeschlossenheit gegenüber widersprüchlichen Wirklichkeiten, Pluralität, Heterogenität und Differenzen zu befördern, wieder aktuell zu werden.[86] Da Kunst nicht realiter bedrohlich ist, können wir uns bedenkenlos und gleichsam „probeweise" auf solche Spannungsfelder einlassen und den Umgang mit Ungewohntem üben.

2.5. Fazit und Grundthese

Das Problem der Moderne mit künstlerischer Schönheit, Gefühl und Stimmung kann historisch einerseits als Antwort auf die romantische Sentimentalität und andererseits als Ausdruck schwer überwindbarer Blessuren durch die grossen Kriege in Europa gesehen werden. Beides hat die Kunstwelt in eine Fluchtbewegung vor emotionalen Implikationen in der Erfahrung von Kunst geschlagen.

Das autonome, der reinen Materialität verschriebene Bild, dessen einziger Gehalt in der sinnlichen Erfahrung der materiellen Faktur von Malerei liegt, hatte zum Inhalt nur noch sich selbst. Im Gegenzug dazu haben philosophische Konzepte künstlerische Gegenstände wiederum mit supplementierten Narrativen und Bedeutungen aufgeladen, so dass die sinnliche Prägnanz des physischen Objekts selbst kaum mehr eine Rolle spielt. Beide Strategien haben den anschaulichen Gegenstand seines eigentümlichen Ausdrucks und die Rezipientinnen einer objektbezogenen ästhetischen Emotion gewissermassen enthoben. Jeff Koons bietet mit seinen Kitsch-Figuren betörende Surrogate für ein Publikum, das in einem über Jahrzehnte vorherrschenden Intellektualismus den emotionalen Umgang mit dem künstlerischen Ausdruck wohl teilweise verlernt hat. Wo die arglose Gefühlsanbiederung auf ein Echo stösst, ist auch die Sentimentalität zurückgekehrt.

Der Urgrund der modernen Schwierigkeiten im Umgang mit Bild-Emotionen hängt letztlich damit zusammen, dass im Kunstdiskurs Verstand und Emotion als zwei voneinander getrennte und sich gegenseitig ausschliessende Zugangsweisen zu den ästhetischen Phänomenen verstanden wurden. Ästhetische Emotionen und Stimmungen – das wird sich im Nachfolgenden zeigen – umfassen auch kognitive Aspekte und sind damit weit davon entfernt, den unreflektiert konsumierenden Betrachter mit sentimentalen Seelenpflastern zu versorgen – eine Erkenntnis, die zum Verständnis von Bild-Poesie eine gewisse Rolle spielen wird.

Dieses Kapitel legt den Grundstein für die weiter zu verfolgende Annahme, dass weder eine sentimentale noch eine rein sinnliche, aber auch keine ausschliesslich geistige Einstellung dem Bild als Kunstwerk gerecht werden kann.

Vor dem Hintergrund der geschilderten Vorbehalte gegenüber den emotionalen Aspekten in der Erfahrung von Kunst lässt sich Bild-Poesie – so meine Grundthese – als spezifisches Phänomen der Moderne begreifen: Künstler wie

Paul Klee haben sich die allgemeine intellektualistische Grundhaltung gewissermassen subversiv zunutze gemacht, indem sie in ihren Bildern den intellektuellen Zugriff zwar verheissen, aber laufend untergraben. In diesem Spannungsverhältnis zwischen „Zeigen und Verbergen von Sinn" mobilisieren die Dichter-Maler bildkünstlerische Emotionen und verschaffen diesen – gleichsam über die Hintertreppe – eine erneute Daseinsberechtigung.

Bevor wir uns – auch anhand von Bild-Beispielen – dieser These zuwenden können, wird es notwendig, den Bereich des Affektiven zu beleuchten und Begriffen wie „Gefühl", „Emotion" und „Stimmung" möglichst eindeutige, zumindest innerhalb dieser Schrift konsequent verfolgte Bedeutungsräume zu erschliessen.

3. GEFÜHLE ALS WEISEN UNSERES WELTBEZUGS

Voraussetzung für ein Verstehen, was Gefühle in unserer Erfahrung von Kunst leisten, ist die Kenntnis, was sie sind, das heisst, welche Komponenten sie umfassen und wodurch sie sich von Intellekt, Imagination und rein leiblicher Empfindung unterscheiden. Dasselbe gilt für Stimmungen, die – kunsttheoretisch ähnlich unterbeleuchtet wie Gefühle – ebenso zum „Stiefkind der Ästhetik" geworden sind. Im Hinblick auf das Vorangehende ist auch die Einfühlung eingehender zu beschreiben und in Beziehung zum Mitgefühl zu setzen. Es soll gezeigt werden, inwiefern unsere intellektuellen, affektiven, imaginativen und leiblichen Vermögen komplementäre Funktionen in unserem Weltbezug erfüllen.

Da kunsttheoretische Analysen des affektiven Bereichs weitgehend fehlen, werden im Folgenden die entsprechenden Theorien aus dem zwischenmenschlichen Bezugsrahmen beleuchtet und wo möglich für kunstästhetische Belange adaptiert: Neben vielen Gemeinsamkeiten sind letztlich nur geringe Unterschiede feststellbar. Mit Aaron Ben-Ze'evs kognitivistisch ausgerichteter Systematik der mentalen Funktionsbereiche wird dargestellt, inwiefern Intellekt und Gefühl aufeinander angewiesen sind, um unser ständig im Wandel begriffenes, gemeinschaftliches Leben praktisch und sinnvoll zu bewältigen.[87] Sie liefert uns entscheidende Aspekte für unser Verständnis, welche Einstellung wir Bildern der Kunst entgegenbringen und was diese ihrerseits mit uns machen. Des Weiteren vermittelt uns ein Seitenblick auf Max Schelers Lebensphilosophie eine bessere Vorstellung davon, welche Rolle unser Leib in der Erfahrung von Kunst spielen kann.

3.1. Ein relationales Konzept unserer geistigen Vermögen

Ben Ze'ev präsentiert uns ein relationales Konzept von vier mentalen Modi oder Seinsweisen, die untrennbar miteinander verbunden und aufeinander angewiesen sind: Wahrnehmung (Perzeption), Vorstellungskraft (Imagination), Verstand (Intellekt) und Gefühl (Affektiver Bereich). Auf der untersten Stufe befindet sich die Wahrnehmung; in sukzessiv zunehmender Komplexität folgen ihr Imagination, Intellekt und Gefühl im weiten Sinn, das heisst der gesamte affektive Bereich, der neben seelischen Empfindungen wie Emotionen und Stimmungen auch leibliche oder sinnliche Empfindungen umfasst (Abb. 4, Schaubild).[88] Die schlichteste Ebene der Wahrnehmung teilt sich in die sinnliche Empfindung von Veränderungen in unserem Körper sowie die intentionale Wahrnehmung unserer Umgebung. Auf der nächst höheren Stufe, der Imagination, fügt sich die Vorstellungskraft mitsamt dem Erinnerungs- und Antizipationsvermögen hinzu. Sie zeichnet sich dadurch aus, dass sie sich mit Dingen auseinandersetzen kann, die den Sinnen aktuell nicht zugänglich sind. Der intellektuelle Bereich wiederum erweitert die Fähigkeiten von Wahrnehmung und Vorstellungsvermögen durch das Denken, welches sich mit dem Prüfen und Beurteilen mentaler Inhalte beschäftigt und nach Ordnung und Richtigkeit strebt. Seine Vorgehensweise ist abwägend, eher langsam und auf möglichst umfassende Allgemeingültigkeit bedacht. Im Unterschied zum Verstand reagiert der noch komplexere affektive Bereich schneller und spontaner: unsere Gefühle verfügen über die Möglichkeiten eines schematischen Zugriffs auf die Bedeutungsinhalte von uns zustossenden Ereignissen; ihr Fokus ist enger und personalisiert, spezifisch und von lokaler Gültigkeit. Im affektiven Modus erweitern sich Wahrnehmung, Imagination und Denken durch Emotionen – zu welchen die nicht-intentionalen, leiblichen Empfindungen ebenso wie die intentionalen Funktionen Kognition, Evaluation und Motivation gehören. Entgegen Ben-Ze'ev werde ich mit Angelika Krebs im nachfolgenden Abschnitt dafür argumentieren, dass leibliche Empfindungen sehr wohl gerichtet sind, und zwar nicht nur nach innen auf den eigenen Leib, sondern auch nach aussen auf unsere Umgebung, was erst

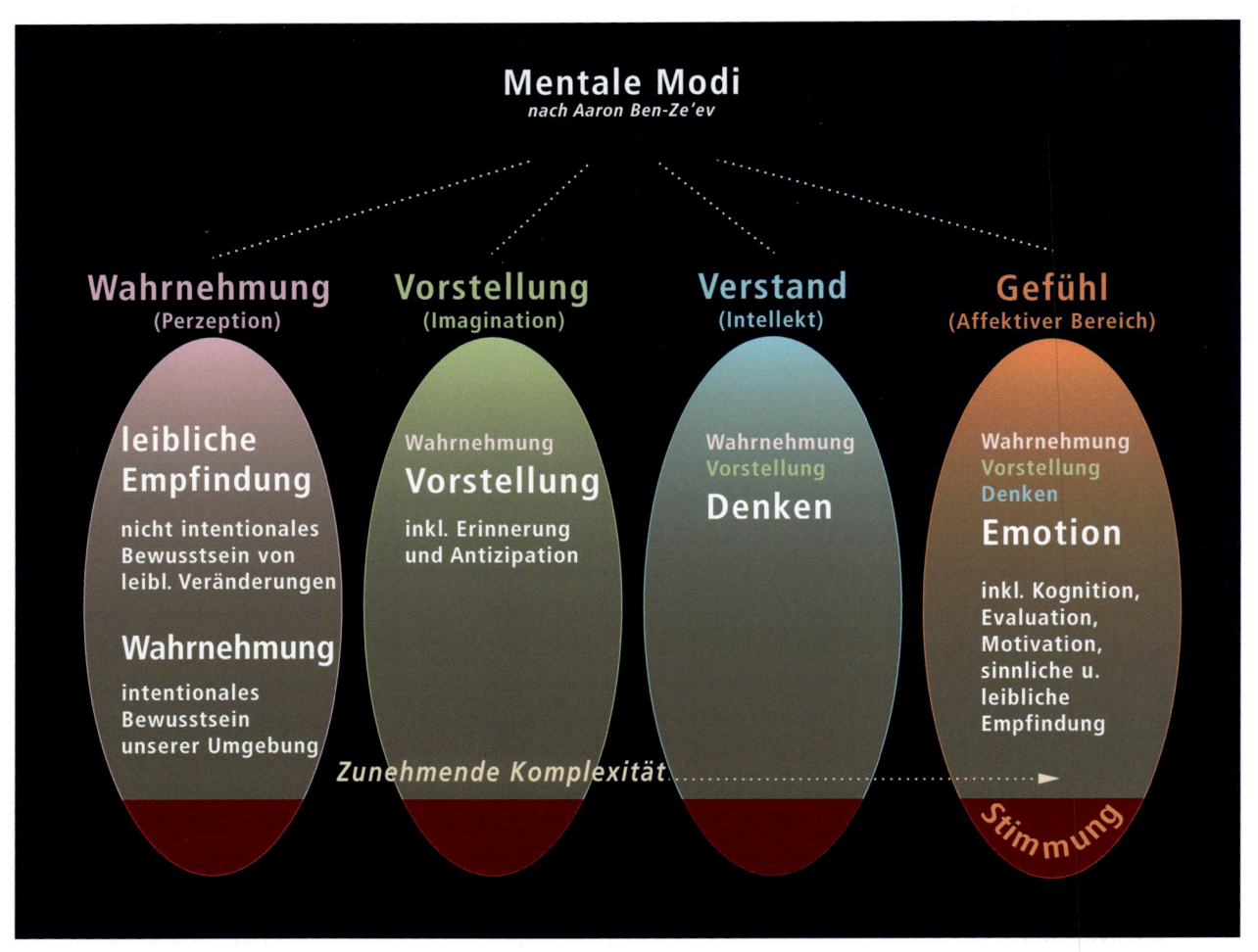

Mentale Modi
nach Aaron Ben-Ze'ev

Wahrnehmung (Perzeption)
- leibliche Empfindung — nicht intentionales Bewusstsein von leibl. Veränderungen
- Wahrnehmung — intentionales Bewusstsein unserer Umgebung

Vorstellung (Imagination)
- Wahrnehmung
- Vorstellung inkl. Erinnerung und Antizipation

Verstand (Intellekt)
- Wahrnehmung
- Vorstellung
- Denken

Gefühl (Affektiver Bereich)
- Wahrnehmung
- Vorstellung
- Denken
- Emotion inkl. Kognition, Evaluation, Motivation, sinnliche u. leibliche Empfindung

Zunehmende Komplexität → *Stimmung*

4 *Mental Modes* nach Aaron Ben-Ze'ev.

die komplementäre Rolle unseres Leibes in der Erfahrung von Kunstwerken erklären kann. Mit Ausnahme dieses Unterschieds gibt das Schaubild nach Ben-Ze'ev meine Begriffsverwendungen im Text wieder. Das „Mentale" oder, gleichbedeutend, „Geistige" gilt als Überbegriff für diese verschiedenen Funktionen oder Vermögen.

Diese stark vereinfachte Darstellung soll nicht darüber hinwegtäuschen, dass das Gefühl auch bei Wahrnehmung und intellektueller Tätigkeit eine Rolle spielt; ebenso wie das Denken in Wahrnehmung, Imagination und Emotion mitwirkt. Es gibt keine eigentlichen Grenzen zwischen den einzelnen mentalen Vermögen: sie alle stehen in funktionalen Wechselbeziehungen zueinander.

Der affektive Bereich ist somit der beziehungsreichste der vier mentalen Modi. Ben-Ze'ev teilt ihn wiederum in vier unterschiedliche Untergruppen: Emotionen, Stimmungen, Charaktereigenschaften und affektive Störungen, wovon uns lediglich Emotionen und Stimmungen beschäftigen werden.

3.2. Umfang und Qualitäten des Begriffs „Gefühl"

Gefühle sind keine Dinge, sondern gleichen eher einer Haltung oder aber – wovon hier weniger die Rede sein wird – einem Widerfahrnis. Sie lassen sich nicht über notwendige und hinreichende Eigenschaften definieren und bilden dergestalt eine prototypische Kategorie.[89] Ben-Ze'ev stellt in einer Art geistiger Landkarte ihre Bestandteile und Charakteristiken dar. Gefühle gründen auf einem komplizierten Geflecht von Bezügen, was damit zusammenhängt, dass sie neben den rein emotionalen Komponenten Kognition, Evaluation, Motivation und sinnliche Empfindung auch sämtliche Eigenschaften der drei anderen mentalen Vermögen, das heisst Wahrnehmung, Imagination und Intellekt, einschliessen. Gefühle unterscheiden sich in Dauer, Stabilität, Tiefgründigkeit sowie Intensität, unterliegen aber alle einer mehr oder weniger einseitigen Perspektive: typische emotionale Anliegen sind persönlich und vergleichend, etwa mit dem, was hätte sein können oder sollen. In ihrer schematischen Verfahrensweise, die es noch genauer zu untersuchen gilt, mobilisieren sie gleichzeitig alle zur Verfügung stehenden Ressourcen und zeichnen sich so durch schnelle Reaktionen auf Unerwartetes und Neues aus. In dieser Hinsicht sind sie dem systematisch vorgehenden Intellekt überlegen. Sie werden generiert, schreibt Ben-Ze'ev, wenn wir bedeutsame positive oder negative Veränderungen in unserer persönlichen Situation wahrnehmen. Ob sie akut oder dauerhaft, intensiv oder eher unterschwellig sind: meist signalisieren Gefühle mit Nachdruck, dass etwas unsere Aufmerksamkeit benötigt und ob Handlungsbedarf besteht. Sie sind intentional und parteilich: in einem kognitiven Sinn, das heisst sie haben einen engen Fokus, und in einem evaluativen Sinn, was bedeutet, dass sie Geschehnisse in persönlicher und parteilicher Weise bewerten. Wichtig für das Verständnis der Kunsterfahrung wird unter anderem sein, dass sie unsere Achtsamkeit in der Auswahl dessen, was uns in irgendeiner Weise betrifft, prägen und so auch unsere Werte und Vorlieben ausdrücken.

3.2.1. Emotionen: Kognition, Evaluation, Motivation und sinnliche Empfindung

Emotionen sind die spezifischen affektiven Fähigkeiten, welche den Gefühlsbereich von den rein intellektuellen und imaginativen Funktionen unterscheiden. Interessant für kunstästhetische Belange sind ihre vier Bestandteile: Kognition, Evaluation, Motivation und der Anteil an sinnlicher Empfindung. Sie sind nicht als getrennte Einheiten oder Zustände zu verstehen, sondern als konzeptionell unterschiedliche, miteinander in Wechselbeziehung stehende Aspekte einer typischen emotionalen Erfahrung, wobei in einer gegebenen Situation der eine oder andere vorherrschen kann.[90]

Die kognitive Komponente von Emotionen besteht Ben-Ze'ev zufolge weitgehend in der summarischen und oftmals auch perspektivisch verzerrten Information über die aktuell vorliegenden Umstände.[91] Dieser Kognitionsbegriff ist insofern eng, als er sich konzeptionell von der Evaluation unterscheidet. Im einflussreichen emotionstheoretischen Ansatz von Martha Nussbaum umfasst die kognitive Komponente von Emotionen neutrale Fakten und auch evaluative Bewertungen. Emotionen *sind* für Nussbaum Formen von Werturteilen: Fühlend wissen wir, was eine konkrete Situation für uns bedeutet und was sie von einer anderen, erhofften oder gefürchteten, unterscheidet. Solche Werturteile sind sowohl von unseren Überzeugungen als auch von unserer Vernunft getragen, sie bestimmen weitgehend die spezifische Identität einer Emotion. Damit sind Emotionen letztlich ein intrinsisches Wissen von der persönlichen Tragweite eines bestimmten Ereignisses.[92] Dieser weite Kognitionsbegriff wird uns gute Dienste leisten, wenn es darum gehen wird zu verstehen, welche Rolle Emotionen im Wissenszuwachs durch Kunst spielen (vgl. I, 6).

Evaluation ist ein wesentlicher Faktor für die kommunikative Kraft von Kunst, weshalb sie im nachfolgenden Unterkapitel noch einmal separat behandelt wird. Sie steht in direktem Zusammenhang mit Motivation. Dies ist eine Verknüpfung, die im Kunstdiskurs häufig übersehen oder sogar negiert wird, welche aber kunstphilosophisch nicht ohne Bedeutung ist: Die emotionale Bewertung einer Situation oder Sache führt laut Ben-Ze'ev in lebensweltlichen Belangen unweigerlich zum Wunsch oder zur Bereitschaft, vorhandene Ressourcen schnell in Handlung umzusetzen, etwa um die Liebe zu einer Person im Wortsinn wirksam werden zu lassen.[93] Obgleich Kunstwerke kaum direkte Handlungsimpulse mit sich bringen, können sich auch die grundlegend zweckfreien ästhetischen Emotionen auf unser Denken und unser Verhalten auswirken, und sei es zunächst nur im trivialen Sinn, dass wir auf dasjenige, was uns anzieht, unsere gesammelte Aufmerksamkeit richten.[94] Dabei lösen wir uns für Augenblicke von unseren persönlichen Anliegen los – nicht anders als im zwischenmenschlichen Bereich. Eine emotionale Anteilnahme am Kunstwerk kann auch in diesem individuellen Rahmen eine soziale Wirkung entfalten. Indem wir – wie etwa in den nachfolgenden Bildbeschreibungen – unsere eigenen Werte offenlegen, ermöglichen wir nicht nur einen Zugang von anderen zu uns, sondern wir befördern in einer Selbst-Bewusstwerdung auch unsere nach aussen gerichtete Sensibilität.[95] Die Motivationskraft der emotionalen Erfahrung von Kunst ergibt sich letztlich daraus, dass sie sowohl unser Vorstellungsvermögen als auch unsere Fähigkeit zur Hingabe an einen Gegenstand um seiner selbst willen kultivieren, wodurch uns die ästhetische Betrachtung letztlich zu einer richtigen Haltung gegenüber unserem Leben im Ganzen führen kann.[96] Roger Scruton spricht von emotionaler Erziehung (vgl. auch I, 2.4.4.).[97] Insofern scheint der zumindest indirekte Motivationsaspekt vom allgemeinen Bilddiskurs unberechtigterweise vernachlässigt zu werden,

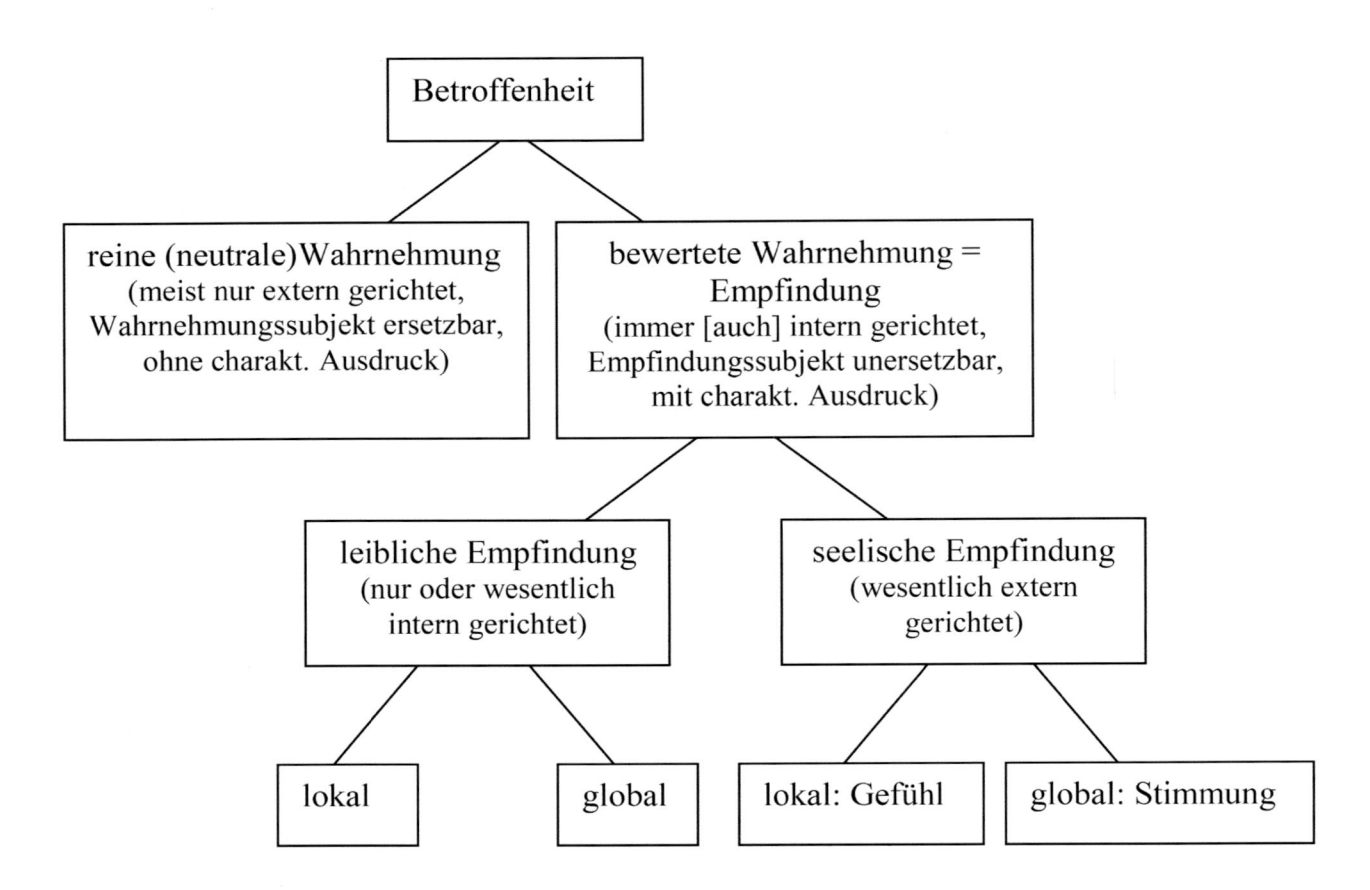

```
                    ┌─────────────────┐
                    │  Betroffenheit  │
                    └─────────────────┘
                      /             \
┌──────────────────────────────┐  ┌──────────────────────────────┐
│ reine (neutrale) Wahrnehmung │  │ bewertete Wahrnehmung =      │
│   (meist nur extern gerichtet,│ │         Empfindung           │
│ Wahrnehmungssubjekt ersetzbar,│ │ (immer [auch] intern gerichtet,│
│     ohne charakt. Ausdruck)  │  │ Empfindungssubjekt unersetzbar,│
└──────────────────────────────┘  │    mit charakt. Ausdruck)    │
                                  └──────────────────────────────┘
                                         /              \
                          ┌──────────────────────┐  ┌──────────────────────┐
                          │ leibliche Empfindung │  │ seelische Empfindung │
                          │   (nur oder wesentlich│ │ (wesentlich extern   │
                          │     intern gerichtet) │ │       gerichtet)     │
                          └──────────────────────┘  └──────────────────────┘
                               /         \                /            \
                         ┌───────┐  ┌────────┐    ┌────────────────┐  ┌──────────────────┐
                         │ lokal │  │ global │    │ lokal: Gefühl  │  │ global: Stimmung │
                         └───────┘  └────────┘    └────────────────┘  └──────────────────┘
```

5 Angelika Krebs, *Landkarte des Empfindungslebens*.

da er wertvolle Gesichtspunkte zur Sinnfrage von Kunst beizutragen vermag.[98]

Die Empfindungskomponente ist eine Form von Bewusstheit unserer persönlichen Lage in einer gegebenen Situation. Ben-Ze'ev zufolge sind sinnliche Empfindungen weder komplex noch intentional und nicht im eigentlichen Sinn bewertend, wenngleich sie in ihrem Wertverhalt wahrgenommen werden. Sie sind von Emotionen zu unterscheiden, erfüllen jedoch auf den drei intentionalen Ebenen Kognition, Evaluation und Motivation so etwas wie grundlegende Funktionen.[99] Ben-Ze'evs Vorstellung einer undifferenzierten aber alles Emotionale gleichsam fundierenden Empfindung ist wenig förderlich für unser Verständnis der Kunsterfahrung. Deutlicher strukturiert und deshalb aussagekräftiger ist der Vorschlag von Angelika Krebs, Empfindungen in jedem Fall ein bewertendes Moment zuzuschreiben und sie jeweils nach Spektrum und Fokus der Intentionalität zu unterscheiden. In ihrer *Landkarte des Empfindungslebens* manifestiert sich menschliche Betroffenheit entweder als reine, neutrale Wahrnehmung oder eben als bewertete Wahrnehmung: als Empfindung (Abb. 5, Schaubild). Während die neutrale Wahrnehmung meist nur nach aussen gerichtet ist, richtet sich die Empfindung immer *auch* nach innen, also auf das Empfindungssubjekt. Empfindung kann *leiblich* sein und wendet sich dann wesentlich nach innen: entweder „lokal", wie etwa Schmerz, oder gesamtheitlich-„global" wie wohlige Wärme. Leibliche Empfindung kann jedoch auch einmal zugleich extern gerichtet sein: schlechte Musik in einem Kaufhaus wird unseren Aufenthalt eher verkürzen, auch ohne dass wir bewusst wahrnehmen, worin der Grund für unser Unwohlsein liegt. Im Unterschied zu leiblichen Empfindungen richten sich seelische Empfindungen wesentlich nach aussen, im lokalen Bereich sind dies Gefühle, im globalen sind es Stimmungen.[100] Die hier dargestellte Trennung von leiblicher und seelischer Empfindung ist allerdings eine schematische Vereinfachung der Tatsache, dass diese Bereiche letztlich nicht trennbar sind: das Seelische ist immer auch leiblicher und räumlicher Natur.[101]

Weiter zu verfolgen für das vorliegende Thema wird die globale leibliche Empfindung mit internem *und* externem Bezug sein, im Hinblick auf die Frage, inwiefern auch unser Leib, also der „empfundene Körper",[102] an unserer Erfahrung von Kunst teilhat.

3.2.2. Evaluation zwischen Intuition und Abwägung

Ohne emotionale Bewertung sind wir gegenüber den Ereignissen in unserem Leben indifferent: Während uns unser Intellekt gleichsam „neutrale" Informationen übermittelt, bestimmt der evaluative Aspekt von Gefühlen deren Bedeutung für uns.

Ben-Ze'ev unterscheidet zwischen zwei Haupttypen: der deliberativen und der schematischen Evaluation.[103] Die *deliberative* Bewertung geht mit willentlich kontrollierten und bedächtig differenzierenden Bewusstseinsprozessen einher, verläuft eher linear und im Sinne von Folgerungen; sie bezieht sich auf Bereiche, deren Bedeutungsinformationen sprachlich zugänglich sind. Deliberative Evaluation ist ein Prozess, der auf sein Produkt – die Bestimmung eines Werts – hinführt. Die spontanen *schematischen* Bewertungsmechanismen indessen gehen mit grundlegenderen Abläufen einher und sind laut Ben-Ze'ev konstitutiv für die meisten Emotionen.[104] Sie ereignen sich ausserhalb des fokussierenden Bewusstseins und begnügen sich mit einem Minimum an Aufmerksamkeit und verbaler Information. Ben-Ze'ev nennt als Beispiel dafür die „Liebe auf den ersten Blick" – sie gründe typischerweise auf vorgefertigten Strukturen oder Bewertungsschemata, die von evolutionären und persönlichen Entwicklungen geprägt sind; als Teil unserer psychischen Konstitution können sie durch die geeigneten Umstände auch ohne Beteiligung des Bewusstseins aktiviert werden. Wenngleich laut Ben-Ze'ev spontan-schematische Evaluationen grundsätzlich ohne deliberative Mechanismen auskommen – was faktisch eher selten der Fall zu sein scheint –, sind sie in der Regel dennoch *bedeutungsvolle* Antworten auf eine signifikante, plötzlich eintretende Anforderung. Bedeutungsvoll sind sie trotz ihres elementaren Charakters, weil sie durch ihre Fundierung im persönlichen Bezugsrahmen der evaluierenden Person durchaus zu adäquaten, in einer konkreten Lebenssituation vernünftigen Reaktionen führen können.[105]

In der Begegnung mit Kunstwerken gewinnt die schematische Natur von typischen emotionalen Evaluationen eine massgebliche Bedeutung: Bilder liefern in ihrer ästhetischen Prägnanz nur undeutliche Anhaltspunkte für deliberative Evaluationen. Die spontan-schematisch einspringenden Bewertungen sind dennoch auch da nicht „aus der Luft gegriffen", sondern insofern vermittelt, als sie – haben wir etwas Erfahrung im Umgang mit Kunst – auf deliberativ und praktisch angelernte Fähigkeiten zurückgreifen: Ben-Ze'ev spricht von einer „learned spontaneity".[106] Für ein umfassend begründetes, phänomenales Erkennen, wie ein Bild über dieses spontane „Wohlgefallen" hinaus zu beurteilen ist, scheinen indes deliberative Evaluationsprozesse ergänzend notwendig zu sein.

Bevor wir uns der Frage widmen können, welche Rolle unsere affektiven Kompetenzen in der Erfahrung von Bildern spielen, soll das Phänomen der Stimmungen kurz erläutert werden. Stimmungen sind nicht immer leicht von Emotionen zu trennen, was auch aus den nachfolgenden Bildbeschreibungen hervorgehen wird. Dennoch sind sie in ihrer Eigenart aus dem ästhetischen Diskurs nicht wegzudenken.

3.3. Das Phänomen der Stimmungen

Kunst und insbesondere Poesie vermittelt sich nicht nur über Emotionen, sondern auch über Stimmungen. Auch diesem Aspekt des affektiven Bereichs wird im modernen Kunstdiskurs mit einigem Misstrauen begegnet und mithin wenig Beachtung geschenkt. Nach einem kurzen Rückblick auf die Ursprünge des Stimmungsbegriffs sowie auf die periodische Vernachlässigung seiner Erforschung folgt eine Charakterisierung von Gemütsstimmungen und „äusseren" Stimmungen. Es werden verschiedene Antwortmodelle auf die Frage vorgestellt, ob Stimmungen ausserhalb von uns selbst überhaupt denkbar sind oder ob sie von uns lediglich in die Aussenwelt projiziert werden. Die Frage muss im vorliegenden Rahmen nicht abschliessend beantwortet werden. Die vorgestellten Denkmodelle bilden jedoch eine Grundlage für die im Nachfolgekapitel anhand von Bildbeispielen zu verifizierende These, dass Kunstwerke ihren Stimmungs- und Gefühlsausdruck im Sinne einer von der Betrachterin zu aktualisierenden Potenz in sich tragen. „Ästhetische Stimmung" meint in unserem Kontext die entsprechende reflektierte Stimmungserfahrung. Sie wird als auf Stimmungseigenschaften ausgerichtetes Pendant zum „ästhetischen Gefühl" verstanden.

3.3.1. Zur Extension des Stimmungsbegriffs

Der deutsche Stimmungsbegriff enthält die Eigenheit, dass er sich ebenso auf innere, subjektiv-menschliche „Färbungen des Gemüts" als auf äussere, objektiv wahrnehmbare Phänomene bezieht, während etwa das Englische innere Stimmungen in den Nuancen von „mood" und „attunement" kennt und für aussermenschliche Gegebenheiten zwischen „ambiance" und „atmosphere" unterscheidet.[107] Seine Mehrdeutigkeit lässt diesem Begriff fälschlicherweise den Makel des schwer Fassbaren oder Vagen anhaften, was einer der Gründe dafür sein mag, weshalb er in heutigen kunstästhetischen Diskursen wenig vorkommt. Jüngste Untersuchungen zur Stimmungsästhetik wie diejenige von Friederike Reents erkennen jedoch in dieser Bedeutungsfülle auch eine spezifische Potenz.[108]

Die Unschärfe des Stimmungsbegriffs gründet in seiner Herkunft aus dem musikalischen Bereich: von der lexikalischen Familie von „Stimmung" und „Stimme" leiten sich sowohl das Verb „stimmen" im transitiven Sinn – etwa ein Instrument auf die Schwingungsfrequenz eines Stimmtons einstimmen – als auch das intransitive Übereinstimmen, das „Richtigsein", ab.[109] In beiden Fällen bezeichnet „Stimmung" ein *Verhältnis* zwischen verschiedenen Parametern, was auch aus ihrer Wurzel im griechischen ἁρμονία – Harmonie als Übereinstimmung und Einklang – hervorgeht.[110] Diese besondere Beziehung kann sich auf drei unterschiedlichen Ebenen einstellen: Erstens in uns selbst im Sinne eines Zusammenspiels von situativen, seelischen und auch körperlichen Gegebenheiten; als „innere Stimmung". Zweitens kann eine Landschaft, ein Bild oder ein ganzer Ausstellungsraum eine Stimmung „haben" oder zumindest ausdrücken: auch diese „äussere Stimmung" entsteht durch eine Wechselbeziehung verschiedener Eigenschaften – sie wird uns weiter unten als Bild-Stimmung beschäftigen. Als drittes Phänomen kann eine Resonanz[111] zwischen innerer und äusserer Stimmung im Sinne eines ästhetischen Ereignisses auftreten, wenn wir unsere Aufmerksamkeit und unser Fühlen auf die affektiven Ausdrucksqualitäten unserer Umgebung richten.

3.3.2. Stimmungsforschung: ein zögerliches Erwachen aus dem Dornröschenschlaf

Der Begriff „ästhetische Stimmung" wurde von Friedrich Schiller eingeführt. Für ihn war Stimmung ebenso wie für Kant eine reine Leistung des Subjekts. Heute wird sie zusehends als relationales Ereignis zwischen dem affektiven Wirkungspotenzial eines äusseren Stimmungsträgers – einer Landschaft oder eines Kunstwerks – mit dem ästhetischen Erleben des Betrachters verstanden.

„Stimmung" wurde durch Kant zu einem ästhetischen Begriff: Der Philosoph hat zur Stimmungsmetapher gegriffen, um bei der ästhetischen Urteilsbildung eine Vermittlerin zwischen Verstand und den sinnlichen Eindrücken der Einbildungksraft zu denken.[112] Kant zufolge werden diese beiden Erkenntnisvermögen in ein freies Spiel gebracht: in eine „proportionierte", harmonische Stimmung. Die Harmonie zwischen den Erkenntniskräften gehört zwar allein dem Subjekt an, ist aber mit den Bedingungen der Allgemeinheit vereinbar und hat somit einen intersubjektiven Gültigkeitsanspruch.[113] Damit hat Kant der Stimmung eine wesentliche Rolle im ästhetischen Urteil zugesprochen, das im Wohlgefallen an ebendieser proportionierten Stimmung zwischen Einbildungskraft und Vernunft gründet.[114]

Eine Hoch-Zeit erlebte der Diskurs um die ästhetische Stimmung am Anfang des 19. Jahrhunderts im Zusammenhang mit der Romantik und den Stimmungslandschaften. Noch Friedrich Theodor Vischer verstand die „Stimmung als wesenhafte Bestimmung der Landschaftsmalerei", deren einheitliche atmosphärische Tönung für einen emotionalen Gesamteindruck bei der Betrachterin sorgte.[115] Friederike Reents beleuchtet den wissenshistorischen Kontext des Begriffs und identifiziert zwei weitere Höhepunkte des ästhetischen Stimmungsdiskurses um die Jahrhundertwenden von 1900 und 2000. In der Moderne sei nach 1945 bzw. 1968 die Auseinandersetzung mit dieser unter Ideologieverdacht stehenden Kategorie noch einmal stark zurückgegangen.[116]

Seit den Anfängen des 21. Jahrhunderts ist die Stimmungsforschung allmählich wieder im Aufschwung. Auf kunstwissenschaftlicher Seite widmet sich ihr ein interdisziplinärer Sammelband von Aufsätzen: *Stimmung als ästhetische Kategorie und künstlerische Praxis*.[117] Kerstin Thomas diagnostiziert und erklärt die nach wie vor anhaltende kunstwissenschaftliche Befangenheit gegenüber der Stimmung folgendermassen:

„Gerade seit Beginn des 20. Jahrhunderts, da in den Wissenschaften alte Bewusstseinsmodelle kritisiert werden, wird der Begriff der Stimmung vereinzelt genutzt, um die Verschränkung von Individuum und sozialem Milieu, von inneren und äusseren Gegebenheiten, kenntlich zu machen, ohne dass dies jedoch erkenntnistheoretisch ausgebaut wurde. Die kunsthistorische Forschung setzt demgegenüber auch dort, wo Stimmung in Anschlag gebracht wird, das althergebrachte epistemologische Muster von der subjektiven Eintrübung des Äusseren als Erklärungsmuster ein. Implizit liegt diesem Muster die Vorstellung eines Äusseren zu Grunde, das ausserhalb vom Wahrnehmungsvorgang existiere und ‚neutral', d. h. jenseits subjektiver Beteiligung erfasst werden könne. Demzufolge wäre Stimmung eine blosse Zusatzqualität."[118]

Entsprechend befasst sich das interdisziplinäre Handbuch *Bild* von 2014 mit bildtheoretischen Ansätzen sowohl aus philosophischer, psychologischer, anthropologischer, sozial- und naturwissenschaftlicher, medien-, sprach- und kunsttheoretischer Perspektive, ohne „Stimmung" überhaupt nur zu erwähnen.[119] Auch im Lexikon für Ästhetik von 2006 kommt das Lemma „Stimmung" nicht vor.[120] Zu den möglichen Begründungen, weshalb der Stimmungsbegriff als Fachterminus in der modernen Kunstgeschichte vernachlässigt wurde, kann neben dessen Ambiguität und dem epistemologischen Missverständnis überdies die im vorangehenden Kapitel beschriebene Fluchtbewegung vor dem Stimmungskult der Romantik angeführt werden.

Auch aus literaturwissenschaftlicher Sicht stellt David E. Wellbery eine zunehmende Erschöpfung des Stimmungsdiskurses im Laufe des 20. Jahrhunderts fest, die insbesondere für das Phänomen der *ästhetischen* Stimmung nur wenig Interesse aufgebracht habe. Einer der Gründe für ein Verschwinden des Stimmungsbegriffs aus der Forschung könnte seines Erachtens in dessen alltagssprachlicher Trivialisierung liegen, die mit einem Verlust von differenziertem Vokabular zur Stimmungsbeschreibung einhergeht.[121] Im sieben bändigen *Lexikon für ästhetische Grundbegriffe* widmet er der Stimmung einen ausführlichen begriffsgeschichtlichen Aufriss. Eine Analyse der historischen Semantik von „Stimmung" im ästhetischen Diskurs sowie eine Beleuchtung ihrer Ideengeschichte mit Beispielen aus Literatur, Musik und Kunst bietet der Sammelband von Anna-Katharina Gisbertz: *Stimmung. Zur Wiederkehr einer ästhetischen Kategorie*.[122] Der 2013 im Rahmen einer internationalen Tagung entstandene Sammelband *Stimmung und Methode* vereint interdisziplinär orientierte Aufsätze zum Stimmungsbegriff, die unterschiedlichste Facetten aus den Bereichen von Ästhetik, Poetik, Philosophie, Emotionspsychologie, Musikwissenschaft und Neuer Phänomenologie exemplarisch erläutern.[123] Von philosophischer Seite organisierte Angelika Krebs mit Aaron Ben-Ze'ev im Rahmen der *European Philosophical Society for the Study of Emotions* (EPSSE) 2015 einen internationalen Workshop zu *The Meaning of Moods*.[124] Stefan Hajduk leistet mit seiner 2016 erschienenen literaturwissenschaftlich-phänomenologisch fokussierten Grundlagenreflexion *Poetologie der Stimmung* einen weiteren umfassenden Beitrag zur Rehabilitation des Stimmungsbegriffs. Das gegenwärtige Forschungsinteresse am Konzept der Stimmung erklärt sich der Autor zumindest teilweise durch dessen Integrationskraft, die einer allgemeinen Tendenz zu synthetisierenden, kombinatorischen oder integrativen Denkansätzen entgegenkommt.[125]

Dennoch bleiben viele Fragen insbesondere zur Rolle der Stimmung in unserer Erfahrung von Bildern der Kunst ungeklärt. Sie werden uns im phänomenologischen Teil dieser Untersuchung beschäftigen.

3.3.3. Stimmungen des Gemüts

Ästhetische Stimmungen werden immer auch im Verhältnis zu unserem affektiven Befinden erfahren, weshalb wir uns hier den grundlegenden Eigenschaften unserer eigenen, „inneren" oder „psychologischen" Stimmungen zuwenden wollen.

Gemütsstimmungen oder *innere* Stimmungen gehören wie Emotionen zum äusserst komplexen affektiven Bereich unseres mentalen Raums:[126] sie sind letztlich Formen von Gefühl. Stimmungen treten immer in irgendeiner Ausprägung in uns auf; sie können verschiedene Gründe und Ursachen haben, als „Grundstimmungen" länger andauern oder sich in kurzfristigen „Launen" manifestieren, bewusst oder auch unterschwellig in uns vorhanden sein: immer umfassen sie uns als ganze Person.[127] Otto Friedrich Bollnow zufolge sind vor allem Grundstimmungen „Zuständlichkeiten, Färbungen des gesamten menschlichen Daseins", gleichsam ein Boden für den integralen mentalen Bereich – und somit auch für die Gefühle.[128] Indem sich Stimmungen auf „das Ganze" richten, überwinden sie die Einseitigkeit und häufige Dominanz einzelner Gefühle im Sinne einer ausgleichenden affektiven Synthese. Ihr integrierender Charakter macht sie mit der Vernunft vergleichbar, sie haben gewissermassen sogar Anteil an deren ganzheitlich abwägenden Urteilen.[129]

Durch ihre globale Ausrichtung scheinen innere Stimmungen zunächst schwer überschaubar zu sein, sie zeichnen sich andererseits – folgt man Bollnow – gerade als ganzheitliche Phänomene durch eine „grössere Ursprünglichkeit und Einfachheit aus".[130] Grundstimmungen ermöglichen uns einen Blick fürs Ganze und können uns – anders als das sprachliche Denken und besser noch als die eng fokussierten Emotionen – nicht-propositionale oder gleichbedeutend, implizite Erkenntnisse vermitteln.[131]

3.3.4. Wo „äussere" Stimmungen sich ereignen

Mangels einschlägiger Untersuchungen zur Frage, ob Stimmungen real in Bildern vorhanden sein können oder ob sie ausschliesslich von Rezipienten in sie hineinprojiziert werden, sei hier ein Blick auf verschiedene Denkmodelle geworfen.

Es wird sich zeigen, dass landschaftliche Atmosphären ebenso wie Bilder zumindest einen objektiv feststellbaren Anmutungscharakter haben, der sich in einer ästhetischen Stimmungserfahrung aktualisiert.

In ihrem Buch-Abschnitt *How is 'Stimmung' infused into landscape* setzt sich Angelika Krebs kritisch mit verschiedenen möglichen Antworten auf diese Frage auseinander.[132] Ein erstes Modell ist, dass wir Prädikate aus der Psychologie auf Landschaften anwenden, weil wir in ihnen Entsprechungen mit psychologischen Phänomenen wahrnehmen (prädikativ).[133] Ein Beispiel wäre das „fröhliche" Springen eines Bergbachs über Felsen und Steine. Einem zweiten und dritten Modell zufolge nennen wir eine Landschaft friedlich, entweder weil sie uns friedlich macht (kausal), oder weil sie uns an etwas Friedliches denken lässt (assoziativ). Ein vierter Ansatz geht davon aus, dass ein Stück Natur ein bestimmtes Aussehen hat, welches besonders dafür geeignet ist, Empfänger der Projektion eines mentalen Zustands zu sein (projektiv).[134] Jedes dieser Modelle umfasst plausible Aspekte, alle haben sie den Nachteil, dass die Stimmungen als solche mehr oder weniger von den Kenntnissen und zuweilen sogar von der aktuellen Stimmung des Subjekts abhängen. Als Spielart des projektiven Modells schlägt Krebs im Anschluss an Scruton vor, dass Stimmungen – zumindest *metaphorisch* gesprochen – in Landschaften *sind*, unabhängig davon, ob sie jemand wahrnimmt oder einen geeigneten Begriff dafür kennt.[135] Landschaftsatmosphären, so liessen sich die projektiven Positionen in abgeschwächter Form wiedergeben, haben zumindest Anmutungscharakter: sie werden im Ereignis einer ästhetischen Erfahrung aktualisiert und als eine bestimmte, intersubjektiv nachvollziehbare Stimmung wahrgenommen.

Im Unterschied zu Landschaften werden Bilder intentional mit Ausdruck aufgeladen: Der Künstler erklärt sein Werk für vollendet, sobald er selbst den gewünschten Stimmungs- oder Gefühlsausdruck in ihm erfahren kann. Dennoch stellt sich auch da theoretisch die ontologische Frage, ob ein Bild, das niemand betrachtet – etwa im nächtlich unbeleuchteten Museum – tatsächlich Ausdruckseigenschaften *hat* (realistische Auffassung), oder ob diese erst in einer ästhetischen Antwort wirklich werden (antirealistische Auffassung).[136] Aus der Perspektive der ästhetischen *Erfahrung*, die uns hier interessiert, löst sich dieses Problem allerdings auf, da der Betrachter als Resonanzraum für den bildkünstlerischen Gehalt vorausgesetzt wird.

3.4. Die Erfahrung unserer Umgebung und ihre affektiven Aspekte

Um zu verstehen, in welcher Weise wir künstlerischen Ausdruck erfahren, wollen wir zunächst die Funktionen von mentalen und leiblichen Vermögen beim Erkennen von Affekten in unserer Umgebung untersuchen. Unsere Wahrnehmung von Kunstwerken ist in diesem Sinne bis anhin wenig untersucht worden. Allerdings scheint das Aufblühen philosophischer Emotionstheorien erste kunsttheoretische Forschungsbemühungen angeregt zu haben. Mit der Kunsthistorikerin Juliet Koss lässt sich dieses neue Interesse für den affektiven Bereich als Distanzierung von den vorherrschenden, intellektualistischen Konzepten der letzten Jahrzehnte begreifen; sie gelten vor allem dem Versuch, die Überbewertung des Rationalen gegenüber dem Emotionalen neu zu überdenken.[137]

Als Einstieg wird somit ein Seitenblick auf philosophische Theorien zur affektiven Wahrnehmung unserer Umgebung hilfreich sein. Vorbereitend für die These des Folgekapitels, dass sich uns die Qualität eines Bild-Ausdrucks in seiner spezifischen Prägnanz kaum erschliesst, wenn wir uns nicht emotional von ihm berühren lassen, seien hier die möglichen Formen unseres mentalen Weltbezugs kurz beschrieben.

3.4.1. Wahrnehmung – Einfühlung – Mitgefühl

Das Erleben von Gefühlen anderer Menschen sowie von Stimmungseigenschaften in Landschaften oder von Ausdruck in Kunstwerken kann Widerfahrnischarakter haben. Erkennende Wahrnehmung, Einfühlung und Mitgefühl indessen erfordern unsere aktive, intentionale Einstellung.

- *Wahrnehmung:* In einer simplen Wahrnehmung sind wir affektiv mehr oder weniger neutral: wir sehen und verstehen, was wir sehen. An Tränen und entsprechender Mimik erkennen wir Trauer, weil wir aus Erfahrung wissen, wie sich bei Menschen Trauer ausdrücken kann.[138]

- *Einfühlung:* Aufbauend auf diesem Verstehen, dass der andere traurig ist, erfasst das nächst komplexere Vermögen Einfühlung oder Empathie, *wie* sich diese Trauer anfühlt, also deren *Qualität*. Edith Stein zufolge ist sie dreistufig: zunächst identifiziert sie in der Wahrnehmung das Fremdgefühl, zum zweiten vollzieht sie über Imagination die Qualität dieses Gefühls nach, um sie dann auf einer dritten Stufe wieder ganz von aussen zu betrachten und auf sinnlicher Ebene als das Gefühl eines Anderen zu begreifen.[139] Dieses plastische Ausmalen eines Fremdgefühls ist keine sinnlich-emotionale Teilnahme an diesem Gefühl, es kann einen auch gleichgültig lassen: ein Sadist würde sogar Lust bei der Einfühlung des Leids eines Anderen empfinden. Während also Einfühlende unterschiedlich oder sogar entgegengesetzt zum eingefühlten Gegenüber fühlen können, werden dies Mitfühlende nicht tun.

- *Mitgefühl:* Wenn wir mit dem Leiden einer anderen Person mitgehen, kann Einfühlung zu Mitgefühl werden. Oftmals reicht für ein Mitfühlen auch schon die verstehende Wahrnehmung eines Fremdgefühls, also ohne sich dieses auch noch plastisch auszumalen.[140] Der Mitleidende fällt in seinem Mitleid selbst ein vorwiegend implizites Urteil, dass es schlimm ist, dass und wie der andere leidet. Und dieses Urteil ist mit einer negativen leiblich-seelischen Empfindung verbunden: das Leiden des anderen schmerzt uns und macht uns betroffen. Mitgefühl ist im Unterschied zur Einfühlung als echtes Fühlen *mit* dem Anderen immer gleich bewertet wie das Eingefühlte. Edith Stein zufolge gibt es zwei Formen von Mitgefühl: 1. Ich kann mich mit jemandem über ein frohes Ereignis freuen (partizipatorisches Mitgefühl) oder 2. über dessen Freude (Meta-Mitgefühl).[141] Ersteres ist für uns relevant, es wird uns im Zusammenhang mit dem Mitfühlen mit künstlerischem Ausdruck weiter beschäftigen. Auch im Mitgefühl bleibt das Unterscheidungsbewusstsein zwischen unserem und dem fremden Gefühl erhalten: wir wissen zu jeder Zeit, dass es sich um das Leid des Anderen handelt, an welchem wir teilnehmen, und nicht um unser eigenes.[142] Mitgefühl ist

eine Emotion im umfassenden Sinn, die sowohl leibliche Empfindungen als auch kognitive Evaluation und Konsequenzen im Verhalten mit sich bringt.

Wahrnehmung, mehr noch aber Einfühlung und Mitgefühl, richten sich wie anfangs erwähnt auf ein Fremdgefühl. Eine ganz andere Form von „Teilhabe" an unserer Umgebung, die sich von den drei genannten durch ihre Distanzlosigkeit und Nicht-Intentionalität unterscheidet, ist die Ansteckung. Es handelt sich dabei um ein nahezu unwillkürliches Übertragen von Gefühlen oder Stimmungen, deren Grund man meist nicht kennt noch erfahren will: eine lustige Gesellschaft zum Beispiel kann uns ohne unser Wissen um die Ursache dieser allgemeinen Stimmung mitreissen.[143] Ansteckung allein ist kein ästhetisches Phänomen,[144] sie spielt in der Erfahrung unserer Umgebung höchstens eine subsidiäre Rolle. Dennoch darf sie auch für den künstlerischen Bereich nicht vollends ausgeblendet werden.

Einfühlung und Mitgefühl, so lässt sich das Vorangehende rekapitulieren, sind intentionale *Akte*, die zu einem imaginativen beziehungsweise emotionalen Wissen, wie etwas ist und worauf es im Fremdgefühl ankommt, führen können. Ob sie auf Menschen, Natur oder Kunstwerke gerichtet sind, macht keinen grundlegenden Unterschied:

In der Erfahrung eines Kunstwerks spielen Wahrnehmung, Einfühlung und Mitgefühl eine in vielerlei Hinsicht vergleichbare Rolle wie im zwischenmenschlichen Bereich – aber sie richten sich auf einen unterschiedlichen Gegenstand. Während wir menschliche Gefühle einfühlen und gegebenenfalls mit ihnen mitgehen, so richten sich unsere sinnlich-affektiven Vermögen beim bildkünstlerischen Werk auf die spezifische Prägnanz von dessen Ausdruckseigenschaften.

3.4.2. Wahrnehmung und Einfühlung von Darstellung und Ausdruck im Bild

Dargestellte Gefühle und Stimmungen sind zwar vom Ausdruck eines Bildes zu unterscheiden, werden diesen jedoch mitbestimmen.

„Ausdruck", dies sei hier vorausgeschickt, bedeutet im bildkünstlerischen Kontext das Verhältnis zwischen einer Ausdrucksgestalt (Formen und Zeichen, Farben, Faktur) und dem gesamthaft im Werk erfahrbaren Ausdrucksgehalt (Ideen, Stimmungen und Gefühle).[145] Gestalt und Gehalt hängen untrennbar zusammen: Der spezifische Gehalt eines Bildes, der es als Kunstwerk zum unersetzbaren Behältnis seines Inhalts macht, stützt sich sowohl auf materiale Eigenschaften als auch auf die Möglichkeit kognitiver und affektiver Antworten auf diese. Er zeigt sich in der Art und Weise, wie Stimmungen, Gefühle und Ideen sich im Bild zum Ausdruck bringen.[146] So können in einem Gemälde etwa menschliche Figuren durch Körperhaltungen, Gesten und Mimik Gefühle und Stimmungen ausdrücken. Der Gesamtausdruck des Bildes jedoch hängt davon ab, inwiefern diese Affekte mit gestalterischen Mitteln gespiegelt oder sogar verstärkt werden, was anhand von Albert Ankers Ölbild *Die kleine Freundin* sichtbar gemacht werden soll (Abb. 6).

Wahrnehmung: Wir erkennen affektiv mehr oder weniger neutral, was da gezeigt wird – Kinder weinen in Gegenwart einer erwachsenen Frau am Bett ihrer offensichtlich toten Freundin. Wir kennen weder ein Hintergrund-Narrativ noch die Charaktereigenschaften der Kinder. Aber wir wissen, wie Menschen Trauer ausdrücken und können solche Gefühle an Mimik und Körperhaltung erkennen. Wir kennen auch die Wirkungen von Farb- und Formkonstellationen und sind fähig, affektive Ausdrucksqualitäten anhand unseres eigenen Erfahrungswissens richtig zuzuordnen. Die einzige Lichtquelle in diesem dunklen Bild scheint vom weissen Laken des Bettes und dem Nachthemd des toten Mädchens auszugehen, das die Gesichter und vor allem das blass-orange Kleid des bitterlich in seine Schürze weinenden Mädchens im Vordergrund mit einem leisen Schimmer überzieht. Unser Blick wird dadurch unweigerlich auf das Objekt der Trauer und auf die Verzweiflung, die es hervorruft, gelenkt.

Einfühlung: Die Einfühlung in ein Bild, das menschliche Figuren zeigt, ist zweifach:

a) Einfühlung in den Bild-Ausdruck:
Das Bild wirkt besinnlich, traurig. Der helle Binnenraum um die tote Figur herum wird von der dunklen Atmosphäre des Zimmers beinahe erdrückt. Einfühlend können wir verstehen, wie geneigte Häupter und Körper zusammen mit der Ausrichtung der Schuhe und dem dunkelgrünen, auf Schemel und Boden liegenden Totengeflecht den Oberkörper der Liegenden gleichsam einrahmen und damit eine Art Sog auf unseren Blick ausüben. Diese optische Anziehung des helleren Bild-Zentrums wird oben durch einen dunklen, in zwei grossen Schwüngen seitlich drapierten Vorhang abgeschlossen und verstärkt. Der schwere Stoff öffnet sich auf eine dunkle Leere: wie im Theater scheint er die Bühne in die unvereinbaren Wirklichkeiten Leben und Tod zu trennen.

b) Einfühlung in die dargestellten Figuren:
Der Ausdruck der Figuren ist Teil dieser gesamthaften Bild-Stimmung. Auch wenn wir von ihnen nichts Weiteres wissen als was wir sehen, erlangt das Leid der Kinder über das konsistente Verhältnis von deren körperlichem Ausdruck zur gesamten Bildstimmung eine gewisse Glaubhaftigkeit. Wir können uns regelrecht vorstellen, wie sich der kleine Junge ganz links im Bild fühlen muss, der sein Händchen in die warmen Rockfalten der Mutter eingräbt. Oder der Bub rechts im Bild, welcher mit seinem Zeigefinger den Fuss der Toten anstupst, um sie vielleicht doch noch zu einem Lebenszeichen zu bewegen. Diese Gesten und der Ausdruck von fast ehrfurchtsvoller Betroffenheit auf den Kindergesichtern entfalten ihre Wirkkraft in der bedrückenden Atmosphäre des Gemäldes.

Einfühlung ist ebenso wie die Wahrnehmung affektiv mehr oder weniger neutral; einfühlend können wir in unserer Vorstellung das Zusammenspiel der verschiedenen Ausdrucksebenen im Bild plastisch ausmalen: versuchen zu verstehen, wie sich Farb- und Formgefüge, Gesichter und Körperhaltungen gegenseitig ergänzen und stützen. Zum Beispiel können wir uns probehalber vorstellen, wie die gleiche Szene in einem fröhlichen Ambiente wirken würde – ob Gesichtsausdruck und Gesten dieselbe Bedeutung behalten könnten. Einfühlung lässt solche imaginativen Experimente zu, weil unsere Gefühle nicht direkt beteiligt sind.

Ob es dem Maler jedoch wirklich gelungen ist, die unterschiedlichen Ausdrucksebenen glaubhaft und wirkungsvoll zu verbinden und damit diesem Kunstwerk eine spezifische, durch kein anderes ersetzbare Prägnanz zu verleihen, können wir nur erkennen, wenn wir uns mitfühlend auf diese Erscheinung einlassen.

3.4.3. Mitfühlen mit Menschen oder Kunst

Es versteht sich nicht von selbst, dass wir uns von erfundenen, auf einer flachen Leinwand vergegenwärtigten Figuren – oder sogar von einer abstrakten Darstellung – berühren lassen. Kunstwerke haben keine Gefühle, mit denen wir mitfühlen könnten.

Und dennoch ist es fast unmöglich, beim Betrachten von Ankers Freundinnen-Bild neutral beobachtend zu

6 Albert Anker, *Die kleine Freundin*, 1862, Öl auf Leinwand, 79x94 cm.

bleiben; nicht die Anziehung des dunklen Nichts zu spüren, das uns zwischen diesen Vorhängen gleichsam als Sinnbild der Unwiederbringlichkeit eines erloschenen Lebens abgrundtief entgegen klafft. Nicht selber von den verzweifelten Blicken der Kinder in dieser beklemmenden Atmosphäre betroffen zu sein. Unser Mitfühlen mit dem Leid der Kinder ist nicht wie in einer lebensweltlichen Situation eine Antwort auf deren Gefühle; es geht hervor aus einem partizipativen Mitgehen mit dem gesamten Bildausdruck, der uns in irreduzibler Weise die spezifische Prägnanz des künstlerischen Gehalts zu vermitteln vermag. Und diese Fülle an sich gegenseitig steigernden Ausdruckseigenschaften ist es wiederum, die uns berührt und uns vielleicht für Augenblicke vergessen lässt, dass es in der Wirklichkeit weder diese Kinder noch ihre verstorbene Gespielin gibt. In einer solchen Ergriffenheit erlangt die bloss bildlich vergegenwärtigte Szene für uns einen emotionalen Realitätswert. Eine Art Mitleid mit den Kindern, das sich letztlich dann doch auf deren imaginierten Schmerz richtet, kann nur vor dem Hintergrund dieser gesamthaften, in sich stimmigen Bild-Atmosphäre aufkommen. Anders gesagt: Erst wenn wir uns von der vielschichtigen Stimmigkeit dieses Zusammenspiels von Inhalt und Faktur ergreifen lassen, erkennen wir implizit und in irreduzibler Weise die Wahrhaftigkeit und die künstlerische Qualität dieses Gemäldes.[147]

Ankers Freundinnen-Bild hat also zweifellos einen objektiv feststellbaren Anmutungscharakter, der sich in einer ästhetischen Ausdruckserfahrung aktualisiert. Es macht uns nicht einfach nur traurig (kausal), oder lässt uns lediglich an etwas Trauriges denken (assoziativ): Unsere ästhetische Haltung gegenüber dem Kunstwerk grenzt sich soweit immer möglich ab gegenüber dem realen Moment der kausalen Ansteckung wie auch von sich verselbständigenden Assoziationen: freies Fantasieren führt unsere Aufmerksamkeit weg vom Bild in unsere eigenen Gedankenräume. Ebenso wenig werden wir – so wir nicht einen Hang zur Sentimentalität haben – uns damit begnügen, unsere eigene Traurigkeit ins Bild zu projizieren. Wir erleben es fühlend als „traurig", weil wir in der ausdrucksstarken Stimmigkeit der Gesamtkomposition zwischen dunklen Farbtönen, gleichsam durchhängenden Linienverläufen und gekrümmten Gestalten Entsprechungen mit dem psychologischen Phänomen des Traurigseins wahrnehmen (prädikativ). Diese Ausdruckseigenschaften sind vom Künstler auf das Erleben solcher Gefühle hin angelegt worden: als erster Resonanzraum des entstehenden Werks hat er sein Schaffen auf den gewollten Ausdruck hin ausgerichtet und laufend überprüft. Wir alle werden es in ähnlicher Weise wahrnehmen und bewerten. Aus dieser Perspektive macht es Sinn zu sagen, dass das Gemälde diese affektiven Qualitäten im wörtlichen Sinn *hat*, oder zumindest, dass sie als Potenz im Bild angelegt worden sind.

Das Erleben von Gefühlen und Stimmungen im Kunstwerk, so lässt sich im Sinne eines Zwischenfazits festhalten, hat für uns einen emotionalen Realitätswert. Ganz so unterschiedlich, wie man zunächst annimmt, ist das Mitfühlen mit Menschen oder künstlerischem Ausdruck also nicht: Beide erfordern eine aktive Zuwendung zum Menschen oder zum Objekt; wir sind uns der grundlegenden Getrenntheit zwischen Du und Ich ebenso bewusst wie derjenigen zwischen Bild und Realität. Die massgeblichen Komponenten der intentionalen Gefühle sind im zwischenmenschlichen wie im kunstästhetischen Bereich dieselben. In beiden Fällen benötigen wir ein Hintergrundwissen: bei einem Menschen verstehen wir die Gefühle besser, wenn wir dessen Lebenssituation kennen; bei Bildern werden wir künstlerbiographische und werkhistorische Aspekte berücksichtigen, um einen Ausdruck adäquat einordnen zu können. Bei Kunstwerken sind wir stärker auf die visuelle Wahrnehmung und die Einfühlung von Zeichen und Stimmungseigenschaften angewiesen. Über Wahrnehmung und Einfühlung hinaus ist auf beiden Seiten insbesondere das Mitgefühl fähig, zwischenmenschlich Ungewohntes implizit zu verstehen beziehungsweise die singuläre Prägnanz eines Bildes wahrzunehmen und zu erkennen. Ein grundlegender Unterschied von zwischenmenschlichem Mitgefühl und Mitfühlen mit einem künstlerischen Ausdruck ist, dass sich in der ästhetischen Erfahrung eines Kunstwerks der Wertgehalt des Erlebens vom Gesamtausdruck löst, wodurch uns ein traurig anmutender Bildgehalt mit intensiver Freude oder Staunen über das gelungene, uns tief bewegende Gemälde erfüllen kann.

Dieses „ästhetische Gefühl" werden wir uns nun noch genauer ansehen.

3.4.4. Ästhetisches Gefühl

Das „ästhetische Gefühl" ist ein Gefühl um seiner selbst willen. Es setzt sich aus verschiedenen Gefühlen zusammen: 1. aus partizipativem Mitgefühl mit dem Ausdrucksgehalt eines Kunstwerks. Mit diesem Mitfühlen geht 2. eine Freude einher, die implizit das Werturteil enthält, dass es sich lohnt, mit diesem Kunstwerk emotional mitzugehen, weil es einen – und nicht nur einen – in mitfühlenden und mitdenkenden Schwung bringt und sich dadurch tiefe, unersetzbare Wahrheiten entdecken lassen.

Grundsätzlich kann alles, was uns umgibt, zu ästhetischen Gefühlen führen: Lebewesen, Natur oder kulturelle Objekte wie Kunst, sofern sie im Hinblick auf ihre ästhetischen Qualitäten und um ihrer selbst willen, oder – wie Martin Seel schreibt – mit einer ästhetischen Einstellung betrachtet werden.[148] Das Begriffs-Konstrukt „ästhetisches Gefühl" ist als solches noch immer umstritten, es hat in der Philosophie und Psychologie des 19., 20. und 21. Jahrhunderts etliche Neufassungen erfahren,[149] konstatiert Winfried Menninghaus, Leiter einer breit angelegten Studie des Max-Planck-Instituts für empirische Ästhetik zur Frage *What Are Aesthetic Emotions*. Forschungen zu ästhetischen Gefühlen seien bis heute eine Seltenheit.[150]

Baumgarten und Kant waren der Ansicht, dass die besondere Aufgabe ästhetischer Wahrnehmung und Evaluation spezifische Fähigkeiten voraussetzt. Beide Autoren gingen von einer – im Vergleich zu reinen Wahrnehmungsprozessen oder auf Abstraktionen basierendem theoretischen Wissen – stärkeren Implikation von sinnlichen Vermögen in dieser Aufgabe aus.[151] Ist das daraus resultierende „ästhetische Gefühl" bei Kant dennoch eine eher kühle, geistige Befriedigung über ein ästhetisches Urteil,[152] so soll im Laufe der fortschreitenden Arbeit gezeigt werden, dass es in unserer Erfahrung von Kunst und insbesondere von Bild-Poesie neben dieser abstrakten Freude auch ein irreduzibles phänomenales und emotionales Wissen über die singulären Eigenschaften und den eigentümlichen Gehalt eines künstlerischen Gegenstands umfasst.

Der Kantianer Roger Scruton unterscheidet zwischen einer subjektiv-sinnlichen Freude *an* einem künstlerischen Gegenstand (pleasure in) und einer Freude *über* diesen (pleasure that), zum Beispiel die Genugtuung, das Objekt zu besitzen. Ästhetisch interessant ist eine Form der Freude *an*. Auch da ist zu unterscheiden zwischen einer Freude durch (pleasure from) – wenn uns etwa das Gemälde eines Sonnenuntergangs mit wohligen Erinnerungen erfüllt – und einer *interesselosen* ästhetischen Freude an dem Bild als Kunstwerk. Dieses *ästhetische* Gefühl richtet sich auf das Gemälde um seiner selbst willen und impliziert ein Werturteil, das wir – mit Kant gesprochen – jedermann ansinnen dürfen: indem das subjektive Urteil an unseren Gemeinsinn appelliert, erlangt es eine gewisse Allgemeingültigkeit.[153] Das ästhetische Gefühl ist somit ein intentionales, kognitives und begründbares Vergnügen an einem ästhetischen Gegenstand.[154] Dies wiederum bedeutet: Entgegen der verbreiteten Skepsis gegenüber der ästhetischen Relevanz unserer Empfindung von Schönheit impliziert der Genuss im Erleben eines Kunstwerks ein gleichsam objektives Werturteil.

Die ästhetische Distanz, von der wir weiter oben gesprochen haben (I, 2.4.2.), meint also nicht, dass wir in der Erfahrung von Kunst keine Gefühle haben dürfen, ganz im Gegenteil: Erst wenn wir unsere mitfühlende und mitdenkende Aufmerksamkeit auf den Ausdrucksgehalt des künstlerischen Gegenstands richten (und nicht auf uns selbst, wie beim bloss erinnernden Schwelgen vor dem gemalten Sonnenuntergang!), können wir implizit erkennen, in welch einzigartiger, wahrer Weise das Werk zu zeigen vermag, was es zeigt.

Die Notwendigkeit einer ästhetischen Distanz wird dann offensichtlich, wenn wir es mit Kunstwerken zu tun haben, die uns spontan nicht oder nur in negativer Weise ansprechen. Empfinden vermutlich die meisten unter uns Werke wie Andres Serranos Fotografien von Fäkalien schlicht als geschmacklos, so sind dies keine ästhetischen, sondern psychologische Antworten. Ohne ein Hintergrundwissen, „worüber" diese Bilder denn eigentlich sein sollen, können wir sie nicht in positivem Interesse „als Kunstwerke" bewerten und erfahren.[155] Gerade dieses Beispiel jedoch zeigt, dass die Vorstellung von *negativen* ästhetischen Emotionen mit bildender Kunst einen Widerspruch in sich trägt: die Bezeichnung „Kunst" ist immer schon positiv bewertend. Erhalten Werke von Serrano zuweilen wichtige Preise in internationalen Wettbewerben für Gegenwartskunst, so müssen letztlich *positive* ästhetische Gründe – etwa eine besonders eindringliche Art, unsere problematische Beziehung zu unseren Körperausscheidungen visuell zu thematisieren – für ihre Auswahl angeführt werden.[156] Stellen sich bei uns trotzdem negative Gefühle gegenüber Serranos Bildern ein, so bedeutet dies, dass wir sie nicht *als Kunst* erfahren können. Von einem „langweiligen" oder gar „dummen" Kunstwerk zu sprechen macht nur Sinn, wenn der Sprechende die – institutionell verhängte oder von einer Gesprächspartnerin postulierte – Bezeichnung „Kunstwerk" für etwas akzeptiert, was er selber nicht als Kunst erfahren kann. Ein „Kunstwerk" kann aus dieser Sicht höchstens mehr oder weniger gelungen sein. Mit Kant gesprochen: ein Gegenstand der Kunst kann auch „unangenehm sein, aber der Schmerz über ihn gefällt."[157] Diese positive Bewertung drückt sich allgemein in Attributen wie „bewegend", „faszinierend", „überraschend" aus.[158]

Ästhetische Gefühle sind also – zumindest im künstlerischen Bereich – positiv bewertend. Im Unterschied zur ästhetischen Erfahrung einer hässlichen Industrielandschaft, die in den meisten Fällen Abscheu erregen und kaum eine Resonanz in uns zulassen wird, kann uns die ästhetische Erfahrung einer *künstlerischen Darstellung* derselben Landschaft begeistern. Aus der ästhetischen Distanz nehmen wir immer gleichzeitig die Szene auch „als Gemälde" derselben wahr. Mit Wollheim gesprochen: wir müssen die „Szene *im* Gemälde" sehen, indem wir „die unbegrenzte simultane Aufmerksamkeit auf das [richten], was gesehen wird *und* auf die Merkmale des Mediums".[159] Denn letztlich ist es die spezifische Prägnanz des Mediums – die Art und Weise, *wie* es etwas offenbart – welche das Wahre des Kunstwerks implizit erfahrbar macht. Aber davon später.

3.4.5. Max Scheler – Der empfindende Leib und das wissende Leben

So sehr wir uns denkend und fühlend auf Bilder einstellen: ihre Grösse, ihre Farbigkeit und ihre Struktur werden in unterschiedlicher Weise auch unsere leiblichen Empfindungen betreffen. Stellen wir uns vor, wir sind in einem Museumssaal. An der einen Wand hängt das 17,3x25,6 Zentimeter kleine, farblich und motivisch prägnante Bild *Mit dem Adler* von Paul Klee (vgl. Abb. 22); an der gegenüberliegenden das abstrakte, im Wesentlichen zwei rechteckige Farbflächen zeigende Bild von Mark Rothko *Gelb, Orange, Rot auf Orange* (vgl. Abb. 12.), das 115x143,5 Zentimeter misst. An das Klee-Bild müssen wir nahe herangehen; wir werden es mit unseren Augen erkunden, unser Vorstellungsvermögen mitsamt Verstand und Gefühl auf den Bildgehalt richten: versuchen zu erkennen, worauf es in diesem Bild ankommt, was seinen Gehalt ausmacht. Rothkos monumentales Bild indessen wird mehr unseren gesamten Leib erfassen. Wenn wir ihm nahe sind, ist es fast so gross wie wir: ein körperhaftes Gegenüber, dessen Stimmungsausdruck uns fast unmittelbar ergreift.

In der modernen Kunstwissenschaft sind mit den affektiven Aspekten der Kunsterfahrung auch die sinnlich-leiblichen zusehends in Vergessenheit geraten.[160] Alexander Gottlieb Baumgarten hatte mit seiner Ästhetik eine Lehre der sinnlichen Erkenntnis begründet, in welcher er diese als lebenspraktisch wichtig und fundierend für alle kontemplativen, geistigen Betätigungen hervorhebt: Sinnliche Erkenntnisse sind für Baumgarten in ihrer Logik von Teil und Ganzem unersetzbar und gleichberechtigt zur Logik der Vernunfterkenntnis.[161] Eine sich dennoch immer wieder durchsetzende Überschätzung des Intellekts veranlasste Phänomenologen und Lebensphilosophen zur berechtigten Kritik, dass es unserem Denken allein nicht möglich sei, in das spezifisch „Andere" unserer Umgebung einzudringen.[162] Max Scheler war einer von ihnen – seine Philosophie des intuitiven und einfühlenden Weltzugangs ist uns weiter oben schon begegnet, sie soll nun eingehender beleuchtet werden.

Die These lautet, dass unser Leib mit seinem global nach innen und nach aussen gerichteten Empfindungsvermögen eine Art Basisverbindung zur Aussenwelt schafft, welche die affektive Fremdwahrnehmung – vom Mitmenschen wie vom Kunstwerk – fundiert.

Max Scheler zufolge erfüllen „sinnliche" und „leiblich-vitale" respektive auf der Bewusstseinsebene „seelische" und „geistige" Empfindungen in unserer intersubjektiven Wahrnehmung ebenso wie in unserer Erfahrung von Kunst komplementäre Aufgaben:[163] Unsere leiblichen Vermögen wie auch die „vitalen Gefühle" oder „Lebensgefühle" – unterstützen nicht nur die seelischen Empfindungen Stimmung und Gefühl in der Wahrnehmung unserer Aussenwelt, sondern liegen diesen sogar zugrunde. Ein phänomenaler Charakterzug des Lebensgefühls ist seine Teilhabe am gesamten Leib: „Behaglich" ist man nicht mit einem Körperteil, noch in der Seele oder im Geist: es ist das Leib-Ich, „jenes einheitliche Bewusstsein unseres Leibes", das sich *so fühlt*.[164] Leiblich-vitale Empfindungen gedeihen nur in der hegenden und fruchtbaren Kraft des Dunkels, schreibt Scheler, sie werden durch die Zuwendung der Aufmerksamkeit zum mindesten gestört.[165] Zum besseren Verständnis dieses „Dunkels" stellen wir uns vor, wir sitzen in einem Raum und sind in eine Arbeit vertieft, im Hintergrund läuft leise Musik. Unser Fuss bewegt sich unmerklich in ihrem Rhythmus, unser Körper wiegt sich in der gleichsam tragenden Folge von Klängen, deren Melodie wir nicht bewusst hören; wir empfinden eine gewisse Behaglichkeit, ohne wahrzunehmen, wodurch sie verursacht wird. Sobald wir jedoch unsere Aufmerksamkeit auf die Musik richten, halten wir in unseren Bewegungen inne. Wollen wir nun den Taktschlag mit unserem Fuss wieder aufnehmen, müssen wir jetzt genau hinhören.

Die erste, noch unreflektierte Wahrnehmung geschah auf der leiblich-vitalen Ebene. Der Leib hat – jenseits der Bewusstseinssphäre – nicht nur sein eigenes Befinden erfasst, sondern auch bewertet, was ihn von aussen her betrifft.[166] In einer doppelten Ausrichtung nach innen und nach aussen ist dieses leiblich-vitale Lebensgefühl fähig, uns den „eigentümliche[n] *Wertgehalt unserer Umwelt*" zu vermitteln; etwa die Frische des Waldes, die drängende Kraft in wachsenden Bäumen.[167] Scheler expliziert:

„[Der vital-] intentionale Charakter, der schon dem Lebensgefühl zukommt, gewinnt noch eine ganz besondere Bedeutung dadurch, dass das Lebensgefühl die vitale ‚*Wertbedeutung*' von Ereignissen und Vorgängen innerhalb und ausserhalb meines Körpers – ihren vitalen ‚Sinn' gleichsam – evident zu *indizieren* vermag, die der gesamten Vorstellungssphäre und erst recht der Sphäre des Begreifens völlig verschlossen ist; d. h. das Lebensgefühl vermag Gefahren und Vorteile zum Aufweis zu bringen – nicht auf Grund einer Erfahrungsassoziation, sondern unmittelbar – deren zugehörigen intellektuellen Sinn ich noch *keineswegs* erfasse."[168]

Solche vitalen Empfindungen sind unverfügbar. Scheler nennt beispielhaft dafür „vitale Sympathie und vitales Abgestoßensein", die uns instinkthaft befallen, noch bevor wir einen Grund dafür zu nennen vermögen:

„So ist uns zum Beispiel ein Mensch peinlich und abstoßend oder angenehm und sympathisch, ohne dass wir noch anzugeben vermögen, *woran* dies liegt; […] Diese initiale Wertnehmung vom dynamischen Aufbau und Lebensdrang eines Fremdwesens erfasst dieses als Ganzes mit seinem Wertsinn und innerhalb seiner Situationseinheit."[169]

Auch ein Gedicht oder ein bildkünstlerisches Werk, ergänzt er, nehmen wir längst als ‚schön' als ‚hässlich', als ‚vornehm' oder ‚gemein' wahr, zunächst ohne zu wissen, an welchen Eigenschaften dies liegt.[170] Schelers eigenwilliger Begriff der Wert*nehmung* impliziert, dass diese Wertqualitäten auf der einen Seite *echte* Qualitäten des Gegenstands *selbst* sind, welche diesem „als Bote seiner besonderen Natur" gleichsam voranschreiten und die wir ihm „entnehmen" können; gleichzeitig aber sind diese Eigenschaften perspektivisch in die ihnen entgegengebrachte Einstellung und Empfänglichkeit eingebunden.[171]

Mit Ben-Ze'ev liesse sich einwenden, dass es sich bei dieser unreflektierten Bewertung sehr wohl um eine Erfahrungsassoziation handelt: um spontan-schematische Funktionen unserer Gefühle, die gleichsam intuitiv und unvermittelt – aber auf einstmals angelernte Fähigkeiten zurückgreifend – einspringen. Kunstexperten werden von einer solchen „learned spontaneity" profitieren. Es ist dennoch nicht von der Hand zu weisen, dass wir unsere Umgebung auch ohne ein solches Expertenwissen oftmals spontan richtig beurteilen. Solche vor-bewussten Empfindungen könnten sehr wohl auf Lebens- und Leibgefühle zurückzuführen sein, die uns in ihrer primitiven, vital-globalen Empfänglichkeit den uns betreffenden Wertgehalt äusserer Gegebenheiten vermitteln. Es ist anzunehmen, dass sie zumindest die geistige Ebene bei der Bewertung unserer Umgebung unterstützen. Worauf wir diese Kompetenz zur spontanen Beurteilung auch immer zurückführen,[172] ist letztlich nicht massgebend: Erfahrungsgemäss betrifft uns die äussere Umgebung in ihrer Bedeutung für uns oftmals noch bevor sich konkrete seelische Empfindungen wie Stimmungen oder Gefühle einstellen, wenngleich wir uns dieser Vor-Empfindungen zuweilen erst im Nachhinein bewusst werden. Diese instinktiven Vermögen unseres Leibes scheinen uns allerdings – so Scheler – durch eine „Hypertrophie des Verstandes" weitgehend abhanden gekommen sein.[173]

Tatsache ist, dass die Kunsttheorie bisher den komplementären Funktionen von Leib und Geist in unserer Erfahrung von Kunstwerken nur wenig Beachtung geschenkt hat.[174] Sie ist in ihrer Gewohnheit hängengeblieben, den Körper dem Geist unterzuordnen und ihn auf eine einfache Wahrheit des Auges zu reduzieren, anstatt den Geist als vom Körper untrennbar zu betrachten. Wurde vor allem in der Moderne kognitiven Aspekten wie der ästhetischen Distanz im Erleben von Bildern viel Bedeutung beigemessen, so wird im postmodernen 21. Jahrhundert wieder vermehrt auch über mögliche Funktionen der Unmittelbarkeit, mithin unserer leiblichen Sinne, nachgeforscht.[175] Diese Ebene wollen wir nun an einem Beispiel erkunden.

3.5. Abstrakte Stimmungsräume und unsere leiblichen Empfindungsvermögen

Mit abnehmender Verfügbarkeit von eindeutig identifizierbaren Bedeutungsinhalten – so die These – wird die Stimmungserfahrung zunehmend von unseren leiblichen Empfindungsvermögen mitgetragen.

Schelers zwar vage erscheinende, dafür aber holistisch greifende Vorstellungen von Leib- und Lebensgefühlen liegen also den geistigen Empfindungen gleichsam zugrunde. Diese Bereiche sind in ihren Funktionen nicht scharf zu trennen: leibliche Empfindungen spielen, wie wir bereits festgestellt haben, auch bei Gefühlen immer mit. Im Nachfolgenden gilt das Augenmerk den spezifischen Vermögen unserer leiblichen Empfindungen, die kaum oder nur mit Verzögerung in unser Bewusstsein dringen. Zum besseren Verständnis des leiblichen Anteils an unserer Erfahrung von Kunst wenden wir uns einem Extremfall von Ungegenständlichkeit zu. Stellen wir uns vor, wir treten in die *Rothko Chapel* in Houston ein. Sie ist ein 1964 erbautes Gesamtkunstwerk von Mark Rothko: ein achteckiger Innenraum mit vierzehn schwarzen, fast unmerklich getönten Bildern von monumentaler Gravität (Abb. 7).[176]

Es ist fast dunkel in diesem Raum. Und ruhig; welch eine Ruhe. Meine Augen brauchen sich nicht zu bemühen. Es gibt nichts zu erkennen in den riesigen dunklen Bildflächen, die mich von allen Seiten umschliessen. Nichts zu begreifen, was in der Reichweite meines Verstandes liegen würde. Mein Blick verliert sich, er wird vom flimmernden Dunkel der Leinwände förmlich verschluckt. Ich kann die Tiefe dieser Ruhe empfinden. Es ist keine tote Ruhe, sondern eine lebendige, die in meinen Adern zu pulsieren scheint. Kein fremdes Gegenüber also: ich bin in ihr und sie in mir. Leer an Gedanken und Gefühlen, nicht einmal die Stimmung nehme ich als solche wahr. Sie wirkt ganz direkt auf mein Körpergefühl ein, steckt mich an. Ich überlasse mich dieser Empfindung des Nichts, meine sprachlose Betroffenheit als einzige Bedeutung hinnehmend. Ruhend in ihr. Ich lasse mich von ihrer gegenstandslosen Stummheit umfangen. Ich fühle mich behaglich in dieser Atmosphäre, gelassen und ohne unmittelbaren Denk- und Handlungsbedarf.

Allmählich erst verwandelt sich diese innere Ruhe in ein Gefühl der Geborgenheit. Meine Augen beginnen umherzuschweifen und entdecken in der grossen Leinwand vor mir einen rötlichen Farbschimmer, der aus der Tiefe des Dunkels zu mir dringt. Was ich eben noch als undurchdringliche Fläche empfunden habe, wird nun zu einem übergrossen Fenster auf eine imaginierte Nacht. Es ist, als bräuchte ich nur die Linsen scharf zu stellen, um ein Universum mit abermillionen Sternen und Planeten zu entdecken. Auch aus den anderen Leinwänden scheinen nun leiseste Nuancen von Farben hervor. Sie schaffen Transparenzen und damit räumliche Empfindungen, die weit über die Grenzen dieser Kapelle hinausreichen.

Der Stimmungsraum der Rothko-Chapel scheint geradezu für eine Entleerung unseres Verstandes konzipiert worden zu sein: unsere geistigen Vermögen greifen mangels konkreter Informationen zunächst ins Leere. Und doch nimmt uns diese Atmosphäre in sich auf, ganz unmittelbar scheint sie nach uns zu greifen. Martin Seel würde hier von einem „korresponsiven" Erleben sprechen, von einem sich Einpendeln zwischen Atmosphäre und vitaler Befindlichkeit. Es kann, expliziert Seel, zu einem tieferen, ebenfalls nicht-reflektierten Zustand führen, zur „Kontemplation" im Sinne einer gedankenlosen Hingabe an diese innere Übereinstimmung.[177] Je nach Disposition ergibt sich aus diesem kontemplativen Zustand auch einmal eine spirituelle Erfahrung; das Gewahren einer bestimmten „Anwesenheit von Etwas".[178]

Thomas Fuchs zufolge ist es unser Leib, der als *Resonanzkörper* für den uns umgebenden Stimmungsraum die Wertqualitäten von Atmosphären mit denjenigen unseres eigenen Stimmungsraums in Verbindung zu bringen vermag. Er übersetzt – so dürfte man Fuchs' Ausführungen übertragen – die Anmutung von Ruhe dieser Installation in eine leibliche Empfindung von Entspannung, was dann auf geistiger Ebene wiederum zu einem Gefühl wie Gelassenheit führen kann. In dieser Weise vermittelt der Leib zwischen dem künstlerischen Ausdruck und unseren seelischen Vermögen[179] (Abb. 8, Schaubild). Er schafft – ähnlich wie wir es bei Max Scheler vorgefunden haben – eine Art Basisverbindung zur Aussenwelt. Das unreflektierte, pathische Mo-

7 Mark Rothko, *Rothko Chapel,* Houston 1969, Öl auf Leinwand, Installation.

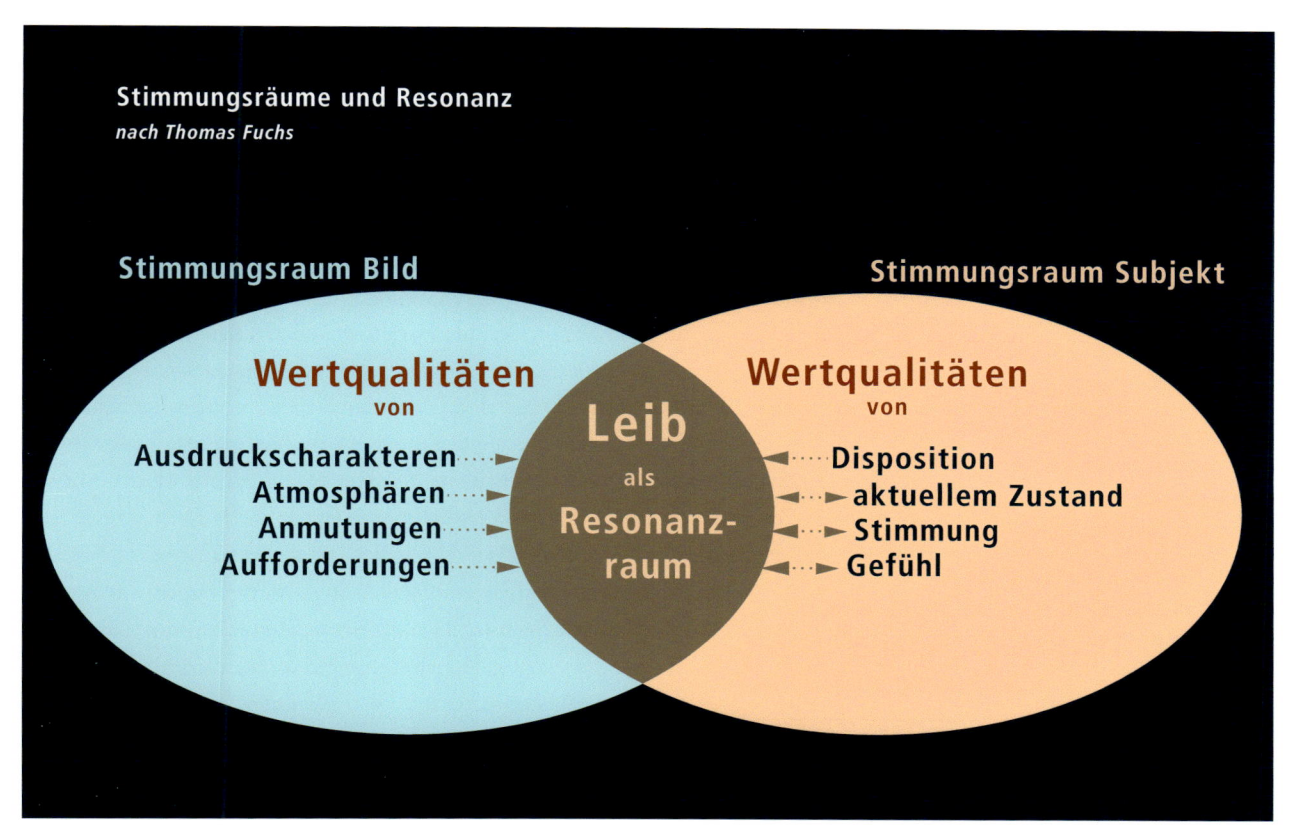

Stimmungsräume und Resonanz
nach Thomas Fuchs

Stimmungsraum Bild

Wertqualitäten
von
Ausdruckscharakteren
Atmosphären
Anmutungen
Aufforderungen

Leib als **Resonanzraum**

Stimmungsraum Subjekt

Wertqualitäten
von
Disposition
aktuellem Zustand
Stimmung
Gefühl

8 Stimmungsräume und leibliche Resonanz nach Thomas Fuchs.

ment der leiblichen Resonanz stellt uns vor die Frage, ob sie in etwa dem entsprechen könnte, was wir bei Scheler als „Ansteckung" kennen gelernt haben. Sie ist insofern zu verneinen, als Ansteckung ein distanzloses, nicht-intentionales Widerfahrnis ist. Fuchs' jüngeres Konzept der leiblich-synästhetischen Empfindung von Ausdruckscharakteren[180] liesse sich eher mit den intentionalen Funktionen des Lebensgefühls bei Scheler vergleichen, welches die „vitale ‚*Wertbedeutung*' von Ereignissen und Vorgängen innerhalb und ausserhalb meines Körpers […] evident zu *indizieren* vermag, die der gesamten Vorstellungssphäre und erst recht der Sphäre des Begreifens völlig verschlossen ist".[181] So wäre, was uns in der Rothko-Chapel leiblich widerfährt, wohl auch für Scheler mehr als nur unmittelbare Ansteckung. Wenn wir uns in einem künstlerischen Rahmen bewegen, bringen wir zudem eine bestimmte Haltung mit: Wir stellen uns auf eine Atmosphäre als ein eigenständiges Gegenüber ein, das einen sinnlichen Appell an uns richtet. Ansteckung wird an dieser Erfahrung zwar teilhaben, aber nicht von grosser Bedeutung sein.

Für den weiteren Verlauf dieser Studie soll im Auge behalten werden, dass wir jedes Bild nicht nur mit Augen, Gefühl und Verstand erfahren, sondern auch im vor-bewussten Resonanzraum unseres Leibes. Allerdings spielt leibliche Anziehung oder Abstossung bei sehr grossen, abstrakten Bildern und ganz besonders beim Eintauchen in künstlerische Raum-Installationen tendenziell eine wichtigere Rolle als in einer Auseinandersetzung mit kleineren, gegenstandsbezogenen Darstellungen, die sich fast unmittelbar auch an unsere geistigen Vermögen richten. Davon wird weiter unten im Hinblick auf unsere Erfahrung von Verfremdung im Kunstwerk noch einmal die Rede sein.

3.6. Fazit: Unser Weltbezug über mentale und vor-bewusst leibliche Vermögen

Als Grundlage für den weiteren Verlauf der vorliegenden Untersuchung soll festgehalten werden, dass Gefühl, Intellekt und Leib komplementäre Funktionen in unserem Weltbezug erfüllen. Unsere affektiven Vermögen (Gefühle) bilden den komplexesten mentalen Bereich, weil sie neben Wahrnehmung und leiblichen Empfindungen auch Imagination, Intellekt und Emotionen (mit Kognition und Evaluation) umfassen.

Im zwischenmenschlichen Bezugsrahmen können wir über Wahrnehmung und Einfühlung die Qualität eines Fremdgefühls verstehend nachvollziehen, auch ohne dass wir uns selber von diesem berühren lassen. Anders ist es beim Mitgefühl: Wir gehen seelisch und leiblich mit dem Leiden einer anderen Person mit. Ähnlich wie ein Fremdgefühl nehmen wir auch den Ausdrucksgehalt eines Gemäldes wahr. *Einfühlung* kann uns vermitteln, was genau in welcher Weise und mit welchem Grad an Stimmigkeit ausgedrückt wird. In vielen Fällen jedoch – vor allem, wenn wir eine gewisse Erfahrung mit Kunstwerken haben – weiss unser Gefühl um diese bildkünstlerischen Qualitäten, auch ohne unser Überlegen und plastisches Vorstellen, auf welchen Verhältnissen sie gründen. Gefühle sind somit nicht nur *Resultat* einer Kunsterfahrung: Im intentionalen Prozess von Wahrnehmung oder Einfühlung erweist sich ein emotionales Mitgehen mit dem Bild-Ausdruck gemeinhin als irreduzibles *Medium* für dessen ästhetische Erfahrung. Das *ästhetische Gefühl* setzt sich sodann aus dem Mitfühlen mit einem Ausdrucksgehalt und dem impliziten Werturteil zusammen, dass dieses bestimmte Kunstwerk eine Erfahrung von unersetzbarer Wahrheit für uns bereithält.

Vom Phänomen der Stimmungen wollen wir im Auge behalten, dass es sich um ein Ereignis zwischen verschiedenen Stimmungsträgern handelt. Ästhetische Stimmungen sind – anders als die in einseitiger Perspektive auf bestimmte Personen, Ereignisse und Objekte fokussierten Gefühle – als gesamthaft oder global gerichtetes Erleben der affektiven Qualitäten unserer Umgebung zu begreifen. Solche Stimmungserfahrungen, so wird mit Max Scheler vermutet, werden durch leiblich-vitale, vor-bewusst bewertende Empfindungen fundiert oder zumindest begleitet.

Bilder *empfinden* weder Stimmungen noch Gefühle. Sprechen einige der jüngeren ästhetischen Theorien vom „Denken" der Bilder,[182] so kann auch dies nur metonymisch verstanden werden: Bilder regen uns zum Denken und zum Fühlen an. Indessen können Bilder der Kunst Gefühle und – mit Hilfe von Beischriften – sogar Ideen *ausdrücken*. Im Bild-Ausdruck sind Stimmungen und Emotionen nicht immer leicht zu unterscheiden, weshalb sie im Folgenden unter dem Überbegriff „Gefühl" ungetrennt behandelt werden. Und um das Vorkommen von Gefühlen im Zusammenhang mit bildkünstlerischem Ausdruck soll es nun gehen.

4. DAS BILD UND SEINE AUSDRUCKSEIGENSCHAFTEN

Jedes Kunstwerk richtet in der Fülle seiner Ausdruckseigenschaften einen ästhetischen Appell an uns. Dieses Werben um Aufmerksamkeit um seiner selbst willen ergeht in unterschiedlicher Weise an unsere sinnlichen, emotionalen und intellektuellen Erkenntnisvermögen, je nachdem, ob ein Bild-Motiv gegenständlich und für den Verstand klar erkennbar ist oder ob der Bild-Gehalt durch abstrakte Formgebung weitgehend unserer Vorstellungskraft und unserer Empfindung überlassen wird. Das wiederum wird von Bedeutung sein für die Analyse von Bild-Poesie, die zwischen Gegenständlichkeit und Abstraktion einen dritten Weg einschlägt.

Anders als im Vorangehenden liegt der Fokus nun also nicht mehr vorwiegend auf der affektiven Erfahrung von Kunstwerken, sondern auf dem Bild-Ausdruck selbst sowie auf dessen Entstehung. Dabei darf nicht vergessen werden, dass künstlerische Produktion, Werk und Rezeption aus kunsttheoretischer Sicht letztlich nicht voneinander zu trennen sind.

4.1. Das ästhetische Resonanzereignis – Rezeption als Produktion

In jeder Bild-Erfahrung filtern wir über leibliche Empfindung, Wahrnehmung, Verstehen, Einfühlung und emotionales Mitgehen Ausdruckseigenschaften aus der visuellen Prägnanz einer Erscheinung. In solches Erleben bringen wir immer auch unsere eigene affektive Verfassung ein, wodurch wir ein und dasselbe Werk bei jeder Begegnung in leicht unterschiedlicher Weise erfahren und es dergestalt gleichsam neu entstehen lassen. Im ästhetischen Resonanzereignis erschaffen wir jedoch nicht nur das Kunstwerk als solches immer neu, sondern wir werden jeweils auch selbst von dieser Erfahrung leicht verändert.

Resonanz ist im Vorangehenden noch vereinfacht als Einklang zwischen innerer und äusserer Stimmung aufgefasst worden. Ästhetische Resonanz soll nun vorerst als sinnlich-affektives Geschehen zwischen Subjekt und Kunstobjekt differenziert werden, um im sechsten Kapitel seine volle Bedeutung im Verständnis unserer Erfahrung des Unverfügbaren im bildkünstlerischen Werk zu erlangen.

Wir erfahren, so wie wir gerade gestimmt sind, den künstlerischen Gehalt eines Bildes über Einfühlung und

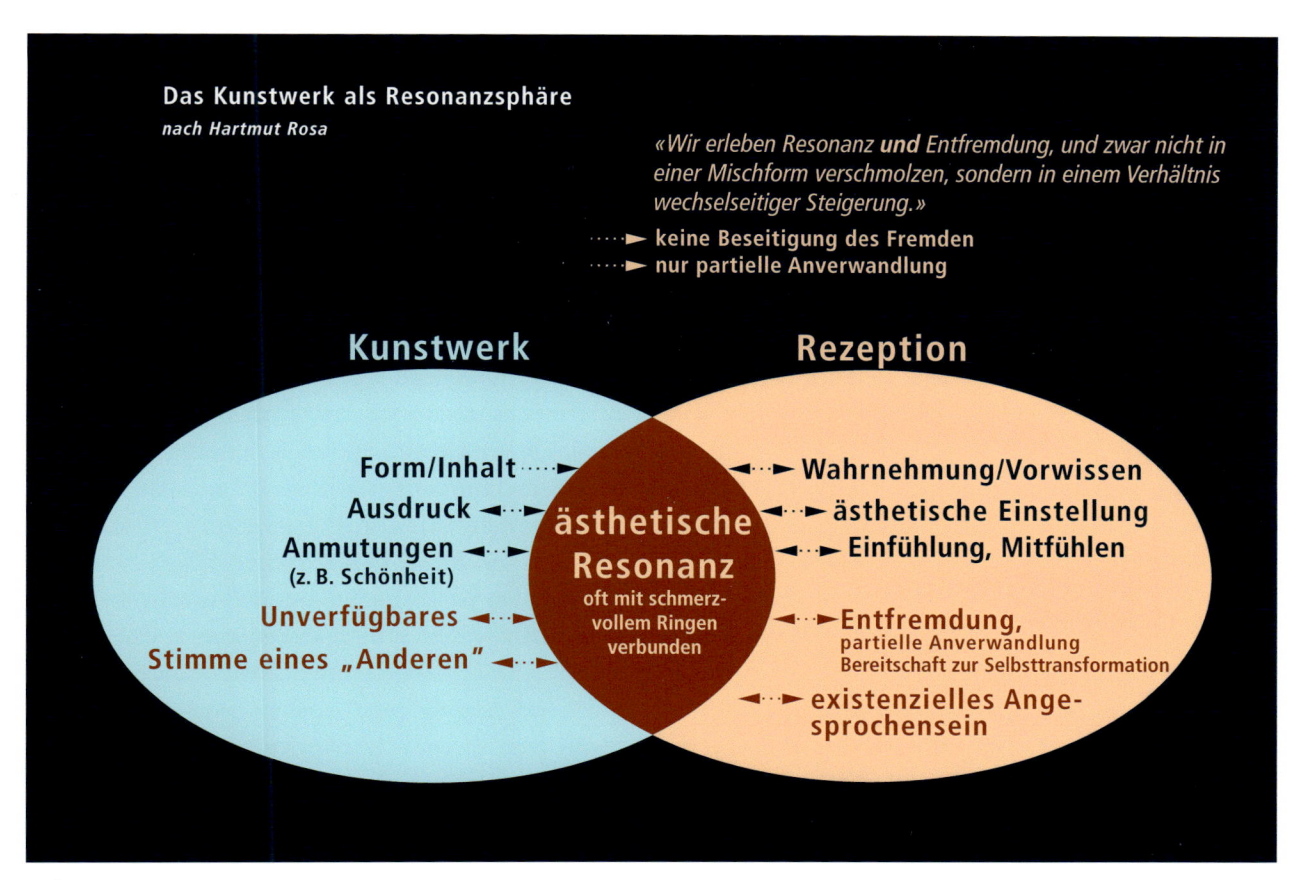

Das Kunstwerk als Resonanzsphäre
nach Hartmut Rosa

«Wir erleben Resonanz **und** Entfremdung, und zwar nicht in einer Mischform verschmolzen, sondern in einem Verhältnis wechselseitiger Steigerung.»

▸ keine Beseitigung des Fremden
▸ nur partielle Anverwandlung

Kunstwerk
- Form/Inhalt
- Ausdruck
- Anmutungen (z. B. Schönheit)
- Unverfügbares
- Stimme eines „Anderen"

ästhetische Resonanz
oft mit schmerzvollem Ringen verbunden

Rezeption
- Wahrnehmung/Vorwissen
- ästhetische Einstellung
- Einfühlung, Mitfühlen
- Entfremdung, partielle Anverwandlung Bereitschaft zur Selbsttransformation
- existenzielles Angesprochensein

9 Ästhetische Resonanz nach Hartmut Rosa.

emotionales Mitgehen mit seinem Ausdruck. Hartmut Rosa denkt diese Wechselbeziehung zwischen zwei Stimmungsträgern als bilaterales Respons-Verhältnis zwischen zwei schwingungsfähigen Entitäten, die sich so berühren, dass sie aufeinander antworten, zugleich aber „mit eigener Stimme sprechen".[183] Rosas Theorie zufolge geht Resonanz über Anziehung und Genuss hinaus mit einem existentiellen Angesprochen-Sein des Betrachters einher: Das Unverfügbare – es wird uns insbesondere in unserer Erfahrung von Bild-Poesie beschäftigen – können wir uns ausschliesslich unter einer gewissen Bereitschaft zur Selbsttransformation anverwandeln, nicht aber uns aneignen[184] (Abb. 9, Schaubild).

In einem solchen Resonanzereignis ist auch das Kunstwerk ein ständig Werdendes:[185] die Aspekte von Produktion, Werk und Rezeption sind nur noch schwer voneinander zu trennen. Das Bild wird – metaphorisch gesprochen – zu einem Handelnden:[186] es produziert sich laufend, indem es dem Betrachter in jeder visuellen Erfahrung neu „widerfährt",[187] ihn in kleinstem Mass verändert, wodurch dieser mit seinem erneuerten Blick das Kunstwerk wiederum zu einem anderen, Singulären werden lässt. Zugespitzt formuliert: Bild und Betrachter erzeugen sich gegenseitig.[188] Damit mutiert die herkömmliche Anschauung vom statischen, immer im Modus der Nachträglichkeit repräsentierenden Artefakt zur Vorstellung des Bildes als lebendiger Akt, als zeichenhaftes Gewebe von laufend sich verändernden Bezügen, die zwischen Produktion und fortwährender Re-Produktion – so Jan Assmann – „in der Zeitdimension eigentümlich zerdehnt" sind.[189] Das Bildgeschehen wird in einem solchen situativen Bezugsganzen zur flexiblen Einheit, wodurch sich auch die Frage nach der Materialität des Kunstwerks in erneuter Weise stellt: Sind Werk und Rezipient die dialektisch einander bedingenden Pole des Kunstereignisses, so verändert sich auch das Verständnis vom Wesen des Bild-Werks: es löst sich – ontologisch gesehen – von seinem materiellen Träger.[190] Dieser Paradigmenwechsel wird auch unseren Umgang mit bild-dichterischer Mehrdeutigkeit in ein neues Licht stellen (vgl. II, 2.2.3.–2.2.5.).

Vor dem Hintergrund dieser Wechselbeziehungen sind die nachfolgenden Abschnitte zur Produktion von Ausdruck sowie zu den im Werk feststellbaren Ausdruckseigenschaften nicht als kategorial abgeschlossene Einheiten zu verstehen; es ändert sich lediglich die jeweilige Perspektive.

4.2. Gefühle als bildkünstlerische Praxis

Bei Landschaftsstimmungen gehen wir davon aus, dass Stimmungen – zumindest *metaphorisch* gesprochen – in Landschaften sind. Bilder haben wie Landschaften Anmutungsqualitäten und es wird nun darum gehen zu untersuchen, wie Ausdruck in Bilder gelangt. Dies wiederum interessiert uns, weil sich in der Bestimmung von Bild-Poesie die Frage stellen wird, wo oder wie sich das spezifisch Poetische einer Bilderfahrung konstituiert: ob es vonseiten des Malers gleichsam „ins Bild gelegt" wird und dort seiner Aktualisierung harrt, oder ob es allein von der ästhetischen Einstellung, eventuell sogar von den soziokulturell geprägten Bedürfnissen des jeweiligen Rezipienten abhängt. Tatsache ist, dass etwa Bilder von Paul Klee von den Kritikern noch bis in die 1930er Jahre fast durchwegs als poetisch bezeichnet wurden, wonach dieses Attribut auch im Hinblick auf dieselben Werke vorübergehend aus dem Kunstdiskurs verschwand.[191]

Die These lautet, dass der Künstler während der Produktion sehr wohl affektive und ideelle Bedeutungen im Sinn hat, dass sich diese jedoch im laufenden Prozess der Gestaltung gleichsam verselbstständigen und ihre eigenen Anforderungen an das Entstehende richten. Dennoch ist die Kenntnis der künstlerischen Intention und der weiteren Produktionsumstände nicht zu vernachlässigen, da sie das Werk in Beziehung zu seiner Zeit und seinem kulturellen Umfeld setzen.

4.2.1. Kein kausales Überfliessen von künstlerseitiger Befindlichkeit ins Werk

Die romantische Vorstellung, dass das Künstler-Genie seine eigenen Befindlichkeiten unmittelbar ins Kunstwerk einfliessen lässt oder dass er schlicht seine inneren Regungen während des Schöpfungsaktes „in Form" bringt,[192] ist aus heutiger Sicht nicht haltbar. Bestünde ein solcher direkt kausaler Zusammenhang zwischen der Befindlichkeit des Künstlers und dem Ausdruck, den er im Werk niederlegt, bliebe dessen Erfahrungsspektrum mehr oder weniger auf die ursächlichen künstlerischen Affekte beschränkt, wenn sie denn überhaupt intersubjektiv nachvollziehbar wären: emotionale Befangenheit ist in den wenigsten Fällen förderlich, um unsere affektiven Zustände prägnant zu vermitteln.

Entsprechend geht auch John Dewey davon aus, dass Gefühle und Stimmungen nicht durch ein „Überschäumen" von emotionalen Impulsen in die Bilder gelangen:

„Während es einerseits ohne einen von innen kommenden Drang keinen Ausdruck gibt, so muss andererseits dieses Hervorquellen geläutert und geordnet werden. […] Gefühlsentladung ist eine notwendige, aber keine ausreichende Bedingung für Ausdruck."[193]

Obgleich Dewey zu diesen zusätzlich notwendigen Bedingungen die „Einbeziehung der Werte früherer Erfahrung" zählt, so scheint er dennoch ein aktuelles Fühlen des zu Vermittelnden vorauszusetzen. Allerdings würde ein kausales wenn auch „geläutertes" Überfliessen von Gefühl in ein Objekt – wenn es denn möglich wäre – diesem nicht unweigerlich entsprechenden Ausdruck verleihen: dafür muss dem Künstler ein bestimmtes Gefühl eher im Sinne eines Wissens gegeben sein. Er braucht – so Wollheim – die innere Verfassung, die er ausdrücken will, nicht aktuell zu spüren: er hat sie lediglich *im Sinn*.[194] Mit der „internal condition, that he [the artist] had in mind" setzt Wollheim ein schlichtes Erinnern dieser Befindlichkeit voraus, ein phänomenales Wissen darüber, wie der intendierte Affekt ist und wie er sich anfühlen sollte, um die Wirkung des Resultats damit vergleichen zu können.[195] Als erster Rezipient seines entstehenden Bildes lässt der Maler – ähnlich wie es Kerstin Thomas für den nachfolgenden Betrachter beschreibt – über einen laufenden „intuitiven Erfahrungsabgleich" Wünsche, Auffassungen und Kenntnisse in die Imagination einfliessen, die an das Werk getragen werden und einen Teil seiner Wirkung bedingen.[196] Der Künstler ist also sehr wohl der primäre Verursacher von Ausdruck, eine Entsprechung mit seiner aktuellen Gefühlslage während des Schöpfungsaktes ist indessen nicht notwendig.

4.2.2. Vom Bruch zwischen schöpferischer Intention und Rezeption

Ebenso problematisch erscheint es, die affektiv erfahrbaren Qualitäten eines Bildes allein auf eine ursprüngliche *Intention* zurückführen. Im Idealfall wird sich der Künstler selbst überraschen lassen durch Effekte seiner Schöpfung, die er nicht vorausgesehen hatte. Das Kunstwerk löst sich bereits während des Schaffensprozesses zumindest teilweise von der initialen Idee seines Urhebers, weil sich dieser mit fortschreitendem Anwachsen des Gebildes dessen zunehmender Eigengesetzlichkeit zu unterwerfen hat. Von Künstlern eingesetzte Titel entstehen in der Regel erst *nach* der Vollendung eines Werks.[197]

„Der Wille des Autors als eindeutig bestimmter vorgestellt", erklärt Hans Blumenberg, „ist von vornherein inadäquat der essentiellen Vieldeutigkeit und Unbestimmtheit dessen, was als ästhetisch ansprechender Gegenstand existiert."[198] Sind künstlerische Gehalte dennoch mehr oder weniger intentional im Werk angelegt, so löst sich laut Blumenberg der ästhetische Gegenstand nach abgeschlossenem Produktionsprozess vom Künstler: Das Bild bricht den direkten Transfer zwischen den schöpferischen Gedanken oder Affekten und der Rezipientin: Als verselbstständigte Entitäten erschliessen Bild-Metaphern in sich verändernden Kontexten neue Bedeutungsräume,[199] ein Phänomen, das Hans Georg Gadamer mit dem Begriff „Wirkungsgeschichte" 1959 dingfest gemacht hat.[200] Gegen einen allzu starken Intentionsbegriff spricht laut Kerstin Thomas zudem aus rezeptionsäthetischer Perspektive die Gefahr, sich mit dem „Erkennen" einer vermuteten Ausdrucks-Intention zufrieden zu geben und damit das Spektrum der Erfahrungen einzuschränken.[201] Eine Spur von Mehrdeutigkeit und damit auch die sich verändernden Ausdruckseigenschaften gehören zum Wesen des Kunstwerks. Allerdings scheint Blumenbergs These vom Bruch zwischen Produktion und dem sich der künstlerischen Kontrolle entziehenden ästhetischen Gegenstand erst vor dem Hintergrund der neueren künstlerischen Verweigerungsstrategien seine volle Tragweite zu erlangen: die Rezeption von Ankers *Freundinnen*-Bild bleibt der initialen Ausdrucks-Intention enger verbunden als ein Werk wie Wols' *Voyage étrange*, das sich in hermetischer Abstraktheit dem hermeneutischen Zugriff fortwährend verweigert. Trotz aller Unerreichbarkeit, das sei hier vorausgeschickt, ist auch in solchen Fällen das Spektrum der möglichen Erfahrungen nicht unbegrenzt: sie bleiben an die materialen Gegebenheiten des Werks gebunden und intersubjektiv nachvollziehbar.

4.2.3. Und dennoch: Bedeutung der Entstehungsumstände

Trotz einer fruchtbaren Verselbstständigung von Bild-Ausdruck und Bild-Bedeutung bleiben gewisse Aspekte der Produktion dennoch relevant für die Rezeption: Wir beziehen die Wahrnehmung von Ausdruck nicht nur auf unseren eigenen Erfahrungsfundus, sondern wir vergleichen sie unweigerlich auch mit unserem Wissen um die charakteristische Ausdrucksweise des Künstlers: beides beeinflusst unser Urteil darüber, was das Werk ausdrückt.[202] Unsere Kenntnis von den Produktionsbedingungen, dem gegebenen Materialstand der Entstehungszeit und den Umständen der Herstellung eines Werks prägt unweigerlich unser historisch vergleichendes und letztlich auch unser kunstästhetisches Urteil (vgl. II, 6.1.):[203] so ist es kausalgeschichtlich von ontologischer Relevanz für ein Bild, wenn es sich etwa als Fälschung entpuppt.

Zudem können Kenntnisse der Biographie und ein Wissen um das intellektuelle Umfeld eines Künstlers für die Wahrnehmung von manchem Werk eine wichtige Rolle spielen. Sehen wir zum Beispiel Kasimir Malewitschs *Schwarzes Quadrat auf weissem Hintergrund* von 1915 ohne weitere Informationen zwischen anderen Werken einer Ausstellung hängen, nehmen wir es vermutlich als geometrisch abstraktes Bild ohne emotionale Ausdruckseigenschaften wahr (Abb. 10a). Für Malewitsch indessen stand dieses Werk für „reine Erregung", für eine Artikulation von Lebensstrom und dionysischen Kräften.[204] Der Künstler beschreibt damit sein Bild als Ausdruck der reinen, unterschwelligen Empfindung im Sinne eines Vitalgefühls. Der Rezeption präsentiert er es als religiöses Objekt: Malewitsch liess das 1914 entstandene Bild von rund 80 x 80 Zentimetern in der letzten *Futuristischen Ausstellung 0.10* über eine obere Ecke des Raums hängen, an den Ort, wo jeweils russische Ikonen hingehängt werden (Abb. 10b). Diese kultisch bedeutungsstarke Position veränderte insbesondere im ostkirchlichen Kontext von St. Petersburg unvermeidlich die Wahrnehmung des Gegenstands: in seiner formalen Ungegenständlichkeit appellierte es bei der Betrachterin jenseits des sprachlich Fassbaren an religiöse Gefühle, die den komplexen Transfer von der bildimmanenten Leerstelle auf das eigentliche Signifikat – das Göttliche – zu leisten hatten.[205] Das Wissen um Entstehungs- und Präsentationsumstände kann also ähnlich wie die Kenntnis des schöpferischen und theoretischen Gesamtwerks eines Künstlers unsere Herangehensweise an dessen Bilder beeinflussen; sie erweitern – aber letztlich auch die Sicht auf ein Resultat verstellen.

In der jüngeren Kunstgeschichtsschreibung werden künstlerbiographische Befunde tendenziell von einem fast ausschliesslich strukturanalytischen Zugang zum Artefakt verdrängt, das im Grunde als Alleiniges für oder gegen sich zu sprechen hat. Dennoch vermag der Einbezug des Wissens um die Entstehungsumstände eines Bildes der freien Interpretation eines Bildgehalts

10a Kasimir Malewitsch, *Schwarzes suprematistisches Quadrat*, 1915, Öl auf Leinwand, 79,6x79,5 cm.

10b Kasimir Malewitsch, *Die letzte futuristische Ausstellung 0.10*, Petrograd 2015.

signifikante Grenzen zu setzen, wie ich ganz am Ende dieser Schrift anhand eines Beispiels aus der Aborigines-Kunst zeigen werde (III, 4.6.).

In unserem Zeit- und Kulturrahmen indessen können wir davon ausgehen, dass in jedem Bild ein gewisses Potenzial von Bedeutung und Gehalt angelegt ist: Der Künstler prägt willentlich dieses auch für ihn offene Spektrum an Möglichkeiten, indem er als erster Rezipient seines anwachsenden Werks dessen Ausdruck unablässig auf seine innere Stimmigkeit prüft und anpasst. Mit steigender Uneindeutigkeit des Dargestellten vergrössert sich jedoch dieser Spielraum, wodurch auch der Anteil der Betrachterin an der schöpferischen Verant-wortung wächst.[206] Das künstlerische Objekt wird, so Kerstin Thomas, zusehends zum „Medium, das die Beziehung zwischen Menschen und Dingen als unabgeschlossenen Prozess in seiner ganzen Widersprüchlichkeit widerzuspiegeln vermag".[207]

Festzuhalten für die Rolle des Künstlers im Transfer von Bedeutung über ein Werk zum Rezipienten bleibt, dass der Künstler die Ausdruckseigenschaften zwar mehr oder weniger willentlich anlegt, dass Bedeutung aber aufgrund ihrer Verhältnisstruktur im Ausdrucksgeschehen jeder Rezeption gewissermassen neu produziert wird. Obgleich weder die affektiven Befindlichkeiten noch die Intentionen der Künstlerin direkt ins Werk fliessen, so wird dennoch jedes neue Wissen um die konkreten Entstehungszusammenhänge unsere Wahrnehmung und damit auch das Kunstwerk bis zu einem gewissen Grad verändern.

4.3. Bildkünstlerischer Ausdruck zwischen Gegenständlichkeit und Abstraktion

Emotionen und Stimmungen können in Bildern dargestellt werden. Zeigen beispielsweise gewisse Kinderzeichnungen oder Cartoons weinende Menschen, wird der Darstellungs-Inhalt als „traurig" verstanden. Nur in Ausnahmefällen drücken solche Zeichnungen in ihrer Gestaltungsweise „Traurigkeit" auch aus. Die ausdrucksstarke Darstellung der weinenden Kinder am Totenbett der *Kleinen Freundin* indessen appelliert an unsere echten Gefühle. Es ist nicht die Tatsache, dass da gemalte Kinder weinen, die uns ergreift. Dies wäre höchstens eine assoziative Trauer, wenn uns das Bild etwa an einen eigenen Todesfall denken lässt.[208] Die Berührungskraft der Erscheinung ergibt sich aus dem Zusammenspiel von Darstellung und Ausdruck: wir erfahren Trauer und Auswegslosigkeit, weil uns das Kunstwerk für Augenblicke vergessen lässt, dass es sich bloss um eine erfundene Szene handelt. Unsere adäquate Antwort auf künstlerischen Ausdruck ist letztlich immer eine *ästhetische* Antwort.[209] Das heisst, indem wir unsere interesselose Aufmerksamkeit gleichzeitig auf den Darstellungsinhalt und auf den gesamten Ausdrucksgehalt des Bildes richten, mutet uns dieses zwar traurig an, erfüllt uns jedoch ebenso mit Freude über das gelungene Kunstwerk. In der ästhetischen Bilderfahrung scheint – ähnlich wie es Jenefer Robinson für die Literatur beschreibt – ein latentes Kippmoment zwischen emotionaler Nähe und ästhetischer Distanz das phänomenale Erleben des Kunstwerks als solches überhaupt erst zu ermöglichen.²¹⁰

Im Falle einer spontan empfundenen Betroffenheit durch die Traurigkeit der Kinder bei Anker wäre also zu prüfen, ob der Bildausdruck dieses „emotionale Versprechen" über längere Zeit einzulösen vermag. Denken wir zurück an Jeff Koons *Amore*: Die Plastik kann jemandem spontan gefallen und Gefühle wie Fürsorglichkeit hervorrufen, weil sie etwa unbewusst an die heiss geliebte Teddy-Puppe aus der Kindheit erinnert – das wäre eine blosse Wirkung. Die Einnahme einer ästhetischen Distanz wird mit grosser Wahrscheinlichkeit zu einem anderen Urteil führen.

Wir nehmen Ausdruckseigenschaften von Bildern wahr über Anzeichen, die für uns und für die meisten Menschen ähnliche, nicht unmittelbar bewusste Assoziationen generieren. Mit feinen, kulturell geprägten Nuancen gründen solche Entsprechungen in anthropologischen Konstanten, die sowohl der Künstlerin als auch beim Rezipienten gegeben sind. So verstärken etwa starke Licht-Kontraste die Stimmungsqualitäten; gewisse Farb-Kombinationen werden allgemein als „fröhlich" empfunden und frische Farben mit dem auflebenden Frühling assoziiert.²¹¹ Lineare Horizontalen wirken ruhiger als Diagonalen oder wirr durcheinander laufende Linien: unbegrenzte Weite beruhigt und lädt zum Meditieren ein, was evolutionsgeschichtlich unter anderem mit der Überschaubarkeit der Umgebung und Einschätzbarkeit von Gefahren zusammenhängen mag. Durch solche Konstanten werden die affektiven Qualitäten von Bildern zu intersubjektiven Phänomenen,²¹² wenngleich subjektive Faktoren wie individuelle Gemüts-Dispositionen des Betrachters zumindest die Empfänglichkeit für solche Erfahrungen mitbestimmen.

4.3.1. Der widersprüchliche Ausdruck von Affekten im gegenständlichen Bild

Die Ausdruckskraft von Ankers *Freundin* beruht unter anderem auf einem einstimmigen Zusammenspiel zwischen Motiv und Stimmung. In Bildern der Moderne wie Max Beckmanns *Kreuzabnahme* kann der Ausdruck als Ergebnis dieses Zusammenspiels auch einmal vielschichtig und spannungsvoll widersprüchlich sein (Abb. 11).

Jesus hängt, seine fleischlosen Glieder schon losgelöst vom Kreuz, schief und steif wie der Knochenmann persönlich in den Armen des alten Joseph von Arimathäa. Seine in ihren Proportionen viel zu langen Arme sind noch immer quer vom frontal dargestellten Körper abgespreizt, so als wollten sie sein Schicksal als „ewig Gekreuzigter" versinnbildlichen. Es ist kaum vorstellbar, dass gemalte Hände je einen tieferen, flammenderen Schmerz ausdrücken können als diese seine rechte. Im krallenartigen Schattenwurf der zurückgebogenen linken Hand seiner Mutter Maria, die auf der rechten Seite des Kreuzes halb hockt und halb kniet, scheint dieser Schmerz ein Echo zu finden. Kaum ist Blut zu sehen. Nur die schwarzen Löcher an Händen und Füssen, deren undurchdringliche Leere sich über das Kopftuch von Jesu Gefährtin Maria Magdalena, den vertikalen Kreuzpfosten sowie das Kleid des Nikodemus in die Sonne zu ergiessen scheint und deren letztes, kraftloses Glühen anscheinend keine Wärme und Hoffnung mehr zu verströmen vermag, verweisen auf das unwiederbringliche Geschehen. Blutrot aber klagen das Hemd und die schmerzvoll zugekniffenen Augen der Mutter. Maria Magdalenas beklommener Blick richtet sich, verstärkt durch die geisterhaft amorphen Gesichter im Hintergrund, eindringlich auf uns Betrachtende, so als suchte sie unser Augenzeugnis. Ein einziges Auge gafft uns zudem aus einem halb verdeckten Gesicht mit schief offenem Mund auch aus dem linksseitigen Hintergrund frech an – es gehört zu einem bewaffneten und behelmten Soldaten. Diese Blicke, welche letztlich auch über die Schlitze der nur halb geschlossenen Lider der toten Figur wie aus der abgründigen Tiefe zweier entleerter Augenhöhlen auf uns treffen, verleihen dem Bildgeschehen eine verstörende Anwesenheit.

Beckmanns Darstellung der *Kreuzabnahme* ist 1917 – also im ersten Weltkrieg – entstanden. Sie drückt starke Gefühle aus und vermag es, eine lebendige Vorstellung vom Schmerz zu vermitteln, wie ihn Menschen in solchen Grenzsituationen empfinden können. Die Einzigartigkeit dieses gemalten Gefühlsausdrucks liegt in der spezifischen Weise, wie er uns in Bildstruktur und Farbverhältnissen als Gesamtstimmung vermittelt wird:²¹³

Als erstes springt mich die Stimmung des Bildes an. Die gesamte Bilderscheinung ist geprägt von einer käsig-moderig wirkenden, grünlichen Beige-Tönung, die von wenigen opak-schwarzen und rötlich-braunen, an getrocknetes Blut erinnernde Flächen unterbrochen ist. Insgesamt wirken die Farben schmutzig: die Grau-

töne, welche fast überall durchscheinen, verhindern es, das Bild als warm zu empfinden. Die Szene ist von vorne links beleuchtet, aber das grelle Licht verstärkt eher die kühlen Weiss-Tönungen, die mit den wenigen schwarzen Feldern kontrastieren. Die Komposition erscheint eigenartig verstellt. Trotz ihrer Schichtung in Vorder-, Mittel- und Hintergrund entsteht keine Tiefenwirkung, denn es gibt keinen atmosphärischen Raum: die Bildfläche ist auf ihrer hintersten Ebene optisch gleichsam zugemauert.

Die Bildstruktur wirkt unruhig durch die vielen sich in verschiedenen Winkeln gegenseitig überschneidenden, mehrheitlich diagonal verlaufenden Bildachsen, die sich in kleinsten Details, etwa in schräg zugekniffenen Augenpaaren spiegeln. Die überlangen Körperformen sind durch harte, schwärzliche Striche konturiert. Die zentrale Figur im Vordergrund nimmt in ihrer Schieflage die gesamte Bilddiagonale ein, während ihre ausgebreiteten Arme fast parallel zur gegenläufigen Diagonale bis an die seitlichen Bildränder reichen. Zusammen mit der länglichen Kopf-Hals-Partie ergibt sich der visuelle Eindruck eines beidseitig leicht nach unten abgeknickten Kreuzes. Ausgezehrt und knochig ist die Figur auch in Rumpf und Gliedern seltsam in die Länge gezogen, ihr rechter Fuss ist durch den seitlichen Bildrand abgeschnitten. Ihr oberer Arm verläuft parallel zum Querbalken des Kreuzes im Hintergrund; diese horizontale Achse spiegelt sich einzig im seitlich gehobenen und gebeugten, rechten Arm der unter ihm hockenden Frau, was den Effekt von allgegenwärtigen Barrikaden noch verstärkt. Ihr Handrücken ist an die Stirn gedrückt, die spitzen Finger weisen auf den todessteifen Körper über ihr. Ihr linker Arm hängt mit seiner verdrehten Hand und

11 Max Beckmann, *Kreuzabnahme*, 1917, Öl auf Leinwand, 151,2x128,9 cm.

den gekrallten Fingern nach unten und fügt sich in die diagonale Abwärtsrichtung der viel zu schmalen, verlängerten Gliedmassen der anderen vier Figuren. Im Mittelgrund sorgt eine ans T-förmige Kreuz angelehnte Leiter für weitere Achsen und Winkel: sie reicht bis an den oberen Bildrand und scheint jenseits von diesem ins Unendliche zu greifen, was den Eindruck erweckt, als würde das optisch haltlose Gefüge des Bildes von einem fernen Punkt oberhalb des Bildraums im Wortsinn „verhängt".

Das wirre Achsen-System dieser Darstellung aus Armen, Beinen, Kreuz und Leiter hat eine beunruhigende Wirkung auf mich. Die verstellte Bildfläche hindert mich daran, sehend ins Bild einzudringen. Und gerade dieser Blick hinter das Geschehen wäre mir wichtig: dorthin, wo aus einem raumlosen Hintergrund unheimliche, gräulich-hohläugige Gesichter mich zu beobachten scheinen.

Der affektive Appell dieses Bildes beruht offensichtlich nicht nur auf dem, was es von Gefühlen dargestellter Menschen zeigt, sondern vor allem auf den spezifischen Interaktionen seiner Farb- und Formqualitäten.[214] Auf den ersten Blick wirkt vor allem die konsequente Übersetzung der Sujet-bedingten Stimmungen in die Bildstruktur anziehend: das Gräulich-Schmutzige spiegelt die Bedrängnis der Gestalten; spitze und in die Länge verzerrte Formen machen die Verletzungen des Gekreuzigten nahezu spürbar; die verbarrikadierte Bildfläche lässt gleichsam die Ausweglosigkeit der Situation nachempfinden.[215] Wollen wir uns jedoch dieser bildimmanenten Stimmigkeit überlassen, werfen uns die Blicke aus dem Bild wieder zurück auf unsere Stellung als – ihrerseits beobachtete – Betrachterinnen. Dieses Wechselspiel von Einbezug und Zurückweisung führt letztlich zu einer Erfahrung, die zwischen mitfühlender Nähe und ästhetischer Distanz schwebt.

Der manifeste Bild-Ausdruck von Trauer und Schmerz liesse sich in Anlehnung an Roland Barthes als „entgegenkommender Sinn" dieses Gemäldes interpretieren, als gewollter „rhetorischer Effekt". Die nicht in eine klassische Pietà-Darstellung gehörenden Blicke indes können als überraschender Kontra-Effekt begriffen werden, welcher ein Befremden oder sogar eine Irritation bewirkt, die unser identifizierendes Sehen fortwährend stört.[216] Das Unerhörte, zunächst nur unterschwellig oder „stumpf" mitschwingende Angeblicktwerden erscheint mir als einer der wichtigen Stimmungsfaktoren dieses Bildes: die beunruhigende Uneindeutigkeit dessen, was die Blicke „von mir wollen", durchbricht die klischeehafte Ikonographie des historisch versunkenen und emotional in sich ruhenden Bildgeschehens; es greift hinaus in unsere Jetztzeit. Diese eigentümliche Erfahrung des Bildgehalts gründet somit weder im Motiv noch allein in den strukturalen Eigenheiten des Dargestellten, sondern in einem unauflösbaren Spannungsverhältnis zweier widerstreitender Realitäten.

Die Stimmungserfahrung lässt solche Ambivalenzen zu, was einige Kunsttheoretiker dazu veranlasst, Bild-Stimmung als *unbestimmten* emotionalen Ausdruck zu bezeichnen.[217] Dem wäre zu entgegnen, dass anstelle von Unbestimmtheit höchstens *Unterbestimmtheit* angeführt werden kann, da dem nie ganz erschliessbaren Ausdrucksgeschehen dennoch nicht beliebige Stimmungen zugeschrieben werden können. Treffender wäre es womöglich, dieses mehrschichtige Geschehen als *Überbestimmtheit* zu begreifen, als „Überfülle an Aspekten", wie es Horst Bredekamp mit Blick auf Gottlieb Baumgarten und John Dewey ausdrückt.[218] Diese nur schwer in Worte fassbare Prägnanz von Stimmungen gründet nicht zuletzt in deren Potenzial, unterschiedliche und sich teilweise widersprechende affektive Ebenen gleichzeitig aufscheinen zu lassen. Die Möglichkeit divergierender Ausdruckserfahrungen, die in vielen Bildern der Moderne angelegt ist, werde ich weiter unten als eines der prototypischen Merkmale von Bild-Poesie hervorheben.

4.3.2. Ausdruck von Emotionen und Stimmungen im abstrakten Bild

Anhand von zwei sehr unterschiedlichen Werken soll nun beispielhaft untersucht werden, in welcher Weise ungegenständliche Bilder Emotionen und Stimmungen ausdrücken.[219]

Abstrakte Bilder stellen keine fühlenden Wesen dar; ihr affektiver Gehalt liegt im Stimmungsausdruck. Fehlen spontan erkennbare Hinweise auf einen Inhalt, richten wir unsere imaginierende und mitfühlende Aufmerksamkeit auf die Bild-Atmosphären. Ähnlich wie im gegenständlichen Bild vermittelt uns auch da unsere emotionale Betroffenheit durch ein als gleichsam lebendig erfahrbares Bezugsganzes, dass sich eine Beschäftigung mit dem Bild lohnt. Einfühlung und vor allem emotionales Mitgehen werden zum unverzichtbaren Mittel der Bildanalyse.

Piet Mondrians *Victory Boogie-Woogie* von 1942/1944 ist eine quadratische, übers Eck gestellte Tafelmalerei

12 Piet Mondrian, *Victory Boogie-Woogie*, 1942/1944, Tafelmalerei mit farbigen Klebstreifen und Papier, 126,1x126,1 cm.

mit farbigen Klebestreifen und Papier, die Seitenlängen messen 126 Zentimeter (Abb. 12). Mark Rothko hat seinem Ölgemälde von 1954 keinen Titel beigefügt, es wird zu Unterscheidungszwecken auf Datenbanken mit *Gelb, Orange, Rot auf Orange* bezeichnet; ihr Format ist 143x115 Zentimeter (Abb. 13). Die vergleichbaren Dimensionen der beiden Bilder sind insofern nennenswert, als sie die optimale Distanz für eine Gesamtansicht der Originale bestimmen, was wiederum einen entscheidenden Einfluss auf das leibliche Erleben ihres Stimmungsausdrucks hat. Mit den durchschnittlich rund eineinhalb Quadratmetern verfügen die beiden Bildkörper über eine Fläche, die der körperlichen Frontalfläche einer erwachsenen Betrachterin nahe kommt: im Unterschied zu einem sehr kleinen Bild werden sie gewissermassen als körperhaftes Gegenüber erfahren.

Während Rothkos hochgestelltes Rechteck optisch einen festen Stand hat, scheint Boogie-Woogie *in einem labilen Gleichgewicht auf der unteren Ecke zu balancieren. Im Blick auf die Darstellung aber gewinnt es durch seine rasterartige Gestaltung visuell eine gewisse innere Balance: kleine und grössere aneinandergereihte, gelbe, orange, blaue und schwarze, von Hand leicht ungleichmässig hingemalte sowie geklebte Quadrätchen und Rechtecke markieren visuell stabilisierende, horizontale und vertikale Linien und Felder auf dem grau-beigen Untergrund. Das bunte Spiel der kleineren Farbquadrate scheint die effektive Flachheit des Bildes zu widerlegen, indem einige unter ihnen optisch in objekthafter Weise in den Vordergrund springen. Die weniger strukturierten Grauzonen in den Ecken, von welchen die obere ausgedehnter ist als die drei anderen, raffen das abstrakte Spiel der bunten Farbfelder zu einer nahezu körperhaft erscheinenden Form, die uns Betrachtende in ungewisser Weise anmutet. Die Gesamterscheinung der Komposition schwankt zwischen der prekären Position des Bild-Körpers und den stabilisierenden horizontalen Linien, was eine mich gleichsam leiblich erfassende, zwischen Stand und Schwebe alternierende Empfindung hinterlässt. Durch die visuelle Rhythmik der stark kontrastierenden Farbkonstellationen in unterschiedlichen Grössenverhältnissen gelange ich in einen Zustand von fröhlicher Bewegtheit – so als würde sich mein Gemüt in lebhaften Takten bewegen.*

Ganz anders verhält es sich mit Rothkos orange-gelber Komposition. Umrahmt von einer nach innen fliessend verlaufenden, orangen Farbe teilt sich das Bild etwas unterhalb der Mitte in ein unteres und ein oberes Rechteck. Den unteren Teil nimmt eine annähernd monochrome, rötlich-orange Fläche ein, an die sich oben mit unscharfem Übergang ein opak leuchtendes Gelb anschliesst, welchem unregelmässig transparente, orange Schlieren ein atmosphärisches Flirren verleihen. Weder bewegende

13 Mark Rothko, ohne Titel (*Gelb, Orange, Rot auf Orange*), 1954, Öl auf Leinwand, 143,5x115 cm.

Farb-Spiele noch Form-Beziehungen beleben die in sich ruhende Erscheinung. Während die farbliche Umrandung der beiden Flächen zunächst eine Art optisches Fenster ergibt, durch welches der innere Bildraum leicht in den Hintergrund rückt, widersetzen sich die vereinzelt wie eruptiv brodelnden Farb-Übergänge von Rahmung zu innerem Bildraum diesem perspektivischen Effekt. Dennoch entsteht eine Art Tiefenwirkung durch das annähernd opake Rot im unteren Bereich, das gleich einem überhitzten Sandboden unter einem brütenden Wüstenhimmel die Horizontlinie optisch erzittern lässt. So ruhig und beruhigend die Komposition des Gemäldes anfänglich erschien: die scheinbar stickige Atmosphäre über dem glühend-schweren Untergrund bewirkt letztlich eine öde Stimmung von Einsamkeit und Verlorenheit. Sie zieht mich an und in sich hinein, dorthin, wo ich hinter dem unergründlichen Horizont nur das Leben verheissende Grün und Blau einer Oase erhoffen kann.

Jedes der beiden Bilder, so unterschiedlich sie auch sind, zeichnet sich durch eine spezifische Gestimmtheit aus. Die Wahrnehmung dieser Stimmungen unterscheidet sich nicht wesentlich von derjenigen gegenständlicher Bilder. Gleichwohl lässt das Fehlen von offensichtlichen lebensweltlichen Bezügen unsere Vorstellungskraft zunächst ins Leere laufen. Der atmosphärische Sog bei Rothko sowie die fröhliche Bewegtheit von *Boogie-Woogie* sprechen uns vor allem bei der Grösse dieser Bilder immer auch auf leiblich-vitaler Ebene an.[220] Die imaginative Einfühlung dieser Bild-Stimmungen sowie das partizipative Mitfühlen mit ihnen braucht vor allem bei ungeübten Betrachtern einige Zeit und Aufmerksamkeit.

Ähnlich wie beim Hören von Musik, der abstrakten Kunst schlechthin, lässt unsere Aufmerksamkeit auf die materialen Gegebenheiten sowie auf die Stimmung der Gesamterscheinung Vorstellungsbilder in uns entstehen, die sich in uns zu einer Art Ausdruck verdichten, sofern wir bereit sind, uns emotional auf sie einzulassen. Bei der Musik, schreibt Roger Scruton, konstituiert sich Ausdruck durch das musikalische Argument und bleibt mit der musikalischen Struktur verwoben.[221] Wir erfahren ihren Ausdruckscharakter als etwas gleichsam Lebendiges, mit dem wir innerlich mitgehen: Unsere Antwort auf Musik sei insofern eine sympathetische Antwort, als sie „a response to human life, imagined in the sounds we hear" sei.[222] Interpreten identifizieren nicht einen konkreten seelischen Zustand, von welchem die Musik handeln könnte, expliziert Scruton, sondern sie spielen mit Einfühlung, „with understanding": „They must fit themselves into the groove of the work."[223] Die Erfahrung dieses „groove" impliziert ein psychophysisches Mitgehen, so meine ich, mit der Stimmung des Stücks im Sinne eines leiblich-vitalen Geschehenlassens *und* einer affektiven Einstellung auf das, was zwar als Aufscheinen *von etwas* wahrnehmbar, aber vom Verstand nicht eindeutig identifizierbar ist. Scruton beschreibt einleuchtend musikalische Eigenschaften als „tertiäre Eigenschaften", die beim Hörer neben sensorischen Fähigkeiten eine imaginativ-intellektuelle und affektive Bereitschaft zum Transfer von Begriffen aus anderen Lebensbereichen voraussetzen.[224]

Unsere emotionale Wahrnehmung von affektiven Eigenschaften in abstrakten Bildern gründet auf solchen imaginativen Übertragungen. Ungegenständliche Gemälde lassen sich kaum adäquat erfahren, wenn wir uns nicht mit unserem Vorstellungsvermögen auf mögliche, ihrer strukturimmanenten Gestimmtheit entsprechende Gehalte einlassen. Diese Erfahrung ist zwar subjektiv, aber insofern objektivierbar, als sie uns in eine produktive Gestimmtheit versetzen und uns zu einer evozierenden Beschreibung verleiten kann, die in weiteren Rezipienten zu neuen Resonanzen findet.[225] Wiewohl ein innerliches Mitgehen mit dem Stimmungsausdruck also individuell unterschiedlich ausfallen wird, ist eine solche, das persönliche Gesamterlebnis spiegelnde Beschreibung dem künstlerischen Bildgeschehen näher und intersubjektiv besser nachvollziehbar als ein detailgetreu analysierender Zugriff auf das dinghafte Objekt.[226]

Ohne solche Transfers kann das anhaltende ästhetische Faszinosum, welches auch von abstrakten Bildern ausgeht, kaum erklärt werden.[227] Der sprachliche Rückgriff auf musikalische Metaphern wie „Harmonie" und „Rhythmus" erlaubt die Vermittlung von abstrakten oder wenig präzis artikulierten Bildgehalten; die entsprechenden Sinnbilder gehen natürlicherweise aus dem sinnlich-affektiven Abgleich mit bekannten Erfahrungen hervor.[228]

Der Ausdruck von abstrakten Bildern zeichnet sich somit gegenüber einer gegenständlichen *Kreuzabnahme* vor allem durch einen grösseren Spielraum für die Imagination aus. Ist dieser Spielraum aufgrund der Unverfügbarkeit von *endgültigen* Bedeutungen eine Eigenschaft nahezu eines jeden Kunstwerks,[229] so lässt sich im Rückblick auf Wols' *Voyage étrange* erahnen, dass sich dieser Spielraum mit zunehmender inhaltlicher Abstraktion oder Verschlüsselung tendenziell vergrössert, wenngleich nicht ins Beliebige ausdehnt.

4.4. Fazit: Das Bild-Werk als Resonanzsphäre

Bildkünstlerischer Ausdruck wird subjektiv und in individuell leicht unterschiedlicher Ausprägung erlebt: In jeder Erfahrung hat unsere Sichtweise einen gewissen Anteil am Gehalt des Kunstwerks als solchem. Ausdruck ist somit nicht ein statisches, ein für alle Mal von einem Künstler festgelegtes Faktum, sondern als mehr oder weniger begrenztes, in jeder Rezeption neu zu aktualisierendes Potenzial im Bild angelegt. Im Idealfall wächst das Werk während seiner Schöpfung und im Laufe seiner Wirkungsgeschichte über die ursprüngliche künstlerische Intention hinaus. Nichts desto trotz wird die Kenntnis von Intention wie auch von Entstehungsumständen jede Herangehensweise ans Kunstwerk mit prägen.

Der Ausdruck des Bild-Werks wird über gestalterische Mittel erzeugt. Sein spezifischer Anmutungscharakter appelliert an Gefühle wie auch an Verstand und Imagination: er konstituiert dadurch die unersetzbare Resonanzsphäre des Kunstwerks. In gegenständlichen Gemälden der Moderne ist der Ausdruck oftmals mehrdeutig. Mit zunehmender Unverfügbarkeit des Bildgehalts wächst der hermeneutische Spielraum der Rezipientin und damit ihre persönliche Teilhabe am Kunstwerk. Vollends abstrakte Bilder stellen zudem erhöhte Anforderungen an ein einfühlendes Imaginationsvermögen, um einen Ausdruck überhaupt erst identifizieren zu können. Ab einer gewissen Grösse betreffen uns Kunstwerke vermehrt auch auf leiblich-vitaler Ebene: Neben dem intentionalen Mitfühlen wird der Leib selbst zum Resonanzraum zwischen den Stimmungsräumen Bild und Subjekt.

Bild-Poesie, das soll hier vorläufig als These stehen bleiben, stellt für jedes neue Hervorbringen von Bildgehalt spezifische Anforderungen an die imaginativen wie an die affektiven Vermögen der Rezipienten. Trotz der eher kleinen Formate kann auch da ein leibliches Mitschwingen mit der Erscheinung eingeübte Denk-Abläufe zugunsten einiger Augenblicke unreflektierter Erfahrung produktiv verzögern oder begleiten. Das Bewusstsein zweier komplementärer Ebenen der Ausdrucks-Rezeption – einer leiblichen und einer geistigen – mag dazu beitragen, spontane Reaktionen auf Kunst relativierend zu hinterfragen.

5. WISSENSPRODUKTION DURCH KUNST UND DIE FUNKTIONEN DER EINBILDUNGSKRAFT

Als spezifisch menschliche Hervorbringung spiegelt das Kunstwerk komplexe, das Ganze der menschlichen Existenz umfassende Beziehungen. Ein Kunstwerk verstehen bedeutet also mitunter, einen kleinsten Teil unserer Wirklichkeit zu begreifen. In diesem und im nachfolgenden Kapitel wird uns beschäftigen, in welcher Weise Kunst solches Wissen produzieren kann und um welche *Art von Erkenntnissen* es sich handelt. Kunstwerke, so haben wir bisher festgestellt, erleben wir im Wesentlichen über Wahrnehmung, Imagination, Intellekt und Gefühl, während die leibliche Empfindung eine subsidiäre Rolle spielt. An dieser Stelle sollen die „kühlen" Ebenen der Wissensproduktion durch Kunst – Wahrnehmung, Imagination und Intellekt – ins Auge gefasst werden. Um den irreduziblen Beitrag von Gefühlen in unserer Erkenntnis durch Bilder wird es im sechsten Kapitel gehen.

Während im Kunstdiskurs der Moderne die Funktionen von Gefühlen weitgehend ausgeblendet wurden, stand das Thema „Erkenntnis" hoch im Kurs.[230] Es herrschte ein weitgehender Konsens darüber, dass die Erfahrung von Kunst mit Erkenntnis einhergeht. Die theoretische Auseinandersetzung mit diesem Themenkomplex unterscheidet zwischen zwei grundlegend unterschiedlichen Aspekten: Kunst kann sowohl selbst *Gegenstand* der Erkenntnis sein als auch ein *Mittel,* Erkenntnisse hervorzubringen, welche über die Erfahrung des Werks hinausgehen. Erkenntnis *von* Kunst bleibt eng verknüpft mit dem verstehenden Nachvollzug und Erschliessen von Werken, wobei dazu meist auch Reste des Nicht-Verstehens gehören.[231] Im Bereich dieses Anteils an Nicht-Verstehen eröffnet sich in der Regel das Feld für die Erkenntnis *durch* Kunst, die aus dem unabschliessbaren Anschauungsprozess zwischen Rezipientin und Werk hervorgeht. Allerdings lassen sich die beiden Aspekte nicht scharf voneinander trennen: Bringt die ästhetische Erfahrung phänomenale Erkenntnisse über das Kunstobjekt mit sich, so implizieren diese zumindest auch eine Weise der Selbstbegegnung und – wie Hans-Georg Gadamer ergänzt – des *Sich*verstehens:[232] Erkenntnis von Kunst ist also im Idealfall auch Erkenntnis durch Kunst.

In der avantgardistischen Kunstproduktion wurden künstlerische Praktiken mehrfach sogar selbst als Forschung betrieben und als eine Weise des Denkens jenseits der Sprache verstanden.[233] Bilder waren Experimentierfelder, in welchen Sinneskulturen und Wahrnehmungsweisen des Menschen untersucht werden konnten; sie galten als methodisches Instrumentarium der Analyse, dem eine besondere Erkenntnisleistung zugedacht wurde. Die Erkenntnis durch das Kunstwerk bleibt hier eng mit der erkennenden Erfahrung des Objekts verbunden.

Nach einer Explikation der Wissensformen, die Kunst vermitteln kann, zeigt ein Seitenblick auf die Literatur, welche Rolle die Imagination im Erkenntnisgewinn durch Kunst spielt. Im Rückgriff auf Wols' Gemälde *Eine seltsame Reise* (vgl. Abb. 1), das zum Einstieg bereits ausführlich beschrieben wurde, kann gezeigt werden, welche Anforderungen Abstraktionsverfahren an unser Vorstellungsvermögen stellen und wie sich aus der Singularität des Erscheinenden eine phänomenale Erkenntnis ergeben kann.

5.1. Kunst als eigenständige Form von kognitivem Weltzugang

Nicht-propositionale, qualitative Erkenntnisse phänomenaler Gegebenheiten, wie sie die sinnliche Anschaulichkeit von Kunstwerken für uns bereithält, sind in ihrer Eigenart unersetzbar. Sie sind ein umfassendes, zur propositionalen Erkenntnis komplementäres und ihr gleichwertiges Wissen.

Wie bereits erwähnt hat Alexander Gottlieb Baumgarten in seiner *Aesthetica* von 1750 die Sinneserkenntnis als eine gesicherte, den Leistungen des Verstandes analoge Form des kognitiven Weltzugangs anerkannt.[234] Diese seine Aufwertung der Sinnlichkeit als Medium der Erkenntnis ist jedoch vor allem im zwanzigsten Jahrhundert von intellektualistischen Wissens-Konzepten weitgehend verdrängt worden. Gottfried Gabriel nimmt Baumgartens These wieder auf und baut sie in seiner Erkenntnistheorie aus, indem er jede der beiden Erkenntnisweisen als vollkommene Wissensform darstellt: „Die erste, die logische Vollkommenheit, bemißt sich nach dem Grad begrifflicher Deutlichkeit oder *logischer Präzision*. Die zweite, die ästhetische Vollkommenheit, bemißt sich nach dem Grad anschaulicher Dichte oder *ästhetischer Prägnanz*."[235] Entsprechend unterscheidet Gabriel zwischen dem Wissen von Gedanken und Aussagen, der propositionalen Erkenntnis, und einem nicht-propositionalen, praktischen oder phänomenalen Wissen. Durch sein Postulat von nicht-propositionalen Erkenntnisformen bricht Gabriel mit der verbreiteten Vorstellung einer exklusiven Bindung des Erkenntnisbegriffs an den Wahrheitsbegriff[236] und überbrückt damit den jahrhundertealten Riss – so schreibt er – zwischen dem Leben, das uns vertraut ist und welches wir in seinem Sosein kennen, und dem eigentlichen *Er*kennen. In dieser Weise löst er die sinnliche Anschauung vom Makel des Defizitären gegenüber dem diskursiven Denken und verleiht ihr im Hinblick auf deren Unersetzbarkeit im qualitativen Erkennen phänomenaler Gegebenheiten einen annähernd gleichrangigen Stellenwert. Wenngleich sich für Erkenntnisse durch Anschauung keine logischen Beweise anführen lassen, so kann laut Gabriel dennoch ein „Aufweis" erbracht werden, eine Art abgeschwächter Beleg für deren Angemessenheit.[237] Spricht manches dafür, dass blosse „Angemessenheit" der Erkenntnis durch Kunst gegenüber dem Wahrheitsanspruch propositionaler Äusserungen zu blass ist,[238] so hat Gabriel zumindest darauf hingewiesen, dass dieses phänomenale Wissen in seiner eigentümlichen Verfassung irreduzibel ist.

Das Kunstwerk ist in seiner spezifischen Weise, wie es etwas sagt oder zeigt, diskursiv nicht erfassbar. Sei es ein guter literarischer Text oder ein Bild: in der Fülle seines künstlerischen Überschusses geht jede Nacherzählung beziehungsweise Beschreibung mit einem Verlust an Perspektiven und mit der Preisgabe eines Gesamten einher. Anders gesagt: Als nicht-propositionale Äusserung kann ein Kunstwerk durch seine propositionale Bestimmung nicht eingefangen werden, weil diese immer nur eine Seite der Erfahrung festzuhalten vermag.[239] Die künstlerische Prägnanz einer *Kreuzabnahme* lässt sich höchstens in einer evozierenden Rede spiegeln; auch diese kann zwar das Bild als solches nicht ersetzen, sich ihm aber zumindest hermeneutisch annähern.[240] Angesichts der determinierenden Einseitigkeit des Propositionalen wird offensichtlich, dass allgemein je nach der Art von zur Verfügung stehenden Informationen und insbesondere im Zusammenhang mit Kunst das propositionale Wissen nicht „wissender" ist als nicht-propositionale Erkenntnisse.

Gemälde machen nur in Ausnahmefällen Aussagen, und wenn sie es doch tun, so bleibt das Propositionale eng verbunden mit dem Anschaulichen: es stellt sich zu ihm in ein unterstützendes oder – wie etwa René Magrittes Bild der gemalten Pfeife mit ihrer darunter hingepinselten Sentenz: „Ceci n'est pas une pipe" – in ein widersprechendes Verhältnis. Die negative Relation zwischen Bild und Beischrift verschiebt allerdings die Bilderfahrung von der rein ästhetischen auf eine philosophisch-reflexive Ebene.[241] Im Allgemeinen jedoch ist die adäquate Rezeption von Bildern der Kunst – das ist an der *Kreuzabnahme* ersichtlich geworden – auf die komplementären Funktionen von propositionalen *und* nicht-propositionalen Erkenntnisformen angewiesen.[242] In die Anschauung einer verkörperten *Qualität* wird immer auch propositionales Wissen einfliessen, etwa – auch davon war bereits die Rede – über das geistige Umfeld eines Künstlers oder über die Umstände der Herstellung eines Werks.

Hat Gabriel mit der Erweiterung des Erkenntnisbegriffs auf nicht-propositionale Erkenntnisformen der epistemischen Funktion aller Kunstgattungen ein philosophisches Fundament verliehen, so hängt er selber nachdrücklich einem „vorsichtigen ästhetischen Kognitivismus" an:[243] „*Erkenntnis*-wie" etwas ist oder sich anfühlt, steht für ihn letztlich hinter einem vollen „*Wissen*-wie" zurück – eine Rangordnung, die Gabriels Nachfolger mehrheitlich ablegen. Einer der prominentesten Vertreter des ästhetischen Kognitivismus, Berys Gaut, vertritt in seinem umfassenden Text *Art and Cognition* die Ansicht, dass wir erstens durch Kunstwerke verschiedene Arten von Wissen erwerben können und dass zweitens diese Vermittlung von Wissen Anteil am künstlerischen Wert habe.[244] Gaut nennt beispielhaft für die durch Kunstwerke vermittelten nicht-propositionalen Wissensformen phänomenales Wissen, konzeptuelles Wissen sowie das Wissen von Werten und Bedeutung.[245]

Kunstwerke, das wollen wir hier festhalten, vermitteln ein eigentümliches Wissen, das umfassender ist als propositionale Wissensformen und nicht durch diese ersetzt werden kann.

5.2. Ein fruchtbarer Seitenblick auf die Literatur

An der Wissensproduktion durch Literatur wird uns hier im Hinblick auf Bild-Poesie vorderhand die Rolle der Imagination beschäftigen. Sie vermittelt auf der einen Seite zwischen Fiktion und Realität und trägt einiges zur nicht-propositionalen Erkenntnis der spezifischen Prägnanz des Ungesagten im Gesagten bei.

Die Vergleichbarkeit von Literatur und bildkünstlerischen Werken beruht unter anderem darauf, dass sich der künstlerische Gehalt literarischer Fiktionen ebenso wenig auf Erzähl-Inhalte beschränken lässt wie derjenige eines figurativen Bildes auf die inhaltliche Darstellung. Weder Literatur noch Bild-Erfindungen produzieren mit ihrem weit offenen Bedeutungsfächer wahrheitsfunktionale Aussagen: sie unterscheiden sich hinsichtlich ihres Wirklichkeitsbezugs nicht wesentlich voneinander. In beiden Kunstgattungen kann mehr oder weniger Imagination gefordert sein: Ungesagtes, zu Erahnendes, das poetische Formen von Literatur oftmals kennzeichnet, schafft ebenso wie nicht oder nur andeutend Gezeigtes im Bild einen offenen Erfahrungsraum, in welchem sich ein phänomenales Wissen, worum es in diesem Kunstwerk geht, einstellen kann. So können wir literarische Fiktionen ebenso als richtig und glaubhaft empfinden wie wir das Unmögliche in Wols' *Seltsamer Reise* als richtig und mithin als wahr hingenommen haben.

5.2.1. Wissensproduktion durch Imagination

Literarische Texte verfügen ebenso wie Gemälde über eine spezifische Prägnanz. Diese richtet sich an unsere Fähigkeit imaginativer Vergegenwärtigung, welche einen wesentlichen Beitrag zur Vermittlung von nicht-propositionalen Erkenntnissen über und durch das Werk leistet.

In der Erkenntnistheorie herrscht noch weitgehend die Auffassung, dass jedes Wissen propositional ist.[246] Für die Literatur bedeutet dies, dass die Wissensvermittlung auf der Ebene der Interpretation von Aussagen eines Textes stattfindet. Ingrid Vendrell Ferran zeichnet in ihrem einschlägigen Aufsatz *Das Wissen der Literatur und die epistemische Kraft der Imagination* die verschiedenen Ausprägungen des literarischen Propositionalismus kritisch nach. Eine starke Ausprägung dieses Propositionalismus vertritt die These, dass das literarische Aussprechen von Wahrheiten Teil des ästhetischen Wertes sei.[247] Auch wenn Wissen und Überzeugungen durch Literatur zuweilen verifiziert und gerechtfertigt werden können, entgegnet Vendrell Ferran dieser Auffassung, erschöpfe sich ihr Erkenntnisgewinn nicht in der Vermittlung von Aussagen-Wahrheiten.[248] Ohne einen intrinsischen Mehrwert, ob er nun kognitiver oder emotionaler Art ist, oder sogar eine Verbindung von beiden, würde sich Literatur effektiv kaum von einem Nachrichtentext unterscheiden und keinen Anspruch auf künstlerischen Status erheben können.

Eine Art Gegenposition zum literarischen Propositionalismus vertritt die Auffassung einer „kognitiven Trivialität". Diese geht davon aus, dass es keine eigentümliche Wahrheit im Bereich der Kunst gibt.[249] Die kognitive Leistung der Literatur bestünde höchstens darin, dass sie Wahrheiten anderer Disziplinen vermittle. Dagegen wendet Vendrell Ferran ganz im Sinne von Gottfried Gabriel überzeugend ein, dass nicht nur das übermittelte Wissen, sondern die Weise, *wie* eine Einsicht gewonnen wird, selbst einen unersetzbaren kognitiven Wert habe. Gabriel zeigt, dass praktische Formen von Wissen wie etwa das philosophische Unterscheidungswissen sehr wohl gezielt im literarischen Mantel übermittelt werden und letztlich sogar zu propositionalem Wissen führen können.[250] Dabei fungiert die literarische „Verhüllung" nicht lediglich als Dekor, sondern sie hat in ihrem spezifisch prägnanten Ausdruck Anteil an der vermittelten Erkenntnis, indem sie die nicht auf propositionale Aussagen reduzierbaren Qualitäten exemplarisch aufscheinen lässt.[251]

Laut Gabriel liegt der Erkenntniswert gewisser Literatur in ihrer sprachlichen Vergegenwärtigungsleistung, während Raumkünste wie die bildende Kunst in anschaulicher Weise vergegenwärtigen.[252] Die Trennung zwischen den beiden Formen von Vergegenwärtigung ist jedoch nicht so scharf, wie man zunächst meinen könnte: Die Literatur und insbesondere die Poesie zeichnet sich ähnlich wie die bildende Kunst dadurch aus, dass sie uns – allerdings mit Worten anstelle von Farb- und Formqualitäten – nicht nur Dinge sagt sondern sie auch *zeigt*; sie erweckt Gedanken und Vorstellungen, *wie* die Dinge sind, sie lässt beim Leser Bilder aufsteigen, vermittelt Stimmungen und Gefühle. Und zwar, so Vendrell Ferran, indem sie unserer Imagination einen irreduziblen konkreten Standpunkt bereitstellt und uns Aspekte offenbart, die aus einer verallgemeinernden Sicht in dieser Weise nicht ans Licht kämen.[253] Ähnlich wie Literatur wirken auch Bilder, ob sie gegenständlich darstellend oder abstrakt sind, über imaginative Vergegenwärtigungen auf uns.

Folgen wir Vendrell Ferran, so fungiert in der Literatur die Imagination als epistemische Kraft: Das Vorstellungsvermögen ist ausschlaggebend ebenso für die positive Bezugnahme als auch für die Unterscheidung zwischen einer virtuell erfahrbaren literarischen Gegebenheit und einer Alltagserfahrung.[254] Zur Frage, *wie* man denn aus Imaginationen lernen könne, erinnert uns Berys Gaut zunächst daran, wie es sich ganz reell anfühlt, wenn wir uns vorstellen, in einer schlimmen Situation zu stecken. Solche Vorstellungen haben zumindest emotional einen Realitätswert.[255] In literarischen Fiktionen, das haben wir alle erlebt, gibt es auch Dinge, die wir uns schlicht nicht vorstellen können, nicht einmal aus der Sicht einer betreffenden Figur: eine Fiktion kann uns als falsch erscheinen. Das würde bedeuten, dass wir auch den fantasievollsten Geschichten einen gewissen Grad an innerer Kohärenz abverlangen, um das Vorstellungsvermögen „bei Laune zu halten". So geht auch Gaut davon aus, dass wir eine filmische Szene in gewissem Sinn als eine „mögliche" Begebenheit auffassen und sie uns in ähnlicher Weise wie reelle Ereignisse zu Erkenntnissen über die Welt, oder – wenn die Fiktion ins Fantastische entgleitet – zumindest über uns selber führen sollte.[256]

5.2.2. Die epistemische Kraft von Fiktionen und Leerstellen

Dichtung – ebenso als literarisches Genre wie im Kleid bildkünstlerischer Gestaltung – erfindet in ihrer spezifischen Ausdrucksweise Wirklichkeiten, die über das Angesprochene respektive das Gezeigte hinaus mitunter durch ihre Leerstellen vermittelt werden. Das propositional Unterbestimmte der künstlerischen Prägnanz wie auch das Fiktive ermöglichen uns ein freies Spiel mit Imaginationen, die irreduzible nicht-propositionale Erkenntnisse mit sich bringen können. Denn sie entheben uns der persönlichen Implikation, mit Kant gesprochen: dem persönlichen Interesse am Dasein des betreffenden Gegenstands.

Stellen wir uns vor, wir erfahren, welches Unglück in der Wirklichkeit unserem besten Freund eben gerade zugestossen ist. Es wird uns bestürzen, uns veranlassen, ihm unsere Hilfe anzubieten und vieles mehr. Wir werden nicht wie mit einem Romanhelden gedanklich und emotional mitfühlen und doch frei mit der Möglichkeit spielen können, wie das allgemein ist, wenn jemandem so etwas zustösst. Das Leid unseres Freundes ist und bleibt dessen eigenes, singuläres Schicksal, für uns zu konkret in Raum und Zeit verankert, als dass wir es verallgemeinern könnten. Mitgefühl wird im Vordergrund stehen, Hilflosigkeit, Trauer. Es ist anzunehmen, dass in diesem Fall der eigentliche Erkenntnisgewinn geringer ist als im Erleben einer entsprechenden Szene im Theater, wo wir trotz aller Betroffenheit gleichzeitig eine ästhetische, distanziert reflektierende Haltung einnehmen können.

Literarische Texte appellieren an ein „freies Spiel der Gemütskräfte", das sich – so Kant – auf sich selbst zurückwendet und die Freiheit der Imagination mit der Gesetzmässigkeit des Verstandes reflektierend in Übereinstimmung bringt. Die Einbildungskraft entwirft aus dem mannigfaltigen Besonderen ein Allgemeines, das subjektiver Ausprägung ist und sich dennoch mitteilen lässt sowie Anspruch auf Zustimmung erheben kann.[257] Kant blendet dabei den Aspekt der Gefühle vollends aus. Von den Schilderungen eines Romans werden wir uns natürlich nicht nur intellektuell, sondern auch emotional mitreissen lassen; wir werden offene Stellen versuchsweise in der einen oder anderen Weise ausfüllen und diese Möglichkeiten von Erfahrung über theoretische Überlegungen spielerisch mit unserem Wissenshorizont verknüpfen. Erfundene Geschichten berühren und bewegen uns über die Kraft der Vorstellung, als ob sie wirklich wären – ein Phänomen, das allgemein als *Paradox of fiction* diskutiert wird.[258] Während es in diesem Paradox um durch fiktive Gegebenheiten angestossene *Gefühle* geht, so entzündet sich die Frage nach dem Erkenntniswert von literarischen Werken am Problem, ob uns erfundene Gestalten und Handlungen zu *Erkenntnissen* führen und, wenn ja, von welcher Art diese sein können. Auch da seien die emotionalen Aspekte vorläufig ausgeblendet.

Folgende Antworten auf die Frage nach der epistemischen Kraft von literarischen Werken sind denkbar:

1. Fiktionen können uns alternative Sichtweisen zu unseren eigenen anbieten und damit neue Konzeptionen von Wirklichkeit mit sich bringen:[259] Erfundene Begebenheiten führen mittels der vergegenwärtigenden Vermögen unserer Einbildungskraft zu nichtpropositionalen Erkenntnissen, wie es wäre, wenn diese Situation in unserer Wirklichkeit eintreten würde. Das Wissen, welches aus einem solchen Spiel mit alternativen Möglichkeiten hervorgeht, kann für unser eigenes Leben fruchtbar gemacht werden.
2. Anders als in unserer Lebenswirklichkeit kennen wir von literarischen Texten immer nur, was uns gesagt wird. Sie sind also voller Leerstellen, die wir imaginierend mit Inhalt füllen. Gleichzeitig üben diese unbestimmten Hintergründe einen eigentümlichen Zauber auf uns aus, der unsere Vorstellungskraft in einem Schwebezustand zwischen Verstehenwollen und einer akzeptierenden Hingabe an das Unverfügbare im Werk hält. Die positive Anerkennung unserer Grenzen im Erfassen dieses Unausgesprochenen befördert auch unsere Toleranz im Umgang mit Mehrdeutigkeit in unserer Lebenswelt. Dazu mehr weiter unten.

Festgehalten sei an dieser Stelle, dass literarische Fiktionen auf der einen Seite exemplarisch Geschehnisse vergegenwärtigen, wie sie uns in Wirklichkeit hätten zustossen können. Andererseits machen es die offenen Räume „zwischen den Zeilen" für uns möglich, diese erfundenen Begebenheiten über imaginative Prozesse in unseren Lebenskontext einzubinden, sie im Lichte unseres persönlichen Spektrums von Gedanken und Gefühlen zu erwägen und dabei unser eigenes Narrativ durch erneuerte Erfahrungen zu erweitern. Damit sind Fiktionen und Leerstellen sogar geeigneter für eine erweiternde Entfaltung unseres Denkhorizonts als das intellektuelle Erschliessen propositional einholbarer Sachverhalte.

Zu wenig beachtet wurde im Exkurs zur Wissensbildung durch Literatur der Aspekt der Singularität, die jedes Kunstgeschehen auszeichnet – er wird nachfolgend spezifisch im Hinblick auf den Erkenntniswert von Bildern untersucht. Bildszenen unterscheiden sich von lebensweltlichen und auch von literarischen Szenen dadurch, dass sie uns bei aller Bedeutungsoffenheit keine Wahl für die Perspektive lassen, aus welcher wir auf sie blicken. Indessen sind auch bildkünstlerische Gestaltungen intentional aufgeladene Artefakte, welchen „quasimentale Kräfte innewohnen".[260] In dieser Hinsicht unterscheiden sie sich nicht wesentlich von Literatur.

5.3. Das Wissen von Bildern

Bilder speichern in ähnlicher Weise wie literarische Texte komplexe Formen von Wissen. In beiden Kunstgattungen spielt sich das spezifisch Künstlerische in der eigentümlichen Struktur des jeweiligen Mediums ab. Ob im Klang von Worten oder im Zusammenspiel von Farben, im Rhythmus von Sätzen oder von sich wiederholenden Formgefügen, ob in der Bedeutungsfülle von Metaphern oder in der Mehrdeutigkeit des Gezeigten: die spezifische Prägnanz des Kunstwerks richtet sich gleichermassen an unsere phänomenalen und praktischen Erkenntnisvermögen. Es gibt somit keinen Grund, den Erkenntniswert von Bildern geringer einzuschätzen und ihnen – wie etwa Gottfried Gabriel – höchstens eine anschauliche Unterstützung im Erkenntnisgewinn zuzubilligen.

In der abendländischen Tradition wurden Bilder kaum als Medien der Erkenntnis verstanden, sondern dem „Anderen", „A-Logischen" zugewiesen, konstatieren Martina Hessler und Dieter Mersch. In ihrem einschlägigen Sammelband von Aufsätzen zur *Logik des Bildlichen* gehen die Autoren der Frage nach, mit welchen Mitteln Bilder jeder Art Bedeutung schaffen und ein eigenes, dem propositionalen Wissen komplementäres phänomenales Wissen konstituieren.[261] Wenngleich Bildern immer eine gewisse Macht zugeordnet wurde, so galt ihr Erkenntniswert demjenigen von Diskurs und Sprache nicht als gleichwertig. Besonders in der Moderne hatte sich die Epistemik des Visuellen gegen die Prädominanz der Sprachphilosophie zu behaupten und immer wieder hervorzuheben, dass auch Bilder Sinn erzeugen können.[262] Folgerichtig hat sich in den vergangenen Jahren ein eigenes Forschungsfeld im Hinblick auf „Wissensbilder", „Bilderwissen" sowie „Bildwelten des Wissens" aufgetan. Oftmals sind dies sehr abstrakte Erörterungen in einem zuweilen angestrengten wissenschaftlichen Jargon, in welchem vermehrt Begriffe aus dem diskursiven Feld der „Logik" auf Bildverfahren angewandt werden.[263] In diesem Fahrwasser ist immer häufiger auch vom „Denken der Bilder" die Rede. Dieses intellektuelle Moment entfaltet sich nicht in From von Sprache, sondern im Medium des Sichtbaren selbst; ab den 1960er Jahren häufig auch in umfassenden Raum-Installationen oder in performativen Darbietungen.[264]

Angestossen wurden solche konzeptionellen Tendenzen 1919 durch Marcel Duchamps Geste, die Idee zum eigentlichen Bild-Medium zu erheben. Er malte einer Kopie von Leonardo da Vincis *Mona Lisa* einen Schnurrbart auf die Oberlippe und nannte das Bild *L.H.O.O.Q.*, was, liest man die Buchstaben in Französisch, so viel heisst wie: Sie hat heiss am Hintern. Als nächstes präsentierte er eine bartlose, ununterscheidbare Kopie der Mona Lisa und nannte das Werk: *L.H.O.O.Q. shaved*. Original und Duchamp-Version sind *über* ganz unterschiedliche Dinge: Leonardos *Mona Lisa* drückt etwa eine entrückte Sinnlichkeit aus; Duchamps Bild zeigt die „Abwesenheit eines Schnurrbarts" – und mithin die Möglichkeit ontologischer Unterschiede zwischen zwei ununterscheidbaren Gegenständen. Es wäre unangebracht, Duchamps „Ideen-Mona-Lisa" auf die sinnlichen Bild-Eigenschaften hin zu bewerten.[265]

Die Vorstellung einer nicht-propositional „denkenden Kunst" – verstanden als Metonymie für ihre Urheberinnen oder allenfalls für ihre Rezipienten – ist nicht ganz von der Hand zu weisen. In konzeptuellen Werken beruht dieses künstlerische Denken auf einem Unterscheidungswissen in Gabriels Sinn: auf einem praktischen Vermögen, über diskursive Unterscheidungen in einem vorpropositionalen Rahmen zu propositionalem Wissen zu gelangen. Solche Werke sind denn, so meine ich, auch der Philosophie näher als der gestaltenden Kunst, weshalb ich dafür die Bezeichnung „gestaltende Philosophie" vorschlage und Elke Bippus neuerdings von „ästhetischer Arbeit am Begriff"[266] spricht. Bilder dieser Art produzieren zwar spezifische, rein diskursiv nicht hervorzubringende Erkenntnisse, die jedoch neben dem phänomenalen Wissen immer auch eine Selbstreflexion der Kunst umfassen.[267] Damit wird das Bild gewissermassen zur Meta-Kunst: zu einem *Bild über Bildprozesse*.[268] Allerdings setzt eine adäquate Rezeption von derlei Werken meist eine dahingehende Steuerung durch explizite Hinweise auf die konzeptuellen Gegebenheiten voraus, da diese nicht wie bei darstellender Kunst über bildimmanent veranschaulichte Zusammenhänge von Teil und Ganzem erfahrbar sind, wie Klaus Sachs-Hombach richtig zu bedenken gibt. Wir müssen schon wissen – der Titel sagt es uns –, welche Idee Duchamps bartlose „Mona Lisa" ausdrücken soll.

Diese Art von Reflexionsbildern, welche konkret nachvollziehbare Ideen verkörpern, unterscheidet sich grundlegend von Bildern wie Wols' *Reise*, die sich durch bildliche Prägnanz im Sinne einer materialen Fülle und semantischen Vieldeutigkeit mit Affordanzcharakter auszeichnet. Auch ohne Titel verweist hier die semiopake Verfasstheit von Faktur und Farbauftrag über die künstlerseitige Idee hinaus und lässt ausserhalb der Rahmung etwas in changierender Weise Bedeutungsvolles aufscheinen.[269] Der zentrale Punkt bildlicher Wissenserzeugung liegt stärker in der deiktischen, das heisst der zeigenden Natur des Bildes. Im Unterschied zur diskursiven Logik und zur konzeptuellen „Mona Lisa" deutet Wols' *Reise* auf etwas hin, das es in seiner Prägnanz zugleich sichtbar macht.[270] Jenseits des Verstehens vermittelt uns das Gemälde ein phänomenales Wissen darüber, wie es beschaffen ist. Entsprechend lassen sich für dieses Bild-Wissen keine logischen Beweise, sondern – mit Gabriel gedacht – höchstens Aufweise erbringen; im Sinne von: „schau hin und erkenne, wie es sich verhält". Hessler und Mersch schlagen anstelle von „Aufweis" als Kriterium solcher Erkenntnis „Evidenz" vor;[271] ein Begriff, dessen affirmative Struktur den Aspekt des „Ersichtlichen" im performativen Aufscheinen von Sinn deutlicher charakterisiert.

Visuelle Darstellungen wie Wols' *Seltsame Reise*, so lässt sich dieser bildtheoretische Einblick zusammenfassen, gehorchen einer Logik von Teil und Ganzem.²⁷² Im Unterschied zu diskursiven Texten oder konzeptuellen Bild-Werken und ähnlich wie gute Literatur und vor allem Poesie haben sie Angebotscharakter:²⁷³ Die sich aus der bildlichen Prägnanz ergebende relative Offenheit des phänomenalen Wissens erweist sich gegenüber den propositionalen Kenntnissen einer initialen Idee, von Entstehungsumständen oder entsprechenden Künstlertheorien nicht als Mangel, sondern als besondere, irreduzible Qualität.²⁷⁴ Propositionale und nichtpropositionale Erkenntnisweisen sind auch im Bildkontext komplementär und gleichwertig.²⁷⁵ Die eine oder die andere wird entsprechend der vorliegenden Bildstrategie eine mehr oder weniger bedeutende Rolle in der Erkenntnis des spezifischen künstlerischen Gehalts spielen.

5.3.1. Das „Andere" im Bild: Prägnanz, Andeutung und Widerspruch

Die evozierende Beschreibung von Wols' *Seltsamer Reise* hat zum Ausdruck gebracht, dass das phänomenale Wissen mehrere Aspekte hat: Zum einen gilt es zu erkennen, *wie* sich das Bild zeigt; zum anderen – dies ein Unterschied zu *Kreuzabnahme* und *Boogie-Woogie* – lässt sich höchstens eine intuitive, für einen Augenblick aufscheinende Erkenntnis darüber gewinnen, *was* es darstellen könnte.

Das „Andere", Unentschlüsselbare im Bild spielt eine massgebliche Rolle in der Wissensproduktion durch Kunst. Es ergibt sich vornehmlich aus drei verschiedenen Arten von Unterbestimmtheit: 1) aus der allgemeinen Prägnanz des Sichtbaren, 2) aus der formalen Andeutung und 3) aus dem Widerspruch. Andeutung und Widerspruch können auch als gesteigerte Form von Prägnanz begriffen werden.

1) *Die Fülle des bildlich Sichtbaren (Prägnanz)*: Halten wir uns noch einmal Wols' *Seltsame Reise* vor Augen. Das Bild setzt zeigend ein Faktum: es zeigt etwas, von dem wir nicht genau wissen, was es ist; und es zeigt sich selbst in seiner anschaulichen Prägnanz.²⁷⁶ Die Evidenz dieser ästhetischen Prägnanz ist diskursiv nicht einholbar: sie hinterlässt Räume des Unbestimmbaren und in ihnen einen Bedeutungsüberschuss:²⁷⁷ Das Anschauliche ist *per se* ikonisch überbestimmt und insofern begrifflich unterbestimmt, als es sich nicht ohne Verluste in Worte übersetzen lässt. Ein Aspekt dieser Prägnanz ist – wie Gottfried Boehm mit Blick auf Edmund Husserls Theorie der „Appräsentation" konstatiert – dass das Bildliche immer „nur die *sichtbare Vorderseite* von Etwas [präsentiert], die eine *unsichtbare Rückseite* impliziert": In jeder Wahrnehmung von Etwas finde eine spannungsvolle und letztlich unabschliessbare „Synthese von Sichtbarem und Unsichtbarem, von thematisch Identifizierbarem und unthematischem Horizont, von explizitem und implizitem Wissen" statt.²⁷⁸ Sichtbares impliziert also immer auch Unsichtbares.

2) *Formale Unterbestimmtheit (Andeutung)*: Nun zeigt die *Reise* neben der Bild-Prägnanz noch zwei weitere Ausprägungen des Unterbestimmten. Die eine besteht darin, dass die Formen nur angedeutet und nicht deutlich identifizierbar sind: Segel, Katze und Baby-Frau scheinen sich vor unseren Augen zu verändern, je nach den visuellen Bezügen, die wir herstellen.

3) *Semantische Unterbestimmtheit (Widerspruch)*: Die dritte Form von Unterbestimmtheit besteht darin, dass einzelne Elemente mancherorts zwar mehr oder weniger eindeutig interpretierbar sind, aber in ihrem Zusammenspiel mit den anderen kein kohärentes Sinngefüge ergeben: Schiff-Erscheinung und Mauer-Konstruktion sind nicht miteinander vereinbar. Sowohl in der „formalen" als auch in der „semantischen" Unterbestimmtheit werden einzelne dargestellte Objekte oder Inhalte durch partielle, strukturmediale oder kompositorische Abstraktionsverfahren lediglich als Bedeutungsspektren angelegt. Die dadurch entstehende relative semantische Offenheit schafft einen Freiraum für die Imagination des Betrachters, die jedoch an die Strukturen des Sichtbaren gebunden bleibt:²⁷⁹ Das Bild gibt nicht eindeutig vor, *was* gesehen werden soll, aber es schliesst aus, was *nicht* zum Bedeutungsspektrum gehören kann.

Sind in Wols' *Reise* mit Prägnanz, Andeutung und Widerspruch alle drei Aspekte des bildlich Unterbestimmten gegeben, so scheint keiner von ihnen allgemein zwingend zu sein für ein Bild der Kunst. Angesichts der Frage nach der Autonomie der bildkünstlerischen Gestaltung, die sich stellt, seit wir Kunst als Kunst denken,²⁸⁰ ist es nicht selbstverständlich, dass Bilder überhaupt auf etwas anderes verweisen als auf sich selber.²⁸¹ Von den programmatisch ungegenständlichen Werken, die jenseits von Fremd-Indikationen lediglich ihre eigene Objekthaftigkeit darstellen, beispielsweise: ‚Ich bin ein rotes Quadrat auf weisser Leinwand' war bereits die Rede (vgl. I, 4.3.2.). Solche Bilder sind nicht als Abstraktionen zu begreifen, da sie auf eine konkrete

Idee oder ausschliesslich auf sich selbst verweisen. Eine derart radikal autonome Kunst ist frei von ausserästhetischen Bezügen und weder politisch, religiös, erzählend oder gar poetisch zu verstehen.[282] Allerdings sind Bilder ohne lebensweltliche – affirmative oder subversive – Bezugnahmen für uns weitgehend stumm und allenfalls dekorativ, wie Gerhard Gamm zu Recht feststellt.[283] Zwar verfügt jedes Kunstwerk als solches notwendigerweise über eine gewisse Unverfügbarkeit gegenüber dem restlosen Zugriff durch den Betrachter: liesse es sich vollends aussagen, würde es gegenüber der Sprache kein „Mehr" an Leistung erbringen. Immerhin *zeigt* auch das *Rote Quadrat* mehr als die Aussage, dass hier eben ein solches gemalt ist. Fehlt – auf der Gegenseite – in einem ausgeprägt hermetischen Werk jegliches Entgegenkommen im Sinne eines Partizipationsversprechens, so kann es kaum mehr als Kunst erkannt werden. In diesem Potenzial des Ästhetischen, die Vernunft durch ein sinnliches Locken und gleichzeitiges Sich-Verweigern in Schwung zu halten, sieht Christoph Menke die „Souveränität der Kunst": Eine zureichende Bestimmung der ästhetischen Erfahrung kann weder auf einen Anteil von Autonomie noch auf eine subversive Souveränität verzichten.[284]

Anhand von Wols' *Seltsamer Reise* habe ich zu zeigen versucht, dass sich die ikonische Prägnanz eines Bildes mit zunehmender inhaltlicher Abstraktion oder Verschlüsselung erhöht. Ein implizites Erkennen von Sinngehalt in diesem Unverfügbaren kann uns zu Formen von lebensweltlichem Wissen führen.

5.4. Erkenntnisgewinn durch Bilder und die Rolle der Imagination

Im Erkenntnisgewinn durch Bilder spielen neben Wahrnehmung und Intellekt auch Imagination und Gefühl eine wesentliche Rolle. In den nachfolgenden Abschnitten wird uns vorerst nur der wesentliche Beitrag der Vorstellungskraft zur Genese von Erkenntnissen durch Bilder beschäftigen. Mit Ingrid Vendrell Ferran ist auf die epistemische Kraft der Imagination im Erkenntnisprozess durch Literatur hingewiesen worden. Es hat sich gezeigt, inwiefern literarische Fiktionen und die damit einhergehenden Leerstellen imaginative Prozesse in Gang setzen, die sich mit unserem eigenen Narrativ verbinden. Im Vorstellungsbereich zwischen Text und dessen individueller Erfahrung verändern sich unsere Denkschemata.

Nach einem Abschnitt über die irreduzible Leistung der Imagination in der Erfahrung von bildkünstlerischen Werken werde ich zeigen, in welcher Weise sie unsere Gewohnheiten des Sehens aufzubrechen und zu erweitern vermag.

5.4.1. Das Vorstellungsvermögen im Spiel mit Bild-Prägnanz

Je prägnanter sich ein Bild in seinem anschaulichen Bedeutungsüberschuss zeigt, desto stärker ist seine Erfahrung auf unser Vorstellungsvermögen angewiesen. Das Ziel der Imagination besteht dann nicht darin, das Geheimnis des Bildgehalts zu lüften, sondern es zu sehen. Der Verzicht auf ein abschliessendes „So ist es!" hält unersetzbare Erkenntnisse für uns bereit: Im freien Spiel der Imagination erweitern wir unseren Sinn für singuläre Erscheinungen sowie unsere Toleranz im Umgang mit Mehrdeutigem.

Das Bild als Zeigendes deutet immer auf ein mehr oder weniger konkret bestimmtes Gezeigtes. Zwischen dem Sichtbaren und dem Gemeinten besteht eine Lücke, die im Akt der Rezeption überbrückt werden muss. Die Imagination erst ermöglicht das eigentliche Erscheinen *von etwas*, das die materialen Gegebenheiten transzendiert: Sie ist die konstitutive Leistung des Subjekts für das Entstehen mentaler Bilder, die wiederum auf die Wahrnehmung des Gesehenen zurückwirken und dieses laufend verändern. Insofern lässt sich sagen, dass sich eine phänomenale Erkenntnis zwischen dem Wahrnehmungsobjekt und dem ständig sich erweiternden Imaginationsraum des Rezipienten bei jeder eingehenden Betrachtung auch leicht verändert.

„Jedes Interpretieren", schreibt Martin Seel, „ist ein Imaginieren", indem nämlich etwas vergegenwärtigt wird, „das die wahrnehmbare Gegenwart überschreitet": Kunstwerke sind „*gestaltete* Imaginationen" die „ein imaginatives *Mitgehen* verlangen".[285] In dieser Weise initiieren sie Sinn-Imaginationen, welche sich in vielen Fällen erst einer Reflexion erschliessen: Die ästhetische Reflexion ist nicht denkbar ohne diesen Prozess der imaginierenden und interpretierenden Wahrnehmung des Kunstwerks. Zwischen Kunst-Objekt und individueller Erfahrung bilden sich visuelle Muster, die den freien Imaginationsraum auch innerhalb lebensweltlicher Situationen und Gegebenheiten erweitern können.[286]

Die meisten Werke der Kunst und, wie sich zeigen wird, insbesondere wenn „Poesie" im Spiel ist, verlangen ein imaginierendes Mitgehen und ein Ergänzen des

Wahrgenommenen, um einen Sinngehalt zu entfalten. Allerdings kann – ähnlich wie bei der im zweiten Kapitel beschriebenen ausserästhetischen Aneignung affektiver Bildinhalte – auch ein solcher Imaginationsprozess in ein ungebundenes, durch das ästhetische Objekt nur noch angestossenes Fantasieren übergehen,[287] was dazu beigetragen haben mag, dass Kunstformen mit hohen Anforderungen an das Imaginationsvermögen zuweilen unter den Verdacht des privaten Kitschs geraten.

Bis dahin soll festgehalten werden, dass das ungreifbar Prägnante im Bild, das Offene, Unscharfe oder „Rückseitige" nur über Einbildungsprozesse im Sinne eines imaginativen Mitgehens erreichbar ist. Stellt jedes Bild seine besonderen Anforderungen an das Imaginationsvermögen des Rezipienten, so werden diese mit der Zunahme abstrahierender Elemente im Hinblick auf eine angemessene Bilderfahrung komplexer, weil sich durch die Verfremdungsverfahren die anschauliche Überbestimmtheit zu einer semantischen Unterbestimmtheit verdichtet.

5.4.2. Erkenntnis im „Blick hinter das Sichtbare"

Erkenntnisse durch die Erfahrung des propositional Unerreichbaren im Bild gründen mitunter in einem „Anders-Sehen"; einer Fähigkeit, die erlernt und gefördert werden kann. In diesem Blick „hinter das Sichtbare" spielt die Imagination eine wesentliche Rolle.

Jedes Bild ist ein Zeigendes. Als solches verweist es auf Sichtbares, das immer auch Nicht-Sichtbares – mit Boehm: eine „Rückseite" – einschliesst, welches auf die aktive Beteiligung der Einbildungskraft angewiesen ist. Imaginative Prozesse ermöglichen über das Reproduzieren und Kombinieren eines Bild-Geschehens hinaus ein „Anders-Sehen", was Wollheim und Scruton als metaphorische Erfahrung bezeichnen: x als y sehen, d. h. in x etwas sehen, was es nicht buchstäblich ist, aber das passt und etwas über dessen Natur aussagt.[288] Die Vorstellungskraft verbindet dabei die sichtbaren Strukturelemente mit möglichen semantischen Bezügen, indem sich beide Ebenen laufend gegenseitig aktualisieren.[289] Insofern ist das imaginative Sehen als Handlungsvollzug nicht nur massgeblich an der Konstitution des Gesehenen beteiligt, es ist unersetzbar, um in Bildern etwas zu erkennen, das so gar nicht da ist. Die Imagination erzeugt gleichsam das künstlerische Bild; bei der Malerin während des Herstellungsprozesses, dann wieder beim Betrachter, wobei dieser Vorstellungsraum immer auch von der durch den Aussteller inszenierten Präsentation mit geprägt wird.[290] Die hervorbringende Kraft der Imagination liegt – mit Kant gedacht – in ihrer Freiheit, dem Verstand „zur Belebung der Erkenntniskräfte" reichhaltigen und von ihm „unentwickelten Stoff" zu liefern und diesen zum Ausdruck zu bringen.[291] Es ist die Imagination, welche die Potenzialität des Bildlichen für Augenblicke spielerisch-performativ aus seinem Überschuss an Sinn befreit und in einer singulären Erfahrung zu konkretisieren vermag: in einem Aufscheinen von Bedeutung, das sich auch gleich wieder verflüchtigen kann, um erneut in die unabsehbaren Möglichkeiten der material und formal gegebenen Beziehungen einzutauchen.

Die Vorstellungskraft als Fähigkeit, Möglichkeiten zu betrachten, die nicht aktuell in den Sinnen vorkommen, stützt sich auf Kompetenzen von Wahrnehmung und Erinnerung. Die Wahrnehmung, so ist mit Max Scheler gezeigt worden, ist immer auch eine leiblich-intuitive Wertnehmung im Sinne einer spontan selektiven Ausrichtung unserer Aufmerksamkeit. Insofern kommt unserem Leib zumindest anteilhaft eine epistemische Funktion zu.[292] Während die Evidenz der Wahrnehmung immer partiell ist, sind Vorstellungen stets in ihrer umfassenden Fülle zugänglich.[293] In dieser breiten Charakterisierung gehören Ben-Ze'ev zufolge Wahrnehmung, Erinnerung und auch Antizipation zur Imagination. Das Denken, die nächst höhere mentale Stufe, unterscheidet sich von den anderen Fähigkeiten der Imagination dadurch, dass es sich nicht nur darauf beschränkt, sich auf einen Gegenstand zu fokussieren, sondern diesen eher analysiert und mit Begriffen aus anderen Lebensbereichen vergleicht. In der Vorstellung dehnt die Akteurin den Rahmen, in welchem der Wahrnehmungsinhalt stattfindet, aus. Im Denken indessen prüft sie diesen kritisch und urteilt über seinen Gehalt.[294] Es ist unsere Vorstellungskraft, die in den atmosphärischen Schichtungen der transparenten Farbaufträge von Wols' *Seltsamer Reise* einen Zusammenzug von zeitlich auseinander liegenden Begebenheiten erkennt: das Undenkbare erscheint ihr nicht unmöglich.

Das Vorstellungsvermögen ist kulturell und historisch geprägt; es muss wie das Sprachvermögen erlernt werden und ist als Akt eine „Form sozialen und kreativen Handelns".[295] In diesem Sinn erfasst das Imaginäre keine ontologischen Zusammenhänge, sondern kennzeichnet eher ein dynamisches Relationsverhältnis, das mit kulturellen Räumen und Zeiten eng verbunden bleibt und gleichwohl gefördert werden kann.[296] Analog zur Literatur kann Bild-Kunst über Imaginationsvorgänge unsere Fähigkeit ausbilden, visuelle Muster aufzubrechen. Im – kantisch gesprochen – freien Spiel der Gemütskräfte wird das Sichtbare versuchsweise in Sinngebilde transponiert: das poietische Vermögen der Imagination erschliesst neue Sicht*weisen*, indem sie formale Leerstellen ergänzt und über das identifizierende Sehen hinaus semantische Zusammenhänge erstellt. Die Unterbestimmtheit des Bildlichen regt ein lebendiges Zusammenspiel zwischen gesellschaftlichen Konventionen und individueller Wahrnehmung, Imagination und Erinnerung an, das verborgene Bild-Qualitäten aufscheinen lässt, welche wiederum durch die Vorstellungskraft strukturiert und eingeordnet werden.

Der Erkenntnisgewinn durch Bilder schuldet sich also in zweifacher Weise dem Imaginationsvermögen: Es überbrückt in einer lebendigen Augenblickserfahrung die Kluft, die sich zwischen unserem Bedürfnis nach Verstehen und der prägnanten Singularität des sich entziehenden Gehalts immer wieder erneut öffnet. Zum anderen macht es sich diesen Zwischenbereich des Vertraut-Fremden im Sinne einer fortwährenden Erweiterung seiner Kapazitäten nutzbar.

5.4.3. Wissenszuwachs in der Erfahrung von Mehrdeutigkeit

Da unsere Wahrnehmung und unser Denken grundsätzlich über Identifikation funktionieren, das heisst über Vergleiche mit Bekanntem, haben wir die Tendenz, die Nichtidentität beziehungsweise die Besonderheit der uns lebensweltlich begegnenden Dinge aus dem Blick zu verlieren. Dennoch sind wir auf die Dynamik einer Reziprozität von Identität und Andersheit angewiesen, denn eine Unterdrückung des Nichtidentischen durch die Ausblendung oder Assimilation des sinnlich Mannigfaltigen schränkt die Möglichkeiten einer Erweiterung des Verstehens und dementsprechend den Kontakt zur Welt ein.[297]

Die Singularität der Bilderscheinung erlangt somit einen weiteren erkenntnistheoretischen Aspekt: Die Erfahrung des Fremden befähigt uns, unseren Sinn für Nichtidentisches zu schärfen und zwischen dem geistig Allgemeinen und dem Besonderen, Unbekannten zu vermitteln.

Unser Sinn für Mehrdeutigkeit und Vielfalt ist in der Moderne einer Tendenz zur Verengung des Blickwinkels auf eine über reine Logik erfassbare Wirklichkeit weitgehend zum Opfer gefallen, diagnostiziert Thomas Bauer. Diesem Hang zur „Vereindeutigung der Welt" setzt er seine These der Unersetzbarkeit von Ambiguität und Vagheit entgegen.[298] In der vormodernen Kunst sei Bedeutungsvielfalt als Qualität geschätzt worden: noch in der zweiten Hälfte des 19. Jahrhunderts verzauberten Romantiker die Welt mit andeutungsreichen Bildern, mit bedeutungsschwangeren Gedichten und träumerisch grenzüberschreitender Musik. Richard Wagner konfrontierte 1865 mit seinem Tristan-Akkord die Musiktheorie mit einer unauflösbaren Mehrdeutigkeit. Bezeichnend für die nachfolgende Ambiguitätsintoleranz sei etwa Arnold Schönbergs *Komposition mit zwölf Tönen*, in welcher er fünfzig Jahre nach *Tristan* der Musik ein strenges Regelkorsett anlegte, das ihre innere Struktur in „eine geradezu mathematische Eindeutigkeit" verwandelte. Qualitative Eigenschaften wie Schönheit seien dabei oftmals auf der Strecke geblieben.[299]

Schönheit ist ambig, sie lässt sich nicht messen. Das mag mit ein Grund dafür sein, dass sich die künstlerische Moderne oftmals schwer mit ihr getan hat. Das Kriterium der Innovativität – auch davon war bereits die Rede – hat zusammen mit demjenigen der diskursiven Potenz von Kunst das weniger eindeutig bestimmbare Kriterium der sinnlichen Qualitäten zusehends verdrängt.[300] Schöne, auch maltechnisch gepflegte Erscheinungen wie Wols' *Seltsame Reise* oder Klees *Mit dem Adler* sind da nur noch selten zu finden. Es ist auch bezeichnend, dass das poetisch Vieldeutige dieser Gemälde inmitten der sich laufend ablösenden, auf konkrete künstlerische Fragestellungen antwortenden Ismen in der Moderne kaum wahrgenommen wurde. Bauer konstatiert im Hinblick auf die Religion – die durch eine schwindende Ambiguitätstoleranz zwischen Gleichgültigkeit und Fundamentalismus zu verkommen droht – was fast noch stärker für die teilweise bis heute andauernde Situation der Kunst geltend gemacht werden kann:

„Alles, was klare, eindeutige Wahrheiten oder wenigstens exakte Zahlen hervorbringt oder hervorzubringen scheint, erfährt eine Steigerung des Ansehens. Da sich damit aber weniger gut gesellschaftlicher Zusammenhalt stiften lässt, übernimmt eine andere Instanz die Macht, nämlich der Markt, der über die magische Fähigkeit verfügt, allem und jedem einen exakten Wert bis auf viele Stellen hinter dem Komma zuzuordnen."[301]

Gute Kunst vermittelt uns ein phänomenales Wissen, das nicht eindeutig ist, sondern wie das menschliche

Dasein Widersprüche, Vagheit und Vieldeutigkeit umfasst. Mit ihrem unausschöpfbaren Gehalt vermag sie es, unsere Einbildungskraft zu aktivieren und dauerhaft in Schwung zu halten.[302] Auch in diesem Sinne – noch einmal – müssen konzeptionelle Werke wie Duchamps *L.H.O.O.Q.*, die restlos verstanden und in einer einmaligen Erfahrung „erledigt" werden können, als Grenzfälle bildkünstlerischer Gestaltungen begriffen werden. Das gehaltvolle Bildwerk indessen – Leonardos „echte" *Mona Lisa* – appelliert an unsere ästhetischen Vermögen, die auf eine eindeutige Bestimmung des Gegenstands zu verzichten wagen.[303] In dieser Weise vermag Kunst unsere Fähigkeiten im Umgang mit Ambiguität zu verbessern, was auch unserer Toleranz gegenüber den lebensweltlichen Uneindeutigkeiten zuträglich ist.

Denken wir noch einmal an die Beschreibung von Wols' *Reise*. Die Prägnanz des Erscheinenden hat sich als mehrdeutiger, komplexer Ausdruck erwiesen. Ohne Imagination wäre das Bild bedeutungslos geblieben; wir hätten lediglich nichtssagende Striche und Farben wahrgenommen. Leiblich-vitale Empfindungen scheinen ihren Anteil an unserer Empfänglichkeit für Ambiguitäten zu leisten, indem sie entsprechende Möglichkeitsräume für Imagination und Gefühl eröffnen. Die imaginative Einfühlung ins Uneindeutige führt, so ist in mehrfacher Hinsicht gezeigt worden, zu einer persönlichen Teilhabe am Werk: ein Quäntchen des Selbst fliesst mit in die Betrachtung ein, wodurch das Bildwerk in einen Nahbereich des Vertraut-Unvertrauten rückt. Das Glücks-Gefühl, das sich dabei einstellen kann, liegt mitunter in dieser Nähe zum „Anderen" im Bild, welches sich in vielfältiger Weise offenbart, so lange keine abschliessende Festlegung von Bedeutung erzwungen wird.

5.5. Fazit: Bild-Prägnanz und die integrative Kraft der Imagination

Literarische und insbesondere poetische Texte sowie Bilder bringen in ihrer künstlerischen Prägnanz unser Vorstellungsvermögen in Gang, wobei abstrahierende Verfahren allgemein die Anforderungen an ein imaginatives Mitgehen erhöhen.

Aus der Betrachtung von Wols' *Seltsamer Reise* hat sich ein implizites Wissen ergeben, worum es in diesem Bild gehen könnte. Die phänomenale Erkenntnis, die in der Erfahrung von dergleichen „poetischen" Bilden erlangt werden kann, gründet in der spezifischen Prägnanz, die auch formale Andeutung und Widerspruch umfasst. Sie ist adäquater und umfassender als die propositionale Feststellung, dass es sich um ein Schiff – oder vielleicht doch eher um eine Wüstenszene – handelt und kann diese widersprüchlichen Zuordnungen miteinander vereinbaren.

Phänomenale und propositionale Wissensformen sind komplementär und nicht durcheinander ersetzbar. Auf der Ebene der Verweigerung von propositionaler Gewissheit spielt sich der Erkenntnisgewinn *durch* das Bildwerk ab. Die Vorstellungskraft vermag es, den Graben zwischen unserem Bedürfnis nach Verstehen und der singulären Bild-Erscheinung zu überbrücken. Damit befördert sie auch unsere Fähigkeiten des „Anders-Sehens" sowie allgemein unsere Toleranz im Umgang mit lebensweltlichen Ambiguitäten.

Einen wesentlichen Beitrag für das implizite Erkennen von Bildern wie für die Wissensproduktion durch Kunst leisten neben Wahrnehmung, Imagination und Intellekt auch Stimmungen und Gefühle. Von der Bedeutung des affektiven Mitgehens mit dem Kunstwerk für ein umfassendes Erkennen des unausschöpfbaren, insbesondere des in poetischer Weise vermittelten Bild-Gehalts wird das nachfolgende Kapitel handeln.

6. DIE EPISTEMISCHE KRAFT UNSERER AFFEKTIVEN BILD-ERFAHRUNG

Bilder können also Wissen vermitteln. Es bleibt zu zeigen, dass Gefühle einen entscheidenden Beitrag zu diesen Erkenntnissen leisten. Unsere Affekte sind untrennbar mit den anderen Funktionen des mentalen Bereichs – mit Wahrnehmung, Imagination und Intellekt – verbunden und bauen auf diesen auf. Dennoch bedürfen sie unserer gesonderten Aufmerksamkeit, denn die eingehend thematisierte Skepsis vonseiten der modernen Kunsttheorie gegenüber den affektiven Komponenten in der Erfahrung von Kunst hängt massgeblich damit zusammen, dass Gefühlen kaum Erkenntnisfunktion zugestanden wurde.

Affekte kommen in unserem Umgang mit Kunst auf verschiedenen Ebenen vor. Was uns in diesem Kapitel beschäftigen wird, ist zunächst die Rolle, welche Gefühle in der Erkenntnis *von* Bildern spielen und anschliessend, welche Arten von nicht-propositionalem Wissen wir wiederum *durch* die emotionale Erfahrung eines Bildgehalts erlangen können. Im Grunde aber lassen sich die beiden Arten von Vorkommnissen nicht vollständig voneinander trennen, denn – mit Martha Nussbaum: Der kognitive Zuwachs ist nicht *produziert* durch eine emotionale Erfahrung, sondern in diese *eingebunden*.[304]

Die intentionale Leistung unserer Gefühle in der Erkenntnis von Bildern verändert sich je nach Bildstrategie: sie ist nicht dieselbe, ob wir uns mit Albert Ankers *Freundin* auseinandersetzen, mit Piet Mondrians ungegenständlichem *Boogie Woogie* oder mit Paul Klees andeutungsreichem *Angelus Novus*. Jedem dieser Bilder nähern wir uns in einem Akt der Einfühlung; das gegenständlich darstellende Gemälde stellt jedoch andere Anforderungen an unser Mitfühlen als das vollends gegenstandslose *Boogie Woogie*. Noch einmal anders bedarf Klees *Neuer Engel* unserer emotionalen Zuwendung, um dieser geheimnisvollen Kreatur auch nur einen volatilen Sinngehalt abgewinnen zu können. Die affektive Hingabe an ein solches Bild erst kann zu einer ästhetischen Erfahrung führen; zum *wissenden Gefühl*, worüber und wie gelungen dieses Kunstwerk ist.

Vor allem in unserer Zuwendung zum Freundinnen-Bild kann es geschehen, dass die emotionale Kraft des Bildgehalts im Sinne eines Widerfahrnisses gleichsam auf uns überspringt.[305] Auch solcherart bewirkte Gefühle können Anteil an unserem Erkenntnisgewinn von und durch Kunst haben, unter der Voraussetzung, dass die Erfahrung nicht auf einer passiv-reaktiven Ebene stehen bleibt. Das implizite Erkennen eines spezifischen Gehalts umfasst zunächst ein Wissen, wie sich der eingefühlte Ausdruck *für uns* anfühlt: Was uns bei Anker der kleine Bub, der mit seinem Finger den Fuss der toten Gespielin anstupst, zu empfinden gibt, haben wir vielleicht noch nie in dieser Weise gefühlt. Eine damit einhergehende Erkenntnis unserer eigenen affektiven Dispositionen ist psychologischer Art; hiervon wird nur am Rande die Rede sein.

Die These des Kapitels lautet, dass Emotionen und Stimmungen in unserer Erfahrung von Bildern selbst eine Wissen hervorbringende Funktion haben. Sie tragen wesentlich zu den impliziten Erkenntnissen über einen künstlerischen Gehalt bei, die wiederum weitere Formen von Wissen hervorbringen können. Der Wissenszuwachs über und durch Kunst vergrössert sich tendenziell mit steigender Prägnanz des Anschaulichen. In der Verbesserung unserer Resonanzvermögen mit dem Unverfügbaren erlangt unsere Beschäftigung mit bildkünstlerischer Mehrdeutigkeit sodann auch eine ethische Dimension.

6.1. Rückblick auf das Verhältnis von Intellekt und Gefühl

Mit einem Fokus auf die epistemische Kraft der Gefühle in unserer Erfahrung von Bildern fasse ich hier die entscheidenden Elemente der bereits erwähnten Positionen von Gottfried Gabriel und Aaron Ben-Ze'ev noch einmal kurz zusammen.

Intellekt und Gefühl sind zwei mentale Bereiche, die bis anhin allzu oft als unvereinbare Alternativen verstanden wurden. Gottfried Gabriel und Aaron Ben-Ze'ev beleuchten aus zwei unterschiedlichen Perspektiven die funktionale Komplementarität dieser beiden mentalen Vermögen. Gabriel zeigt, inwiefern Erkenntnis nicht nur aus intellektuellem Denken hervorgeht, da es Wissensbereiche gibt, die über keine deutlichen Begriffe erreichbar sind.[306] Aaron Ben-Ze'ev wiederum hebt die kognitiven Aspekte von Gefühlen hervor: In ihrer intentional-parteilichen Nähe zu den Phänomenen können Emotionen zu intersubjektiv nachvollziehbaren, adäquaten Antworten auf theoretische und praktische Fragestellungen gelangen, indem sie auf Bekanntes, vormals Erlerntes zurückgreifen (vgl. I, 3.2.). Die Erfahrung von Kunst ist eine dieser praktischen Herausforderungen; Stimmungen und Emotionen sind ein wesentlicher Faktor für den Erkenntnisgewinn durch Bildwerke.

Weder Gabriel noch Ben-Ze'ev wenden ihre Theorien explizit auf die bildende Kunst an. Gabriel widmet ihr zwar ein ganzes Kapitel seines Buchs *Erkenntnis*,[307] denkt dabei jedoch scheinbar eher an konzeptuelle Werke, die er zu Recht im Grenzbereich zwischen Kunst und Philosophie verortet. Für diese mag gelten, dass Emotionen zwar „der Heuristik und damit der Genese von Erkenntnis dienen", dass sie jedoch als nicht-propositionale Wissensformen eher eine untergeordnete, allenfalls stimulierende Rolle spielen.[308] Um solche Kunstformen wird es hier jedoch nicht gehen. Auf der anderen Seite spricht Ben-Ze'ev kaum von Kunst. Ausgehend von lebenspraktischen Belangen liefert indessen auch er mit seiner kognitiven Diversifizierung des affektiven Bereichs indirekt Anhaltspunkte dafür, dass Emotionen in der Produktion und Rezeption von Bildern irreduzible Funktionen einnehmen.[309] Gemeinsam ist beiden Autoren das Anliegen, Intellekt und Gefühl – für Gabriel: propositionales und nicht-propositionales Wissen – in ein angemessenes Verhältnis zueinander zu führen.[310]

Das Zusammen-Denken der beiden Ansätze in der nachfolgenden Bildbeschreibung ergibt Hinweise dafür, inwiefern die meisten Bild-Werke – und insbesondere Bild-Poesie – in ihrer unerschöpfbaren Prägnanz nur mit emotionaler Beteiligung adäquat erfahren werden können: In einer ästhetisch mitfühlenden Aufmerksamkeit gegenüber dem Bild-Gehalt gewinnen wir ein spezifisches Wissen über dessen künstlerische Qualitäten sowie über uns und die Welt. Denn unsere affektiven Fähigkeiten lassen uns unsere Umgebung auf eine Art und Weise erfahren, wie es der Verstand allein nicht zu leisten vermag.[311] Gefühle spielen aufgrund ihrer Dynamik eine unersetzbare Rolle in kunstästhetischen wie auch in lebensweltlichen Prozessen.

6.2. Dichterischer Ausdruck und seine Vermittlung von implizitem Wissen

Bilder lassen sich aufgrund ihrer visuellen Prägnanz propositional nicht erschliessen. Mit Wols' *Seltsamer Reise* haben wir feststellen können, dass Abstraktions- und Verfremdungsverfahren diese Leerstellen von sprachlogisch erfassbarer Bedeutung noch vergrössern. Das Schwanken unserer Wahrnehmung zwischen mehreren sich widerstreitenden Ausdruckseigenschaften wird sich als ein signifikantes Merkmal von Bild-Poesie erweisen. Für ein implizites Erkennen von dichterischem Ausdruck sind unsere emotionalen Vermögen unersetzbar: im Zusammenspiel von originärem Gefühl und ästhetischer Hinwendung können wir einen bildkünstlerischen Ausdruck in seiner Eigenart als stimmig und wahr erkennen.

Ein wiederholtes Scheitern der Festlegung von endgültigem Bildsinn – so die These – kann die Vermittlungsinstanzen Sinnlichkeit und Gefühl mobilisieren und damit allgemein unsere seelische wie unsere leibliche Resonanzfähigkeit mit dem Unbestimmbaren erweitern.

6.2.1. *Angelus Novus* oder das subversive Spiel mit der Erfahrung

Paul Klees *Angelus Novus* zeigt uns nun, inwiefern neben der Vorstellungskraft auch unsere Gefühle unentbehrlich sind für die ästhetische Erfahrung von in sich widersprüchlichen Erscheinungen (Abb. 14).

Der „Neue Engel" blickt mit seinem rechten, schwärzlich-braunen Auge aus dem Bild direkt auf die Betrachterin. Die Sehbahn seines linken, pupillenlosen Gegenstücks divergiert scheinbar unfokussiert leicht in die Richtung der rechten Rahmenleiste. Das inmitten eines bräunlich beschmutzten, gelblichen Papiers in dünnen Strichen hingezeichnete und mit transparenten Wasserfarben in Gelb- und Ockertönen dezent kolorierte Geschöpf in Frontalansicht erscheint wie ein aufrecht stehendes Mischwesen aus Tier und Mensch: Sein rechteckiger Kopf ist von schriftrollenartigen Locken, von grossen, abstehenden Ohren und einem in die Länge zerdehnten, U-förmigen Kinnladen umrahmt, in dessen Mitte ein schieflippiges, offenes Maul unter geblähten Nüstern lange, rechteckige Zähne entblösst. Ein annähernd geometrisch gezeichnetes, schmales Rechteck wiederum verbindet das Haupt mit einem von linearen Formen durchwirkten Brustteil, das fast ausschliesslich aus wie zum Gebet weit zu jeder Seite ausgebreiteten Armen mit nach oben zeigenden, gegen das Gesicht gewandten, flügelartig gestutzten Fingern besteht. Als Unterleib schliesst sich die gespaltene Spitze eines unregelmässigen Kreissegments an, dessen untere Rundung in der Weise eines aufgefächerten Vogelschwanzes einen an zwei dreizehige Krähenfüsse erinnernden Gehapparat halb verdeckt. Die gesamte Erscheinung wird beherrscht durch die menschlich wirkenden Augen, deren mandelförmige Öffnungen wie die Objektiv-Enden eines Feldstechers leicht hervortreten.

Klee scheint uns mit diesem fast geometrisch anmutenden Liniengefüge zunächst schlicht ein Fabelwesen zu zeigen. In der „kühl" beschreibenden Wahrnehmung konnten wir weder dessen „Leben" noch sein Geheimnis erfahren. Mit Georg Misch:

„Wenn man das, wovon der Erlebende im Fühlen erfüllt ist, als Wert [im Sinne einer formalen Beschreibung] bezeichnet, so verfestigt man das Erlebte bereits durch den Begriff und fasst es damit in gegenständlicher Weise; d. h. es ist eine nachträgliche Verfestigung dessen, was im Erlebnis aufgeht".[312]

Paul Klees *Angelus Novus* ist unzählige Male beschrieben worden. Seine Deutung umgreift das gesamte Interpretations-Spektrum zwischen „eindeutig politischer Stellungnahme" zu den Umwälzungen in der Gründungszeit der Weimarer Republik bis hin zur „Reflexionsfigur seines künstlerischen, weltabgewandten Selbst".[313] Immer wieder entbrennen rege Diskussionen darüber, ob es überhaupt ein „richtiges" oder „falsches"

14 Paul Klee, *Angelus Novus*, 1920, Mischtechnik, 31,8x24,2 cm.

Verstehen von Klees Bildern gibt,[314] oder ob es dem individuellen Imaginationsfundus eines jeden obliegt, darin zu sehen, was er zu sehen vermag. Für Walter Benjamin zum Beispiel, der den *Angelus Novus* 1921 erworben hatte, galt er als „Meditationsbild und Memento seiner geistigen Berufung", als „Geschöpf aus Kind und Menschenfresser" und nicht zuletzt als Künder bevorstehender Katastrophen – Sichtweisen, die kaum zu trennen sind von Benjamins persönlichem Narrativ.[315]

Bedeutungszuschreibungen haben in ihrer konkreten Ausprägung besonders bei dieser Art mehrdeutiger Werke die Tendenz, einander gegenseitig auszuschliessen. Mit dem Bild-Titel stiftet der Künstler zudem mehr Verwirrung als Klärung; er führt damit eine zusätzliche Abstraktionsebene ein. „Im obersten Kreis", schreibt Klee in seiner schöpferischen Konfession, „steht hinter der Vieldeutigkeit ein letztes Geheimnis und das Licht des Intellekts erlischt kläglich."[316]

Anders als durch die formale Beschreibung lassen sich diese widersprüchlichen Zeichen in der Evokation einer subjektiven Erfahrung vergegenwärtigen:

Aus dem Nichts kommt das zerbrechlich wirkende Geschöpf mit ausgebreiteten Armen auf mich zu, gerade so, als würde es mich in kindlicher Zutraulichkeit einladen wollen, es in meine Arme zu nehmen. Sein Blick bannt meine Aufmerksamkeit. Ich versuche, ihm zu begegnen, ihn zu lesen und zu begreifen, was der Angelus Novus von mir will.

Doch der Neue Engel lässt keine Nähe zu. Immer weniger nehme ich ihn als freundlich aufgeschlossen wahr. Er wirkt – mit seinem ungewissen Gesichtsaus-

druck und den lächerlich entblössten Zähnen – nun plötzlich eher Unheil verkündend. Oder weicht er etwa vor mir zurück? Seine Augen verraten Unsicherheit, vielleicht Angst. Dennoch hat er auch etwas Bedrohliches mit seinen viel zu grossen Ohren, die alles zu vernehmen scheinen, und seinem halboffenen, zum Verrat oder Beissen ansetzenden Maul. Die fast lieblich geschwungenen Unterlippen wirken irgendwie unredlich. Die Hände der Kreatur sind wie zum Gebet auf Kinnhöhe erhoben, die Innenflächen gegen das Gesicht gedreht – als wäre dort ein Geheimnis eingeschrieben, das sie vor mir schützen müssen. Ihr Blick aber scheint diesseitige Mächte zu beschwören. Ich fühle mich bedrängt von diesem undurchschaubaren Engel, und gleichzeitig mit ihm beunruhigt. Weil er hinter mich auf etwas schielt, das auch mich gefährden könnte. Er sieht durch mich hindurch. Es ist mir unangenehm, ihm in die Augen zu schauen.

Im Spannungsverhältnis zwischen Zeigen und Verbergen seines Wesens appelliert der *Angelus novus* an unsere Gefühle. Nur indem wir uns mitfühlend auf den Ausdrucksgehalt der verstörenden Erscheinung einlassen, können wir seine sinnlich emotionale Wirkmacht erleben und so ein phänomenales Wissen von deren künstlerisch affektiver Kraft und Qualität erlangen. Die Subjektivität dieser Beschreibung ist insofern näher an der Bild-Wirklichkeit, als sie zwar nur *eine* Möglichkeit von Gehalt aufzeigt, die jedoch im besten Fall zu neuen, divergierenden Erfahrungen einlädt. Zudem ist selbst die erste, „kühl"-formale Bildbeschreibung schon eine Interpretation, denn letztlich muss auch da das „Nennenswerte" aus der Prägnanz des Anschaulichen herausgefiltert werden.

Bilder generieren Emotionen und Stimmungen. Lassen wir uns emotional auf diese ein, kann sich uns im unabschliessbaren Oszillieren zwischen emotionaler Nähe und ästhetischer Distanz eine Erkenntnis über das Sehen, Vorstellen und Denken des Gegenstands hinaus – mit Georg Misch: „in den Gegenstand hinein" – offenbaren.[317] Misch führt das Beispiel von Goethes Gedicht *Der Fischer* an, in welchem der Dichter das Wasser in einer Weise evoziert, dass wir dessen Wesen im Sinne einer Gefühls-Intuition erfahren können. Damit erschliesst der Künstler Bereiche in unserem Empfinden, von welchen aus wir selbst das „Leben des Gegenstandes schaffend zu entfalten" vermögen.

6.2.2. Erkenntnisgewinn zwischen Entfremdung und Resonanz

Abstraktionsverfahren, wie sie in der *Reise* und beim *Angelus* angewandt wurden, verlagern die Erfahrung vom Begreifen einer repräsentierten Welt in die Richtung einer Resonanz mit ihren affektiven Gehalten. Wo der Intellekt keine konkreten Informationen vorfindet, springen unsere affektiven Fähigkeiten ein, denn sie sind in der Lage, mit beschränkten und ungenauen Informationen umzugehen.[318] Stimmungen und Emotionen vermögen die Distanz zum Unbestimmbaren im Bild zu überbrücken – ohne sie aufzulösen – und uns phänomenale wie praktische Erkenntnisse zu vermitteln.

Abstraktion ist eine Form von Verfremdung. Während der Begriff eine mehr oder weniger ausgeprägte stilistische Reduktion dargestellter Gegenstände auf bestimmte Aspekte bezeichnet, kann „Verfremdung" für unterschiedliche Bildstrategien stehen. So hat etwa Wols in seiner *Reise* nicht ein konkret nachvollziehbares Geschehen „abstrahiert", sondern mehrere parallel mögliche Wirklichkeiten übereinander gelegt und das Bild in dieser Weise verfremdet, um hinter dem Sichtbaren neue Welten aufscheinen zu lassen. Dem Fremden im Bild lässt sich nur in einer Bereitschaft zur affektiven Resonanz ein Sinngehalt abgewinnen. Dabei kann der Leib eine fundierende Rolle spielen.

Mit zunehmender Verfremdung steigen die Anforderungen an die integrative Kraft unserer Gefühle. Ein Erkenntnisgewinn in der Auseinandersetzung mit Bildern wie dem „Angelus" oder der „Reise" ergibt sich aus einem lebendigen Spannungsverhältnis zwischen Entfremdung und Resonanz.

Ästhetische Resonanz lässt sich allgemein als das nur bedingt beeinflussbare Auftreten einer Wechselbeziehung zwischen Rezipientin und ästhetischem Gegenstand begreifen, die aus einer mitfühlenden Aufmerksamkeit für dessen Ausdrucksgehalt hervorgehen kann (vgl. I, 4.1.). Sie ist nicht einfach gegeben, noch wird sie bloss aufgrund einer Entsprechung mit aktuellen Bedürfnissen oder als Echo auf innere Zustände als angenehm empfunden. Oftmals bereitet Resonanz Anstrengung und Schwierigkeiten. Sie ist als einheitliche Erfahrung aber letztlich mit erkennender Freude über den bestimmten Gegenstand verbunden.[319] Resonanz mit jeder Form von künstlerischem Ausdruck erlangt somit ein eigentümliches epistemisches Potenzial. Sie erschliesst uns neue Bereiche von phänomenalem und praktischem Wissen.

Alle Kunst ist Rätsel, das nicht zu lösen, aber zu sehen ist.[320] Ein anschaulicher Sinngehalt, der im Laufe der Rezeption zu einer allgemein akzeptierten Bild-Tatsache geronnen ist, hat sein übergreifendes Berührungspotenzial und – auch aus Kants Sicht – seine Erkenntnis hervorbringende Kraft weitgehend eingebüsst.[321] Lässt sich ein künstlerischer Gehalt auf den Begriff bringen, so ist das „freie Spiel der Erkenntniskräfte" ausgespielt. Je prägnanter die Eindrücke sind, desto weniger sind sie propositional erreichbar und desto mächtiger und dauerhafter ist der Schwung, den sie dem Gemüt verleihen.[322]

Der modernen Kunstwelt ist die spezifische Prägnanz des Bildlichen nicht mehr genug des Rätsels. Auf der einen Seite mag eine gewisse Deutungswut der Kunstkritik die Künstler in eine Fluchtbewegung vor der Möglichkeit theoretischer Stilllegung geschlagen haben.[323] Auf der anderen vermögen wohl auch die modernen Rezipienten in einer zunehmend beschleunigten, lauten Welt das gleichsam leise raunende Geheimnis von gewissen Bildern nicht mehr wahrzunehmen. Tatsache ist, dass zusehends vehemente Verfremdungsstrategien angewandt wurden, um die Rezeption des Kunstwerks mittels wiederholt scheiternder Verstandesaktivitäten in einem fruchtbaren Schwebezustand zu halten und es damit einer propositional festlegenden Identifikation dauerhaft zu entziehen.

Verfremdung als ästhetisches Verfahren war zunächst eine literarische Technik; sie wurde von Walter Benjamin in seiner Schrift *Was ist das epische Theater* propagiert. Zweck der künstlerischen Verfremdungsstrategien war eine Produktion von Staunen und damit verbunden die Förderung eines Nachdenkens über die dargestellten Verhältnisse. Damit könne eine blosse Einfühlung – etwa in die Situation eines Theaterhelden – verhindert werden. Bertolt Brecht entwickelt dieses Verfremdungs-Prinzip als literarisches Stilmittel weiter.[324] Allmählich wurde eine zunehmend forcierte Unverfügbarkeit auch für die moderne Malerei zu einem grundlegenden Lebenselixir.

Ist jedes bildkünstlerische Werk in seiner anschaulichen Prägnanz unverfügbar, so kann Verfremdung diese grundlegende Autonomie gegenüber einer propositionalen Vereinnahmung höchstens steigern. Verfremdung darf dabei nur so weit gehen, dass immer auch eine Verheissung ihrer Aufhebung mitschwingt. Denn, mit Hartmut Rosa: Resonanz ist nur möglich, wo „Hoffnung auf Anverwandlung und Antwort" besteht.[325] Eine vollkommene Entfremdung würde die kognitive Herausforderung über die individuelle Toleranzgrenze hinaus strapazieren. Entzieht sich das Objekt jeder Aussicht auf Erfahrung *von etwas*, riskiert die Auseinandersetzung mit diesem in Verwirrung und Desinteresse zu enden.[326] So lange jedoch nur die geringste Verheissung von Sinn bestehen bleibt, lädt das Widerständige im Bild unsere affektiven Vermögen zum endlosen Spiel der Bedeutungen ein, woraus sich eine ästhetische Resonanz mit diesem Anderen im Bild ergeben kann.

6.2.3. Der Leib als initialer Resonanzraum für intellektuell Unerreichbares

Während Brecht von der Verfremdung eine analytische Distanznahme und damit verbunden ein Anstossen von kognitiven Prozessen erwartete, entwickelte Viktor Šklovskij in Russland mit seiner *Somatics of literature* eine Verfremdungstheorie,[327] nach welcher Verfremdung eine umfassende Somatisierung des Rezeptionsprozesses mit sich bringt.[328]

Ein Blick auf Šklovskijs Theorie führt zur These, dass unser Leib über seine global nach aussen gerichtete Empfänglichkeit das propositional Unfassbare in seinem Wertgehalt für uns zwar diffus zu erfassen vermag; dass eine Wahrnehmung des Fremden als Anderes jedoch auf unsere seelischen Vermögen angewiesen ist.

Klees *Angelus* lässt sich in seinem widersprüchlichen Ausdruck weder auf den ersten noch auf den zweiten Blick mit etwas Bekanntem identifizieren. Das Nichtbestimmbare an diesem Mischwesen kann uns immer weiter beschäftigen: der Anblick ist und bleibt befremdend. In einer traditionellen Darstellung eines Barockengels würden wir diesen sehr schnell erkennen und wohl zur Seite legen. Wir kennen dieses Genre und wissen auch, dass es in der Regel mehr als Zeichen für himmlische Belange zu verstehen denn als künstlerisch bedeutungsvoller Ausdruck eines dargestellten Lebewesens zu erfahren ist. Wir nehmen diese Art Bilder in ihrer spezifischen Ausprägung höchstens mit stilgeschichtlichem Interesse wahr.

Es ist das Gewohnte, Altbekannte an diesem Barockengel, das Šklovskij zufolge nicht im eigentlichen Sinn gesehen, sondern nur wiedererkannt wird. Um einen Gegenstand neu wahrzunehmen, müsse man ihn aus der Selbstverständlichkeit, der Vertrautheit nehmen.[329] Für den russischen Denker ergibt sich aus dieser Feststellung für die Kunst das Ziel, „ein Empfinden des Gegenstandes zu vermitteln, als Sehen, und nicht als Wiedererkennen".[330] Das Fremde wie das Neue – denken wir an den *Angelus Novus* – erhalten unter diesem Gesichtspunkt die Funktion einer Bewusstseinserweiterung: das Besondere an diesem intellektuell unerreichbaren Wesen betrifft uns Šklovskij zufolge zunächst in einer unterschwelligen, leiblichen Empfindung. Die Distanz, welche diese Engelsfigur unserem geistigen Identifikationswillen auferlegt, wird seines Erachtens vor allem durch unsere leibliche Wahrnehmung überbrückt.[331] Es stellt sich eine Art sinnliches Staunen ein, ein leibliches Aufmerken, das, wie Nicola Gess kommentiert, nicht als Emotion zu verstehen ist. Es handle sich vielmehr um ein innerliches Aufhorchen, eine aisthetische Erfahrung, die mit einer Intensivierung der sinnlichen Wahrnehmung, mit dem Fühlen und Empfinden des Lebens – des ästhetischen Objekts wie des eigenen – einhergeht.[332]

Die primär somatische Empfindung des Gegenstands begreift Šklovskij – ähnlich wie Max Scheler die vitale Wertnehmung und Thomas Fuchs die Funktionen des „Resonanzraums Leib"– als eine besondere Wahrnehmung jenseits des diskursiven Erkennens.[333] Allerdings bleibt diese Empfindung bei Šklovskij anscheinend auf der Ebene des undifferenzierten Aufmerkens vor etwas verstörend Lebendigem – im Sinne einer „rein körperlichen Mimesis an den wahrgenommenen Gegenstand" – stehen.[334] Das Lebensgefühl hingegen, wie Scheler es begreift, ist nicht von seinen kognitiven Aspekten zu trennen: indem es in seiner vital-globalen Empfänglichkeit eine Basisverbindung zwischen innen und aussen schafft, bildet es lediglich eine *Grundlage für seelische Empfindungen*. Die eigentliche Erfahrung des „Anderen" in Klees *Neuem Engel* ist auf die dem Leib komplementären geistigen Vermögen angewiesen, um überhaupt qualitativ als solches wahrgenommen zu werden.

Šklovskijs Ansatz, unsere Fähigkeit zum eigentlichen „Sehen" der Dinge in ihrer singulären Anwesenheit *alternativ* zur alles vereinheitlichenden Ratio auf der Ebene der reinen Sinnlichkeit zu suchen, greift insofern zu kurz, als die Verbindung zum Geistigen dabei abhanden zu kommen scheint. Klees *Engel* vermittelt uns durch die verfremdete Gestalt nicht nur ein stumpfes leibliches Empfinden vom Wesen dieses Engels, sondern letztlich ein eindringliches phänomenales, von Emotionen getragenes *Wissen* darüber, wie es sich ausdrückt. Nur durchwegs Ungegenständliches, wie es uns etwa in der *Rothko-Chapel* begegnet – oder in der leisen, angenehmen Musik, zu welcher wir unbewusst in körperliches Schaukeln geraten – vermag eine gewisse Zeit allein auf leiblicher Ebene wirksam zu bleiben. In solchem Geschehen ist der Anteil an Ansteckung hoch. Als eigentlich Fremdes erfahren wir ein Kunstwerk erst, wenn wir auf mentaler Ebene Anzeichen von Weltbezug wahrnehmen, die sich dann nicht entschlüsseln lassen.

6.3. Erkenntnis von Welt und Selbst in der emotionalen Kunsterfahrung

Das Unbestimmbare in der Kunst spiegelt die Vieldeutigkeit unserer Lebenswelt. Von dieser nehmen wir aus praktischen Gründen nur wahr, was uns direkt betrifft, etwa weil Handlungsbedarf besteht. Mit seiner Verfremdungstheorie hat Šklovskij der Kunst die Funktion zugedacht, uns ein in erneuerter Weise sehendes, mithin körperliches Empfinden unserer Umgebung zu vermitteln. Ein Anstoss für Vorstellungen dieser Art ist vom französischen Philosophen Henri Bergson ausgegangen, dessen Schriften schon kurz nach ihrem Erscheinen ins Russische übersetzt wurden.[335] Bergson hat einen wichtigen Grundstein für die Erkenntnis gelegt, dass Kunstwerke uns neue Gefühle und mit ihnen eigentümliche Wahrheiten zu vermitteln vermögen, welche die Sprachlogik aus Aspekten der Nützlichkeit wegfiltert. Ein solcher Wissenszuwachs vollzieht sich im phänomenalen Erkennen eines künstlerischen Gehalts, betrifft jedoch immer auch uns selbst. Im besonderen Fall einer emotionalen Überwältigung durch die Erfahrung von Erhabenheit löst er sich sogar ganz vom ästhetischen Objekt. Gleichwohl umfasst auch dieser Erkenntnisgewinn implizite Einsichten von Relevanz für unser Leben.

6.3.1. Henri Bergson: Die kreative Erweiterung unseres Empfindungsspektrums

Die sinnlich-emotionale Achtsamkeit in der Erfahrung des Angelus Novus lässt uns nicht nur dessen Ausdrucksgehalt erkennen, sondern erweitert unser natürlich begrenztes Empfindungsspektrum sowie allgemein unseren Sinn für singuläre Erscheinungen.

Um 1900 veröffentlichte Bergson in seinem Buch *Le rire* die These, dass der Künstler uns mit seinem Werk Empfindungen und Gefühle suggeriert, die wir aus pragmatischen Gründen von selbst nicht wahrnehmen würden.[336] Eine bestimmte Berglandschaft, führt Bergson beispielhaft an, berührt uns seit wir sie kennen in einer spezifischen Weise. Lesen wir dann eines Tages deren Beschreibung durch Jean-Jacques Rousseau, verändert sich dieses unser Erleben. Rousseau bringt mit seiner Beschreibung neue Emotionen hervor, die in unsere Erfahrung eingehen und diese mit prägen.[337] Der Künstler, fügt Bergson hinzu, hat die *note fondamentale*, den Grundton für ein neues Gefühl, geschaffen, das von nun an eng mit unserem Erleben dieser Landschaft verbunden sein wird.

Künstlerisch vermittelte Emotionen vermögen unser begrenztes Empfindungsspektrum auszudehnen. Bergson ergänzt:

> „So hat die Kunst, ob Malerei, Bildhauerei, Dichtung oder Musik, im Grunde keinen anderen Zweck, als die praktisch-nützlichen Symbole, die konventionellen Verallgemeinerungen, kurz, alles, was die Wirklichkeit verschleiert, aus dem Weg zu räumen und uns mit der nackten Wirklichkeit zu konfrontieren."[338]

In diesem privatesten emotionalen Erleben eines uns noch unbekannten Teils unserer Wirklichkeit,[339] werden nicht bloss bereits vorhandene Emotionen reaktiviert: Bergson unterstreicht, dass der Künstler durch seine Werke neue und einzigartige Gefühle erschafft, die wir, wenn wir versuchen, sie in Worte zu übersetzen, unserem Leben und unseren persönlichen emotionalen Möglichkeiten annähern und sie schliesslich zu unseren eigenen werden lassen.[340]

Bergson spricht diesem innersten und rein privaten Erleben einen Wahrheitswert zu.[341] Er begründet dies mit der Feststellung, dass zwischen dem sozialen und dem „authentischen" Ich eine Diskrepanz besteht. Das Funktionieren einer Gesellschaft, argumentiert er, beruht auf Kommunikation: für die Anforderungen des sozialen Alltags ist die Sprache unabdingbar. Die Sprache aber stützt sich auf allgemeine Begriffe; individuelle Vorstellungen und Gefühle haben sich vagen Bezeichnungen zu unterwerfen, welche nur die *Art* des Erlebten wiedergeben, die jedoch niemals der faktisch einzigartigen Wirklichkeit entsprechen können. Man darf sich nicht wundern, folgert Bergson, dass allein die Ideen, welche uns am wenigsten eigen sind, adäquat ausgedrückt werden können. Zudem setzt die Sprache das sich zeitlich in alle Richtungen durchdringende Ensemble von Erlebtem als ein Nacheinander in der Zeit: Sie fragmentiert die Vorstellungen des Ich in eine numerische Vielheit von klar definierten, sukzessiven Bewusstseinszuständen.[342] Damit neige die Sprache rückwirkend dazu, auch unsere Empfindungen erstarren zu lassen: Ein Gefühl, das sich seiner Natur gemäss in lebendigem Werden frei bewegt und entfaltet, erhält in einem Wort immobile Konturen. Die Sprache lässt uns glauben, dass unsere Empfindungen unveränderlich sind und zuweilen täuscht sie uns sogar über den Charakter des Erlebten.[343] Denn das Wort ist allgemein und damit unpersönlich, es ist den flüchtigen Impressionen des individuellen Bewusstseins nicht gewachsen. Ohne sprachliche Gestalt aber bleiben die innerseelischen Begebenheiten auch für das erlebende Individuum diffus und unfassbar.

Durch die Notwendigkeit der sprachlichen Kommunikation also haben wir kaum Zugang zu unserem innersten Geschehen; unsere Wahrnehmungen, Empfindungen, Emotionen und Ideen passen sich den praktischen Anforderungen der Gesellschaft so weit an, dass das grundlegende Selbst nicht nur zurückgebunden, sondern stellenweise schliesslich ganz vergessen wird. Je tiefer wir in der Gesellschaft verwurzelt sind, desto mehr werden unsere Bewusstseinszustände zu „Dingen", die nahezu ausserhalb von uns sind. Das Intimste, Persönlichste, Ursprünglichste bleibt unserem eigenen Ich verborgen und damit werden wir uns selber fremd: wir leben, so Bergson, gleichsam „ausserhalb unserer eigenen Person".[344]

Das ist für Bergson auch bis zu einem gewissen Grad richtig und notwendig: Das Prinzip der Nützlichkeit hat im gesellschaftlichen Überleben eindeutigen Vorrang vor Aspekten der Selbsterkenntnis oder der Authentizität. Es wirkt sich auch direkt auf unsere Wahrnehmung aus: was wir von unserer Umwelt und von uns selbst registrieren, wird einer zweckmässigen Selektion unterzogen. Diese trifft automatisch eine Auswahl von dem, was für mich und mein Fortkommen im gegebenen Augenblick relevant ist; etwa die Gestimmtheit einer mir gegenübertretenden Person, ihr Vorhaben in Bezug auf mich und so fort. Wenngleich faktisch keine einzige Wahrnehmung mit einer anderen identisch ist, so bemerken wir die für unser praktisches Interesse irrelevanten Unterschiede kaum.[345]

Wahrnehmungen und Gefühle, ob sie sich auf Äusseres oder auf seelische Zustände beziehen, werden also nicht nur durch die Sprache verallgemeinert oder „entindividualisiert", sondern auch im Hinblick auf ihre Nützlichkeit filtriert. Beides führt dazu, dass unsere intimsten, privaten Gefühle, Erfahrungen und Gedanken in ihrer spezifischen Ausprägung weder differenziert erkannt noch kommuniziert werden können.

Die Erfahrung von singulären Erscheinungen wie Klees *Angelus Novus* mobilisiert und erweitert unsere Vorstellungskraft, vor allem aber unser Empfindungsvermögen. Diese Gefühle vermitteln uns nicht nur ein praktisches und ein phänomenales Wissen um den singulären Ausdrucksgehalt des Bildes, sondern sie schreiben sich in unser lebendiges Gedächtnis ein und prägen unser Denken sowie unser Fühlen. Sie lassen eine Spur unserer innersten Wirklichkeit für uns aufscheinen und als solche erkennen.[346]

Auf seine Weise hat Bergson bereits um 1900 auf die zu unseren sprachlogisch dominierten mentalen Funktionen komplementäre Bedeutung von nicht-propositionalem, emotionalem Wissenszuwachs durch Kunst hingewiesen. Wesentlich für das vorliegende Thema bleibt sein Hinweis, dass unsere Empfindungsvermögen dem selektiven Intellekt neue Wege zu einer spezifischen Wahrheit zu eröffnen vermögen: über uns selbst wie über die uns umgebende Welt.

6.3.2. Das Erhabene im Abseits des ästhetischen Gefühls

Geht künstlerische Verfremdung so weit, dass die Erfahrung eines Werks unser Fassungsvermögen übersteigt, so kann sie mit einer Anmutung von etwas Grossem, Würdigem, sinnlich und geistig Unerreichbarem einhergehen und als „Erhabenheit" erlebt werden. Die ästhetische, das heisst sinnlich-mentale, objektbezogene Erkenntnis ist hier gering. Dennoch vermag uns diese Erfahrung ein Wissen über uns selbst zu vermitteln.

Versetzen wir uns noch einmal in die *Rothko-Chapel*. Unsere Augen suchen im Halbdunkel dieser Atmosphäre vergeblich nach identifizierbaren Anhaltspunkten. Die Leere, das Nichtbestimmbare ist für die geistige Ebene zunächst einmal fremd. Dennoch empfinden wir die monumentale Anlage, in welche wir mit unserem gesamten Leib eingetaucht sind, als überwältigend. Wir erleben nicht die einzelnen fast monochromen Bilder für sich, sondern befinden uns in einer leiblich-geistigen Resonanz mit der quasi-religiösen Atmosphäre dieses Raums.

Eine solche Erfahrung des Unermesslichen kann zum Empfinden von Erhabenheit[347] führen, zu einer „dauerhaften Belebung der Erkenntniskräfte Vernunft und Einbildungskraft". Kant bezeichnet dieses Unermessliche als für den Verstand „unentwickelten Stoff", der zu einer augenblicklichen Hemmung der Lebenskräfte und darauf sogleich zu einer stärkeren „Ergießung" derselben führt. Die Erkenntnisse, die sich daraus ergeben können, sind subjektiv und indirekt:[348] sie beziehen sich weniger auf das Werk als auf die Betrachterin selbst. Die „Rührung", welche der Betrachter dabei empfindet, entspringt Kant zufolge nicht dem freien Spiel der Erkenntniskräfte wie beim Wohlgefallen am Schönen: sie bezieht sich auf die Erkenntnis selbst wie auf die mentale Kraft des Erkennenden. Denn im Wechsel zwischen Abstossung und Anziehung, zwischen Furcht und Faszination findet dieser zu einem überlegenen Wohlgefallen, das sich in Gemütszuständen wie Bewunderung und Achtung zeigt.[349] Wie immer bei Kant handelt es sich letztlich um eine Bewusstwerdung des eigenen geistigen Vermögens, die Gefühle bewirkt, und nicht etwa um Erkenntnisse durch Gefühle.[350]

Nicht viel anders als bei Kant lässt auch für Theodor Adorno die Empfindung des Erhabenen das erfahrende Ich „geistig aus der Gefangenschaft in sich selbst" heraustreten: „Die Träne quillt, die Erde hat mich wieder!", führt er mit dem vom Erklingen der Oster-Hymnen überwältigten Faust an.[351] Die Ergriffenheit von der Macht einer die Menschen verbindenden Kultur lockt diesen Suchenden für Augenblicke von seinen Hirngespinsten zurück in die Lebenswelt: Faust erkennt sich selbst in seiner eigenen, menschlichen Naturhaftigkeit. Die Erfahrung von Erhabenheit, schreibt Adorno, gehört „dem Augenblick an, in dem der Rezipierende sich vergisst und im Werk verschwindet: dem von Erschütterung. Er verliert den Boden unter den Füssen; die Möglichkeit der Wahrheit, welche im ästhetischen Bild sich verkörpert, wird ihm leibhaft".[352] Überwältigung geht mit existentiellen Erfahrungen einher, die sich oftmals im gleichzeitigen Erleben von Fremdheit und Nähe zum Phänomen manifestieren.

Gottfried Boehm bringt die Rolle des ästhetischen Gefühls in der Erfahrung von Erhabenheit am Beispiel von Barnett Newmans Entfremdungsstrategie auf den Punkt. Der amerikanische Maler überfordert mit seinen planen, zuweilen hochaggressiv wirkenden Bildern mit bis ins Unerträgliche überbordenden Farbenergien die kognitiven Kapazitäten des Betrachters. Das Scheitern am Übergrossen wirft Boehm zufolge diesen auf sich selbst zurück, bringt ihn an die Grenzen seines Fassungsvermögens. Newmans Bilder, fährt er fort, wollen gar *nichts zeigen,* nicht einmal blosse Farbflächen, sondern in reiner Form *wirken,* im Beschauer etwas *auslösen.* Und hier Boehms wichtige Folgerung, um welche es hier geht: Das Bild hebt sich als anschauliches Kunstobjekt vollständig auf, in dem Augenblick, da ihm dies gelingt.³⁵³

Ob die Empfindung von Erhabenheit nun als Bewusstwerdung der eigenen, geistigen Vermögen (Kant), als existenzielle Erfahrung (Adorno) oder als wirkmächtiger Anstoss zur Entgrenzung unseres Empfindungsvermögens (Boehm) verstanden wird: immer handelt es sich zunächst um ein in seinem Wertgehalt ambivalentes, emotionales Widerfahrnis, welches das Subjekt für einen Augenblick auf sich selbst zurückwirft. Dabei tritt das anschauliche Objekt in den Hintergrund: es wird – mit Boehm gesprochen – gleichsam ikonoklastisch beseitigt.³⁵⁴ In der Erfahrung von Erhabenheit, sei es durch Entfremdung jenseits von Sinn-Verheissung oder durch die Wucht eines Ereignisses, kann das sympathetische Mitschwingen mit dem ästhetischen Gegenstand nur partiell gelingen.³⁵⁵ Hält sich die *ästhetische* Erkenntnis in diesem „emotionalen Kurzschluss" in Grenzen, so kann eine solche Betroffenheit jedoch sekundär zu Reflexionen über unser Dasein und unsere Stellung in der Welt führen.

6.4. Anstelle eines Fazits: Ethische Dimension von ästhetischer Resonanz

Die integrative Kraft von Gefühlen und Stimmungen ist notwendig für die erkennende Erfahrung eines Ausdrucks sowie des Geheimnisses, das hinter jeder guten bildkünstlerischen Gestaltung steckt. Unsere Affekte sind – so die abschliessende These – nicht nur Medium der ästhetischen Erkenntnis, sondern in ihrer Qualität auch deren Produkt: Je höher die Anforderungen an ein aktives Mitfühlen für das Erleben eines ästhetischen Sinngehalts sind, desto tiefer greift tendenziell die phänomenale Bild-Erkenntnis auch in erweiterndem Sinn in unseren habituellen Gefühlsfundus ein und hinterlässt dort Spuren dieser neuen Erfahrung.

Wie wir wissen, haben unsere emotionalen Vermögen entscheidende Funktionen in unserem Leben. Zum Beispiel können wir ohne emotionalen Ausdruck in unserer Stimme und ohne die Fähigkeiten einen solchen bei anderen zu verstehen, nicht adäquat kommunizieren. In Entscheidungssituationen sind Emotionen in einem normativen Sinn oftmals rationaler als der langsamere, auf umfassende Informationen angewiesene Intellekt. Das Ausbleiben von Affekten sowie der unbeholfene Umgang mit ihnen hat schwerwiegende Konsequenzen in unserem Alltag.³⁵⁶ Umgekehrt gesagt: Eine Erweiterung unserer affektiven Kapazitäten durch die Beschäftigung mit künstlerischen Emotionen ist einem guten und erfüllten Leben zuträglich.

Unsere aktive und bewusste Weltbeziehung setzt uns jede Menge an Widerständigem entgegen. Die Praktik des Mitfühlens mit dem unverfügbaren im Bildwerk befördert unter anderem unsere Fähigkeit zur Resonanz mit lebensweltlich Fremdem. Sie erweitert und vertieft unser praktisches Wissen über Dinge, die unserem Denken nicht zugänglich sind. Eine solche Erhöhung unserer emotionalen Kapazitäten wirkt sich insofern positiv auf unser Sozialverhalten aus, als sie uns tendenziell auch gegenüber Fremdgefühlen sensibilisiert und uns mit unseren eigenen Affekten vertraut macht. In jeder mitfühlenden Begegnung mit Kunstwerken erproben wir zudem das Loslassen von unserem angestammten Bedürfnis nach intellektuell vereinnahmendem Zugriff auf unsere Umgebung. Damit erhöhen wir auch unsere Empfänglichkeit für die Empfindung von Schönheit und eröffnen uns im besten Fall einen Zugang zur Spiritualität. Beides vermag das uns Begegnende in ein positives Licht zu rücken und unseren Weltbezug zu prägen.³⁵⁷ Es ist deshalb nicht gleichgültig, mit welcher Art von künstlerischem Ausdruck wir uns umgeben.³⁵⁸

Die epistemischen Funktionen von Emotionen und Stimmungen in unserer Erfahrung von bildkünstlerischen Gestaltungen lassen sich nicht von den ethischen Konsequenzen unserer Beschäftigung mit Kunst trennen. Sie seien hier noch einmal zusammengefasst:

1. Das Unverfügbare im Bild lädt uns ein, unser in gewohnten Abläufen wahrnehmendes, fühlendes und urteilendes Selbst infrage zu stellen.
2. Die verbale Evokation einer sich dem verstehenden Zugang entziehenden künstlerischen Erscheinung legt Aspekte unserer eigenen emotionalen Anlagen frei und macht diese für uns selbst wie für andere sichtbar.
3. Der kreative Umgang mit neuen Gefühlen und damit verbunden die Verbesserung unserer Resonanzvermögen mit propositional Unverfügbarem befördern unter anderem unsere praktischen Fähigkeiten, uns in der Begegnung mit singulären, lebendigen Phänomenen zurecht zu finden, ohne sie sprachlogisch zu bestimmen. Dazu gehört auch die Fähigkeit, sich in andere Menschen zu versetzen und mit ihnen zu fühlen.
4. Das Spektrum unserer spontanen, leiblichen Empfindungen wie Anziehung und Abstossung kann

sich differenzieren und unser wertnehmendes Sehen erweitern.
5. Ästhetische Resonanz vertieft unser implizites Wissen um den Wahrheitswert von emotionalem Erleben. Sie kann unsere Sensibilität für Schönheit erhöhen sowie auch Räume für spirituelle Erfahrungen öffnen.

Die poetische Sprache, dies nun als hinführende These zum Hauptteil der vorliegenden Schrift, bedient sich verschiedener Verfremdungsstrategien; sie ist in den meisten Fällen prägnanter als Prosa. In der Weise, wie sie für den Intellekt unerreichbar ist und dennoch unsere Affekte mit Anmutungen lockt, bleibt der Schwung, in welchen sie unsere sinnlich-mentalen Fähigkeiten auf jeder Ebene versetzt, erhalten. In diesem Sinne sind auch bildpoetische Gestaltungen tendenziell prägnanter als gegenständliche oder abstrakte Gemälde. Mit der vieldeutigen Fülle dieser Bilder wächst die Spannweite der epistemischen Kraft, die aus ihrer sinnlichen, affektiven und intellektuellen Erfahrung hervorgeht.

7. ERGEBNISSE VON TEIL I

Mit einer Darstellung der modernen Vorbehalte gegenüber bildkünstlerischer Schönheit und allem, was Bilder mit Gefühl und Stimmung in Verbindung bringen kann, wurde die Notwendigkeit einer eingehenden Untersuchung der affektiven Komponenten unserer Erfahrung von Kunst aufgezeigt. Da die jüngste philosophische Emotionsforschung noch kaum ins kunsttheoretische Denken eingegangen ist, habe ich in ihrem Sinn zunächst dargelegt, inwiefern Emotionen und Stimmungen allgemein komplementäre Funktionen zu unseren intellektuellen und imaginativen Vermögen erfüllen. Gefühle sind eine Form von implizitem Wissen.

„Einfühlung" und „Mitgefühl" sind intentionale Akte, die ein nicht-propositionales Wissen über das Gefühl oder die Stimmung von anderen Menschen hervorbringen können. Sie unterscheiden sich vor allem dadurch, dass Einfühlung eine „kühle", verstehende Wahrnehmung der Qualität eines Fremdgefühls ist, wohingegen der Mitfühlende mit diesem Gefühl des Anderen mitgeht.

Für die ästhetische Erfahrung eines bildkünstlerischen Werks bedeutet dies, dass wir uns in dessen Ausdruck einfühlen und in unserer Vorstellung seinen Gehalt verstehend nachvollziehen. Die Stimmigkeit des Ausdrucksgehalts im Zusammenspiel von Gestalt, materieller Faktur und bildkünstlerischem Ausdruck ergreift uns jedoch in den meisten Fällen gleichzeitig emotional: Mitfühlend wissen wir bereits, dass das Bild gelungen ist. Dieses Werturteil erfüllt uns mit ästhetischer Freude und dem impliziten Wissen, dass dieses Kunstwerk für uns – und nicht nur für uns – unersetzbare Wahrheiten bereithält. Denn obgleich ein solches ästhetisches Gefühl im Sinne eines Resonanzereignisses auch Aspekte von uns selbst enthält, ist es intersubjektiv nachvollziehbar.

Anhand der gegenständlich darstellenden *Kreuzabnahme* von Max Beckmann und des abstrakten *Gelb, Orange, Rot auf Orange* von Mark Rothko wurden die Unterschiede zwischen den affektiven und den spezifisch leiblichen Anforderungen für eine kunstästhetische Erfahrung genauer untersucht. Bild-Poesie, so wird sich im Verlauf dieser Schrift anhand von weiteren Beispielen zeigen, beschreibt einen Mittelweg zwischen Gegenständlichkeit und Abstraktion. Die dichterischen Andeutungen welche sich für den Verstand oftmals gegenseitig ausschliessen und die unserem Empfinden dennoch vereinbar erscheinen, lassen sich als inhaltliche Abstraktionen oder Verfremdungen begreifen.

Kunst kann Wissen produzieren. Dieses beschränkt sich nicht auf phänomenale Erkenntnisse eines künstlerischen Gehalts, sondern führt mithin zu praktischen Wissensformen über lebensweltliche Zusammenhänge wie auch über uns selbst. Ein Seitenblick in die Literatur liess uns begreifen, inwieweit dieser Erkenntnisgewinn auch durch Fiktionen und Leerstellen hervorgebracht wird, die wir mit unserer Vorstellungskraft einzuordnen und emotional zu überbrücken vermögen. Ein Bild der Kunst ist in seiner Fülle an Gezeigtem immer schon eine Form von Fiktion, die sich durch sprachlogisch nicht einholbare Leerstellen auszeichnet.

Bild-Poesie wurde aufgrund ihrer formalen wie inhaltlichen Abstraktions- und Verfremdungsverfahren als besonders prägnant vorgestellt. Die Beschreibungen von Wols' *Voyage étrange* und Klees *Angelus Novus* verdeutlichen, inwiefern eine für den Intellekt unerreichbare Mehrdeutigkeit die künstlerische Erfahrung in Richtung einer leib-seelischen Resonanz mit ihren affektiven Gehalten verlagert. Unsere Gefühle sind sodann nicht nur Medium einer ästhetischen Erkenntnis, sondern auch deren Produkt, denn die Praktik des partizipativen Mitfühlens ins künstlerisch Fremde greift in erweiterndem Sinn in unser gewohntes Wahrnehmungs- und Empfindungsspektrum ein. Dieser Wissenszuwachs vergrössert sich tendenziell mit steigender Prägnanz des Anschaulichen.

Im Hinblick auf das Nachfolgende soll vor allem festgehalten werden, dass bildpoetische Gestaltungen das Kunstwerk als festgestellte Bedeutungseinheit in den Hintergrund rücken zugunsten von affektiven Erfahrungen, die sich als laufend entstehende und sich wieder verflüchtigende Wirklichkeiten ereignen. „Denk nicht, sondern schau!"[359] hatte Ludwig Wittgenstein 1953 mit Blick auf die Funktionen der Sprache gefordert. Dieser Aufruf kann als Memento gegen die moderne Tendenz zur propositional vereindeutigenden Stilllegung von Bild-Werken geltend gemacht werden. Schauen impliziert zwar die Möglichkeit des unscharfen Sehens, gerade dieses aber vermag Wittgenstein zufolge über ein Netz von Ähnlichkeiten jenseits des Sprachlichen Unsagbares wie Empfindungen zu vermitteln: ‚Schau also', liesse sich der Ansatz des Sprachphilosophen performativ ergänzen: ‚schau, imaginiere und fühle, was du nicht sehen kannst'.[360]

Im nun folgenden zweiten Teil dieser Studie wollen wir uns vermehrt auch dieser Methode bedienen, um anhand von beispielhaften Gemälden dem Phänomen „Bild-Poesie" auf die Spur zu kommen.

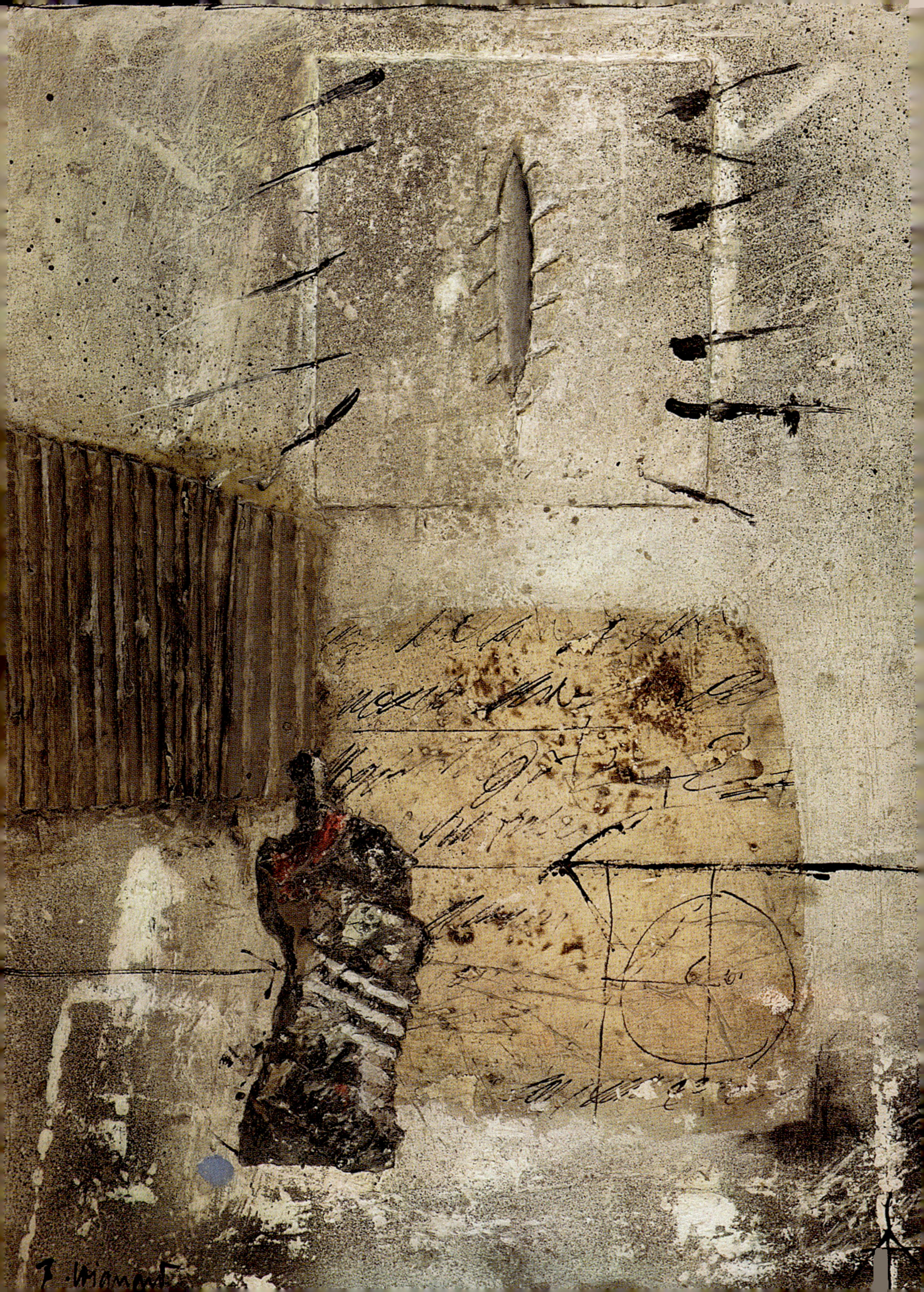

TEIL II
WAS BILD-POESIE IST

1. EINLEITUNG

Mit der Frage „was Bild-Poesie ist", gelangen wir zum Kernstück dieser Schrift. Eine abschließende Antwort ist insofern nicht zu erwarten, als der Poesie-Begriff selbst kaum definiert werden kann. Es wird sich herausstellen, dass gewisse Bild-Eigenschaften zu einer – mehr oder weniger ausgeprägten – Erfahrung von Bild-Poesie führen können.

Die Beziehung zwischen Bild und Sprache ist allein schon ein annähernd unerschöpfliches Thema. Kommt Sprache im Allgemeinen kaum ohne Metaphern aus, so zeigt insbesondere der dichterische Ausdruck eine verstärkte Neigung zur Bildlichkeit. Dennoch bestehen grundlegende Unterschiede zwischen Bild und Sprache, was sich darin zeigt, dass die beiden Medien nicht vollständig ineinander übersetzbar sind. Der Begriff „Bild-Poesie" an sich lässt zunächst offen, ob es sich um ein visuelles oder ein literarisches Phänomen handelt: Wort-Konstruktionen wie „Bildgedicht" oder „Figurengedicht" beziehen sich immer auf Wort-Dichtungen. Die Wortfolge „Poesie-Bild" würde zwar das Bild als Untersuchungsgegenstand in den Vordergrund rücken, der Ausdruck ist aber insofern missverständlich, als es nicht um Bilder mit dem Inhalt „Poesie" geht.

Bild-Poesie – so die These – ist eine sinnvolle Bezeichnung für Gemälde, die wir über ein Bündel von Bild-Eigenschaften als dichterisch erfahren. Wie ein Gedicht mit der Wahl oder besonderen Kombination von Worten nicht-propositionale Sinngehalte schafft, so kann auch ein Gemälde im Spiel zwischen mehrdeutigen Formen und unauflösbaren Bezügen über die übliche Bild-Prägnanz hinaus andeuten, was es nicht wirklich zeigt. Die Erfahrung des Poetischen gründet somit auf einer bildkünstlerischen Ausdrucksweise, die sich in ihren spezifischen Eigenheiten mit der literarischen Poesie vergleichen lässt.

Um die Untersuchung dieser Merkmale des Dichterischen im Bild soll es hier gehen. Der Weg führt über einen Einblick in die grundlegenden Eigenschaften des Lyrischen (II, 2), die in ihrer strukturbildenden und expressiven Funktion auf das Bildliche übertragen werden. Gemeinsamkeiten finden sich vor allem in einer spezifischen Verwendung des Materials: der Worte beziehungsweise von Farbe und Form. Auch auf semantischer Ebene zeigt das Dichterische in Wort und Bild vergleichbare Verschlüsselungsstrategien, was beidseits zu Mehrdeutigkeiten führt. Wie Gedichte haben auch bildpoetische Gestaltungen einen Hang zur Abstraktion: Insbesondere die hermetische Dichtung der Moderne öffnet mit dem Bildpoetischen vergleichbare Räume der Unbestimmtheit. Beide Ausdrucksweisen zeigen eine starke Neigung zur Schönheit. Die Erfahrung des Poetischen in Sprache und Bild hat immer auch eine musikalische Komponente: das Spiel zwischen Harmonie und Dissonanz ist ein wesentlicher Träger von Gehalt. Die Assoziationskraft des Dichterischen wird durch Verdichtung und Verkürzung gegenüber dem Prosaischen respektive durch andeutende Formen und bedeutungsoffene Bezüge gegenüber dem gegenständlich Darstellenden gesteigert. Im Verzicht auf ein abschließendes Erkennen verbleibt der Rezipient in der Schwebe eines Wahrnehmungsprozesses, der letztlich auch sein Zeitempfinden verändert. Das Dichterische fordert und fördert sein Vorstellungsvermögen sowie seine Bereitschaft, sich affektiv auf die Sinnlichkeit eines fremd-vertrauten Klangs einzulassen. In diesem Anspruch des Poetischen liegt auch dessen epistemische Kraft.

Die Kapitel drei bis sechs gelten der These, dass es sich bei Bild-Poesie wie in der Wort-Dichtung um eine besondere Ausdrucksweise handelt, die sich nicht auf ein einheitliches System der Ausführung stützt. Sie schafft semantisch wie affektiv Mehrdeutiges, dessen Sinngehalt im Augenblick einer Resonanzerfahrung als unwiederbringliche, lebendige Wirklichkeit aufscheinen kann. Die angewandten Mittel für die Hervorbringung dieses jeweils singulären Gehalts lassen sich im Bild objektivieren. Allerdings können viele dieser Merkmale vorhanden sein, ohne dass sich eine Erfahrung von Poesie einstellt. Auch ein Text, der sich in Rhythmus und Reimen als Gedicht gebärdet, wird zuweilen nicht als solches empfunden: Das Dichterische, so scheint es, hat Anmutungscharakter. Es können Gründe für eine solche Erfahrung aufgezeigt werden, aber es gibt keine eigentliche Methode, um die Erfahrung des Poetischen zu provozieren.

Zunächst werden sieben Bild-Beispiele aus der Moderne im Vergleich mit den im zweiten Kapitel ermittelten Merkmalen der modernen Lyrik untersucht und mit einem gegenständlichen sowie einem abstrakten Bild verglichen (II, 3). Im Anschluss an die Bildanalysen werden die Schriften dieser Künstler beigezogen. Kommentare von Schriftsteller-Freunden sowie von einigen Kritikern ermöglichen Einblicke in die Rezeption ihrer Gemälde. Im Sinne einer Darlegung von historischen Hintergründen, die zur Idee Bild-Poesie geführt haben, wird das Konzept *Art Poétique* des Maler-Poeten Didonet vorgestellt (II, 4). Daran anknüpfend wirft die Zusammenführung dieser Elemente die Sinnfrage einer Vorstellung „Bild-Poesie" auf, wobei insbesondere gegenüber den Selbstaussagen der Künstler eine kritische Distanz eingenommen wird. Anhand von Bildvergleichen kann sichtbar gemacht werden, dass Bissière, Didonet, Nebel, Reichel, Steffens und Wols trotz einer unübersehbaren geistigen Verwandtschaft mit Klee nicht dessen Epigonen waren (II, 5).

Im sechsten Kapitel folgen Ausführungen zum Zeitkern alles Künstlerischen und zu den damit verbundenen Forderungen an eine „zeitgemässe Kunst". Sie bieten Einblicke in das geistige Klima der Kunstwelt im kriegsversehrten Europa, welchem unsere Bild-Poeten ihre „farbigen Gedichte" entgegenstellten. Eine wachsende Tendenz, Bilder von Paul Klee als neoromantisch zu bezeichnen, erfordert zudem einen differenzierenden Vergleich zwischen „romantischen" und „poetischen" Aspekten im Bild. Anhand von Beispielen lässt sich nachvollziehen, dass Gemälde aus der Romantik zwar poetische Elemente umfassen, diese jedoch über andere Gestaltungsmittel als in der Bild-Poesie hervorgebracht werden. Das Dichterische erweist sich als kleinster gemeinsamer Nenner zwischen den Anliegen der Romantiker und der Bild-Poeten. Diese Gegenüberstellungen bereiten auf die These vor, dass das Poetische – ähnlich wie das Ideelle und auch das Romantische – insofern über die Zeit hinweg verschiedenste Gestalten annehmen kann, als der Zeitkern von Kunst jenseits dieser dichterischen Ausdrucksweise liegt.

Das „Poetische" wird auch immer wieder mit dem Märchen- und Traumhaften in Verbindung gebracht, was einer ähnlich anmutenden Erfahrung von wundersamen Wirklichkeiten geschuldet sein mag. Ein struktureller Vergleich von drei Bildern mit den Charakteristiken des Kunstmärchens zeigt, dass die Korrespondenzen zwischen Märchen und Bild-Poesie in einer dichterischen Überformung der Lebenswelt gründen (II, 6).

Das siebte Kapitel fasst die gewonnenen Erkenntnisse über ein „Was", „Wie" und „Wann" Bild-Poesie ist zusammen. Ebenso wird der Sinn dieses Wissens um eine Möglichkeit von Bild-Poesie für Künstler, für Rezipientinnen und damit auch für die Bilder selbst hinterfragt. Rückblickende Gedanken über die Vorteile und Grenzen einer Parallelführung von Wort- und Bild-Poesie verweisen noch einmal auf die Funktion der Mehrdeutigkeit im Bildpoetischen: Indem sich dieses nicht endgültig Erfassbare jeder Erfahrung neu und anders offenbart, kann es keiner vorbestimmten Idee oder Vorstellung dienen. Diese Erkenntnis hat Auswirkungen auf die nachfolgende Untersuchung einer Möglichkeit von Bild-Poesie in der Vergangenheit.

Zum Abschluss dieses Hauptteils macht ein tabellarischer Vergleich der Bild-Attribute rund um das Poetische anhand von idealtypischen Bild-Beispielen Gemeinsamkeiten, aber auch grundlegende Unterschiede zwischen ihren Ausprägungen sichtbar. Die stichwortartige Beleuchtung der Bedeutungsfelder von „poetisch", „romantisch", „märchenhaft", „idyllisch", „naiv" und „surreal" zeigt, weshalb diese Eigenschaften im allgemeinen Sprachgebrauch leicht durcheinander geraten können: Auf der Ebene der Erfahrung bilden sie eine gemeinsame Schnittmenge, die den Empfindungsbereich von Schönheit und Berührung umfasst. Eine zweite Tabelle rückt den literarischen Ursprung derselben Attribute in den Vordergrund und stellt dar, auf welche Art von Bildern sie sich mit Begründung anwenden lassen (II, 7).

Als Hinführung zum dritten Teil dieser Studie verweisen Einblicke in Einzelstimmen aus dem Kunstjournalismus des beginnenden 21. Jahrhunderts auf einen allmählichen Wandel im kunsttheoretischen Denken. Der vermehrte, schon fast inflationäre Gebrauch des Poesie-Begriffs stellt uns vor die Frage, ob und wenn ja in welcher Weise sich Bild-Poesie auch in der heutigen Gegenwart manifestieren kann. Sie wird uns ganz zum Schluss dieser Untersuchung beschäftigen.

1.1. Ein kleines Glossar der Begriffsverwendung

- *Bild-Poesie*: Gemälde des 20. Jahrhunderts, die aufgrund ihrer strukturellen und expressiven Vergleichbarkeit mit der modernen Lyrik als poetisch bezeichnet werden können
- *bildpoetische Gestaltung*: wird inhaltlich synonym zu Bild-Poesie verwendet, wenn der Schwerpunkt auf dem einzelnen Gemälde liegt
- *poetisch, dichterisch*: was Eigenschaften des Lyrischen, oftmals des hermetischen Gedichts aufweist; in Abgrenzung zu:
- *„poetisch"*: im allg. Sprachgebrauch, Verwendung unspezifisch für alles, was „romantisch", „idyllisch" oder „naiv" anmutet, letztlich für alles, was durch seine Schönheit berührt und uns deshalb sprachlos lässt
- *poetische Gemälde, poetische Bilder*: Gemälde, die Eigenschaften des Lyrischen aufweisen
- *poetische Malerei*: Art von Gemälden, die über Familienähnlichkeiten im Zeichen des Dichterischen miteinander verbunden sind

- *das Poetische:* bezeichnet im Unterschied zu „Poesie" nicht ein Ding oder eine Gattung, sondern ein Bündel von charakteristischen Eigenschaften, die mit einer entsprechenden Ausdrucksweise oder einer Erscheinungsform einhergehen
- *das Romantische:* analog zu *das Poetische*
- *Romantik:* kulturhistorischer Begriff (Philosophie, Literatur und Kunst), ca. für die Periode zwischen 1790–1840
- *romantisch:* typologischer Begriff für literarische oder malerische Stilmerkmale, die grundsätzlich der Zeit der Romantik angehören, aber auch in anderen Epochen vorkommen können
- *Malerei der Romantik:* Bilder, welche in dieser Epoche entstanden und vom „Geist der Romantik" geprägt sind
- *romantische Malerei:* Bilder, die auch ausserhalb dieser Epoche entstanden sein können und vom „Geist der Romantik" geprägt sind
- *Romantiker:* Mensch der romantischen Epoche oder mit Eigenschaften, welche die Menschen aus dieser Epoche auszeichnen
- *Idylle:* literarisches und bildliches Genre, das einen geschützten, harmonischen, idealisierten Binnenraum bezeichnet
- *idyllisch:* typologisches Adjektiv zur Idylle
- „idyllisch": im allg. Sprachgebrauch oftmals unspezifisch für schön, „romantisch" oder „poetisch" Erscheinendes
- *Maler-Poet, Bild-Poet, Bild-Dichter:* bezeichnet allgemein die Schöpfer bildpoetischer Gestaltungen. Der Ausdruck ist eine grobe Vereinfachung der Tatsache, dass nicht alle Bilder dieser Künstler in gleichem Mass Charakterzüge des Poetischen aufweisen
- „unsere" *Maler-Poeten, Bild-Poeten oder Bild-Dichter:* unterscheidet die sieben Künstler der *Art Poétique*, deren Werk, Denken, Leben und Rezeptionsgeschichte in diesem zweiten Teil eingehend beleuchtet werden – es sind *Roger* Bissière, Didonet, Paul Klee, Otto Nebel, Hans Reichel, Hans-Hermann Steffens und Wols – von anderen Maler-Poeten der Moderne, die im dritten Teil dieser Studie vorgestellt werden

2. LYRIK DER MODERNE – EINIGE BESONDERHEITEN

„Niemand weiss, was ein Gedicht ist, […]" – so beginnt Peter von Matt sein Buch über Dichter und Gedichte *Die verdächtige Pracht*. Mit diesem Titel und dem Zusatz „[…], aber alle wissen, warum eigentlich keine mehr geschrieben werden dürfen", spricht er eine der Hauptmotivationen für die vorliegende Dissertation aus. Es ist die im ersten Teil dieser Studie dargestellte allgemeine Scheu der Moderne gegenüber dem Schönen in der Kunst, das spätestens ab der Nachkriegszeit einer moralischen Rechtfertigung bedarf. Das Poetische ist insofern noch auf eine andere Art suspekt, als es im adjektivischen Gebrauch nicht nur die Ausdrucksmöglichkeiten und das Gestaltungsprinzip der Dichtkunst benennt, sondern auch für ästhetische Eigenschaften steht, die in der Kunst des 20. Jahrhunderts kaum mehr Geltung haben. So beschreibt noch das Lexikon für Ästhetik von 1992 das Poetische als stimmungs- und gefühlvolle Überhöhung der Gegenwart und fügt hinzu, dass die besondere Affinität zu Traum und Märchen sowie die „abgehobene Harmonie" das Poetische nicht selten in die Nähe des Kitschs rückt.[361] Heute scheinen die Vorbehalte gegenüber Erfahrungen des Poetischen weniger virulent zu sein. Im Gegenteil wird diese ausserliterarische Metapher seit einiger Zeit in zunehmendem Mass für jegliche Art von subjektiver Überwältigung eingesetzt, was wiederum deren fruchtbarer Verwendung im künstlerischen Bereich längerfristig wenig zuträglich ist. Sowohl die übermässige Skepsis gegenüber dem Poesie-Attribut als auch dessen inflationärer Gebrauch laden dazu ein, die Merkmale des Dichterischen in Wort und Bild genauer zu untersuchen.

Die Schwierigkeit, „Poesie" zu definieren, liegt in dem sich besonders seit den Surrealisten und der Dada-Bewegung nach allen Seiten ausdehnenden Spektrum dessen, was als solche verstanden wird: es gibt kaum Merkmale, die in allen Gedicht-Formen vorkommen. Zudem kann jede Sprache eher „begrifflich" verwendet werden, wie etwa im wissenschaftlichen Bericht, oder eher „sinnlich". Das Schwergewicht im dichterischen Sprechen liegt auf dieser sinnlichen Seite.[362] Der poetische Sprachgebrauch kann eine schlichte Erzählung durchdringen und in gewissen lyrischen Texten kaum mehr wahrnehmbar sein.[363]

Ist gegenüber manchen Wortgebilden der Moderne schwer zu entscheiden, ob es sich – ja oder nein – um Poesie handelt, so gilt dies noch viel mehr für Bild-Poesie. Besonders in diesem Bereich kann es sich nicht um eine kategoriale Bestimmung, sondern nur um das Aufzeigen eines Geflechts von sinnlich wahrnehmbaren Bild-Eigenschaften handeln, die in der Erfahrung eine mehr oder weniger ausgeprägte Empfindung von Poesie bewirken. Das vorliegende Kapitel macht sich zur Aufgabe, unter den prototypischen Merkmalen der modernen Dichtung diejenigen hervorzuheben, welche auf die bildende Kunst angewandt und dergestalt zu einem Erkennungswert für Bild-Poesie werden können. Zudem soll es das künstlerische und geistige Klima vergegenwärtigen, in welchem sich zum Dichterischen berufene Maler zu behaupten hatten.

Ein kurzer Überblick über die entsprechenden Begrifflichkeiten ermöglicht es, deren Gebrauch zumindest innerhalb dieser Schrift zu vereinheitlichen. Anschliessend werden gewisse Kennzeichen des Poetischen hervorgehoben, wobei die Rolle abstrahierender Elemente gesondert behandelt wird. Auch das Stimmungs-Moment der Lyrik und ihre Neigung zur formalen Vollkommenheit und Schönheit werden thematisiert im Hinblick auf die beiden nachfolgenden Kapitel, in welchen mögliche Gründe dafür erörtert werden, dass einige Maler der Moderne für die Charakterisierung ihrer Werke den Poesie-Begriff verwendet haben. Widmet sich der erste Teil des Kapitels eher den strukturellen Eigenschaften von Poesie, so steht im Mittelteil die Rezipientin im Vordergrund. Der letzte Abschnitt reflektiert als Überleitung in das Folgekapitel die Rolle des Dichters im Hinblick auf den uralten, in der Romantik zur Hochform gediehenen Topos des „dichterischen Genies".

2.1. Begriffsklärungen und Minimaldefinition des lyrischen Gedichts

Was wir umgangssprachlich „Gedicht" oder „Lyrik" nennen wäre präziser als lyrisches Gedicht, lyrische Poesie oder lyrische Lyrik zu bezeichnen: Alle diese Varianten stehen in der Regel für einen Text in rhythmischer, gebundener Rede, die oftmals in Strophen gefasst ist. Es gibt „lyrische Texte", die nicht der Gattung lyrischer Gedichte angehören.[364] Beispielhaft dafür ist epische, also erzählende Lyrik wie Dantes *Divina Commedia*, sowie dramatische Lyrik wie Goethes *Faust*. Beide zeichnen sich durch Sprachrhythmus und Reime als lyrisch aus. „Poetischer Sprachgebrauch" beschränkt sich nicht nur auf Literatur und Poesie, sondern ist auch in alltäglicher Sprache wie etwa in kommerziellen Werbungen und politischen Slogans zu finden.[365] „Das Poetische" scheint somit einen etwas ausgedehnteren Bedeutungsraum zu umfassen als „das Lyrische".[366]

Der Umfang des Poesie-Begriffs hat sich im Laufe der Zeit und insbesondere mit der Moderne stark verändert. Die Suche nach ahistorischen Konstanten für „das Gedicht" scheint ein Ding der Unmöglichkeit geworden zu sein. In Grenzfällen ist die Entscheidung, ob es sich bei einem Text um Lyrik handelt oder nicht, nur über den Kontext bestimmbar.

Welche Eigenschaften von Gedichten in diesem Kapitel hervorgehoben werden, wird mitbestimmt durch Aspekte, die zur Klärung unserer Frage nach der Möglichkeit von Bild-Poesie beitragen können. Es ist sinnvoll, eine Minimaldefinition des Gedichts vorauszuschicken, um überhaupt darüber sprechen zu können. Dieter Lamping nimmt in seinem Buch *Das lyrische Gedicht* eine solche grundlegende Begriffsbestimmung vor und erprobt sie sowohl gattungstheoretisch als auch gattungsgeschichtlich in einer Darstellung von moderner deutscher Lyrik von Stefan George bis zur Gegenwart. Lamping schlägt vor, das Gedicht als „Rede in Versen" zu definieren. Als notwendige Bedingungen der Rede nennt er Sprachlichkeit, Sinnhaltigkeit, Sukzessivität und Endlichkeit. Als *Versrede* gilt jede Rede, „die durch ihre besondere Art der Segmentierung rhythmisch von normalsprachlicher Rede abweicht."[367] *Prosagedichte* zum Beispiel sind keine Versrede, auch wenn sie rhythmisch und bildstark von lyrischen Gestaltungs- und Stilmitteln wie etwa von Assonanzen und Binnenreimen durchzogen sind. Aus Lampings Sicht handelt es sich dabei eindeutig um Prosa: Die Bezeichnung „Prosagedicht" verweise höchstens auf den Umstand, dass ein bestimmter Text als poetisch erfahren wird.[368] So können etwa die zuweilen sehr langen Erzählungen von Peter Kurzeck mit ihren sprechenden Bildern und Metaphern in minutiös aufeinander eingestimmten Wort-Klängen sowie dem ausdrucksstarken, das Inhaltliche fühlbar evozierenden Sprachrhythmus als Prosagedichte bezeichnet werden.[369]

2.1.1. Visuelle Spielformen des Poetischen

Um im Nachfolgenden begrifflichen Missverständnissen vorzubeugen, sollen die „auf Sicht" konzipierten, zuweilen als Gedichte verstandenen Wort-Gebilde kurz vorgestellt werden:

- *Figurengedichte*: Beispielhaft ist Morgensterns *Trichter*-Gedicht zu nennen: die Sprache ist typographisch so angeordnet, dass sie optisch die Form eines Trichters ergibt. Die Segmentierung ist zugleich auch rhythmische Versgliederung. Damit fungiert die Schrift ebenso als Partitur wie als Figur, wobei Bedeutung von Figur und Bedeutung der Wörter zusammenhängen

Die Trichter

Zwei Trichter wandeln durch die Nacht.

Durch ihres Rumpfs verengten Schacht

fließt weißes Mondlicht

still und heiter

auf ihren

Waldweg

u. s.

w.

15 Christian Morgenstern, *Die Trichter*, 1905.

16 Reinhard Döhl, *Apfel mit Wurm*, 1970, Druckgrafik, 65x50 cm.

(Abb. 15). Manche Texte werden als Figurengedichte bezeichnet, nur weil sie äusserlich von normal gesetzten Prosatexten abweichen; es handelt sich dabei jedoch nicht um Gedichte im explizierten Sinn.[370]

- **Visuelle Poesie:** Reinhard Döhls *Apfel mit Wurm* zeigt die Form dieser Frucht, die durch ein zäsurloses Aneinanderreihen des Wortes „Apfel" – und einmal „Wurm" – ausgefüllt ist (Abb. 16). Es ist ein reines Wortbild, nicht ein Bildgedicht, da kein rhythmisches sondern nur ein graphisches Prinzip verfolgt wird. Die Schrift ist kaum mehr Partitur, sondern nur noch Bild.

- ***Bildgedichte*** sind „alle Ensembles von Wörtern und Buchstaben, die nicht in einer Folge angeordnet, sondern frei über eine Fläche verteilt sind". Die sprachlichen Zeichen werden als isolierte Buchstaben in ihrer blossen Materialität und ohne vorgegebene Leserichtung präsentiert; sie ergeben weder für sich noch insgesamt einen sprachlich vermittelten Sinn. Für Lamping handelt es sich bei dieser Art von Gebilden nicht um Gedichte im eigentlichen Sinn. Der Schweizer Zeichner und Maler Rudolf Mumprecht spielt in seinen Bildern mit der Sinnlichkeit von Buchstaben-Formen sowie von Wort- und Farbklängen (Abb. 17); er bezeichnete sich selbst als „Bildpoet".[371]

- ***Mischformen*** wie Gedicht-Bilder, Gedicht-Malerei, illustrierte Gedichte und ähnliche existieren, seit Gedichte geschrieben werden. Prominente Beispiele sind die mit den Versen gleichsam zusammenfliessenden Illustrationen in den Reliefradierungen von William Blake (Abb. 18). Blake hat die Stimmungsgehalte dichterischer Texte in visionär-ausdrucksstarken Radierungen eingefangen: Er „malte" mit Wort, Stichel und Pinsel seine erdichteten Welten, indem er Schrift und Malerei untrennbar ineinander aufgehen liess.[372] Auch bei Paul Klee finden sich etliche Beispiele, etwa die mit Feder und Bleistift in leuchtend aquarellierte Farbkästchen eingewobenen Buchstaben seines Gedichts *Einst dem Grau der Nacht enttaucht* (Abb. 19).

17 Rudolf Mumprecht, *die wolke singt vergänglichkeit*, 1994, Acryl, Collage auf Leinwand, 190x190 cm.

18 William Blake, *The Argument*, 1794, Reliefradierung, 17x11,5 cm.

Jenseits des Sprachlichen liegen Gestaltungen wie Paul Klees *Gedicht in Bilderschrift* (Abb. 20).[373] Die 10,6x21cm messende Zeichnung in rötlicher Wasserfarbe auf Papier zeigt eine Anhäufung von zeichenhaften Formen wie Herzen, Schnörkeln und mehr oder weniger geometrischen, wie von Kinderhand hingezeichneten Figuren, die fast regelmässig auf drei das Blatt ausfüllenden Bildfeldern verteilt sind. Piktogrammen vergleichbar brauchen diese Form-Gebilde keine explizierende Beischrift: in ihrer schlichten Weise „sprechen sie" jeden von uns in seiner eigenen Sprache an. Ein Jahr vor seinem Tod scheint uns Klee damit eine Art Formenvokabular hinterlassen zu haben, welches wir in individueller Ausprägung ab dem nächsten Kapitel in vielen der als poetisch bezeichneten Bildern wiederfinden werden.

2.1.2. „Poesie" und „Musikalität" als Metaphern

Der Begriff „Gedicht" oder „Poesie" benennt die literarische Gattung „Lyrik". Das Adjektiv „poetisch" kann sich auf Gefühle oder Stimmungen beziehen, ob sie durch Gedichte oder etwa durch den Zauber einer Landschaft oder Begegnungen mit Menschen hervor-

19 Paul Klee, *Einst dem Grau der Nacht enttaucht*, 1918, Aquarell, Feder und Bleistift auf Papier, 22,6x15,8 cm.

gerufen werden. In der etymologischen Herleitung von Poesie steckt das griechische ποιεῖν (poiein), das für „machen", „schaffen" steht. Glaubt man dem Dichter Paul Valéry, so tritt „poetische Rührung" im Erleben grosser Ereignisse oder besonderer Augenblicke des Affektlebens auf. Meist sei sie verbunden mit den spezifischen Neigungen und Interessen des Individuums und zeige sich im Erleben von „Zärtlichkeit, Trauer, Zorn, Furcht oder Hoffnung".[374] Nicht einmal jedes Gedicht vermag es, eine solche poetische Rührung anzuregen.

Auf der einen Seite also taucht die Poesie-Metapher vor allem dort auf, wo etwas dem begrifflichen Erfassen Unzugängliches oder etwas besonders Berührendes geschieht: sie zeugt dann von einer Sprachlosigkeit gegenüber diesen Phänomenen. Schon Goethe soll einmal ein Bild als „sichtliches Gedicht" bezeichnet haben.[375] Auf der anderen Seite macht das Berührungspotenzial des Poetischen solche Zuschreibungen auch zum prädestinierten Mittel, um das Erleben privilegierter Augenbli-

cke zu verheissen: In der Werbung verspricht etwa das Servieren einer geeigneten Whisky-Marke „die Poesie eines Abends"; eine Kreuzfahrt garantiert „unvergessliche poetische Augenblicke". Das „Poetische" ersetzt dabei die ästhetische Kategorie des „Schönen" im weitesten Sinn: es stellt diese Erfahrungen unter dem Nimbus von gehobener Kultur in Aussicht. Betitelt das Kunsthaus Zürich im Januar 2020 eine Kabinettausstellung seiner Sammlung italienischer Meisterzeichnungen mit *Die Poesie der Linie* und wirbt in der NZZ mit einer „wahren kleinen Schatzkiste, die wir hier für Sie öffnen",[376] so scheint hier die Verheissung des Poetischen mitunter einer emotionalen Aufbereitung von Altbekanntem zu dienen (Abb. 21).

Wird das Poetische seit einigen Jahren zunehmend von der Werbung instrumentalisiert, so stellt sich die Frage, ob der Ausdruck „Bild-Poesie" dennoch sinnvoll ist. Ich gehe davon aus, dass eine klare Abgrenzung der Poesie-Metapher gegenüber einem unspezifischen Gebrauch für jegliche Art von emotionalen Superlativen erforderlich ist, um den Poesie-Begriff vor seiner Aushöhlung zu bewahren. Indem das Poetische wieder näher an die literarische Dichtung zurückgebunden wird, dürfte auch die damit einhergehende emotionale Erfahrung differenzierter wahrgenommen werden. Im kunstwissenschaftlichen Kontext macht eine Klärung dieses Begriffs insofern Sinn, als die im Folgenden zu untersuchenden Bilder von der Rezeption als poetisch bezeichnet wurden und ihre Schöpfer sich auch als Bild-Dichter verstanden. Letztlich aber scheint eine solche Eingrenzung notwendig um zu verhindern, dass sich die jetzt schon stark strapazierte Poesie-Metapher bald in einer neuen „Alles-ist-Poesie-Romantik" erschöpft.[377]

Eine Metapher, die sowohl für das Erleben von Gedichten als auch von poetisch anmutenden Bildern verwendet wird, ist diejenige des Musikalischen. Die Mu-

20 Paul Klee, *Gedicht in Bilderschrift*, 1939/170, Wasserfarbe auf Papier, 10,6x21cm.

21 Ausstellungsplakat *Die Poesie der Linie,* 2020.

sikalität der poetischen Sprache wird zusammen mit den prototypischen Eigenschaften des Dichterischen noch eingehender thematisiert. Vorerst interessiert das Phänomen, dass auch dieser Aspekt des Poetischen im Bild-Diskurs die Empfindung von Schönheit, Harmonie und Rührung benennt: „Il faut écouter l'Art", fordert der Maler-Poet Didonet (Dok. 1): „Man muss seine Sinne auf die Kunst einstellen, emotional für sie empfänglich sein." Abstrahierende Formen und mehrdeutige Gestaltungen im harmonischen Zusammenspiel mit schillernden Farbnuancen verwandeln manchen Betrachter in einen innerlich bewegten „Zuhörer".

Lassen wir jedoch zunächst die metaphorische Verwendung von Poesie und Musikalität sowie die wirkungsästhetischen Aspekte beiseite, um uns den Bedingungen der Möglichkeit solcher Erfahrungen zuzuwenden.

2.2. Kennzeichen des Dichterischen

Nach einem kurzen begriffsgeschichtlichen Rückblick auf den Ursprung des Lyrik- sowie des Poesiebegriffs werden im Nachfolgenden paradigmatische, auf die Malerei übertragbare Merkmale des Poetischen beleuchtet. Ein besonderes Augenmerk gilt dabei der hermetischen Dichtung, deren Eigenschaften wir in der eigentümlichen Prägnanz von Bild-Poesie wieder begegnen werden.

2.2.1. Vom Tanz der Worte durch die Geschichte

Der Begriff des „Lyrischen" stammt von der Lyra, der Leier als ältestem Saiteninstrument. Er verweist auf den Ursprung aller Dichtung, die sowohl im epischen als auch im dramatischen Fach an die Musik gebunden war. Das musikalische Element steigert die Intensität der Sprache und verleiht ihr eine gewisse Beschwörungskraft. Heute ist diese so genannte Sangbarkeit des lyrischen Texts keine Voraussetzung mehr.[378]

Dichtung wird auf „Form, Wesen und Wirkung" bereits von Aristoteles' *Poetik* im Hinblick auf eine sprachliche Normierung der Tragödie untersucht. Dabei wird die streng geregelte Beziehung von Form und Inhalt als zentrales Prinzip hingestellt: Formstrenge, Mimesis im Sinne von Darstellung und Nachahmung der Lebenswirklichkeit sowie die Funktion als moralischer Lehrsatz galten bis ins 18. Jahrhundert als ihre irreduziblen Bedingungen. Dieses Regelkorsett wurde durch Gotthold Ephraim Lessing aufgebrochen: die nachfolgenden Dichter und Philosophen des Sturm und Drang sowie der Romantik konnten unter dem Nimbus des Genialen in Freiheit ihre Intuitionen zur Entfaltung bringen. Quelle der Kreativität des künstlerischen Schöpfers war fortan die „Tiefe subjektiver Empfindungen". Friedrich Schlegel und Novalis gaben mit dem Begriff „Universalpoesie" der romantischen Überzeugung Ausdruck, dass Poesie alle Lebensbereiche durchdringen und verzaubern soll. „Die Poesie gelangte so in den Rang einer Ersatz-Religion."[379]

Ab Beginn des 19. Jahrhunderts knüpften literaturgeschichtliche Theorien der Lyrik vor allem an empfindungs- und subjektivitätstheoretische Ansätze an. Es galt weitgehend die Auffassung, dass es in der Lyrik um den Ausdruck von Empfindungen gehe. Damit verband sich wiederum ihre konzeptuelle Bindung an die Musik und die Versform. Erst unter dem Einfluss der Moderne sollte sich das Gedicht, wenn auch zögerlich, von solchen normativen Orientierungen lösen.[380] Die zusehends verblassende Gestalt des einstmals gottähnlichen Schöpfers stimmungsvoller Wirklichkeiten rückte allmählich in den Hintergrund und überliess das Spielfeld dem Gedicht selbst: In stetig anwachsender Selbstständigkeit sollte es traditionellen Formen und Themen den Rücken kehren, sich formale Gesetze und innere Bezüge wie zu enge Kleider vom Leib reissen, sich jeder möglichen Tollkühnheit hingeben, Raum und Zeit in wilden Gesten durcheinander wirbeln und in trotziger Verschlossenheit sich dem allzu aufdringlichen Zugriff verweigern.[381] Als neues Subjekt seiner Gattung konnte es sich gleichsam nach freiem Sinn gebärden, seine eigenen Gesetze erfinden um sie im gleichen Atemzug zu brechen. Zum Bild werden. In kunstvollen Lautgestaltungen geheimnisvolle Zauberformeln raunen. So scheint es.

Wer will unter solchen Voraussetzungen noch wissen, was ein Gedicht ist? Gäbe es nicht noch das eine, letzte Anzeichen, es zu erkennen, das uns François de Malherbe vermacht hat, und an welches Paul Valéry erinnert:

> „Das Gehen hat wie die Prosa stets ein bestimmtes Ziel, das sich auf einen Gegenstand richtet, den wir zu erreichen trachten. […] Das Tanzen ist etwas ganz anderes. Es ist zweifellos ein System von Akten, die aber ihre Bestimmung in sich selber haben. Es geht nirgendwo hin. Und sollte es ein Ziel verfolgen, so ist dies ein idealer Gegenstand, ein Zustand, eine Wollust, ein Blumenwesen, oder irgendein Entzücken an sich selber, eine Lebenssteigerung, ein Gipfel, ein Höhepunkt des Daseins… Wie verschieden es aber auch von aller zweckgebundenen Bewegung ist, beachten Sie diese wesentliche, obschon grenzenlos einfache Bemerkung: dass es sich derselben Glieder, Organe, Knochen, Muskeln, Nerven bedient wie das Gehen.
>
> Und ebenso verhält es sich mit der Poesie, die sich derselben Worte, Formen und Klänge bedient wie die Prosa."[382]

Damit lässt sich verstehen, weshalb die Grenzen zwischen Lyrik und Prosa so schwer zu ziehen sind. Jeder literarische Text kann tanzenden Schrittes daherkommen, kann raumzeitliche Schichten und Ebenen ineinander schieben und traumgleich neue Bilder für Altbekanntes evozieren. Die rhythmisch-musikalische Prägnanz von Peter Kurzecks Beschreibung der Igel, die am Strassenrand warten, sprengt in jedem Sinn die Grenzen der herkömmlichen Prosa:

> „Stehen und warten. Müssen bei jedem Auto zucken. Müssen immer heftiger zucken. Und wissen nicht, wie lang sie schon stehen und warten – und halten das Warten und halten ihre eigene Ungeduld dann nicht länger mehr aus. Also los! Geduckt losgerannt alle fünf und schon im nächsten Augenblick zwei von ihnen für immer platt. Überfahren. Tot. Wieder zwei Igel weniger."[383]

Sind Tanz und Schreiten, Dichterisches und Prosaisches nicht immer leicht zu unterscheiden, so zielt auch das Nachfolgende nicht auf eine Eingrenzung der literarischen Kategorie „Gedicht", sondern auf die in einem Text mehr oder weniger vorhandenen beziehungsweise unterschiedlich stark ausgeprägten lyrischen Elemente, welche – mit Roman Jakobson gesprochen – in einem weiten Sinn eine „poetische Funktion" erfüllen.

2.2.2. Die poetische Funktion

Sprache kann, so Jakobson, je nach verwendeten Mitteln und beabsichtigtem Effekt verschiedene Funktionen einnehmen: Poetische Sprache zeichnet sich dadurch aus, dass sie Wortbedeutungen verändert und dadurch Mehrdeutigkeit schafft.[384] Botschaften zum Beispiel haben vorwiegend referentielle, denotative und damit kognitive Funktionen; die so genannte emotive oder expressive Funktion indessen ziele auf den direkten Ausdruck der Haltung eines Adressanten und rufe meist den Eindruck einer bestimmten Emotion hervor.[385] „Die *Einstellung* auf die Botschaft als solche, die auf die Botschaft um ihrer selbst willen zentriert ist, ist die poetische Funktion der Sprache", erläutert Jakobson.[386] Das Augenmerk liegt nicht auf dem Inhaltlichen, sondern vor allem auf der Art und Weise, dem *qualitativen* Selbst der Äusserung.

Jakobsons Theorie zur poetischen Funktion der Sprache ist besonders interessant für das Thema „Bild-Poesie", weil sie Symptome des Poetischen aufzeigt, die sich im Folgenden für die Malerei der Moderne nachzeichnen lassen. Jakobson unterstreicht, dass viele der poetischen Merkmale nicht nur in die Wissenschaft von der Sprache gehören, sondern in die allgemeine Semiotik,[387] also überall dort vorkommen können, wo Zeichen auf etwas ausserhalb ihrer selbst verweisen oder dieses ausdrücken. Über die Beziehungen zwischen Zeichen und Welt können laut Jakobson auch verschiedene künstlerische Medien untereinander korrelieren, wie wir anhand der dichterischen Mischformen bereits festgestellt haben.

Die poetische Funktion lässt sich nicht auf Dichtung und Dichtung nicht auf die poetische Funktion reduzieren.³⁸⁸ Jakobsons Untersuchung der empirischen linguistischen Kriterien für die poetische Funktion führt ihn zu den Merkmalen, die das dichterische Werk kennzeichnen.³⁸⁹ Anhand der grundlegenden Ordnungsweisen sprachlichen Verhaltens, nämlich *Selektion* und *Kombination,* zeigt er, wie wir für die Übermittlung einer Botschaft zwischen Bezeichnungen mit ähnlicher Bedeutung, die in einer bestimmten Hinsicht äquivalent sind, wählen: zum Beispiel zwischen ‚Kind', ‚Knirps' oder ‚Junge', und semantisch verwandten Verben wie ‚schläft', ‚schlummert' und so weiter. Durch die spezifische Wahl der einzelnen Bezeichnungen für ähnliche – aber auch vom Erwarteten abweichende – Bedeutungsnuancen und die Art und Weise, wie sie kombiniert werden, wird eine Äusserung in ihrer formalen Erscheinung zu einer besonderen Botschaft.³⁹⁰ Die gesuchte Abweichung vom Alltagssprachlichen verstärkt deren Wirkung, weshalb sie vor allem in der Kunst, aber auch in der Werbung, zum Einsatz kommt.

Spezifisch für die poetische Funktion ist die Abmessung von Sequenzlängen: „Nur in der Dichtung, mit ihren regelmässig wiederholten äquivalenten Einheiten, wird die Zeit des Redeflusses erfahrbar, wie es auch bei der musikalischen Zeit der Fall ist – um ein anderes semiotisches Muster anzuführen."³⁹¹ William Blakes mit Endreimen versehene Verse sind, liest man sie laut, von einer ausgesprochen einprägsamen Musikalität (vgl. Abb. 18).³⁹² Freie Verse indessen beruhen in ihren verschiedenen Spielarten allein auf zusammenhängenden Betonungen und Pausen.³⁹³ Sie sprengen die Spielregeln des zeitlichen Nacheinanders.

Festzuhalten bleibt im Hinblick auf Bild-Poesie, dass der Vorrang der poetischen vor der referentiellen Funktion die Referenz nicht ausräumt, sondern sie ambig hält: „Die doppelsinnige Botschaft korrespondiert einem gespaltenen Adressanten, einem gespaltenen Adressaten und einer gespaltenen Referenz, wie sie überzeugend im Vorspann von Märchen verschiedener Völker ausgedrückt ist, zum Beispiel im üblichen *exordium* der Geschichtenerzähler auf Mallorca: ‚Això era y no era'."³⁹⁴ Es war und es war nicht. Die poetische Funktion entbindet eine Botschaft inhaltlich aus ihrer Zeit, und zwar mittels Spaltung der Aussage in mehrere mögliche Inhalte und durch die Wiederholung gleichrangiger Teile, zum Beispiel das dreimalige Wünschen. Auf der strukturellen Ebene machen Spaltung und Wiederholung die Dichtung zu einem selbstreferenziellen Gebilde, in welchem die Zeit des Redeflusses als solche erfahrbar wird. Das Gedicht erhält Ereignischarakter durch die Augenblicklichkeit seiner Erfahrung, die, so Peter Vollbrecht, „eng mit dem Problem der Singularität und Unwiederholbarkeit des Individuellen verbunden" ist.³⁹⁵ Auch in freien Satzgefügen können strukturierende Betonungen und Pausen sowie die dynamische Spannung zwischen dem Bezeichnenden und dem Bezeichneten im unmittelbaren Zusammenspiel von Sprachklang und Bedeutung eine poetische Funktion innehaben.³⁹⁶ Solche Merkmale lassen sich – auf Farbe und Form übertragen – ebenso in Bildstrukturen aufweisen.

Zeichen, die auf Welt verweisen, können dies entweder in Form von propositionalen Aussagen bewerkstelligen, oder – wie in der Poesie – als nicht-propositionales „Anklingen-Lassen", das dem bildlichen „Sich-Zeigen" nahekommt. Eine Darstellung ausgewählter Merkmale des Dichterischen soll eine vergleichende Untersuchung von deren Vorkommen im Bildlichen vorbereiten. Denn, wie Jakobson treffend feststellt, kann sich jedes künstlerische Genre in poetischer Weise ausdrücken.³⁹⁷

2.2.3. Prototypische Merkmale der modernen Lyrik

Die Eigenschaften, welche laut Jakobson eine poetische Funktion erfüllen, sollen nun in einen Katalog von Kriterien und Tendenzen einfliessen, die in Gedichten häufig anzutreffen sind, aber keinesfalls zwingend vorkommen müssen, um einen Text der Gattung „Lyrik" zuzuweisen.³⁹⁸ Solche „Mehrkomponentenmodelle" sind laut Wolfgang G. Müller auf Wittgensteins Konzept der „Familienähnlichkeiten" zurückzuführen.³⁹⁹ Dieses geht davon aus, dass die Bedeutung eines Wortes nicht durch notwendige und hinreichende Eigenschaften festgelegt werden kann, sondern sich aus seinem „Gebrauch in der Sprache" im Vergleich mit Wörtern aus einem ähnlichen Bedeutungsraum ergibt.⁴⁰⁰ In eigenwilliger Auslegung von Wittgenstein bestimmt die Clustertheorie Begriffe, die sich nicht definieren lassen, über einen Katalog von Kriterien oder Charakteristiken, die zutreffen können, aber einzeln weder notwendig noch hinreichend sind. Mit Berys Gaut liesse sich „Poesie" als Clusterbegriff verstehen: Es ist unbestimmt, wie viele der prototypischen Merkmale zutreffen müssen, damit ein sprachliches Gebilde unter den Begriff „Poesie" fällt. So gibt es mehr oder weniger eindeutige Fälle.⁴⁰¹ Solche Eigenschaften sind:

- *Spezifische Sprachverwendung*: Oftmals[402] zeichnen sich Gedichte durch eine bildhafte Sprache und kunstvolle Lautgestaltung aus. Die uneigentliche Rede hat wie kaum eine andere Technik die Form der Dichtung geprägt; insofern gehört die Metapher zu den wesentlichen Paradigmen dieses Genres. Sie reicht von der einfachen Übertragung eines Wortes aus fremdem Bedeutungszusammenhang bis hin zur absoluten Metapher, die sich vollends der Entschlüsselung entzieht.[403] Eine Eigenart der literarischen und insbesondere der poetischen Sprachform ist, dass sie in einer Art Zeigegestus die Aufmerksamkeit auf sich selbst lenkt.[404] Die spezifische Sprachgestalt der Lyrik wird bereits in Nicolas Boileaus „Art Poétique" (1674) als „beau désordre" charakterisiert: Er machte damit den Anfang einer bis ins 20. Jahrhundert fortwirkenden Sprach- und Formtheorie der Lyrik, nach welcher die Dichtung durch eine spezifische, unkonventionelle Verwendung von Sprache wie etwa durch die Versform gekennzeichnet ist.[405] Modernere Lyrikforscher streiten die sprachästhetische Sonderstellung der Lyrik im Allgemeinen ab mit der Begründung, dass jede literarische Gattung ihre „unhintergehbare sprachliche Verfasstheit" aufweise. Allerdings räumen sie ein, dass „die Lyrik zweifellos das Anschauungsmaterial mit der grössten Evidenz für die poetische Funktion" darstelle.[406]
- *Semantik der Form*: Spezifisch poetisch ist nicht notwendig die Sprache, sondern die Form des Gedichts: durch die Versgliederung wird die äussere Form der Rede hervorgehoben. Diese bestimmt den Charakter der Rede sowohl rhythmisch als auch semantisch, sie wird zum Bedeutungsfaktor. Die Form verändert nicht nur die Semantik der Wörter, sie hat selbst ihre eigene Semantik, indem sie Bedeutungen innerhalb einer Gesamtheit von möglichen Vorstellungen evoziert.[407] In diesem Sinne versteht sich Paul Valérys viel zitierter Satz: „Die Kraft der Verse hängt an einer undefinierbaren Harmonie zwischen dem, was sie *sagen* und dem, was sie sind."[408] Jenseits der Präsentation von Ideen, Märchen, Bildern oder Emotionen besteht für Valéry die Rolle des Dichters darin, im Wort eine Zauberkraft frei und wirksam zu machen, die in der Alltagssprache von dessen Zeichenfunktion verdeckt bleibt. Zwischen „discours" und „chant", das heisst zwischen Bedeutung und Eigenwert der Worte schafft der Dichter eine Sprache in der Sprache.[409] Es ist die spezifische Intensität im ungreifbaren Spiel *zwischen* den Worten, aus welcher Gehalt aufleuchten kann. Sie ist es, die – mit Roger Scruton gesprochen – das Kunstwerk „zum einzigartigen Behältnis seines Inhalts macht"[410]. Indem die Form des Gedichts selbst zum Bedeutungsträger wird, nähert sich dieses dem Bild: seine Wahrnehmung rückt vom propositionalen Verstehen der sprachlichen Äusserung in die Richtung einer nicht-propositionalen Erfahrung seiner bedeutungsvollen Prägnanz.
- *Unübersetzbarkeit*: So lässt sich ein Gedicht im Unterschied zu vielen anderen Texten kaum paraphrasieren und meist nur mit grossen Verlusten in eine andere Sprache übersetzen. Jedes ersetzte oder übersetzte Wort generiert neue Mehrdeutigkeiten. Durch den veränderten Klang und Rhythmus wird auch die spezifische Intensität ihres singulären Zusammenspiels preisgegeben. In der Paraphrase eines Gedichts wie Rilkes *Panther* – ein Panther stirbt fast vor Langeweile im Käfig eines Zoos – geht alles verloren: die metrische Regelung der Verse, ihre klanglichen Besonderheiten, die Bilder wie die vermittelten Gefühle und damit das bedeutungsvolle Ineinander des Evozierten. Jede Modifikation dieser Komponenten und vor allem die Übertragung in eine andere Sprache wird dieses Gedicht verändern. Die intrinsische Verbindung von formalen, rhetorischen und semantischen Aspekten wird hier offensichtlich.[411]
- *Mehrdeutigkeit*: Das Dichterische, liest man bei Valéry, „bringt eine Mischung der allerverschiedensten sinnlichen und seelischen Reize hervor. Jedes Wort vereinigt […] mehrere Töne und mehrere Sinne". Es sind unzählige unterschiedliche Bilder und musikalische Effekte, die jedes Wort uns ansinnt.[412] Wenn die als Prosa verwendete Sprache ihre Information übermittelt und ihre Schuldigkeit getan hat, ist sie damit auch verhallt: „[A]n der wichtigen Tatsache, dass meine Worte nicht mehr existieren, erkenne ich, dass ich verstanden wurde. […] Im Gegenteil hierzu stirbt aber das Gedicht nicht an seinem Dienste." Es ist gemacht worden, um unzählige Male neu zu erstehen. Unsere Aufmerksamkeit, fährt Valéry fort, bewegt sich vom Klang zum Sinn und von der Form zum Inhalt, wie im gewöhnlichen Sprachgebrauch. Die Erfahrung des Verses indes führt uns in einer Pendel-Bewegung vom Sinn wiederum zum Klang zurück, wodurch dessen spezifischer Sinn-Gehalt sich mit jener einzig möglichen Form verbindet, aus der sich dieser Gehalt ergab. Der eine Scheitelpunkt dieser Bewegung ist die poetische Form, die sich als Rhythmus, Wohlklang der Silben und Aufmerken gegenüber dem Ungewöhnlichen erfahren lässt. Der andere Punkt ist der kognitive Eindruck, den das Gedicht auf uns macht: die Vorstellungen und Empfindungen, die wir als Sinn oder Gehalt des Gedichtes erfahren.[413] So wäre ein

Gedicht zerstört, wenn man es auf einen konkreten und einzig richtigen Sinn beschränken würde:

> „Mes vers ont le sens qu'on leur prête. Celui que je leur donne ne s'ajuste qu'à moi, et n'est opposable à personne. C'est une erreur contraire à la nature de la poésie, et qui lui serait même mortelle, que de prétendre qu'à tout poème correspond un sens véritable, unique, et conforme ou identique à quelque pensée de l'auteur."[414]

Besser könnte man es auch für das Bilddichterische nicht ausdrücken, aber davon weiter unten. Klang und Rhythmus der Verse, die sich aus der Wahl und Stellung der Worte ergeben sowie deren Bezüge im Sinne von gegenseitigen Steigerungen oder Widerlegungen sind integrierender Bestandteil des dichterischen Gehalts.

- *Andeutung:* Mehrdeutigkeit entsteht unter anderem durch Andeutungen. Ein Gedicht darf die Dinge nicht vollends aussprechen, sondern muss sie andeuten, lautet die viel zitierte Sentenz von Stéphane Mallarmé:

> „Nommer un objet c'est supprimer les trois quarts de la jouissance du poème, qui est faite du bonheur de deviner peu à peu: le suggérer ... voilà le rêve ..."[415]

Was bloss angedeutet wird, nimmt die Vorstellungs- und Gefühlswelt jedes Interpreten in sich auf und steigert dessen Assoziationskraft. Damit erlangt der Leser eine mentale Teilhabe am Gedicht; im imaginativen und emotionalen Mitgehen mit diesem begegnet er mithin sich selber.

- *Besondere Implikation des Rezipienten:* Je enigmatischer ein Kunstwerk ist, desto mehr wird der Rezipient von sich selber einbringen müssen, um sich seinem Gehalt zu nähern.[416] Umberto Eco legt in seinem Buch Das offene Kunstwerk dar, dass jede künstlerische Produktion als eine „grundsätzlich mehrdeutige Botschaft" gesehen werden muss.[417] In seinem Anteil an zu Vollendendem liegt sein genuiner Rätselcharakter. Jedes Lesen, Betrachten, geniessen eines Kunstwerks wird demzufolge zu einer stummen und privaten Form von Ausführung, indem sein Gehalt „in einer originellen Perspektive neu auflebt".[418] Der Empfänger wird zum Akteur. Ein Gedicht, dass sich nur schwer deuten lässt, stellt unweigerlich besondere Anforderungen an den Rezipienten: Die Möglichkeiten seiner Vollendung hängen in erhöhtem Mass vom Vorstellungsvermögen des Lesers ab und von seiner Bereitschaft, sich auch emotional auf die Sinnlichkeit seines spezifischen Ausdrucks einzulassen.

- *Musikalität:* Hier geht es nicht wie oben um die metaphorische, für undifferenzierte emotionale Berührung stehende Verwendung dieses Begriffs, sondern um die klanglichen Eigenschaften, die beim stimmlichen oder vorgestellten Vortragen eines Gedichts vernommen werden. Klangstrukturen entstehen durch Wiederholung, aber auch im Reim, in welchem sich Sprachverwendungen wie Gleichheits- und Ähnlichkeitsprinzipien sowie klangliche Korrespondenz und semantische Differenzen austragen.[419] Rhythmus, Reim und Wortklang sind nicht zuletzt mnemotechnische Mittel, die mit der ursprünglichen Mündlichkeit von Poesie in Verbindung zu bringen sind. Auch geschriebene Gedichte laden jedoch mehr als ein Prosatext immer zur mündlichen Wiedergabe ein, oder zu einem inneren klangbewussten Lesen und damit auch zum Hören. John Dewey beschreibt dieses Phänomen folgendermassen:

> „In der Poesie scheinen Medium und Bedeutung wie durch eine prästabilierte Harmonie gestiftet und verbunden, also die ‚Musik' und die Euphonie der Wörter. Musik kann es hier nicht geben, da ja eine Tonhöhe fehlt. Aber das Musikalische gibt es, da die Wörter selber im Einklang mit ihrer Bedeutung grell und festlich, geschwind und matt, feierlich und romantisch, brütend und flüchtig sind."[420]

Klangfarben und Rhythmus des Gedichts, die besonders beim Rezitieren hervortreten, spielen eine wesentliche Rolle bei der Erfahrung seines Gehalts. Die musikalische Anmutung der Verse entrückt diese teilweise dem drängenden Anspruch auf das Erfassen eines konkreten, sinnhaften Inhalts[421] und lenkt deren Erfahrung in den Bereich der sinnlich-emotionalen und imaginativen Vermögen. Die bedeutsame musikalische Prägnanz der dichterischen Sprache liesse sich insofern als eine Tendenz des Poetischen zur Abstraktion begreifen.

- *Verdichtung und Verkürzung:* Jedes Gedicht ist ein kleines Universum, schreibt John Dewey. Prosa bringt in der Regel durch Beschreibung und Erzählung in der Ausbreitung von vielerlei Details zum Ausdruck, was Sache ist. Die Poesie hingegen bedient sich nicht der Extension von Elementen, sondern schafft eine Intensität. Sie kehrt insofern den Prozess um, als sie „verdichtet und verkürzt, womit sie den Wörtern eine extensive Energie verleiht, die beinahe explosiv zu nennen ist". Als „Miniatur-Ganzes" tendiert das Gedicht zur selbstgenügsamen Knappheit, die über Harmonie und Rhythmus einen charakteristischen Ausdruck erlangt.[422] So finden sich in vielen Gedichten der Moderne unterbrochene Sätze, Fragmente von Gedanken sowie einzelne, dahin geworfene Worte, die zusammen keinen logischen und determinierbaren Sinn ergeben, sondern Ideen und Bilder in unerschöpflichen Assoziationen zusammenbringen.

Betrachtet man diese umrisshaft beleuchteten Merkmale des Gedichts – spezifische Sprachverwendung, Semantik der Form, Unübersetzbarkeit, Polysemie, Musikalität sowie Verdichtung und Verkürzung – so ist nicht zu übersehen, dass sie alle auch in anderen Textgattungen vorkommen können, wenngleich nur selten in derselben Häufigkeit und Intensität. Isoliert von ihrem formalen Kontext lassen diese Eigenschaften kaum Schlüsse auf das Vorhandensein einer lyrischen Textform zu. Einzig das Eingebundensein in eine Versstruktur könnte für das Gedicht von essenzieller, gattungskonstitutiver Bedeutung sein.

Im Folgenden wird uns eine Tendenz des Dichterischen, welche sich aus den genannten Merkmalen ergibt, beschäftigen: es geht um Abstraktion und Hermetik.

2.2.4. Poesie und Abstraktion

Poesie drängt zur Abstraktion. Ihr abstrahierendes Moment liegt unter anderem in der Semantik der Form und in ihrer Neigung zur Verdichtung und Verkürzung.[423] Während reine Stimmungslyrik nach herkömmlicher Auffassung eher der Romantik angehört,[424] zeichnet sich die Lyrik der Moderne durch eine gesteigerte Hermetik aus.[425] Laut Viktor Šklovskij verfolgt die Dichtung allgemein eine Strategie der Abweichung beziehungsweise der Verfremdung. Das erschwerte Wiedererkennen von sprachlich Bekanntem führt zu einer Herstellung der besonderen, von Automatismen befreiten Wahrnehmung eines Gegenstandes, wodurch dieser als gleichsam lebendig erfahren werden kann. Dichtung sei eine „schwierige, erschwerte, gebremste Sprache [...] sowohl in ihrem Laut- und Wortbestand als auch in ihrem Charakter der Anordnung der Worte und der Sinnstrukturen, die aus ihren Worten gefügt sind".[426] Solche Abweichungen vom konventionellen Darstellungsmodus können rhetorische Mittel wie Vergleich, Metapher, Enigma sein, aber auch Archaismen und Fremdsprachliches oder ein besonderer Sprach-Rhythmus.[427]

Literarische Texte zeichnen sich dadurch aus, dass sie Räume der Unbestimmtheit öffnen. Die poetische Sprache verstärkt in ihrem „Vermögen zur Erzeugung von ‚Antinomien', die über blosse Mehrdeutigkeiten, Paradoxien und Ambivalenzen hinausgehen"[428], diese Unbestimmtheit produktiv im Sinne einer *poietischen* Hervorbringung von Welt. Es ist eine Welt, die nicht zur Darstellung gelangt, sondern sich zeigt und mit zunehmender Hermetik der Sprache sich gleichzeitig auch verbirgt. So stellte Friedrich Schlegel in seiner „Transzendentalpoesie" nicht den Verstand, sondern die Unverständlichkeit ins Zentrum unserer Erfahrung, die er indessen nicht als Mangel, sondern als „Bedingung der Möglichkeit jeden Verstehens" sah.[429] Jedes vortreffliche Werk, meint Schlegel, weiss mehr als es sagt, und will mehr als es weiss,[430] es weist über sich hinaus indem es Bereiche des Unergründlichen schafft und zu bewahren vermag. Dieses Unergründliche lässt sich – mit Hartmut Rosa gesagt – nur in einer schöpferischen Anverwandlung annähern.[431]

Ein Extremfall der dichterischen Abstraktion ist die „reine Poesie". Paul Valéry postuliert in seiner *Theorie der Dichtkunst* mit der „poésie pure" eine relative Autonomie des Poetischen, die er durch eine Analogie der poetischen Sprache mit der Musik begründet.[432] Durch die Autonomisierung der sprachlichen Zeichen eines Textes werden diese nicht mehr als transparente Verweise auf ein Bezeichnetes wahrgenommen, sondern als selbstreferenzielle, gleichsam opake Objekte. Christian Morgensterns *Grosses Lalula* ist reine Lautmalerei, die uns in ihrer sinnlich-akustischen Eindringlichkeit fast magisch beschwörend anmutet: Trudi Gerster lässt in ihrer Erzählung von *Aladin und die Wunderlampe* denn auch die ersten vier Zeilen des dreistrophigen Gedichts vom grossen Zauberer donnernd durch die Luft schleudern.

> Kroklokwafzi? Se ieme ii!
> Seiokrontro – prafriplo:
> Bifzi, bafzi; hulale ii:
> quasti basti bo ...
> (Lalu lalu lalu lalu la!)[433]

Haben die visuellen Spielformen der avantgardistischen Dichtung die Grenzen der Wortdichtung auf das Bildliche hin gesprengt, so öffnen sich diese lautmalerischen Wortschöpfungen nun auf das Musikalische. Von Paul Klees umgekehrtem Weg, das Sichtbare über Abstraktionsverfahren in musikalisch anmutende Bild-Poesie zu transponieren und der damit einhergehenden Erfahrung des „Magischen" wird weiter unten die Rede sein.

2.2.5. Hermetische Poesie

Hermetische Dichtung lässt uns erfahren, dass Poesie vollkommen sein kann, auch wenn sie sich einem propositionalen Verstehen entzieht: „Die Wörter und Sätze können bewegen, ergreifen, erschüttern und doch in einer funkelnden Undeutlichkeit bleiben", schreibt Peter von Matt.[434]

> ROSE, OH REINER WIDERSPRUCH, LUST,
> NIEMANDES SCHLAF ZU SEIN UNTER SOVIEL
> LIDERN.

Dies – und genau so – die Inschrift von Rainer Maria Rilkes Grabstein auf dem Friedhof von Raron im Wallis. Alles einfache Wörter, reflektiert von Matt, „lapidar, klar – und unverständlich". Es gebe wohl kaum einen Germanisten, der nicht schon auf den opaken Sinn dieses kurzen, hermetischen Gedichts angesprochen worden ist. Viele Wanderer, berichtet er weiter, pilgern zu diesem Grabstein und meditieren seine Inschrift wie ein Orakel. Zu Recht fragt sich von Matt, „ob der verschlüsselte Zauberspruch, den man mit sich herumträgt, nicht tiefer in die Seele greift, als das vielleicht sogar ertragreiche Nachdenken".[435] Der geheimnisvolle Sog des Unverstehbaren und die damit angesprochenen Erfahrungsebenen werden wir im Zusammenhang mit Bild-Poesie eingehender untersuchen.

Strategien der Verfremdung finden ihren Ursprung in der Romantik; etwa bei Ludwig Tieck war es eine Technik, um das Leben mit Poesie zu erfüllen.[436] Mit Arthur Rimbauds *Bateau ivre* von 1871 und Paul Celans Übersetzung wurde die hermetische Rede im Gestus der ostentativen Verschlüsselungen eine wichtige Spielform in der deutschsprachigen Lyrik der Moderne.[437] Einen solchen „anarchischen Überschuss" hatte die Poesie wie alle Kunst von nun an zu leisten, um einer Vereinnahmung vonseiten der gesellschaftlichen Ordnung zu entgehen. Insbesondere in der DADA-Bewegung von 1916/17 und im nachfolgenden Surrealismus begannen auch bildende Künstler hermetische Verse zu dichten und in allem, was ihnen in den Sinn und in die Hände kam, eine gleichsam poetische Haltung einzunehmen. Beispielhaft für die Poesie des Surrealismus ist das Gedicht von Meret Oppenheim, das sie 1936 zu ihrer legendären „Pelztasse" geschrieben hat und welches sich meditieren, nicht aber interpretieren lässt. So beginnt es:

> Ohne mich ohnehin ohne Weg kam ich dahin ohne Brot
> ohne Atem aber mitnichten mitneffen mit Kaspar
> mit Kuchen so rund war er etwas eckig zwar
> aber ohne Graswuchs mit Narben mit Warzen mit Fingern
> mit Stäben mit vielen O's und vielen W's
> dafür mit ganz enorm wenig viel.
> [...][438]

In den späten 1940er Jahren sollte dann die unmissverständliche, propositionale Klarheit der Hitler-Propaganda die Anziehungskraft einer „unverdorbenen" Sprache, die jedem möglichen Missbrauch zu widerstehen vermochte, noch einmal intensivieren. Die hermetische Lyrik jener Zeit wirkt sich laut von Matt bis gegen Ende des 20. Jahrhunderts in der deutschen Literatur aus.[439]

Der Verzicht auf ein konsistentes Sinngebilde überträgt die poetische Verantwortung an den Leser. Denn, so Roger Scruton, nichts von dem, was ein Gedicht wie Rimbauds *Ô saisons, ô châteaux* evoziert, ist durch den Poeten festgelegt worden. Und gerade deshalb können diese Verse nur über einen Sprung in die Subjektivität sinnhaft erfahren werden: aus einer persönlichen Perspektive, welche die verschiedenen Bilder zusammenfügt.[440] Zu den entsprechenden Vermögen der Subjektivität gehören Vorstellungskraft, Sinnlichkeit und Gefühl. Poesie, schreibt Aaron Ben-Ze'ev, berührt uns in der Weise, wie Bilder es tun: mit wenigen ausgewählten Worten aktiviert sie unser emotionales System, ähnlich wie es Musik anhand von Klängen zu vollbringen vermag.[441] In der hermetischen Poesie verflüchtigt sich jede Bestimmtheit zu Anmutungen, durch welche die Erfahrungen in ihrem Selbst- und Weltbezug komplexer werden. In solchen Anmutungen lässt sich das Gedicht zugleich als Vertrautes sowie als immer Fremdes und damit auch bei wiederholtem Lesen als „Lebendiges" erfahren. Diese Gegenwärtigkeit erleben wir zuweilen als „magische Erweckung fremder Kräfte", als beschwörende, uns sinnlich bewegende und emotional erschütternde Macht.[442]

Jedes Gedicht, das seinen Namen verdient, auch das streng hermetische, kann jedoch nicht nur Rätsel, sondern muss zugleich ein Versprechen von Aufklärung sein; beide Vorgänge sind Elemente eines einzigen Spiels, das die Rezipientin in ihrer leiblichen und mentalen Ganzheit erfasst.[443] Ein vor jeglichem Eindringen verschlossenes Wortgefüge, das nicht wenigstens mit einem dunklen, ahnungsvollen Raunen lockt, müsste immerzu stumm für uns bleiben. Auch die geheimnisvollste Poesie vermag es, jenseits vom Verstehen ein gefühltes Wissen zu vermitteln, wofür es da ist und worauf es bei ihm ankommt. Insofern ist das Nicht-Verstandene in seiner sich darbietenden Fülle oftmals sinnkräftiger und eindringlicher als das sofort Begriffene – so wir es vermögen, mit Leib und Seele in den sinnlichen Tanz von aufscheinenden Bildern und Klängen einzutauchen.[444]

2.3. Verdächtige Pracht!

Noch im 19. Jahrhundert erwartete man von der Kunst, die Menschen wenigstens für Augenblicke vom Andrang der widersprüchlichen und bedrückenden Herausforderungen der Erfahrungswelt zu erlösen.[445] Sie hatte laut Alois Riegl „dem Menschen die tröstliche Gewissheit von der Existenz jener Ordnung und Harmonie [zu verschaffen], die er in der Enge des Weltgetriebes vermisst und nach der er sich unablässig sehnt [und ohne die] ihm das Leben unerträglich scheinen würde".[446] Der Anspruch an die Kunst – ob Poesie oder Malerei – uns über unsere metaphysische Orientierungslosigkeit hinwegzutrösten, steht in diametralem Gegensatz zur Forderung der Moderne an sie, die Welt zu verändern und mit laufend zu erneuernden Utopien den Weg für eine erträglichere Welt zu bereiten.

2.3.1. Poesie zwischen Instrument und Selbstzweck

Das Lesen von Lyrik geht wie erläutert mit einer Erfahrung von Musikalität zwischen Wortklang, Laut-Gefüge und Sprachrhythmus einher. Wie die Musik kann Poesie Stimmungen und Gefühle zum Ausdruck bringen, versetzt aber auch unsere Imagination und unser Denken in Bewegung. Die sinnlich-emotionale Eindringlichkeit der Poesie und die damit verbundene Gedächtnisfunktion macht das Poetische seit je zum beliebten Instrument der Verstärkung eines zu vermittelnden Inhalts. Und dieses Potenzial – so die Forderung der kriegsversehrten Moderne – hatte sich in den Dienst einer gesellschaftlichen Veränderung zu stellen. Vor diesem Hintergrund erscheinen auch bildpoetische Gestaltungen, die um ihrer selbst willen geschaffen wurden, tendenziell als oberflächlich und gehaltlos.

Das klangvoll Schöne stand bis gegen die Mitte des 19. Jahrhunderts im Dienste von Werten wie Wahrheit und moralischem Gehalt. Mit Edgar Allan Poe wurde die Forderung laut, dieser „Heresy of The Didactic" zugunsten einer Autonomie des Schönen abzuschwören: Das Gedicht sollte nicht einen spezifischen Inhalt, sondern nur sich selbst zum Zweck und das Schöne als leitendes Prinzip haben.[447] Diesem Prinzip vom Selbstzweck des poetisch Überhöhten sollte die künstlerische Moderne insbesondere in der Nachkriegszeit nun wieder vehement abschwören: „Nach Auschwitz ein Gedicht zu schreiben, ist barbarisch", lautet Adornos wohlbekannte Sentenz von 1949.[448] 1962 präzisiert er, dass nur noch negative Dichtung, im Sinne eines kritischen Engagements, möglich sei. Kunst darf das Leben nicht positiv zeigen, denn das Positive ist ein Nicht-Seiendes, noch zu Verwirklichendes: „In der falschen Welt ist alle ἡδονή falsch."[449] Anschaulichkeit sei ein Denkmal des altväterischen ästhetischen Hedonismus. Es könne nicht die Rolle des Kunstwerks sein, durch eine künstlich hervorgebrachte Harmonie Gegensätze zu beschwichtigen zugunsten des Traumbilds eines besseren Lebens. Sublimierung und Integration, so gibt Adorno zu verstehen, machen ein Kunstwerk harmlos: im geniessenden Konsum wird es ausgelöscht. Nur wo das Konflikthafte erhalten bleibt, kann es anstatt Genuss so etwas wie einen Rausch auslösen; einen Kunstrausch, in dem die Grenzen von Subjekt und Objekt transzendiert, aber in keinem Fall aufgelöst werden.

Wir wissen bereits, wie sehr Adornos oftmals normativ-bestimmende Ausdrucksweise die Kunsttheorien der Moderne geprägt hat und wie sie über manche Subtilität seines Denkens hinwegtäuscht: Die von ihm geforderte Bewegung der Kunst gegen die bestehende Gesellschaftsordnung wurde mehrheitlich als Manifest gegen das Schöne und Aufforderung zur Erfindung ästhetischer Schocks missverstanden. Wenn er jedoch von der Dichtung forderte, sich wie ein Schwert einzugraben, um Spuren der Erschütterung zu hinterlassen, so meinte er damit die Eindringlichkeit der Sprache selbst. Kritik an der Gesellschaft muss dem Kunstwerk gleichsam als innere Spannung immanent sein: Nicht in politischen Aussagen oder Bedeutungen liegt das gesellschaftsutopische Potenzial der Poesie, sondern in ihrer Art, sich selbst als Wahrhaftiges zu zeigen.[450]

In diesem Klima arbeiteten die Bild-Poeten, von denen im nächsten Kapitel die Rede sein wird. Es bildete auch den Hintergrund für Emil Staigers viel diskutierte Rede, in welcher er 1966 anlässlich der Entgegennahme des Zürcher Literaturpreises der modernen Literatur vorwarf, dass sie „als Anwalt vorgegebener humanitärer, sozialer und politischer Ideen" ihre eigene, „den Wandel der Zeit überdauernde Sprache" verliere.[451] Staigers Polemik lässt sich dahingehend nachvollziehen, dass sich die Poesie nicht in politischen oder gesellschaftskritischen Händeln *erschöpfen* darf: Bedient sich Lyrik ihrer spezifischen Mittel für eine Verbreitung von unmissverständlichen Aussagen, so werden ebendiese Mittel zu emotional-manipulativen Verstärkern herabgemindert und als Kunstform oftmals neutralisiert. Sie laufen die Gefahr – da lässt sich Staiger schwer widersprechen – ihr künstlerisches Interesse zu verlieren sobald sich die Brisanz des thematisierten Problems verflüchtigt hat.

Ob Poesie nun als Instrument oder als Selbstzweck gebraucht wird: die nicht-propositionale Kommunikationskraft ihrer spezifischen Prägnanz verlässt den Bereich des wahrhaft Künstlerischen erst dann, wenn ihre äusseren Merkmale – wie etwa in der Werbung – als Verheissung von scheinhafter Befriedigung missbraucht werden und sie zum gehaltlosen Kitsch absinkt.

2.3.2. Das schillernde Moment der lyrischen Stimmung

Nicht ganz unschuldig am Verdacht von „sentimentalischer Anbiederung" der Poesie sind Vorstellungen wie diejenige von Emil Staiger, der das lyrische Gedicht als Ausdruck einer Stimmung verstand, die in beidseitiger Durchlässigkeit, dem „lyrischen Ineinander", den Abstand zwischen Subjekt und Objekt bis hin zur „Ununterscheidbarkeit" auflöst.[452] Aus den Erörterungen im ersten Teil der vorliegenden Schrift geht hervor, dass eine solche distanzlose Stimmungsansteckung zwischen dem Ausdruck des Gedichts und der Rezipientin ein psychologisches, aber kein kunstästhetisches Geschehen ist, da keine produktive Resonanz zwischen den beiden Polen zustande kommt. Der eigentliche ästhetische Genuss, der das Nahe im Fremden sucht, wird verunmöglicht: die selbstvergessene Erfahrung von restloser Verschmelzung mit dem Ausdruck des Gedichts bringt dieses *als Kunstwerk* gleichsam zum Verschwinden.

Friederike Reents zufolge lassen sich solche Konzepte von „Ineinander", „Angleichung" oder auch „Versöhnung" zwischen dem Gedicht und dem Rezipienten fast nur auf die eigentliche Stimmungslyrik anwenden. Diese sei allerdings hauptsächlich in der deutschen Erlebnislyrik zwischen Goethe und Mörike zu finden und

könne mitunter als Paradigma der Romantik gelten.[453] Dahingegen habe die moderne, zumal die expressionistische Lyrik explizit einen Bruch mit der „Erlebnis- und Stimmungslyrik" vollzogen.[454]

Einem modernen Gedicht überlassen wir uns nicht in derselben Weise wie der Stimmung einer Landschaft oder deren poetisch schwärmender Evokation: zurücklehnend, erinnernd, geniessend. Die typische Erfahrung von moderner Poesie spielt sich in jenem wiederholten Umschlagen zwischen der Hingabe an die verführerischen Anmutungen des Vertrauten und der kognitiven Distanznahme im Einfühlen des schonungslos Fremden ab. Die Diskussion um Nähe oder Distanz in der Stimmungserfahrung der modernen Poesie lässt sich nur im Rahmen dieses „Sowohl-als-auch" führen – eine Erkenntnis, die auch für bilddichterische Gestaltungen geltend gemacht werden kann.

2.3.3. Die immanente Schönheit von Poesie

Das Erleben von künstlerischer Schönheit, das haben wir weiter oben mit Kant und Scruton festgestellt, lässt sich nicht ohne kognitive Distanz denken: es umfasst einen sinnlichen, mit einem ästhetischen Urteil verbundenen, intensiven Genuss. Gerade dieser aber scheint mit der positivistisch-modernen Preisgabe des „Schönen, Wahren und Guten" als Wesenseigenschaften der Welt unseren Blick für das Schöne als Erscheinung und als Quelle von menschlichen Gefühlen zu verstellen, wie Scruton vermutet.[455] Mit den modernen Vorbehalten gegenüber der Poesie geht die grundsätzliche Infragestellung einer Berechtigung des Schönen und mit ihm des Genusses in der Kunst einher. Bestenfalls wird da und dort der Dichtung ein minimaler Spielraum für sinnlich erfahrbare Harmonie zugestanden. Dies mag für einige Maler der Moderne Grund genug gewesen sein, ihre Bilder mit „Poesie" in Verbindung zu bringen. Deshalb soll hier die Problematik der immanenten Schönheit des Dichterischen eingehender beleuchtet werden.

Peter von Matt untersucht unter dem Titel *Die verdächtige Pracht*, weshalb dieser Wille zur dichterischen Schönheit ein Dorn im Auge des in der Moderne regierenden Kunstbegriffs ist.[456] „Im Grunde", schreibt der Literaturwissenschaftler und Schriftsteller, „verlangt man von jedem einzelnen Gedicht, dass es seine Existenz moralisch rechtfertigt. Auch wenn dies unweigerlich sein ästhetischer Ruin ist."[457] Zu rechtfertigen gelte es die scheinbare Diskrepanz zwischen der undurchschaubaren, hässlichen Realität und einer poetischen Weltverklärung mit Luxuscharakter: Dichtung muss sich den Vorwurf der Lüge gefallen lassen – das ist mit Adorno hinlänglich dargestellt worden. Ein solcher Vorwurf, so liesse sich von Matts Entrüstung in Gabriels Sinn bekräftigen, ist nur möglich, wenn man Gedichte überhaupt als Äusserungen mit propositionalem Wahrheitsanspruch sieht. Als Wahrheit gilt in diesem Kontext die hässliche Welt, dessen Spiegelbild uns das Kunstwerk vor Augen zu halten hat. Was sich nicht hässlich zeigt, wird spätestens seit Friedrich Nietzsche für beschönigendes Seelenpflaster gehalten. Insbesondere die deutsche Musik sei – so der mit seinem einstmals vergötterten Freund Richard Wagner hadernde Nietzsche – eine „Kunst des metaphysischen Trosts", eines romantischen, christlichen Trosts.[458] Die Sublimierung der menschlichen Misere durch erhabene Gefühle, wie sie durch Harmonien in Musik und Poesie vermittelt würden, ähnelten für den Autor der *Fröhlichen Wissenschaft* zu sehr dem Trug christlicher Versprechungen eines besseren Jenseits.[459]

Mögen Nietzsches und Adornos Forderungen nach Widerständigkeit von Kunst und Poesie von Matt's These, dass das grosse Gedicht zur Vollkommenheit drängt, vordergründig entgegenstehen, so ist zu bedenken, dass auch von Matt zufolge diese Schönheit nicht einfach als reine Harmonie vom Dichter verfügt wird. Im Prozess seiner Hervorbringung entwickelt das Gedicht eine Eigendynamik, in welcher – jenseits einer äusserlich erzeugbaren Anmut – spannungsvoll-lebendige Schönheit entstehen kann, oder auch nicht. „Vollkommen", schreibt von Matt, „kann das Gedicht nur in dem Masse sein als es den planenden Willen übersteigt."[460] In genau diesem Punkt stimmen von Matts Auffassungen mit Adornos Theorie überein: Spannungsvolle Schönheit ist auf eine lebendige Dialektik von Unterschiedlichem angewiesen. Harmonie braucht eine Spur von Dissonanz, um als schön empfunden zu werden; das Vertraute braucht Fremdes, Ungewohntes, um als Singuläres zu erscheinen; Affirmation erhält nur im Spannungsverhältnis zur möglichen Negation ihre erlösende Kraft. Das Schöne, auch in der Poesie, ist also nicht zwangsläufig oberflächlich und wirkungslos. „Schönheit kann" – so Roger Scruton – „tröstlich sein, verstörend, heilig und profan: sie kann aufheiternd, ansprechend inspirierend, abschreckend wirken. Sie kann uns auf unzählige Arten berühren. Aber sie lässt uns nie kalt: Schönheit will wahrgenommen werden; sie spricht uns an mit der Stimme eines engen Freundes."[461] Selbst wenn das Gedicht laut Octavio Paz aufstacheln, den Verstand bis zur Erschöpfung aufreiben und unermüdlich geisseln soll in einer Sprache aus Messern, Säuren und Flammen,[462] so kann es dies nur leisten, wenn es *in sich* eindrücklich – und dadurch schön – ist. Darin gründet sein Schimmer von Unvergänglichkeit.

2.4. Dichtung und Dauer

Die Intuition, dass wir Ankers *Freundin*, Piet Mondrians *Boogie Woogie* und Paul Klees *Angelus Novus* auch in einer unterschiedlichen Zeitlichkeit erleben, soll Anlass dafür sein, das besondere Zeitverhalten des Dichterischen und dessen unterschiedliche Erfahrungen näher zu betrachten.

2.4.1. Verewigung des besungenen Objekts in der dichterischen Prägnanz

Der Mensch, schreibt Peter von Matt, kann die Vollkommenheit denken. Während wir sie jedoch immer nur in Augenblicken erfahren, verlangt ihre Idee nach Unbegrenztheit, nach Unvergänglichkeit. Das Gedicht versucht, die Sekunde der Vollkommenheit und damit die Schönheit des Besungenen in Dauer zu verwandeln. Zuweilen feiert es sich selbst im Triumph über die Zeit, wenn es sich fortdauerndes Leben und fortdauernde Schönheit zuspricht.[463] Jenseits von trennscharfen Ideen kann das Gedicht als „vielgestaltiges Ereignis der körpersinnlichen Erschütterungen" immer wieder erneut aufleben.[464]

2.4.2. Veränderung unseres Zeitempfindens

Literatur entführt uns in ihre eigene Zeitlichkeit. Die Dichte des kurzen, in sich abgeschlossenen Gedichts jedoch lässt den Sprung vom leserseitigen Zeitempfinden zur inneren Dynamik des evozierten Gegenstands und dessen lyrischer Prägung stärker hervortreten. Rilkes Panther-Gedicht zum Beispiel, das in der monotonen Gleichförmigkeit des jambischen Metrums das Schicksal des gefangenen Raubtiers gleichsam in seiner Struktur hör- und fühlbar macht, nimmt in einer sinnlich-emotional erfahrbaren Prägnanz Einfluss auf unser eigenes Zeitempfinden:

Sein Blick ist vom Vorübergehn der Stäbe
so müd geworden, dass er nichts mehr hält.
Ihm ist, als ob es tausend Stäbe gäbe
und hinter tausend Stäben keine Welt.

Der weiche Gang geschmeidig starker Schritte,
der sich im allerkleinsten Kreise dreht,
ist wie ein Tanz von Kraft um eine Mitte,
in der betäubt ein großer Wille steht.

Nur manchmal schiebt der Vorhang der Pupille
sich lautlos auf –. Dann geht ein Bild hinein,
geht durch der Glieder angespannte Stille –
und hört im Herzen auf zu sein.

In jeder Begegnung mit diesem Gedicht wird uns das unveränderliche und endlose Vorbeiziehen der tausend Stäbe als leiblich-seelische Erfahrung erneut angetan. Das lautmalerisch gähnende Zeiterleben des Panthers scheint sich durch die „Stääbe" die es „gääbe" bis ins Unerträgliche zu dehnen und zu verlangsamen. Es stellt sich eine Lähmung ein, gegen die sich dann Kraft und Wille – über die Reimpaare „Schritte–Mitte" sowie „dreht–steht" – aufbäumen. Bis sich im dritten Teil der Sprachrhythmus noch einmal verlangsamt, das Bild „geht" gleichsam gemächlich „hinein", bis die Öde Überhand nimmt und in einem leisen Schauer durch „der Glieder angespannte Stille" nicht nur das Bild, sondern auch das für einen Augenblick erahnte Leben des seiner Freiheit beraubten Tiers für uns auslöschen lässt.

Mit Paul Celan: „Noch im Hier und Jetzt des Gedichts – das Gedicht selbst hat ja immer nur diese eine, einmalige, punktuelle Gegenwart –, noch in dieser Unmittelbarkeit und Nähe lässt es das ihm, dem Anderen Eigenste mitsprechen: dessen Zeit."[465] Mit dem „Anderen" meint Celan dasjenige, welches vom Gedicht angesprochen wird und dessen „eigenste" Zeitlichkeit letztlich mit der unseren zusammentrifft. Die Art dieses Zusammentreffens jedoch wird sich unterscheiden, ob wir uns wie im *Panther* auf die Zeitlichkeit des Erzählten und das imaginierte Erleben seines Subjekts einlassen, oder ob wir angesichts eines hermetischen Gedichts im einmaligen Aufblitzen von Sinngehalt unseres linear fortschreitenden Zeitempfindens enthoben werden und so die Dimension unserer eigenen Dauer erfahren.

2.4.3. Zeitlose Augenblicke und anwachsende Lebensfülle

Denn anders als mit dem *Panther* erleben wir die Zeit mit einem Gedicht wie Rilkes Grabinschrift. Wir erinnern uns:

ROSE, OH REINER WIDERSPRUCH, LUST,
NIEMANDES SCHLAF ZU SEIN UNTER SOVIEL
LIDERN.

Analytisches Denken wird uns keinen Zugang zu dieser anscheinend sinnlosen Wortfolge verschaffen. Gelingt es uns jedoch, den Verstand zurückzulassen und uns dem dunklen Flüstern dieser Worte hinzugeben, so kann es sein, dass unser lineares Zeitempfinden einem Erleben von Zeitlosigkeit weicht: Wenn die Metapher der Rose für einen Augenblick aufbricht in ein zeitloses Wissen darüber, wie lustvoll und gleichzeitig grausam Liebe sein kann. Roger Scruton vergleicht diese Erfahrung mit der religiösen Ekstase, wie sie von den Romantikern aufgegriffen und von den Idealisten in ihr Konzept der ästhetischen Erfahrung eingebaut worden ist. Es handelt sich um das Moment des Zurücktretens, oder wie man das Phänomen verstehen könnte, des Heraustretens aus der eigenen Zeit; wenn ewige Bedeutungen im „Jetzt" aufleuchten.[466] Die alten Griechen unterschieden zwischen Χρόνος (Chronos), den aufeinanderfolgenden Zeitmomenten, und Καιρός (Kairos) dem signifikanten Augenblick, in welchem zeitliche Ereignisse sich in einer erlebten Klimax entladen. Scruton spricht der Kunst unter anderem die Rolle zu, unseren Erfahrungshorizont zu erweitern und zu verklären. In einem gewissen Sinn „heiligt sie", was sie berührt, wenn sie unser Erleben aus der sukzessiven Chronos-Zeit befreit und in die Sphäre eines gleichsam sakralen „Jetzt-Erlebens" erhebt: an ebendiese Schnittstelle des Zeitlosen mit der Zeit.[467]

Es scheint, dass vornehmlich hermetische Dichtung uns solche Augenblicke von Zeitlosigkeit bescheren kann, weil hinter ihr – so von Matt – der Stachel der Vollkommenheit steckt, der uns keine Ruhe lässt, bis ihr Geheimnis vor uns aufleuchtet: „Die Erfahrung der vollkommenen Sekunde entwirft immer neu den Gedanken einer vollkommenen Sekunde, die nie aufhört und also wahre Vollkommenheit erst wäre."[468] Dieser Drang zur Vollkommenheit ist nach von Matt neben dem Überlebenstrieb eine der wichtigsten anthropologischen Konstanten. Aus einem solchen Drang heraus will Faust alles hergeben, sein Leben, sein Seelenheil.[469]

Natur, Liebe, Kunst und insbesondere Poesie können uns solche „Kairos-Momente" schenken – und mit diesen eine Ahnung von ewig währender Vollkommenheit. Eine „Ahnung" nur, denn im Erschaudern vor der überwältigenden Fülle eines zeitlosen Augenblicks steckt dennoch das Wissen, dass er sich uns – wie die frühmorgendliche Erscheinung eines Rehs am Waldrand – gleich wieder entziehen wird. Im Erleben von Rilkes *Panther*-Gedicht wird diese Spannung zwischen dem „Jetzt" und dem unausweichlichen „Schon-nicht-mehr" weniger gross sein, weil dessen Gehalt wie eine gegenständliche Darstellung gleichsam vor uns ausgebreitet bleibt und wiederholt vergegenwärtigt und eingefühlt werden kann. Ein hermetisches Gedicht jedoch, dessen Sinn vielleicht nur ein einziges Mal vor uns aufscheint und dann nie wieder in derselben Weise, kann uns solche einzigartigen Momente der Zeitlosigkeit bescheren. Die intensiven Jetzt-Erfahrungen gehen oftmals mit einem Empfinden von Ewigkeit einher; nicht als unendliche Ausdehnung in der Zeit, sondern als ein singuläres Erleben von unendlicher Tiefe.[470]

In einem solchen Erleben von Tiefe schenkt uns der Dichter gleichsam unsere eigene Zeit, diejenige, die wir verloren zu haben glauben im alltäglichen Leben, welches nur das jeweils Dringlichste für unsere praktische Tätigkeit registriert. Er lässt uns für einen Wimpernschlag die Fülle dessen erfahren, was Henri Bergson als „durée" bezeichnet hat: unsere höchst eigene, gleichsam „anwachsende" und durch erlebte Inhalte sich ausdehnende Zeit- und Lebensfülle.[471] Denn wir sind keine Bündel von einander nachfolgenden Eindrücken. Mit Roger Scruton gedacht: Obgleich uns die Erfahrungen in Jetzt-Momenten erreichen, handelt es sich nicht um ein lineares Aneinanderreihen von gegenwärtigen Augenblicken: „not next, next, next, but here, now, always".[472] Jede der wiederholten Begegnungen mit ein und demselben Gedicht ist mit dem vorangehenden erfüllt, vergleichbar mit einer Melodie, die sich als ständig anwachsendes Gefüge nur in der erlebten Gesamtheit solcher Augenblicke erfahren lässt. In der Wahrnehmung dieser Melodie erst sind wir, so scheint es, ganz in unserer eigenen Zeit.

2.4.4. Verloren in der Zeit: Der schaffende Künstler

Künstler berichten von einer etwas anderen Form des Heraustretens aus der eigenen Zeit. Während des Schaffensprozesses hörte etwa der Maler-Poet Didonet immer Musik. Wenn es ihm gelang, sich ganz in ein Bild zu vertiefen, so hörte er – wie er sagte – die ersten zwei Minuten eines Stücks und dann wieder die letzten drei Takte. Beim kritischen Geist mag der Verdacht aufkommen, dass Künstler mit solchen Aussagen einmal mehr den Topos des entrückten, (göttlich) inspirierten Schöpfers bedienen: sehen wir doch immer auch wieder Maler – besonders unter den Abstrakten der Moderne – die während des Schaffens Gespräche führen oder Interviews geben.

Auf der einen Seite – so dürfte den Skeptikern entgegnet werden – kennen wir alle solche Augenblicke der zeitlosen Versunkenheit in ein konzentriertes Tun. Auf der anderen gibt es Zeugnisse von künstlerischem „Verlorensein in der Zeit", die kaum bezweifelt werden können, denn sie werden für uns als Rezipienten geradezu fühlbar. Beispielhaft sind etwa die lyrischen Erzählungen von Peter Kurzeck. Stephanie Schuster untersucht das Zeiterleben, das der Autor in seinem Roman *Vorabend* schildert: „Beim Schreiben ist immer jetzt. Und dann blickt man auf und die Zeit ist vergangen."[473] Schuster expliziert mit Blick auf Jan Gerstner, dass die Musik – vor allem wenn es sich um das wiederholte Abspielen längst bekannter Stücke handelt – hilft, „die Gegenwart auf Dauer zu stellen". Diese der Zeit enthobene Dauer lässt den Künstler im Vollzug des Erzählens „eine besondere Nähe zur Welt" erleben,[474] eine Nähe, darf man mit Schuster ergänzen, die auch für die Leserin in der ästhetischen Resonanzerfahrung mit dem Geschaffenen als stehen gebliebene Zeit fühlbar wird.[475]

2.4.5. Die Zeitlichkeit des Bildes

Dichtung, ebenso wie Literatur und Musik, gilt gemeinhin als Zeit-Kunst; sie wird in einem Nacheinander von Worten oder Tönen erfahren. Im Gegensatz dazu spricht man bei Bildern oftmals von Raum-Kunst, was die Frage aufwirft, inwiefern es denn überhaupt möglich ist, dass „Poesie" im Raum eines Bildes aufscheinen kann. Das folgende Kapitel wird diesem Problem anhand von Bild-Analysen nachgehen. An dieser Stelle soll gezeigt werden, dass aus der Perspektive der Gegenwart eine grundlegende Unterscheidung zwischen diachronen und synchronen Kunst-Äusserungen, wie sie Lessing in seinem Laokoon-Text und nach ihm Clement Greenberg noch forderten, nur noch schwer aufrechtzuerhalten ist.

„Was wir als Bild erfahren", schreibt Gottfried Boehm in *Die Sichtbarkeit der Zeit*, „ist nicht nur statisch und starr, sondern erweckt zur gleichen Zeit den Atem einer, wie auch immer gearteten *Lebendigkeit.*" Der Autor räumt ein, dass dieser „zeitliche Modus" des Bildes zwar von imaginärer Art ist, sich jedoch im Sinne einer untergründigen Kraft in das materielle Substrat einnistet, das in seiner zeitlichen Wirksamkeit erfahrbar wird.[476] Paul Klee schrieb 1920 in seiner *Schöpferischen Konfession*:

> „In Lessings Laokoon, an dem wir einmal jugendliche Denkversuche verzettelten, wird viel Wesens aus dem Unterschied von zeitlicher zu räumlicher Kunst gemacht. Und bei genauerem Zusehen ist's doch nur gelehrter Wahn. Denn auch der Raum ist ein zeitlicher Begriff."[477]

Für Klee, der als Maler immer auch Musiker und Dichter bleibt, findet sich die Zeitlichkeit in jedem Stadium des Bildes: in der Produktion ist das Werk ein Anwachsendes, im Geschaffenen wird seine immanente Zeit als bewegte Lebendigkeit sichtbar, in jeder Rezeption wird es neu erschaffen. Sind diese drei Ebenen heute nicht mehr scharf voneinander zu trennen, so wird uns in den Bild-Untersuchungen vor allem die *Erfahrung* des künstlerischen Ausdrucks, die nicht anders als zeitlich zu begreifen ist, beschäftigen – ohne dabei zu vergessen, dass ganz bestimmte Werk-Eigenschaften Voraussetzung für ein solches Erleben sind. Es wird sich zeigen, dass das Poetische im Bild eine spezifische Zeitlichkeit birgt, die mit dem Uneindeutigen seines Ausdrucks und den singulären, nicht in derselben Weise wiederholbaren Erfahrungen von aufscheinendem Gehalt in Verbindung zu bringen ist.

2.5. Poesie zwischen Imagination, Sinnlichkeit und Gefühl

Die massgebliche Rolle von Sinnlichkeit und Gefühl scheint im Nachdenken über Gedichte allgegenwärtig zu sein, ob nun der Dichter selbst, dessen sinnbildliche, nicht propositionale Äusserung oder die Rezeption im Vordergrund steht. Und um letztere soll es nun gehen. Die dichterische Rede verwirklicht ebenso wie ein Bild oder wie Musik eine sinnliche Fülle, die laut von Matt im Lesen alle Sinne aufweckt, „das Hören, das Sehen, das tastende Spüren und sogar das Riechen und das Schmecken".[478] Solche synästhetischen Empfindungen sind keine Kollateralerscheinungen der Erfahrung von Poesie, sie *bedeuten* deren Erfahrung, schreibt John Dewey.[479] Die sinnlich-emotionale Bedeutsamkeit der Poesie wird uns zu Reflexionen über die epistemische Funktion von Gedichten führen.

Paul Valéry geht wie von Matt und Dewey davon aus, dass Poesie den ganzen Menschen ergreifen muss:

> „[…] sie erregt seine Muskeln durch die Rhythmen, sie befreit und entbindet seine sprachlichen Fähigkeiten, deren Gesamtheit sie in ein trunkenes Spiel setzt, sie wandelt ihn im Tiefsten um: denn sie möchte die harmonische Einheit der lebendigen Person aufrufen und herstellen, eine seltsame Einheit, die sich einfindet, wenn der Mensch durch ein so starkes Gefühl erfüllt ist, dass keine seiner Fähigkeiten ausser Betracht bleibt".[480]

Für Valéry besteht zwischen der Wirkung eines Gedichts und einer gewöhnlichen Erzählung ein physiologischer Unterschied. Im Hinblick auf die Erfahrung von verschlüsselten Bild-Gehalten ist im ersten Teil dieser Studie die These formuliert worden, dass bei abnehmender Möglichkeit eines rational verstehenden Zugangs zu dem, *was* ein Bild zeigt, vom Rezipienten zunehmend Sinnlichkeit, Imagination und Gefühl gefordert sind. Sie entspricht Valérys Verständnis der Rezeption von Gedichten: Lyrisch gestimmte Texte richten sich in ihrer sprachlichen Verfremdung über ihren Wortklang sowie über den Satz-Rhythmus tendenziell stärker oder zumindest in anderer Weise an leiblich-sinnliche und seelische Empfindungen als ein Prosa-Text. Auch in der Erfahrung von Gedichten scheinen Leib und Affekte jedoch nicht nur im Sinne einer blossen *Wirkung* bewegt zu werden: auch hier sind Sinnlichkeit, Einfühlung und Mitfühlen als aktive Haltung die irreduziblen *Medien* einer adäquaten Rezeption. Mit Valéry: „Das Gedicht […] verlangt von uns eine Anteilnahme, die einer Gesamttätigkeit nahekommt."

Mit Goethes Fischer-Gedicht ist angedeutet worden, inwiefern die poetisch-evozierende Rede vermehrt die imaginativen und emotionalen Vermögen in Anspruch nimmt und, wir erinnern uns an Georg Misch: „in das Leben des evozierten Gegenstands hinein" führen kann. Die vermehrte Inanspruchnahme von Sinnlichkeit und Gefühl kann dergestalt mit einer besonderen Art von Erkenntnis einhergehen, die auf „überpropositionaler" Ebene stattfindet.[481]

2.5.1. Zur epistemischen Funktion von Gedichten

„Nur auf Kosten des Verstehens im herkömmlichen Sinn, im Verzicht auf das Aha!, erlangt das Gedicht den Glanz und die Pracht, den die grosse Poesie der feudalen Zeiten einst besass", erklärt von Matt. Das Wissen, welches uns über Poesie erreicht, ist implizit und unabschliessbar; es beruht nicht auf Aussagen noch auf Bekenntnissen, sondern es geht aus ihrem innersten Willen hervor, in sich vollkommen zu sein.[482] Die Empfindung von Vollkommenheit gegenüber einem Gedicht lässt sich höchstens begründen, kaum aber schlüssig auf eine Konstellation von Gegebenheiten zurückführen. So sind es dennoch diese Erfahrungen des Vollendeten und die Intuition, dass jenes als uns lebendig Anmutende in unbestimmbarer Weise zu uns sprechen will, die uns gefangen halten. Dies mag der Urgrund der Erkenntnisfunktion von Gedichten sein.

Die Abweichung vom Gewöhnlichen durch Abstraktion und Hermetik, so geht aus dem Vorangehenden hervor, schafft Leerstellen innerhalb eines Geflechts von Bedeutungen. Es sind die Orte, wo ein dichterischer Gehalt sich entfalten kann: in einer spannungsvollen Auseinandersetzung zwischen Aussage und Anmutung.[483] Liegt laut Íngrid Vendrell Ferran die genuine epistemische Funktion der Literatur in der „imaginativen Vergegenwärtigung bestimmter menschlich relevanter Erfahrungen",[484] so trifft dies mit zunehmender poetischer Abstraktion und Entfremdung immer weniger zu. Nur selten ist das moderne Gedicht auf Nachbildung von konkret fassbaren Inhalten angelegt: offen für eine subjektive und dennoch an ihre musikalisch-sinnliche Struktur gebundene Erfahrung vergegenwärtigt es allem voran sich selbst. Paul Celan drückt die Selbstbezüglichkeit der Dichtung mit lyrischer Eindringlichkeit wie folgt aus: „Das Gedicht zeigt, das ist unverkennbar, eine starke Neigung zum Verstummen. Es behauptet sich […] am Rande seiner selbst; es ruft und holt sich, um bestehen zu können, unausgesetzt aus seinem Schon-nicht-mehr in sein Immer-noch zurück."[485] Celans *Meridian*-Rede anlässlich seiner Entgegennahme des Georg-Büchner-Preises wird uns noch weiter begleiten: nicht nur sagt sie Wesentliches über die Natur des Dichterischen aus, sondern sie verkörpert selbst in ihrer Sprunghaftigkeit der immer wieder auch mit Einschüben ruckartig unterbrochenen Gedanken sowie in der zuweilen rhythmischen Wiederkehr eines das Ungewisse zelebrierenden „Vielleicht", das auch vor Paradoxien und Widersprüchen nicht zurückschreckt, so manche wesenhafte Züge des Poetischen.[486]

Die Vorstellung einer epistemischen Kraft von Leerstellen hat im zwanzigsten Jahrhundert einige Negativästhetiken hervorgebracht, welche das Augenmerk auf Aspekte des modernen Kunstwerks richten, die sich – ganz im Sinne der Dichtung – dem endgültigen Verstehen widersetzen und sich damit der intellektuellen Vereinnahmung und einer konsekutiven Verdinglichung entziehen.[487] Die Erkenntnisse, die solche Verweigerungsstrategien zu provozieren vermögen, entstammen singulären Erfahrensmomenten wie Irritation, Fremdheit, nicht selten auch Dissonanz; die Unergründlichkeit des Evozierten schafft den semantischen Überschuss, der zu einer phänomenalen, nicht-propositionalen Erkenntnis führen kann. Ist diese Erkenntnis nicht über deutliche, aber über klare Begriffe erreichbar, so greift laut Celan die Begegnung mit der Dichtung anscheinend noch weiter in die Sphären einer dem Fremden zugeordneten Dunkelheit zurück.[488] Er zitiert dazu Blaise Pascal: „Ne nous reprochez pas le manque de clarté puisque nous en faisons profession!"[489] Das „Dunkle" ist in der Dichtung gleichsam Programm. Als Fremdes führt es uns zu einer neuen Form des nicht propositionalen Erkennens seiner prägnanten Gestalt, mit Celan:

> „Dieses Fremde „kann eine Atemwende bedeuten. Wer weiss, vielleicht legt die Dichtung den Weg – auch den Weg der Kunst – um einer solchen Atemwende willen zurück? […] Vielleicht wird hier, mit dem Ich – mit dem *hier* und *solcherart* freigesetzten befremdeten Ich, – vielleicht wird hier noch ein Anderes frei?"[490]

Die epistemische Kraft von Gedichten geht also aus der anschaulich-spannungsvollen Dialektik zwischen Gesagtem und Ungesagtem, zwischen Vertrautem und Fremdem, zwischen Harmonischem und Dissonantem hervor. Seine Neigung zur Verdichtung und Verkürzung fordert unsere assoziativen Vermögen heraus. In der affektiven Einfühlung können wir uns auf das Fremde einlassen, ohne es uns anzugleichen. So kann das Wissen um dessen Qualitäten selbst wiederum zur Quelle für Intuition und Kreativität in der Genese neuer Erkenntnisse werden.

Grosse Dichtung ist also nicht „unschuldig" im Sinne des Dekorativen. Ob sie schlicht schön oder spannungsvoll verstörend ist: sie hat eine besondere Funktion in unserem Leben. Für Friedrich Nietzsche haben wir alle das Potenzial und die Aufgabe, selbst Dichter zu sein.

2.5.2. „Dichter unseres Lebens" – Poiesis und ihr ethischer Aspekt

In der Poesie können wir eine gewisse Distanz zu uns selber erlangen, indem wir bewusst eine Scheinwelt erdichten und uns als Teil dieses ästhetischen Phänomens begreifen. So lädt uns Nietzsche im Paragraphen 299 seiner *Fröhlichen Wissenschaft* einmal mehr dazu ein, von den Künstlern „abzulernen", „Dichter unseres Lebens [zu] sein" und zwar „im Kleinsten und Alltäglichsten zuerst".[491]

Ein Dichter – hier im weitesten Sinn verstanden als Hervorbringer neuer Wirklichkeiten – spricht den Dingen unerwartete Funktionen oder Eigenschaften zu oder stellt sie in einen ihnen fremden Bedeutungsraum. Unerwartet aber können solche Eigenschaften im Grunde nur sein, wenn man davon ausgeht, dass ein Ding Qualitäten und Wertgehalte hat, die nach allgemeiner Anerkennung untrennbar zu ihm gehören. Für Nietzsche sind Dinge von sich aus jedoch weder schön, noch hässlich oder begehrenswert: Es liegt im Spielraum des einzelnen Individuums, ihnen solche Eigenschaften zuzuschreiben. Das bedeutet, dass Wirklichkeit für jedermann in einer aktiven Mit-Gestaltung seiner Wahrnehmung erst einmal zu erdichten ist. Wahrnehmen ist kein passives Auf-sich-einwirken-Lassen einer bestehenden Realität, sondern ein Prozess aktiven Wahr*nehmens*, bis hin ins kleinstmögliche und alltäglichste Detail. Eine besondere Aufmerksamkeit ist notwendig, weil eine Wahrnehmung nie voraussetzungslos ist: sie ist zwangsläufig selektiv und von unseren Vorstellungen, unserem Wissen, unseren Erfahrungen, aber auch von gesellschaftlich bedingten Werten geprägt. Mit den höchsten Steigerungsformen des Kleinen und Alltäglichen lenkt Nietzsche unsere Aufmerksamkeit auf die Allgegenwart solcher Wertvorstellungen und auf deren entscheidenden Einfluss auf die Wahrnehmung: Es gilt, sie aufzuspüren und sie möglichst von Althergebrachtem zu befreien. Im Fragment *Umfang der DICHTERISCHEN Kraft* schreibt er, der dichterische Trieb solle „aus wirklichen Elementen etwas Unbekanntes ERRATHEN. [...] Dieser Vorgang ist schon im SEHEN. Es ist eine freie Produktion in allen Sinnen, der grösste Theil der sinnlichen Wahrnehmung ist ERRATHEN".[492]

Das Erdichten unseres Lebens ermöglicht uns auch eine vertiefte Selbsterfahrung, eine reflexive Auslegung unserer selbst und letztlich eine Selbstbestimmung, nicht nur in unserer Weise, wie wir uns selber wahrnehmen, sondern auch durch eine Selbstverantwortlichkeit im Handeln.[493] Für Nietzsche befreit sich das Individuum durch die aktive Gestaltung seiner eigenen Realität aus der „socialen Zwangsjacke" verordneter Werte, die in der Vergangenheit lediglich die Funktion hatten, „mit Hülfe der Sittlichkeit der Sitte" den Menschen berechenbar zu machen. In der zweiten Abhandlung der *Genealogie der Moral* beschreibt er, dass nur durch das Ablegen dieser Zwangsjacke das autonome, übersittliche Individuum in einem eigentlichen Macht- und Freiheits-Bewusstsein ein Vollendungsgefühl erlangen könne.[494]

Begreifen wir das Dasein als ästhetisches Phänomen,[495] welches wir in poietischer Weise mitgestalten, so können wir aus einer künstlerischen Ferne lernen, über uns zu lachen oder zu weinen. Darin liegt der Sinn der Kunst: Sie zielt auf eine „WÜNSCHBARKEIT VON LEBEN", schreibt Nietzsche in der *Götzen-Dämmerung*, sie „ist das grosse Stimulans zum Leben".[496] Dafür schulden wir der Kunst – er denkt an die Dichtung – „unsere letzte Dankbarkeit". Denn unsere Leidenschaft der Erkenntnis habe uns ebenso zu Helden wie zu Narren gemacht: die Kunst hilft uns, beides anzuerkennen und das eigene Pathos zu relativieren.[497] Wir brauchen die „übermüthige, schwebende, tanzende, spottende, kindische und selige Kunst", um eine Freiheit über den Dingen zu erlangen; wir benötigen diese „Schelmenkappe vor uns selber" als Gegengewicht, da wir Menschen, so Nietzsche, „im Grunde mehr Gewicht als Mensch" sind.

Dichter unseres Lebens sein, so darf man daraus schliessen, bedeutet nicht, in absoluter, künstlerischer Freiheit alle herkömmlichen Vorstellungen und Werte über den Haufen zu werfen. In einer von der Moral geprägten Gesellschaft ist die schöpferische Freiheit ein notwendiges Korrektiv. Die Moral, zumindest solange man ihre Gültigkeit zu relativieren weiss, ist für das soziale Zusammenleben schon deshalb notwendig, weil nicht jedermann vollends Dichter seines Lebens sein *kann*: Es bedarf eines Lernprozesses, in Freiheit zu wählen.[498] Man könnte sogar bezweifeln, ob es das eine ganz ohne das andere überhaupt geben kann: Gäbe es keine Moral, wovon sollte man denn frei sein? Und gäbe es keine Freiheit, so würde Zwang die Moral ersetzen.

Dichter – dies zusammenfassend und als Vorbemerkung zum nachfolgenden Abschnitt – ist nicht mehr nur der privilegierte Literat, der in Versen redet. Noch viel weniger kann er heute als „höheres Wesen" gelten, das für uns Scheinwelten erschafft, um uns unsere eigene Wirklichkeit erträglich zu machen. Mit Nietzsche: Der Dichter darf den frei gewordenen Platz Gottes nicht für sich allein beanspruchen. Es bleibt ihm allerdings die Funktion, uns als Vorbild den Weg zu weisen, in eigener Verantwortung die schöpferische Gestaltung unseres Lebens im Sinne eines ständigen inneren Werdens zu übernehmen.[499] Insofern nimmt der Dichter dennoch eine Sonderstellung in unserem Empfinden ein, was letztlich zur Frage führen wird, ob die bekennende Anlehnung einiger Maler der Moderne an das Poetische als selbstdarstellerische Strategie gesehen werden sollte.

2.6. Dichtung und „göttliche Inspiration"

Wie kaum einer anderen Kunst sagt man der Dichtung nach, dass sie aus einer Inspiration hervorgehe, unmittelbar und unerwartet, wie ein Geschenk, das einem zuteil wird oder nicht. Einst wurde von „göttlichem Diktat" gesprochen, von einer jenseitigen Gunst, welcher der Dichter nur zu gehorchen brauchte.

2.6.1. Zwischen Dionysos und Apollon

Seit die Götter als Erklärungsmodell für die in unserem Leben als „magisch", „heilig" oder „vollkommen" empfundenen Augenblicke und das übernatürliche Wesen der daraus entspringenden Artefakte ausgedient haben, gilt das anthropologische Konzept der Ekstase als Urgrund dichterischer Kreativität. Spätestens mit Shakespeare werden Liebe und Wahn zum Motor der Dichtung.[500] Kant nennt dieses kreative Talent „Genie" und erfasst es als die einigen Menschen „angeborne Gemütsanlage (ingenium), durch welche die Natur der Kunst die Regel gibt". Das Wort „Genie" sei vermutlich von dem „eigentümlichen, einem Menschen bei der Geburt mitgegebenen schützenden und leitenden Geist, von dessen Eingebung jene originalen Ideen herrührten", abgeleitet. Im Einzelfall weiss der „Urheber eines Produkts" nicht, „wie sich in ihm die Ideen dazu herbei finden", er hat es „nicht in seiner Gewalt […] dergleichen nach Belieben oder planmässig auszudenken".[501] Der Geniekult zeitigt seinen Höhepunkt im 18. Jahrhundert: „Inspiration" und „Enthusiasmus" waren die Gaben, die zwar „durch Gott oder die Natur ins Innere des Künstlers gelangen", von da an aber ist der Künstler nur noch auf sich selbst gestellt.[502]

Das Gedicht scheint sich einem Ereignis zu verdanken, das unter bestimmten Voraussetzungen und dennoch unvorhersehbar auftritt. Auf keinen Fall entströmt es direkt aus den Befindlichkeiten seines Urhebers (vgl. I, 4.2.1.). In diesem Sinne schreibt etwa Hans Egon Holthusen:

„Was den Dichter ausmacht, das ist nicht seine Kapazität für poetische Zustände – welcher fühlende Mensch hätte sie nicht! – sondern ein produktives Liebesverhältnis zur Sprache … es gibt Hunderte von denkwürdigen, ja leidenschaftlichen Erlebnissen, die der Dichter sprachlos auf sich beruhen lässt, weil sie nicht vereinbar sind mit seinen Gelegenheiten, sprachliche Eroberungen zu machen und dadurch das Persönliche ins Überpersönliche einer rhythmischen Figur zu verwandeln …"[503]

Weder aktuelle Gefühle oder Stimmungen noch das Hervorbrechen eines „dichterischen Wesens" sind hinreichende Bedingungen dafür, dass ein Text eine bestimmte Ausdrucksform erlangt. Und dennoch – Paul Celan zelebriert nach Dichterart personifizierend das geheimnisvolle Zufallen des Gedichts, das einsam und verlangend sei: „Es ist einsam und unterwegs. Wer es schreibt, bleibt ihm mitgegeben. Aber steht das Gedicht nicht gerade dadurch, also schon hier, in der Begegnung – *im Geheimnis der Begegnung?*"[504] Der Glaube an eine gleichsam zauberische Kraft des Künstlers wurzelt nach Ernst Kris tief im Denken der Menschheit.[505] Er gründet auf einer noch viel älteren Vorstellung, nach welcher – so etwa bei Platon – vor allem Dichter „reine Medien des Gottes [sind], der aus ihnen spricht und der ihnen die Vernunft zuerst stilllegen muss, um sie überhaupt zum göttlichen Sprachrohr machen zu können".[506]

Ebenso alt wie die Vorstellung einer ausservernünftigen Verfassung des Dichters ist die entgegengesetzte Vorstellung des Gedichts als die Frucht harter Arbeit. So setzte etwa Horaz in seiner *Ars poetica* als „Grundverfassung des richtigen Dichters […] Bewusstsein, Ordnung, Planung und Übersicht".[507] Er richtete sich mit seinem Plädoyer fürs dichterische Handwerk gegen den schon damals grassierenden „Geniekult". Sein Gedicht *Über die Dichtkunst* spiegelt auch heute noch in treffender Weise das Gehaben gewisser Künstler:

> Weil Demokrit dem glücklichen Genie
> den Vorzug vor der armen Kunst gegeben,
> und schlechterdings die Dichter, die nicht rasen,
> vom Pindus ausgeschlossen haben will:
> so treibt's ein guter Teil der unsrigen
> so weit, sich weder Bart noch Nägel stutzen
> zu lassen, weder Kamm noch Schwamm
> zu dulden, Bäder wie verdächtge Häuser
> zu fliehen, und, Gespenstern gleich, in öden
> von Menschen unbetretnen Gegenden
> herumzuirren.[508]

Inspiration oder Handwerk? Edgar Allan Poe hält es mit Horaz: Wer sich als Dichter auf subtilen Wahnsinn oder ekstatische Eingebungen berufe, betreibt nichts anderes als Selbstmystifikation. Als einzige Basis lyrischen Schreibens anerkannte er mathematische Kalkulation. Andererseits lassen Rainer Maria Rilkes „Sonette an Orpheus" und die „Duineser Elegien", die der Dichter nach jahrelangem Warten und Zweifeln in wenigen Tagen aufs Papier geworfen hat, erahnen, dass Dichtung den planenden Willen übersteigt. Ohne mystifizieren oder mythisieren zu wollen, schreibt von Matt zu Recht, sei eine „grundsätzliche Hilflosigkeit der Dichter dem Gedicht gegenüber" zu konstatieren, die mit dem Anspruch von Vollkommenheit in Verbindung zu bringen sei.[509]

Beide Modi des mentalen Bereichs – Intuition und Ratio – scheinen aufeinander angewiesen zu sein wie die Halbbrüder Dionysos und Apollo.[510] Friedrich Nietzsche entwirft das Konzept zweier gegensätzlicher, sich gegenseitig stimulierender Kunsttriebe: des apollinischen und des dionysischen. Intuition oder Rausch stellen sich der Rationalität entgegen. Periodisch findet indessen eine Versöhnung der beiden statt, zum Beispiel in der griechischen Tragödie, welche, so Nietzsche, sich damit zur Hochform der Kunst erhebt. Die Antagonismen sind da, um sich gegenseitig zu fördern, oder sich überhaupt zu ermöglichen.[511] Ekaterina Poljakova kommentiert Nietzsches These von der reziproken Abhängigkeit der beiden Prinzipien folgendermassen: „Ohne Dionysos wäre die Kunst leer, ohne Apollon wäre sie keine Kunst."[512] Und so liesse sie sich interpretieren: Ein Dichter muss viel wissen und viel können und so weise werden, dass er das was er kann, zu vergessen vermag.[513] Dieser Gedanke schlägt sich in der Malerei, wie wir sehen werden, nicht zuletzt in Form einer Suche nach pseudokindlichen Ausdrucksweisen nieder.

Dionysos allein vermag kein geniales Gedicht zu diktieren. Laut Valéry ist „der Ausdruck, den das erregte Gemüt hinausschleudert, [nur] zufällig rein, [...] er ist voller Mängel, die notwendig den dichterischen Prozess verwirren und den überdauernden Widerhall unterbrechen, den es zuletzt in einer fremden Seele hervorzurufen gilt."[514] Für ein solches Resonanzereignis muss das geheimnisvoll-poetische Raunen des Gedichts auch Spuren eines einfühlbaren Regelwerks enthalten.

2.6.2. Vom Topos des dichterischen Genius

Im Sinne einer Überleitung zur phänomenalen Betrachtung von Bild-Poesie sei hier vorausgeschickt, dass viele Kommentare und Kritiken zu den Bildern von Paul Klee, Otto Nebel, Hans Reichel und Didonet Erfahrungen von Poesie, Märchen und Traum beschreiben. An einer solchen Wahrnehmung scheinen allerdings die Aussagen und Schriften dieser Künstler massgeblich beteiligt zu sein. Insofern muss geprüft werden, ob solche Zuschreibungen bloss die künstlerischen Selbstdarstellungen spiegeln oder ob sie auf entsprechende Eigenschaften der Werke zurückzuführen sind. Solche kritischen Überlegungen werden im fünften Kapitel vor dem Hintergrund der Bildanalysen und theoretischen Schriften der sieben thematisierten Künstler noch einmal aufgenommen. Es scheint nicht belanglos, dass diese mit Ausnahme von Reichel nicht nur Maler, sondern auch lyrische Dichter waren.

Beispielhaft für eine solche Selbstdarstellung ist die Grabinschrift, welche Paul Klee für sich verfasst hat:

> Diesseitig bin ich gar nicht fassbar,
> Denn ich wohne grad so gut bei den Toten
> Wie bei den Ungeborenen
> Etwas näher dem Herzen der Schöpfung als üblich
> Und noch lange nicht nahe genug.[515]

Ähnlich betreibt der Malerpoet Didonet in einem seiner Gedichte eine Selbststilisierung als (unsterblicher) Zauberer: der Künstler tritt gleichsam an die in einer säkularisierten Welt „frei gewordene" Schöpferstelle Gottes:

> Mon voyage est misère,
> Mais je suis l'enchanteur!
> Et tout au fond des yeux,
> Mon pouvoir étincelle.
>
> Laissez-moi faire un tour,
> Et je serai Merlin.

J'habillerai vos peaux
D'un sourire magique.

Laissez-moi faire encor,
Et je mettrai des ailes
A vos membres gelés!

Mon Voyage est misère,
Mais je suis l'enchanteur,
Qui saluera joyeux
Derrière votre tombeau![516]

Auf der Seite der Rezeption der Bilder dieser beiden Künstler zeichnen sich denn auch immer wieder solche Vorstellungen einer magisch-religiösen Dimension ab. Allerdings spiegeln diese laut Christine Hopfengart vor allem Privatmythologien und eine damit verbundene Erlösungshoffnung der Kommentatoren selbst; ihr Ursprung sei eher in persönlichen Urerlebnissen zu suchen als in der bildimmanenten Wirklichkeit. Aus Hopfengarts pragmatischer Sicht sind es also die Rezipienten, welche ihre postromantischen Bedürfnisse, sei es nach Religion oder Poesie – oder nach Poesie als säkularisierter Religion – in die Bilder projizieren. Eine solche Lesart der Bilder sei übersetzbar als ein „zeitlich bedingter Eskapismus [von Klees Publikum]; als eine Sehnsucht, der Gegenwart am Ende des Ersten Weltkrieges und der Erde überhaupt zu entkommen".[517] Allerdings finden sich Erfahrungen des Magischen und Quasi-Religiösen auch in Kommentaren des fortschreitenden zwanzigsten Jahrhunderts. Es ist nicht anzunehmen, dass ihre Autoren allesamt romantische Träumer sind.

3. BILD-POESIE: EIN ERSTER EINBLICK

Im Mittelpunkt dieses Kapitels steht die phänomenologisch-analytische Arbeit „am Bild". Anhand von sieben paradigmatischen Beispielen soll eine Gliederung von gemeinsamen formalen und gestalterischen Merkmalen sowie von Ausdruckseigenschaften erfolgen, die auf Ähnlichkeiten mit der literarischen Dichtung untersucht werden. Ziel ist, eine objektiv nachvollziehbare Begründung der Erfahrung des Poetischen in der Rezeption von gewissen Bildern zu erlangen.

3.1. Familienähnlichkeiten zwischen sieben beispielhaften Bildern

Die These lautet, dass die Erfahrung von Bild-Poesie nicht auf beliebige Projektionen romantisch veranlagter Rezipienten zurückzuführen ist, sondern auf gewisse bildimmanente Eigenschaften, die strukturell wie auch in ihrer Wirkung mit einem hermetischen Gedicht vergleichbar sind. Solche prototypischen Merkmale des Poetischen bilden ein Netz von Verwandtschaftsbeziehungen zwischen den teilweise sehr unterschiedlichen Erscheinungsformen dieser Bilder.

Dem Werk von Paul Klee wird aufgrund seiner Vorbildfunktion eine besondere Aufmerksamkeit zuteil, im Hinblick auf die weiter unten gestellte Frage, ob Bild-Poeten als „Klee-Epigonen" zu sehen sind oder ob der Meister über seine Bilder und theoretischen Schriften eine Katalysator-Funktion für ein heute womöglich noch existierendes, transindividuelles Phänomen „Bild-Poesie" ausübt. Die Beschreibungen je eines Bild-Beispiels von Roger Bissière, Didonet, Otto Nebel, Wols, Hans Reichel und Hans-Hermann Steffens sowie vergleichende Reflexionen zu den bei Klee hervorgehobenen dichterischen Merkmalen verdeutlichen, dass die Bilder über signifikante formal-material sowie wirkungsästhetisch fassbare Gemeinsamkeiten verfügen.[518] Zwar sind solche Eigenschaften auch in anderen Bildern der Moderne zu finden, in bildpoetischen Gemälden jedoch sind sie tendenziell stärker ausgeprägt. Zwei sehr unterschiedliche gegenständliche und abstrakte Bilder werden als Gegenbeispiele beigezogen und ihre Eigenschaften auf Aspekte des Dichterischen geprüft. Bild-Poesie wird formal als eine Art Mittelweg zwischen diesen beiden gestalterischen Verfahren hervorgehen.

So wenig es möglich ist, „Kunst" oder „Poesie" zu definieren, lassen sich auch diese Bild-Erscheinungen nicht über notwendige und hinreichende Bedingungen zusammenbinden. Dennoch sind Familienähnlichkeiten zu erkennen. Die charakterisierende Bezeichnung „Bild-Poesie" erweist sich insofern als angemessen, als sie genügend Raum lässt für die grossen formalen Unterschiede, die zwischen ihren individuellen Ausdrucksformen bestehen können.[519]

3.2. Der poetische Appell

Die nachfolgenden Beispiele von bildpoetischen Gestaltungen zeichnen sich unter anderem dadurch aus, dass sie zwar Verstand, Imagination und Sinnlichkeit anregen, sich jedoch mehr oder anders als Piet Mondrians *Boogie Woogie* und Albert Ankers *Freundin* auch an unsere Gefühle richten. Hubert Locher spricht von einem „poetischen Appell" gewisser Bilder.[520] Ihr auffordernes Moment hängt damit zusammen, dass sie uns berühren, obgleich oder teilweise auch *weil* wir sie nicht zu deuten vermögen. Aus den vorangehenden Einblicken in die jüngste Emotionsphilosophie wiederum wissen wir, dass wir über die integrative Kraft unserer Gefühle ein implizites Wissen vom Gehalt dieser dichterisch verschlüsselten Prägnanz erlangen können. Der poetische Appell ist somit keine Aufforderung für ein romantisch-sentimentales Verschmelzen mit einem Bildinhalt, sondern eine Einladung zum emotionalen, das heisst Sinnlichkeit, Imagination und Verstand mit einbeziehenden, erkennenden Mitgehen mit dessen Ausdruck.

Anders sah man die Bilderfahrung in der Romantik: Locher zeigt, dass vor 1800 die Vorstellung einer idealen Rezeption mit restloser emotionaler Hingabe einherging: Unter dem Titel „Herzensergiessungen eines kunstliebenden Klosterbruders" legte Wilhelm Heinrich Wackenroder seinen sentimentalen Gefühlsüberschwang gegenüber Werken der Musik und der bildenden Kunst dar, die zu guter Letzt in reine Poesie mündete. Der poetische Text, das Gedicht, sollte zum künstlerischen Äquivalent des Gemäldes werden. Der gemeinsame Nenner war das „Gefühl" oder – wie man es aus der heutigen Perspektive nennen müsste – eine selbstbezogene Sentimentalität. Es handelte sich dabei, so Locher, nicht etwa um „poetisch verbrämte Bildbeschreibungen, sondern gibt sich als reflexartiges Produkt eines seelisch durch die Macht des Kunstwerks erregten Betrachters".[521] Es ist nicht erstaunlich, dass ein solcher das Bild mit subjektiven Ergüssen überflutender Empfindungskult im Laufe des 19. Jahrhunderts reaktiv von einer Autonomie-Ästhetik abgelöst wurde, die sich auf die Vollkommenheit des Werks selbst richtete. Nicht nur wurde die betrachterseitige, dichterische und damit auch emotionale Artikulation der ästhetischen Erfahrung als subjektiv-sentimentaler Kitsch abgetan: auch die schöpferische Intention, einen solchen Effekt überhaupt zu erzeugen, galt fortan als unkünstlerisch.[522] Sachliche Zurückhaltung in der stilgeschichtlich kritischen Bestimmung der Eigenständigkeit eines Kunstwerks war angesagt, und danach – so liesse sich Locher ergänzen – richteten sich allmählich auch die Bilder der Moderne.

Nicht alle. Einige Künstler haben – jeder in seinem unverwechselbaren Stil – mit ihren Bildern einen Mittelweg zwischen deutungsresistenter Autonomie und emotionaler Verführung eingeschlagen. Es sind Werke, welchen ein vereinheitlichender Ismus nicht gerecht zu werden vermag. Inwiefern sich die Bezeichnung „Bild-Poesie" als fruchtbar für ein neues Verständnis ihrer Gemeinsamkeiten erweisen kann, soll sich in den nachfolgenden Betrachtungen zeigen.

3.3. Das dichterische Moment in Paul Klees *Mit dem Adler*

Auf den ersten Blick erscheint das Aquarell von 1918 in seinen leuchtenden Orange- und stumpfen Grüntönen wie ein verwunschener Märchen-Wald (Abb. 22). Das Querformat – es misst gerade mal 17,3x25,6 Zentimeter – setzt für seine Betrachtung eine physische Nähe voraus. Am äusseren Rand ist es von einem unregelmässigen, in durchsichtig-hellem Grün gemalten Farbrahmen umgeben. Zusammen mit der matten gelb-grünlichen äussersten Umrandung, die vom Untergrundpapier sichtbar ist, ergibt sich eine doppelte Isolierung der Bildszene gegen aussen. Die gelbliche Farbe des Papiers schimmert nahezu überall durch die leicht mit bräunlichen Flecken verschmutzten und dennoch intensiv orange leuchtenden Felder, so als wäre das Aquarell mit einem Licht hinterlegt. Das führt zunächst zur Vorstellung einer gewissen Bildtiefe, wenngleich jeder Ansatz von Wahrnehmung perspektivischer Räumlichkeit dadurch vereitelt wird, dass die in transparentem Braun-Grün strichartig wie von Kinderhand hingezeichneten Gegenstände in offensichtlich beliebigen Grössen über die Bildfläche verteilt sind. Es sind Bäume, Menschen-ähnliche Figuren, Tiere, ein kleines, in jedem Sinn schief stehendes Haus mit Rauchkamin, ein grauer, mit stechendem Grün akzentuierter Vollmond – vielleicht ist es auch eine Sonne. Ein grosses, leicht schief liegendes Auge unter einem dunklen Bogen richtet seinen starren Blick auf die Betrachterin. Klar markierte Augen-Lider betonen das dunkelgrüne Rund der Pupille. Über dem Bogen thront ein Adler mit ausgebreiteten Flügeln, dessen Kopf mit dem langen Schnabel nach rechts gedreht ist.

Der Bogen ist ein mehrfach sich wiederholendes Motiv: Im Bildzentrum über dem Auge ist er farblich am stärksten akzentuiert; auch durch seine Grösse und Lage dominiert er die Bilderscheinung. Ähnliche Arkaden entstehen schablonenhaft durch schwächere Farbabstufungen von Orange und Grün; zum Beispiel

22 Paul Klee, *Mit dem Adler,* 1918, Aquarell auf Papier auf Karton, Kreidegrund, 17,3x25,6 cm.

anderthalbfach oben links, unten in der Mitte und rechts im Bild, wo sie ihre linke Begrenzung einer vom unteren Bildrand aufsteigenden Säule mit Kapitell verdankt. Im gegenläufigen Verhältnis zu den Bogen bilden die merkwürdig nach oben oder nach unten gebogenen, an Fischgräten erinnernden Strich-Ästchen der viel kleineren, aber in ihrer Anzahl überwiegenden Bäume zusammen mit dem grossen Unterlid des Auges und den Adlerflügeln formal ein spannungsvolles Gleichgewicht.

Die Bildelemente sind klar identifizierbar. Die vermeintliche Willkür ihrer Anordnung sowie ihrer Grössenverhältnisse würde an die Kompositionen von Surrealisten erinnern, wären sie nicht – ähnlich Piktogrammen – zeichenhaft stilisiert. In diesem Mini-Universum ist keine eindeutige Bestimmung von Bildgeschehen möglich. Handelt es sich um das Märchen einer friedlichen, geschützten Welt, in der ein Hirsch, ein Fuchs und zwei oder drei im Verhältnis zu den anderen Elementen viel zu kleine Menschen vorkommen? Ein Erzählstrang will sich nicht ergeben, auch die Stimmung schwebt zwischen Idylle und Bedrohung. Dem Versuch, zusammenhängende Ordnungen, räumliche Ebenen und Bezüge zwischen den Elementen zu entdecken, wirkt auch der abstrakt anmutende „Teppich" der harmonisch aufeinander abgestimmten Farbfelder, von welchem das ganze Gefüge unterlegt wird, entgegen. Es ist fast wie das Erleben eines Traums: in dieser einen Erfahrung jenseits des Zeitempfindens gehört alles zusammen und hat seine Richtigkeit – so lange man nicht beginnt, darüber nachzudenken.

3.3.1. Traum. Politik. Die schwebende Erfahrung

Der den oberen Bildrand dominierende Adler, welcher gegenüber den Menschen ganz unten ein vielfaches an Flächenvolumen einnimmt, mag für viele eine Heile-Welt-Sicht des Bildes verunmöglichen: Sein dem Betrachter zugewandtes Auge spiegelt sich zyklopenhaft vergrössert in dem von ihm besetzten Bogen, womit der Raubvogel das Bild und den nach aussen gerichteten Blick zu beherrschen scheint. Der Titel *Mit dem Adler* verstärkt diese Wahrnehmung. Oftmals wird diesem Werk eine Affinität zum Traum attestiert:

unzusammenhängende Elemente werden ohne ersichtlichen Bezug zusammengeführt und ergeben kein einheitlich nachvollziehbares Narrativ. Die Sicht einer träumerischen Wirklichkeitsferne steht in diametralem Gegensatz zu einer künstlerbiographischen oder gar politischen Interpretation des Bildes, die sich ebenso gut rechtfertigen lässt: Im Entstehungsjahr 1918, kurz vor der Ausrufung der Republik in Deutschland, diente Klee als deutscher Staatsbürger unter dem Adler als Hoheitszeichen des deutschen Kaiserreichs als Soldat.[523] Christine Hopfengart indessen, die grosse Kennerin von Klees Werk und Schriften, sieht im Adler eine Allegorie des Künstlers: Die Idee des Fliegens sei für Klee Symbol des Geistigen und der Überwindung materieller Begrenztheit gewesen: „Ich flog", schrieb er 1915 in sein Tagebuch, „um mich aus meinen Trümmern herauszuarbeiten."[524] Klee wollte vermutlich solch unterschiedliche Lesarten: „Der Künstler hat keine Absicht. Nicht unmittelbar."[525] Ausser vielleicht diejenige, ein zu jeder Zeit neu erfahrbares Bild zu malen.

3.3.2. Oder doch eher Poesie

Bilder sind keine Rede und können sich somit auch nicht in Versen ausdrücken. Nichtsdestoweniger gibt es formale und wirkungsästhetische Aspekte, die Klees Adler-Bild mit Poesie verbinden. Da sich diese Eigenschaften nicht in absoluten Grössen noch als kategorisierende Qualitäten feststellen lassen, wollen wir als Vergleichsobjekte zwei im Teil I präsentierte Bilder im Blick haben: als gegenständliches Beispiel *Die kleine Freundin* von Albert Anker (vgl. Abb. 6), als abstraktes Piet Mondrians *Boogie Woogie* (vgl. Abb. 12).

1) Formale und materiale Eigenschaften von Klees *Adler* lassen sich nicht vollständig von der Bild-Erfahrung trennen. Gleichwohl werden sie um der Systematik willen gesondert von Ausdruckseigenschaften und Wirkung untersucht.

a) Kleines, abgeschlossenes Universum. Klees *Adler* ist ein relativ kleines Bild. Mit einer Breite schmäler als der Brustkorb eines durchschnittlich gebauten Erwachsenen und der Höhe einer mittelgrossen Handfläche mit ausgestreckten Fingern setzt die eingehende Betrachtung eine gewisse körperliche Nähe voraus. Dem schnellen, oberflächlichen Blick fällt das Gemälde als unruhige, durch viele Senkrechten gezeichnete Farbfläche auf. Die hellgrüne, doppelte Rahmung wiederum lässt das Bild als Bühne eines winzigen Theaters erscheinen, auf welcher noch alles zu geschehen hat. Sie lädt die Betrachterin ein, in ihr geheimnisvolles Universum einzutauchen und sich vom undurchdringlichen Spiel der Gegenstände und Farben in eine mitzugestaltende Wirklichkeit entführen zu lassen. Kann Ankers Freundinnen-Bild ähnlich als Einblick in einen Bühnen-Schaukasten wahrgenommen werden, so wäre hier der Inhalt der Darbietung ein für allemal gegeben.

b) Hervorhebung der Materialität und Abwesenheit von Perspektiven. Das Fehlen von perspektivisch geordneten Abstufungen in Tonwerten, Farben und Grössenverhältnissen verhindert jegliche Illusion von dreidimensionalem Raum. Auch die pfortenartigen Bogenformen verheissen den Durchblick auf einen optischen Tiefenraum, den es nicht gibt. Der willkürlich anmutende Farbauftrag macht mancherorts die Struktur des Papier-Untergrunds sichtbar, aus welchem ein helles Gelb hervorleuchtet. Die stoffliche Beschaffenheit des Aquarells wird durch die Mal-Spuren an den unregelmässigen, wie ungefähr hingemalten Rändern noch unterstrichen. Eine sich aus der vermeintlichen Zufälligkeit dieser Semitransparenzen ergebende Irritation löst sich auf, sobald wir den Versuch, einen perspektivischen Bild-Raum und ein Bild-Geschehen zu identifizieren, aufgeben. Dann erst können Farbe und Form als autonome, in ihrem optischen Eigengewicht nur den Anforderungen des „Bild-Klangs" gehorchende Gestaltungsmittel wahrgenommen werden. Anders tritt in Ankers Darstellung wie auch in Mondrians *Boogie Woogie* das Form- und Farb-Material in den Hintergrund zugunsten eines konkreten Ausdrucks.

c) Tendenz zur Abstraktion. Der Widerspruch zwischen der diffusen Untiefe und der formalen Andeutung von Raum kennzeichnet – bei aller Erkennbarkeit der Elemente – seine abstrakte Gestalt. Die Figuren und Formen haben in ihrer zeichenhaften Reduktion mehr eine verweisende als eine darstellende Funktion. Sie verleihen der an das sorgfältige Zeichnen einer Kinderhand erinnernden Strichführung sowie den regelmässig über die Fläche verteilten Bäumchen der Komposition ein nahezu gegenständlich-naives Aussehen. Im Unterschied dazu abstrahiert Mondrians *Boogie Woogie* keine Gegenstände. Soll das Bild dem Titel zufolge musikalisch gelesen werden, dürfte man eher von „Transposition" sprechen, denn effektiv vermittelt es durch die Wiederholungen von farblichem Anklingen eine Erfahrung von optischen Rhythmen.

d) Wiederholungen, Bild-Rhythmik. Die wie willkürlich „hingestellten", wurzellosen Bäumchen und Gräser stehen als perspektivisch ungebundene, sich wiederholende Motive im Bildraum. Sie sind vergleichbar mit Wörtern oder Versen eines Gedichts, denen im Bezugsganzen eine höhere semantische und affektive Souveränität zukommt als in einem hierarchisch strukturierten Prosafragment. Dennoch erweckt das beinahe tänzerisch anmutende Auf und Ab der Äste den Eindruck, als würden sie einer unergründlichen, die Bild-Rhythmen synchronisierenden Choreographie gehorchen. Verstärkt wird diese Empfindung durch die selbstbewusst wirkende Gebärde des Adlers, der mit hoch erhobenen Flügeln und starrem Auge das irreale Ballett in dieser raumlosen Fläche zu dirigieren scheint.

2) Ausdruckseigenschaften und Wirkung lassen sich als Parameter des Bild-Gehalts noch weniger als die formalen und materialen Eigenschaften von dessen Erfahrung trennen. Abstrahierende Tendenzen verlagern die Bild-Erfahrung zunehmend in Richtung „Produktion": ein künstlerischer Gehalt „entsteht" im Zuge sukzessiv anwachsender und sich damit auch verändernder Imaginationen und Empfindungen.[526]

a) Semantische Opazität.[527] Das Sichtbarmachen der Materialität eines Bildes zwischen Textur, Farbe und Form erschwert das Aufleuchten von Sinn. Elemente und Bezüge sind immer nur als Andeutungen einzuordnen, die sich einer endgültigen Festlegung laufend entziehen: Eine hermeneutische Erhebung von eindeutigem Bild-Sinn ist aussichtslos. Dieses intellektuell nicht Greifbare appelliert verstärkt an eine individuelle, intuitive, imaginativ und emotional gestützte Interpretation, die sich mit guten Gründen höchstens falsifizieren, kaum aber sicherstellen lässt.

b) Potenzialität des Sinns. Umso weniger lässt sich das Werk beschreibend erzählen: eine anschauliche und ebenso wirkmächtige sprachliche Vergegenwärtigung ist kaum oder höchstens in der evozierenden Prägnanz eines Gedichts zu erlangen. Wem die dichterische Sprachgewalt nicht gegeben ist, dem bleibt die formale Beschreibung, die umständliche systematische Bildanalyse, die Bildinterpretation – vielleicht kombiniert mit einem auf die Entstehungsumstände fokussierten Kommentar. Die Potenzialität des Bild-Sinns und damit auch seines Gehalts lässt sich durch keinen dieser Ansätze angemessen vermitteln. Bedeutung und Inhalt sind bei der *Freundin* durch die Darstellung, bei *Boogie Woogie* durch den Titel zumindest richtungsweisend gegeben.

c) Stimmungsausdruck und symbolische Aufladung. Die Stimmung, die Klees Adler-Bild ausdrückt, wirkt zunächst friedlich – wäre da nicht das verstörende, wimpernlose Auge. Die steckenartigen Bäumchen, Fuchs und Hirsch sowie die kleine Hütte mit dem aufsteigenden Rauch entsprechen den Bild-Formeln des Märchens. Allerdings ergibt sich daraus weder eine Geschichte noch eine eindeutige Botschaft. Die Unwirklichkeit dieses Bild-Universums wird für uns durch sein Sich-Zeigen wirklich – vergleichbar mit einem Traum, der sich nur selten als unglaubwürdig erkennen lässt. Will man sich dieser Stimmung jedoch in einer Art Einverständnis zurücklehnend hingeben, so verweist uns das starre Auge zurück auf die Tribüne des fremden, angeblickten Beschauers. Die spontane Empfindung weicht einer ästhetischen, zwischen Nähe und Distanz oszillierenden Resonanzerfahrung.

d) Harmonie und Musikalität, Schönheit und Anziehung. Die harmonische Erscheinung des Bildes und die damit verbundene Anziehung verleiten uns dazu, uns immer wieder neu mit ihm auseinanderzusetzen. Zwischen der Hoffnung, dass es sich uns offenbaren wird und der Gewissheit, dass dies nie eintreten wird, erfahren wir seine paradoxe Anziehung als Schönheit, die uns aufhorchen lässt; als Ahnung von etwas Vollkommenem, das in der Erfahrung für einen Augenblick in uns aufleuchten kann. Das Bild berührt uns wie ein Gedicht, das mit geheimnisvoller Anmut lockt und dabei sein Wesentliches verborgen hält. Oder – mit Roger Scruton – wie die Äußerung des „engen Freundes", mit dem wir verbunden sind, auch wenn wir ihn nicht verstehen.[528]

Die Schönheit des Adler-Bildes ist eine andere als bei Anker und Mondrian. Sie vermittelt sich zwar wie die anderen in einer initialen Anziehung, gründet letztlich jedoch in einem unerschöpflichen emotionalen Potential, das uns in unbestimmter Weise direkt fordert und betrifft. Ist Ankers Szene anziehend in der Harmonie der farblichen und formalen Komposition, beruht die ästhetische Schönheit des Bildes auf der Eindringlichkeit des Ausdrucks, der noch vom verborgensten Pinselstrich mitgestaltet wird und das Bild-Geschehen in einzigartiger Weise fühlbar macht. *Victory Boogie Woogie* indessen ist kraftvoll und überzeugend in seiner optischen Lebendigkeit, die den Betrachter in eine fröhlich tanzende Stimmung zu versetzen vermag, aber kaum Aussicht auf weiterführende Imaginationen bietet.

3) Zeitlichkeit der Bilderfahrung. Ein Bild wie Ankers *Freundin* zeigt Eigenschaften einer Erzählung. Zwar handelt es sich um die Darstellung eines präzisen Augenblicks, sein Narrativ indessen ist so eindeutig nachvollziehbar, dass die Erfahrung seines unmissverständlichen Ausdrucks das Vorher und Nachher mit einschliesst: Ein Mädchen ist verstorben und wird seinen Spielgefährten noch lange fehlen. Das vermittelte Gefühl ist mit der Imagination einer konkreten Geschichte eng verbunden. Mondrians *Boogie Woogie* hingegen erfährt sich leiblich als unruhig: mal „springt" das eine Quadrat in unser Blickfeld, dann wieder ein anderes. Unsere Betrachter-Augen sind ständig in Bewegung, fast so, als wollten sie sich den Rhythmen dieser tanzenden Farbkästchen hingeben. Es ist eine vorwiegend sinnliche Erfahrung, die uns fast unmittelbar eine fröhliche Stimmung vermittelt. Im Erleben des abstrakten wie des gegenständlichen Gemäldes fliesst die Bild-Zeit mit unserer eigenen zusammen.

Anders verhält es sich mit Klees Adler-Bild. Springen uns hier Rhythmus und Harmonie in die Augen, so werden wir schon wegen seiner geringen Grösse nahe an das Werk herantreten und uns auf geistiger Ebene mit ihm auseinandersetzen. Wir identifizieren Formen und versuchen, sie sinnhaft miteinander zu verknüpfen. Allerdings bietet es keinerlei Hinweise auf ein zeitlich nachvollziehbares Geschehen: es ist keine „Momentaufnahme" wie Ankers *Freundin*. Müsste das Riesenauge unter dem grossen Torbogen in seiner formalen Dominanz die Aufmerksamkeit auf sich lenken, so nimmt seine farbliche Angleichung an die Gesamterscheinung diese zentrale Bedeutung weitgehend zurück. Die material gegebene, sich als undurchdringliches Ganzes zeigende Erscheinung kann nur als solche wahrgenommen werden. Weder unser Blick noch unsere Gedanken werden in vorbestimmter Abfolge geführt, noch werden uns einheitliche sinnliche Empfindungen vermittelt. Die Erfahrung von Klees *Adler* fordert in seiner dichterischen Prägnanz zwischen formaler Andeutung und semantischem Widerspruch sowohl die Imagination als auch das Gefühl unablässig heraus. Diese mentale Aktivität der Betrachterin ist vergleichbar mit derjenigen des schaffenden Künstlers, der sich dem Bild derweise hingibt, dass er sich in einer scheinbar still stehenden Zeit verliert. Im Idealfall einer ästhetischen Resonanz mit dem Bild-Ausdruck bündelt sich gleichsam die Sukzessivität unserer eigenen Zeit zur singulären Erfahrung eines überraschenden „Jetzt!". Solche Augenblicke sind oftmals mit einer Ahnung von zeitloser Vollkommenheit verbunden.

4) Epistemische Funktion des Poetischen im Bild. Klee verwendet in seinem Adler-Bild ähnliche Strategien wie der Dichter. Anstelle von Worten bedient er sich bekannter Bild-Elemente, deren Bezüge untereinander weitgehend verborgen bleiben und die in dem kleinen, in sich abgeschlossenen Bild-Universum trotzdem notwendig zu einander gehören. Wie beim Lesen eines hermetischen Gedichts vernimmt der Betrachter gleichsam ein bildliches Stammeln von geheimnisvollen Bedeutungen, das sich nicht adäquat in Worte fassen lässt. Sein Assoziationsvermögen wird bis an die Grenzen gefordert. Im Verzicht auf ein Festlegen von vorgegebenem Sinn muss sich die Einfühlung zunehmend emotional auf die anregende Fülle und Vieldeutigkeit des Sichtbaren einlassen. Ein solches Mitgehen mit dem Bildgehalt ist mit Augenblicken von Selbsterfahrung verbunden. Marcelin Pleynet beschreibt diese Resonanz mit dem Werk, in welcher wir uns selbst und „mehr als uns selbst" wiederfinden – auch das, was wir ob der Dringlichkeit unserer praktischen Bedürfnisse ausgeblendet haben – folgendermassen:

> „Die Zeit, unsere Zeit, gesucht und verloren, ist hier völlig in einem einzigen Bild gegenwärtig, das uns erst beunruhigt und dann überzeugt. Genau das war es. Genau das ist es (dieses Gemälde, dieses Bild), und zwar endgültig. Unsere Zeit, die von uns durchlebte Zeit, die immer nur scheinbar verlorene Zeit wird uns vom Künstler zurückgegeben."[529]

Anders stellt sich die Frage nach der epistemischen Funktion von Ankers Freundin-Bild. Sind Einfühlung und emotionales Mitgehen mit dieser Darstellung eine ebenso adäquate Haltung wie mit Klees *Adler*, so zielen diese affektiven Vermögen nicht auf eine Ergründung des hier offensichtlichen Sinngehalts, sondern auf die ästhetische Erkenntnis bezüglich einer Angemessenheit der Verhältnisse zwischen Bild-Ausdruck und Darstellung. Assoziationen sind hier weniger gefragt. Eine adäquate Erfahrung von „*Boogie-Woogie*" indessen setzt leiblich-sinnliche Wahrnehmung, imaginierendes Einfühlen und Mitfühlen mit dem Stimmungsausdruck voraus, um das vom Titel suggerierte, optisch bewegte und bewegende Spiel der Farbquadrätchen implizit erkennen zu können.

3.3.3. Provisorische Rekapitulation von bildpoetischen Eigenschaften

Im Sinne eines zusammenfassenden Rückblicks auf Klees *Mit dem Adler* ergeben sich folgende bildpoetische Eigenschaften: Auf der formalen Seite erinnert das eher kleinformatige, in sich verkapselte Bild-Universum an die tendenzielle Kürze und Hermetik des modernen Gedichts. Das Sichtbar-Machen der stofflichen Beschaffenheit, das Spiel mit Transparenzen sowie das Fehlen jeglicher Perspektive und Licht-Schatten-Modellierung verhindern die Illusion von ausgedehnten Körpern in einem dreidimensionalen Raum. Damit wird das Bild trotz einer Erkennbarkeit der Elemente zum geheimnisvollen Abstraktum, das uns ähnlich wie die vieldeutigen Anmutungen von Poesie in seinen Bann schlägt. In ihrer inhaltlich anscheinend willkürlichen aber im strukturellen Bild-Bezug gezielten Anordnung und Wiederholung erlangen die symbolhaften Baum-Zeichen sowie die Farb-Felder eine Art optische Eigendynamik, die mit einer Erfahrung von Harmonie und Musikalität einhergeht. Damit wird das Bild als Gesamtes von der ersten Begegnung an als anziehend und schön erfahren. Wie in einem Gedicht würde die kleinste Veränderung das fragile Gleichgewicht und damit die prägnante Kraft des Ausdrucks aufs Spiel setzen. *Was genau dieses Gemälde ausdrückt, kann nicht abschliessend festgelegt werden*: Bedeutungen sind immer nur als mögliche Weisen der Erfahrung angelegt. In seiner grundlegenden Undurchdringlichkeit fordert das Aquarell von uns Betrachtern ebenso wie ein Gedicht von seinem Leser nicht nur die gesammelte Aufmerksamkeit, sondern die Bereitschaft, sich sinnlich, einfühlend und emotional ganz auf das Werk einzustellen. Gelingt uns eine solche Resonanzerfahrung, können wir Augenblicke von Zeitlosigkeit erleben.

Alle diese Bildeigenschaften sprechen dafür, den Ausdruck „Bild-Poesie" als sinnvoll anzuerkennen. Bevor im Folgekapitel über schriftliche Zeugnisse von Künstlern und Kritikern Gründe für Nutzen und Leistung einer solchen Benennung aufgezeigt werden, sollen anhand von sechs weiteren Beispielen verschiedene bildpoetische Verfahren beleuchtet und auf Gemeinsamkeiten innerhalb ihrer unterschiedlichen Erscheinungen hin geprüft werden.

3.4. Roger Bissières *Grande composition* und ihre ausserweltlichen Klänge

Gähnendes Schwarz umhüllt in Bissières Grande composition *fünf annähernd rechteckige Felder, die wie bemalte Kirchenfenster in farbigem Kontrast aus dem Dunkel hervorleuchten* (Abb. 23). *Vier davon sind hochgestellt, je zwei nebeneinander, ein einzelnes liegt quer am unteren Bildrand. Das Hochformat von 1947 misst 162x81cm und ist eines von Bissières grössten Bildern, in Öl auf Papier gemalt und aufgezogen auf Leinwand. Es ist von einem ockergelben, unregelmässig schmalen Rand umgeben; ungefähr parallel*

23 Roger Bissière, *Grande Composition,* 1947, Ei und Kreppband auf Leinwand, 162x81 cm.

dazu weiter im Bildinneren zeichnet eine weisse Linie noch einmal eine dünne Umrandung. Keine der Farben im Bild ist ganz deckend, was den Eindruck eines rauen Untergrunds erweckt.

Jedes der Innenfelder ist durch einen helleren, von Hand gezogenen Strich-Rahmen vom dunklen Hintergrund abgehoben. Die meist gradlinigen, schwarzen Strichzeichnungen in ihrem Inneren lassen an Bleiruten von Glasfenstern denken. Das insgesamt orange-gelb wirkende Feld oben rechts zeigt eine Figur mit zweifacher Kopflinie, zwei Knopfaugen und strichförmigem Mund, deren Körper sich in einem Gewirr von schwarzen Quer- und Diagonalstrichen mit von gelben und orangen Tupfen und Flecken ausgefüllten Zwischenräumen verliert. Das Feld links davon ist oval abgerundet, es hat insgesamt eine ockergelbe Erscheinung, mit bräunlichen Flecken zwischen den schwarzen Strichen. Auch diese sind horizontal, vertikal und diagonal angeordnet. In der unteren Hälfte ist als einzig identifizierbare Figur die Strichzeichnung eines Fisches, der auf den linken Bildrand zusteuert; oben rechts in diesem Feld könnte man noch so etwas wie eine vertikal vom Schwanz nach unten hängende Fischgräte mit dreieckigem Kopf erkennen. Das Bildfeld darunter spiegelt, in Farbe und Formen verkleinert, vereinfacht und mit einem etwas breiteren, weissen Rahmen, die Figur von oben. Das Feld rechts davon ist annähernd quadratisch. Über einem rasterartigen Gebilde von Strichen und Tupfen leuchtet ein unregelmässiger, wie von Kinderhand mit einer schwarzen Linie umrandeter, fünfzackiger Stern in opakem Weiss, der sich als vereinfachte Strichzeichnung am obersten Bildrand zwischen den beiden Feldern wiederholt. Aus dem unteren, dicken Stern aber blickt ein dünn gezeichnetes, bewimpertes Auge, darüber ein herzförmiger, roter Fleck. Das fünfte Rechteck liegt am unteren Bildrand. Es nimmt die orangen und gelben Farbtupfen der oberen Felder je fast zur Hälfte auf; auch die Strichführungen verlaufen in dieselben Richtungen. Nur auf der linken Seite des Feldes ist über einem von zwei Diagonalen durchquerten Viereck eine nach unten konvexe Sichelform zu sehen, ein Halbrund, wie es ähnlich in der Umrandung des ovalen Feldes, vor allem aber in den Köpfen und im Fisch vorkommt. Unmittelbar darunter ist ein etwas schief liegendes Auge zu erkennen, wodurch das Viereck den Aspekt eines Stierkopfs mit Hörnern erhält. Als Folge werden die horizontal organisierten, abstrakten Formen rechts davon in unserer Vorstellung zum Körper des Tiers. Das Feld füllt nicht die ganze Bildbreite aus. Die grössere schwarze Fläche des Hintergrundes würde ein optisches Loch bewirken, wäre sie nicht – wie nahezu überall, wo schwarze Flächen sichtbar sind – von ockergelb durchsichtigem Lineament oder von diagonalen Pinselhieben durchbrochen.

In Bissières Komposition führen die Farben mit den durch sie bewirkten Lichtakzenten das Betrachter-Auge durch das Bild. Die Bildorganisation folgt einer gewissen Ordnung, die Formen schaffen Bezüge von einem Feld zum anderen, die ihrerseits so angeordnet sind, dass die Gesamterscheinung optisch ausgewogen wirkt. Abstrakte Linien dominieren an der Zahl, dennoch verleihen die wenigen stilisierten Andeutungen von menschenartigem Wesen, Fisch, Stern und Stier dem Bild gegenständliche Aspekte.

• **Dichtung in Farbe**[530]
Auch in diesem Bild weisen formale und materiale Eigenschaften Ähnlichkeiten mit der Lyrik auf:

Das Bild ist zwar so hoch wie ein kleinerer Erwachsener und halb so breit, die fünf Licht-Inseln jedoch sind wiederum kleinere Universen, die sich wie leuchtende Fenster im tiefdunklen All auftun. In ihrer wohl geordneten, annähernd parallel verlaufenden Stellung stehen sie in Beziehung zueinander, indem sich einzelne Elemente eines Fensters in einem anderen – als Wiederholung oder als farbliche Assonanzen – nur leicht verändert wiederfinden. Die Materialität der Farbe wird fast durchgehend sichtbar gemacht; mit der vollständigen Abwesenheit von Perspektive und körperhafter Darstellung erscheint das Bild nicht als Wiedergabe von Wirklichkeit: es zeigt sich unmissverständlich als Gemälde. Damit ist es als abstrakt zu begreifen.

Die Ausdruckseigenschaften und die Wirkung der *Grande composition* sind so wenig einheitlich und konkretisierbar wie bei Klees *Adler*:

Sperrt sich das Bild zunächst jeglicher Deutung, so gehen mit einer eingehenden Beschäftigung auch Möglichkeiten von Sinn auf. Die durch naiv wirkende Strich-Zeichnungen symbolisierten Elemente „Fisch", „Stier", „Stern", „Auge" und „Herz" legen religiöse Sinnbezüge nahe, in welchen das menschenartige Geschöpf zum Engel wird. Aus dieser Perspektive erinnern die mit Licht hinterlegten, kontrastreichen Rechtecke an Kirchenfenster. Die Farben Rot, Gelb (für Gold) dienten dann einer entsprechenden Symbolik für Leiden und Gottwerdung Christi, das Schwarz für die vorbiblische Finsternis. Wenngleich einiges dafür spricht, dass Bissière solche Bedeutungen im Sinn hatte,[531] so lässt sich das Werk auch jenseits dieser Anspielungen als Bild der Kunst erfahren, das für sich zu berühren vermag. In einer emotionalen Resonanz mit dieser Komposition erst erschliesst sich uns die innere, fast klanglich hörbare Harmonie der leuchtenden Felder und geheimnisvollen Zeichen, die einer anderen, zeitlosen Welt anzugehören scheinen.

3.5. Otto Nebel, Eine sichtbare Musik für den *Schleiertanz*?

Ohne seinen Titel würden wir den *Schleiertanz* von Otto Nebel zunächst als rein formales Gefüge wahrnehmen und als abstrakt, vielleicht sogar als dekorativ empfinden. Es ist eine Collage auf Karton mit Deckfarbe und Seidenglanzlack aus dem Jahr 1959, sie misst 49,3x34,5 cm (Abb. 24).

Ein ockergelber Untergrund ist weitgehend von rötlichen Raster-Quadrätchen bedeckt, die allem Anschein nach durch das Auflegen und Besprühen einer entsprechenden Gaze-Schablone zustande gekommen sind. Drei grössere Flächen, in denen das Raster ausgespart worden ist, sind mit kleinen, regelmässig angebrachten, weisslichen Pinseltupfen versehen: sie bilden miteinander eine Form, die fast bis zum Bildrand reicht. Die mittlere davon ist eine Art Spirale mit breiten Enden; oben lässt sie – kaum sichtbar unter einer bräunlichen Collage – das Viertel-Segment eines Kreises vermuten, dessen Spitze die Mittelfigur beinahe berührt. Unten am Bildrand ist es ein annähernd horizontal liegendes Rechteck mit an beiden seitlichen Enden leicht zunehmender Breite.
Die drei Formen des Untergrunds sind optisch miteinander verbunden und teilweise verdeckt durch die Überlagerung von abstrakten Elementen in verschieden akzentuierten Brauntönen – Dreiecken, Vierecken, Krummstäben, Rhomben, einzeln oder zu komplizierteren Formen zusammengehängt – wovon die einen gemalt, andere aufgeklebt sind. Die vier grössten Elemente der vordersten Bildebene bestehen aus drei bräunlichen Abdrucken von ungleichen Segmenten sowie dem etwas dunkleren Abschnitt eines Tortenpapiers, der am oberen Bildrand leicht nach rechts geneigt auf die Fläche geklebt ist. Die Spitzen der drei Segmente berühren sich wenig unterhalb des Bildzentrums. Der konvexe Abschnitt am oberen Bildrand findet sein umgekehrtes formales Pendant in einem dünnen, aus dunkelbraunem Papier ausgeschnittenen und auf das Blatt geklebten Streifen. Dadurch erhält die Komposition etwas abgeschlossen Körperhaftes.

Die Beschreibung eines rein abstrakten Bildes würde sich damit – vielleicht nach Anführung weiterer Details – abschliessen. Nun hat ihm Nebel aber den Titel „Schleiertanz" gegeben. Unweigerlich setzten sich die beschriebenen Formen in Beziehung zueinander:

Die drei gelb-gepunkteten Elemente ziehen sich zu einer weiblichen Figur in Seitenansicht zusammen, die mit wallendem Kleid, den Oberkörper nach hinten gegen den linken Bildrand gespannt, mit weiten Ärmeln ausladende Armgesten vollführt. Auch die Darstellung ihrer Füsse deutet auf Bewegung: der länglich braune, gekurvte Papierschnipsel könnte nach futuristischer Art die schnell wechselnden Positionen der Füsse andeuten – vielleicht sind die beiden unmittelbar darüber auf die Spitzen gestellten, unregelmässigen Vierecke sogar Schuhe. Vier rund um den Oberkörper im Kreis angelegte, annähernd fleischfarbige Zackengebilde könnten herumwirbelnde Hände bedeuten; es gibt unten, wo die Füsse sein müssten, noch einmal zwei ähnliche Formen in der gleichen Farbe. Die Abdrucke und die Collage des Tortenpapiers nehmen den Aspekt von Fächern an, die mit dem tanzenden Körper in elegantem Schwung um das Bildzentrum wirbeln. Die Energie dieser Bewegungen geht vom Berührungspunkt der drei Abdruck-Segmente aus, um welches sich alle Formen und Linien zu drehen scheinen. Beinahe könnte man meinen, die lebhafte Musik, zu der getanzt wird, zu sehen.

Nebel hat mit seinem Titel dem Bild, das er vielleicht zunächst ohne figurative Absichten zusammengefügt hat, Gegenständlichkeit verliehen. Wenngleich eine solch konkrete Benennung immer riskiert, sich vor fast jede abweichende Sichtweise des Bildinhalts zu stellen, ist die Spannung zwischen der ungegenständlichen Formen-

24 Otto Nebel, *Schleiertanz,* 1959, Collage, Deckfarbe und Seidenglanz auf Karton, 49,3x34,5 cm.

sprache und dem suggerierten Geschehen so gross, dass die Zuordnung einzelner Elemente zu diesem im Ungewissen bleibt. Denn, noch während ich die imaginierte Salome betrachte, kippt die Bildwahrnehmung wieder zurück zur gepunkteten Spirale mit Tortenpapier und Schnipseln.

Nur selten hat Nebel in seinem Werk so konkret eingrenzende Benennungen vorgenommen. Auch ohne Titel wären der geübten Betrachterin vielleicht die spiralartig um das Bildzentrum kreisenden Formen aufgefallen, sie hätte die damit verbundene Energie fühlen können. Nebels verweisende Beischrift dürfte gleichsam als Leiter verstanden werden, die zu einem ganz bestimmten Ort der Imagination führt, ohne dessen genaue Beschaffenheit zu verraten.

• **Wie ein Tanz von Kraft um eine Mitte**

Das Bild hat in etwa die Grösse eines menschlichen Oberleibs, es ist im Unterschied zum *Adler* und zur *Composition* gegen aussen nur durch den Kartonrand begrenzt. Dennoch verleihen ihm seine spiralartig-konzentrische Organisation sowie die sichelförmigen Rundungen am oberen und unteren Bildrand eine körperhaft in sich abgeschlossene Eleganz. Die Schichtung verschiedener Materialien, Farb-Intensitäten und stellenweise auftretenden Transparenzen des Farb-Auftrags bringt keinen Eindruck von perspektivischer Tiefe hervor – nicht einmal dort, wo das Raster durch die helleren Tupfenfelder unterbrochen ist. Trotz der hell-dunkel Effekte haben die verschiedenen Form-Elemente dasselbe optische Gewicht: die helleren Stellen erlangen diese Präsenz durch die Dynamik ihrer Gliederung und vor allem im sichtlich bewegt anmutenden Zusammenspiel mit den dunkleren, ornamentalen Geflechten. Sie sind im Einzelnen ebenso wenig gegenständlich wie die Farb-Kästchen von *Boogie Woogie*, trotzdem deuten wir sie im Ganzen als sinnhafte Gestalt. Zielt beim *Adler* das Gegenständliche in seiner Vereinzelung in Richtung Abstraktion, so verweisen die abstrakten Zeichen des *Schleiertanzes* eher auf einen figurativen Bildsinn.

Anders als *Boogie Woogie* empfinden wir die ornamentalen Formen als ein *Bündel* von Energie, das sich vor unseren Augen gleichsam in eine Gebärde des Tanzens verwandeln will. Und dennoch: immer wieder verstellen geklebtes Tortenpapier und die dunklen Schnipsel die Sicht auf ein lebendiges Bildgeschehen. Ob uns der Titel nur verwirren soll? Vielleicht zeigt das Bild ja auch einen Schmetterling, der sich mit ausgebreiteten Flügeln vom Wind herumwirbeln lässt. Zu einem neuen Zeitpunkt werden wir womöglich anderes sehen. Was immer das sein wird: das Bild lädt uns wiederholt auch dazu ein, „hinter" seiner Materialität den Ausdruck einer fast musikalisch anmutenden Harmonie zu erfahren und uns von der gebündelten Kraft seiner Erscheinung sinnlich und emotional berühren zu lassen.

3.6. Wols, *Un voyage étrange*: Verloren zwischen Ozean und Wüste

Wols' *Seltsame Reise* ist zum Einstieg und im Hinblick auf die Erkenntnisfunktion des Unsichtbaren im Sichtbaren bereits vorgestellt worden (vgl. Abb. 1). Wir erinnern uns an die aquarellierte Federzeichnung von 1943, die mit ihren 16x23,6 Zentimetern die Höhe eines mit-

1 Wols, *Un voyage étrange / Eine seltsame Reise*, 1943, Aquarell und Deckweiss auf hellem Ingres-Papier, 16x23,6 cm.

tellangen menschlichen Unterarms hat. Sie zeigt sich als feinliniges, unübersichtliches, gleichsam körperlos und doch lebendig anmutendes Strichgebilde zwischen Schiff und Wüstenstadt vor hellblau, ocker und rötlich getöntem Hintergrund. Seine nur durch wenige Indizien eingeschränkte Vieldeutigkeit geht – so haben wir festgestellt – idealerweise mit einer Erweiterung unserer Wahrnehmungsvermögen jenseits unserer angestammten, von Aspekten der Nützlichkeit geprägten Funktionen einher.

Formale und materiale Eigenschaften sowie Ausdruck und Wirkung dieses Bildes sollen nun mit dem Fokus auf bildpoetische Aspekte untersucht werden.

- **Ein kleines Universum ganz für sich**

Wols' *Seltsame Reise*-Gesellschaft scheint gerade im Niemandsland gestrandet zu sein: die mit sanften Tönen eingefärbte Strichzeichnung schwebt gleichsam inmitten eines atmosphärischen Nichts ohne Tiefe. Kein sichtbarer Weg lässt ans Weiterkommen der Reisenden denken – und keiner an Rückkehr: der hauchdünne Aquarell-Auftrag schliesst die Zeichnung von allen Seiten in einen geisterhaft kühlen und formlosen, halb durchsichtigen Nebel ein, der nichts weiter durchschimmern lässt als den papiernen Bildträger. Anders als bei Klee und Bissière gaukelt hier keine pseudonaive Strichführung eine unbefangene Kinderhand vor: die Zeichnungen sind präzis konstruiert und offensichtlich gekonnt ausgeführt. Freilich erwecken die verwegene Bildkomposition, die vielen Andeutungen von merkwürdigen Wesen in anarchischer Proportionierung sowie die im Mittelfeld auftauchenden Gesichter einen fast comicartigen Eindruck. Das gesamte Gebilde kann indes nicht als gegenständlich bezeichnet werden. Denn kaum glaubt man, Objekte bestimmen zu können, fallen sie der kleinsten Bewegung unseres Blicks wieder zum Opfer.

So erlaubt das Bild immer nur Moment-Erfahrungen: je eindringlicher mein Verstand nach einem Wissen von dessen eigentlichem Sinn greifen will, umso mehr verliert er sich in immer neuen Möglichkeiten. Gerade deshalb übt das Aquarell in seiner Harmonie und Schönheit eine geheimnisvolle Anziehungskraft aus: das undurchdringliche Farbgestöber und die heiter tanzenden Formen fesseln mich, noch ehe sich aus ihnen eine Spur von Gehalt herausfiltern lässt. Es berührt in seiner Weise, sich zeigend zu verbergen. Und da – in diesem Gefühl von Nähe zum Fremden – offenbart sich mir *hinter* der schillernden Verheissung von Bedeutung auf einmal die Ahnung von einem Gehalt jenseits eines festzuschrei-

25 Hans Reichel,
Bilderbogen,
1951, Aquarell,
29x25,5 cm.

benden Sinns. Für einen Augenblick wird das Bild zur Metapher für die seltsame Reise unseres Lebens, welches sein Woher nicht kennt und das uns in seiner sonderbaren Selbstzufriedenheit zuweilen vergessen lässt, dass wir letztlich auch nicht wissen, wo es hinführt.

Morgen, so bleibt zu vermuten, wird mich Wols' *Voyage étrange* anderswo hinführen.

3.7. Hans Reichel, *Bilderbogen* verstaubter Erinnerungen

Hans Reichels Bilderbogen ist ein Aquarell auf hellbeigem, leicht strukturiertem Papier, es misst 29x25,5 cm (Abb. 25).

Dünne übereinander gelagerte, fast überall unregelmässig schwärzlich verschmutzte Malschichten in Ocker, Rot und Blau öffnen sich durch neun fensterartige, regelmässig in drei Horizontalen angeordnete Rechtecke auf einen wenig helleren Hintergrund: in jedem von ihnen ist eine kleine, transparent eingefärbte Zeichnung sichtbar. Der äussere Bildrand ist durch eine schmale, leicht dunklere Umrandung markiert. Zwischen den Binnen-Feldern sowie in den etwas dunkleren Randzonen rechts und unten befinden sich – meist in dünnen, oliv-braunen Pinselstrichen hingezeichnet – Andeutungen von Pflanzen, Spinngeweben, Vogelgefiedern, fischartigen Formen, aber auch Schnörkel und Tupfen verschiedener Grösse. Das rechte Seitenband zeigt ein durchsichtiges Herz, oben und unten umgeben von einer grösseren und einer kleineren, an Seifenblasen erinnernden Kugel. Unten in der Mitte lässt sich so etwas wie ein stilisierter Weihnachtsbaum mit rot brennenden Kerzen erkennen. Gleich rechts davon, in einem helleren Rechteck, bildet ein roter, liegender Sichelmond ein schalenartiges Gefäss für ein dunkelbraunes, von einer diskret orangen

Linie umfasstes Rund; die beiden Formen gehören zu den wenigen annähernd opaken Farbakzenten des Bildes. Rechts davon ist in einem hellen Carré mit roter Tinte das für Reichel charakteristische „R" als Signatur gemalt, darunter „1951", das Entstehungsjahr. In der rechten unteren Ecke steht in brauner Tinte der Vermerk: „No.53". Die fünf kleinen Felder der unteren Randzone werden mit ihrem farblich gedämpften Hintergrund im Unterschied zu denjenigen des Bildzentrums nicht als Öffnungen wahrgenommen.

Die neun leicht hochgestellten Fenster im Zentrum des Bilderbogens umschliessen von Hand in dünnen, dunklen Strichen, mit Bleistift oder Pinsel gezeichnete geometrische Muster sowie verschiedene, an Pflanzen oder Tiere erinnernde Formen, die – im Vergleich zum Gesamtanblick – vereinzelt etwas buntere und dichtere Farben zeigen. Jedes von ihnen deutet eine abgeschlossene Szene oder einen imaginären Ort an: zum Beispiel oben links ein Zelt aus zwei senkrecht verlaufenden, farbigen Tuchreihen mit einem überdimensionierten Knauf auf dem Dachfirst. Das rechts angrenzende zeigt ein Rahmenkreuz mit einem, wie die Pupille eines Auges starrenden, dunkel eingefassten Rund in seinem Zentrum. In den Ecken des Fensters ist diagonal je ein zunehmender und ein abnehmender Sichelmond, in der anderen Diagonale sind vielleicht eine Sonne und ein Stern sichtbar. Ein weiteres unten rechts öffnet sich mit seinem roten, seitlich drapierten Vorhang wohl auf eine Theaterszene: sorgfältig hingezeichnete Schnörkel, eine präzis ausgeführte Diagonal-Schraffierung an den Seiten und nicht zuletzt unten die beiden ineinander übergehenden, gegenläufigen Spiralen, die mit ihren punktartigen Zentren hinter einer kreisrunden Brille gleichwie aus dem Bild blicken, verstärken diesen Eindruck. Nun werden auch die anderen acht Fenster zu Bühnenfeldern; die Randzonen machen das Bild zu einem einzigen Theater, dessen Vorhang heute nicht für menschliche Akteure, sondern für eine Verlebendigung der Erinnerungen ausgedienter Requisiten aufzugehen scheint.

- **Ein Gedicht, das nie geschrieben wurde**

Reichels *Bilderbogen* von 1951 bedient sich der Metapher des Fensters, das sich wie das Adler-Bild und die *Composition* nicht auf eine dahinter liegende Welt öffnet, sondern mit merkwürdigen Dingen verstellt und verhangen ist. Gleichwohl verweisen Vorhänge und Zirkuszelt sowie die verblichenen Rauten eines einstmals farbenfrohen Harlekin-Kleids auf menschenlose Theaterszenen, die es zu entdecken gilt, welche uns aber in ihrer „Unwirklichkeit" immer wieder auf unsere Stellung als Beschauer eines gemalten Bildes zurückwerfen. Trotz der Aquarell-technischen Transparenzen wird die Materialität der Farben durch gewisse Verschmutzungs-Effekte sichtbar gemacht: wo Tiefenwirkungen entstehen könnten, verhindern Farb-Schlieren oder körperlose Formen diese Illusion. Abstrakte Elemente wie Kreis, Fächer, Strahlen oder Rauten wiederholen sich nicht nur von Fenster zu Fenster, sondern auch in den Zwischenräumen; es sind Symbole und Ornamente, wie sie jeder von uns schon in gedankenverlorener Kritzelei erfunden hat.

Das Bild hat in etwa die Masse des Kopfs eines erwachsenen Menschen; eine Auseinandersetzung mit seinen kleinteiligen Binnenbereichen setzt somit körperliche Nähe voraus. Gerne würde man auch gleich mit dem Ärmel den Eindruck einer Schicht von während Jahren angesammeltem Schmutz und Staub wegreiben, um der Erscheinung noch näher zu kommen. Aber nicht nur aufgrund dieser sichtbaren Spuren verblasster Zeit ist der *Bilderbogen* undurchdringlich: die Gegenstände, die es so nicht gibt, lassen sich nur schwer in ein Sinngefüge einbringen. Dennoch wirken die Formen bei längerer Betrachtung immer weniger abstrakt. Jedes der Felder lässt allmählich vor unseren Augen längst vergangene, glanzvolle Augenblicke eines fremd-vertrauten Lebens aufscheinen. Dieser kleine bildkünstlerische Kosmos ist wie ein Gedicht, das uns einlädt, in seine geheimnisvollen Welten einzutauchen, die ohne uns nicht wären. Es ist ein lebendiges Gegenüber, das sich nur offenbart, wenn wir uns auf seine wunderlichen Zeichen und Farbklänge einlassen. Dann wird es – mit Reichels Worten – „auch uns anschauen".[532]

3.8. Hans-Hermann Steffens, *Abandonné* – Sublimierung des Vergangenen

Alt muten die Dinge auf diesem Bild an; alt und im Stich gelassen. Und doch irgendwie anziehend in der Kraft ihrer unverwüstlichen Beständigkeit. Es sind Holzlatten mit angeschraubten und genagelten Metallbeschlägen, mit Schliess-Vorrichtungen und Scharnieren, die in Steffens' Mischtechnik von 1982 innerhalb von 23x17 Zentimetern mit der Zweidimensionalität der Malerei zu spielen scheinen (Abb. 26).

3. BILD-POESIE: EIN ERSTER EINBLICK

26 Hans Hermann Steffens, *Abandonné*, 1982, Mischtechnik, 23x16,7 cm.

Die nur stellenweise angedeutete Räumlichkeit in dieser bildnerischen Ansammlung von Holz- und Metallschrott in zarten Schattierungen von Blau-, Grau- und Lachstönen entsteht durch eine differenzierte Tonwert-Abstufung innerhalb der dargestellten Materialstrukturen. Fast durchgehend wird allerdings die dritte Dimension zusammen mit der stofflichen Ausdehnung der Elemente durch den stellenweise transparenten Farbauftrag wieder infrage gestellt. Farbkontraste und Strukturierung der Formen nehmen von einer fast flächig gemalten Hintergrundwand, die annähernd senkrecht stehende Holzladen suggeriert, zum ebenfalls vertikalen Holzbrett ganz im Vordergrund sukzessiv zu. So wirkt die Darstellung dieses vordersten, mehrfach mit Metall beschlagenen, etwas nach links geneigten Bretts in seiner von Regen und Würmern zerfressenen Körperlichkeit im Unterschied zu den anderen beinahe greifbar. Es sieht aus, als wäre es an seinen Untergrund fixiert durch mehrere, in ihrer einstigen Funktion schwer zuzuordnende Metallbeschläge, die bis hin zu den Schraubenköpfen gegenständlich anmuten. Es könnte sich um ein altes Türschloss handeln, dessen komplizierter Schliessmechanismus im Einzelnen nicht mehr nachvollziehbar ist. Oben scheint das Brett sichtlich durch eine schmalere, horizontal liegende Leiste befestigt zu sein, auf der mit durchsichtig rötlicher Farbe das Zeichen XI zu lesen ist. Die Leiste reicht seitlich weit über die aufsteigende Brettlatte hinaus und endet nahe dem linken Bildrand in einer Vorrichtung, an der ein topfartiges Objekt – es gleicht einem Wasserschöpfer – schräg eingehängt ist.

Die Gesamterscheinung des Bildes ist auf seiner vordersten Ebene im mittleren Drittel gezeichnet durch eine von unten links in die obere Mitte aufsteigenden und im nahezu rechten Winkel wieder nach rechts absteigenden, von Hand gezogenen, drahtig-schwärzlichen Linie, die in der ungefähren Mitte des rechten Bildrands endet. Da die obere Abwinklung um ein undefinierbares Rund herum angelegt ist und der Draht linksseitig eine längliche, rostfarbene Metallplatte erreicht, würde man an eine Ziehvorrichtung denken, die das Türschloss in Bewegung bringen könnte. Wären da nicht die Schrauben, welche die Platte optisch zwei- bis dreifach am Untergrund befestigt halten.

Nichts an dieser Ansammlung ausgedienter Baumaterialien ist beweglich; alle Mechanismen der Darstellung entbehren einer ersichtlichen Funktionsmöglichkeit. Gleichwohl erweckt die Konstruktion den Eindruck, als könnte man leicht am rechten Drahtende ziehen, um das ganze Gefüge in eine heiser knarrende Bewegung zu versetzen. Als verfestigte Spuren früherer Funktionen, die so weit in die Vergangenheit zurückreichen, dass sie sich keinem Verstehen mehr erschliessen, lassen sie sich dennoch lesen – und nahezu hören: wie eine knarrende schnarrende, klickende knackende, ächzende krächzende Musik aus Holz und Metall, die in feinsten Nuancen deren einstige Bestimmung in Erinnerung ruft.

- **Sicht- und hörbare Zeit …**

Abandonné! Weggeworfenes wird von Steffens zum Thema seines Bildes erhoben. Wie mit einer Bild-Kamera hält er einen Ausschnitt von einem scheinbar irgendwo verrottenden Verbund aus Holz und Metall fest. Das Bild präsentiert sich im Unterschied zu den bisher beschriebenen nicht als abgeschlossenes Universum, sondern lässt in seiner unspektakulären Erscheinung eher an einen verirrten Schnappschuss denken. Auf jeden Fall stellt es nichts dar, das eine besondere Bedeutung haben könnte. Der Maler gibt uns mit seinem Kleinformat ein präzis gewähltes Stück malerischer Wirklichkeit zu sehen. Zwischen den Transparenzen des Farbauftrags und der stofflichen Beschaffenheit der nahezu lebendig anmutenden Materialien lässt das Gemälde nicht nur ein schwer identifizierbares Übereinander von Schichten, sondern auch Spuren einstiger Funktionen durchschimmern. Ob es als Bild-Metapher der Vergänglichkeit verstanden werden kann? Ein eindeutiger Bild-Gehalt lässt sich nicht bestimmen. Zweifellos handelt es sich um ein abstraktes Bild. Oder vielleicht doch nicht.

Von Gegenständlichkeit kann nicht die Rede sein. Höchstens von Andeutungen. Von Erinnerungen vielleicht. Von Schönheit. Denn, so wenig glänzend und formvollendet sich der Anblick präsentiert: das Bild kann in der Harmonie seines Aufbaus, den sublimen Nuancen seiner Farben und der Prägnanz seines Ausdrucks nicht anders denn als „schön" bezeichnet werden. Für einmal ist es keine fingierte Kinderhand, die uns ihre Kritzelzeichnungen ans Herz legt. Im Gegenteil zeugt Steffens' Gestaltung sichtlich von höchstem technischem Können. Und doch hat die Stimmung dieses Bruchteils von Welt etwas Berührendes, das uns wie ein Lebendiges anspricht. Fast wie ein Märchen, in welchem das Unscheinbarste plötzlich in wunderbarem Glanz erstrahlt.

3.9. Didonet, *La magicienne*: Verheissung des Unmöglichen

Wie ein ausserirdisches Wesen scheint die Gestalt aus dem Nichts aufzutauchen. Sie nimmt die gesamte Höhe und ungefähr einen Drittel der Breite des 36x29 Zentimeter messenden Pastell-Bildes von 2006 in Anspruch (Abb. 27).[533]

Ihr mit königsblauen Zeichen und filigranen, hellen Verzierungen durchwirkter nachtblauer Mantel erstreckt sich über die untere Bildhälfte. Auf dem Kopf sitzt ein luftig-längliches Gebilde, das wie ein spitzer Zauberhut – oder ein unendlich langer, zylinderförmiger Kochhut – die seitlichen Begrenzungen des nur andeutungsweise vorhandenen Gesichts bis an den oberen Rand des Blattes fortführt. Über die ganze, in frontaler Ansicht präsentierte Figur hinweg verringert sich von unten nach oben die Dichte des Farbauftrags; ab der Halspartie und insbesondere im „Hut"-Bereich, der immerhin einen Drittel der gesamten Bildhöhe einnimmt, spiegeln sich die Farbtöne vom Hintergrund und dem kugelartigen, rostig-orange wirkenden Objekt in der Bildmitte. Der umgebende Raum wirkt atmosphärisch, einerseits weil die dünne, grau-blaue, mit flachgelegter Kreide angebrachte Pastellschicht überall das oliv-beige Büttenpapier durchschimmern

27 Didonet,
La Magicienne,
2006, Pastellkreide,
36x29,5 cm.

lässt. Zudem schweben zahlreiche Luftblasen, ein Baum-Blatt und kleine Farb-Partikel vor allem um den oberen Teil der körperhaften Erscheinung. Allerdings vermag kein Eindruck von richtigem Tiefenraum zu entstehen, weil perspektivisch ordnende Elemente fehlen. Die schwerelos wirkenden Kügelchen sind meist nur schlichte Farbtupfer in blau oder violett mit weisser Umrandung. Ihre Form spiegelt das erwähnte kreisrunde, orange Etwas, das uns von einer unsichtbaren rechten Hand der Figur entgegengestreckt zu werden scheint. Es sieht aus wie eine dunkelblau umrandete Laterne mit Längsstrebe, die einen rötlichen Schimmer durch die parallel verlaufenden Quer-Rippen wirft und damit den Brustbereich und die linke Wange um Weniges aufhellt. Die eigentliche Lichtquelle im Bild liegt hinter der Gestalt, wodurch sich diese optisch etwas vom Hintergrund abhebt. Ihr linker Arm ist mit weit ausholender Geste waagrecht nach aussen gestreckt – sie überdacht die hellste Stelle des Bildes, die weiter unten durch eine bläuliche Linie gegenüber dem Hintergrund abgetrennt ist.

Die *Magierin* wird eindeutig als Körper im Raum wahrgenommen, nicht zuletzt weil wir sie als menschenähnliche Figur deuten: Ist es unser Verstand, welcher die notwendige Tiefe konstruiert, so verleiht die Empfindung diesem fremden Wesen ihre physische Präsenz.

- **Zauber der Jetzt-Erfahrung**

Didonets *Magicienne* erweckt eine andere Art gemischter Gefühle als Klees *Angelus Novus* (vgl. Abb. 13; I, 6.2.). Sie lockt nicht wie jener mit ausgebreiteten Armen und lustiger Papier-Rollen-Frisur, um uns letztlich mit einer diffusen Beklemmung zurückzulassen. Die fast gesichtslose, in ihrer Erscheinung harmonisch wirkende Figur ist viel zurückhaltender; einfach nur für sich, in ihrer Welt, in ihrer eigenen Zeit. Dennoch greift sie in unsere Gegenwart; wenn sie sich vor unseren Augen von ihrem Hintergrund löst und uns bedeutsame Geschehnisse in Aussicht stellt.

Hebt sich das, was wir als ihren Körper wahrnehmen, ab der Bildmitte nach oben immer weniger von der lebendigen und doch undurchdringlichen Materialität des Hintergrunds ab, so wirkt ihr blaues Kleid gegen den unteren Bildrand immer schwerer und dichter. Die zunächst abstrakt anmutenden, blauen und weissen Ornamente nehmen, wenn wir sie aus der Nähe betrachten, vor allem im unteren Bereich fast gegenständliche Formen an: da taucht eine Tänzerin auf, die ihren Rock in die Luft wirbeln lässt, dort ein etwas steifer Diener mit einer zugeknöpften Livrée; springende Delphine erheben sich aus wogenden Wellen. Wenn man denn richtig hinschaut.

Nichts wird geschildert, aber alles ist da, um unserer fühlenden Imagination mögliche Wege zu weisen. Entsteigen die Luftbläschen, vom Licht der Laterne erwärmt, dem Kleid der rätselhaften Gestalt? Überall sind dort solche Punkte sichtbar, oftmals als Zentren von spiralartig bewegten Linien – als hätte die Magierin frisch gesponnene Lebensfäden zu dichten Knäueln gewickelt. Mit ihrem linken Arm scheint sie eine eigenartige Energie im Zaum zu halten und diese nur in kleinsten Sphären in den Bildraum zu entlassen. Ihre Augen blicken nicht in unsere Welt, sondern in sie selbst hinein. Würde sie sprechen, es müssten die lautmalerischen Sprüche einer Pythia sein: wie ein Orakel würde sie uns in einer funkelnden Undeutlichkeit Dinge zuraunen, die wir in unserem Innersten bereits wissen.

Allegorisch gedeutet könnte die *Magicienne* als Kunst-Metapher aufgefasst werden. Die Laterne und die luftigen Schwebepartikel wären Sinnbild für den Zauber, der uns zufallen kann: wenn uns wie aus dem Nichts die Erfahrung zeitloser Erfüllung als namenloses „Jetzt-Erleben" überrascht, das gleich einer Seifenblase für einen Augenblick einen geheimnisvollen, unantastbaren und nur in der Empfindung erreichbaren Kosmos zu umschliessen vermag.

3.10. Zwei Gegenbeispiele aus der Moderne

Anhand von Max Beckmanns *Kreuzabnahme* und Mark Rothkos *Gelb, Orange, Rot auf Orange* sind weiter oben die Vorkommnisse von Gefühlen und Stimmungen in Ausdruck und Erfahrung von Bildern beleuchtet worden. Diesmal sollen sie als Beispiele gegenständlicher beziehungsweise abstrakter Malerei auf das Vorhandensein prototypischer Merkmale von Bild-Poesie untersucht werden.

3.10.1. *Kreuzabnahme*: Ausdruck von Schmerz, Angst und Verzweiflung

Beckmanns ausdrucksstarke Darstellung der Abnahme Jesu vom Kreuz braucht kaum im Detail in Erinnerung gerufen zu werden: wer das Bild einmal eingehend betrachtet hat, wird es kaum mehr vergessen (vgl. Abb. 11; I, 4.3.1.).

Ähnlich wie Ankers Freundinnen-Gemälde wird die dargestellte Szene als Augenblick wahrgenommen, der sich aus einem vorangehenden ergibt und in eine Fortsetzung mündet. Beide Darstellungen sind in ein Narrativ von Tod und Trauer eingebunden; die „Kreuzabnahme" spricht zudem eine überindividuelle Legende an. Mit den Massen von 151x129 Zentimetern ist das Bild in etwa so hoch wie der Körper eines mittelgrossen Menschen von Kopf bis Waden – es ist also noch etwas kleiner als die *Grande Composition von Bissière*. Indessen wirkt es grösser, weil es formal und auch darstellerisch über die Bildränder hinausweist: die Szene zeigt sich als Ausschnitt. Von „abgeschlossenem, kleinen Universum" kann nicht die Rede sein.

Die Materialität der Farben sowie deren Auswahl stehen im Dienst der Darstellung: der Hintergrund ist zwar auch da wie zugemauert, dennoch bestehen eine klare Schichtung von Bild-Ebenen sowie perspektivische Hinweise. Die Proportionen der Körper sowie deren Ausformungen und Gesten mitsamt ihren Schatten sind expressiv überdehnt; ebenso die Gesichter, die in ihrer Überspanntheit eine gesteigerte Ausdruckskraft erlangen. Diese abstrahierenden Elemente erfüllen hier eine konkrete und eindeutig bestimmte Verweisfunktion.

Die Bedeutung dieses Bildes lässt sich leicht erkennen: Beckmann hat in brillanter Weise alle Stilmittel auf den Ausdruck von Schmerz, Verzweiflung und Angst ausgerichtet. Gleichwohl gibt es auch da Anzeichen von Mehrdeutigkeit, sei es im herausfordernden Blick von Maria Magdalena am rechten Bildrand, oder in den maskenhaften Gesichtern im Hintergrund. Diese auf uns gerichteten Augenpaare stören den kohärenten Ausdruck von Trauer und Furcht. Sie schaffen ein Moment der Uneindeutigkeit, wie es in fast jedem guten Bild zu finden ist. Auf der Seite der Bilderfahrung wiederum führt die Empfindung des Angeblickt-Werdens ein reflexives Moment ein. Liessen sich die beunruhigenden Blicke mit dem Adler-Auge in Klees Bild vergleichen, so liegt der Unterschied darin, dass es sich bei der *Kreuzabnahme* um einzelne Abweichungen vom sonst einheitlich erfahrbaren Bild-Gehalt handelt, wohingegen die oben vorgestellten poetischen Gestaltungen im Zusammenspiel mehrerer Stilmittel insgesamt einen nicht eindeutig bestimmbaren Ausdrucksgehalt hervorbringen.

Wie fast jedes Gemälde hat auch Beckmanns Darstellung insofern metaphorische Funktionen, als Farbe und Form auf einer flachen Leinwand in der Regel nicht nur sich selber darstellen, sondern sich zu einem Sinnbild ausserhalb des materialspezifischen Mediums fügen – in diesem Beispiel zur Momentaufnahme aus einer Geschichte. Alle Symbole sind leicht identifizierbar. Nicht so eindeutig war diese Zuordnung bei den Bildern von Bissière, Reichel, Steffens und Didonet. Können die Formen bei Klee zwar leicht als Adler, Mond oder Mensch erkannt werden, so erfahren sie in ihrem Zusammenspiel eine symbolische Auflaldung, die sich in unterschiedliche Richtungen deuten lässt. An „Märchen" und „Geheimnis" ist bei der *Kreuzabnahme* nicht in demselben Sinn zu denken.

Auch hier handelt es sich um ein beeindruckendes und berührendes Bild. Seine Schönheit indessen liegt nicht wie bei der *Magicienne* oder beim *Adler* in der harmonischen Ordnung und den motivisch wiederholten Anklängen der formalen und farblichen Komposition: im Gegenteil zeichnet sich die *Kreuzabnahme* durch optische Unruhe und Instabilität aus. Die Darstellung ist anziehend durch die Prägnanz seines starken Stimmungs- und Gefühls-Ausdrucks, der nur wenig Ambivalenzen zulässt.

Beckmanns Gemälde zeigt sich nicht als ein für sich abgeschlossenes, kleines und wohlklingendes Universum, sondern ist formal und inhaltlich Ausschnitt aus einer grösseren Szene. Es vermittelt uns – wie fast jedes Kunstwerk – nicht nur ein phänomenales Wissen über seine besondere Beschaffenheit und deren Wirkungen, sondern auch Erkenntnisse über uns selber und über die Welt, in der wir leben. Auch da besteht kein prinzipieller, sondern nur ein gradueller Unterschied zur Bild-Poesie.

Die signifikantesten Abweichungen von den oben beschriebenen Bildern, aufgrund welcher die *Kreuzabnahme* kaum als poetisch wahrgenommen werden kann, liegen jedoch letztlich im konkreten Ausdruck und in der linearen Zeitlichkeit seines Erzähl-Modus.

3.10.2. *Gelb, Orange, Rot auf Orange*: ein stimmungsvoller Klangteppich

Rothkos Farb-Komposition mit ihren annähernd monochromen Flächen wirkt durch die orange Umrahmung zwar gegen aussen abgeschlossen, das Innere dieses Kosmos zeigt sich allerdings als weitgehend leer (vgl. Abb. 13; I, 4.3.2.). Trotz des inneren Bildrands erweckt es zudem einen Eindruck von Unbegrenztheit, weil keine Zeichen, Formen oder Gestalten das Bildinnere strukturieren. Lediglich eine Horizontlinie teilt das Bild in zwei Rechtecke: oben gelb, unten rötlich. Seine Grösse entspricht annähernd der Kreuzabnahme. Wäre das Bild so klein wie etwa Klees *Adler*, es würde seine Wirkung kaum entfalten können. Seine körperliche Präsenz und die Grossflächigkeit seiner Erscheinung spielt eine massgebliche Rolle in dessen Wahrnehmung. Auch auf dieser Leinwand finden sich Spuren eines transparenten Farbauftrags, der einer darunter liegenden opaken Schicht eine gewisse Lebendigkeit verleiht. Im Unterschied zu den anderen Bildern fingieren sie keinen Durchblick, wenngleich sich die dunklere Zone im unteren Bereich mit dem oberen Gelb zur Vorstellung einer Art Tiefenperspektive verbindet. Die farbliche Materialität des Bildes tritt geradezu als „Programm" auf, glaubt man den Rezipienten, die – wir erinnern uns – aus konservatorischen Gründen dem Gemälde seinen Titel verliehen haben. Möglicherweise hat Rothko etwas ganz anderes im Sinn gehabt.

Der Ausdruck des Bildes könnte als Atmosphäre von beunruhigender Wärme umschrieben werden, die uns auf der Ebene unseres Leibes gleichsam unmittelbar anspringt, bevor sie sich in ästhetischem Sinn als eigentliche Bildstimmung wahrnehmen lässt. Diese ätherische Stimmung, wie auch immer sie interpretiert wird, bildet den eigentlichen Sinngehalt dieses Gemäldes. Kaum jemand wird die Erscheinung als „musikalisch" erfahren. Würden wir Klänge hören, so wäre es ein stimmungsvoller Klangteppich, der bewegungslos, gewissermassen im Zeitlosen ausgebreitet vor uns liegt: mit einer geringen wehmütigen, aber auch leicht bedrohlichen Assonanz, jedoch ohne Melodie noch Dynamik. Zur „Poesie" fehlen diesem Bild die „Worte", das heisst die zeichenhaft mehrdeutigen Verheissungen von wechselnder Lebendigkeit und Sinn.

3.11. Zwischenfazit: Gute Gründe für eine Anmutung „Bild-Poesie"

Die Analysen von sieben exemplarischen Bildern haben ans Licht gebracht, dass sie trotz der unterschiedlichen Erscheinungsformen und Maltechniken einiges gemeinsam haben. In den fortschreitenden Beschreibungen wurden diese Entsprechungen weniger streng systematisch gegliedert, Werk-Eigenschaften und Aspekte der Rezeption weniger konsequent getrennt: Der Aufweis einer inneren Verwandtschaft mit dem Gedicht erfolgte zunehmend über die Beschreibung eines Bildempfindens. Denn letztlich ist Bild-Poesie eine Sache der Intuition und des Gefühls, für welches es allerdings gute – weil am Bild nachvollziehbare – Gründe gibt.

Die als Bild-Poesie beschriebenen Gemälde zeigen alle mehr oder weniger ausgeprägte dichterische Elemente. Eine der wichtigsten Gemeinsamkeiten zwischen dem *Adler,* der *Grande Composition,* dem *Schleiertanz,* dem *Voyage étrange,* vom *Bilderbogen,* von *Abandonné* und der *Magicienne* ist ihre besondere Art, die Materialität von Farbe und Bildträger sichtbar zu machen. Der Farbauftrag ist durchgehend lavierend oder pastös-durchsichtig, was einen Blick „hinter die Materie" und damit eine Transparenz auf Sinn verheisst. In den meisten Fällen führen diese vermeintlichen Durchblicke die Augen auf ein Licht, das vom Bildgrund her an die Oberfläche zu drängen scheint und die Anwesenheit einer unsichtbaren, zuweilen als „magisch" empfundenen Dimension im Bild suggeriert. Diese Verweisstrukturen auf eine „tiefer liegende" Wirklichkeit werden motivisch verstärkt durch Andeutungen von Tor-Öffnungen und Fenstern sowie blasenartigen Binnenräumen, die mehr oder weniger suggestive Formen und Zeichen enthalten. In Bissières *Composition,* Reichels *Bilderbogen* und Klees *Adler* wird eine besondere Rhythmik von sich wiederholenden Elementen sichtbar: Kleinste Motive stehen in einem untereinander gleichberechtigten, nicht hierarchisch in die Gesamtkomposition eingegliederten Verhältnis – ähnlich den Zeilen oder Strophen eines Gedichts, denen auch isoliert noch ein höherer semantischer und affektiver Eigenwert zukommt als einem ebenso kurzen Fragment aus einem Prosatext. Diese Spezifität des Dichterischen zeigt sich ebenfalls in Klees *Einst dem Grau der Nacht enttaucht* (vgl. Abb. 19), in Didonets *Échiquier de Nostradamus* (vgl. Abb. 35), in Bissières *Chevrier* (vgl. Abb. 53), in James Coignards *Nature morte aux fruits* (vgl. Abb. 66) sowie in Meral Almas *Zirkus des Lebens* (vgl. Abb. 75).

In ihrer semantischen Offenheit zwischen Gegenständlichkeit und Abstraktion scheinen diese Bilder ganz einer inneren Ordnung und Harmonie zugewandt zu sein. Erst in einem emotionalen Mitgehen wird das verstörend mitschwingende „Unsichtbare" im lockend Sichtbaren erfahrbar. So liegt ihre ästhetische Schönheit und Berührungskraft nicht in der Anmut des Dargestellten, sondern im singulären und dieserart unwiederbringlichen Aufscheinen von lebendigem Gehalt, das uns für einen Wimpernschlag unseres linearen Zeitempfindens enthebt. In ihrem Drang zum Schönen vermittelt Poesie jenseits des intellektuellen Verstehens ein implizites Wissen um die Möglichkeit der Erfahrung eines vollkommenen Augenblicks. Wenn, mit Hans Reichel gesprochen, „das Bild mich anschaut", dann setzt, so meine ich, diese Erfahrung des Poetischen ein.

Viele dieser Merkmale können auch für Kunstwerke gelten, die nicht als poetisch zu bezeichnen sind. So wird etwa das Spiel mit der Bedeutungsoffenheit von fast jedem Bild der Kunst und vor allem der Moderne mehr oder weniger ausgeprägt verfolgt – Ausnahmen sind neben „Konkreter Kunst" auch viele konzeptuelle Werke. In den meisten Fällen handelt es sich um *graduelle* Unterschiede, was sich im Laufe weiterer Bild-Betrachtungen noch eingehender zeigen wird. Wie in der Lyrik kann auch im Bild-Bereich die Poesie höchstens über ein Ensemble von prototypischen Eigenschaften bestimmt werden. Diese werden im Schlusskapitel dieses Buchteils tabellarisch zusammengefasst (vgl. II, 7.).

Es mag ein gewagtes Unterfangen sein, über das Dichterische zwischen Wort und Bild vermitteln zu wollen. Allerdings sind die Unterschiede zwischen diesen beiden Medien aus der Sicht einer Spätmoderne, in welcher die Einteilung in Zeit- und in Raumkünste nicht mehr selbstverständlich ist, neu zu überdenken, was im vorliegenden Rahmen nur andeutungsweise geleistet werden kann. Im Zeichen der Gemeinsamkeiten wurden dichterische Worte in ihrer „zeigenden" Prägnanz dargestellt; poetische Gemälde indessen, etwa von Reichel oder Steffens, in ihrem fast hörbar raunenden Ausdruck. Beide dieser Spielarten von Poesie, das soll hier als ein wesentliches gemeinsames Merkmal noch einmal festgehalten werden, richten sich an die Bereitschaft der Rezipientin, sich sinnlich *und* affektiv auf sie einzulassen.

Wenn ich in den Beschreibungen bewusst die Titel mit einbezogen habe, so weicht dies vom Vorhaben ab, die Bilder zunächst ausschliesslich auf das Poetische in ihrer Struktur zu erkunden. Die Kenntnis der Titel prägt immer schon die Wahrnehmung. Sind sie fremdbestimmt, so spiegeln sie zumindest die Sicht eines oder mehrerer Rezipienten. Den Titel bei einer Bilderfahrung wegzudenken, wenn man ihn kennt, ist zudem eine Illusion. Ihn einzubeziehen ist indessen gerade bei bildpoetischen Gestaltungen nicht problematisch, da Überschriften wie *Mit dem Adler, Grande composition, Le grand voyage, Bilderbogen, Abandonné, La magicienne* nicht als Zielvorgaben, sondern als eine Art sprachliches Beiwerk zu begreifen sind.

In ähnlicher Weise wie die Kenntnis der Titel – und dies nun im Hinblick auf das Nachfolgende – fliesst insgeheim auch unser Wissen um die jeweilige Künstlertheorie, um biographische Gegebenheiten und nicht zuletzt um die Wirkungsgeschichte dieser Werke in unsere Vorstellungen von Bild-Poesie mit ein. Solche Aspekte sind bisher weitgehend ausgeblendet worden um sicherzustellen, dass sich die bildpoetischen Eigenschaften nicht ausschliesslich auf suggestive Künstleraussagen und schwärmerische Kritiken stützen. Meine eigene Wahrnehmung dieser Bilder, so versuchte ich zu zeigen, ist jeweils nur eine von vielen Möglichkeiten. Mit Martha Nussbaum gedacht: Es gibt keine „richtige", Rezeption, die allein aus der Analyse von Form und Struktur eines Werks hervorgehen könnte. Unsere Erfahrungen sind immer auch von unserem individuellen Werte- und Normensystem geprägt. Dennoch bleiben sie mit den werkimmanenten Strukturen eng verbunden.[534] Insofern dürfen nun auch Stimmen von weiteren Rezipienten dieser Bilder sowie Aussagen ihrer Schöpfer ergänzend in unser Verständnis von Bild-Poesie einfliessen.

4. BILD-POESIE ZWISCHEN MALER-POETEN UND TRÄUMENDEN REZIPIENTEN

Im Vorangehenden haben wir anhand von Beispielen festgestellt, inwiefern gewisse strukturelle und expressive Eigenschaften im Bild zu einer mit der Wort-Lyrik vergleichbaren Erfahrung von Poesie führen können. Vor diesem Hintergrund soll nun die der Bild-Poesie zugrunde liegende Idee von bildkünstlerischer Poesie – die *Art Poétique* – beleuchtet werden.

Der Maler-Poet Didonet hat 1995 in seinem Buch *L'art poétique mit Bissière, Didonet, Klee, Nebel, Reichel, Steffens, Wols* unter dem Autorennamen Karl Epstein die Notwendigkeit einer neuen Bezeichnung für Gemälde, die in einer inneren Verbindung zur Poesie stehen, dargelegt. Eine Benennung dieser künstlerischen Familie habe genügend offen zu sein, um unterschiedlichste Ausdrucksformen umfassen zu können.[535] Didonets Aufzeichnungen stehen am Ursprung dessen, was in dieser Untersuchung als „Bild-Poesie" bezeichnet wird. Mit dem Ausdruck „Bild-Poesie" schlage ich eine Umsetzung des französischen *Art Poétique* ins Deutsche vor. Die Inhalte entsprechen sich in ihren Grundgedanken weitgehend: Didonets Idee wird in der vorliegenden Studie fortgeführt und wissenschaftlich vertieft.

Nach einer ideengeschichtlichen Spurensuche zur Bild-Poesie werden Texte der sieben erwähnten Maler-Poeten sowie Einblicke in die Rezeption ihrer Bilder vorgestellt. Dabei fliessen auch Stimmen aus der jüngsten Kunstgeschichtsschreibung wie diejenige von Regine Prange, Daniel Graf und Marcelin Pleynet mit ein, um zu zeigen, dass Vorstellungen von einer bildkünstlerischen Poesie in der gegenwärtigen Kunsttheorie am Aufkeimen sind.[536] Pleynet untersucht in seiner Publikation *Comme la poésie la peinture* die Gemeinsamkeiten von Gedicht und Malerei und beleuchtet anhand von Beispielen die anregenden Beziehungen zwischen Dichtern und Malern.[537]

Das überlieferte Denken der Künstler muss insofern immer auch kritisch reflektiert werden, als es unsere Wahrnehmung ihrer Bilder unweigerlich prägt: Während der Malende einer inneren Kohärenz seiner künstlerischen Arbeit zu gehorchen hat, scheint er im Mitgestalten von deren Rezeption wie auch in der Selbstinszenierung weniger gebunden zu sein. Unter ähnlichen Vorbehalten werden auch Stimmen aus dem Publikum – von Kritikern, Zeitungsjournalisten und auch von Freunden der Künstler – hinzugenommen, denn immerhin spiegeln sie die Wahrnehmung dieser Bilder aus der Perspektive ihrer Entstehungszeit. Wird letztlich eine Feststellung von Bild-Poesie immer vom konkreten Gemälde ausgehen, so werden in einem zweiten Schritt sowohl das Wissen um die lebensweltlichen Umstände und die Einstellung des Künstlers als auch Kenntnisse des Zeitgeists, in welchem die Bilder geschaffen wurden, zum besseren Verständnis einer künstlerischen Ausdrucksweise beitragen. Solche Aspekte fliessen ohnehin unweigerlich in die Wirkungsgeschichte der Bilder ein und wir können im besten Fall eine reflexive Distanz zu ihnen einnehmen, wenn wir sie auch kennen.

So lautet die These dieses Kapitels noch ganz unvoreingenommen, dass die Maler-Poeten besonders sensible Menschen sind, unangepasst an die Anforderungen der Lebenswirklichkeit und ungeschickt im Umgang mit ihrem Umfeld, naturnah, verträumt und willens, sich selber und uns mit ihren „farbigen Gedichten" zu verzaubern.

4.1. *Ut poesis pictura?* Ideengeschichte der These „Bild-Poesie"

Als Einstieg zu dieser Schrift ist die im Nachdenken über Kunst historisch immer wiederkehrende grundlegende Frage thematisiert worden, ob sich verschiedene Künste vermischen können, ohne ihre Eigenart und Eigenständigkeit zu verleugnen. Von Gotthold Ephraim Lessings Anliegen, die Kunst streng nach Gattungen zu trennen, war eingehend die Rede (vgl. I, 2.3.3.). Hundert Jahre nach Lessing, in der Mitte des 19. Jahrhunderts, unterschied Charles Baudelaire Gemälde, die eine Dichtung zu illustrieren versuchen, von „poetischen Gemälden" im eigentlichen Sinn: Poesie könne nicht vom Künstler verordnet werden, sondern höchstens entstehen, das heisst im Betrachter „erweckt" werden. Dennoch sei sie in bildkünstlerischen Gegebenheiten verankert.[538]

Elisabeth Hirschberger erläutert die von Baudelaire, dem Dichter und Kunstkritiker, festgestellte Strukturanalogie seiner Gedichte mit den Bildern von Eugène Delacroix, die in der Verselbstständigung der Farben ihre Materialität ansatzweise sichtbar machen: Baudelaire stellte – ganz im Sinne des von Horaz ursprünglich intendierten und später unglücklich interpretierten *Ut pictura poesis* – fest, dass die Textstruktur seiner Gedichte ebenso wenig auf ein lineares Verstehen abzielt wie das Bild, und dass beide eine Art Rätsel verkörpern.[539] Ein semiotisch angelegter Vergleich von Dichtung und Malerei führt Hirschberger zum Ergebnis, dass beide Medien als zeichenhafte Umsetzung derselben künstlerischen Anliegen verstanden werden können. Die beiden Medien haben weder eine ideologische noch eine verfahrenstechnische Vorbildfunktion füreinander, können sich aber gegenseitig beflügeln, wie die kongenialen dichterischen Evokationen von Paul Éluard zu Bildern seiner Freunde Max Ernst, Joan Miró, Pablo Picasso und Marc Chagall zeigen.[540] Éluard sieht die Verbindung zwischen diesen beiden Medien als „symmetrische Interaktion" im Bestreben, eine neue Wirklichkeit sichtbar zu machen. Damit finden wir den oftmals formulierten Anspruch von Klee wieder, der auf malerische Weise einer intrinsischen Verwandtschaftsbeziehung zwischen Malerei und Poesie nachspürte.[541]

Ab 1940 sprach Clement Greenberg mit seiner Wiederaufnahme und Aktualisierung von Lessings längst überholter Position, dass die Künste streng in die Schranken ihrer Gattungen verwiesen werden sollten, das vorläufig letzte Wort. Überreste seiner Vorbehalte gegenüber einer „romantisierenden Malerei", die ihr Medium – Farbe, Leinwand, Rahmung – gleichsam als physisches Hindernis zwischen dem Künstler und seinem Publikum betrachtete und dieses in Erzählung, Gefühl und Stimmung aufzulösen suchte,[542] blieben allerdings für das Kunstgeschehen des 20. Jahrhunderts noch weitgehend prägend, nachdem Greenberg die Malerei in eine sterile Materialität getrieben und er als Kunstkritiker seine Glaubwürdigkeit bereits eingebüsst hatte. Der daraus hervorgehende Argwohn der Kunstwelt gegenüber den möglichen affektiven Aspekten in der Malerei ist eingehend expliziert worden.

Erst in den 2010er Jahren sollte der Diskurs über eine mögliche innere Verbindung zwischen Wort und Bild im Kunstwerk wieder intensiviert werden. Pleynet unterstreicht, dass es nur wenige Kunstwerke plastischer oder literarischer Art der Gegenwart gebe, die uns nicht in irgendeiner Weise solche Fragen stellen; sie seien im Grunde eng mit den markierenden Elementen der Modernität verbunden. Die Begegnung des Malers mit dem Schreibenden bezeuge allgemein ein verborgenes Interesse an denselben Enthüllungen.[543] Für Pleynet, den Poeten, Romancier und Kunstkritiker, ist eine reziproke Durchdringung der verschiedenen Medien selbstverständlich.

Bildpoetische Gestaltungen sind weder über semantische Ähnlichkeiten noch über reine Strukturanalogien mit der literarischen Poesie vergleichbar, sondern sie sind dieser über ein Geflecht von formalen, strukturellen und wirkungsästhetischen Eigenschaften zugewandt. In diesem erneuerten Sinn möchte ich die von Horaz angestossene Denkrichtung im Rahmen dieser Schrift umkehren und das künstlerische Anliegen der modernen Bild-Poeten unter das Motto *Ut poesis pictura* – die Malerei sei wie ein Gedicht – stellen.

4.1.1. *Art Poétique* – Vorgeschichte des Begriffs

Für Horaz, den Dichter, war die Umkehrbarkeit seines Satzes kein Thema: Ihm ging es um die Frage, inwieweit Dichtung über eine bildhafte Prägnanz verfügen kann und soll. Auch der Ausdruck *Art Poétique,* den Nicolas Boileau als Überschrift für sein 1674 verfasstes „Poème didactique"[544] wählte und unter welchem Paul Claudel im 20. Jahrhundert eine Sammlung von Gedichten vereinte,[545] galt zunächst ausschliesslich der Dichtkunst. Eine erweiterte Perspektive erhält diese Bezeichnung im poetologischen Gedicht *Art Poétique* von Paul Verlaine, in welchem er sein poetisches Programm zunächst gegenüber der Musik öffnet. Es beginnt mit dem Imperativ: „De la musique avant toute chose!" Klänge und Farben vermischen sich im Gedicht an der Grenze zwischen Unschärfe und Form (la chanson grise, où l'Indécis au Précis se joint). Im vierten von neun Vierzeilern heisst es dann:

> Car nous voulons la Nuance encor,
> Pas la couleur, rien que la nuance!
> Oh! la Nuance seule fiance
> Le rêve au rêve et la flûte au cor![546]

Nicht auf die Laut-Farben des Worts komme es an, so könnte man diese Verse übersetzen, sondern auf die harmonischen Schattierungen ihrer Bezüge. Sie allein vereinen, was zusammengehört. Verlaine spricht nicht mehr wie Horaz das bildnerisch gegenständliche Moment der Poesie an, sondern die durch ihre spezifische Struktur erfahrbaren musikalischen Eigenschaften, die sie auch mit der Malerei gemeinsam habe.

Über Verlaine gelangte die Bezeichnung *Art Poétique* zum französischen Maler-Poeten Didonet, der sie ab den 1990er Jahren auf bildkünstlerische Werke bezog:[547] Nach seiner Auffassung lassen sich die musikalisch-harmonischen Eigenschaften der Dichtung und ihre Weise, mit formalen Andeutungen zu spielen, in gewissen Gemälden wiederfinden:

> „La poésie est le résultat d'une mise en place des mots dans un ordre esthétique. C'est un choix délibéré de transcender ces mots pour leur donner une résonance particulière, jouant avec le pouvoir de cette résonance et de son impact. L'imagination, la sensibilité peuvent refuser la logique."[548]

Ebenso wie ein freier Gebrauch der Worte diesen eine besondere Resonanz verschaffen, ihren Sinn transzendieren und Vorstellungsbilder ausserhalb logischer Zusammenhänge hervorrufen kann, erschliesst auch der Maler mit Form und Farbe unvorgesehene Sinndimensionen. Offensichtlich sind sich diese Gesten ähnlich. Es ist nicht zufällig, dass Didonet mit Resonanz einen Begriff aus der Akustik wählt, die Musikalität spielt eine wesentliche Rolle in seiner *Art Poétique*: „La peinture nous restituera la poétique par notre disposition à entendre l'œuvre d'art." Auch gemalte Poesie müsse man nicht nur mit den Augen sehen, sondern in einem emotionalen Sinn wahrnehmen, gleichsam auf sie horchen.

Didonet charakterisiert die *Art Poétique* aufgrund ihrer vielfältigen Erscheinungsbilder entsprechend weit:

> „C'est la création d'un monde qui n'appartient qu'à l'auteur, mais un monde ouvert sur l'imaginaire de chacun, dans une qualité d'art certaine, et qui peut satisfaire à la fois les yeux, le coeur et l'esprit."[549]

Einer Kunst, die sich ausschliesslich an den Verstand richtet, fehlt seines Erachtens eine emotionale Dimension;[550] eine Kunst allein für die Augen, als reine Konspiration von Farben und Formen, wäre gehaltlose Dekoration, das Wohlgefallen ist oberflächlich und gebunden an einen Zeitgeschmack;[551] rein sinnlich erfahrbare Kunst, eine, die sich ganz ausserhalb des Verstandes abspielt, gibt es kaum. Nur wo die Rezipientin mit ihren Sinnen, ihren Gefühlen und ihrem Verstand angesprochen wird – das leistet für ihn „Poesie" – kann etwas aufleuchten, das den Menschen als Ganzen zu berühren vermag. „Le monde qui n'appartient qu'à l'auteur" meint nicht etwa die Spiegelung eines lebensweltlichen Universums, sondern lediglich den persönlichen schöpferischen Stil, um eine solche Berührungskraft hervorzubringen. Im Gegenteil – so betont Didonet mehrfach – hängt die Möglichkeit solcher Erfahrungen durch Bilder davon ab, dass der Künstler sich in seinen Schöpfungen von den eigenen Lebensumständen zu lösen vermag:

> „Modigliani, parfaitement conscient de sa mort prochaine, nous offrait les nus sublimes que nous savons. Van Gogh, dans une misère morale douloureuse et humiliante, nous inondait de soleils. C'est la raison pour laquelle je crois qu'un artiste, au prix de son calvaire, doit être un enchanteur."[552]

Der Künstler kann sich nur mitteilen, wenn er sein eigenes Leid zu transzendieren vermag. Der Maler-Poet vollbringt dies, indem er die natürlichen Erscheinungen transponiert, verwandelt. Von einer solchen schöpferischen Verwandlung der Lebensrealität spricht auch sein nachfolgendes Gedicht:

> Le chagrin du poète
> A glissé sur la rose,
> Elle en meurt
> A demi
> Et se métamorphose.[553]

Die Transposition eines Gegebenen, um diesem neue, ungeahnte Möglichkeiten von Sein und Sinn zu erschliessen, scheint für Didonet ein wesentlicher Aspekt der Poesie zu sein (Dok. 3). Es spielt keine Rolle, ob dieses Gegebene ein Stück Natur, ein Wort, oder ein Gefühl ist.

4.1.2. Anfänge von Didonets Idee einer poetischen Malerei

Didonet führte den Begriff *Art Poétique* erstmals 1986 als Titel seiner Einzelausstellung in Horgen ein (Dok. 2). Er bezeichnete damit seine eigene Kunst, vorwiegend Pastellbilder auf Papier, auf deren Passepartout er jeweils mit farbigem Stift einen kurzen Text – Gedicht oder Aphorismus – schrieb. Der Ausdruck *Art Poétique* wurde indessen von den entsprechenden Zeitungsberichten höchstens als Zitat des Ausstellungstitels angeführt, was damit zusammenhängen mag, dass Didonet zu diesem Zeitpunkt noch keine fassbaren Erläuterungen zu seiner Idee veröffentlicht hatte.

Die Kultur-Journalisten beschrieben die Bilder dieser Ausstellung jedoch dahingehend, dass sich daraus zumindest eine Explikation des Poetischen im Bild ergeben könnte. So berichtet zum Beispiel die *See-Rundschau* vom 13. November 1986, ähnlich wie die *Wochen-Post am Zürichsee* von „in sehr sensibler Nuancierung hingehauchten Pastellvisionen, die in eine Traumwelt entführen". Der *Anzeiger vom Zürichsee* legt dar, wie sich die suggestiv wandelbaren Formen zu einem „Bild zwischen Traum und Wirklichkeit" verdichten: zu einem „Bild der Erinnerung, die keine zeitliche Bewegtheit mehr kennt, ungenau, verwischt und dennoch deutlich und vielleicht schöner als gewesen". Der *Anzeiger des Bezirkes Horgen* schreibt am 7. November, dass sich die Werke ebenso wenig exakt beschreiben lassen wie Träume, da sie etwas Volatiles hätten, „das einem zwischen den Fingern zerrinnt, wenn man es zu greifen und festzumachen versucht. Trotz grossem Anspruch und sanften Aussagen umschifft Didonet virtuos die gefährlichen Klippen des Kitschs. [...] Didonet glaubt man's, dass er nicht aus Unvermögen in eine schummerige Zone flüchtet". Mangels einer eindeutigen Zuweisbarkeit zu einer bekannten Kategorie bezeichnete der *Anzeiger vom Zürichsee* den Künstler als „modernen Klassiker" mit dem Verweis auf „surrealistisch ungreifbare Träumereien"; der *Anzeiger des Wahlkreises Thalwil* vom 7. November nennt ihn einen „Magier der Moderne".

Im französischen Sprachraum wird die Bezeichnung *Art Poétique* verständlicherweise leichter rezipiert. Im Zusammenhang mit der Ausstellung in der Galerie du Théâtre in Genf *L'Art Poétique et les Sculptures Permutables de Didonet*[554] wendet zum Beispiel die *Tribune de Genève* vom 24. Juni 1988 diesen Begriff attributiv auf die Bilder an: „La fin du réseau linéaire de détails subtils s'inscrit dans les somptueuses harmonies colorées de Didonet. C'est à juste titre qu'on a parlé d'un art poétique." Mit derselben Selbstverständlichkeit wird der Begriff in der Zeitung *Construire* vom 6. Juli aufgenommen und kommentiert, es wird von einer „transfiguration poétique" gesprochen, die Didonet bewusst einer intellektualisierten Abstraktion entgegenhalte. Intuition wird als Gegenkraft zur Ratio verstanden, wenn es da heisst: „L'art de Didonet est d'abord d'intuition. Là où la raison perd des droits, la poésie invente aussitôt de nouveaux térritoires." Dazu trage auch die Pastelltechnik bei: „Le pastel est, dans l'œuvre de Didonet, comme le poème dans celle des romanciers: une sorte d'essence plus subtile."

Aus der Ausstellungskritik vom 14. Juni in der Zeitung *La Suisse* wird dann zum ersten Mal von dem frisch erschienenen Buch *Didonet et l'Art Poétique*[555] berichtet:

> „Cela fait des années qu'Henri Didonet travaille sur la lumière et la couleur. Il vient de faire une synthèse de ses expériences et l'offre au public sous forme de livre; une réflexion sur l'art poétique."

Das Buch steht den Journalisten zu diesem Zeitpunkt zwar zur Verfügung, sie finden darin ausser dem Titel aber kaum verbal konkretisierte Stellungnahmen zur *Art Poétique*. Indessen schien das Zusammenspiel der Bilder mit den Wort-Gedichten im Buch nicht nur für Didonet, sondern auch für die Kritiker genügend Begründung für eine solche Überschrift zu sein: Die Poesie ist wie von selbst in die Bild-Rezeption eingeflossen. Erst im Interview durch Jacques Bofford für die Revue

Paris Match vom Juni 1988 findet man eine erste Explikation von Didonet: „L'art poétique, c'est une mise en condition de rêver."⁵⁵⁶ „Zum Träumen verleiten", das ist nach Didonet eine der Eigenschaften, die dem Kunstwerk über die Zeit hinweg Dauer verleiht: „Seul le rêve a le pouvoir d'apprivoiser le temps."⁵⁵⁷ Im Laufe der Zeit sollte sich sein Konzept der *Art Poétique* zusehends präzisieren.

4.1.3. Art Poétique oder Bild-Poesie zwischen Mimesis und Abstraktion

Eine weitere Explikation von *Art Poétique* setzt Didonet in deren Abgrenzung gegenüber Abstraktion und Gegenständlichkeit:

> „La peinture figurative impose la nature.
> La peinture abstraite suppose la nature.
> L'Art Poétique transpose la nature."⁵⁵⁸

Gegenständliche Malerei legt die Natur fest. Abstrakte Malerei denkt die Natur. *Art Poétique* verwandelt die Natur – oder, freier übersetzt: sie macht die dichterische Prägnanz des Gewöhnlichen sichtbar. Poetische Bilder, wie sie Didonet versteht, sind dem Natürlichen immer nahe und nie ganz losgelöst von unserer Lebenswirklichkeit.

Auf die Neigung der Dichtung zur Abstraktion ist eingehend hingewiesen worden (vgl. II, 2.2.4.). Abstrahierende Verfahren scheinen über die musikalischen Qualitäten der Lyrik in die Malerei gelangt zu sein: Otto Stelzer zeigt, dass Kandinsky seine Konzeption des „inneren Klangs" in der Malerei zunächst deutlich auf die Dichtung und anschliessend erst auf die Musik bezog.⁵⁵⁹ Als gleichsam hörbare Harmonie haben abstrahierende Tendenzen Einzug ins bildkünstlerische Genre gehalten. Allerdings tendiert die reine formale Abstraktion, etwa die kubistisch-analytische Zergliederung eines Bild-Motivs in eine nahezu ungegenständliche Erscheinung, dazu, das Sujet der lebendigen Welt zu entfremden.⁵⁶⁰ Anders zeigte Klee, wenn er in seinen Bildern zwischen abstrakten und gegenständlichen Elementen neue Realitäten schuf, das Abstrakte weniger in der formalen Reduktion einzelner Gegenstände als in der aperspektivischen Durchgliederung des Bildfelds und letztlich in der semantischen Unzugänglichkeit eines Inhalts.⁵⁶¹ Regine Prange spricht von einer „unreinen, das Sujet als Material wieder einbeziehenden Abstraktion" bei Klee.⁵⁶²

Wie ein Dichter wohlbekannte Worte verwendet, um durch ihre besondere Verknüpfung zwischen Klang und Rhythmus nur schwer entschlüsselbare Sinngefüge hervorzubringen, so hat auch Klee mit farbigen Bäumen, Fuchs und Mond Undurchdringliches geschaffen. Abstraktion sollte auch für ihn kein Selbstzweck sein, sondern lediglich ein Mittel, um neues, ungeahntes Leben hervorzubringen. Zwischen Bild-Autonomie und Lebensbezug suchte er wie viele andere Künstler nach ihm seinen eigentümlichen schöpferischen Weg in einer dichterischen Transposition von Wirklichkeit.⁵⁶³

So finden sich auch bei Roger Bissière vergleichbare Vorstellungen von der Rolle der Abstraktion in der Poesie, wenn er Hans Reichels Bilder zwischen Traum und Wirklichkeit verortet:

> „Et puis parler du monde de Reichel … C'est aussi parler de celui qui m'est tellement proche. […] Des astres disparus. Des insectes improbables. Et de tous les rêves tendres qui par des chemins différents nous conduisent de l'autre côté du visible. Du côté de la poésie."⁵⁶⁴

Das Unsichtbare, Unwahrscheinliche, das sich hinter der Realität verbirgt, ist die Poesie, die auch bei Reichel zwischen formeller und informeller Malerei entsteht.⁵⁶⁵ Bissière positioniert auch seine eigene Kunst jenseits der beiden Extreme, wenn er im Jahr 1960 verkündet: „Je n'ai pas cessé de répéter que si j'étais non-figuratif, je me refusais absolument à être abstrait." Was immer ihn umgibt, fährt er fort, Landschaft, Himmel Licht, versuche er nicht zu imitieren, „je le transpose et le rétablis dans tout ce que je fais. […] Pour moi, un tableau abstrait est un tableau raté, toute vie en est absente, c'est comme si on empaillait le monde."⁵⁶⁶ Der Nachdruck, welchen Bissière seiner Absage sowohl an die Figuration als auch an die Abstraktion verlieh, mag seinen Ursprung im Streit haben, der zwischen 1950 und 1970 vor allem in Europa zwischen Vertretern dieser beiden Pole geführt wurde.⁵⁶⁷ Claire Stoullig führt im Katalog zu Bissière von 1990 aus, dass die französische Malerei allgemein als „janusköpfig" angesehen wurde, mit einem abstrakten und einem gegenständlichen Gesicht.⁵⁶⁸ In Deutschland tobte zur selben Zeit eine ähnliche Auseinandersetzung zwischen Abstrakten und Figurativen: „Das war wie Ost und West, wie kalter Krieg, und wurde in gleicher Weise behandelt", berichtet der Schweizer Künstler, Verleger und Ausstellungsmacher Johannes Gachnang.⁵⁶⁹ Inmitten dieser Kämpfe schufen Künstler wie

Klee, Wols, Didonet oder auch Gerhard Altenbourg (vgl. III, 2.1.) ihre geheimnisvollen Welten.

Für Didonet war und blieb die Prädominanz der reinen Abstraktion der fünfziger Jahre das Feindbild, dem er seine poetische Bildsprache entgegensetzte. Anlass dazu war ihm sein unmittelbares künstlerisches Umfeld Zürich: Die Konkrete oder Konstruktivistische Kunst von Max Bill, Peter Paul Lohse und Verena Loewensberg dominierte damals über mehrere Jahrzehnte das Kunstgeschehen dieser Stadt. Für Didonet war die geometrische Abstraktion der Inbegriff einer über fünfzig Jahre gealterten, entseelten und dekorativen Kunst (Dok. 1).[570] Die Veränderungen, welche die Bedeutung von „Abstraktion" über die Jahre erfahren hat, sind von ihm nicht wahrgenommen worden. Er verschloss sich gegen vieles, was in der aktuellen Kunstszene geschah und fror es gleichsam ein in der Vorstellung einer Polarität zwischen Abstraktion und Figuration. Dennoch ist seine Intuition einer dazwischen liegenden poetischen Kunst, die seine Bilder mit dem Werk von unzähligen Malern gleicher Gesinnung verbindet, nicht von der Hand zu weisen.

4.1.4. Das Dichterische als überkategoriales Programm

Klee, so haben wir gesehen, bildet mit seinen Gemälden nicht die Welt ab, sondern bringt neue Universen hervor – er „macht sichtbar", was ohne ihn verborgen bliebe.[571] Mit diesem Anspruch ans bildkünstlerische Werk ist der Künstler schon sehr früh zum Fanal einiger Maler der Moderne geworden. Auch viele Kunstkritiker und Sammler waren von der formalen Ungebundenheit seiner Bilder fasziniert, wovon die gigantische und noch ständig anwachsende Menge an Literatur über sein Leben und Werk zeugt. Der dichterischen Dimension von Klees Schaffen wird allerdings erst seit jüngster Zeit zunehmende Aufmerksamkeit zuteil. Über die anderen sechs Künstler der *Art Poétique* gibt es im Vergleich zu Klee nur einen Bruchteil an Literatur und entsprechend wenige Hinweise auf poetische Aspekte in ihren Werken. Aus diesem Grund wird hier – im Sinne einer Rezeption des Forschungsstands – das Dichterische als überkategoriales Programm anhand von gegenwärtigen Untersuchungen zu Klees Œuvre beleuchtet.

Klee ist der älteste von den bisher genannten Dichter-Malern; geboren 1879 in Münchenbuchsee und gestorben 1940 in Muralto. In den späten 1890er Jahren denkt er ernsthaft über eine Laufbahn als Dichter oder Musiker nach. Die Musik sollte ihm auch als Maler immer treue Begleiterin bleiben. Und ebenso die Poesie, jedoch in einer ganz besonderen Weise. Als Klee beschlossen hatte, sich der visuellen Kunst zuzuwenden, „wurden seine interdisziplinären Leistungen zur wertvollen intellektuellen Währung", schreibt die Klee-Expertin Kathryn Porter Aichele.[572] Es handelte sich für den Maler-Poeten nicht so sehr um eine kategoriale Veränderung, expliziert sie in *Paul Klee, Poet/Painter*, als um die Wahl einer Ausdrucksform, die zur Erfahrung des Poetischen zu führen vermochte.[573] Während die Dichter der Avantgarde zuweilen mit lautmalerisch abstrakten Wortgebilden die Grenzen der Poesie in Richtung der Musik sprengten oder mit Figurengedichten in die Bildwelt eindrangen, begann Klee umgekehrt das Dichterische mit Farben und Formen ins Bildliche zu transponieren.[574] Auch Daniel Graf zufolge lenkte Klee seine Laufbahn „vom Lyriker hin zum mit poetischen Mitteln arbeitenden Bild-Künstler". Das Dichterische hat sich dadurch ganz zur Metapher verschoben: „Ich wurde", schrieb Klee selbst in sein Tagebuch, „Dichter in meinem bildnerischen Werk."[575] In einer höchst aufschlussreichen Untersuchung *Jenseits des Gedichts. Paul Klee als Poet* beschreibt Graf, wie sich Klees poetische Begabung zunächst ganz dem Klang und Rhythmus der Worte zuwandte und diesen Eigenschaften allmählich auch bildlich nachzuspüren begann.[576] Das lyrische Prinzip der Verdichtung zeigt sich in der komplexen Verweisstruktur von Klees Gestaltungen, in welchen sich das Poetische ins Intermediale öffnet.[577] Wie ein Dichter verschränkte er auch im Bild Konkretes mit Abstraktem und wurde zum „Meister der Aussparung, mit einem Gespür dafür, wie gerade diese ein Mehr an Bedeutungsebenen schaffen kann".[578] Die erlangte Vieldeutigkeit schlug sich wiederum in der Sprache nieder:

> [Klees Bildtitel werden für den Künstler zum Ort der sprachlichen Kontaktaufnahme, zum] „Sprechakt, mit dem das Kunstwerk über den Bildraum hinausgreift und auf der Schwelle zum Betrachter seinen Interpretationsappell an diesen richtet. Das ist nicht allein ein Überschreiten der Bildgrenze, sondern in der Verführung zu Aufmerksamkeit auch ein Buhlen um Zeit".[579]

Viele von Klees Titeln, etwa *Fermate beim Tod einer Schlange*, können fast als eigenständige Miniatur-Gedichte verstanden werden[580] und als solche fügen sie

28 Paul Klee, *Stuhltier,* 1922, Wasserfarbe und Tinte mit Gouache auf Papier und Karton, 47,6x61,3 cm.

dem Sichtbaren eine weitere Bedeutungsebene hinzu. Zuweilen erfand der Maler auch einfach Wortgebilde wie *Lomolarm* für eine weinende Figur, oder *Stuhltier* für eine hybride Erscheinung zwischen Möbelstück und Lebewesen (Abb. 28). „Das Dichterische muss bemüht werden", explizierte bereits Will Grohmann, „weil die bildnerischen Prozesse neu sind und ihre Ergebnisse vorher nicht existiert haben."[581] Allerdings hätte Klee seine Schöpfungen auch mit „Komposition Nr. X" bezeichnen können. In den meisten Fällen hat er sich dafür entschieden, durch assoziativ richtungsweisende Sinnbilder zu evozieren, was sich der Festlegung entzieht. Das Dichterische findet dergestalt über das Bild zum Wort zurück.[582]

Unter dem Leitmotiv des Poetischen zwischen Wort und Bild sah sich Klee an keines der künstlerischen Programme seiner Zeit gebunden; er experimentierte gleichsam über die gängigen formalen Regeln und Grenzen hinweg mit dem Ziel, „das Ich zum Gegenstand in ein über die optischen Grundlagen hinausgehendes Resonanzverhältnis [zu] bringen".[583] Dieses interdisziplinäre Vorgehen zwischen Dichtung und Malerei machte es für die Kunstkritiker seit jeher schwierig, sein Werk einer der bestehenden Kunstrichtungen zuzuordnen.[584] Trotz mancherlei klassifikatorischer Bemühungen galt Klee allgemein als Sonderfall unter den zeitgenössischen Künstlern; als autonome Figur, die – so Christine Hopfengart – „jenseits aller Kunstgesetze nur dem eigenen schöpferischen Impuls gehorcht"[585]. Und dieser Impuls ist geprägt von seiner Natur als Dichter und Musiker. In seinen Bildern findet sich, das haben wir an Beispielen feststellen können, eine gewisse Anmut in der Ausgewogenheit der farblichen und formalen Komposition und es ist kaum zufällig, dass der Künstler auch diese Stimmigkeit in der Sprache der Musik denkt. So schreibt er in seinen autobiographischen Texten: „Für meine [malerische] Kompositionsweise ist wesentlich, dass Disharmonien […] der Werte durch Gegengewichte ins Gleichgewicht gebracht werden, und dass dadurch die wiedergewonnene Harmonie nicht schwächlich schön sondern kräftig wird."[586] Bemerkenswert ist in dieser Notiz unter anderem, dass es Klee anscheinend nicht um eine durchgehende Organisation in der Konsonanz von Farb- und Form-Akkorden geht, sondern um deren spannungsreiches Wechselspiel mit dem Disharmonischen. Dieser Gedanke ist uns bereits bei Theodor Adorno begegnet (vgl. I, 2.2.).

Bezeichnet die Literaturwissenschaftlerin und Dichterin Sarah Wyman Klees Gemälde schlichtweg als Gedichte,[587] so könnte dies für jedes der sieben vorgestellten Bilder der *Art Poétique* gelten. Das Dichterische – so lassen sich diese Stimmen aus der gegenwärtigen Klee-Rezeption deutend auf die anderen Künstler übertragen – war das einzige Gesetz dieser Maler: es war ihr eigentlicher „Stil". Ihre individuelle Formensprache lässt sich in keine formale Kategorie einordnen. Sie ist so eigen wie es die Künstler selbst gewesen sein mussten. Gemeinsam, so wird sich nun zeigen, bilden sie dennoch so etwas wie eine künstlerische Familie von Einzelgängern.

4.2. Bild-Poeten: Eine ideelle Gemeinschaft von Solitären

Einer „Gemeinschaft" von Dichter-Malern haftet naturgemäss der Makel des Illusionären an, denn es scheint zur Eigenart des Poeten zu gehören, sich als Aussenseiter wahrzunehmen. Trotz einer Neigung zum Einzelgänger könnten sie dennoch in unsichtbarer Weise miteinander verbunden sein; im Sinne von geistiger Kohärenz zwischen besonderen Individualisten.

Im Folgenden soll anhand von Selbstaussagen und Einblicken in die zeitgenössische Rezeption ihrer Kunst untersucht werden, was die von Didonet exemplarisch genannten Künstler der *Art Poétique* verbindet und was sie dennoch unterscheidet.

4.2.1. Paul Klee: „Diesseitig bin ich gar nicht fassbar"

Das Abseitige gegenüber den künstlerischen Vorstössen seiner Zeit wurde von Klee durchaus aktiv gepflegt, sowohl in seinen Bildern als auch in seinen Schriften. Dieses Image als Aussenseiter unter den Menschen sollte durch seinen Sohn Felix posthum gleichsam verewigt werden: sechs Jahre nach dem Tod seines Vaters im Jahr 1946 liess er dessen in der Überschrift zitiertes „Bekenntnis" in die Grabplatte des Berner Schosshaldenfriedhofs meisseln (vgl. II, 2.6.2.). Klee scheint bis zum Ende seines Lebens an seiner Selbststilisierung als dem banal Menschlichen entrückter Schöpfer festgehalten zu haben. In vielen seiner Gedichte und anderen Texten steuert Klee aktiv die Wahrnehmung sowohl seiner Person als auch seiner Kunst, indem er als Wunschbild eine „intuitiv entwickelte Beschreibung eines präfigurierten Künstlerbildes" pflegte.[588]

Die Tatsache, dass Klee immer nur „Klee" sein wollte und sich auch sein Werk jeglicher Zuordnung zu einer bestimmten künstlerischen Stilrichtung sperrte, blieb prägend für seine Rezeptionsgeschichte. Während und nach dem ersten Weltkrieg, ein Jahr nachdem Beckmann seine *Kreuzabnahme* gemalt hatte, schuf Klee Bilder wie *Mit dem Adler*, die von einigen Kritikern der Realitätsferne bezichtigt wurden. Klees Anhänger sahen die Notwendigkeit, den Künstler den gegenwärtigen, realitätsbezogenen Erwartungen zugänglicher zu machen. Klees damals wichtigster Fürsprecher Will Grohmann versuchte in seinen Kritiken, den „weltabgewandten Träumer" sowie den „Sonderfall" von ihm abzustreifen und ihn „als diesseitig durchaus verhafteten, bewussten und ernstzunehmenden Künstler" darzustellen.[589] Hopfengart spiegelt in ihrem Buch *Klee, vom Sonderfall zum Publikumsliebling* die abenteuerlich auseinander klaffenden Zuordnungen seiner Bilder zu künstlerischen Bewegungen, die untereinander nicht viel gemeinsam haben: sie erwähnt unter anderem den Lettrismus, die lyrische Abstraktion, den Surrealismus, die symbolische Abstraktion, den Primitivismus, DADA und nicht zuletzt den Expressionismus. Trotz solcher Vorstösse und ungeachtet seiner Lehrtätigkeit am Bauhaus habe man Klee als „absoluten Solitär wahrgenommen, der auf Grund einer ausgeprägten Individualität zu keiner produktiven Weiterverarbeitung geeignet ist und nur in seiner begrenzten Einmaligkeit begriffen und geschätzt werden kann. Diese Wahrnehmung änderte sich spätestens im Jahr 1945 mit der posthumen Veröffentlichung von Klees Jenaer Vortrag, welcher seinen Urheber zum „Gesetzgeber der modernen Kunst schlechthin" aufsteigen liess.[590]

Das Karussell seiner Rezepitonsgeschichte brachte regelmässig wiederkehrend Stimmen hervor, welche auf die Poesie in Klees Werk hinweisen. So nannte etwa Nello Ponente 1960 Klees Bilder „Gedichte, bestehend aus Zeichen und Formen anstelle von Worten und Tönen: vom Gedicht haben sie den Rhythmus, der ebenso poetisch ist wie musikalisch, die geheimnisvollen Unterbrechungen, die klanglichen Entfaltungen der formalen Elemente".[591] Allerdings sind solche Einschätzungen von Klees Bildern zu dieser Zeit selten. Es herrschte ein allgemeiner Konsens, dass Klee seinen Werken zwar Deutungshindernisse mitgegeben habe, aber gleichzeitig Bezüge und Verweise zu erkennen gebe, die eine Interpretation von seinen Bildern durchaus als richtig oder falsch erweisen müssen.[592] Sehen einige Kritiker zuweilen dennoch „märchenhafte oder ausserirdische Zusammenhänge" in ihnen und bezeichnen den Künstler schwärmerisch als „selbstversunkenen Träumer jenseitiger Seelenlandschaften",[593] so rechtfertigt sich eine solche Lesart durch manche selbstdarstellende Aussage von Klee, wie zum Beispiel in seiner autobiographischen Skizze von 1920, die folgendermassen endet: „Er freut sich seiner in der Stille einer arbeitsreichen Zurückgezogenheit. Träumend, schaffend, geigespielend."[594]

Letztlich scheint es Klee dem Rezipienten zu überlassen, wie dieser mit der inhaltlichen Uneindeutigkeit seiner Bilder umgeht. Sein Anspruch war, den formalen Anforderungen einer anwachsenden Bildstruktur zu folgen, um ein gutes Bild zu malen, wofür nicht inhaltliche Aspekte sondern technische Konsequenz und, wie er schreibt, „hinter der Vieldeutigkeit ein letztes Geheimnis" massgebend waren.[595] Trotzdem erlauben Klees Bilder auch wirklichkeitsbezogene Lesarten in Anbetracht der Tatsache, dass er als Künstler und auch als Privatperson existenziell der gesellschaftlichen und politischen Situation zweier Kriege ausgesetzt war. Ob er sich aber in seinen Bildern in verschlüsselter Weise politisch äussern wollte, bleibt meines Erachtens fragwürdig. Viele seiner damaligen Künstler-Freunde engagierten sich, einige liessen ihr Leben im Kriegsgeschehen, was zumindest auch ihm die Frage gestellt haben muss, ob die Kunst in unbehelligter Autonomie verharren darf. Vor diesem Hintergrund erhält die Uneindeutigkeit seiner Bilder einen pragmatischen Aspekt: An der Grenze zwischen Poesie und Wirklichkeit machen sie sichtbar, was die Betrachterin – damals wie heute – zu sehen bereit war und ist. Indem sich Klees Bilder nicht auf eine historische Lesart reduzieren lassen wie manche expressionistischen Werke, behalten sie eine künstlerische Unabhängigkeit und Aktualität jenseits des Zeitgeschehens.

4.2.2. Roger Bissière: „Je peins comme un pommier fait ses pommes"

Roger Bissière ist 1889 in Villeréal, Frankreich, geboren und 1964 in Boissièrette verstorben. Wie Klee gestaltete Bissière sein Schaffen unabhängig von den künstlerischen Erwartungen seiner Zeit. Er beschreibt es folgendermassen:

„Devant ma toile je ne pense pas au chef-d'œuvre, je ne pense pas au résultat, je me berce d'histoires improbables et je mets des couleurs dessus. Ces couleurs et ces formes n'ont d'autre désir que d'être celles de mes rêves."[596]

Unwahrscheinlichste Geschichten fügen sich bei Bissière zu traumgleichen Gestaltungen in Farbe und Form: das Bild wird gleichsam zu einer materialisierten Selbstschau. Dennoch machte sich Bissière durchaus theoretische Gedanken zur Qualität der Technik. In einem Brief von 1945 an seinen Sohn Louttre, der ebenfalls Maler war, reflektiert er etwa die Problematik der Farben in seinen Bildern: sie seien zu beschreibend und damit nutzlos. Er wolle von nun an die Farbigkeit seiner Bilder reduzieren auf einen warmen und einen kalten Ton. Er fährt fort:

„Rien n'est plus difficile que d'amener une tache colorée de façon à ce qu'elle paraisse indispensable et, au lieu de tirer ce qui l'entoure, lui donne au contraire de la lumière et de la cohésion."[597]

Die „tache colorée", der „farbige Fleck" liesse sich leicht durch das „Wort" im Gedicht ersetzen, dessen besondere Klangstruktur und Stellung für dessen Wirkkraft unersetzbar sind. Wir erinnern uns an Roman Jakobsons „poetische Funktion" als Spiel zwischen Selektion unter äquivalenten Worten und deren Kombination (vgl. II, 2.2.2.). Eine Farbe steht immer im Bezug zu einer anderen; es ist die Lichtführung, welche das Ganze zusammenhält. Bissières Anliegen scheint allem voran der Frage zu gelten, mit welchem Stilmittel er Emotionen ausdrücken kann:

„Mes tableaux ne veulent rien prouver ni rien affirmer, ils sont la seule façon en mon pouvoir de restituer des émotions indicibles autrement."[598]

Seine intimistische Malerei sucht dennoch einen Weg nach aussen, zu Menschen, die auch ihre eigenen Freuden und Leiden darin erkennen sollen:

„Je peins pour être moins seul en ce monde misérable. [...] Je voudrais que ceux qui regarderont ces images y reconnaissent un peu de mes joies et de mes peines qui sont aussi les leurs",

fügt Bissière hinzu. Der Einklang von Farben in ihren feinsten Schattierungen verdichtet sich für diesen Maler im Bild zur Utopie einer inneren Gemeinschaft mit Menschen, die sich so wenig wie er selbst in „dieser elenden Welt" zurechtfinden.[599] Es ist nicht erstaunlich, dass seine *Grande composition* in ihrer nahezu klanglichen Harmonie das Weltzeitliche hinter sich zu lassen scheint.

Vonseiten der Rezeption ist Bissière immer wieder als „Maler französischer Tradition" wahrgenommen worden, schreibt Claire Stoullig im Ausstellungskatalog von 1990: auf der einen Seite habe er nie ganz mit der künstlerischen Tradition gebrochen und andererseits sei sein Schaffensraum von kubistischen Erkenntnissen durchdrungen.[600] Und offensichtlich steht für Bissière die „Ordnung" (la règle) in permanentem Dialog mit ihrem dem Lebendigen zugewandten Korrektiv, der Emotion. In der Weise, wie seine Bild-Erscheinungen zwischen figurativen Anklängen und reinem Ausdruck oszillieren, nähern sie sich den Gestaltungen von Klee. Eine solche Ähnlichkeit im Ausdruck verleitet zur Frage, ob Klees positive Rezeption in Frankreich in der Mitte der zwanziger Jahre – als seine Akzeptanz in Deutschland nur zögerlich voranging –[601] nicht mit der französischen Affinität für den Dialog zwischen Gegenständlichkeit und Abstraktion in Verbindung zu bringen ist.

Im Unterschied zu den Mutmassungen der Klee-Rezeption jedoch bleibt es im Hinblick auf Bissière unbestritten, dass seine künstlerische Hingabe keinem gesellschaftspolitischen Engagement galt. Sie richtete sich an die Individuen, die in seinem bildnerischen Universum eine Quelle von Harmonie finden konnten, welche die Realität ihnen vorenthielt. Bissières Bilder seien keine Abbilder der Dinge, schreibt Daniel Abadie, sondern Spiegel ihrer Innerlichkeit (intimité), ihrer Erinnerungen. Oftmals sind sie nicht grösser als ein Blatt Schreibpapier, was ihnen zudem ein Flair von vertraulicher Mitteilung verleiht.[602] Wie Klee erschuf auch Bissière eine andere, neue Wirklichkeit jenseits des Überlieferten, in einer quasi-infantilen Zeichensprache oder „Ur-Sprache" die, so Abadie, ebenso unmittelbar wie zeitlos ist.[603] Einer inneren Notwendigkeit folgend, malte Bissière wie es seiner eigensten Anlage und seinem Können entsprach: „Je peins comme un pommier fait ses pommes."[604]

4.2.3. Otto Nebel: „Ich arbeite genau wie ein Landmann ..."

„... nur dass ich einen unsichtbaren Acker so bestelle, dass er sichtbar wird."[605]

Otto Nebel, geboren 1892 in Berlin und gestorben 1973 in Bern, sieht seine Kunst ähnlich wie Bissière als etwas Naturgegebenes, das nur hervorgebracht zu werden braucht. Auch sie bewegt sich zwischen zwei Welten: Grundsätzlich geht Nebel davon aus, dass „in der Kunst eine Grenze zwischen ‚abstrakt' und ‚konkret' gar nicht besteht, weil in der Kunst die Form der Ausdruck des Inhalts ist".[606] Dennoch trennt er aus pragmatischen Gründen nach seiner ersten abstrakt anmutenden Gouache „Scherzando" von 1938 in seinen Werklisten systematisch das Ungegenständliche vom Gegenständlichen. Das mag auch damit zusammenhängen, dass die Salomon R. Guggenheim Foundation, sein einziger regelmässiger Käufer zwischen 1936 und 1949, sich ausschliesslich für abstrakte Bilder interessierte.[607] Viele seiner Titel stammten aus der musikalischen Terminologie, so zum Beispiel „Fuge in Grau-blau": Damit erlangen seine Werke vordergründig einen musikalisch-abstrakten Inhalt.[608] Immer wieder verweist er durch seine poetischen Titel-Metaphern wie *Schleiertanz* auch in eine gegenständliche Richtung. Die beiden Pole scheinen auch da miteinander verbunden zu bleiben. Seine früheren, tendenziell figurativen Werke wie zum Beispiel die Kathedralbilder sind von abstrakter Linearität ge-

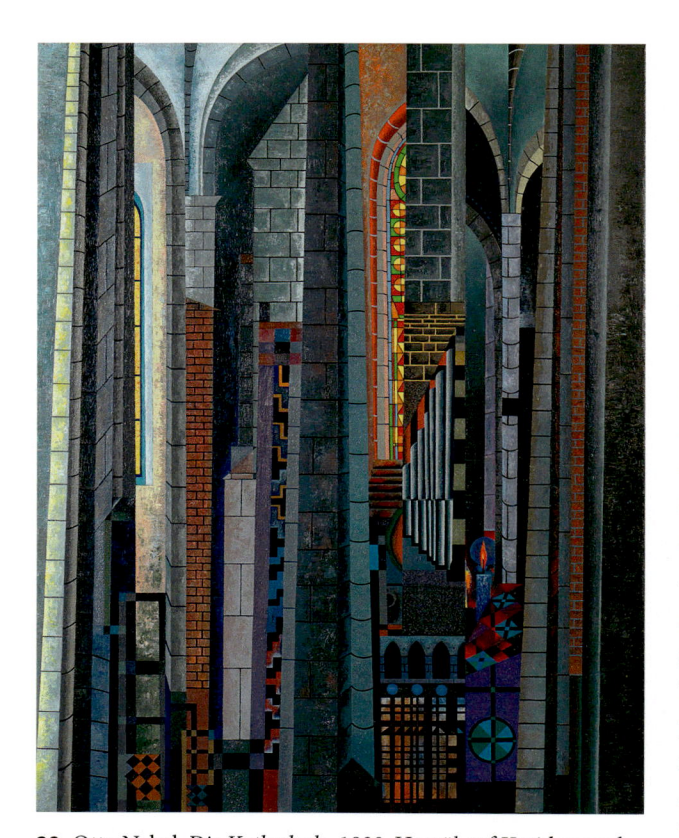

29 Otto Nebel, *Die Kathedrale,* 1930, Harzöl auf Kreidegrund und Leinwand, 132,5x102,5 cm.

30 Otto Nebel, *Seeland-Sage in Hellblau*, 1942, Öl und Tempera auf Ölgrund und Leinwand, 64,5x94,6 cm.

prägt (Abb. 29). „Ich will das Licht geben, keine dinghaften Erinnerungsbilder",⁶⁰⁹ steht in seinem Tagebuch geschrieben. Es geht ihm nicht um die Darstellung von Objekten, sondern um ihre abstrakte Seite, um ihre Dimensionen jenseits des Dinghaften. Indem Nebel in seinen Bildern das „Innenweltliche" vom „Aussenweltlichen" unterschied,⁶¹⁰ verwies er gewissermassen darauf, dass es sich um das Innen und das Aussen desselben Gegenstands „Welt" handelte, wodurch für ihn die Attribute „gegenständlich" und „ungegenständlich" offensichtlich ihre Polarität verloren. In einigen seiner Bilder sind abstrakte Zeichen geometrischer Art mit weichen, gleichsam organischen Formen in rhythmischem Reigen ineinander verschlungen, wie zum Beispiel in der „Seeland-Sage in Hellblau" (Abb. 30). Ein solcher Titel verleitet förmlich zur Imagination eines Geschehens, das einer geheimnisvollen Verschwisterung von Wort und Figur zu entwachsen scheint: „Meine Malerei ist Dichtung, die Schwester meiner Wortkunst", schreibt Nebel. „Wo die Sprache aufhört, beginnt die Runenordnung der Sinnzeichen." In diesem Verfahren sieht er ein „zeitloses Mittel, die unsichtbaren Befunde sichtbar zu machen".⁶¹¹

Nicht nur mit diesem Ausspruch rückt sich Nebel in das direkte Wirkungsfeld von Klee; immer wieder nimmt er Bezug auf dessen künstlerisches Vorbild: „Wir haben sehr nahe wesensverwandte Empfindsamkeiten und infolgedessen auch entsprechend ähnliche schöpferische Wirkkräfte," notierte er 1934 in sein Tagebuch.

Matthias Frehner spricht im Katalog zu Nebels Ausstellung im Kunstmuseum Bern, die 2012 unter dem Titel *Zur Unzeit gegeigt* stattfand, von Nebels „poetischer innerer Gestimmtheit".⁶¹² Seine bildnerische und seine dichterische Tätigkeit waren für ihn nicht zu trennen. Er hatte das Vermögen, schreibt Frehner, „[…] die Fläche im dichterischen Geiste zu beleben durch Formanordnungen, Konfigurationen und Erfindungsgebilde, welche kleine Nachbildungen von blossen äusserlichen Naturformen sind und sich dennoch, ja gerade deshalb nicht vom inneren Sinne alles Lebendigen entfernen".⁶¹³ Obgleich die „Gebilde" erfunden werden, haben sie einen direkten Bezug zum Lebendigen: Auch da zeigt sich, dass Ungegenständlichkeit für Nebel nicht Abstraktion bedeutet.

Poetische Gestimmtheit ist sicher ein adäquates Attribut für einen Gedichte schreibenden Maler, für den Wort und Bild grundsätzlich zusammengehörende Ausdrucksmittel sind. Frehner spielt damit indessen vor allem auf Nebels übersteigerte Sensibilität und nicht zuletzt auf seine Verletzbarkeit an: Der Künstler habe sich auch als Mensch unter Menschen nur schwer zurechtgefunden. Für Nebel ist „der verbildete Mensch unsrer Tage […] worttaub und bildblind", wobei es das dominierende Begriffliche sei, das sich vor die sinnlich-sinnige Wahrnehmung stellt.⁶¹⁴ Götz-Lothar Darsow erläutert, dass Nebels „Suche nach dem ‚Geistigen der Kunst' und seine Furcht vor ihrer metaphysischen Entleerung" sich auf der einen Seite in einem Kampf gegen das verführerische, rein Sinnliche und auf der anderen gegen alles einseitig Verstandesmässige äusserte.[615] Die Poesie des Sichtbarmachens geht also bei ihm mit einem besonderen Sensorium für das unbegrifflich Geistige in Wort und Bild einher. Sie scheint eine Art Grenzbereich zwischen Sinnlichkeit und Verstand einzunehmen, einen Ort zu erfinden, wo sinnliche Erfahrung und Geistiges einander nicht widersprechen: „Die mit Schau begabten, ebenso wie die Wisser um das Wesentliche, waren sich zu allen Zeiten darüber im klaren, dass in allen Künsten, und somit auch in der Malerei, das eigentlich Dichterische erst ein Werk zu einem Sinngefüge von unverwelkbarer Schönheit zu steigern vermag", schreibt Nebel.[616] Das Dichterische entsteht zwar im Werk, scheint aber von der Natur des Bild-Dichters selbst auszugehen, den Nebel – ähnlich wie Klee und Didonet – als mit übernatürlichen Gaben dotierten Seher bezeichnet. Nebel geht noch weiter in der Selbststilisierung indem er sich, zum Beispiel in Briefsignaturen, geradewegs mit dem Prinzip des Schöpferischen identifiziert.[617] Durch die Hervorhebung der „Poesie als Ursache einer Sinneinheit von überzeitlicher Schönheit" setzt er das Dichterische im Bild als annähernd höchstes Qualifikativ. Es führe zu einer bildimmanenten Harmonie, zu „zeitlosen heiligen Gleichnissen der ewigen Ordnung", zu einer klangvollen Gegenwelt wider die unerträgliche, aus den Fugen geratene Realität.[618]

Ähnlich wie für Bissière und Didonet war auch für Nebel seine Kunst Trost in der Einsamkeit. „An das Werk, das im Werden ist", schreibt er: „Du grosses Nahendes, immer Wachendes, immer Züchtigendes, Unerbittliches, Unbezwingliches, Ewiges! Du, meines Lebens Müssen, Trost, Sorge und Huld, – bewahre meinen Geist und meine zeitlose Liebe vor allem Grauen und vor der Verzweiflung!"[619] Er suchte in der Kunst sowohl eine persönliche Katharsis als auch einen Halt im Überweltlichen gegenüber einer ihn nicht verstehenden Welt, in der er sich als vernachlässigter Solitär fühlte.

In diesem Selbstbild des Abseitigen identifizierte sich Nebel mit Klee, dessen Situation er in seinem Nachruf „Dem Künstler und dem Freunde zum Gedächtnisse" folgendermassen beschreibt: „Ein halbes Erdenleben lang haben sie ihn verkannt oder verhöhnt und verlacht. Weil er ein Seher und ein Bahnbrecher war, ward er von den Verkrampften verneint."[620] In ähnlicher Weise spiegelt Didonet in seinen Schriften und Interviews vor allem die Schwierigkeiten und weniger den Erfolg von Klees künstlerischer Laufbahn: er habe wirtschaftlich nur überleben können, weil Lily den Haushalt mit Klaviertstunden über Wasser hielt (Dok. 3). In der Realität entsprach dies nur der Zeitspanne von ihrer Heirat 1906 bis zum Ende des Ersten Weltkriegs.[621] Klee hat es im Gegensatz zu Nebel und Didonet noch zu Lebzeiten zu einer gewissen Anerkennung gebracht; in dem Jahrzehnt nach seinem Tod aber übertraf seine Popularität diejenige der meisten seiner Zeitgenossen. Wenn sich Nebel wie Didonet aktiv in den glanzvollen Schatten von Klee gestellt haben, so galt das wohl einerseits einer Rechtfertigung ihres eigenen, spärlich sich manifestierenden Erfolgs sowie einer Nobilitierung dieses Unverstanden-Seins. Nicht zuletzt kann diese Bezugnahme als Ausdruck einer Hoffnung gesehen werden, dass auch ihr Werk in einer Art Nachleben eine zweite Chance erhalten würde.

4.2.4. Wols – Poesie als einzige Heimat

Mit diesen Worten wird Wols im Katalog seiner Ausstellung von 1959 im Kunsthaus Zürich durch Guido Magnaguagno eingeführt: „Seine einzige Heimat war die Poesie."[622] Ansonsten sei er ein Heimatloser gewesen, nicht nur als Deutscher in Frankreich: er war ein Irrlicht unter den Menschen und nicht zuletzt ein Solitär mit seiner Kunst, die allzu oft als autobiographisch missverstanden worden sei. Immer wieder wird Wols' Malerei mit seiner beelendenden Lebensgeschichte in Verbindung gebracht: Sein Exil aus Deutschland sowie ein Jahr „Internierungslager für feindliche Ausländer" in Frankreich mochten den 1913 in Berlin geborenen und 1951 nach einer Alkohol-Entziehungskur verstorbenen Otto Wolfgang Schulze in der Tat geprägt haben. Es ist nicht unwahrscheinlich, dass sich Wols' Sichtweise auf das Leben und die Menschen zumindest indirekt in seinen kleinformatigen Bildern niedergeschlagen hat. Die Handflächengrösse seiner Bilder war für Wols geradezu Programm: „Man erzählt seine kleinen irdischen Fabeln auf kleinen Stückchen Papier", lautet eine seiner viel zitierten Aussagen.[623] Und effektiv zeigen diese Miniaturen nicht die Wirklichkeit nach ihren äusseren Erscheinungen, sondern verklären diese zu einer Art geheimnisvoller Gegenwelt, in welcher sich neue Sinnzusammenhänge entdecken lassen. Ewald Rathke spricht von der inneren Anschauung einer „tieferen Schicht" von Wirklichkeit und schreibt Wols das epochale Verdienst zu, die Erfahrungsmöglichkeiten sowohl des Kunstwerks als auch der Realität verändert zu haben.[624]

31 Wols, *Sorcières en marche*, 1944/45, Tuschfeder, Aquarell und Deckweiss auf Ingres, 13x20,5 cm.

Die kaum übersehbare Nähe zu Klees bildnerischem Schaffen muss hier bewusst ausgeblendet worden sein. Wenn Rathke zu Wols schreibt: „Aus der Verknüpfung von Erfahrung und Erfindung entstehen Bilder, in denen die Wirklichkeit in die Welt des Traumes und der Traum in die Sphäre des Realen wechselt",625 so könnte das ebenso auf Klee bezogen sein. Trotz mancher offensichtlicher Korrespondenz zwischen den beiden Künstlern lässt sich jedoch nicht übersehen, dass Wols in seinen aquarellierten Tuschfeder-Zeichnungen wie auch in seinen Radierungen seine eigenständige Form von Verklärung der Wirklichkeit gefunden hat.

Nach dem Ende des Zweiten Weltkrieges schuf Wols in einer Zeitspanne von fünf Jahren Kaltnadelradierungen, die er mit eigenen und fremden literarischen Texten zu verbinden suchte. 1946 gelang ihm dies zum ersten Mal mit einem längeren Gedicht seines Freundes und Maler-Kollegen Camille Bryen: *Balaine ville* (Walfischstadt). Christiane Lukatis untersucht diesen „ungewöhnliche[n] Dialog zwischen Gedicht und Radierung": Ohne inhaltliche Beziehungen herzustellen habe Wols bestimmte Motive in seine Radierungen aufgenommen. Die Korrespondenz zwischen Wort und Linie liegt in der Struktur und der Kompositionsweise des Gedichts, stellt Lukatis fest. Bryens ungewöhnliche Metaphern, aber auch formale Strategien des Dichters wie Einschübe, Trennung von Zusammengehörigem sowie Zusammenfügung von Fremdem und sprachliche Ellipsen lassen keine eindeutige Interpretation zu. Entsprechend spiele auch Wols mit Unbestimmtheit und Mehrdeutigkeit, appelliere an ein assoziatives Sehen, wobei er diese Sehhilfen immer auch gleich wieder zurücknehme. Es seien, auch in den sieben weiteren von Wols „illustrierten" Büchern, keine Umsetzungen der Texte oder Gedichte, sondern kongeniale, bilddichterische Erfindungen, die lediglich den Charakter des Zugrundeliegenden widerspiegeln.626

Wols entdeckte Klees Œuvre in einer Ausstellung von 1926. Seine an diese Begegnung anschliessenden Zeichnungen zeigen immer wieder Ähnlichkeiten mit Klees Gestaltungen, konstatiert der Wols-Experte Philipp Gutbrod. Da Wols wie Klee ein leidenschaftlicher Geiger war, vermutet der Kunsthistoriker eine Seelenverwandtschaft zwischen den beiden.627 Gutbrod beschreibt denn auch die gleichsam musikalischen Bild-Elemente in Wols' Zeichnungen, die weiter oben in Form von „Rhythmus", „Harmonie" und „Wiederholung" als Kennzeichen des Dichterischen angeführt wurden: er spricht von einer „scheinbar chaotischen Linienführung [in welcher] wiederkehrende Motive entdeckt werden, die das Bild harmonisch gliedern", und welche Wols selbst als „Wellen" bezeichnete, „die immer wiederkehren ohne gleich zu sein".⁶²⁸

Mit Reichel und Steffens verbindet Wols eine fast symbiotische Nähe zur Natur, die sich in folgendem Aphorismus ausdrückt:

> „L'image peut avoir un rapport avec la nature
> comme la fugue de Bach avec le Christ;
> là, ce n'est pas une re-copie
> mais une création analogue."⁶²⁹

Die Beziehung des Bildes zur Natur ist für Wols nicht abbildend, sondern eine analoge Schöpfung, in welcher der Künstler – so liesse er sich in Didonets Sinn interpretieren – das Naturhafte transzendierende Klänge erfahrbar macht. Das Vollkommene oder „Göttliche" mochte sich für ihn in jeder Form von Schöpfung finden. So kommentiert auch Gutbrod: „Das sich in der Kunst oder in der Musik Verlieren, das in Einklang mit der Natur Sein, besass für Wols eine nahezu religiöse Komponente."⁶³⁰ In dieser Hinsicht ist Wols nicht nur Klee, sondern auch Nebel sehr nahe.

Viele seiner Bilder gleichen musikalischen Improvisationen; für sie mag die oftmals verwendete Bezeichnung „Lyrische Abstraktion"⁶³¹ angemessen sein. Wenn Wols' Gestaltungen jedoch wie in der *Seltsamen Reise* auch Gegenständliches aufscheinen lassen, wenn in andeutungsreichen Formen das abstrahierende Moment zum Mittel einer dichterischen Prägnanz wird, ist diese Zuschreibung nicht adäquat. Auch als „surrealistisch" können höchstens einige von Wols' Bildern aufgefasst werden. Grundsätzlich lag dem musizierenden und dichtenden Träumer alles Theoretische, das die Surrealisten beschäftigte, fern.⁶³² Treffender scheint Wols' Gestaltungsweise durch Will Grohmann beschrieben worden zu sein: Er sah ihn als Zeichner, der im Sinne von Klee arbeitete, ohne ihn nachzuahmen, und dabei eine eigentümliche „Verbindung des Bildnerischen mit dem Poetischen und Gestalthaften fand".⁶³³

Wols gab seinen Bildern keine Titel – er unterschrieb sie auch nicht regelmässig – sie wurden indessen aus verwaltungstechnischen Gründen posthum vor allem durch seine Witwe Gréty allmählich verbindlich benannt.⁶³⁴ Allerdings zielen diese Beischriften ganz im Sinne des Künstlers auf eine dichterische Weitung des Gehalts, wie das Beispiel *Sorcières en marche* zeigt (Abb. 31). Der Künstler hat sich zeitlebens gegen eine festlegende Deutung seiner Werke gewehrt. So heisst es unter einer seiner Zeichnungen: „Difficile de lire mes dessins? Les sentir ... Pas d'analyse ni d'explications s.v.p."⁶³⁵ Eine Charakterisierung als „Bild-Poesie" scheint diesem Anspruch auf eine intuitiv-emotionale Wahrnehmung in natürlicher Weise gerecht zu werden.

4.2.5. Hans Reichels Melodien in Farbe

„Ich glaube nicht, dass die Nachtigall, nachdem sie abends gesungen hat, sagen würde, ich habe gearbeitet. Ebenso wenig sind meine Aquarelle Arbeiten. Sie sind vielmehr Lieder, Gebete, kleine Melodien in Farben, die vielen Leuten Freude geschenkt haben, nicht mehr und nicht weniger."⁶³⁶ So lautet eines der wenigen Bekenntnisse von Hans Reichel zu seiner Kunst. Es zeigt seine Bescheidenheit, aber auch seine Andersartigkeit gegenüber anderen Künstlern. Nicht selten, erzählt Henry Miller, fand er den Künstler im Dialog mit den Fischen, die er malte.⁶³⁷ Seine Bilder waren für ihn scheinbar das Universum, in welchem er sich sicher fühlte. Nicht nur dieser „Einsame unter den Menschen", wie ihn Miller nennen wird, fand Halt in seinen Bildern: der französische Kunstkritiker Jacques Lassaigne bezeugt, dass sie ihm seit fünfundvierzig Jahren bei jeder Begegnung erneut Trost spenden.⁶³⁸ Reichels Bilder haben eine Berührungsmacht, welcher wir uns kaum entziehen können, wenn wir einmal in ihren Bann geraten sind. „He was a solitary individual, of course. Who that walks in beauty, truth or justice is not?" schreibt Miller 1962 im Vorwort zu Reichels Ausstellung in der Galerie Jeanne Bucher in Paris. „Somehow", fügt er hinzu,

> „I cannot visualize him other than the neglected one.
> The few who did understand him, did believe in
> him, sufficed to sustain him. He had need of so little,
> this strange, sensual ascetic. And often, shame to say,
> even that little was denied him."⁶³⁹

Reichel war laut Miller ein ewig Fremder auf dieser Erde; ein „poète maudit", dessen Bilder mit Gedichten oder musikalischen Kompositionen vergleichbar sind, weil sie gleichsam in Tönen anklingen.⁶⁴⁰ Der Fotograf Brassaï, Reichels langjähriger Freund und Fürsprecher, fügt hinzu, dass der Künstler „maladroit dans l'existence quotidienne", hilflos im täglichen Leben gewesen sei.⁶⁴¹

Oftmals wird Reichel eine zu grosse Nähe zur Bilderwelt von Paul Klee vorgeworfen. Annegret Hoberg zum Beispiel, damals Kuratorin an der Städtischen Ga-

32 Hans Reichel, *Grosser blauer Fisch,* 1951, Aquarell, 19x26 cm.

33 Paul Klee, *Der goldene Fisch,* 1925, Öl und Aquarellfarben, Papier, Karton, 48,5x68,5 cm.

lerie im Lenbachhaus, quittiert 1997 den Erhalt des Buches *Art Poétique* mit der Kritik, dass „der übermächtige Einfluss von Paul Klee" bei Künstlern wie Reichel und Nebel ihres Erachtens „an den Rand des Plagiats" reiche.[642] Der Kunsthistoriker und Museumskonservator François Mathey, Reichels wichtigster Förderer, erklärt, dass die augenfällige Affinität seiner Bilder mit denjenigen von Klee die Künstlerkarriere des Jüngeren einigermassen belastet habe.[643] Reichel habe indessen lediglich die ästhetischen Ansichten Klees geteilt: wie dieser sei er von der Notwendigkeit überzeugt gewesen, dass die Intuition sich frei und befreiend entfalten müsse, nicht als Illustration einer Idee, sondern als „das in malerische Wirklichkeit umgesetzte Gefühl".[644] Auch Brassaï räumt ein, dass Reichel, der Dichter und Schriftsteller war bevor er mit siebenundzwanzig Jahren zur Malerei fand, seinen entscheidenden Impuls von Klee erhalten habe. Gleich zu Anfang seiner Karriere im Jahr 1919 habe Reichel sein Atelier im Münchner Werneck-Schlösschen eingerichtet, wo auch Klee für drei Monate einquartiert war. Dort standen die beiden Künstler in regem Austausch; Musik und Poesie seien ihre gemeinsamen Vorbilder und Inspirationsquellen gewesen, schreibt Brassaï.[645] Bild-Dichter wie Reichel, fährt er fort, Urenkel der deutschen Romantik, rufen Resonanzen von Rhythmus und Melodie sowie Akkorde von Formen und Farben jenseits des Sicht- und Verstehbaren in uns hervor, die nicht nur unsere Gefühle sondern auch unsere Ideen spiegeln. Wie Klees Bilder richten sie sich ebenso an unsere akustischen wie an unsere visuellen Sinne. Sprach Brassaï Reichel auf solche Gemeinsamkeiten mit Klee an, erhielt er vom Künstler die Antwort: „Ceux qui me confondent avec Klee n'ont rien compris à Klee."[646]

Anders als Didonet bezieht sich also Reichel selbst nur im Sinne einer Abgrenzung auf Klee. Wenngleich einige seiner thematischen und formalen Motive der Bilderwelt seines vorübergehenden Weggefährten sehr nahestehen, sind sie mehr als Zwiegespräch mit den Werken eines Gleichgesinnten denn als deren Imitationen zu sehen. Reichels *Grosser blauer Fisch* (Abb. 32) kann auf keinen Fall von Klee stammen; zu sehr spiegelt er des Künstlers intuitiv-behutsame, eigenartig „warme" Beziehung zur Natur. Die Wasserpflanzen, der Schlamm im Bodenbereich sowie die sonnenartige Kugel erscheinen in gleichsam organischer Lebendigkeit. In Klees *Goldenem Fisch* (Abb. 33) hingegen ist alles Zeichen, Studie, Bildreflexion. Die bläulichen, runenartigen Wellen im annähernd schwarzen Wasser, die rundum am Bildrand angeordnete Vegetation sowie die gleichsam aus dem Bild schwimmenden, roten Fische inszenieren den titelgebenden, im Zentrum schwebenden Goldfisch in einer Weise, dass dieser mit seinen roten Borsten geheimnisvoll zu leuchten beginnt.

Letztlich trägt das Vergleichbare dazu bei, das Unvergleichliche wahrzunehmen: Werner Schmalenbach betont, dass „gerade die schicksalhafte Nähe [von Reichels Kunst] zu Klee ein Symptom ihrer Echtheit ist". Reichel habe seine höchst eigenen Saiten zum Klingen gebracht; es handle sich schlicht um eine Wesensverwandtschaft zwischen den beiden Künstlern.[647] Brassaï überliefert den anerkennenden Ausspruch von Klee zu Reichels *Poisson sous le firmament*: „Dans cette toile mon ami m'a vraiment dépassé."[648] Für Brassaï ist Klee ein „Erlöser der modernen Kunst", ein „Primitiver einer neuen Sensibilität". Reichel indessen bezeichnet er als Resonanzraum für diesen neuen Weg, in welchem er dennoch seine ganz eigene Ausdrucksweise entwickelt habe. Im Grunde aber seien die beiden Künstler von Natur aus verschieden gewesen: Klee, der grosse Erfinder neuer Formen und Techniken und Reichel, der seiner ersten Inspiration immer treu geblieben sei und auch innerhalb seines Gesamtwerks kaum Entwicklungen noch abrupte Kursänderungen kannte.[649] Ein offensichtlicher Unterschied zu Klee liegt auch darin, dass sich Reichels Bilder *zwischen* den Gegenständen bewegen und sich ihre Formen – vor allem im Spätwerk – allmählich nahezu in diffuse Lichträume auflösen (Abb. 34).

Reichel stand, wie die anderen Dichter-Maler, ausserhalb der Kunst-Strömungen seiner Zeit. Das Poetische in diesen Bildern, so haben wir gesehen, kann sich in unterschiedlichsten Gestalten manifestieren. Für Brassaï steht fest, dass Reichel mit seinen wundersam sichtbar gemachten Träumen das Gesicht der Kunst seiner Gegenwart in ganz eigenwilliger Weise verändert und sie um eine Tiefendimension bereichert hat.[650] Wer Reichel gekannt hat oder von seinen Bildern spricht, scheint fast unweigerlich in einen lyrischen Sprachduktus zu geraten – was ein Zeichen dafür sein mag, dass weder seine Bilder noch seine Worte als aufgesetztes Programm zur Steuerung der Rezeption zu deuten sind, sondern dass sein berührendes Wesen wie seine Bilder von selbst wirken, wo immer sie auftauchen. So schrieb auch der Galerist Jean François Jaeger an Reichel: „L'enchanteur que vous êtes n'est pas venu nous endormir, mais réveiller la belle au bois dormant oubliée dans notre for intérieur."[651] Reichel, der „Zauberer, der längst von uns vergessene Träume wieder zu erwecken vermag", ist 1892 in Würzburg geboren, lebte ab 1928 in Paris, wo er 1958 starb.

4.2.6. Hans Hermann Steffens – Poetische Bilder zwischen Konstruktion und Natur

Während seiner sieben Jahre strengsten Konstruktivismus, so berichtet Steffens in einem Interview mit Rainer B. Schossig, habe er gelernt, sich von allem abzuwenden, was Perspektive, Illusion, Anekdote oder erzählerisch war. Allmählich sei er sich jedoch bewusst geworden, dass alle „wie Apotheker" malten, indem sie das Bild im Voraus bis in seine letzte Ecke präzise planten, wodurch das Ergebnis voraussehbar wurde.

Steffens ist 1911 in Altona (D) geboren. Zwischen 1950 und 1957 lebte und arbeitete er jedes Jahr zwei Monate in Paris. 1958 wandte er sich von den Pariser Maler-Kreisen ab und übersiedelte in die Provence, wo er bis zu seinem Tod 2007 sein künstlerisches Werk vollendete. Er war betroffen vom Reichtum der Natur und ihren Farbskalen, berichtet er. Allmählich sei er in die Tiefen dieser Atmosphären eingedrungen, bis er so weit gewesen sei, den „Duft des Thymians" zu malen. Gerade in der Auseinandersetzung mit den Geheimnissen der Natur sei ihm allerdings das innere Formgerüst, das er von seiner konstruktivistischen Vergangenheit mitgenommen hatte, sehr hilfreich gewesen. Die „Poesie", die „Zartheit" und das „Geheimnis" seiner Bilder – Eigenschaften, welche diesen laut Schossig immer wieder zugeschrieben werden – erwächst aus dem fruchtbaren Zusammenspiel von geometrischer Strenge, Abstraktion und Naturerlebnis.[652]

Friedhelm Häring spricht von „poesievollen Schöpfungen", die Steffens parallel zur Natur als „meditative, gleichnishafte Erhellungen des Lebendigen" schafft.[653] Abkehr von der Mimesis an die Natur, um einen persönlichen Zugang zu deren unsichtbaren Facetten zu erlangen, sie hervorbringen und erlebbar machen: das könnte als programmatischer Weg für einige Künstler der Bild-Poesie gelten. Steffens' Bilder wirken unspektakulär, wenn man allein mit dem analytischen Verstand

34 Hans Reichel, *Herbstlich,* 1956, Aquarell, 47,5x31,5 cm.

an sie herantritt. Auch für ein vornehmlich sinnliches Erleben sind diese Kleinformate nicht wirklich geeignet. Seine stillen Arbeiten laden ein zum intimen Zwiegespräch, das – so Häring – „Freude und Anregung für Auge, Kopf und Herz" bedeuten kann.[654]

Robert Marteau sieht in jedem Bild von Steffens ein Gedicht, das sich in seinen fugitiven Erscheinungen weder dem Gehör noch der tastenden Hand ganz erschliesst:

> „On peut bien dire de chaque pièce de Steffens qu'elle figure un poème, composée qu'elle est de ce qui survient: fugace, mais qu'un oeil, qu'une oreille, une main s'essayent à saisir sans l'interrompre."[655]

Auch Steffens war Maler und Musiker, wobei die Musik allmählich hinter das Zeichnen und die Malerei zurücktrat, um latent in ihr anwesend zu bleiben:

> „De ce que chacun rejette, de ce que la science abandonne à la chimie, il tire par les tons la musique: ces formes que les teintures engendrent, et qu'elles accordent."[656]

Den elementaren Spuren von Schutt und Schrott vermag Steffens gleichsam musikalische Farbtöne zu entringen, die sich formend aufeinander einstimmen. Gleich einem Magier gelingt es ihm, das unscheinbare, als nutzlos ausgesonderte Ding mit neuem Leben zu erfüllen.

1995 besuchte Didonet Steffens in seinem ländlichen Anwesen in Gordes, um ihm das Projekt seines Buches *Art Poétique* vorzustellen. Es war eine berührende und eindrucksvolle Begegnung zwischen zwei Gleichgesinnten, welche ich damals miterleben durfte. Didonet hält Folgendes fest:

> „Lorsque j'entrai dans son atelier, ce fut pour moi à la fois grave et mélodieux. Les murs étaient tapissés de petites fenêtres qui s'ouvraient sur l'infini. Et au centre, un petit tableau de Reichel lançait un clin d'œil complice."[657]

Die Präsenz dieses einzigen Fremdlings unter den Bildern von Steffens zeigt, dass zumindest eine Affinität zu Reichel existiert haben muss. Didonet bat ihn um einen handgeschriebenen Text über seine Kunst, der im Buch abgebildet werden sollte. Das Originaldokument ist noch vorhanden, es heisst da:[658]

> „Ich komme oft in Verlegenheit bei der Frage: Was malen sie denn? Eigentlich weiss ich es selber nicht. Ein langer Weg des Suchens nach dem eigenen Ich, im Umgang mit Farben, Linien, Bewegungsabläufen und eventuell den verschiedensten Materialien. [...] Was zählt ist das Jetzt, das gerade Gelebte. Die Intensität, die zurückstrahlt auf den Betrachter."

Sein Blick, so scheint es, drang in die Materialien ein und verdichtete ihre einstmalige Funktion zu einer erfahrbaren Zeitlosigkeit.[659] Mit dieser Suche nach Intensität scheint auch sein Misstrauen gegenüber grossen Formaten verbunden zu sein: er empfand sie oftmals als dekorativ. Was ihn anzog, waren kleine Universen wie dasjenige der *Klöpplerin* von Vermeer oder einer chinesischen Tuschzeichnung.

Das Werk, schreibt Robert Marteau in seiner Monografie, bedarf für Steffens keines anderen Beweises als sich selbst. Und weiter:

> „Pour cela, il se garde solitaire, independent; il veille à ne pas se duper de quelque théorie, à ne pas s'entraver de concepts, se tenant attentif à ce que font ses contemporains, accueillant l'émotion ressentie, qu'elle vienne de l'œuvre d'art ou de l'objet hors d'usage."[660]

Steffens, der unabhängige Solitär, hütete sich wie Wols davor, in die Schlingen von Theorien und Konzepten zu geraten. Klee übte mit seiner Vielseitigkeit eine grosse Faszination auf ihn aus: „Heute gibt es kaum einen Maler, der nicht von sich sagen könnte, irgendeinen Bezug zu Klees Werk zu haben", vermutet Steffens.[661] Wenn er aufmerksam verfolgte, was seine Zeitgenossen tun, ging es ihm vor allem darum, Emotionen aufzunehmen und Anregungen zu erlangen, sei es aus Kunstwerken oder aus herumliegendem Abfall. Insofern mochte auch für seine Bilder die charakterisierende Bezeichnung Bild-Poesie genügend offen sein, um die Freiheit seiner einsamen Suche nach dem lebendigen Ausdruck seiner Natur-Empfindungen zu spiegeln.

4.2.7. Didonet – Le marchand de bonheurs

„Schicksalshaft allein" war Didonet als Mensch und als Künstler in seiner Zeit. Der Dichter und Kunstkritiker André Salmon hat ihm die Schwierigkeiten eines einsamen Weges bereits 1958 in einem Zeitungsartikel des *Journal de Sanary* prophezeit (Dok. 4).

Didonet ist 1932 in St.Étienne (F) geboren und 2009 in Montreux (CH) gestorben. Er stand schon mit dreizehn Jahren „allein in der Welt", wie er in verschiedenen autobiographischen Texten berichtet.[662] In seinen Büchern erzählt er – meist in gleichsam anekdotischer Beiläufigkeit – von den wichtigen Ereignissen seines Lebens: von der Militärdienstverweigerung durch Hungerstreik, der Freundschaft mit André Salmon, dem daraus sich ergebenden Zusammentreffen und der Ausstellung mit Picasso im Musée Grimaldi[663] sowie von seinen Begegnungen mit Jacques Villon, Marc Chagall, Joan Miró, Nicolas de Staël und Georges Braque; auch von seiner Teilnahme am *Salon de Sanary*, in welchem er zusammen mit all diesen Künstlern ausstellte. Nur teilweise lassen sich diese autobiographischen Angaben überprüfen, Dokumente und Zeitungsartikel belegen immerhin den Text von Salmon, die Ausstellungen in den südfranzösischen Museen und im *Salon* sowie von der Auszeichnung, die er 1960 dort erhalten hat. Nach seiner Übersiedlung in die Schweiz 1961 sollte das Künstlerleben für ihn wesentlich schwieriger werden.

Er war von da an als Mensch und Künstler sehr isoliert, was ihn dazu bewegt haben mag, in einer übernationalen und überzeitlichen künstlerischen „Familie" der *Art Poétique* eine gewisse Beheimatung zu suchen. Für sein Konzept diente ihm Klee als grosses Vorbild; schon in Frankreich hatte er dessen Bilder kennen gelernt. In einem Gespräch mit Picasso habe dieser anerkennend zu Didonet gesagt: „Klee reste le plus grand inventeur de notre siècle."[664]

Didonet experimentierte mit allen möglichen Mal-Techniken und Form-Gefügen, mit dem Ziel, so schreibt er, ein persönliches, von Klee losgelöstes und unverwechselbares eigenes malerisches Universum zu schaffen.[665] Aus technischer Sicht hatte das Bild in sich stimmig zu sein, das war seine Auffassung von handwerklicher Professionalität. Dennoch müsse man die Technik während des Malens vergessen, denn die Geschicklichkeit stelle sich in den Weg der schöpferischen Kraft (Dok. 1). Es gibt keine Formel für ein gutes Bild: Sein Eigenleben (l'âme du tableau) kann nicht erzwungen werden: Es ist das Bild selbst, das den Künstler leitet.[666] Ab den ers-

35 Didonet, *L'échiquier de Nostradamus,* 1994, Pastell, 35x35 cm.

ten Pastell-Kreidestrichen gilt es, den Eigengesetzen des Entstehenden zu folgen, in ständiger Ungewissheit, wo das Bild hinführen wird. Wodurch das Hervorgebrachte dann letztlich zum Kunstwerk wird, entzieht sich der Erklärung: „Ce qui est essentiel en art est inexplicable", zitiert er André Malraux (Dok. 1). Deshalb macht es seines Erachtens wenig Sinn, für das Verständnis eines Werks den schöpferischen Intentionen des Künstlers nachzuspüren. Didonet wollte auch seine Bilder nie erklären: entweder konnten sie in der Prägnanz ihres Ausdrucks als „lebendig" erfahren werden, oder sie waren missraten. Ein Titel war für ihn ein erster Wegweiser für eine sinnlich-mentale Reise, die letztlich von der Betrachterin allein unternommen werden muss (Abb. 35).

Didonet gehörte nicht zur Avantgarde und wollte dies auch nicht: für ihn machte diese Bezeichnung in Bezug auf einen lebenden Künstler keinen Sinn. Erst die Zukunft könne zeigen, was einst Vorhut des Gegenwärtigen war.[667] Eher sah er sich als Zeitgenosse vergangener Grössen, was sich in seinen Aufzeichnungen auch am hohen Stellenwert, den er André Salmons Zeitungsartikel einräumt, erkennen lässt. Das entscheidende Textfragment von Salmon lautet so: „Le jour où j'entrai dans l'atelier de Didonet, Sanary prit un instant les couleurs d'un Montmartre et d'un Montparnasse de ma jeunesse." André Salmon ist 1881 in Paris geboren! Er fährt weiter: „Comme aux jours des grandes batailles de l'art vivant, je reconnaissais un peintre assuré de son destin. [...] Aux temps héroïques que j'évoque, j'eusse tout de suite publié le nom de Didonet" (Dok. 4). Salmon hatte unter anderem Monographien über Georges Braque, Henri Rousseau und Amedeo Modigliani publiziert und war mit vielen Künstlern der Pariser Szene wie Picasso und Nicolas de Staël befreundet. Durch Salmon, diesen berühmten Dichter, mit den Grossen der künstlerischen Moderne Frankreichs verglichen zu werden, war für Didonet das grösste Lob, das ihm widerfahren konnte. Vonseiten der Galerien zeitgenössischer Kunst wurde sein künstlerisches Schaffen verständlicherweise als reaktionär eingestuft: seine Ausstellungsliste zeigt, dass er – nachdem er in früher Jugendzeit in einigen Museen Südfrankreichs ausgestellt hatte – in der Schweiz fast nur noch in kleineren Galerien und auch dort meist nur ein einziges Mal ausstellte (Dok. 5). Da es Galerien für zeitgenössische Kunst gab, andere für die etablierte klassische Moderne und viele für Sonnenuntergänge, gehörte der Maler-Poet nirgendwo richtig hin.

In diesem Licht erscheint Didonets proklamierte Zugehörigkeit zur künstlerischen Familie der *Art Poétique* als das Konstrukt einer Gesinnungsgemeinschaft, um seiner unzeitgemässen Malerei mit der Feststellung einer breiten und fortdauernden künstlerischen Bewegung im Zeichen des Poetischen einen gleichsam zeitgenössischen Rahmen zu verleihen. Aus ähnlich pragmatischen Gründen empfing er die Kunstsammler in seinem Atelier. Mit ihnen debattierte er über alles, was sie im aktuellen Kunstgeschehen sahen und oftmals auch hinterfragten. Aus solchen Begegnungen entstanden Privatsammlungen seiner Bilder, die heute vereinzelt über dreissig seiner Werke enthalten. Für diesen ständig anwachsenden Kreis von Anhängern schrieb Didonet *Raconte-moi l'Art,* ein Buch, in welchem er diese Gespräche aufzeichnete. Seine Publikation *Art poétique* widmete er allen „qui ont un sentiment dans le regard", den Menschen, die „mit dem Herzen sehen". Das Zürcher Sammler-Ehepaar André und Andrée Frey hat im Katalog von Didonets Ausstellung im französischen Musée Denon (1989) formuliert, was die Kunstsammler in seinen Bildern suchten (Dok. 6): „Ils nous racontent ce qu'il y a d'heureux dans notre propre histoire."[668]

4.3. Fazit: Gemeinsames in der Unterschiedlichkeit

Was trägt also das Selbstverständnis dieser Maler, was das Wissen um die Rezeption ihrer Bilder zur Feststellung des Phänomens Bild-Poesie bei? Individualisten waren sie alle, die sieben skizzenhaft vorgestellten Künstler der *Art Poétique*. Keiner von ihnen kümmerte sich mehr als es für sein künstlerisches oder wirtschaftliches Überleben nötig war darum, was in der Kunst gerade gefragt, was Mode war. Oder höchstens abgrenzend, künstlerisch antwortend. In ihrer Andersartigkeit waren ihre Bilder nicht einfach zu vermarkten. Auch diejenigen von Klee nicht. Die kleinen Formate vereinfachten die Sache nicht. Wenn sie, wie bei Nebel, einmal die Metergrenze überschreiten, so lässt sich das mit den Anforderungen des amerikanischen Markts in Verbindung bringen: Mit den Weltkriegen waren europäische Künstler in die Vereinigten Staaten geflohen und brachten von dort mitunter einen Hang zu grossflächiger Malerei zurück. Christine Hopfengart verweist darauf, dass sogar Klee sich um eine Vergrösserung seiner Bilder bemühte; er wusste von den Vorlieben des aufkommenden amerikanischen Kunstmarkts.[669] Die kleineren Bilder waren Sache einzelner Privatsammler; im Glücksfall fand sich einmal ein Galerist, der sich von diesen absonderlichen „Miniaturen" berühren liess. Zuweilen schätzten und unterstützten sich diese Künstler auch gegenseitig: Wols' erste Ausstellungen waren keine Publikumserfolge, berichtet Ewald Rathke, dennoch erweckten sie die Aufmerksamkeit einer Reihe von Künstlern, dazu gehörte der siebenundzwanzig Jahre ältere Bissière.[670]

Diese Werke sind schwer zu kategorisieren: die gängige Kunst-Terminologie war und ist auch heute nicht leicht auf sie anzuwenden. Als Einzelphänomene scheinen sie immer wieder durch den grossmaschigen Filter des wechselnden offiziellen Kunst-Kanons gefallen zu sein, was damit zusammenhängen mag, dass in der Kunstwelt der Nachkriegszeit das affektive Sensorium nahezu verkümmert war. Didonet hat versucht, mit dem Aufzeigen von schöpferischen Affinitäten im Zeichen des Poetischen auf eine überkategoriale Verbindung hinzuweisen: Damit bezweckte er nicht zuletzt, sich selber und anderen ein „öffentliches Gehör" – im Sinne einer erneuerten emotionalen Empfänglichkeit – zu verschaffen. Es reicht nicht, dass sich die Kunsthistoriker wie etwa im Fall Klee damit behelfen, solche Werke *zwischen* den gängigen Ismen anzusiedeln. Diese Künstler sind nicht einfach „zwischen" oder „anders", sondern sie lassen sich positiv als Poeten erkennen, was den Spielraum ihrer schöpferischen Individualität in keiner Weise verringert.

Die sechs erwähnten Künstler stehen alle in einer intellektuellen oder intuitiven Beziehung zu Klees Schaffen; Nebel und Reichel waren mit ihm befreundet. Reichel wiederum verkehrte freundschaftlich mit Bissière; Steffens mit Didonet. Aus den kurzen Einblicken in ihre Schriften und ihr Schaffen geht hervor, dass sie auch im schöpferischen Denken und Empfinden eine Art innere Verwandtschaft verband: alle waren sie Musiker und Dichter, am wenigsten gilt das für Bissière. In der Weise von Tonkünstlern locken sie durch das reizvolle Spiel der sinnlichen Anmutungen; wie Poeten verdichten sie ihre kleinen Universen zu einer visuellen Fülle, die sich in singulären Momenten der Erfahrung als möglicher Gehalt preisgibt, oder auch nicht. Fordern die kleinen Formate eine körperliche Nähe des Betrachters, so appelliert ihre intimistische, gelegentlich in einer pseudokindlichen Zeichensprache verfasste Ausdrucksweise an eine emotionale Anteilnahme. In diesem Erleben von physischer wie affektiver Nähe werden die Bilder als „authentisch" wahrgenommen; als „wahr" in dem Sinne, als ihre Erfahrung immer auch die sinnlich-mentale Verfassung der Rezipientin mit einbezieht.

Soziale Anliegen hatten kaum Eingang in die Schöpfungswelt dieser Dichter-Maler. Oder nur indirekt, denn letztlich sind sowohl Künstler als auch die rezipierenden Individuen mit ihren privaten Vorstellungswelten gesellschaftliche Elemente. In gewisser Weise haben sie alle ihre Arbeit als ein wohl durchdachtes und sinnlich-emotional laufend zu überprüfendes Handwerk betrachtet: war das Ergebnis in sich stimmig, konnte es – im Idealfall – zum Kunstwerk werden. Das Wesentliche, so scheint es, lässt sich nicht herbeizwingen, es kann höchstens entstehen. „Comme un pommier fait ses pommes", meinte Bissière. Und wie in der Natur ist das eine besser, das andere weniger gelungen, ein drittes vielleicht unverwertbar. Gaben die Künstler ihren Schöpfungen Titel, so führen diese oftmals vor die halbverschlossenen Tore eines Geheimnisses; gleichsam als Aufforderung, sich nicht nur mit Auge und Verstand, sondern auch mit Intuition und Gefühl auf sie einzulassen.

Als Aussenseiter stellten sich diese Individualisten dar und empfanden sich wohl auch als solche: fremd in dieser Welt und einsam. Poesie schien für sie eine Art Heimat zu sein, in welcher sie sich über die künstlerischen Emotionen in Wort, Musik und Bild verbunden fühlen konnten. Zweifellos hat eine wenn auch unterschiedlich dramatische Teilhabe am Krieg die Sicht dieser Künstler auf die Wirklichkeit mit geprägt. Steht die heutige kunsthistorische Forschung solchen Verbindungen zwischen Lebenslauf und Werklauf mit grosser Skepsis gegenüber, so kann dennoch angenommen werden, dass die biographischen Verhältnisse dieser Künstler nicht unbeteiligt daran sind, dass sie sich auch mit ihrer Kunst von der äusseren Welt abwandten, oder sie zumindest transzendierten. Die Frage, ob sie unter – historisch oder persönlich – unbekümmerten Umständen Gleiches geschaffen hätten, ist im Grunde nicht relevant.

Die Stimmen aus der Rezeption navigieren in den Bereichen „Poesie", „Traum", „Magie" und „Märchen". Sie sprechen von einer besonderen Innerlichkeit, die in den Bildern gleichsam als „vertrauliche Mitteilung" erfahren werden kann; von „überzeitlicher Schönheit" und Konsonanz zwischen Farbe und Form, welche sich nicht nur sehen, sondern auch hören und fühlen lassen. Immer wieder verweisen diejenigen, die den einen oder anderen der Künstler persönlich kannten, auf deren unangepasstes, solitäres Dasein sowie auf ihr Leiden am Leben und an ihrer Zeit. Mit ihren gemalten Universen, versichern einige Künstler-Freunde, wollten sie ihrer Lebenswirklichkeit eine andere Welt entgegenhalten, in welcher auch der Betrachter seine längst vergessenen Empfindungen und Träume wiederfinden sollte.

In diesem Kapitel wurde anhand einiger Aussagen der Künstler und vereinzelter Einblicke in die Rezeption ihrer Bilder gezeigt, inwiefern sie in ihrem Dasein als Solitäre dennoch als eine Art Gemeinschaft von Aussenseitern gesehen werden können. Es wird die Aufgabe des dritten Teils dieser Studie sein, durch die Untersuchung von weiteren Beispielen zu prüfen, ob und in welchem Mass auch jenseits der Werke dieser sieben Maler bildpoetische Gemälde zu finden sind und wie breit das Spektrum ihrer Ausdrucksformen sein kann, um dennoch als „Poesie" erfahren zu werden.

Zuvor aber sollen nun die Aussagen der Künstler und Kommentatoren sowie die grundsätzliche Legitimität des Einbezugs solcher Äusserungen in unsere Überlegungen zur Bild-Poesie kritisch beleuchtet werden.

5. KÜNSTLERBEKENNTNISSE – EINE KRITISCHE BETRACHTUNG

Die Bilder von Bissière, Didonet, Klee, Nebel, Reichel, Steffens und Wols verfügen, so ist deutlich geworden, über gewisse Gemeinsamkeiten, die sehr wohl unter dem Begriff Bild-Poesie zusammengefasst werden können. Die Künstler selbst haben ihre Affinität zum Poetischen über Aussagen und zuweilen auch über Gedichte bekräftigt. Ebenso wird vonseiten der Rezeption wiederholt die Erfahrung von Poesie geschildert.

Nun gilt es, kritisch zu hinterfragen, ob es sich bei den Künstleraussagen um reine Selbststilisierungen handelt, welcher die Rezeption – dazu gehört auch mein eigener Blick – bis zu einem gewissen Grad zum Opfer fällt. Die romantische Vorstellung einer alle Kreativität durchdringenden Dichter-Natur mag letztlich den Maler selbst dazu verleitet haben, ein Bild von sich „als Dichter" zu haben. Künstler wie Klee, Nebel und Didonet haben die Doppelrolle als dichtende Maler gelebt. Als Beispiel für einen umgekehrten Weg soll auch der Erzähler Peter Kurzeck zu Wort kommen: er hat sich zwischen Malerei und Literatur für ein in gleichsam dichterischen Sinnbildern malendes Erzählen entschieden.

Wir alle verbinden mit dem Wesen des Dichters gewisse Vorstellungen: wir sehen sie als Träumer, als inspirierte Wort- oder Bild-Magier mit einer besonderen Nähe zur Natur und wähnen sie oftmals in kindlich-spielerischer Unbefangenheit gegenüber dem, was wir selbst als Wirklichkeit betrachten. Einzelgängertum sowie ein gewisses Leiden an ihrer Andersartigkeit sind aus dieser Perspektive Folgen des „begnadeten Daseins". Solche Topoi können von einem Künstler auch aktiv bedient werden, um sich etwa über eines dieser Attribute das Image eines universal begabten Dichter-Schöpfers zu sichern. Eine solche Möglichkeit muss zumindest in Betracht gezogen werden.

Die These geht dahin, dass das Werk der erwähnten Künstler sehr wohl von einem dichterischen und von einem musikalischen Empfinden geprägt ist und es sich bei den Selbstzuschreibungen nicht ausschliesslich um eine künstlerische Positur handelt. Poesie scheint für Klee wie für seine Gesinnungsgenossen eine Antwort auf die allgemeine intellektualistische Grundhaltung ihrer Zeit gewesen zu sein. Zwischen Gegenständlichkeit und Abstraktion sollten ihre verklärten Welten sinnlich und emotional berühren, ohne sich dem denkenden Zugriff preiszugeben.

Die empfundene Nähe gewisser Gemälde von Bissière, Didonet, Nebel, Reichel, Steffens und Wols zu Klees schöpferischem Universum führt auch zur Frage, ob es sich bei diesen Künstlern um Klee-Epigonen handelt. Im Vergleich von besonders ähnlichen Bild-Erscheinungen werden die grundlegenden formalen Unterschiede zu Klees Gestaltungen aufgezeigt. Dennoch ist nicht zu übersehen, dass Klees Bild- und Gedankenwelt eine gewisse Anziehungskraft auf diese sechs Künstler ausgeübt hat. Die Korrespondenzen liegen in der *Art und Weise*, wie die mehrdeutigen Ausdrucksgehalte hervorgebracht werden.

Das vorliegende Kapitel macht sich zum Ziel, vorstellbaren oder von Skeptikern bereits geäusserten Vorbehalten einen Raum zu geben und so unvoreingenommen wie möglich auf sie einzugehen. So wird etwa die Frage, ob sich der Einbezug von Biographie und künstlerischen Schriften in Überlegungen zur Kunst rechtfertigen lässt oder ob diese den Blick für die Bild-Wirklichkeit verstellen, von manchen Kunsthistorikern heute noch mit dem Schlagwort „Biographie-Voyeurismus" in ihrem Keim erstickt: ein fast ausschliesslich strukturanalytischer Zugang zum Artefakt ist da Programm. Effektiv dürfen biographische Aspekte und selbstkommentierende Festlegungen vonseiten der Produzenten nicht für sich genommen zu einer Aussage über deren Werke verleiten: das Bild hat letztlich als Alleiniges seine Qualitäten zu offenbaren. Da jedoch im Vorangehenden die Bilder auf ihre immanenten Eigenschaften hin untersucht worden sind, scheint mir eine Ergänzung durch die Schriften ihrer Erzeuger insofern nicht bedeutungslos, als Selbstinszenierungen letztlich auch als Teil eines gesamtkünstlerischen Werks gesehen werden können. Da unsere Wahrnehmung von Bildern in jedem Fall auch von einer Kenntnis ihrer Wirkungsgeschichte geprägt und diese von künstlerischen Strategien der Rezeptionslenkung insgeheim mit angestossen worden ist, scheint es sogar sinnvoll, sie kritisch mit einzubeziehen.

• **Das französische Element**
Der Blick auf die Biographie unserer sieben Künstler zeigt, dass fünf von ihnen während längerer Zeit in Frankreich lebten und arbeiteten. Die Ausnahmen sind Klee und Nebel. Bei Klee beginnt allerdings die positive Rezeption seines Werks in Frankreich – was auf eine besondere Affinität des französischen Publikums zu seiner neuartigen Bildsprache hinzuweisen scheint.[671] Er selbst zeigte eine gewisse Liebe für die französische Sprache und Kultur, was nicht zuletzt damit zusammenhängen mag, dass seine Mutter in Besançon geboren ist. Es darf auch nicht vergessen werden, dass das künstlerische Geschehen in Frankreich und namentlich in Paris im frühen 20. Jahrhundert die gesamte Avantgarde prägte.[672] Anlässlich von Klees erster Einzelausstellung 1925 in der Kunstmetropole schrieb Louis Aragon im Vorwort des Katalogs dessen Aquarellen „légèreté", „grâce", „esprit", und einen einzigartigen „charme de la finesse" zu. Er fährt weiter: „Diese Anmut, mit welcher uns der Poet an den Grenzen der Imagination aufwartet, könnte als kindisch oder schwachsinnig aufgefasst werden, wenn man dem Buchhalter oder Handlanger glaubt, der auch das Wertvollste und Subtilste mit einem Schlag abzuurteilen bereit ist." Klees Gemälde zeichnen sich durch Qualitäten aus, die gemeinhin mit der französischen und nicht mit der deutschen Malerei in Verbindung gebracht werden, versichert Michael Baumgartner.[673]

Otto Nebel wiederum hat während seiner Reisen in die Normandie und seinem Paris-Besuch eindrückliche Mappenwerke, unter anderen *Eine Dichtung in Farbformen*, produziert.[674] Bissière und Didonet waren Franzosen; Reichel, Steffens und Wols haben als gebürtige Deutsche einen Grossteil ihres Werks in Frankreich geschaffen.[675] Zwar gab es vor allem während des zweiten Weltkriegs genügend Gründe, Deutschland zu verlassen; es ist indessen kaum Zufall, dass Reichel, Steffens und Wols nach Frankreich und nicht in die USA emigriert sind. Paris war zu dieser Zeit ein Schmelztiegel der künstlerischen Moderne; aber die Provence? Henry Miller bezeichnet Frankreich allgemein als das Land der unbegrenzten Möglichkeiten, von welchen gleichsam ein poetischer Appell ausgeht. Nichts ist vereinheitlicht, schreibt er, alles scheint willkürlich, ungeregelt und fantasievoll – vermengt mit Spuren von Alter und Verbrauchtheit, überzogen mit der Patina verflüchtigten Lebens.[676]

Wir erinnern uns, dass die französische Malerei allgemein als „janusköpfig" angesehen wurde: mit einem abstrakten und einem gegenständlichen Gesicht (vgl. II, 4.1.3.). Werner Haftmann nennt eine Gruppe jüngerer französischer Maler, die gleich nach dem Zweiten Weltkrieg unter dem Decknamen „Peintres de Tradition Française" die „poetischen Qualitäten, die sie in der Natur fühlten, durch die evokative Kraft der abstrakten bildnerischen Mittel auszudrücken suchten":

> „Inhaltlich ging es ihnen darum, die empfundene Fremdheit vor der sichtbaren Wirklichkeit, die das Verhältnis des modernen Menschen kennzeichnet, auf der Ebene einer poetischen Durchführung der Natur zu überwinden und in diesem inneren dichterischen Bezug wieder zu einem Einverständnis zu gelangen.[677] [...] Diese Weise der Verwandlung der Naturempfindung in visuelle Klanggebilde trägt auch das überraschende Alterswerk von Roger Bissière. [...] Abstrakt im Aufbau, sind sie doch erfüllt von Erlebnissen an Natur und Leben. Sie stehen im gleichen Zwischenreich zwischen Natur und der reinsten Poesie, die auch eine bevorzugte Domäne Klees war, dem Bissière sehr vieles verdankt."[678]

Haftmann nennt Künstler wie Jean Bazaine, Maurice Estève, Charles Lapicque, Jean Le Moal, Alfred Manessier und Gustave Singier, die von Paul Klee wichtige Hinweise „für die Verwandlung sichtbarer Motive in visuelle Dichtung" erhalten haben. Die Bilder dieser Künstler stehen oftmals in einer inneren Nähe zur Bild-Poesie: bei Bazaine, Estève, Manessier und Singier sind sie im formalen Vergleich zu dieser jedoch meist abstrakter; bei Lapicque und Le Moal entweder abstrakter *oder* eher im Sinne einer eindeutigen Identifizierbarkeit der Gegenstände figurativer. Klees Bildsprache hat also von französischer Seite nicht nur manch unübersehbaren Impuls erhalten, sie ist selbst wiederum zu einem fruchtbaren Nährboden für französische Künstler geworden.

Es wurde auch mehrfach darauf hingewiesen, dass das Französische weniger restriktiv mit den Begriffen „poésie", „poète" oder etwa „magie" und „rêve" umgeht als das Deutsche mit entsprechenden Bezeichnungen. Indem der Sprachschatz ein Weltverständnis nicht nur spiegelt, sondern dieses auch wieder prägt, könnte Bild-Poesie zunächst mit einem spezifisch französischen Blick auf die Welt wie auf die Kunst in Verbindung gebracht werden. Allerdings würde für uns dieses Phänomen dadurch nicht weniger wirklich, zumal es über Klees Bilder auch in der deutschsprachigen Rezeption einen eigentümlichen Resonanzraum gefunden hat.

Es ist anzunehmen, dass Wols', Reichels und Steffens' Wahl einer Heimat inmitten von französischer Leichtigkeit im Umgang mit der Lebenswirklichkeit einiges über die Natur dieser Künstler aussagt. Insofern können solche biographischen Elemente auch zum Verständnis ihrer Bilder beitragen, wenn sie mit genügend Distanz einbezogen werden. Auf der anderen Seite muss in Betracht gezogen werden, dass zumindest Selbstaussagen auch bewusst eingesetzt werden können, um die Rezeption der Werke zu steuern. Deshalb macht es Sinn, in diesem Kapitel auch die allgemeinen Vorstellungen, die mit dem „Wesen des Dichters" verbunden werden, unter die Lupe zu nehmen.

5.1. Maler-Dichter und Dichter-Maler

Die Schwerpunkte zwischen Dichtung und Malerei können sich innerhalb eines Künstlerlebens verschieben. Klee zum Beispiel hat als Musiker und Wort-Dichter begonnen, um sich dann überwiegend dem bildkünstlerischen Metier zuzuwenden. Poesie und Musik haben ihn dennoch weiter begleitet. Daraus ergibt sich nicht zwingend, dass seine Bilder Merkmale des Poetischen aufweisen. Dennoch ist davon auszugehen, dass man nur in den seltensten Fällen einfach damit aufhört, Dichter oder Musiker zu sein. Ein Dichter, auch wenn er nicht mehr schreibt, wird anders denken und sich auch anders ausdrücken als jemand, der keinen Sinn für das geheimnisvoll prägnante Spiel mit dem Klang der Wörter hat. Ein Musiker wird anders hören und wahrnehmen: seine Empfindsamkeit gegenüber dem spannungsvollen Wechsel zwischen Harmonie und Dissonanz wird auch seine Gestaltung des Sichtbaren prägen.[679] So würde man meinen, dass ein dichterisches und damit auch ein musikalisches Empfinden in den meisten Fällen auch das malerische Schöpfen prägen. Immerhin ist der Künstler der erste Rezipient seines Bildes, seine Ansprüche an dieses bleiben eng mit seiner Weise des Denkens und Empfindens verbunden.

Es scheint indessen, als würde sich das dichterische Element nicht unmittelbar in den entsprechenden Gemälden niederschlagen. Kurt Böttcher und Johannes Mittenzwei untersuchen in *Dichter als Maler*, wie sich die Wechselbeziehungen von literarischem und bildkünstlerischem Schaffen zwischen vollendeter Symbiose und programmatischer Trennung im Laufe der Geschichte vom Mittelalter bis zur Gegenwart verändert haben. Anhand von unzähligen Beispielen von malenden und zeichnenden Schriftstellern zeigen sie, dass im Einzelfall künstlerische Grenzüberschreitungen in unterschiedlicher Intensität und mit sehr unterschiedlichen Zielsetzungen und Leistungen geschehen.[680] Noch konkreter wird in der Anthologie *Dichter-Maler* von Donald Friedman am Beispiel von Goethe, Lorca und Dürrenmatt sowie an zweihundert Gemälden und Zeichnungen von weiteren Schriftstellern sichtbar, dass auch die Bilder der grössten Dichter unter ihnen kaum als „bildpoetisch" im hier explizierten Sinn wahrgenommen werden können.[681]

Weder Bissière noch Steffens oder Reichel haben eigentliche Gedichte verfasst; Wols' kurze, zuweilen versartige Texte sind eher als Aphorismen zu begreifen. Bei Otto Nebel wiederum stehen Dichtung und Malerei zeitweilig in direkter Wechselbeziehung. Ab 1917, mit 25 Jahren, verfasste er erste dichterische, ab 1918 erste malerische Arbeiten. Schon bald suchte er mit seinen *Runen-Fugen* nach einer Ausdrucksform zwischen Wort, Bild und Musik (Abb. 36 und 37).[682] Für Nebel, der auch eine Schauspielschule absolviert hatte, sollte das Wort in seiner akustischen Dimension wahrgenommen werden; Lesen und Schreiben hatten sich an Auge, Ohr und Vorstellungsvermögen zu richten.[683] Als Dichter-Maler, wie er oftmals bezeichnet wird, war er ein Meister für solche synästhetisch erfahrbaren Sprach-Klänge und Schrift-Bilder, die er sich als Gesamtkunstwerk vorstellte.[684] Wie Klee hat er als Dichter begonnen und den Schwerpunkt seines Schaffens im Laufe der Jahre fast ganz in Richtung der Bild-Kunst verschoben.

Es lassen sich unzählige Beispiele von malenden Dichtern und dichtenden Malern anführen; in Ausstellungen und umfassenden Publikationen zeigt sich auch die immer wieder aufkeimende Faszination für solche Doppelbegabungen.[685] In den meisten Fällen entscheidet sich der Künstler indessen für eines der Medien als hauptsächliches Ausdrucksmittel. Nur selten dringt das eine strukturbildend ins andere ein – wie es bei Klee, Nebel oder Didonet vorzufinden ist.

Die praktische Notwendigkeit einer solchen Entscheidung zwischen Malerei und Wort wird vom Erzähler Peter Kurzeck in eindringlicher Weise geschildert:

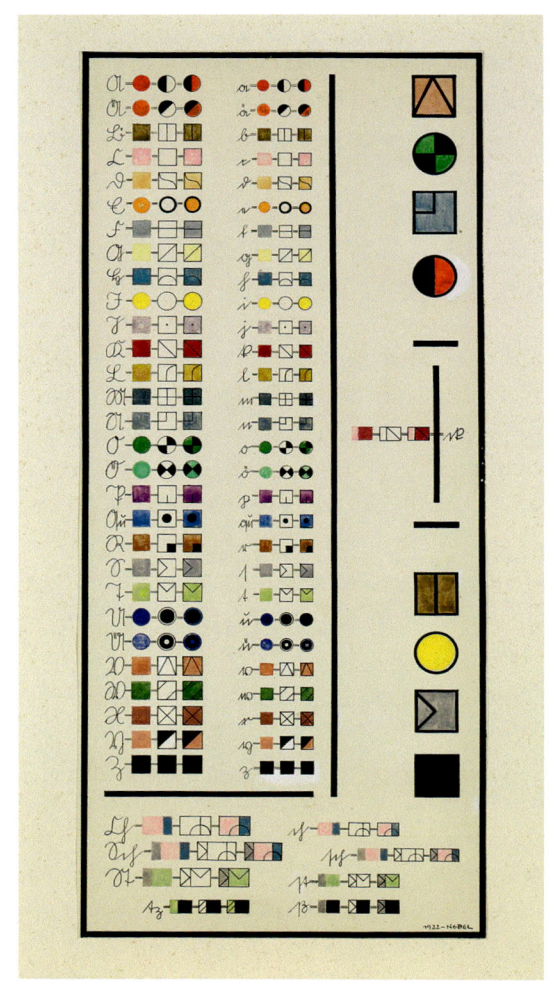

36 Otto Nebel, *Das Runen-ABC,* 1922, Tinte, Tusche, Deck- und Wasserfarben, Farbstift auf Papier.

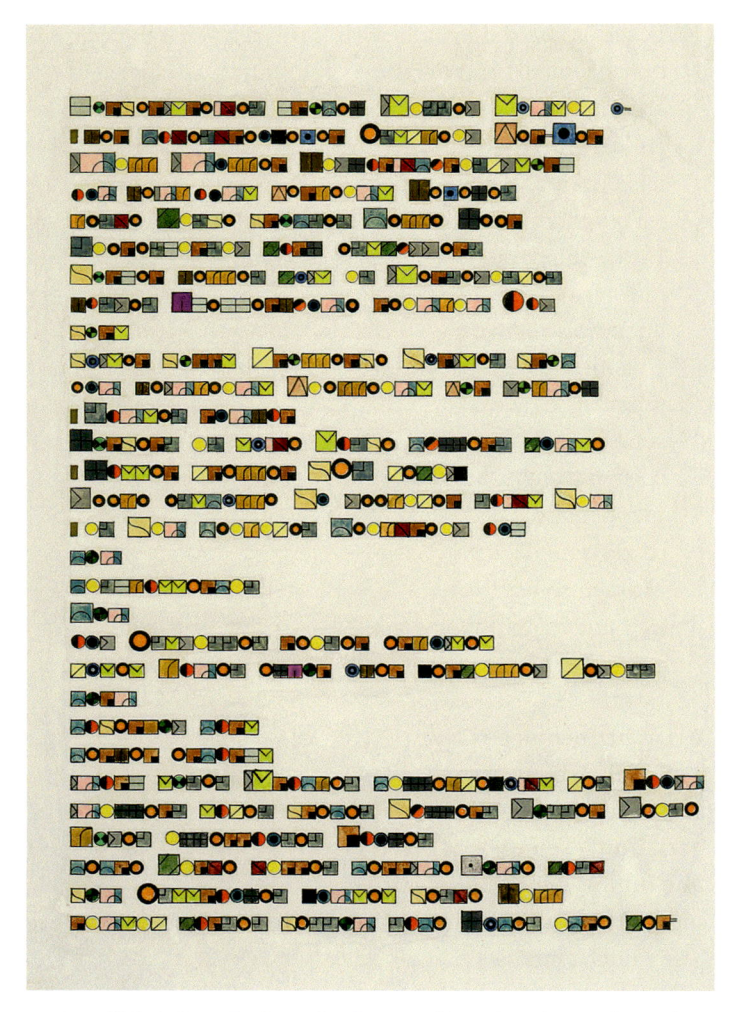

37 Otto Nebel, *Seite des Runenbuchs,* 1922, Tinte, Tusche, Deck- und Wasserfarben, Farbstift auf Papier.

„Vorher immer beides – gemalt und geschrieben. Nachts und an Wochenenden. Schreiben ist schwerer. Bei Tag Geld verdienen, eine Handlangerstelle im Büro. Erst Hilfsschreiber, dann Personalchef. Hauptsache Arbeit. Nie genug Zeit! Und mir dann gesagt, für beides reicht die Zeit nicht mehr aus. Schreiben ist schwerer. Also hörst du solang zu malen auf, bist du mehr Zeit, bis du endlich einmal Zeit genug hast. […] Erst noch mir immer wieder gesagt: Vorerst nur! Nur vorübergehend! Sobald du mit dem Schreiben ein bisschen weiter bist und vielleicht auch ein bisschen mehr Zeit wieder hast (aber wo kriegt man sie her, die Zeit?), dann jedenfalls malst du auch wieder! Unbedingt! Mehr als vorher sogar! Bald! Also wirklich bald! Und seither nie mehr! Nie mehr seither!"[686]

• **Das Werk zwischen Dichtern und Malern**
Bei Kurzeck verläuft somit die Verschiebung zwischen Malerei und Wortkunst in umgekehrter Richtung als bei Nebel und Klee: vom Maler zum Schriftsteller. Der Maler, so werden wir sehen, bleibt in seinem Denken und Schreiben gegenwärtig, mehr als der angehende Dichter in seinen Gemälden aufscheint. Er hat zwar keine Gedichte geschrieben, seine erzählerischen Evokationen und sein elliptischer Sprachstil indessen lassen seine oftmals sehr langen Texte als Prosagedichte – und stellenweise als mit Worten gemalte Bilder – erfahren, die nach einer Lektüre vor unseren Augen noch lange nachklingen:

„Und dann, sagte ich, die Farben. Besonders im Sommer. Am Meisten am Anfang des Sommers. Kornfelder, blaue Hügel. […] Und dann in der Sonne manchmal ist das Licht so hell, dass das ganze Dorf weiss ist. […] Frühmorgens dann erst noch Dunst, eine leichte Wolke. Manchmal im Oberdorf alles noch blau. Hellblau und lila und weiter unten sieht man schon die Wege und Zäune und Ziegeldächer. Aber auf der Burg und im Oberdorf schon die Sonne und das Dorf noch im Nebel – das gibt es auch! Ein heller leuchtender Nebel, der sich gleich auflöst. [...] Und wenn dann der Nebel weg ist und wenn man es malen wollte, das Dorf (ein Bild wird nicht reichen!), dann müsste man alles weiss malen. Weiss auf weiss. Und höchstens noch ein paar hellblaue Morgenschatten, fast durchsichtig, bevor sie dann auch vergehen. Und vielleicht noch ein paar Oberdorfgässchen, die jetzt noch blau sind, aber dann weiss werden. Sogar die Pflastersteine aus Blaubasalt, glänzen so, dass man sie am Ende weiss malen müsste. Der Morgen selbst ist der Maler, sagte ich. Er lässt sich Zeit und malt immer weiter. Man kann ihm zusehen dabei."[687]

Als Maler nehmen wir Kurzeck nicht wegen der wenigen, lediglich zu Anfang seiner Künstlerkarriere entstandenen Bilder auf Papier und Leinwand wahr, sondern durch seine spezifische Weise, die Welt zu sehen und für uns sichtbar zu machen. Die Beobachtungsgabe und ein visuelles Einfühlungsvermögen prägen seine Texte noch lange, als er schon längst den Pinsel niedergelegt hatte. Durch seine „Wortmalerei" gibt er uns nicht nur zu sehen, sondern auch zu hören, zu schmecken und zu fühlen, was seine gemalten Bilder nicht zu vermitteln vermögen. In diesem Sinne kann die Beziehung zwischen Bild und Wort fruchtbar sein: Gewisse Maler, so ist es beim malenden Dichter Henry Miller zu lesen, gebrauchen die Worte in einer gleichsam plastischen Weise, so als wären sie sich ihres materiellen Ursprungs bewusst: Wenn Maler schreiben, entfalten sie eine poetische Qualität, die manchem Schriftsteller fehlt.[688]

Hat Kurzeck mit 23 Jahren aufgehört zu malen, so mag dies auch mit einem uneingestandenen Wissen verbunden gewesen sein, dass er mit Worten anders und eindringlicher zu gestalten vermag als mit dem Pinsel. Angelika Krebs vermutet einen Grund dafür, weshalb sich Kurzeck gegen das Malen entschieden hat, darin, dass „man in Gemälden die Zeitebenen nicht so ineinander kippen kann" wie beim Erzählen.[689] Und wirklich ist es in gegenständlichen Darstellungen, wie Kurzeck sie malte, nicht möglich, die Erfahrung von Seh-Zeit, Bild-Zeit und Erinnerungs-Zeit nahtlos ineinander fliessen zu lassen – wie wir das etwa bei Reichels *Bilderbogen* oder Steffens' *Abandonné* beobachtet haben. Literatur könne zudem „besser malen, was fehlt", fährt Krebs im Sinne von Kurzeck fort.[690] Auch da scheinen Bilder wie Didonets *Magicienne* oder Wols' *Seltsame Reise* zu widersprechen: was wir in diesen Universen voller Andeutungen zu entdecken vermögen hat meist einen engen Zusammenhang mit dem, was wir *nicht* sehen und mithin mit dem, was (uns) fehlt. Sie lassen dieses Unsichtbare sichtbar werden – ähnlich wie es dem Sprachkünstler Kurzeck gelingt, „hinter" seinen Worten Unsagbares zu vermitteln.

38 Peter Kurzeck, *Sommerabend im Hinterhof*, 1961, Bleistift, Aquarell, Gouache, 32x24 cm.

Nehmen wir als Beispiel Kurzecks Aquarell *Sommerabend im Hinterhof* (Abb. 38). Es ist in eine bestimmte Jahres- und Tageszeit eingebunden. Was es zeigt, ist unmissverständlich. In seiner atmosphärischen Berührungskraft ist das Bild eindrücklich und schön. Hätte Kurzeck diese Bild-Szene mit Worten evoziert, so gäben sie uns zudem wohl fast körperlich die Hitze des Tages zu fühlen, die sich in die Mauern der Häuser eingefressen hat und sich dort während langer Nachtstunden trotzig verschanzt. Er hätte diesem Hinterhof ein Eigenleben eingehaucht, wie es sein Gemälde nicht vermag. Ich gehe davon aus, dass er dies insgeheim gefühlt hat.

Mit einiger Wahrscheinlichkeit sind seine Bilder für ihn wie für viele andere malende Schriftsteller eher Gedankenstützen als Werk an sich geblieben;[691] zumindest hat er sie in entsprechender Weise behandelt.[692] Wenn er während fast fünf Stunden ohne Manuskriptvorlage zu erzählen vermochte, so ist anzunehmen, dass er nach inneren Erinnerungsbildern sprach; dass er wie ein Traumwandler in ihnen herumging und, was er laufend entdeckte, zu Wort kommen liess.

Ist das Bild ein Kunstwerk, so kann es kaum mehr Erinnerungsstütze sein. In seinem künstlerischen Überschuss erlangt es einen Gehalt, der sich nicht mehr in Sprache übersetzen lässt. Umgekehrt scheint die bildnerische Umsetzung des Sprachwerks ein ebenso prekäres Unterfangen zu sein: J.R.R. Tolkien wirft den eigenen Illustrationen seiner Fantasiegeschichten und allgemein den auf Sicht ausgerichteten Kunstformen vor, dem sprachlich Entworfenen eine bestimmte Form aufzuzwingen.[693] Die Wirkkraft seiner mit Worten evozierten Figuren kann durch ein Bild fast nur begrenzt werden. Wir alle kennen diese Entzauberung, wenn wir einen Roman gelesen haben und anschliessend den entsprechenden Film sehen. Dies mag ein Grund dafür sein, dass der Dichter und Grafiker Christoph Meckel seiner poetischen Geschichte des rastlosen Traum-Reisenden *Jul Miller* nicht seine eigenen, eher surrealistischen Bilder beigefügt hat, sondern die semantisch weniger festlegenden Radierungen von Steffens.[694]

Die medial bestimmten ästhetischen Qualitäten von Malerei und Sprache lassen sich nicht ineinander transponieren. Theophile Gautier hat schon in der zweiten Hälfte des 19. Jahrhunderts im Rahmen der Theorie des *L'art pour l'art* anhand von metaphorischen Überführungen von Poesie in Gemälde und anschliessender Rückübersetzung des bildkünstlerischen Gehalts in Worte – zum Beispiel unter Nennung von Farbwerten und Materialkomponenten – die medialen Differenzen zwischen poetischer Sprache und Malerei aufgezeigt. Die grundlegenden Unterschiede wurden dadurch offensichtlich, dass die Rückübersetzung nicht mehr vollständig gelang. Malerei und Dichtung – so hat Gautier verdeutlicht – sind homolog durch ihren Vermittlungs- und Konstruktcharakter und nicht durch ihren mimetischen Bezug zur Wirklichkeit.[695]

Die Verbindungen zwischen Wort-Kunst und Bild-Kunst sind komplexer Natur. In den Beschreibungen von bildpoetischen Gestaltungen sind Vergleiche auf der Ebene von Struktur und Ausdruck sowie in der Weise ihrer Rezeption möglich. Dennoch haben diese unterschiedlichen Medien ihre je eigentümliche und unersetzbare Prägnanz. Es erstaunt also wenig, wenn Maler-Dichter und Dichter-Maler sich zwischen Wort- und Bild-Medium entscheiden, denn sie setzen unterschiedliche gattungsspezifische Fähigkeiten voraus. Es ist mir kein Künstler bekannt, der in beiden Bereichen eine vergleichbare Qualität hervorgebracht hat.

Für das vorliegende Thema soll festgehalten werden, dass das Wissen um das dichterische Schaffen und Denken hinter einem Gemälde in die Rezeption der Werke eines Künstlers dennoch mit einbezogen werden darf und wenn möglich sogar sollte. Sobald wir vor einem Bild Kenntnis von der Doppelrolle seines Schöpfers haben, wird diese unweigerlich in unsere Wahrnehmung mit einfliessen. In einigen Fällen – wir erinnern uns an das „Schwarze Quadrat" von Malewitsch – ist es unabdingbar, die Gedankenwelt des Künstlers zu kennen, um das Werk adäquat zu erleben.

In diesem Sinne reflektiert Marcelin Pleynet in *Comme la poésie la peinture* seine eigene Position als Dichter und Schriftsteller, wenn er schreibt: Es ist immer wichtig zu wissen, wer spricht, weshalb und in wessen Namen er spricht. Sein eigener Zugang zur Malerei sei grundlegend von seinen Erfahrungen als Schriftsteller und Dichter geprägt.[696] Genauso sinnvoll ist es, die Gedankenwelt eines Malers zu kennen, wenn wir sein Bild betrachten: die Frage, „wer malt?" kann und darf nicht ganz ausgeblendet werden.

5.2. Vom „Dichter" und anderen Künstlertopoi

Der Begriff „Topos" stammt aus der Dialektik und Rhetorik; er kann ein literarisches Motiv oder einen Gemeinplatz in der „Bildsprache" bezeichnen. Topoi sind auch allgemeine Gesichtspunkte oder Wendungen, die auf vorgeprägten Vorstellungen und Sprachbildern beruhen.[697] Es kommt vor, dass wir einen sensiblen Menschen, der sich fremd und verkannt in dieser Welt fühlt und daran leidet, der sich aber letztlich durch eine gleichsam intime Verbindung zur Schöpfung in dieser Situation gut zurechtfindet, als „Träumer" oder „Poeten" bezeichnen, ohne dass er je ein Gedicht geschrieben hätte.

Diese romantische Metapher des „Dichters" nun lässt sich als Topos auch in umgekehrter Richtung *bedienen*: gleichsam als rhetorisches Mittel, etwa um sich aktiv den Anschein des der Welt entrückten Dichters zu geben und sich damit unter der Hand mit den nobilitierenden Eigenschaften des einzigartigen und deshalb unverstandenen Künstlers auszuzeichnen. So mancher mittelmässiger Maler versucht, sich mit langem Bart, ungepflegter Erscheinung und exzentrischem Verhalten als Genie auszuweisen. Solche Entsprechungen mit einzelnen, unserem Vorstellungsbild vom „authentischen Künstler" einhergehenden Merkmalen werden unweigerlich auch mit weniger sichtbaren Eigenschaften wie Naturverbundenheit und Wahrhaftigkeit in Verbindung gebracht.[698] Letztlich zielt eine gesuchte Anregung von solchen kognitiven Zuschreibungen immer auf die Besonderung seines Nutzers im Sinne einer genialen Andersartigkeit.

In den vorangehenden Zeugnissen und Selbstdarstellungen der Künstler sind einige Topoi vorgekommen. Sie werden zunächst gesammelt und erläutert, um anschliessend abzuwägen, ob deren künstlerseitige Hervorhebung als manipulative Strategie der Selbstverortung zu deuten ist. Es wird sich herausstellen, dass beides nicht scharf zu trennen ist. Auch eine solche Erkenntnis kann indes Hinweise dafür geben, welcher Stellenwert Aussagen von Künstlern für eine Feststellung von Bild-Poesie in ihren Werken zukommen kann.

5.2.1. „Wie von Kinderhand gezeichnet" – Vom Topos der Ursprünglichkeit

In einigen der vorangehenden Bild-Betrachtungen ist ein kindlich anmutender Zeichenstil aufgefallen. Bei unseren Bild-Poeten haben wir eine Neigung festgestellt, den massgebenden, meist intellektuell auftretenden Ästhetiken ihrer Zeit eine gewisse Naivität in der Strichführung entgegenzuhalten.

Allgemein galt die gestalterische Tätigkeit von Kindern wie diejenige von „primitiven Völkern" vielen Avantgardekünstlern des frühen 20. Jahrhunderts als eine Art künstlerische Ursprache: bereits um 1900 etablierte sich der Begriff des „Primitivismus" im Wortschatz der Kulturschaffenden.[699] Künstler wie Gabriele Münter, Wassily Kandinsky, Paul Klee und Joan Miró waren eifrige Sammler von Kinderkunst. Sie suchten in deren authentisch naivem Ausdruck eine Alternative zum akademischen Formalismus; eine Art universelle Bildsprache, die jeder kulturellen und persönlichen Prägung vorausgeht, erklärt Jonathan Fineberg, Autor des umfangreichen Katalogs zur Ausstellung *mit dem auge des kindes. Kinderzeichnung und Moderne Kunst*.[700] Die damals weithin bekannte These des Wiener Kunstpädagogen Franz Cižek, dass die Kunst von Kindern einem ewigen, unbewussten Formgesetz folge und insofern ahistorisch sei,[701] mochte einiges zur verbreiteten Faszination für diese Gestaltungsweise beigetragen haben. Kindern wurde eine Art unmittelbare Wahrnehmung und ein ebensolcher Ausdruck zugesprochen: In jeder Kinderzeichnung, erklärt Kandinsky, entblösst sich der „innere Klang" eines Gegenstandes von selbst.[702] Künstler wie Picasso und Jean Dubuffet sowie Anhänger von *DADA*, der *Art Brut* oder der *Cobra*-Gruppierung haben sich mit unterschiedlichen Motivationen der kindlichen Bildsprache nicht nur als Inspirationsquelle bedient, sondern auch im Sinne einer Methode, die sie zusehends ästhetisierten und in einen intellektuellen Kontext rückten.[703] Diese pseudonaive Ausdrucksweise konstruierte sich unter anderem aus dem „Anspruch an eine Unmittelbarkeit, Ursprünglichkeit, an eine kraftvolle Expressivität und Poesie", analysiert Larissa Kikol in ihrer umfassenden Untersuchung zur *Kindliche[n] Ästhetik in der zeitgenössischen Kunst*.[704] Sie zeigt zudem, dass dieses noch immer unterschätzte Phänomen auch im 21. Jahrhundert durchaus aktuell ist.

Was Klee, aber auch Bissière, Didonet, Nebel, Reichel, Steffens und Wols an der kindlichen Formensprache fasziniert haben könnte, beleuchtet Henry Miller aus eigener Erfahrung mit seinen zahllosen Versuchen, Kinderzeichnungen nachzuahmen. Das Werk eines Kindes verfehle es nie, uns zu berühren, weil es immer einer Aufrichtigkeit entspringe und einer gleichsam magischen Selbstsicherheit, die aus einer direkten und spontanen Verbindung mit den Dingen hervorgeht.[705] Paul Klee, fährt Miller fort, hat wie kaum ein anderer die Fähigkeit gehabt, sich von Kinderzeichnungen inspirieren zu lassen und uns mit seiner meisterhaften Technik in die Welt des Kindes, des Dichters, des Mathematikers, des Alchemisten und des Visionärs zu entführen. Der Künstler habe unglaublich viel gelernt, anscheinend um besser vergessen zu können.[706] Hierin verbirgt sich der entscheidende Punkt seiner Aussage: Der Schein des Naiven ist bei diesen Künstlern nicht zuletzt ein Mittel, um jeglichen Anschein von berechnender Könnerschaft abzuwenden. Zudem wird Kindern eine „seherische Begabung" zugesprochen, die mit derjenigen des Dichters oder Künstlers vergleichbar ist: das Genie, konstatiert etwa Charles Baudelaire, ist nichts anderes als wiedergefundene Kindheit.[707]

Ist „kindliche Bildsprache" weder ein notwendiges noch ein hinreichendes Merkmal zur Hervorbringung von Bild-Poesie, so hat es besonders Klee zu einer gewissen „Virtuosität des Primitiven" gebracht: Regine Prange spricht, ganz im Sinne von Miller, von der „höchst kunstvollen Attitüde einer kindlichen, zur konstruktiven Akzentuierung der Formidee vermeintlich nicht fähigen Autorschaft", mit welcher Klee das artistische, souverän mit seinem Material waltende Künstlergenie negiere. Dieser der kindlichen Bildwelt entlehnte Zeichenmodus konnte ebenso rudimentär gegenständliche als auch abstrakte Formen annehmen.[708] Steffens zufolge stand die pseudokindliche Bildsprache für den Versuch, durch das Malen die Freude und das Staunen des Kindes vor den Wundern der Natur ins Erwachsendasein hinüberzuretten und damit „das verlorene Paradies zurückzuerobern" (Abb. 39).[709]

Was aber verbindet Kinderzeichnungen mit einem hoch komplexen, hermetischen Gedicht? Warum empfinden wir sie als poetisch? Ähnlich wie die Dichtung appelliert die kindliche Formensprache an Emotionen: Beide Ausdrucksweisen beruhen auf abstrahierenden Vorgehen, die vor allem intuitiv und mit emotionaler Hinwendung zu erfahren sind. Für Sigmund Freud ist es das erfinderische Spiel mit der Wirklichkeit, welches den Dichter und das Kind verbindet.[710] Immer wieder wird der kindlichen Fantasie und Assoziationskraft eine tiefe, wenn auch unergründliche Weisheit nachgesagt;[711] bereits Friedrich Schiller sprach von „Göttersprüchen aus dem Mund des Kindes".[712] Das Kind vermag aus einer inneren Unvoreingenommenheit heraus seine Welt zu erfinden und sie zeichnend festzuhalten. In dieser Weise können kindlich wirkende Gestaltungen den Anschein eines dichterischen Ausdrucks erlangen.

Nicht zuletzt steht das Naturhafte des Kindes auch für Ursprünglichkeit. Klee spricht sich eine „Nähe zur Schöpfung" zu, Daniel Abadie bezeichnet Bissières quasi-infantile Zeichensprache als „Ur-Sprache", die diesem Künstler von der Natur her gegeben sei. Bissière fördert solche Interpretationen, indem er schreibt, dass er male „wie ein Apfelbaum seine Äpfel produziert": ganz aus seiner natürlichen Bestimmung heraus, nicht anders können. Ähnlich stellt auch Nebel seine Naturnähe in der Metapher des Landmanns dar, der Unsichtbarem zu sichtbarem Leben verhilft.[713] Reichel vergleicht seine Arbeiten mit dem Gesang einer Nachtigall; auch diese hat keine Wahl, zu singen oder nicht. Henry Miller berichtet davon, Reichel im inneren Zwiegespräch mit den auf seiner Leinwand entstehenden Fischen gefunden zu haben. Steffens suchte in Gordes bewusst nach Abgeschiedenheit von den Menschen, nach einer Erfahrungswelt inmitten der Natur, wo das Alte und Unbrauchbare nicht gleich weggeputzt und entsorgt wird, sondern auch einmal einfach liegen bleiben und auf natürliche Weise allmählich wieder in eine Zweckfreiheit zurückfinden kann.

39 Hans Hermann Steffens, *Garten*, 1995, Gouache und Tusche, 11,5x13,2 cm.

Es gibt also durchaus Gründe, weshalb Künstler diesen nobilitierenden Topos des Kindlich-Naiven, Unschuldigen und naturnah Unverdorbenen, unverstellt Wahrhaftigen und Weisen bedienen. Diese idealisierten Eigenschaften scheinen zudem eine direkte emotionale Wirkung auf die Rezipienten zu haben: auf der einen Seite erinnert uns diese Formensprache an unsere eigenen Kinderzeichnungen, gleichzeitig aber fordert das Kindliche eine gewisse innere Hinwendung ein, indem es direkt an Gefühle wie Wohlwollen und Fürsorglichkeit appelliert.[714]

Dennoch ist nicht anzunehmen, dass unsere Künstler diese Formensprache wie etwa Dubuffet aus reiner Strategie angewandt haben: allzu oft wurden diese Bilder auch als „kindisch" abgetan, nicht zuletzt, weil solche Werke unsere Übereinkunft mit einer rational fassbaren Wirklichkeit bedrohen.[715] Wer Bissière, Didonet, Reichel, Steffens und vielleicht auch Wols persönlich gekannt hat, wird deren Bilder eher als Äusserungen einer subversiven Unschuld in der Auseinandersetzung mit einer ihnen ewig fremd gebliebenen Welt verstehen.

5.2.2. Der am Leben leidende Solitär, verkannt und mittellos …

Das Gefühl von Einsamkeit und „Fremdheit in dieser Welt" ist von unseren Bild-Poeten auf die eine oder andere Weise ausgedrückt worden. In ihrer – manifesten und zuweilen auch zelebrierten – Andersartigkeit fühlten sie sich oftmals unverstanden und ungeschickt im Umgang mit anderen Menschen. Ihre Malerei, sagten sie, ist ihr Trost. Jeder von ihnen scheint auf seine Art an sich und am Leben gelitten zu haben.

Nun ist sowohl das Leiden als auch die Einsamkeit seit der Romantik, spätestens aber mit van Goghs posthumer Glorie ein Motiv, das mit der Idee des Genialen verbunden wird. Der Zusammenhang von seelischer Fragilität und schöpferischer Kraft ist in der allgemeinen Vorstellung verankert:[716] Sie nährt sich laut Bettina Gockel an einer ursprünglich sokratischen Konzeption der Genie-Idee, „wonach der Dämon einer Persönlichkeit als ein göttliches Geschenk für Auserwählte verstanden wird".[717] Die kausale Verbindung zwischen emotionaler Labilität und künstlerischer Genialität ist indessen wissenschaftlich nach wie vor umstritten.[718] Die Frage, ob Künstler wie Bissière, Nebel und Didonet ihre alternativen Universen geschaffen haben, *weil* sie mit der Lebenswirklichkeit nicht so leicht zurecht kamen, oder ob ihr Werk *trotz* ihrer Schwierigkeiten entstand, lässt sich nicht klären. Sicher ist, dass sie Trost in der Möglichkeit einer anderen Welt fanden, in Otto Nebels Worten: „Mit dem Überwirklichen beginnt die Kunst der Tröstungen."[719]

Nicht einmal die aktive Hervorhebung von Armut und spärlich sich einstellendem Erfolg ist fraglos als taktische Massnahme zur Nobilitierung eines „genialen Unverstanden-Seins" zu deuten: Die fotografischen Porträts von Wols zeigen den Künstler durchwegs mit melancholisch introvertiertem Blick, was sehr wohl als bewusste Inszenierung des Habitus vom in Armut lebenden Blues-Musiker gesehen werden kann.[720] Allerdings litt Wols effektiv unter grosser Armut und hatte manche biographisch bedingte Gründe, melancholisch zu sein. Zudem dringt die Vorstellung vom verkannten Genie oftmals tief und trostbringend in das Selbstverständnis eines Künstlers ein. Entsteht ein Topos, weil eine bestimmte Eigenschaft auf eine gewisse Anzahl Individuen zutrifft, so lässt sich höchstens im Einzelfall entscheiden, ob es sich in einer autobiographischen Selbstdarstellung um eine künstlerische Positur oder um den unverstellten Ausdruck von innerster Befindlichkeit handelt. Zuweilen lässt sich das eine nicht vom anderen trennen.[721] Sind Didonets Bemühungen um die Etablierung einer *Art Poétique* in jedem Fall einem Bedürfnis nach ideeller Beheimatung zuzuordnen, bedeutet dies nicht zwingend, dass seine Intuition einer „geistigen Familie" von vornherein gehaltlose Strategie ist.

Die Schwierigkeiten einer Unterscheidung zwischen aktiv eingenommener Positur und manifestem Selbsterleben wird erschwert durch die Tatsache, dass die Künstler mit ihren autobiographischen Aussagen die Rezeption mitsteuern. Klee, Bissière, Reichel und Didonet haben sich als weltabgewandte Wach-Träumer und Zauberer dargestellt,[722] Steffens als Verwandler und Verklärer des Alltäglichen. Sie umgaben ihre Schöpfungen mit Vorstellungswelten, die vom Publikum sowie von Schriftstellern, Kritikern und Journalisten nur zu gerne aufgenommen wurden.

5.2.3. Magie und Transzendenz

Über die Werke von Hans-Hermann Steffens schreibt der Schriftsteller und Dichter Robert Marteau 1988:

> „Magie, c'est le mot qui vient aux lèvres. Grâce et magie. Magie de la grâce."[723]

Und gleichsam als Explikation dieses „Zaubers" fährt er fort:

> „Nulle référence, et pourtant un afflux de sensations. Rien qui soit raconté: néanmoins quelle histoire sans commencement ni fin! Rien qui soit fait pour signifier: toutefois le sens est partout qui afflue. Mémoire plus longue que nous-mêmes."[724]

Marteau sieht das Magische jenseits von Bedeutungen in einem höheren, nicht geschaffenen, sondern gleichsam über Empfindungen herbeiströmenden Sinn (le sens qui afflue), dessen Gedächtnis weit über unsere persönliche Geschichte hinausreicht. François Mathey wiederum spricht vom „royaume de Reichel où la magie des choses, son monde surnaturel, devient notre réalité quotidienne ou vice-versa":[725] In der verzauberten Bilderwelt von Reichel werden die Grenzen zwischen Übernatürlichem und Wirklichkeit in beide Richtungen durchlässig.

Auf den Begriff der Magie trifft man vor allem bei den Dichtern der Romantik, verbunden mit der Vorstellung, dass in einer mystischen Versenkung die Entfremdung des Menschen von der oberflächlichen Alltagswirklichkeit durch magische Verwandlung aufgehoben werden könne. So hat etwa Friedrich Schlegel 1798 an Novalis geschrieben: „Die neue Religion soll ganz *Magie* sein."[726] Heute kommt das Wort Magie fast nur in esoterischen Zusammenhängen vor. Otto Nebel, der sich sowohl durch seinen Hang zur Verwendung altertümlicher Wörter als auch durch eine religiös unterlegte Spiritualität auszeichnete, konnte schreiben: „Das Bild ist eine sichtbare Entsprechung einer inneren Schau, ein neues Wesen und als solches ein magisches Selbst."[727] Heute würde man dasjenige, was in der Kunst jenseits des Gewöhnlichen über sich hinausweist, eher als Transzendierendes bezeichnen; ein Begriff, der im Gegensatz zur „Magie" auch in einer vom Positivismus geprägten Gesellschaft eine – wenn auch veränderte – Geltung behalten hat.[728] Unter diesem Gesichtspunkt müsste man Didonets Definition der Kunst als „pouvoir magique, qui résiste à l'épreuve du temps" als eine dem Kunstwerk immanente Kraft verstehen, gewissermassen als dessen „Eigenleben", welches das rein Materiale transzendiert und es damit vom zeitlichen Vergehen entbindet.[729] Dennoch spielt Didonet offensichtlich mit dieser Ambivalenz zwischen künstlerisch-profaner und religiöser Transzendenz, wenn er den Maler generell als Schöpfer-Zauberer anspricht, der mit seinen Farben und Formen verborgenste Erinnerungen erweckt:

> L'ombre bleue
> S'arrête pour gémir,
> Le jaune a des secrets
> Qui réveillent les tombes,
> Et le rouge, divin,
> Emporte les mémoires,
> Si le sorcier raconte bien l'histoire.[730]

Was nun aber verbindet Magie und Transzendenz mit Poesie? Poesie könnte ein privilegiertes Stilmittel sein, um eine Erfahrung von Transzendenz hervorzuzaubern. Was sich in einem unentschlüsselbaren Gedicht dem Verstehen entzieht, vermag uns zuweilen über unseren eigenen Verstand zu erheben. Auf vergleichbaren Mechanismen beruhen Meditationspraxen wie das Koan-Rätsel des Zen-Buddhismus, das über logisch unlösbare Denkaufgaben auf die Ebene einer höheren Erkenntnis jenseits von Sprache und Vorstellungsvermögen zu führen vermag.[731]

Auf philosophischer Seite denkt Henri Bergson über das produktive, das Denkbare transzendierende Vermögen der Poesie nach: Sie kann uns in tiefere Schichten des Bewusstseins vordringen lassen. Er beschreibt in *La pensée et le mouvant* die hervorbringende Rolle des Dichters:

> „Der Dichter und der Romancier, die einen Seelenzustand ausdrücken, erschaffen diesen nicht aus dem Nichts heraus; wir könnten ihn nicht nachvollziehen, wenn wir nicht zumindest ansatzweise dasselbe empfinden würden. Wenn sie zu uns reden, decken sie Nuancen von Emotionen und Gedanken in uns auf, die zweifellos schon längst vorhanden waren, aber unsichtbar blieben: wie eine Fotografie, die sich erst im Entwicklungsbad enthüllt."

> „Le poète est ce révélateur",

erklärt er.[732] Der Dichter macht für uns sichtbar oder einfühlbar, was – von der auf Nützlichkeit ausgerichteten Ratio verdeckt – in uns vorhanden ist.

Die Erfahrung eines Überschreitens der endlichen Lebenswelt kann uns somit an den Grenzen des sprachlich Vermittelbaren begegnen: etwa durch Poesie, durch Schönheit oder im Augenblick einer existenziellen Veränderung. Wir empfinden dann – so Roger Scruton – die Gegenwart von etwas Ewigem, das sich im Momentanen spiegelt; von „Wertvollem und Geheimnisvollem, das nach uns greift in einer Art, die zeigt, dass es nicht von dieser Welt ist"[733]. Ob wir es „magisch" oder „heilig" nennen, hängt von unserer Disposition ab und ist im Grunde unwesentlich.

5.2.4. Vom Topos des Poeten als Magier

Die Stellungnahmen der Rezipienten von Steffens' und Reichels Bildern sowie die Texte und Gedichte von Nebel und Didonet spiegeln die weit verbreitete Auffassung, dass Dichtung geheimnisvolle Verbindungen mit gleichsam zauberischen Kräften eingeht, indem sie nicht nur auf etwas hinweist, sondern wie in der Magie etwas bewirken kann.

Solche Vorstellungen erklären die Neigung, etwa die Symbolsprache von Klees Bildern als Zeichen von „magischem Charakter" hinzunehmen.[734] Klee hat die Magie auch in Bildtitel, zum Beispiel mit seinem Aquarell *Schwarzmagier* von 1920 oder mit dem Tafelbild *Fischzauber* von 1925 eingeführt; er suggeriert damit indirekt, dass er Magisches zu schaffen vermag, was sich wiederum auf die Rezeption seiner Bilder ausgewirkt hat. Für Kathryn Porter Aichele handelt es sich indessen nicht darum, dass Klee sich selber als Zauberer darstellen wollte: „On the contrary, his original motivation in resorting to a standard set of conventions may well have been to deflect attention away from himself by depersonalizing and generalizing his imagery."[735] Klee sei im Gegenteil sehr erstaunt gewesen, fährt sie fort, als er in Hausensteins Buch von 1921 als ein Radikaler, ein Häretiker und ein Magier charakterisiert wurde. Doch auch der Zauberer, so möchte man ihr entgegnen, „depersonalisiert" sich hinter den geheimnisvollen Kräften, die er zu entfesseln vorgibt. Wenn Klee schreibt: „Man kann das Bild auch einmal als Traum nehmen",[736] überlässt er dessen Deutung der Wahrnehmungsdisposition des Betrachters. Allgemeinheit erhält es dann nicht über eine einheitlich verstandene Aussage, sondern gerade durch diese jedermann zugänglichen, aber individuell unterschiedlichen Erfahrensmöglichkeiten. Depersonalisierung, Verallgemeinerung und Zauberer-Image schliessen sich also gegenseitig nicht aus. Zudem bediente Klee dieses Image aktiv, indem er wiederholt Motive einer alchemistischen Symbolwelt wie Schlange, Sonne oder Mond einsetzte, womit er Rezeptionsweisen unterstützte, die – so Mittig – sein Atelier „gemäss einem wandernden Topos mit einer Alchemistenwerkstatt verglichen".[737]

Nun spielt auch Didonet mit dem Aspekt des Magischen in seiner Definition von Kunst als Schöpfung einer lebendigen Kraft (pouvoir magique), welche über die Zeiten hinaus erfahrbar bleibt. Einige Kunst-Journalisten haben ab den 1960er Jahren seine Setzung einer „magischen Welt" übernommen. So wurde 1968 anlässlich seiner Ausstellung in Zürich zum ersten Mal von einer „verzauberten Welt"[738] gesprochen; ähnlich schrieb der *Tagesanzeiger* von „magischen Bildern und Zeichnungen";[739] die *Zürichsee-Zeitung* 1975 von „magischen Blumengärten, von geheimnisvollen Gralsbildern".[740] Eine solche Einhelligkeit der Stellungnahmen lässt vermuten, dass Didonet sowie seine Aussteller auch in den Pressemitteilungen für die Promotion seiner „magischen Welt" sorgten.[741] 1979 publizierte er das Motiv des Zauberers zum ersten Mal in einem Gedicht und prägte damit definitiv die Rezeption seiner Bilder (vgl. II, 2.6.2.).

Der Schriftsteller und Künstler Brassaï führt in seiner Monographie über Hans Reichel aus, dass das Universum der poetischen Malerei und die Vorstellung überhaupt des „pouvoir absolu, illimité du poète" ein Erbe der deutschen Romantik sei. Klee, Max Ernst und Reichel hätten Welten jenseits des Wissbaren evoziert. Die naturhafte, gleichsam göttliche Kraft der Gefühle, fährt er fort, unterscheide diese Nachfahren der Romantik grundlegend von der lebensfernen Zerebralität eines Kandinsky oder Mondrian:

„Ce qui distingue dans l'art contemporain cette lignée romantique de toutes les autres, de celle de Kandinsky ou de Mondrian par exemple, cérébrales et à mille lieues de toute palpitation de vie, c'est la pléthore du sentiment, ce plus divin, ce plus naturel de tous les sens."[742]

Es ist hier nicht der Ort um zu erläutern, inwiefern Brassaï mit dieser radikalen Spaltung zwischen Gefühl und Intellekt der mehrschichtigen Ausdrucksweise der erwähnten Künstler nicht gerecht wird. Die vermeintliche Unvereinbarkeit der beiden mag damit zusammenhängen, dass eine poetische Erfahrung wie erwähnt in der damaligen Vorstellung oftmals mit einer gewissen *Ausschaltung* des rationalen Bewusstseins einhergeht. Entscheidend ist hier die Feststellung, dass auch der malende Poet auf verschiedensten Ebenen der Kunst-Rezeption immer wieder als genialer Schöpfer und Magier gesehen wird, als ein Sonderwesen, das noch über einen letzten Schlüssel zu einer göttlichen Instanz verfügt. François Mathey schreibt denn auch in seiner Monografie über Reichel: „Il est entré en peinture comme on entre en religion, parce que la peinture est sa vérité et sa vie."[743]

Von den Kunstschaffenden, die Didonet beispielhaft für die *Art Poétique* anführt, haben alle ausser er selber beide Weltkriege erlebt, auf französischer oder auf deutscher Seite. Nicht alle unter ihnen sind in ihrem künstlerischen Schaffen gleichermassen durch die Kriege beeinträchtigt worden. Als Menschen aber wurden sie mehr oder weniger geprägt durch das Wissen um die Greuel dieser Zeit. Erlösungshoffnungen und Sehnsüchte, so dürfte man daraus schliessen, sind nicht nur vonseiten der Kommentatoren in die Bilder hineinprojiziert worden: es gab gute Gründe für die Kunstschaffenden, in ihren Werken der gegenwärtigen Lebenswelt den Rücken kehren zu wollen.

Wenn Künstler mit Worten und Bildern das Magische heraufbeschwören und damit auch an pseudoreligiöse Gefühle beim Rezipienten appellieren, so kann man ihnen nicht selbstredend manipulative Absichten unterstellen. Oftmals handelt es sich um den authentischen Ausdruck eines spirituellen Bedürfnisses nach Geborgenheit in dieser Welt.

5.3. Klee-Epigonen?

Gehen wir nun also davon aus, dass „unsere" Künstler ihr Malen und Schreiben nicht auf einen Topos hin, sondern aus ihrer natürlichen Veranlagung schöpften. Offen bleibt die kritische Frage bezüglich ihrer künstlerischen Eigenständigkeit. Sie ist insofern relevant für uns, als Klees Bilder- und Denkwelt bei den anderen Malern erklärtermassen einen grossen Stellenwert einnahm: Er war der älteste unter ihnen und in jedem Sinn der erfindungsreichste und wirkmächtigste. Sind Bissière, Didonet, Nebel, Steffens, Reichel und Wols als reine Gefolgsleute von Klee zu sehen, so würde das bedeuten, dass Bild-Poesie nicht eine grundlegende künstlerische Haltung oder Neigung beschreibt, die in neuen Künstlergenerationen weitere Ausdrucksmittel finden kann, sondern lediglich das schöpferische Werk eines einzelnen, das zu einer klar begrenzten Zeit seine Nachahmer gefunden hat. So ist zu prüfen, ob die erwähnten Künstler trotz einer mentalen Nähe zu ihrem Vorbild eine persönliche poetische Bildsprache entwickeln konnten, oder ob ihre Bilder als Wiederaufnahme oder stilistisches Zitat eines künstlerischen „Systems Klee" zu begreifen sind. Es macht einen grundlegenden Unterschied, ob wir von einem überindividuellen Phänomen „Bild-Poesie" ausgehen oder von einem Meister-Schüler-Verhältnis.

Klee war in vielen Bereichen eine Identifikationsfigur: Er hatte mit seiner andersartigen Malerei anfänglich grosse Schwierigkeiten, eckte überall an, lebte in bescheidensten Verhältnissen und seine Frau Lily verdiente ihren gemeinsamen Lebensunterhalt mit Klavierstunden. In den letzten zwanzig Jahren seines Lebens hat er es dennoch zu einigem Erfolg gebracht. Nach dem Zweiten Weltkrieg – Klee ist 1940 gestorben – wurde er allmählich zu einem der wichtigsten Künstler der Moderne. Den Höhepunkt seiner Popularität erreichte er allerdings posthum gegen 1960. Mit der nachfolgenden, programmatisch zunehmenden Verrohung der Ästhetik jedoch, in welcher psychische und ästhetische Schocks zur künstlerischen Tagesordnung und die traditionellen Medien durch Kunst-Aktionen und Happenings verdrängt wurden, gelangte auch seine Kunst wiederum in Bedrängnis. Künstler der Moderne, stellt Christine Hopfengart fest, galten zunehmend als „unangenehm gepflegt" und „harmlos": „Klee gehörte mit seinen geschmackvollen Farbmodulationen, seiner kunsthandwerklichen Materialverliebtheit und seinen ausgetüftelten Feinsinnigkeiten zu den ganz besonders prekären Fällen."[744] Wols hat Klee um elf Jahre überlebt, Reichel um achtzehn, Bissière um vierundzwanzig, Nebel um dreiunddreissig Jahre. Von Ihnen hat höchstens Nebel den Beginn eines kritischen Umschwungs in der Klee-Rezeption der späten 60er Jahre miterlebt. Der Meister konnte also für sie sehr wohl als Fanal ihres bildnerischen Tuns und Denkens gelten, was dennoch nicht bedeuten muss, dass sie ihr Werk aus Kalkül in seine poetische Bildsprache einschrieben. Die jüngeren Künstler Steffens und Didonet, die in den 70er Jahren in voller Schaffenskraft standen, hätten genügend Zeit für einen taktischen Richtungswechsel gehabt. Es scheint aber, dass auch sie einem eigenen poetischen Antrieb gefolgt sind.

5.3.1. Die Unterschiede im Ähnlichen

Bis anhin haben wir die Bilder dieser sechs Künstler immer mit Blick auf ihre offensichtlichen Gemeinsamkeiten und ihre Verbindung zum Dichterischen betrachtet. Es ist nun an der Zeit, den Fokus auf die Unterschiede zwischen den verschiedenen Bild-Sprachen zu lenken. Zunächst sei bemerkt, dass die Beispiele im Hinblick auf ihre kompositorischen Besonderheiten ausgewählt worden sind. Es gibt durchaus vereinzelt auch formale und inhaltliche Ähnlichkeiten und Entsprechungen mit ein-

40 Paul Klee, *Ad Parnassum*, 1932, Öl und Kaseinfarben auf ungrundierter Leinwand, 100x126 cm.

41 Otto Nebel, *Die Stadt Musartaya III: Anblick A, Florenz*, 1937, Collage, Gouache in Federstricharbeit auf Papier, 30x28 cm.

zelnen Bildern von Klee. Wir erinnern uns an Klees und Reichels Fisch-Bilder (vgl. II, 4.2.5.).

Ein Vergleich zwischen Klees *Ad Parnassum* von 1932 (Abb. 40) und Nebels *Stadt Musartaya III, Anblick A, Florenz* von 1937 (Abb. 41) ergibt, dass das Gemeinsame, divisionistisch Mosaikhafte von Tempel- beziehungsweise Stadtanlage nicht über die Unterschiede zwischen den beiden Bildwelten hinwegzutäuschen vermag. Die Ähnlichkeiten sind zunächst optischer Natur auf der Ebene von farblicher und formaler Komposition und der maltechnisch aufwändigen, mehrschichtigen Strukturen, die beiden Bildern einen Flimmer-Effekt verleihen. Beide scheinen von einer Lichtquelle „hinter dem Bild" beleuchtet zu sein, wobei Nebels *Stadt* – gleichsam als Konzession ans Figürliche, die bei Klee weniger zu finden ist – im inneren des Mauergefüges leicht verdunkelt ist und dadurch eine gewisse materiale Präsenz erhält. Klees *Parnass* indessen verliert im nahezu gleichmässigen Durchschimmern des Lichts seine Körperlichkeit fast vollends. Die grün-blau-gelben Farbfelder sind in Vierecken angelegt, bei Klee werden sie nur durch die Veränderung des Farbtons begrenzt, bei Nebel finden sie sich durch dünne schwärzliche Striche gegeneinander abgegrenzt. Durch die gelben und bräunlich-orangen Einschübe vermitteln beide Bilder eine Empfindung von Wärme, die bei Nebel einen Eindruck von Wohnlichkeit eines Stadtteils in fernen Ländern, bei Klee eher von der Weite und Erhabenheit einer irrealen und doch als möglich empfundenen Landschaft mit sich bringt.

Beide Bilder sind symbolisch aufgeladen. Klees *Parnass* erscheint durch den roten Mond rechts oben neben dem geheimnisvoll pyramidenartigen Dreieck, durch das Tor am unteren Bildrand und den wie das Gestirn orange leuchtenden, senkrechten Keil an seiner rechten Seite, der sich über dem Mond waagrecht wiederholt, wie ein Sinnbild für das künstlerische Schaffen, das ebenso in die weiten Höhen des Parnass wie in den Hades der Verzweiflung führen kann. Nebels *Stadt Musartaya* strahlt mit ihren monumentalen Kuppeln und Pyramiden-Dächern, die allesamt auf schiefen Mauern mit ovaloiden Fenster-Luken stehen, dennoch eine Atmosphäre von jahrhundertealt-erhabener und gleichsam sakraler Ruhe aus. Die optische Stabilität erlangt diese aus statischer Sicht abenteuerliche Verschachtelung von Gebäuden durch einige wenige abstrakte Quadrätchen- und Rhomben-Muster, die immer wieder die Horizontale markieren. Eine „bauwerkliche Dichtung zeitloser Ordnung", nannte Nebel seine Bildserie *Musartaya, die Stadt der tausend Anblicke*, „eine Innen-Welt-Stadt, an der der Baumeister bis zu seinem Lebensende wird weiter zu schaffen haben".[745] „Baumeister", so scheint es, ist nicht nur Nebel, der tatsächlich über zwei Jahre an diesen Bildern gearbeitet hat, sondern in gewisser Weise auch der Betrachter, der bei jeder Begegnung mit dem Bild durch neu entdeckte Tore in Nebels „Florenz" einzudringen glaubt. Für einmal ist es Klee, der – für seine Verhältnisse – ein monumentales Bild geschaffen hat: *Ad Parnassum* misst 100x126 cm. Daneben ist Nebels *Musartaya* mit seinen 30x28 cm gemessen an der Fülle des Dargestellten, das in feinsten Farbtupfen zum Leuchten gebracht wird, klein.

Trotz der Ähnlichkeiten in der Farbgebung, in der Mal-Technik wie auch im Ausdruck von überzeitlicher Entrücktheit handelt es sich in ihrer Gesamterscheinung dennoch um sehr unterschiedliche Bilder. Es ist bezeichnend, dass sich die Unterschiede nicht deutlich in Worte bringen lassen: über ein Geflecht von sichtbaren Eigenheiten sind sie jedoch klar erkennbar für jede, die mit dem Œuvre der beiden Künstler vertraut ist: als ein unverwechselbarer Teil einer je eigenständigen Bildwelt, deren Urheber sich in beiden Fällen ohne Zögern bestimmen lässt.

5.3.2. Originäre Resonanzräume des Poetischen

Otto Nebel ist wie die anderen Künstler dieser geistigen Familie als „eigenschöpferischer Künstler" zu begreifen, schreibt Matthias Frehner. Wenn seine Gemälde zuweilen analoge Konstruktionen mit Klees Bildern zeigen, so sind die beiden Künstler ähnlich geartete Temperamente mit vergleichbaren Schicksalserfahrungen, die „verwandte künstlerische Formulierungen" hervorbringen.[746]

Was wir in der Rezeption gewisser Bilder von Nebel, aber auch von Bissière, Didonet, Reichel, Steffens und Wols als ähnlich erleben, sind die singulären Anmutungen von Poesie. Wird diesen Künstlern oftmals eine schicksalshafte Nähe zu Klee nachgesagt, so leuchtet Brassaïs Erklärung ein, dass sie eine Art Resonanzraum sind für den neuen Weg, den Klee mit seiner poetischen Kunst angestossen hat. Jeder von ihnen hat seine persönliche Bildwelt entwickelt und damit auch deren Unterschiedlichkeit besiegelt. Ein Künstler kann andere inspirieren, ohne dass von Schule die Rede sein muss. In Angebracht der Unterschiedlichkeit von *Parnass* und *Musartaya* und in Kenntnis der anderen vorangehend beschriebenen Bild-Gedichte lässt sich die Frage nach einer direkten Schülerschaft dieser Künstler im Hinblick auf Klee verneinen.

Klee hat mit seinen Theorien keine reproduzierbaren Normen geschaffen. Seine theoretischen Gedanken zur Bild-Konstruktion galten seinen Bauhaus-Schülern. Hatte er diesen gewisse technische Grundregeln beizubringen, so lässt sich das, was in seinen Bildern als Poesie wahrgenommen wird, nicht über konkrete Anleitungen vermitteln: „Gut malen ist einfach Folgendes: richtige Farben an den richtigen Ort setzen."[747] Ähnlich gesinnte Künstler hingegen vermochten seine Bilder unmittelbar zu „hören", sie mit all ihren Sinnen aufzunehmen und sie in ihrer kraftvoll poetischen Prägnanz als eine in eigentümlicher Weise ausschöpfbare Ausdrucksweise zu erkennen.

Um im Einzelfall sicher entscheiden zu können, ob es sich um eine originäre Schöpfung handelt oder ob ein Bild, wie Annegret Hoberg bei Reichel und Nebel vermutet, dem „übermächtigen Einfluss von Klee" zum Opfer gefallen ist (vgl. II, 4.2.5.), müsste jedes einzeln auf materieller, technischer wie auf inhaltlicher Ebene in Bezug auf Klees künstlerische Grammatik analysiert werden, wenn es eine solche denn gäbe. Einem „Einfluss zum Opfer fallen" ist ein Qualitätsurteil, das auf den modernen, von Adorno prägnant formulierten Anspruch an das Kunstwerk zurückgeht, neue Lösungen bereitzuhalten für etwas, was einst ungelöst blieb.[748] Die entsprechende Qualitätsfrage gipfelt in der Feststellung, ob ein Künstler „an der Kunst" gearbeitet hat, oder nur an seinen Werken.[749] Wie oftmals bei Adorno wird mit dieser plakativen Forderung die Kunst gleichsam zur eigenständigen Entität, um die es als einzige zu gehen scheint.

Im Vorangehenden ist als eine der Eigenschaften des guten Kunstwerks erwähnt worden, dass es ein unausschöpfbares phänomenales Wissen vermittelt, welches wie das menschliche Dasein Widersprüche, Vagheit und Vieldeutigkeit umfasst, wodurch unsere Einbildungskraft dauerhaft in Schwung gehalten wird (vgl. I, 5.4.3.). Diese Qualität lässt sich insbesondere dort finden, wo Poesie im Spiel ist. Aufgrund ihrer formalen Vielfalt im Zeichen des Poetischen können solche Bilder nicht als stilistisches Zitat eines historisch datierten und abgeschlossenen ‚Systems Klee' gewertet werden. Klee hat mit seinem Werk schlicht eine künstlerische Ausdrucksweise ohne festen Code und gleichbleibende Bedeutungen angestossen; eine neue Sensibilität, die sich transindividuell und mit entsprechenden Änderungen berechtigterweise originär ausschöpfen lässt.

5.4. Fazit: Künstlerische Positur versus Dichternatur

Der Stellenwert von selbstkommentierenden Aussagen im Hinblick auf die Feststellung von Poesie in den Werken gewisser Maler ist nach wie vor nicht eindeutig bestimmt. Die Kunstgeschichte geht heute mehrheitlich davon aus, dass die Kenntnis einer Künstlertheorie entscheidend ist, um ein Werk einordnen und verstehen zu können. Was aber fangen wir mit einem Wissen um ihre Lebenshaltung an? Wie unterscheiden wir künstlerische Attitüde und aufrichtiges Selbstbekenntnis? Vielleicht ist diese Unterscheidung auch gar nicht so wichtig, wie es scheint. Wären diese mythisch verkleideten Positionsbestimmungen auch reine Strategie, so könnten sie letztlich als Teil einer künstlerischen Arbeit gesehen werden.[750]

Konkret stellt sich die Frage, warum sich denn unsere Maler-Poeten aus Kalkül mit einem Image belastet haben sollten, das damals absolut unzeitgemäss und einem permanenten Kitsch-Verdacht ausgesetzt war. Mit ihren harmonisch anmutenden Bildern zogen sie von offizieller Seite schon genügend Unverständnis an. Die Annahme, dass Bissière, Didonet, Klee, Nebel, Reichel, Steffens und Wols in ihren Texten und Gedichten ihr Lebensgefühl ausschliesslich mit Berechnung dargelegt haben, scheint wenig Sinn zu ergeben. Viel eher verstanden sie ihre Bekenntnisse als eine Art Leiter ins Innere ihrer Gemälde.

Ein tieferer Einblick in einzelne Biographien lässt auch erahnen, inwiefern die dichterisch verklärte Lebensanschauung dieser Künstler effektiv als Refugium vor der Wirklichkeit gesehen werden kann. Als reine Strategen wären sie vermutlich geschickter im Umgang mit Kultur-Ämtern und Galerien gewesen. Reichel wie Wols scheinen der Lebensrealität mit einer gewissen Hilflosigkeit begegnet zu sein; aus ihrem Umfeld gibt es viele Zeugnisse dafür, dass sie Einzelgänger und Sonderlinge waren. Bei Didonet zeigt eine umfassende Korrespondenz, dass seine Beziehungen zu anderen Menschen von Missverständnissen und Zerwürfnissen geprägt waren.[751] Das Leiden an dieser manifesten Andersartigkeit mochte dazu beigetragen haben, dass die eine oder andere Eigenschaft des unverstandenen Dichters zeitweilig auch aktiv hervorgehoben wurde.

Als Aussenseitern ist es ihnen nicht erspart geblieben, sich wenigstens versuchsweise auf die Kunstwelt ihrer Zeit einzulassen. Insbesondere Klee hatte sich während seiner Anstellung am Bauhaus mit den verschiedensten Ausdrucksformen auseinanderzusetzen, die er – meist in ironisch zitierender Weise – in seine eigene Bild-Sprache umwandelte. Vom an dieser Kunstschule herrschenden sachlichen Klima des Postexpressionismus übernahm er laut Regine Prange als Lehrer die wissenschaftlich anmutende Denkweise, als Künstler indessen liess er nie seinem „Projekt einer poetisch-satirischen Selbstreflexion der Malerei" ab.[752] Der schöpferische Rückzug in die Welt des Dichterischen scheint für Klee wie für seine Gesinnungsgenossen eine Antwort auf die von wechselnden Theorien geprägten Kunstäusserungen gewesen zu sein.[753] In ihren Bildern haben sie sich die allgemeine intellektualistische Grundhaltung ihrer Gegenwart gewissermassen subversiv zunutze gemacht, indem sie mit gegenständlichen Andeutungen den intellektuellen Zugriff zwar verheissen, diesen aber mit abstrahierenden Verfahren laufend untergraben. Auch dies scheint in den meisten Fällen eher intuitive Notwendigkeit als eigentlicher Kunstgriff gewesen zu sein.

Die Einblicke in die Gedankenwelt dieser Künstler und die Aussagen aus ihrem Umfeld sprechen dagegen, dass sie sich aus reiner Berechnung mit dem Topos des solitären, von Leiden geplagten und unverstandenen Dichters schmückten. Vorgeprägte Vorstellungen beruhen mithin auf der Tatsache, dass solche unangepassten Menschen da und dort seit jeher existieren. Der Wissenszuwachs, welcher aus der Reflexion über die mögliche Bedienung von Topoi durch diese Künstler hervorgeht, liegt nicht darin, das Wahre vom Stilisierten unterscheiden zu können. Die Übergänge sind im Bereich des Erlebten fliessend: „Individuum, Typus und Zuschreibung schliessen einander nicht aus", schreibt Bettina Gockel zu Ernst Ludwig Kirchners Selbstdarstellung, „das eine verdrängt nicht das andere. Es handelt sich eher um ein Amalgam kultureller, auch vom Künstler in Gang gesetzter Prozesse."[754]

Die Bilder von Bissière, Didonet, Klee, Nebel, Reichel, Steffens und Wols standen zu ihrer Zeit ausserhalb der aktuellen Modeströmungen. Die Vielfalt ihrer Erscheinungsformen – kein Gedicht gleicht einem anderen – erschwert zudem deren kunsthistorische Einordnung. Wenn Patrick Walter anhand von modernen Forschungsergebnissen zur visuellen Wahrnehmung konstatiert, dass der Mensch nur aufnehmen kann, was ihm verständlich ist,[755] so liegt nahe, dass besonders für Dichter die Versuchung gross ist, wenigstens als Person und Künstler an Bekanntes anzuknüpfen. Damit kann die Frage, inwieweit ihre Selbstaussagen als Bekenntnis oder als Strategie zu begreifen sind, nicht abschliessend beantwortet werden. Wesentlich scheint, dass uns ihre Werke noch heute zu berühren vermögen.

Die Wortbekenntnisse dieser Künstler auszublenden wäre genauso verkehrt wie ihnen eine letzte Deutungshoheit ihres bildkünstlerischen Universums zuzusprechen. Für eine adäquate Bilderfahrung ist ein Abgleich der strukturellen Gegebenheiten mit dem Wissen um den dazugehörigen schöpferischen Kosmos des Urhebers von Vorteil. Da solche Kenntnisse in jedem Fall unsere Bildwahrnehmung prägen, sollten sie auch aktiv und kritisch mit einbezogen werden.

6. „ZUR UNZEIT GEGEIGT …"?

So – aber ohne Fragezeichen – lautete der Untertitel der Ausstellung *Otto Nebel, Maler und Dichter* von 2012 im Kunstmuseum Bern.[756] Er bezieht sich auf eine von Nebels so genannten *Neun-Runen-Fugen*, die den Titel *Unfeig* mit dem Zusatz: *zur Unzeit gegeigt* trägt. In diesem poetischen Werkzyklus erfindet Nebel eine Art gemalte Zeichensprache, in welcher der einzelne Buchstabe (die Rune) in seiner Materialität zu einem Element zwischen Bild und Schrift wird.[757] Es ist nicht anzunehmen, dass der Künstler mit diesem Wort-Laut-Spiel neben der effektiven „Unzeit" seines Daseins zwischen zwei Kriegen mit Gefangenschaft und Exiljahren auch an die hier intendierte Wendung des Unzeitgemässen seines schöpferischen Wirkens gedacht hat. Denn für Nebel dürfte es im künstlerischen Sinn gar keine Unzeit gegeben haben: gute Kunst strebte seines Erachtens nach Überzeitlichkeit.[758]

Damit sind wir mitten im Thema dieses Kapitels. Die allgemeine Kunstauffassung der Moderne zeichnet sich durch klare Vorstellungen davon aus, was zu einer gegebenen Zeit ein zeitgemässes, sprich „gutes" Kunstwerk ist und was nicht. Ein offizieller Kunstkanon brachte laufend neue Kriterien hervor, die sich wiederum gegenseitig überholten. Die Werke von Bissière, Didonet, Nebel, Reichel, Steffens und Wols waren nicht Teil dieses Geschehens. Auch Klee stand „ausserhalb" seiner Zeit, wenngleich er während seiner Lehrtätigkeit am Bauhaus oftmals die aktuell gültigen Formgesetze in seiner höchst eigenen Weise paraphrasierte.

Es ist unbestreitbar, dass alle Kunst einen gewissen Zeitkern hat, weil sie auf zuvor gelösten Formproblemen aufbauen kann: Wer heute wie Leonardo da Vinci malt, wird als guter Handwerker, kaum aber als Künstler wahrgenommen. Es sei denn, er macht sein Gemälde als Zitat geltend; oder er propagiert es als „Idee": wir erinnern uns an Marcel Duchamps vom Original ununterscheidbare „Mona Lisa" namens *L.H.O.O.Q* (vgl. I, 5.3.). Bild-Poesie scheint sich ähnlich wie Ideen-Kunst ausserhalb dieser Kontinuität von formalen Errungenschaften und Regelsystemen zu ereignen; im Unterschied zu jener hat sie sich jedoch nicht von der Prägnanz des Bildlichen verabschiedet.

Die These lautet, dass das poetisch Unerreichbare im Bild den wechselnden Formgesetzen übergeordnet ist; in jeder Resonanzerfahrung wird es als gegenwärtig erlebt. Im freien Zusammenspiel von Materialität und Ausdruck kann Bild-Poesie im Laufe der Zeit unterschiedliche Ausdrucksformen und Gestalten annehmen.

Zunächst wird dargelegt, was es mit dem Zeitkern von Kunst auf sich hat und welche normativen Forderungen sich vor allem aus der Sicht der Nachkriegsmoderne daraus ergeben. Ein Vergleich dieser Normen mit der immanenten Zeitlichkeit des Bildpoetischen und ein Blick auf die historischen Produktionsbedingungen dieser Werke zeigen, dass sie zwar ausserhalb solcher Formgesetze stehen, gleichwohl aber einen historisch-lebensweltlichen Zeitbezug aufweisen: Anders als so genannt „zeitgenössische" künstlerische Gestaltungen wollten Bild-Gedichte keine Spiegel einer zerrütteten Welt sein, sondern mit utopischen Gegenwelten auf sie antworten. Diese Erkenntnis führt uns zum ethischen Aspekt von Trost spendender Schönheit und Harmonie.

„Unzeitgemäss" erschienen diese Bilder aus der modernen Perspektive nicht zuletzt, weil sie mit der Romantik – mit deren Neigung zu Traum, Märchen und Magie – in Verbindung gebracht wurden und heute noch werden. Auch die romantischen Denkweisen ihrer Schöpfer und deren Vorliebe für das Dichterische brachte sie in den Dunstkreis dieser Epoche. Anhand von Bild-Vergleichen kann gezeigt werden, dass sich die dichterischen Gestaltungs- und Ausdrucksweisen wesentlich von derjenigen der Romantik unterscheiden und damit auch unterschiedliche Anforderungen an die Rezipientinnen stellen.

Bild-Poesie, so wird sich herausstellen, ist nicht eine moderne Version der romantischen Bildgebung. Sie ist eine künstlerische Ausdrucksweise, welche zwar aus dem individualistischen, von manchen formalen Zwängen befreiten Denken der Romantik schöpft, sich jedoch gegenüber dieser Herkunft verselbstständigt.

6.1. Vom Zeitkern der Kunst

Der heutige Kunstkanon ist sich einig: Es gibt keine zeitlose Kunst. Jede Kunst interagiert gewollt oder ungewollt mit ihrer Zeit, sie reagiert auf zeitgenössische künstlerische Probleme und Phänomene.[759] Die Zeit schlägt sich gleichsam im Kunstwerk nieder.

Die zeittheoretischen Fragestellungen werden zur Hauptsache aus der Perspektive der *Ästhetischen Theorie* von Theodor Adorno erörtert. Er hat seine Normen zwar erst in den 1960er Jahren formuliert, sie sind jedoch auf einem über Jahrzehnte gewachsenen Nährboden entstanden und haben noch lange nach seinem Tod im Jahr 1969 das kunsttheoretische Denken geprägt. Seine Theorie vermittelt uns eine gute Vorstellung vom geistigen Klima, in welchem die Werke von Klee, Bissière, Didonet, Nebel, Steffens, Reichel und Wols entstanden sind.

6.1.1. Historische und immanente Zeitlichkeit des Kunstwerks

Adorno begründete die bereits in der Moderne geltende Auffassung vom Zeitkern der Kunst damit, dass die Zeit in der Kunst ihre Produktivkräfte entfaltet, wodurch sich im Werk ein ganz bestimmter Materialstand spiegelt; nämlich die materiellen, historischen und künstlerischen Bedingungen des konkreten Augenblicks seiner Entstehung. „Der Wahrheitsgehalt der Kunstwerke, von dem ihr Rang schliesslich abhängt, ist bis ins Innerste geschichtlich […] dadurch, dass im Werk richtiges Bewusstsein sich objektiviert." Das richtige Bewusstsein, erklärt Adorno, versichert sich zunächst des Materialstandes und manifestiert sich durch die aufrecht erhaltene Dialektik der Widersprüche im Horizont einer möglichen, aber nie zu erreichenden Versöhnung.[760] Ein weiterer Aspekt von historischer Zeitlichkeit liegt für den Vertreter der Kritischen Theorie darin, dass das Kunstwerk eine gesellschaftliche Stellung einzunehmen hat: „Kunst ist die gesellschaftliche Antithese zur Gesellschaft."[761] Sie hat dem Ordnungsprinzip der ihr gegenwärtigen Kulturindustrie zwischen Identitätszwang und tröstenden Konsum-Produkten als Antithese ihre trostlose Wirklichkeit in der Erfahrung von Fremdheit und Chaos entgegenzustellen, nicht zuletzt um das lebendige Spannungsverhältnis zwischen der Realität und der Utopie einer besseren Welt zu erhalten.

Im Unterschied zur werkimmanenten sowie zur historischen Zeitlichkeit der Produktion des Kunstwerks ist dessen Bezug zur Rezeption zwar ebenso zeitbedingt; sie entfaltet sich jedoch auf der Ebene des Entzugs. Wenn sich Adorno zufolge ein Kunstwerk mitteilt, indem es sich verweigert, so generiert diese Negativität einen zeitlichen Aspekt: Sobald die Rezeption das Fremde am Werk verstehend assimiliert hat, verliert dieses – einstweilen – seine Kraft und es kann durch die kulturellen Institutionen instrumentalisiert werden. Allerdings ist damit das authentische Kunstwerk der Vergangenheit gleichwohl nicht gerichtet: „Die grossen Werke warten. Etwas von ihrem Wahrheitsgehalt zergeht nicht mit dem metaphysischen Sinn."[762]

Aus dieser Sicht spielt die Zeit in der Kunst sowohl auf der Ebene der Produktion (Berücksichtigung des Materialstands), des Werks (Dialektik von Widersprüchen) und der Rezeption (Assimilation und konsekutiver Kraftverlust des Werks) eine wesentliche Rolle. Zeit*genössisch* ist das Werk höchstens in seinem kurzen Aufscheinen als Unverstandenes, noch nicht Assimiliertes. Daraus ergibt sich, dass das „wahre Kunstwerk" auf keinen Fall Überzeitlichkeit fingieren und noch weniger auf eine Dauer hin geschaffen werden darf: Wird ihm die Dauer zur Intention, deklariert Adorno, so verkürzt es sein Leben.[763] Das Kunstwerk muss sich der Illusion des Dauerns entledigen und sich dieses Zeitkerns bewusst werden. Seine immanente Zeitbezogenheit verunmöglicht seine historische Dauer. Die These vom überzeitlichen Meisterwerk, wie sie im Zeichen des Bildpoetischen vorgebracht wird, kommt aus dieser Perspektive einer Regression auf romantische Kunstreligion gleich.[764]

6.1.2. Das „Neue" als dialektisches Gegenüber zum Vorangehenden

Auf jeder der drei Ebenen – Berücksichtigung des Materialstands (Produktion), Widerstand (Werk) und Fremdheit (Rezeption) – hat sich Adorno zufolge das Kunstwerk gleichsam als Negatives zu gebärden: als erweiternde Antwort auf einen Materialstand, im werkimmanenten Austragen von Dissonanzen und Widersprüchen sowie im Entzug von Bekanntem. Aus diesem dialektischen Verhältnis – zum bereits Bestehenden, zur Harmonie und zur Identifikation – ergibt sich eine oftmals unglücklich interpretierte Forderung nach Neuem im Kunstwerk.

Die Negation des Vorhandenen ist nicht nur etwas, was die Kunst zu leisten hat, sie ist ontologisch mit dem Werk verhaftet: Das Kunstwerk ist als solches nur wahr, wenn es sich gegen jedes vorangehende kritisch abgrenzt. „Das, nicht die historische Kontinuität ihrer Abhängigkeiten, verbindet sie miteinander: ein Kunstwerk ist der Todfeind des vorangehenden."[765] Als Negation des bereits Assimilierten und im Widerstand gegen den „affirmativen Druck der Gesellschaft"[766] richtet sich Adorno zufolge das Werk letztlich gegen seine identifizierende Aneignung durch die Adressatin. Nur so, in der Widerständigkeit gegen alle Erwartungen, kann Kunst etwas in uns bewirken.[767]

In dieser Vorstellung des Kunstwerks als dialektisches Gegenüber zum Vorangehenden liegt der Kern einer allgemein verbreiteten Forderung nach Neuem: „In der Abstraktheit des Neuen verkapselt sich ein inhaltlich Entscheidendes",[768] konstatiert Adorno wobei „Abstraktheit" für ihn das Unbekannte und Unsagbare, weil noch nicht Verallgemeinerte, meint. Zu beachten ist dabei jedoch sein Zusatz – der von manchem Künstler gerne überhört wird – dass diese Erfahrungen nicht als solche provoziert werden dürfen, denn die „äussersten Schocks und Verfremdungsgesten" würden allzu leicht Opfer einer historischen Verdinglichung.[769] Indem die moderne Kunstwelt die allgemeine Forderung nach ständiger Erneuerung absolut aufgefasst hat, entstanden daraus sich in schneller Folge erneuernde Formgesetze, welche die alten als vergangen verwarfen. Als „Neu" wird alles Widerständige, Dissonante und Fremde betrachtet: es wird für die so genannte Gegenwartskunst zum Programm und zum eigentlichen Qualitätssiegel.

Ob wir nun mit dem Zeitkern von Kunst eher die Produktionsbedingungen, die bildimmanente Zeitlichkeit oder die Rezeption im Blick haben: die transhistorisch permanente Gültigkeit einer künstlerischen Ausdrucksweise, wie sie Klee, Nebel und auch Didonet noch verstanden, wurde in der restriktiv denkenden künstlerischen Moderne grundsätzlich in Frage gestellt.[770] Das Kunstwerk hatte „zeitgemäss" zu sein und insofern den laufend sich verändernden Anforderungen zu entsprechen. Aus den vorangehenden Kapiteln geht hervor, dass unsere Bild-Poeten dieses „Zeitgenössische" nicht wirklich suchten.

Aus heutiger kunsttheoretischer Perspektive bleibt das gute Kunstwerk als dialektische Antwort auf gegenwärtige Verhältnisse unmissverständlich mit seiner Entstehungszeit verbunden. Dies bedeutet allerdings nicht, dass in das chronologische Kontinuum nicht auch Diskontinuitäten eingefügt werden können und sogar sollten.[771] Thierry de Duve fasst das allmählich sich festsetzende Verständnis von „guter Kunst" dahingehend zusammen, dass diese uns in unserer eigenen Gegenwart als „gegenwärtig" anspricht, auch wenn sie tausende von Jahren alt sein sollte.⁷⁷²

6.2. Aus ihrer Zeit gefallen – Die besondere Zeitlichkeit von Bild-Poesie

Literarische Poesie, so haben wir mit Peter von Matt festgestellt, strebt nach Unvergänglichkeit. Eine überzeitliche Gültigkeit wird nicht zuletzt dadurch möglich, dass das Gedicht jenseits der Übermittlung trennscharfer Ideen in der Erfahrung „körpersinnlicher Erschütterungen" immer erneut aufleben kann. Während die künstlerische Vermittlung einer Idee leicht in die Vergangenheit rückt – einmal verstanden, kann sie weggelegt werden – nimmt das Gedicht gleichsam die Zeit des Rezipienten in sich auf: es erlangt die Jetzt-Zeit einer Entfaltung seines Gehalts in jedem emotionalen und denkerischen Nachvollzug. In der Tiefe dieses erlebten Augenblicks verstehen wir fühlend manches Gedicht als überzeitlich gültig und gleichsam ewig wahr (vgl. II, 2.4.).

Anhand von Klees *Adler* ist bereits gezeigt worden, dass wir mangels eines eindeutigen Bild-Gehalts im emotionalen Eintauchen in die Prägnanz des Dargestellten gleichsam aus unserer eigenen Zeit heraustreten und dabei Ahnungen von etwas zeitlos Vollkommenem erlangen können. In Bissières *Compostion* verweisen die fast klanglich hörbaren Harmonien der leuchtenden Farbfelder und der geheimnisvollen Zeichen in Sphären der Zeitlosigkeit. Die sich unter unserem Blick verändernden Gestalten, die eine Betrachtung von Wols' *Seltsamer Reise* zum Abenteuer von kaum wiederholbaren Gehalt-Erfahrungen werden lassen, binden dieses Bild an die Jetzt-Zeit jedes singulären Erlebens. Im *Schleiertanz* führt Nebel unsere Imagination im Kreise herum; er lässt dieses körperlich-emotionale Bewegtwerden immer wieder in der nackten Materialität des Tortenpapiers und mit diesem in der gegenwärtigen Wirklichkeit landen. Reichels *Bilderbogen* ergibt sich unserer Suche nach Bedeutung nur in einer emotionalen Hingabe an das unabschliessbare Spiel seiner Andeutungen: die Geschichte, die der Künstler nicht erzählt, wird im Augenblick jeder unserer Erfahrungen neu lebendig. Im Anblick des verrotteten und jeglicher Funktionalität entrückten Holz-Metall-Gefüges von Steffens' *Abandonné* wird die Zeit gleichsam sicht- und hörbar. Didonets *Magicienne* erscheint ihrer Zeit wie durch ihren eigenen Zauber entrückt, sie entführt unsere Vorstellungen in eine Welt jenseits des Vergänglichen. Im emotionalen Nachvollzug erfährt der unbestimmbare Ausdruck dieser Bilder jeweils eine einzigartige Aktualisierung in der Gegenwart.

Verweisen Beckmanns Kreuzabnahme *und Ankers* Freundin *zumindest inhaltlich auf ein Vorher und ein Nachher des gezeigten Augenblicks, so gliedert sich die Erfahrung des Bilddichterischen nicht in die Zeitlichkeit eines erzählten Geschehens ein. Anders als gegenständliche Darstellungen wiederum lädt uns der stimmungsvolle Ausdruck von Rothkos* Gelb, Orange, Rot auf Orange *unverkennbar ein, sinnlich und affektiv in seine Ruhe einzutauchen. Dahingegen bergen der Bilderbogen ebenso wie der* Adler, *die* Magicienne *und die* Seltsame Reise *einen lebendigen Gehalt, den wir uns immer neu und anders vergegenwärtigen: Aus rezeptionsästhetischer Sicht verändert insbesondere das dichterische Moment im Bild das Kunstwerk als solches im Laufe der Zeit.*

6.2.1. Keine Zeit für Gefühle

Kunst, die sich nicht in schon Bekanntes einordnen lässt, da ist Adorno sicher zuzustimmen, verwirrt und destabilisiert. Lässt sie sich vom Verstand nicht ergreifen, verlangt sie nach eindringlicher Aufmerksamkeit, nach Gefühl, nach Zeit. Zeit nimmt man sich in der fortschreitenden Moderne immer weniger für solch unfassbare Dinge.

Ein Blick auf das Verhalten der Museums-Besucher reicht um festzustellen, dass heute elf Sekunden Innehalten vor einem Bild in den meisten Fällen die obere Grenze bilden. So ist es wohl kein Zufall, dass Duchamps Ideen-Malerei und seine Ready-mades die künstlerischen Manifestationen bis gegen Ende der 60er Jahre tendenziell auf die konzeptuelle Seite verschoben haben. Damit sind optisch und sinnlich erfahrbare Bild-Qualitäten vom schnell erfassbaren inhaltlichen Worüber äusserlich beliebiger Gegenstände zusehends verdrängt worden. Die Gebilde zum Ansehen wichen einer „denkenden" Kunst.⁷⁷³ Zu Recht bedauert Thierry de Duve eine allgemeine Tendenz zur Disqualifizierung des ästhetisch-emotionalen gegenüber einem intellektuellen Zugang zur Kunst:

> „Le rapport esthétique – autrement dit, amoureux – à l'art est en apparence disqualifié au profit du rapport intellectuel à l'art, et il sera difficile, cette fois, de faire jouer l'évidence contre les apparences pour retrouver in fine la disposition à se laisser toucher."⁷⁷⁴

Ein Saaltext lässt sich in die Tasche stecken, verstehen kann man auch zu Hause. Sinnlich-emotionale Aspekte des Sichtbaren vermittelten keine gesicherten Informationen, weshalb sie leicht unter den Verdacht intellektueller Anspruchslosigkeit geraten.[775]

Unter dieser Voraussetzung ist es nicht erstaunlich, dass sich Didonet und Steffens von der allgemeinen Kunstwelt ausgeschlossen fühlten: Sie konnten und wollten dieser Zeit nicht angehören. Ähnliche Gedanken sind uns bei Klee und Nebel begegnet. Für sie war das Poetische ein Mittel, sich ausserhalb der etablierten künstlerischen Modeerscheinungen zu positionieren.[776] Wenn Klee 1932 bei der grossen Retrospektive von Picassos Werk im Kunsthaus Zürich den Spanier als „DEN Maler von heute" bezeichnet, so spiegelt dies, wie Christine Hopfengart richtig feststellt, nebst aller Bewunderung auch einen untergründigen Vorwurf des Modischen: Er sieht Picasso als Repräsentanten eines Zeitgeistes.[777] Auch für Didonet trug die Vorstellung des Zeitgenössischen den Makel des Ephemeren, das mit seiner Vorstellung von Kunst nicht vereinbar ist. Jenseits des Zeitlichen, meinte Didonet, würde ein Werk diesem auch nicht zum Opfer fallen: Das Poetische habe die Kraft, einen stetig neu rezipierbaren, sinnlich-emotionalen Appell an *jede* Epoche zu richten.[778]

6.2.2. Unzeitgemässe Bildgedichte?

Aus dieser rezeptionsästhetischen Perspektive lässt sich infrage stellen, ob die oben erwähnte zeitliche Punktlandung des Kunstwerks mittels der Abstraktheit des „kunsthistorisch Neuen" effektiv die einzig mögliche Voraussetzung für ein gutes Kunstwerk ist.

Die These lautet, dass uns jede Erfahrung der Bilder von Klee, Bissière, Didonet, Nebel, Reichel, Steffens und Wols – zwischen schillerndem Ausdruck und materialem Widerstand gegen die Illusion von Wirklichkeit – etwas Neuem und Unbekanntem aussetzt: Das spezifisch Poetische in ihnen greift immer wieder über deren Entstehungszeit hinaus in die Jetzt-Zeit des Erfahrenden.

Im Licht normativer Bestimmungen, wie sie Adorno formuliert hat, müssen bildpoetische Gestaltungen zu jeder Zeit – oder gar nie – als unzeitgemäss erscheinen. Poesie, das haben wir anhand der Beispiele festgestellt, vermag in jeder Betrachtung Neues aufscheinen zu lassen. In ihrer Erfahrung schieben sich die Ebenen von emotionalem Ausdruck und sichtbarer Materialität ebenso wie diejenigen von abstrakter Form und Schein von Wirklichkeit ineinander, ohne sich gegenseitig zu verstellen. In fast jeder Begegnung mit diesen Werken erschliessen sich neue Aspekte, die nebeneinander zu bestehen vermögen. Verheissung und Entzug von „eigentlicher" Bedeutung machen die Rezeption zu einem unabschliessbaren Prozess. In der Singularität dieses Erlebens kann jedes Bild nur für sich selbst stehen.

Durchgehende Formgesetze sind nicht einmal innerhalb eines einzigen künstlerischen Œuvres zu finden. Denken wir an den *Angelus*, den *Adler* und an *Ad Parnassum* – alle von Klee geschaffen: jedes von ihnen stellt uns vor neue Herausforderungen, um es erkennend zu erfahren. Künstlerische Gesten, die sich in einem aktuellen Trend verorten lassen, sind nicht nur leichter zu erkennen und zuzuordnen, sondern auch besser zu vermarkten. So mögen ökonomische Gründe dazu beigetragen haben, dass letztlich auch bei einem markthörigen Publikum der Sinn für die Vielfalt möglicher künstlerischer Erscheinungen in dieser Zeit zusehends verkümmerte: was nicht einem zeitgenössischen Typus entsprach, wurde meist nur von einzelnen Privatsammlern wahrgenommen. Das war es, was Adorno nicht zu Unrecht der „Kulturindustrie" vorwarf.

Festzuhalten ist an dieser Stelle, dass die vorgestellten Bild-Gedichte *neben* dem künstlerischen Schaffen ihrer Zeit entstanden sind und in keiner Phase der Moderne als zeitgemäss aufgefasst wurden. Ob die „farbigen Gedichte" von Didonet, Reichel, Steffens und Wols wirklich neue Antworten auf Formprobleme der Kunst ihrer Zeit bereithalten, ist eher zu verneinen. Ihre Bilder waren keine selbstreflexiven Stellungnahmen zu damals aktuellen künstlerischen Fragestellungen. Sie entsprangen schlicht einer inneren Schau der Maler, welche vielleicht nicht dieselbe gewesen wäre, wenn sie Klees Bilder nicht gekannt hätten. In der gefühlskalten Intellektualität eines kulturellen Zeitgeists, in welchem die Künstler sich mehr an Theorien abarbeiteten als sich ihren eigenen Intuitionen zu öffnen, mochte gerade jenes Verständnis von Kunstschaffen als Relikt aus vergangener Zeit erscheinen.

6.3. Ethische Aspekte

Denken wir die Gründe, weshalb in der Moderne eine überzeitliche Kunst unvorstellbar war, noch einmal zusammen, so stellen wir fest, dass es sich um ästhetische und um moralisch-ethische Vorbehalte handelt. Auf der ästhetischen Seite wurden die historische und die immanente Zeitlichkeit des Kunstwerks als Qualitätsanforderungen ins Feld geführt. Die moralischen Bedenken galten mitunter den überzeitlichen Werten, auf welche das Poetische zurückgreift: der Schönheit, der Harmonie, der Musikalität und mithin dem „unlauteren" Trost, welchen diese zu spenden vermögen.

Die ergreifende Schönheit eines Kunstwerks kann – so die These – gleichsam als Antithese zum Bestehenden das lebensweltlich Fremde und Negative transzendieren und dazu beitragen, dass die Fähigkeiten von Gefühl und Imagination angesichts der Erfahrung unabwendbaren Leids nicht vollends erstarren.

6.3.1. Harmonie contra Wirklichkeit

Das schön Gestaltete, Harmonische gehörte entschieden nicht zu den Anforderungen der Moderne. Im Licht der eingehenden Bildbetrachtungen kann an dieser Stelle besser nachvollzogen werden, inwiefern die sorgfältig „komponierten", ansprechenden Bilder unserer Malerpoeten von vornherein als unzeitgemäss erscheinen mussten. In der zerrissenen Welt der Moderne galt künstlerische Schönheit, wie sie die Harmonien von Musik und Poesie zu vermitteln vermögen, als trügerischer Schein und unzulässiges Seelenpflaster.[779]

Wurde der Begriff Harmonie in der Antike mit Schönheit, Wahrheit und Ordnung assoziiert, so scheint er seit dem späten 18. Jahrhundert keinen eigenen philosophischen Status mehr zu haben. Da und dort, erfährt man im Metzler Lexikon für Philosophie von 2008, kommt er noch als „zivilisationskritisches Gegenmodell zu den Entfremdungserfahrungen der Moderne", etwa bei Sedlmayr, und in ganzheitlichen Lebensentwürfen wie der Anthroposophie sowie aktuell in der Rezeption fernöstlicher Spiritualität vor.[780] In den Anfängen des 20. Jahrhunderts hatte dieses Konzept – wohl über den Weg der Theosophie – durch Kandinskys „Harmonielehre in der Malerei" noch einmal einen Aufschwung erlebt.[781] In der Nachfolgezeit ist der Harmonie-Begriff für die Kunst zusehends zum Tabu geworden.

Harmonie ist ohne die Möglichkeit ihres Gegenteils nicht denkbar. Adorno zufolge sind diese beiden antagonistischen Kräfte im Kunstwerk wirksam, ohne sich gegenseitig aufzuheben. Nun zeigt sich für gewisse Künstler wie Didonet, Reichel und Wols das Leben selbst durchwegs disharmonisch; für sie fungiert Kunst als ausgleichender, Trost spendender Gegenspieler der Wirklichkeit. Schreibt François Mathey über Reichel, dessen Freund und Vertrauter er war, dass der Künstler seine Malerei wie eine Art Religion betrieben habe, auf der Suche nach Wahrheit und echtem Leben (vgl. II, 5.2.4.), ist anzunehmen, dass er mit dieser Einschätzung nicht bloss sein eigenes Bedürfnis nach säkularisierter Religion bedient, wie es Christine Hopfengart den Autoren von ähnlichen Kommentaren zu Klees Bildern unterstellt.

Für Adorno sind solche Verfahren von Beschwichtigung der finsteren Wirklichkeit durch eine Flucht in Traumbilder philiströs:[782] Die Kunst kann zwar den Rezipienten für einen Augenblick „der Armseligkeit des Lebens" entheben, jedoch ausschliesslich über die Erfahrung von Fremdheit, als Rausch des Nicht-Verstehens. Auf keinen Fall darf Kunst vom Individuum als persönliche Projektionsfläche in Anspruch genommen werden: Wer „Kunstwerke erlebt, indem er sie auf sich bezieht, erlebt sie nicht".[783] Leiden und Läuterung müssen gemäss Adorno im Kunstwerk selber ausgetragen werden, nämlich im intakten Spannungsfeld zwischen Ausdruck und Konstruktion. „Ausdruck" spiegelt die Negativität des Leidens, „Konstruktion" ist der Versuch, dem Leiden an der Entfremdung standzuhalten.

Möchte man Adorno entgegnen, dass es angesichts des zerrissenen Ist-Zustands jener Zeit durchaus gerechtfertigt erscheint, diesem die bildhafte Utopie eines „Soll" entgegenzustellen,[784] würde er vermutlich auf die uns Menschen bereits anhaftende, zweckoptimistische Tendenz zur Beschönigung unserer Lebenswelt verweisen, welche durch die Kunst infrage gestellt werden muss. Es ist immer wieder erstaunlich, wie sehr Adorno der Kunst im Zeichen einer „Autonomie" einen Subjektstatus zuerkennt, der nahezu ans menschlich Charakterliche reicht. Etwa so, als wären seine Erwartungen, die von den Menschen bis anhin nicht erfüllt wurden, allesamt von der Kunst einzulösen.

6.3.2. Poesie zur Neubestimmung von Selbstverständnissen

Kunstwerke, schreibt Georg W. Bertram in Adornos Sinn, reagieren auf gesellschaftliche Desiderate. „Wertvoll" sind sie als „Quelle von Anstössen zu einer Neubestimmung von Selbstverständnissen" einer Gesellschaft.[785] Allerdings besteht eine Gesellschaft aus Individuen mit unterschiedlichem Erfahrungshorizont: Eine solche Neubestimmung über vereinheitlichende künstlerische Glaubenssätze schliesst somit nicht nur gewisse künstlerische Ausdrucksweisen, sondern auch viele Menschen von vornherein aus.

Es ist nachvollziehbar, dass gewisse Künstler der Nachkriegszeit in ihren Gemälden die tänzerische Leichtigkeit des Poetischen suchten. Ebenso empfanden wohl auch die zahlreichen Privatsammler diese Bilder als fruchtbaren Nährboden für eine neu und positiv zu besetzende emotionale Selbstverständigung. Wenn die offizielle Kunstkritik so genannt unkritische und affirmative Bildgedichte, wie sie Bissière, Didonet, Reichel und Wols dem erlebten Chaos ihres Alltags entgegenstellten, als Relikt einer unwiederbringlichen Vergangenheit sah, so hat sie vermutlich das individuelle Desiderat unterschätzt oder verdrängt, schicksalshaft zerrütteten Emotionen die künstlerisch assistierte Erfahrung einer Möglichkeit von Harmonie entgegenzustellen.[786] Nicht nur im Sinn von beschwichtigendem Trost; sondern als Einladung, die Fähigkeiten des Gefühls und der Imagination trotz der schwer ertragbaren Wirklichkeit nicht zu verlieren. Kunst, die uns zu jeder Zeit neu und anders zu berühren vermag, hält in ihrer stets sich erneuernden Kraft auch uns Rezipierende lebendig.

6.4. Das Romantische und das Poetische

Als „Relikt einer unwiederbringlichen Vergangenheit" und damit ausgesprochen unzeitgemäss erschienen die Bilder unserer Maler-Poeten manchem Kritiker der Moderne nicht zuletzt, weil das Dichterische immer auch mit der Romantik in Verbindung gebracht wird.

Poesie ist das privilegierte Medium der Romantik, schreibt Lothar Pikulik, dessen literaturwissenschaftliche Perspektiven uns durch die nachfolgenden Überlegungen begleiten werden.[787] Sie durchdringt nahezu alle Lebensbereiche und gelangt, so haben wir festgestellt, immer wieder unter den Verdacht einer Ersatz-Religion.[788] Der Begriff des Romantischen ist in den vorangehenden Kapiteln immer wieder aufgetaucht: im Hinblick auf die Grundeinstellung unserer Malerpoeten sowie in Kommentaren zu ihren Bildern. Nicht übersehbar war das „CAVE!", welches in der Kunstkritik der Moderne hinter jedem Gebrauch dieses Worts aufzuflimmern scheint. Solche Vorbehalte werden auch im Nachfolgenden mehrfach gespiegelt um zu zeigen, inwiefern sie einer ästhetischen Rezeption der Bilder von Bissière, Didonet, Klee, Reichel, Steffens und Wols im Weg stehen konnten. Die Abgrenzung von poetischen gegenüber romantischen oder romantisierenden Bildstrategien will auf keinen Fall wertend verstanden sein; sie soll lediglich sichtbar machen, weshalb eine Unterscheidung trotz einiger Gemeinsamkeiten möglich und sinnvoll ist.

Die Grundthese lautet, dass es aufgrund wesentlicher formaler und verfahrenstechnischer Unterschiede keinen Sinn macht, für bildpoetische Gestaltungen die im künstlerischen wie im allgemeinen Diskurs mit klaren bis verworrenen Vorstellungen besetzte Bezeichnung „romantisch" zu verwenden. Die Gemeinsamkeiten zwischen romantischen und bildpoetischen Verfahren finden sich auf einer systematisch tiefer liegenden Ebene – auf derjenigen der Poesie.

Wie die Romantiker sind auch unsere Malerpoeten in der einen oder anderen Weise von einem Gefühl getragen, „nicht von dieser Welt zu sein"[789]. In ihrem höchst individualisierten Malstil halten sie der Wirklichkeit ihre gleichsam magische Welt entgegen, was wiederum als romantische Freiheit gegenüber den wechselnden Gestaltungsgesetzen ihrer Zeit gedeutet werden kann.[790] Ihre bloss andeutende Formgebung erinnert an die literarisch romantische Kippfigur, welche der subjektiven Erfahrung verschiedene Deutungsmöglichkeiten zumutet.[791] Wurden Künstler wie Reichel, Nebel oder Didonet schon zu ihren Lebzeiten zuweilen als Romantiker bezeichnet, so findet sich in den wissenschaftlichen Aufsätzen der Gegenwart vermehrt die Tendenz, auch Klees Bilder einer „Neoromantik" zuzuordnen.[792] Oftmals beziehen sich solche Prädikate ausschliesslich auf den Lebensstil oder die Texte des Künstlers, auf seine Bildmotive oder auf Bild-Stimmungen. Die offensichtlichen Spuren der Romantik, die dabei festgestellt werden können, überblenden jedoch in den meisten Fällen die gestalterischen Unterschiede.[793] Sie verstellen den Blick für das spezifisch Poetische von Klees Gemälden, das heisst für die Mehrdeutigkeit von Titel, Bild-Motiv und Ausdruck. Ebenso rückt damit die semantische Funktion der Bild-Materialität, die einen signifikanten Beitrag zur Empfindung von Poesie leistet, in den Hintergrund. In Anlehnung an Paul Valéry sei erinnert: Die Kraft des dichterischen Bildwerks hängt an einer undefinierbaren Harmonie zwischen dem, was es zeigt und dem, was es ist (vgl. II, 2.2.3., Semantik der Form).

6.4.1. Ein kulturgeschichtlicher und typologischer Begriff

Der typologische Begriff des Romantischen ist zu unterscheiden von der Romantik als kulturgeschichtlicher Epoche, die sich vom Ende des 18. Jahrhunderts bis weit ins 19. Jahrhundert hineinzieht. Die Dimension der Zeitlichkeit bleibt allerdings auch der typologischen Verwendung erhalten: spricht man von „romantischen Stilmerkmalen", so schwingt im Kunstdiskurs der Moderne immer ein Unterton von „eigentlich der romantischen Epoche angehörend" und sodann der abwertende Beiklang des Unzeitgemässen mit. Der Begriff des Romantischen ist aufgrund der Heterogenität der bezeichneten Phänomene wissenschaftlich ebenso unscharf wie derjenige des Poetischen; er kann sich gleichermassen auf Liebe, Gärten, Landschaften oder entsprechende Sujets wie auf literarische Werke beziehen. In der Frühromantik bezeichnete er Stilmerkmale, die nicht der klassischen Poetik zugeordnet werden konnten, zum Beispiel das Fantastische, Märchenhafte, das Pittoreske und das Groteske, mit einer Tendenz zum Gattungs- und Stilsynkretismus. Friedrich Schlegel verwies auf die Charakteristiken einer formalen Offenheit – wobei diese vor allem im Vergleich zur Formstrenge der Klassik verstanden werden muss. Inhaltlich variiert die Bestimmung des Romantischen je nachdem, ob man den Begriff auf eine Strömung oder Epoche, auf ein Stil-Phänomen der Literatur, der Malerei oder der Musik, auf eine Denkweise oder auf ein kulturelles Verhalten bezieht. Oftmals verbindet er sich mit religiösen oder metaphysischen Konnotationen: so wies etwa der Romantiker Friedrich W. J. Schelling der Kunst die Aufgabe zu, „das anders nicht verfügbare Absolute zur Anschauung zu bringen".[794]

Der Begriff des „Neuromantischen" steht ab dem Ende des 19. Jahrhunderts typologisch für eine sentimentale „Wiederbelebung eskapistischer Kunstfrömmigkeit". Allerdings scheint sich vor allem in Deutschland eine stark Romantik-kritische Haltung durchgesetzt zu haben, wohingegen in Frankreich der Übergang zur Moderne kontinuierlich bleibt.[795]

6.4.2. Romantik zwischen Malerei und Weltanschauung

In der Malerei schlug sich die literarisch-geistige Bewegung der Romantik mit einiger Verspätung nieder. Sie zeichnet sich da nicht so sehr durch einen besonderen Stil aus; im Gegenteil ist eine romantische Ablehnung von einer an Normen und Regelsystemen angelehnten Nachahmungsästhetik feststellbar, die eher eine Darstellung von „naturhaften Prinzipien" anstrebte.[796] Damit ging ein neues Naturverständnis einher, das – so Novalis – „dem Gemeinen einen hohen Sinn, […] dem Gewöhnlichen ein geheimnisvolles Ansehen, dem Bekannten die Würde des Unbekannten, dem Endlichen einen unendlichen Schein" zu geben versprach.[797] So „träumt" auch das malerisch Romantische tendenziell in die Ferne, ins Vergangene, ins Sonderbare, Dunkle und Unbegreifliche, zuweilen in die Richtung des Vagen und Unbestimmten.[798]

Vergleichen wir diese grundlegenden Einstellungen der Romantiker mit den Beschreibungen von Leben, Selbstaussagen unserer Bild-Poeten sowie den Kritiken ihrer Bilder, so sind einige Entsprechungen zu finden. Die Vorstellung des Genialen und ein Streben nach dem Absoluten, Überzeitlichen ist bei Klee, Bissière, Didonet und Nebel festgestellt worden. Auch sie wollen die Natur nicht nachahmen, sondern ihrem schöpferischen Denken und Empfinden entsprechend sichtbar machen. Mit diesem Ziel vor Augen schufen sie ihr Werk in einer Art Einklang mit der Natur mehr oder weniger unabhängig von den Gattungs- und Stilgrenzen sowie von den gängigen Gestaltungs-Gesetzen ihrer Zeit: „Je peins comme un pommier fait ses pommes" (vgl. II, 4.2.2.). So scheint es folgerichtig, wenn diese Künstler in der gefühlsskeptischen Moderne immer wieder auch mit den zu ihrer Zeit *negativen* Konnotationen des Romantischen in Verbindung gebracht wurden: mit idealistischer, universalpoetischer Weltfremdheit, Verstandesferne und gesellschaftlicher Wirkungslosigkeit.

Es ist sowohl bei poetischen als auch bei romantischen Bildern nicht immer einfach, zwischen der Weltanschauung ihrer Schöpfer und dem Werk zu trennen. Dennoch wollen wir uns im Folgenden möglichst nahe an die Bilder halten, um die Unterschiede zwischen den beiden Gestaltungsprinzipien herauszuarbeiten.

6.4.3. Das Romantische als „poetische Behandlung des Gegenstandes"

Eine wichtige Vorarbeit zu dieser Fragestellung hat Dorothea Richter mit ihrer Dissertation *Unendliches Spiel der Poesie. Romantische Aspekte in der Bildgestaltung Paul Klees* geleistet, in welcher sie die Selbstverständlichkeit von Zuordnungen des Romantik-Attributs für Klees Bilder hinterfragt.[799] Sie anerkennt, dass romantische Qualitäten in diesen Bildern vorkommen können, kritisiert aber, dass sie vor allem an den Themen, an Titeln wie „Sehnsucht" oder „Tempel" sowie an Aussagen des Künstlers festgemacht werden. Der Katalog an Eigenschaften, über welche Klees Bilder in den Dunstkreis der Romantik geraten, umfasst „romantisch-stimmungsvolle, naturhafte Momente", eine „kindliche Zauberwelt", den „Ausdruck menschlicher Leidenschaften" und „mythische Märchenlandschaften". Dem Künstler wird in vielerlei Kommentaren ein „Eindringen in das geheime Leben und Fühlen der Bäume und Pflanzen" und ein „Begreifen der Wunder organischen Wachstums in ihrer Magie" attestiert, auch eine „inbrünstige Suche nach quasi-religiösen Naturgeheimnissen".[800]

Es sind diese Rezeptionsweisen, die den entsprechenden Bildern aus der Sicht der modernen Kunstwelt die Konnotationen des oberflächlich Geschönten und inhaltlich Irrelevanten eingetragen haben. Einer derartigen, letztlich moralischen Abwertung des Romantischen hält Lothar Pikulik entgegen, dass die Schöpfer solcher Werke weniger Realitäts-Flucht als deren Veränderung im Sinn gehabt hätten. Pikulik geht in seiner eingehenden Abhandlung zur *Frühromantik* der Beziehung zwischen dem Romantischen und dem Poetischen auf den Grund. Das Romantische sei nicht, wie oftmals angenommen wird, eine Qualität, die von vornherein einem bestimmten Gegenstand oder gewissen Gefühlen und Stimmungen wie Sehnsucht oder Melancholie anhaftet. Es sei ein Verfahren, eine „poetische Behandlung des Gegenstandes", die eine gewisse Disziplin und Fertigkeit abverlangt.[801] Das Poetische kann so als privilegiertes Medium der Romantik gesehen werden. Interessant ist Pikulik für unser Thema, weil er die Elemente der romantischen Vorgehensweisen darstellt. Vergleichbar mit der hier vertretenen These einer potenziellen Überzeitlichkeit des Poetischen beschreibt er das Romantische als eine „ästhetische Qualität, die innerhalb und ausserhalb der Poesie, zu allen Zeiten und in den unterschiedlichsten Kulturen, von der Antike bis zur Gegenwart, vorkommen kann".[802]

Das Romantische ist vom Poetischen kaum zu unterscheiden, wenn das eine wie das andere von der Art des Sujets und dessen gefälliger Erscheinung oder vom Weltverständnis des Künstlers her abgeleitet wird. Dann sind diese Zuschreibungen oftmals diffuser Ausdruck von Sprachlosigkeit oder innerer Berührung des Rezipienten. Gehen wir aber davon aus, dass das Romantische wie das Poetische in der Malerei für eine besondere Vorgehensweise steht, so unterscheiden sich die beiden Gestaltungsprinzipien sehr wohl. Um dies zu zeigen, sollen nun – im Wissen um die bildpoetischen Merkmale – zwei sehr unterschiedliche Bilder aus der Romantik beigezogen werden.

6.4.4. Caspar David Friedrichs *Mönch am Meer* – romantisch und poetisch

Friedrichs *Mönch am Meer* (Abb. 42) ist – folgen wir Pikulik – nicht von vornherein romantisch, weil das Bild aus der entsprechenden Epoche stammt, noch weil es als Darstellung der Erhabenheit eines Naturschauspiels oder eines Sehnsuchtserlebnisses gesehen werden kann. Auch Richter geht davon aus, dass bei Friedrich Anderes im Vordergrund steht. Sie untersucht dieses Bild, das zwischen 1808 und 1810 entstanden ist, im Hinblick auf das Romantische bei Klee.[803] Dabei stellt sie fest, dass eine Verwandtschaft mit Werken von Klee besteht, aber gleichsam in „umgekehrter" Richtung: Sie sieht – so zumindest lässt sie sich interpretieren – Klee nicht als Romantiker, sondern Friedrich als einen vorzeitigen Künstler der Moderne. Sehen wir uns aber zunächst das Bild an:

Ein Mensch in langem Kleid steht zu spätabendlicher Stunde allein an einem endlos erscheinenden Strand und blickt einem dunklen Unwetter entgegen, das vom Meer her auf ihn zukommt. Die bedrohlich wirkende, graugrüne Wolken-Nebel-Masse verschmilzt in ihrer ungebrochenen Flächigkeit am Horizont farblich mit dem schwärzlichen Wasser. Wenige aufgehellte Stellen im oberen Himmel-Bereich lassen ein spärliches Licht auf den dünenartigen Landstreifen fallen. Die dunkel gekleidete Figur selbst aber hebt sich kaum mehr von der grauschwarzen, auf sie eindrängenden Finsternis ab.

Das spezifisch Romantische in diesem Bild liegt in der besonderen Weise, wie Friedrich die Erhabenheit der finsteren, geheimnisvollen Stimmung zwischen Himmel, Meer, ödem Landstrich und dem scheinbar melancholisch in sich versunkenen Mönch dargestellt hat. Formal fällt auf, dass es beinahe abstrakten Charakter aufweist: das winzige, leicht geschwungene und scheinbar in sich ruhende Längs-Rechteck mit dem helleren Kopf-Punkt wird von der diffusen Untiefe der drei übermächtigen, von dynamischen Farbwirbeln durchwühlten und doch perspektivlosen Querfeldern optisch gleichsam verschluckt. Die abstrahierende Tendenz von Friedrich zeigt sich auch darin, dass der Künstler in modernem Sinn die Vorstellung seiner Zeit vom Landschaftsbild als diaphanem Medium der Fremdreferenz überschreitet, indem er das Bild als „opakes", sich selbst als Artefakt Zeigendes vorführt.[804] Die immer wieder beschriebene hermetische Verschlossenheit dieser

42 Caspar David Friedrich, *Mönch am Meer*, 1808/1810, Öl auf Leinwand, 111x172 cm.

Komposition, die – so Viktor Konitzer – die Betrachterin „nachgerade an seiner optischen Undurchdringlichkeit abprallen lässt", sei auch auf die effektvolle Pastosität des Farbauftrags und der Kolorierung zurückzuführen: sie scheint sich in einer damals unvorstellbaren Weise gleichsam selbstbewusst als Ölfarbe auf Leinwand zu präsentieren. Damit schafft Friedrich ein Moment kunstästhetischer Selbstreflexion.[805]

Die Hervorhebung der Materialität des Bildes, das heisst des Gemacht-Seins gegenüber seiner Funktion als transparentes Medium, ist als eine wesentliche Eigenschaft des Poetischen hervorgehoben worden. In ebendiese Richtung zielt nun auch Richter, wenn sie den „gemeinsamen romantischen Nenner" von Friedrichs Malerei mit Bildern von Klee in der Selbstreflexivität des Kunstwerks sieht. Auch sie macht dieses Reflexionsmoment im Bild an seinem Aufscheinen als Bild*gegenstand* fest, allerdings führt ihre Argumentation über die Figur des Mönchs: Die Bildbetrachterin nimmt sich vor dieser Rückenfigur nicht als Betrachterin einer vorgestellten Naturszene wahr, sondern als Betrachterin des betrachtenden Mönchs.[806] Damit rückt die Rezipientin gleichsam zurück in eine zweite Betrachterebene.

Der „gemeinsame Nenner" zwischen Friedrichs und Klees Gemälden – so möchte ich Richter entgegnen – ist nicht das Romantische, sondern das Poetische: Zur Reflexionsebene fügen sich als Merkmale des Poetischen beim *Mönch* die Reduktion des Dargestellten, die Abwesenheit jeglicher Perspektiven, die abstrakt-rhythmische Bewegtheit der gemalten Flächen; die semantische Opazität wie eine gewisse Mehrdeutigkeit des Bild-Ausdrucks, ebenso die zeitliche Entrücktheit der kaum als Mensch fassbaren Figur. Ganz in Pikuliks Sinn scheint es gerade bei Friedrich nicht um das Zeigen eines Naturereignisses zu gehen, sondern um ein Zeigen des Zeigens: um eine poetische Behandlung des Gegenstands.

Ist das Poetische die Verbindung zwischen unseren Bild-Poeten und dem „romantischen" *Mönch* von Friedrich, so fragt sich, worin denn die Unterschiede liegen? Es wird sich zeigen, dass eine gewisse Poesie in Bildern der Romantik zwar vorkommen kann, aber über andere Gestaltungsmittel als in der Moderne erlangt wird. Im Unterschied zur Bild-Poesie der Moderne wird uns das romantische Gemälde durch seinen Titel immer die unzweideutige Darstellung eines „Mönchs am Meeresstrand bei aufziehendem Gewitter" vermitteln, was an Bedeutungen und an poetischen Ausdruckseigenschaften im Laufe seiner zukünftigen Rezeption in ihm erfahren werden kann. Diese Divergenz zwischen moderner und romantischer Vorgehensweise soll nun anhand eines unverkennbar romantischen Bildes von Joseph Anton Koch noch verdeutlicht werden.

6.4.5. Das Poetische im Romantischen

Kochs *Schweizerische Berglandschaft mit Brücke und zwei Hirten* von 1828 (Abb. 43) ist im Hinblick auf seine Entstehungszeit, das Thema und die Art und Weise, wie die Szene dargestellt wird, eindeutig ein Bild aus der Romantik.

Eine steinerne Brücke, welche die beiden felsig-steilen Ufer über einem bis gegen den unteren Bildrand zum weiss schäumenden Fall ansetzenden Bergbachs miteinander verbindet, ist Mittelpunkt und Blickfang des ungefähr 50x60 Zentimeter messenden Gemäldes. Auf ihr ist ein Säumertrupp mit drei schwer beladenen Maultieren im Begriff, die sonst unpassierbare, von schroffen Felsbrocken flankierte Schlucht zu überqueren. Die Menschen wirken winzig in der übermächtigen Felslandschaft, die im weit entfernten Horizont beinahe mit der gräulichen Farbe des wolkenverschleierten Himmels verschmilzt. Vielleicht ist in den Höhen schon der erste Schnee gefallen; es scheint Herbst zu sein. Auch die Baum-Blätter beidseits der Brücke haben den Sommer offensichtlich hinter sich, ganz im Bild-Vordergrund leuchten sie gelb in der Abendsonne. Dieses Licht erst zeigt uns die beiden Hirten mit Stab ganz rechts vorne,

43 Joseph Anton Koch, *Schweizerische Berglandschaft mit Brücke und zwei Hirten*, 1793–1794, Aquarell und Feder auf Papier, 43,8x34,7 cm.

die wohl nach einem verirrten Lamm suchen. Das Spiel mit den Schatten macht sie zwischen den goldbraunen Büschen beinahe unsichtbar.

Das Thema der wuchtigen, sich gleichsam ins Unendliche erstreckenden Berglandschaft, die für den Menschen zu bezwingende Gefahren und Mühsal jeder Art birgt, ist typisch für die Romantik.[807] Alles ist gleichermassen Teil dieses Naturschauspiels; die Säumer mit ihren Lasten und die beiden Hirten samt ihres beschwerlichen Unterfangens erscheinen unbedeutend angesichts der Erhabenheit des Gebirges. Wie die meisten Gemälde aus der Zeit der Romantik vermittelt auch dieses zunächst einen romantischen Inhalt. „Natur", kommentiert Richter, „wird dabei über ihr So-Sein hinausgeführt und ins Poetische gesteigert"[808] – was auch immer dieses „Poetische der Natur" bedeuten mag.

Als romantisch zeichnet sich dieses Bild zunächst durch den grandios-unheimlichen Stimmungsausdruck aus. Die Farben der voralpinen Büsche und der Felsblöcke diesseits der Brücke fügen sich zu einem pittoresken Spiel von Nuancen. Die Gesteine selbst sind zuweilen in abenteuerlicher Weise aufeinander getürmt, so als hätte sie die Künstlerhand eben noch vor dem Talsturz bewahrt. Nichts ist klassisch-realitätsnah abgebildet, an jeder Stelle zielt die Bild-Faktur auf die Verstärkung des vorbestimmten Ausdrucks. Stein, Gewächse sowie die optisch ins Grenzenlose verweisenden Wolken-Nebel-Schwaden sind im Verhältnis zu den kaum sichtbaren Lebewesen auf die Empfindung einer übermächtigen Natur hin inszeniert, die der Mensch auch mit Mut und bauhandwerklichem Können nur schwer zu bezwingen vermag. Die Darstellungsweise lässt sich kaum von dieser Botschaft trennen: sie vermittelt konkrete Eindrücke einer stimmungsvoll überhöhten Wirklichkeit, die einer Bildinterpretation nur wenig Spielraum lässt.

Allerdings sind auch in der *Berglandschaft* gewisse Merkmale des Bildpoetischen zu erkennen: etwa in den Spuren des Gemacht-Seins wie in der schillernden Schönheit der Komposition.[809] Ebenso kann auf der zeitlichen Ebene in der Erfahrung von Erhabenheit das Moment des Erzählten im Bild für einen Wimpernschlag innehalten: wenn sich das Vorher und Nachher des Geschehens um Säumer und Hirten unvermittelt ausblendet zugunsten eines wissenden Gefühls von geistiger Kraft und Freiheit im körperlich hinfälligen Menschen. Eine „Empfindung des Poetischen" wäre wohl als Zeichen einer solchen inneren Betroffenheit zu deuten; als Manifestation von widersprüchlichen Gefühlen zwischen Macht und Ohnmacht gegenüber den Elementarkräften der Natur. Dennoch ist dieses Bild nicht als poetisch in unserem modernen Sinn zu begreifen. Ein Baum ist ein Baum, Berge bleiben Berge und dreuende Wolken verkünden Regen. Denken wir zurück an Wols' *Reise*, wo aus dem Schnörkel eine Schnecke und aus dieser die Frisur eines Riesenkindes werden kann; wie aus Reichels Vorhang ein Theater und aus farbigen Rauten ein lebendiger Harlekin.

6.5. Klee malte keine „romantischen" Bilder

Eine der Grundthesen zur Bild-Poesie lautete, dass sie als schöpferische Ausdrucksweise ein überzeitliches Phänomen ist, welches somit theoretisch bereits vor der Moderne Erscheinungsformen hervorgebracht haben kann. Nun sieht Pikulik auch im Romantischen als „poetischer Behandlung eines Gegenstands" ein Verfahren, das nicht zwangsläufig an die Zeit der Romantik gebunden ist. Die Entkoppelung von dieser Epoche führt zur bereits erwähnten Tendenz, Bilder, welche als „poetisch" erfahren werden, als „neoromantisch" zu apostrophieren. Gerade weil die unterschiedlichen schöpferischen Verfahren einige Eigenschaften miteinander teilen und auch die Bild-Poeten in ihren Weltanschauungen den Romantikern oftmals sehr nahe sind, lohnt sich ein Versuch, anhand von Beispielen die grundlegenden Unterschiede aufzuzeigen. Denn es macht wenig Sinn, jedes uns unbestimmt berührende Bild mangels spezifischer Unterscheidungskriterien fortan als „romantisch" zu bezeichnen.

6.5.1. „Romantik" von der Moderne bis zur Gegenwart

Robert Rosenblums Untersuchung zur Tradition der „Romantik" in der Modernen Malerei[810] liefert Hinweise auf überzeitliche Spuren der Romantik, welche indessen auch die Unterschiede zum Bildpoetischen sichtbar werden lassen.

Als ein wichtiges Anzeichen der romantischen Imagination, die auch in gewissen modernen Bildern zu erkennen sei, nennt Rosenblum die Personifikation: menschliche Eigenschaften, bestimmte Gedanken, Gefühle oder Tätigkeiten werden auf nicht-menschliche Wesen oder Dinge übertragen.[811] Im Ursprung ein lite-

44 Vincent van Gogh, *Olivenbäume mit gelbem Himmel*, 1889, Tafelmalerei, 73,7x92,7 cm.

rarisches Phänomen, sind Personifikationen in Bildern weniger offensichtlich und unmissverständlich als in Texten. Gemalte Dinge können zwar menschliche Gefühle und Stimmungen ausdrücken, das hat uns die *Kreuzabnahme* besonders gut gezeigt; nie aber werden wir einer gemalten Waschmaschine im „zufriedenen langen Selbstgespräch" zuhören, wie uns dies Peter Kurzeck vermittelt.[812] Nur Worte können den „Morgen als Maler" für uns erfinden (vgl. II, 5.1.). In dichterischer Überhöhung könnte man etwa van Goghs *Olivenbäumen mit gelbem Himmel und Sonne* (Abb. 44) einen „trotzigen Überlebenskampf gegen die glühende Sonne der Provence" unterstellen. Als Zeigendes kann das Bild zwar über sich hinausweisen, es ist jedoch eingeschränkt im Spiel mit konkreten Übertragungen von Eigenschaften, welche die Dinge von sich aus nicht haben können.

Dennoch konstatiert Rosenblum mit dem Hinweis, dass sich solche Übertragungen seit der Romantik auch auf die Zoologie ausdehnen, bei Franz Marcs Tierbildern einen Einklang zwischen Tier und idyllischer Landschaft: Im Bild *Der weisse Hund* von 1912 zum Beispiel provoziere der Künstler eine „romantische Einfühlung" in das Leben des Tiers (Abb. 45). Ähnlich wie Friedrichs Rückenfiguren im *Kreidefelsen auf Rügen* (Abb. 46) lade es den Betrachter ein, die Perspektive des Hundes auf die sich farbig vor ihm ausbreitende Welt einzunehmen. In diesem Sinne lässt sich nachvollziehen, wenn Rosenblum auch Marcs *Hund* eine Stimmung zuspricht, die „zwischen den beiden Extremen von Idylle und Apokalypse" schwebt.[813] Der typisch romantische Zusammenprall antagonistischer Gefühlskräfte durch das Nebeneinander von Komplementärfarben sei auch bei Kandinsky festzustellen, meint Rosenblum.[814] Allerdings bringt er seine Bild-Interpretation mit Kandinskys „romantisierender Spiritualität" in Verbindung und stützt seine Argumentation für eine Fortführung der Romantik bis in die Farb-Felder von Mark Rothko auch allgemein weniger auf besondere schöpferische Verfahren als auf die Wiederaufnahme von Motiven und Themen, Stimmungen und Metaphern aus der Zeit um 1800.[815]

Fragwürdig wird Rosenblums Anwendung seiner Theorie auf Klees *Mit dem Adler* (vgl. Abb. 22): Klee nehme

„[…] Marcs Bemühungen um Einfühlung in die Erlebniswelt der stummen Tiere auf, indem [das Bild] den Betrachter geradezu in die schwindelerregende ‚Perspektive' jenes Adlers versetzt, der von einem zentralen Gipfel in luftiger Höhe einen panoramatischen Blick auf das Berghaus, das Rentier, die Nadelbäume und die anderen Gewächse […] wirft".[816]

Hier ist es schwer nachvollziehbar, dass wir den Blick des Adlers einfühlen sollen: viel eher fühlen wir uns

45 Franz Marc, *Der weisse Hund,* 1912, Öl auf Leinwand, 111×83 cm.

46 Caspar David Friedrich, *Kreidefelsen auf Rügen,* 1818, Öl auf Leinwand, 90×70 cm.

durch ihn als Gegenüber angeblickt, was durch das grosse Auge unter seinem Hochsitz verstärkt wird. Es handelt sich bei Klee um eine Umkehrung von Subjekt und Objekt: wir werden durch das Adlerauge gleichsam vom Bild betrachtet. Bei Marc wie bei Friedrich hingegen sind wir Betrachterinnen des betrachtenden Lebewesens. Wenn Rosenblum suggeriert, dass Klees kindlich anmutender Stil in seinem Bild einem romantischen Streben nach „unverdorbener Reinheit des [Adler]-Blicks" meine,[817] so ist ihm zu entgegnen, dass gerade dieses Riesenauge sich in einen radikalen Gegensatz zu der verführerischen Naivität der Zeichnung stellt und jeglichen Anflug von romantischer Stimmung im Bild zunichte macht. Weiter argumentiert Rosenblum, dass Klee wie viele Romantiker in das geheime Leben und Fühlen der Bäume und Pflanzen eindringen und sie in ihrer Magie begreifen wollte.[818] Angesichts der vielen Bilder, in welchen Klee Naturhaftes wie auf einer Theaterbühne inszeniert, wäre es sicher sinnvoller zu sagen, dass er neues Leben *schaffen* wollte: und zwar nicht pflanzliches, auch nicht tierisches Leben, sondern anhand von Pflanzen und Tieren ein Bild, das sich seinem Betrachter als *künstlerisch-lebendiges* Gegenüber zu stellen vermag.

6.5.2. Und die Idylle?

Das Romantische und das Idyllische scheinen verwandte Eigenschaften zu haben. So kann uns Klees Adler-Bild auf den ersten Blick nicht nur romantisch, sondern auch „idyllisch" erscheinen. Wir alle empfinden gewisse Landschaftsmalereien oder Schäferszenen zuweilen als „romantisch" oder als „poetisch" und meinen damit vor allem die dargestellte Idylle in ihrer harmonisch-schönen, berührenden Ausgestaltung. Die Idylle selbst ist literarisch wie bildlich ein eigenes Genre. In beiden Künsten verbindet sie sich mit der Vorstellung eines eingegrenzten harmonischen, vor Aggression und auch vor der Naturgewalt geschützten, idealisierten Binnenraums, dessen literarische oder bildliche Erfahrung oftmals mit Erinnerungen an glückliche Momente der eigenen Kindheit einhergeht.[819] Ursprünglich das literarische „Gedichtchen" bezeichnend (εἰδύλλιον), ist „Idylle" allmählich auch zur bildästhetischen Kategorie mit Eigenschaften wie „ländlich, einfach, heiter, beschaulich und ruhig" geworden. Ihr Schauplatz ist in der Regel die Geborgenheit und Nahrung spendende Natur, ein „locus amoenus", wo sich müssige Menschen in unvoreingenommenem Glück der Poesie und Musik hingeben

47 Gerbrand van den Eeckhout, *Pastoral Idyll*, 1650–1653, Zeichnung mit Kreide und Tinte, 23x20,5 cm.

(Abb. 47).[820] Klees Adler-Bild ist insofern von einer Idyllen-Darstellung zu unterscheiden, als dessen vordergründig friedliche Beschaulichkeit und Ruhe bei längerer Betrachtung ins Beunruhigende kippt. Ähnlich wie Reichels *Bilderbogen* und Bissières *Composition* stellt auch der *Adler* einen abgeschlossenen, auf den ersten Blick idealisiert erscheinenden Binnenraum vor, der an die Gattungstradition der Idylle erinnert. Zur Idylle fehlt bei jedem dieser Bilder sowohl die einheitlich und deutlich erfassbare Szenerie als auch die eindeutige Stimmung. Eine Erfahrung von Idylle hängt hier stark von der Disposition des Rezipienten ab.

6.5.3. Poesie als kleinster gemeinsamer Nenner

Etwas Grundlegendes scheint Klee allerdings mit den Romantikern zu verbinden: Gehen wir mit Pikuliks Charakterisierung der literarischen Romantik als „Abenteuer des Denkens" im Sinne einer Abkehr vom konventionellen Systemdenken, einer Vorliebe für Einfall und Witz, Experiment, Hypothese, Ironie, Analogie und Fragment, so sind Klees Bilder durchaus mit romantischer Literatur vergleichbar. Im Zusammenspiel von Prägnanz und Verunklärung führt uns seine Bild-Poesie nicht nur in ein Abenteuer des Denkens, sondern auch der Imagination sowie des emotionalen Erkennens.

Nur wenige jener charakteristischen romantischen Eigenschaften werden jedoch effektiv auch in den Bildern aus der Zeit der Romantik sichtbar. Die Vermittlung einer Erfahrung von Erhabenheit bei der *Berglandschaft* mag zwar unser Denken in Schwung bringen, ansonsten aber zeigt es kaum Gemeinsamkeiten mit den Merkmalen der literarischen Romantik. Die Bilder aus der Romantik entsprechen nur wenig diesem romantischen Geist. Im literarischen Sinn sind Klees Bilder im Grunde romantischer als manche Gestaltung aus der Zeit um 1800.

Lassen wir jedoch Pikuliks Romantik-Merkmale noch einmal Revue passieren: Abenteuer des Denkens, Vorliebe für Einfall und Witz, Experiment, Hypothese, Ironie, Analogie und Fragment – so sind dies allem voran Eigenschaften der Dichtung: Ist Romantik eine poetische Behandlung des Gegenstands, so ist es wenig sinnvoll, für Klees Adlerbild die im Bilddiskurs bereits besetzten Begriffe „romantisch" oder „neoromantisch" anzuwenden, wenn der gemeinsame Nenner auf einer systematisch tiefer liegenden Ebene, auf derjenigen der Poesie, angesetzt werden kann.

Das in jüngster Zeit bei Klees Bildern immer häufiger auftretende Attribut „neoromantisch" stützt sich nicht selten auf seine wenigen Tagebucheinträge zur „kühlen Romantik […] ohne Pathos" – deren Bedeutung der Künstler aber kaum ausführt.[821] Aufgrund des Vorangehenden liesse sich Klees Anspielung auf eine „kühle Romantik" jedoch eher so deuten, dass er von der Romantik das Poetische übernommen hat. Denn, wie wir es in den Werk-Betrachtungen erfahren konnten, appelliert eben dieses Dichterische in seinen Bildern nicht an eine „schwärmerische Hingabe", sondern an ein im Verhältnis zu dieser „kühleres", das heisst eine Bild-Reflexion mit einschliessendes, implizit erkennendes Gefühl.

6.5.4. Gestaltungsverfahren im Vergleich

Für einen Vergleich der poetischen mit den romantischen Verfahrensweisen wollen wir uns an vier einander thematisch entsprechenden Bildern orientieren: an Caspar David Friedrichs *Mondnacht mit Schiffen* von 1817 (Abb. 48), Lyonel Feiningers *Sieg der Sloop Maria* von 1926 (Abb. 49), Paul Klees *Abfahrt der Schiffe* von 1927 (Abb. 50) und Didonets *Une Histoire de Bateaux* von 1984 (Abb. 51). Die Gegenüberstellung der ersten drei Bilder führt Rosenblum zum Schluss, dass sie alle romantisch seien. Allerdings bezieht er sich auch da auf das identische Thema, auf eine gemeinsame „unheimliche" Stimmung; er erwähnt auch ähnliche, ins Spirituelle verweisende Bestrebungen der drei Künstler.[822] Die Untersuchung der Gestaltungsverfahren zeigt jedoch, dass sich zumindest Klees *Abfahrt* und auch Didonets *Histoire de bateaux* kaum als romantisch begreifen lassen.

Friedrichs *Mondnacht*

> *zeigt vier Segelschiffe vor einem mondbeschienenen, bräunlich nebelverhangenen Nachthimmel. Im Vordergrund sind zwei Ruderbote mit je vier kaum erkennbaren Gestalten, deren eines dem Mond und den fernen Zweimastern, das andere dem Zwillingsboot zugekehrt ist. Die Stimmung ist ruhig und erhaben. Einzig das krause Wasser und die vom Wind zu Schwaden verzerrten Wolken lassen eine Ahnung von unbestimmbarer Bedrohung aufflackern.*

Feiningers *Sieg des Seglers Maria* ist mehr als hundert Jahre später entstanden.

> *Sehr viel abstrakter gestaltet als die* Mondnacht, *suggeriert das Gemälde ein Hauptschiff und drei weiter entfernte Segler vor einem atmosphärisch entmaterialisierten, in blauen, grünen und weissen geometrischen Feldern strukturierten Hintergrund. Im Vordergrund stehen drei Personen auf dem Festland, welche – so der Titel – der Rückkehr des siegreichen Marineschiffes entgegensehen.*

Die erwartungsvolle Stimmung zeigt Gemeinsamkeiten mit Friedrichs Mondnacht. Wir beobachten die Menschen am Strand oder wähnen uns im Boot, und gleichzeitig ziehen uns die helleren Lichtfelder ins Bild hinein, sodass wir für Augenblicke auch das Gefühl haben, mit ihnen vor dem stimmungsvollen Farbenspektakel zu warten.

Klees *Abfahrt der Schiffe*

> *zeigt oder eher: symbolisiert mit Dreiecken, Halbkreisen und Rundformen ebenfalls vier Segelschiffe unter einem blauen Vollmond vor einem dunklen, pastos gemalten, durch Kratz- und Abreibe-Spuren unruhig wirkenden Hintergrund, der vor allem im unteren Bereich ein wenig von der heller grundierten Leinwand durchschimmern lässt. Die farbigen Lichtfelder der Schiffe in verschiedenen Gelb- und Rot-Mischungen bilden einen starken Kontrast zur opaken Malschicht, die an diesen Stellen wie ausgespart ist und gleichsam ein Licht aus der Rückseite des Bildes hervorleuchten lässt. Diese hellen Negativformen verleihen dem Schiffszug optisch eine tänzerische Leichtigkeit vor dem bleischweren Hintergrund und dem blauen Mond, wodurch die Bild-Stimmung zwischen fröhlichem Aufbruch, beklemmender Ungewissheit und – eigentlich auch gar keiner Stimmung schwankt. Denn ein leuchtend oranger Pfeil, der gegen den rechten Bildrand zeigt und damit entgegen der offensichtlichen Fahrtrichtung weist, unterläuft jede Illusion von einem wirklichen, stimmungsvollen Geschehen.*

Das Motiv und die Raumstruktur der drei Bilder sind sehr ähnlich, möglicherweise haben Klee und Feininger sich damit direkt auf den Romantiker bezogen. Friedrichs *Mondnacht* und Feiningers *Segler* sind geprägt von ihrer eindeutigen Stimmung, die einen entscheidenden Anteil am jeweiligen Bildgehalt hat: Erhabenheit und Erwartung springen uns aus diesen Bildern gleichsam leiblich an.[823] Feininger drückt diese Atmosphäre seiner Zeit gemäss mit kubistisch abstrahierenden Mitteln aus: anhand von geometrischen Linien und dem Kontrast von grossflächigen Farbfeldern.

Bei Klee steht die Stimmung nicht im Vordergrund, sie ist nicht einmal klar identifizierbar: der Bildgehalt ist verschlüsselt, intellektualisiert. Hier können wir uns nicht wie bei den anderen Darstellungen verschleierten Impressionen eines konkreten Geschehens hingeben, ebenso wenig sind wir Betrachterinnen „in der zweiten Reihe": es sind keine Menschen da, deren Situation mit einzufühlen wäre. Klees *Abfahrt* zeigt vor allem sich selbst als Zeigendes: als Bild in seiner opaken, sichtbar laborierten Farbtextur, das mit dem leuchtenden Pfeil auch eine humorvolle Metaebene erreicht. Ist mit dem Titel ein eindeutiges Bildgeschehen angesagt, so hebt Klee mit seinen geometrisch abstrahierten Formen und Symbolen gleichzeitig jegliche einem solchen Inhalt entsprechende Stimmung wie Wehmut oder Erwartung auf. Man könnte sagen, dass er dieses Thema zu einem Gedicht in Farbe und Form transponiert hat, dessen Worte wir zwar verstehen können und dessen Gehalt uns dennoch teilweise verborgen bleibt.

Eine letzte Schiffszene – um nicht bei Klee stehen zu bleiben – stellt uns Didonet knapp sechzig Jahre nach Klees *Abfahrt* vor. Womöglich hat er sich mit seiner

48 Caspar David Friedrich, *Mondnacht mit Schiffen*, 1817, Öl auf Leinwand, 22,5x31,5 cm.

49 Lyonel Feininger, *Sieg der Sloop Maria*, 1926, Öl auf Leinwand, 54x85 cm.

Histoire de Bateaux auf Klee bezogen. Die Ironie, oder, wie man es bei Klee auch nennen könnte: das „intellektuelle Moment" des Richtungspfeils ist aus diesem graublauen Pastell mit einem starken Lichtakzent in der Bildmitte wieder verschwunden. Dennoch sind auch bei dieser Komposition die drei, vielleicht vier oder fünf Schiffe in ungewisser Weise durch das Bild unterwegs.

Denn so richtig auf dem Wasser scheinen sie trotz der Anzeichen von Spiegelungen nicht zu fahren; da und dort erinnern uns das nackte, ocker-beige Canson-Papier und die vielen unförmig hingezeichneten Kringel, Blumentöpfe, Räder und merkwürdigen Pflanzen daran, dass sie keiner vorgestellten Wirklichkeit zu dienen haben. Auch stünde da mitten im Wasser, zwi-

50 Paul Klee, *Abfahrt der Schiffe*, 1927, Öl auf Leinwand, 50,2x64,4 cm.

51 Didonet, *Une histoire de bateaux*, 1984, Pastell auf Canson-Papier, 34x34 cm.

schen zwei vermuteten Kähnen, eine schiffsrumpfhohe, druidenförmige Gestalt mit blauem Mantel, spitzem Hut, weissem Bart und hellblauem Rucksack. Und das kann ja nicht sein. Ob da – ganz in der Mitte des dunklen Bildgrunds – vielleicht jemand ein Licht angeknipst hat, um das fröhliche Treiben auf dem Mittelschiff besser beobachten zu können?

Ebenso wie Klees Schiffe und Wols' *Voyage étrange* ist auch diese Reise mit ihren vielen offenen Fragen nicht als romantisch zu begreifen. Das Uneindeutige, aber auch die sichtbar gemachte Materialität sowie die perspektivische Untiefe, die fast musikalisch wirkende Wiederholung und Anordnung der abstrakten und dennoch wie lebendig vor uns schaukelnden Schiff-Zeichen wie auch die hartnäckige Absage an jegliche Illusion von Realität dieser Szene lässt eher an ein Gedicht denken. Mit Dorothea Richter gesprochen: Im spielerisch-kreativen Umgang mit Uneindeutigkeit und Widersprüchen schafft der Künstler „eine neue ästhetische Dimension: die Poesie des Bildes".[824]

6.6. Dichtung – Märchen – Traum als romantische Anklänge

Das Märchen ist eine Schlüsselgattung der literarischen Romantik:[825] in einer allgemeinen Hochschätzung der Fantasie wird diesem eine gleichsam metaphysische Würde verliehen.[826] Ähnlich wie die zu dieser Zeit allgegenwärtige Wort-Poesie prägt auch das Märchen in der Romantik die Bildsprache ihrer Maler nur wenig. Es sieht so aus, als hätte deren Neigung zum Spirituellen und zum mythisch Religiösen das Märchenhafte als Bereich des Fantastischen und vor allem des Unwahren, Unlauteren aus ihren Gestaltungswelten weitgehend ausgeblendet.[827]

Und wie das Poetische ist auch das Märchenhafte eine Dimension, die in den Bildern unserer Poeten der Moderne immer wieder anklingt, was nahelegt, dass auch diese Eigenschaft sie mit der Vorstellung des Romantischen in Verbindung bringt. Zauberische Atmosphären sind uns bei Klees *Adler*, in Reichels *Bilderbogen* wie auch in Didonets *Magicienne* begegnet. Ebenso werden einige von Bissières, Nebels, Steffens' und Wols' Werken als dichterische Märchen oder Träume erfahren. Wir erinnern uns an den Einstieg der mallorquinischen Geschichtenerzähler: „Es war und es war nicht …" (vgl. II, 2.2.2.).

Bilder wie Klees Hoffmanneske Märchenscene *oder Reichels* Traum einer Stadt *fordern durch ihre Neigung zum Fantastischen einen Vergleich mit dem Märchen geradezu heraus. Dennoch zeigen sie wesentliche Unterschiede zu diesen, sodass sie kaum wirklich als „Bild-Märchen" wahrgenommen werden können. Was die Bilder mit den Fantasiegeschichten verbindet, ist wiederum eine Eigenschaft der Poesie: es ist der Appell an ein implizites, das heisst mehr fühlendes als denkendes Verstehen einer „unmöglichen" Welt; von Sphären, die auch zu inneren Erzählungen anregen können.*

Im Wort-Märchen ist eine konkrete Geschichte vorgegeben, die imaginierend nachvollzogen werden kann. Im Unterschied dazu ist in der Bild-Poesie alles Gegebene in der Prägnanz des Sichtbaren immer wieder neu zu entdecken und als Sinneinheiten zu verflechten. Insofern ist die Erfahrung solcher Bilder immer unabgeschlossen und vermittelt keinen kohärenten, linear erzählbaren Inhalt.

Jürgen Walter zeigt anhand der *Hoffmanneskene Märchenscene* (Abb.52) von Klee, dass deren Gestaltungsprinzipien deutliche Affinitäten mit E.T.A. Hoffmanns *Goldnem Topf* aufweisen. Interessant dabei ist

52 Paul Klee, *Hoffmanneske Märchenscene*, 1921, Farblithografie auf Karton, 83,6x60,6 cm.

sein Verfahren, die Verbindungen zwischen Darstellung und Märchen-Erzählung auf einer vorgehenstechnischen Ebene herzustellen. Wir wollen ihm nicht im Einzelnen nachgehen, da sein Aufsatz schon eingehend von Dorothea Richter dargestellt und kommentiert wird.[828] Festzuhalten sind die grundlegenden Parallelen, die Walter aufdeckt: Klee löste in seinem Märchenbild Farbe und Zeichnung von ihrer Abbildungsfunktion, ähnlich wie Hoffmann die Sprache von der reinen Verständigungsform befreite. Mit beiden Medien werden der empirisch fixierte Raum sowie die gewohntalltägliche Zeit überschritten, wodurch ein neuer Zeit-Raum für die rätselhafte Gleichzeitigkeit des Verschiedenen entstehen kann. Walter kommt zum Schluss, dass das Gemeinsame von *Märchenscene* und *Goldnem Topf* in einer gleichen Vorstellung dessen liege, was Kunst ist: „Schöpfung parallel zur Natur" im ironischen Überschreiten der Grenzen zwischen empirischer Wirklichkeit und Zauber.[829] Hoffmann verwirklicht dies über Sprache, Klee mit Farbe und Form: Ähnlich wie der Dichter die Worte stellenweise zum „bedeutungslosen assonantischen Wortgeklingel" werden lässt, löst der Maler sein Medium aus dessen verweisender Funktion und zeigt es in seiner abstrakten Materialität.[830] Auch für Walter scheint letztlich weder das Märchenhafte noch das Romantische, sondern – auch wenn er dies nicht explizit sagt – das dichterische Vorgehen die Verbindung zwischen diesen beiden Werken herzustellen.

6.6.1. „Poetische" Charakteristiken des Märchens

Um im Nachfolgenden andere Werke unserer Bild-Dichter auf das Märchenhafte und unter diesem Aspekt auf das Romantische hin zu untersuchen, sei an dieser Stelle das Märchen kurz charakterisiert. Märchen sind kurze Prosaerzählungen aus freier Erfindung, ohne zeitlich-räumliche Festlegung in der Wirklichkeit und meist unvereinbar mit den Naturgesetzen. Im Unterschied zum Kunstmärchen ist das Volksmärchen ursprünglich mündlich und in einem vertrauten Kreis überliefert worden; es hat sich im Laufe dieser Weitergabe an die jeweiligen kulturellen Besonderheiten angepasst und in Wilhelm Grimm einen vereinheitlichenden Autor gefunden.[831] Das Kunstmärchen indessen präsentiert sich in einer vom Dichter festgeschriebenen Gestalt. In beiden Fällen handelt es sich nicht primär um Kindergeschichten, sondern um eine „dichterische Bewältigung" der als bedrohlich empfundenen Welt, verbunden mit einem Versuch der Sinngebung.[832]

Das europäische Volksmärchen kennzeichnet sich Max Lüthi zufolge durch die Neigung zu einem vorbestimmten Handlungsverlauf in einer traumartig verklärten Wirklichkeit, der meist zu einem guten Ausgang findet. Ebenso umfasst es ein bestimmtes Personal wie Helden oder Gutmenschen, oftmals zusammen mit ihren Kontrastgestalten; diese Personen sind nicht individuell gezeichnet. Des Weiteren stützt es sich auf einen typischen Requisitenbestand wie Welt, Gestirne, Wolken, Wege und Gestein, unterirdische Reiche – nicht als konkrete Orte, sondern als universelle Topoi. Die Darstellungsart ist vor allem in den fest geprägten Rahmungen von Anfang und Schluss formelhaft, manchmal finden sich im Verlauf feste Wendungen wie Verwünschungsformeln oder Zaubersprüche, auch gesungene Verse, die in ihrer rhythmisierten Gestalt meist beschwörende Funktionen haben. Durch seinen stark stilisierenden Stil kann das Märchen als abstrakt bezeichnet werden. Alles ist auf die gleiche Fläche projiziert, das dahinter Stehende bleibt so gut wie unbeleuchtet.[833]

Einige dieser Eigenschaften sind uns in den Analysen und Kommentaren von bildpoetischen Gestaltungen begegnet: das Traumartige, die nicht individualisierten Gestalten, gewisse „Requisiten", die rhythmisierenden Wiederholungen, allem voran aber die abstrahierende Darstellungsweise. Die auf den ersten Blick harmonischen Bilderscheinungen mögen uns an das im Märchen vermittelte Vertrauen in den guten Ausgang erinnern. Ein wesentlicher Unterschied zur Bild-Poesie ist, dass die einschichtige Projektionsfläche des Märchens nicht zur Imagination einer Welt hinter der Erzählung einlädt, sondern die Zuhörer im Gegenteil an einen festen Handlungsverlauf bindet.

Anhand von drei Gemälden mit besonderer Nähe zum Märchen soll nun gezeigt werden, dass sie trotz der Gemeinsamkeiten nicht als solche zu sehen sind.

6.6.2. Von Ziegenhirten, Metamorphosen und dem Traum einer Stadt

Flauschig fühlt sich der Anblick von Bissières riesigem Wandteppich aus Stoffen in warmen Beige- und Brauntönen an; Le chevrier *misst 220x130 cm (Abb. 53). Er ist über und über mit figürlich anmutenden Stickereien von Fabelwesen versehen. Der titelgebende Ziegen-*

53 Roger Bissière, *Le chevrier*, 1946, Textile Komposition, 218x126 cm.

hirt, *der in der Bildmitte zu erkennen ist, nimmt fast die ganze Bildhöhe ein. Es ist eine merkwürdige, überlange, bockfüssige Gestalt mit zwei Köpfen in Seitenansicht. Das Wesen setzt gerade ein Horn an den einen, mundlosen Unterkiefer, wohl zum Ruf seiner Herde. Diese besteht aus einem bizarren Volk mit geflügelten Hunden, Pferden und Käfern, mit vogelartigen Zweibeinern – in einer Welt mit vier Kindern, einem Schloss und einem Wald. All diese Geschöpfe und Dinge sind als Bilder im Bild durch ockerfarbene Rahmen voneinander getrennt, gleichsam als einzelne Szenen einer Geschichte, die als Säulen einer Arkade um den Hirten herum angelegt sind.*

An dieser Stelle nun könnte das Erzählen eines Märchens beginnen. Es wäre wohl jedesmal eine andere von zahllosen möglichen Geschichten, denn nicht nur sind die Gestalten kaum identifizierbare Fantasiewesen, auch deren Beziehungen zueinander sind nicht festgelegt und derweise offen für jegliche Zusammenführung. In die-

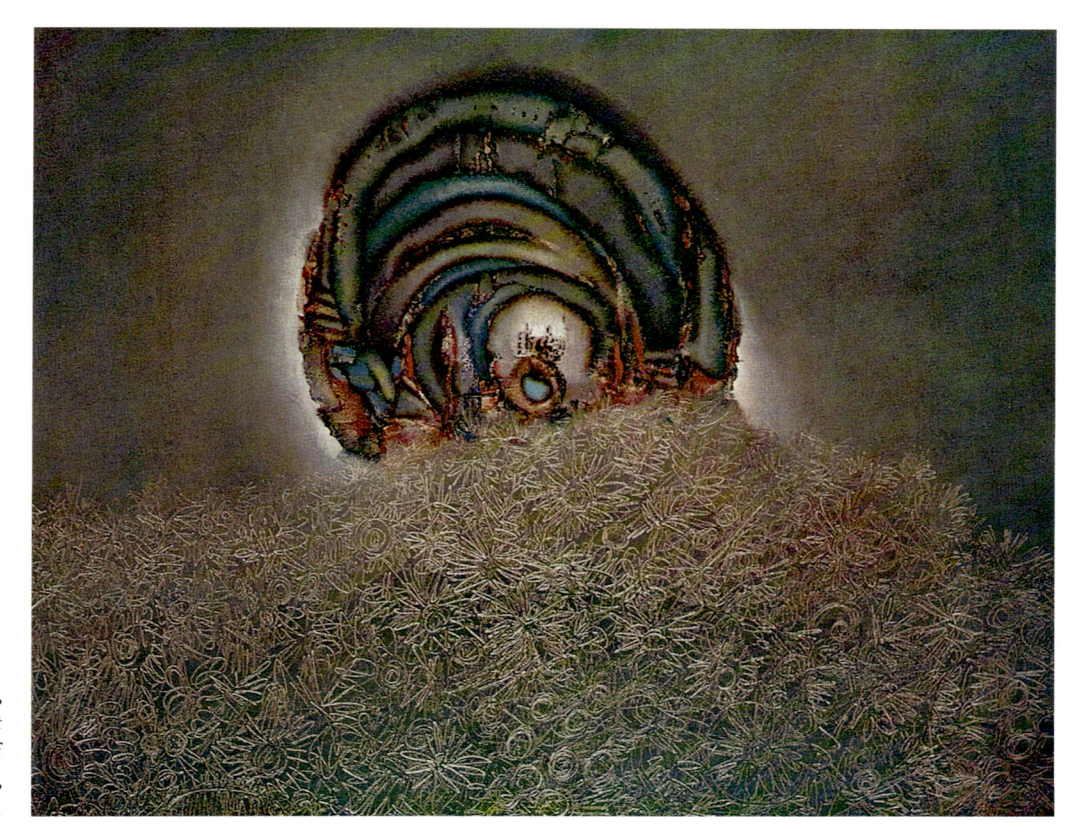

54 Didonet, *La fleur devient soleil,* 1974, Öl auf Leinwand, 26x34 cm.

sem Fehlen einer nachvollziehbaren Handlung wird bereits ein grundlegender Unterschied sowohl zum Kunstmärchen wie auch zum Volksmärchen sichtbar.

Gleichwohl finden sich strukturelle Ähnlichkeiten zwischen dem *Chevrier* und einem Märchen. Von diesem hat das Bild das traumhaft Verwobene, das wir im harmonischen Verbund von Farbe und Form ohne Zögern hinnehmen. Die Gestalten sind aus einfachen, meist abstrakten Zeichen zusammengesetzt, sie erinnern an Bekanntes, aber – anders als im Märchen – widersprechen diesem zugleich. Sind sie isoliert voneinander, so gehören sie dennoch in ihrer einheitlichen Faktur und ihrer Rundbogen-Anordnung eng zusammen und bilden ein geschlossenes, perspektivloses Universum. Nichts, ausser dem ins Horn blasenden Ziegenhirten, deutet auf einen konkreten Erzähl-Inhalt. Dennoch sind in der Bild-Erfahrung die Figuren gleichsam in Bewegung: sie verändern sich in der Wahrnehmung, je nachdem, welche Beziehungen wir sie zueinander einnehmen lassen.

Ähnlich wie ein Märchen berührt dieses Bild zunächst durch eine gewisse Unmittelbarkeit seines Ausdrucks, der mit den vereinfachten, kindlich anmutenden Stickerei-Formen einhergeht. Anders als jenes ergäbe jedoch die Fülle des Gezeigten mit jeder neuen Erzählung unterschiedliche Inhalte, die nicht nur das Bild, sondern auch den Erzähler spiegeln. Hätte das „Bild-Märchen" äusserlich vom Kunstmärchen die unveränderliche Gestalt und vom Volksmärchen gleichsam den Charakter der Mündlichkeit – weil es Erzähl-Varianten zulässt und sogar will – so ist es in der Erfahrung weder mit dem einen noch dem anderen ganz vergleichbar. Die ausgeprägte Herrschaft des Materialen über die Transparenz von Bedeutung und damit einhergehend die Abwesenheit einer eindeutigen Botschaft lassen das Bild eher als eine Form von Gedicht begreifen, dessen Worte wir verstehen, ohne der Prägnanz ihres klangvollen Zusammenspiels einen eindeutigen Sinn abgewinnen zu können.

Ein abstrakteres Bild wie etwa Didonets *La fleur devient soleil* könnte ebenso als ein Märchen- oder Traumbild verstanden werden (Abb. 54),

von einer üppigen, weglosen Blumenwiese, in welcher sich ein Kind verliert und zu einer geheimnisvoll muschelartigen Schlosshöhle gerät, aus deren Innerem ihm ein strahlendes Licht entgegen leuchtet. Es ist so hell, dass es kaum sehen kann, was oder wer es dort, beim runden Brunnen mit dem hellblauen Wasser, erwartet ...

Die Erscheinung von *Die Blume wird zur Sonne* wäre in ihrer Abstraktheit vielleicht sogar eine mögliche Märchen-Kulisse. Eine gewisse erhabene Stimmung bringt es in die Nähe von Bildern aus der Romantik; im Unterschied zu diesen ist jedoch das „Wirkliche", das in romantisch überhöhten Darstellungen immer durchscheint, nicht eindeutig identifizierbar. Noch weniger als beim *Ziegenhirten* sind die Formen in eine konkrete Märchen-Erzählung zu übersetzen. Die sonderbare Muschel oder Wunderblume mit dem starken Kontrast zwischen Licht-Kern und den vielfach geschichteten Wänden strahlt etwas märchenhaft Verheissungsvolles aus.

Würde uns dieses fantastisch anmutende Gebilde dennoch die Illusion eines zwar unerkennbaren aber realen Dings vermitteln, so erinnert uns das wirre Gekribbel der Blumenwiese stetig an das physische Gemacht-Sein des Gemäldes. Es ist vor allem dieses Oszillieren der Wahrnehmung zwischen sichtbarer Materialität und der Illusion einer unbekannten Wirklichkeit, welches dem Romantischen wie dem Märchenhaften entgegensteht und das Bild in die Nähe des Gedichts rückt.

Alles in Reichels *Traum einer Stadt* erweckt den Eindruck, verzaubert zu sein (Abb. 55):

55 Hans Reichel, *Traum einer Stadt,* 1926, Aquarell, 24x17 cm.

Die Häuser türmen sich wie auf einem Schutthaufen von eingebrochenen Mauern und Scheunen übereinander. Alles ist in sich zusammengesunken, wie nach einem Erdbeben. Nur ganz oben steht ein breiteres Haus in der Schräge der eingestürzten Seite, anscheinend durch einen Leiter-Baum auf der linken Seite vor dem endgültigen Abrutschen bewahrt. Die Sonne scheint sich gerade auf der Aussenmauer des zur Seite gekippten, grössten Hauses auszuruhen, fast möchte man staunen, dass sie nicht schon längst herunter gerollt ist. Ganz oben thront als einziges stolz und gerade ein Häuschen mit drei dreigliedrigen Fensterreihen. Vielleicht wohnt hier der Zauberer, der dieses Chaos mit seiner Magie zusammenhält.

Obgleich alle drei Bilder zum Erzählen einladen, ist keine dieser möglichen Geschichten die „richtige" – oder fast alle sind es gleichermassen. Die Gemälde erwecken Emotionen, indem sie in unserer Imagination Märchenhaftes und Traumähnliches anklingen lassen. Sie holen etwas Persönliches aus uns heraus. Es ist wohl diese Berührung, für welche wir oftmals auch das Wort „märchenhaft" oder „romantisch" wählen, weil sie uns mit unseren verborgensten Gedanken und unseren unausgesprochenen Träumen in Verbindung bringt.

6.7. Fazit: Keine Unzeit für Bild-Poesie

Poesie gibt es seit Menschengedenken. Kaum jemand würde im Ernst behaupten wollen, dass sie als literarische Kunstform „überholt" ist. Zwar hat sich die dichterische Ausdrucksweise im Laufe der Jahrhunderte verändert, aber nie hat die Poesie aufgehört zu existieren.

In diesem Kapitel habe ich zu zeigen versucht, was es mit dem Zeitkern von Kunst auf sich hat. Jede Epoche hat ihre Gestaltungsnormen. Dichterischer Ausdruck indessen schlägt sich jenseits dieser formalen Regeln ohne festen Code und ohne gleichbleibende Botschaft in unterschiedlichsten Erscheinungen nieder. Insofern wird er trotz laufend sich erneuernder Formgesetze und Normen nicht obsolet. In diesem Sinne ist auch Bild-Poesie nie zeitgemäss – aber auch nicht zeitlos, denn im unabschliessbaren Prozess jeder Rezeption wird sie aktualisiert und greift dergestalt in die Gegenwart des Betrachters. Dies ist ihre immanente Zeitlichkeit.

Bilder von Klee, Bissière, Didonet, Nebel, Reichel, Steffens und Wols werden von der Rezeption immer wieder mit dem „Romantischen" oder „Märchenhaften" in Verbindung gebracht. Die lebensweltliche Einstellung dieser Künstler weist effektiv Anzeichen des geistigen Klimas der Romantik auf. So findet etwa die gestalterische Freiheit ihrer Werke gegenüber den geltenden Formgesetzen der Moderne ihren Ursprung im Geist des romantischen Individualismus. Allerdings wird dieser in der Malerei der romantischen Epoche selbst kaum sichtbar. Erst mit der Einführung abstrahierender Elemente wird auch eine Befreiung des Bildes von der Abbild- oder expliziten Verweisfunktion überhaupt möglich. Die offensichtlichsten Unterschiede zwischen Bild-Poesie und den Vorstellungswelten des Romantischen beziehungsweise des Märchens liegen in der Verschlüsselung ihres Gehalts und in der sichtbar gemachten Materialität, die jegliche Illusion von naturalistischer Wirklichkeit verhindert.

Die wenig differenzierte Wahrnehmung von uns in unbestimmter Weise berührender Kunst als „romantisch" oder „märchenhaft" mag damit zusammenhängen, dass die Kunstwelt nach wie vor der Tendenz unterliegt, dem intellektuellen gegenüber dem ästhetisch-emotionalen Zugang zum Kunstwerk den Vorrang zu geben. Mit Thierry de Duve: Die Fähigkeit, uns von der beunruhigenden Schönheit eines Bildes ergreifen zu lassen, ist in den letzten Jahrzehnten einigermassen verkümmert und es wird kein Leichtes sein, sie erneut zu erlangen.[834] Die vorliegende Studie möchte einen Beitrag zur Möglichkeit einer allmählichen Rückgewinnung des Vertrauens in unser differenziertes, nicht nur vom Denken sondern auch vom Fühlen getragenes ästhetisches Urteilsvermögen leisten.

7. ERGEBNISSE VON TEIL II: WAS, WIE UND WANN BILD-POESIE IST

Der zweite Teil dieser Studie ist eine Fortführung und wissenschaftliche Vertiefung des ideellen Konzepts *Art Poétique*, welches 1995 vom Maler-Poeten Didonet angestossen worden ist. Zentraler Untersuchungsgegenstand waren Bilder von sieben Künstlern der Moderne, deren Schriften sowie zeitgenössische und nachfolgende Stimmen aus der Rezeption subsidiär beigezogen wurden. Es wurde gezeigt, dass gewisse bildkünstlerische Ausdrucksweisen zur Erfahrung von Poesie beitragen, weshalb für sie das Attribut Bild-Poesie sinnvoll verwendet werden kann.

Anhand der Beschreibung von Roger Bissières *Composition*, Didonets *Magicienne*, Paul Klees *Adler*, Otto Nebels *Schleiertanz*, Hans Reichels *Bilderbogen*, Hans-Hermann Steffens' *Abandonné* und Wols' *Seltsamer Reise* ist dargelegt worden, inwiefern die oftmals in Kommentaren geschilderte Empfindung von Poesie nicht das Resultat von romantisch-subjektiven Projektionen ist: der Urgrund für solche Empfindungen lässt sich als ein Geflecht von sinnlich wahrnehmbaren Eigenschaften im Bild objektivieren. Vergleiche mit durchwegs abstrakten und gegenständlich darstellenden Bildern sowie mit Gemälden aus der Romantik haben bestätigt, dass die Erfahrung des Poetischen auf besonderen Verfahrensweisen im Zeichen des Dichterischen gründet. Die relevanten Vergleichsmerkmale sind im Hinblick auf strukturelle Entsprechungen mit der Wortpoesie bestimmt worden.

- **Was Bild-Poesie ist**

„Bild-Poesie" bezeichnet Bild-Erscheinungen, die wir über ein Bündel von Bild-Eigenschaften als dichterisch erfahren. Ausgangspunkt für solche Erfahrungen ist eine besondere Weise des bildlichen Andeutens zwischen gegenständlicher Darstellung und abstrahierender Verschlüsselung, die sich nicht zu einem konkreten Ausdruck fügt, sondern sich als semantisch wie affektiv Mehrdeutiges zeigt. Die zuweilen sehr unterschiedlichen Erscheinungen sind verbunden über ein Netz von Verwandtschaftsbeziehungen. Es sind prototypische Merkmale formaler, struktureller sowie wirkungsästhetischer Art, über welche sich die Bilder auch mit der literarischen Poesie vergleichen lassen. Bild-Poesie kann nicht kategorial bestimmt werden, sondern sie manifestiert sich als graduelles Vorkommen entsprechender Qualitäten, die sich durch ihren Anmutungscharakter auszeichnen.

- **Wie sich Bild-Poesie zeigt**

Das Dichterische scheint in der Bildstruktur zwischen zeigendem Andeuten und gleichzeitigem Verwehren von eindeutigem Sinn durch die Hervorhebung der Materialität und die Abwesenheit von Perspektiven auf. Dennoch schaffen Farb-Schichtungen gleichsam von Licht hinterlegte Transparenzen und vermitteln eine Illusion von Durchblick auf eine unbestimmte Welt „hinter dem Bild". Eine Tendenz zur formalen Abstraktion, zu Wiederholungen und gestalterischen Rhythmen ist diesen Bildern gemeinsam, sie geht mit semantischer Verdichtung und Verunklärung einher. Oftmals finden sich Märchen-Stimmungen und symbolische Aufladungen von pseudokindlich anmutenden, zeichenhaften Formen. Der Drang des Gedichts zur Vollkommenheit im undurchdringlichen Zusammenspiel von Form und Gehalt wird auch in bildpoetischen Gestaltungen sichtbar.

- **Erfahrung von Bild-Poesie**

Harmonie und Musikalität bildpoetischer Erscheinungen führen zur Erfahrung von Schönheit und Anziehung, zuweilen zu einer Empfindung von Magie. Bildtitel tragen oftmals zur Wahrnehmung des Poetischen bei. Trotz der Gemeinsamkeiten können die Erscheinungsformen dieser Bilder auch innerhalb eines einzigen künstlerischen Œuvres sehr unterschiedlich sein, was eine Auseinandersetzung mit jedem von ihnen vor neue Herausforderungen stellt. Die Rezeption dieser Bilder schwankt mit den wechselnden Massstäben der Kunstwelt zwischen der Beschreibung von klangvollem Zauber und handwerklichem Kitsch.

Die Erfahrung des Dichterischen im Bild beansprucht in seiner Mehrdeutigkeit gleichermassen leibliche Sinne, Gefühle und Verstand: in einer sympathetischen Einfühlung kann sich ein Sinngehalt für Augenblicke offenbaren und wieder verflüchtigen. Im Unterschied zu gegenständlichen Bildern, die uns eher in die lineare Zeitlichkeit des Erzählten einbinden, erfährt sich das Poetische im Bild gleichsam in einem singulären Jetzt-Erleben von Imagination und Gefühl. Dieses flüchtige Aufscheinen von Sinn weist über die herkömmlichen Kategorien von Produktion, Werk und Rezeption hinaus auf ein sich im Rezipienten produzierendes Ereignis.

- **Sieben exemplarische Bild-Poeten der Moderne**

Klee und mit ihm Bissière, Didonet, Nebel, Reichel, Steffens und Wols haben die allgemeine intellektualistische und gefühlsskeptische Grundhaltung ihrer Gegenwart durch bildkünstlerische Verfahren der Verrätselung gleichsam untergraben: Im programmierten Scheitern des Bild-Verstehens bedienen und sabotieren sie zugleich den Intellekt der Betrachterin, die imaginierend sowie fühlend erfährt und erkennt, was sich dem Verstehen entzieht. Anreize für eine solche emotionale Zuwendung schafft die natürliche Neigung dieser Künstler zur handwerklichen Perfektion und zum Schönen. Selbstdarstellende Texte ebenso wie die Kommentare ihrer Schriftsteller-Freunde deuten darauf hin, dass ihre bildpoetische Ausdrucksweise eher einer intuitiven Notwendigkeit als einem bewussten Kalkül entsprang. Einige unter ihnen waren nicht nur Maler, sondern auch Dichter und Musiker, was zumindest teilweise die Entfaltung von Harmonie in ihren Bilderscheinungen erklärt.

Das Engagement dieser Künstler galt allein der Kunst. Waren sie als solitäre Individualisten weitgehend unangepasst an die Anforderungen ihrer Zeit, so fanden sie Zuflucht in ihren imaginären Bildwelten. Diese Haltung setzte sie vonseiten der zeitgenössischen Kunstwelt oftmals einem moralischen Vorwurf von Realitätsferne und gesellschaftlicher Wirkungslosigkeit aus. Indem sie jedoch mit ihren Bildern alternative Wirklichkeiten hervorbrachten, sorgten sie für eine Verbesserung ihrer Lebenswelt. Zahlreiche Kommentare von Privatsammlern zeigen, dass auch sie Trost und Kraft in diesen Bildern schöpften.

Durch die unspektakuläre Erscheinung ihrer Gemälde stand eine Mehrheit dieser Maler weitgehend im Schatten des offiziellen Kunstbetriebs, was die Vermutung nahelegt, dass neben ihnen noch andere Bild-Dichter in stiller Zurückgezogenheit ihre poetischen Universen schufen und heute noch schaffen.

7.1. Wozu ein ideelles Konzept „Bild-Poesie"?

• **Für uns als Rezipierende**
Die Produktivität des ideellen Konzepts „Bild-Poesie" geht über die historische Feststellung eines bildkünstlerischen Phänomens der Moderne hinaus. Es befördert in einem erweiterten Sinn die Rehabilitierung des Gefühls in der ästhetischen Erfahrung von Bildern.

Vor dem Hintergrund der neueren Emotionstheorien, welche die kognitiven Aspekte des Gefühls hervorheben, wird das affektive Erleben des bildpoetisch Verschlüsselten vom unmittelbar auftretenden Verdacht einer unreflektierten Sentimentalität befreit. Eine ästhetische Einstellung, die sich gegenüber dynamischen, sowohl leiblich als auch in umfassender Weise mental erfahrbaren Sinngehalten öffnet, dürfte uns davor bewahren, gleich an Kitsch zu denken, wenn uns die Schönheit einer künstlerischen Gestaltung emotional berührt. Die Vorstellung von Poesie mag zudem unser Sensorium für leise bildkünstlerische Klänge neu schärfen und uns darin bestärken, ein Bild in seiner dichterischen Prägnanz als intellektuell Ungreifbares stehen zu lassen. Ein Umgang mit künstlerischer Mehrdeutigkeit kann demnach dazu beitragen, unseren Sinn auch für das lebensweltlich Vieldeutige in Schwung zu halten.

Die Abgrenzung des Bildpoetischen gegenüber dem Erhabenen, Naiven, Romantischen, Idyllischen und Märchenhaften stellt sich überdies dem heute zunehmend inflationär für eine allgemeine Erfahrung von Sprachlosigkeit gebrauchten Ausdruck „poetisch" entgegen.

• **Für das Bild**
Das Bild bleibt in seiner Erscheinung, was es ist, ob wir es als poetisch bezeichnen oder nicht. Als Kunstwerk indessen, so haben wir gesehen, verändert es sich laufend mit seiner Wirkungsgeschichte. Die Perspektive des Poetischen als gattungsübergreifendes Gestaltungsprinzip hebt Eigenschaften in ihm hervor, die wir aus dem Medium der Wort-Dichtung kennen. Poesie erfährt sich immer als Singuläres und Gegenwärtiges, weshalb es sich nur schwer in einer Kunstgeschichte niederschlägt, die ihr Augenmerk auf kategorial bestimmbare Erscheinungen einer Epoche richtet. Der Vergleich mit dem Gedicht mag diese zur Vollkommenheit tendierenden Universen in ein neues Licht rücken und im Idealfall die künstlerischen Bewertungskriterien neu beleben.

So wenig wir ein hermetisches Gedicht bis auf sein Innerstes auszudeuten und zu verstehen vermögen, lassen sich auch diese Bilder in ihrer verschlüsselten ästhetischen Prägnanz nicht in festen Bedeutungen stilllegen. In dieser Weise bewahren sie eine gewisse Autonomie gegenüber der intellektuellen Vereinnahmung und erlangen in stets sich erneuernden Erfahrungen eine beständige Aktualität.

• **Für die Künstler**
Aussenseiter wie Bissière, Klee, Didonet, Nebel, Reichel, Steffens und Wols, die sich den künstlerischen Anforderungen ihrer Zeit verweigern, wird (und sollte) es immer geben. Eine Aufnahme der Idee „Bild-Poesie" in den Kunstdiskurs würde solchen Künstlern einen Raum der Zurkenntnisnahme und der Anerkennung ihrer Eigenart schaffen. Das Bewusstsein einer Möglichkeit von Poesie im Bild kann Dichter-Naturen der Gegenwart darin bestärken, entgegen einem künstlerischen Zeitgeschmack ihrer persönlichen Neigung zu folgen. Es ist nicht zu bezweifeln, dass jedes Kunstwerk einen historischen und einen immanenten Zeitkern hat. Wird das Phänomen Bild-Poesie jedoch genügend weit gefasst, so dürfte es in seiner formalen Ungebundenheit auch bei Künstlern des 21. Jahrhunderts zu neuen Ausdrucksformen und Gestalten finden.

7.2. Rückblick in tabellarischen Vergleichen der Bild-Attribute rund um das Poetische

Die Bildvergleiche der vorangehenden Kapitel haben ein Netz von Gemeinsamkeiten und Unterschieden sichtbar gemacht, die mit den Attributen „poetisch", „romantisch" sowie „märchenhaft" einhergehen. Es sind auch Stimmungen wie „idyllisch" und „traumartig" erwähnt worden, weiter oben war von „naiver" Formensprache die Rede. Es sind mehr oder weniger undifferenzierte Vorstellungen, die nicht nur in Beschreibungen der Bilder von Klee, sondern auch der anderen Bild-Poeten vorkommen, wie im vierten Kapitel dargelegt wurde. An dieser Stelle sollen die unterschiedlichen Bereiche, zu welchen diese Attribute in ihrem Kern gehören, noch einmal im Überblick erfasst werden, um sichtbar zu machen, wodurch sich die Empfindung von Bild-Poesie von ähnlich anmutenden bildkünstlerischen Erfahrungen unterscheidet.

Eine erste Tabelle veranschaulicht anhand von idealtypischen Beispielen die Bildwelten, welche hinter diesen vage Empfindungen ausdrückenden Attributen stehen und ermöglicht einen Vergleich zwischen Struktur, Ausdrucks- und Erfahrungsweisen der entsprechenden Bilder. In der Zeile „Erfahrung" wird offensichtlich, weshalb solche Bezeichnungen im allgemeinen Sprachgebrauch oftmals durcheinander geraten und uns tendenziell für eine Empfindung der signifikanten Unterschiede zwischen den verschiedenen Bildstrategien im Wege stehen (Auszeichnung durch Fettschrift).

In der zweiten, systematischen Tabelle steht der literarische Ursprung dieser Attribute mit den dazugehörenden Werkeigenschaften und Erfahrungsspektren im Vordergrund. Sie zeigt, auf welche Art von Bildern sie zutreffen und somit berechtigterweise angewandt werden können (Auszeichnung durch Fettschrift).

7.2.1 Vergleich von idealtypischen Bildbeispielen

In der phänomenologisch vergleichenden Tabelle (Abb. 56) werden die Entsprechungen und Unterschiede zwischen den ähnlich anmutenden Bildstrategien und den dazugehörigen Bild- respektive Rezeptions-Eigenschaften stichwortartig sichtbar gemacht. Tabellen können im allgemeinen künstlerischen Bereich immer nur Tendenzen angeben, was bedeutet, dass die angeführten Eigenschaften und die Art und Weise ihres Vorkommens in Bezug auf die infrage stehenden Attribute von anderen Bildern derselben Gruppe leicht unterschiedlich ausfallen würden.

Erklärungen zur Auswahl der Bilder (Abb. 57):
Der (bildpoetische) *Adler* sowie die (romantische) *Berglandschaft* sind aus dem Text bekannt. *Rotkäppchen* ist kein Bild der Kunst, aber in seiner erzählenden Bildgebung für das Märchenhafte repräsentativ. Die *Pastorale Idylle* exemplifiziert die Stimmung von Beschaulichkeit und Ruhe einer in sich abgeschlossen, ländlichen Szene mit sich der Musse und Geborgenheit des Augenblicks hingebenden Menschen. Der *Engel* einer 8-jährigen Schülerin, wie *Rotkäppchen* keine Kunst im eigentlichen Sinn, repräsentiert die kindlich-naive Bildsprache. Salvador Dalís *Versuchung des heiligen Antonius* steht für die surrealistische Umsetzung der im einzelnen Gegenstand gut erkennbaren Bildhaftigkeit von Träumen. Die Hinzunahme des mehrfach erwähnten *Victory Boogie Woogie* (vgl. Abb. 12) zu den ansonsten durchwegs gegenstandsbezogenen Bildern ermöglicht einen Vergleich der einzelnen Werte und Eigenschaften mit denjenigen einer abstrakten Bildgebung der Moderne.

Erklärungen zu den aufgelisteten Bild-Eigenschaften und Erfahrungen (Abb. 56)
Titel und Bezugnahme: Im Unterschied zu den sechs nachfolgenden Bildern lässt sich aus „Mit dem Adler" nicht direkt auf das Motiv des Bildes schliessen.
Bild-Motiv: Im *Adler* ist es nicht entschlüsselbar, im abstrakten *Boogie Woogie* ist es als Stimmungsreferenz v.a. durch den Titel vermittelt. In den anderen Bildern verweisen Titel und gegenständliche Darstellung auf ein eindeutiges Bild-Motiv.
Abstraktionsgrad: Während Bilder aus der Vormoderne allgemein einen niedrigen Abstraktionsgrad aufweisen, zeigt Dalís *Versuchung* bereits abstrahierende Elemente. Der *Adler* nimmt einen Mittelweg zwischen Gegenständlichkeit und Abstraktion ein.
Formensprache: Die pseudonaive Formensprache des *Adlers* hebt sich ebenso von den wirklichkeitsnahen Darstellungen wie von der geometrisch-abstrakten Formensprache ab.
Perspektive: Wo perspektivische Verhältnisse sichtbar sind, ist die Darstellung von Wirklichkeit nicht weit.
Materialität: Jedes Bild der Kunst lässt seine Materialität mehr oder weniger sichtbar werden, indem es sich als Artefakt zeigt. In der Moderne jedoch und insbesondere bei Bild-Poesie stellt sich diese Materialität der Illusion

von Wirklichkeit entgegen und erlangt eine zunehmend eigenständige semantische Funktion (II, 3.3.2.).

Opaker oder transparenter Verweis auf Sinngehalt: „Opak" bedeutet, dass sich das Bild ausschliesslich als Sich-Zeigendes vorführt. „Transparent" ist der Verweis z. B. in einer perspektivisch-realistischen Landschaftsdarstellung: das Gemälde wird zum diaphanen Medium einer Fremdreferenz (II, 2.2.4.; 2.2.5.; 6.5.4.). Bei Klees *Adler* kippt die Wahrnehmung zwischen Selbstreferenz und aufscheinendem Sinn (semi-opak).

Ausdruck: Der Ausdruck des Adler-Bildes ist nicht festlegbar, es lassen sich einander widersprechende Gefühle und Stimmungen erfahren.

Erfahrung: Alle Bilder scheinen uns in ihrer Schönheit zu berühren, jedes auf leicht unterschiedliche Weise. Beim abstrakten *Boogie Woogie* ist die Erfahrung zunächst eher leiblich.

Bildprägnanz: „Dichterisch" meint, dass neben der anschaulichen Bild-Prägnanz eine formale und eine semantische Unterbestimmtheit zur Mehrdeutigkeit führen, die zusätzlich eine spezifisch dichterische Prägnanz im möglichen Aufscheinen von Sinn-Gehalt schafft (I, 5.3.; II, 2.2. und II, 3.).

Leistung der Rezipientin: „Emotionales Mitgehen > Einfühlung" will vermitteln, dass hier ohne mitfühlende Haltung keine Einfühlung und kein umfassendes Erfahren von Gehalt möglich ist. Ist jede authentische Erfahrung von künstlerischem Ausdruck auf ein emotionales Mitgehen angewiesen, so kann der Gehalt gegenständlicher Bilder zumindest ansatzweise über „kühle" Abwägung der Verhältnisse zwischen Gestalt und Inhalt eingefühlt werden (I, 3.4.2.).

Zeiterfahrung: „punktuell" im Sinne eines singulären Aufscheinens von Gehalt, „linear" meint die zeitliche Ausdehnung und Wiederholbarkeit der Erfahrung (II, 2.4.).

Phänomenale Erkenntnis (Erkenntnis *von* Kunst): Das phänomenale Wissen um den Bild-Gehalt, d. h. worum es in einem Bild geht, teilt sich in der Bild-Poesie in ein intuitives „Was-es-sein-könnte" und ein „Wie-es-ist". Ein phänomenaler Erkenntnisgewinn geht im Idealfall einher mit einem *ästhetischen Erkenntnisgewinn*, d. h. mit einer Erweiterung unserer mentalen Vermögen und mit nicht-propositionalen Einsichten von einer gewissen Relevanz für unser Leben (Erkenntnis *durch* Kunst), (I, 5. und 6.).

Was die Tabelle aussagt (Abb. 56)
1. Die offensichtlichste Gemeinsamkeit zwischen dem bildpoetischen *Adler* und den fünf nachfolgenden Gemälden ist, dass sie alle in ihrer Schönheit oder Anmut berührend sind. Die vagen Attribute „poetisch", „romantisch", „märchenhaft", „idyllisch", „traumartig" oder „naiv" stehen oftmals unspezifisch für diese emotionale Berührung, was zu Genre-Verwechslungen und zum Verlust des Sinns für ihre Unterschiede führen kann. Die Wahrnehmung dieser Divergenzen ist jedoch bedeutend für die Haltung, die wir diesen Bildern gegenüber einnehmen.

2. Die offensichtlichsten Unterschiede vom *Adler* zu den anderen Bildern liegen in der Mehrdeutigkeit von Titel, Bild-Motiv und Ausdruck; im Fehlen von räumlicher Tiefe, in der Absage an eine realistische Darstellung und in der intentionalen Hervorhebung der Materialität des Bildes gegenüber einer Illusion von Wirklichkeit. Die Formensprache des Adler-Bildes hebt sich auch durch ihren Andeutungs-Charakter von den eher realistisch-gegenständlichen Darstellungen ab.

3. Diese Unterschiede legen nahe, dass es wenig Sinn macht, für Bild-Poesie den im Bilddiskurs bereits besetzten Begriff „romantisch" zu verwenden. Auch die Attribute „märchenhaft", „idyllisch", „traumartig" oder „naiv" können höchstens auf einzelne Aspekte von Klees Adler-Bild und nicht auf die gesamte Bild-Erscheinung bezogen werden. Denn die Vorstellungen, die mit diesen Attributen einhergehen, suggerieren jeweils einen einheitlichen und eindeutigen Ausdruck, der beim *Adler* vergeblich gesucht wird.

7.2.2. Literarische Attribute und ihre bildliche Umsetzung im systematischen Vergleich

Erklärungen (Abb. 58)
Im Unterschied zum phänomenologischen Bildvergleich steht hier die Gegenüberstellung der Attribute selbst im Vordergrund. Sie stammen ursprünglich aus ausserästhetischen Bereichen und lassen sich nicht ohne Verluste auf Bilder übertragen. Wo diese Adjektive nur vage als stellvertretender Ausdruck für eine diffuse Berührung in der Bild-Erfahrung verwendet werden, stehen sie zwischen Anführungszeichen. Die erste Spalte zeigt, für welche Werke, Eigenschaften und Erfahrungen sie in der Literatur stehen, die zweite für welche Art von Bildern sie mehr oder weniger sinnvoll eingesetzt werden können. Die dritte Spalte macht sichtbar, inwiefern für Bild-Poesie fast ausschliesslich die Bezeichnung „poetisch" Sinn macht, die anderen Eigenschaften sind dort höchstens als Anklänge erfahrbar.

Attribut	bildpoetisch	romantisch	märchenhaft	idyllisch	kindlich-naiv	traumartig	abstrakt
Bildwelt	Bild-Poesie	Romantik	Märchen	Idylle	Naive Bilder	Surrealismus	Abstraktion
Beispiel	*Mit dem Adler*	*Bergland-schaft*	*Rotkäppchen*	*Pastorale Idylle*	*Engel*	*Versuchung d. hl. Antonius*	*Boogie Woogie*
Bezugnahme des Titels	dichterisch ablenkend	hinweisend	hinweisend	hinweisend	hinweisend	hinweisend	vermittelnd
Bild-Motiv	hermetisch verschlüsselt	zeigend	zeigend	zeigend	zeigend	zeigend	abstrakt vermittelt
Abstraktions-grad	mittel	niedrig	niedrig	niedrig	mittel, nicht intentional	mittel	gross
Formensprache	pseudonaiv andeutend	realistisch überhöht	verniedlicht realistisch	harmonisiert realistisch	naiv zeichenhaft	expressiv phantastisch	geometrisch abstrakt
Perspektive	keine	Zentral-P.	Zentral-P.	Zentral-P.	keine	Frosch-P.	keine
Materialität vs. Illusion	M. > Illusion v. Wirklich-keit, semanti-sche Funktion	M. < Illusion v. Wirklichkeit	M. < Illusion v. Wirklichkeit	M. < Illusion v. Wirklichkeit	M. > Illusion v. Wirklichkeit (nicht inten-tional)	M. < Illusion v. Wirklichkeit	keine Illusion v. Wirklichkeit
Verweis auf Sinngehalt	semi-opak	transparent	transparent	transparent	transparent	transparent	opak, durch Titel vermittelt
Ausdruck	mehrdeutig	erhabene Stimmung	vertraut-unheimliche Stimmung	Gefühl von Frieden und Geborgen-heit	unbestimmt	Stimmung: bedrohlich Gefühl: Mut, Ent-schlossenheit	fröhlich-bewegte Stimmung
Erfahrung	Berührung Schönheit Faszination Poesie	Berührung-Schönheit Gefühl der Erhabenheit	Berührung Niedlichkeit Vertrautheit	Berührung Schönheit Geborgen-heit	Berührung Unmittel-barkeit Ursprünglich-keit	Berührung Schönheit Unbewusstes	sinnliche Leichtigkeit / Harmonie
Bildprägnanz	anschaulich/ dichterisch	anschaulich	wenig	anschaulich	wenig	anschaulich	anschaulich
Leistung der Rezipientin	Mitfühlen > Einfühlung. Intuition Imagination	Einfühlung Mitfühlen	Erinnerung an bekanntes Märchen	Einfühlung Mitfühlen	Erinnerung an kindliche Vorstellung	Einfühlung Mitfühlen	leibl.-seel. Empfindung Imagination Mitfühlen m. Stimmungs-ausdruck
Zeiterfahrung	punktuell, Zeitlosigkeit	linear, punk-tuell als Erhabenheit	linear	linear	linear	linear	linear
Phänomenale und ästhetische Erkenntnis	wie / was → Gehalt, Sinn f. Singuläres / Mehrdeutiges	wie → Gehalt, Selbstbewusst-sein, Selbst-gefühl	wenig	wie → Gehalt, Mitgefühl, Selbstgefühl	wenig	wie → Gehalt, Mitgefühl, Selbstgefühl	wie → Gehalt, Leib- und Stimmungs-erfahrung

56 Vergleich der vagen Attribute rund um das Poetische anhand von idealtypischen Bild-Beispielen.

Paul Klee, *Mit dem Adler,* 1918 (vgl. Abb. 22).

Unbekannt, Illustration von *Rotkäppchen.*

J.A. Koch, *Schweizerische Berglandschaft mit Brücke und zwei Hirten,* 1928 (vgl. Abb. 43).

G. van den Eeckhout, *Pastoral Idyll,* 1650 (vgl. Abb. 47).

8-jähriges Kind, *Engel,* 2022 (vgl. Abb. 62).

Salvador Dalí, *Die Versuchung des heiligen Antonius,* 1946.

57 Gesamtschau Bildervergleich.

	LITERATUR 1. Werkbezug 2. Werk-Eigenschaften 3. Werk-Erfahrung 4. Textverweis	BILD-KUNST allgemein 1. Werkbezug 2. Werk-Eigenschaften 3. Werk-Erfahrung 4. Textverweis	BILD-POESIE 1. Werkbezug 2. Werk-Eigenschaften 3. Werk-Erfahrung 4. Textverweis
poetisch	1. Dichtung / Lyrik 2. Semantik der sprachlichen Form, ev. Reime, Verdichtung und Verkürzungen, Tendenz zur Abstraktion, Andeutungen, ev. Wiederholungen. Unübersetzbarkeit, Mehrdeutigkeit; Affinität zum Traum 3. Verstärkte emotionale und imaginative Einbindung des Rezipienten. Erfahrungen von Rhythmus, Musikalität und Schönheit in der Sprache, Aufscheinen von singulärem Gehalt (von Matt, Valéry) 4. II, 2.2.; 2.5.	1. „Poetische" Empfindung gegenüber einer Bilderscheinung, die zum Gedichtschreiben einlädt, z. B. Berglandschaft, Pastorale Idylle 2. Klangvolle Bildtitel, romantische Bild-Themen. Phantastische, allg. eindrückliche od. märchenhafte Stimmung, z. B. Erhabenheit, Ruhe (vgl. frz. „poétique" bedeutet auch „romantisch" od. allg. „stimmungsvoll") 3. Unspezifische Empfindung, Sprachlosigkeit und Berührung durch Schönheit 4. II, 6.4.; 6.5.	1. Dichterische Elemente im Bild 2. Ablenkender Bildtitel, unklare Motive, Semantik der Materialität, intimistische Formate, Tendenz zur Abstraktion, formale Wiederholungen. Andeutende Formensprache. Formale und semantische Mehrdeutigkeit; Affinität zum Traum. 3. Verstärkte emotionale und imaginative Einbindung des Rezipienten, Erfahrung von Bild-Rhythmik, Musikalität und Schönheit. Aufscheinen von singulärem Gehalt. 4. II, 3.–7.; III, 2.; 4.
romantisch	1. a) Literarische Werke aus der romant. Epoche b) typologischer Begriff für: 2. Romantische, „nicht klassische" Stilmerkmale, Tendenz zum Gattungs- und Stilsynkretismus. Phantastisches, Märchenhaftes, Pittoreskes und Groteskes. Formale Offenheit (Schlegel). Oftmals religiöse /metaphysische Konnotation (Schelling), verbunden mit Weltanschaulichem 3. Empfindung von Grenzüberschreitung zw. Wirklichkeit und Traum, Märchen und Zauber. Blick ins Ferne, Sonderbare, Dunkle, Unbegreifliche 4. Schlegel, Schelling, Novalis; II, 6.4.	1. a) Bilder aus der romantischen Epoche 2. b) typologischer Begriff für: 3. Landschaftsbilder, lyrische Stimmung vgl. romant. Dichtung der Zeit. Bildtitel auf romantische, klar erkennbare Motive hinweisend. Darst. von naturhaften Prinzipien, Erhabenheit, Geheimnisvolles. Oftmals religiöse/metaphysische Erfahrung (Schelling), verbunden mit Weltanschaulichem. Grenzüberschreitung zw. Wirklichkeit und Traum, Märchen und Zauber. Ausblick ins Ferne, Erhabene 4. II, 6.4.; 6.5.	1. Romantische Anklänge, auch im lebensweltlichen Kontext der Künstler 2. Stilistische Freiheit. Verführerisch schöne Bild-Erscheinung. Titel, Motiv und Bildgehalt sind „romantisch" geheimnisvoll 3. Berührung, Geheimnis und Zauber 4. II, 4.1.; 4.2.; 6.5.

58 Literarische Attribute und ihre bildliche Umsetzung im systematischen Vergleich.

	LITERATUR 1. Werkbezug 2. Werk-Eigenschaften 3. Werk-Erfahrung 4. Textverweis	**BILD-KUNST allgemein** 1. Werkbezug 2. Werk-Eigenschaften 3. Werk-Erfahrung 4. Textverweis	**BILD-POESIE** 1. Werkbezug 2. Werk-Eigenschaften 3. Werk-Erfahrung 4. Textverweis
märchenhaft	1. Märchenerzählung 2. Kohärentes, mündliches od. schriftliches, einfaches Narrativ. Dinge nur benannt, nicht geschildert, Formelhaftigkeit (Lüthi) 3. Magisches und Mögliches werden in der Erfahrung vereint, oftmals traumhafte Schau (Lüthi) 4. II, 6.6.	1. **Märchenhafte oder zauberische Anklänge, auch Illustration von Märchen, z. B.** *Rotkäppchen* 2. **Vertraut-unheimliche Stimmung** 3. **Berührung, Erinnerung an bekanntes Märchen** 4. **II, 6.6.**	1. Märchenhafte oder zauberische Anklänge in den Motiven 2. Nur vordergründig märchenhaft 3. Berührung, Geheimnis und Zauber 4. II, 6.6.2.
idyllisch	1. Idylle, literarisches „Gedichtchen" 2. Evokation eines *locus amoenus* 3. Vorstellung eines eingegrenzten harmonischen Binnenraums, Erinnerung an glückliche Momente, Geborgenheit (Riedel) 4. II, 6.5.2.	1. **Darstellung einer ländlich-beschaulichen Szene, z. B.** *Pastorale Idylle* 2. **Müssige Menschen geben sich in einer Geborgenheit und Nahrung spendenden Natur dem gleichsam kindlichem Glück der Poesie und Musik hin (Schmälzle)** 3. **Empfindung von Harmonie und Frieden** 4. **II, 6.5.2.**	1. Nur vordergründig „idyllische" Erscheinung. 2. Binnenräume, aber ohne eindeutige Szenerie noch Stimmung 3. Berührung, Empfindung von Idylle stark vom Rezipienten abhängig. Initiale Beschaulichkeit und Ruhe kippen ins Ungewisse 4. II, 6.5.2.
kindlich-naiv	1. Kinderreime, nicht oder nur zufällig künstlerisch 2. Einfachheit, spielerische Wortfolgen, eher mnemotechnische Funktion 3. Berührung, Erinnerung	1. **Kinderzeichnungen, nicht oder nur zufällig künstlerisch, z. B.** *Engel* 2. **Naive Strichzeichnungen als Darstellung konkreter Personen oder Dinge, keine Hintergründigkeit** 3. **Berührung, Erinnerung** 4. **III, 2.2.**	1. Pseudonaive Zeichnungen, künstlerisch. 2. Intentional naive Bildsprache als Stilmittel. Wird als Ganzes zum Kunstwerk vollendet 3. Berührung, ästhetische Emotion 4. II, 3.3.; 3.4.; 5.2.1.; III, 2.2.
surreal	1. Literarischer Surrealismus und DADA 2. DADA-Gedichte und „écriture automatique" bringen Unbewusstes an die Oberfläche 3. Eintauchen ins Unterbewusstsein, Träume, über hermetische Verse 4. II, 2.2.5.	1. **Surrealistische Bilder, Bezug zum Traum, z.B. Versuchung** *des hl. Antonius* 2. **Darstellung von mehr oder weniger einheitlich erkennbaren phantastischen, Traum-ähnlichen Szenen in eindeutiger Formensprache** 3. **Bildliche Imagination unbewusster Vorgänge, Träume** 4. **II, 2.2.5; 4.1.2.; 4.2.4.**	1. Anklänge einer surrealen Bildwelt 2. **Sichtbar machen einer „anderen" Realität, Affinität zum Traum** 3. Schwer beschreibbare Erfahrung, Traumwelt 4. II, 2.6.2.; 3.3.; 4.1.2.; 4.2.

Was die Tabelle aussagt
1. Die Zeile „poetisch" zeigt, dass sich die Erfahrungen in Literatur und Bild-Poesie berühren, wohingegen das Attribut, wenn es allgemein auf Bilder, z.B. der Romantik, bezogen wird, wenig Gemeinsamkeiten mit den literarischen Eigenschaften aufweist.
2. „Romantisch" im typologischen Sinn kann auf Landschaftsbilder mit geheimnisvollen Stimmungen zutreffen. Erfahrungen reichen oftmals ins Erhabene, Metaphysische, Märchen- oder Traumhafte.
3. Das literarisch „Märchenhafte" lässt sich in einzelnen Illustrationen oder gewissen Bild-Stimmungen finden; in vielen Fällen handelt es sich dabei nicht um Kunstwerke.
4. Als „idyllisch" kann im bildkünstlerischen Bereich fast nur die Darstellung einer ländlich-beschaulichen Szene bezeichnet werden. Gilt dieses Attribut für ein anderes Bildthema, so dürfte die entsprechende Erfahrung von reiner Harmonie und Frieden als spannungslos empfunden werden.
5. Im Wortsinn „naiv" sind höchstens richtige Kinderzeichnungen, oder allenfalls Bilder von Menschen, die aufgrund äusserer Umstände oder psychischer Gegebenheiten keinen Kontakt zu kulturellen Äusserungen haben.
6. Der Surrealismus ist eine literarische Bewegung und eine entsprechende Form von Malerei. Surreale, traumähnliche Aspekte können auch in Bild-Poesie aufscheinen, wenn Mehrdeutigkeit und Transparenzen auf eine verborgene Welt „hinter" der Bildstruktur verweisen.

Insgesamt stellt die Tabelle dar, inwiefern jedes dieser Attribute einem ganz bestimmten Bereich der Literatur angehört. Verblasst in der alltagssprachlichen Anwendung auf Bilder ihre Bedeutung oftmals zur Bezeichnung einer unspezifischen Empfindung, so gilt das heute besonders für den Ausdruck „poetisch". Die tabellarische Aufstellung grenzt das bildkünstlerisch Poetische noch einmal stichwortartig gegenüber ähnlich erlebten Ausdrucksweisen ab und verschafft ihm damit deutlicher nachvollziehbare Konturen.

7.3. Offene Fragen

Zwei Dinge bleiben vor dem Abschluss der theoretischen Erkundung von Bild-Poesie zu klären. Zum einen ist es die Frage, weshalb die Eigenschaften von Bild-Poesie nicht von der lyrischen Dichtung im Allgemeinen, sondern von der hermetischen Lyrik der Moderne abgeleitet wurden. Zudem soll beleuchtet werden, welchen Stellenwert dichterische Elemente in der Bewertung von Bildern haben. Die Argumente gehen dahin, dass eine begründbare Erfahrung von Poesie in einem Bild zwar für dessen Qualität als Kunstwerk spricht, aber nicht als notwendige und hinreichende Bedingung dafür geltend gemacht werden kann.

7.3.1. Von schreitenden Versen und tanzenden Wörtern

Die Annäherung von Dichtung und Bild wurde mit Blick auf die besonderen Eigenschaften von hermetischer Poesie der Moderne durchgeführt. Rilkes *Panther* gehört offensichtlich nicht in diese Kategorie, und natürlich erfahren wir diese Rede in Versen als Gedicht. Seine lyrischen Qualitäten liegen in der irreduziblen lautmalerischen und rhythmischen Eigenart und Schönheit seines unmissverständlichen Ausdrucks. In dieser Hinsicht lässt es sich mit Ankers *Freundin* oder Beckmanns *Kreuzabnahme* vergleichen, deren Farb-Form-Gefüge ebenso klar erkennbare semantische und expressive Funktionen erfüllt. Dennoch rufen diese Bilder kaum eine Erfahrung von „Poesie" in der hier explizierten Weise hervor.

Die Parallelführung von Wort- und Bild-Poesie ist nur möglich, wo abstrahierende Verfahren das Augenmerk vom Inhaltlichen ganz auf das qualitative Selbst einer Äusserung verlagern und sich der Werkgehalt einem unmittelbaren Verstehen entzieht. In der Erfahrung einer gleichsam klingenden Selbstbezüglichkeit – sei es in Wort oder Bild – sind unsere mentalen Fähigkeiten in einer besonderen Weise gefordert: Für ein phänomenales Erkennen der Satzfragmente von Rilkes Grabinschrift oder von Didonets *Magicienne* müssen wir uns persönlich in anderer Weise einbringen als in Rilkes *Panther* oder Ankers *Freundin*. Unsere imaginative wie unsere emotionale Teilhabe am Kunstwerk sind grösser, wo es für uns semantisch unausschöpfbar bleibt. Noch einmal verkürzt: Je geheimnisvoller sich ein Kunstwerk zeigt, desto stärker sind Vorstellungskraft und Gefühl für die Erfahrung eines möglichen Sinngehalts gefordert.

Wo keine scharfen Grenzen gezogen werden können, hilft zuweilen die Anschauung, um eine Intuition zu begründen. Mit François de Malherbe gedacht: Das Panther-Gedicht ist gleichsam schreitend: es hat fast wie

Prosa „ein bestimmtes Ziel, das sich auf einen Gegenstand richtet, den wir zu erreichen trachten".[835] Hermetische Lyrik ist wie ein Tanz, der seine Bestimmung in sich selbst hat und der nirgendwo hin will. Ein Tanz zu einer Musik, in welcher sich die Körper wiegen; nicht beliebig, sondern in sinnlich-emotionaler Resonanz mit dieser. Sie lädt ein zu einer inneren Bewegung, wie sie auch Wols' *Seltsame Reise* anzustossen vermag.

7.3.2. Ästhetische Prägnanz, Ambiguität und Wertung

Die bilddichterische Ausdrucksweise ist eine von vielen Möglichkeiten, Eigentümliches zur lebendigen Varietas der künstlerischen Produktion beizutragen. Gute Kunst, das ist im ersten Teil mit Kant festgehalten worden, zeichnet sich dadurch aus, dass sie unsere reflektierende Urteilskraft besonders gut in Gang bringt und auch dauerhaft in Schwung hält: der Verstand bemüht sich vergeblich aber doch produktiv, eine Bild-Erscheinung auf den Begriff zu bringen. Diese seine Zeit überdauernde Lebendigkeit des Werks hängt mit dessen propositional nicht einholbarer ästhetischer Prägnanz zusammen. Es wurde gezeigt, dass in bildpoetischen Gestaltungen zur anschaulichen Prägnanz eine gleichsam „dichterische Prägnanz" hinzukommt, das heisst, dass neben der allgemeinen bildlich-materialen Unausschöpfbarkeit eine formale und eine semantische Unterbestimmtheit zur vielschichtigen Mehrdeutigkeit führen. Insofern kann ein Bild, das im hier explizierten Sinn poetische Eigenschaften aufweist, als besonders prägnant und gelungen angesehen werden.

Effektiv zeigt die psychologische Studie von Muth, Hesslinger und Carbon, dass Kunstwerke aus dem 20. Jahrhundert bis zur Gegenwart heute allgemein besser bewertet werden, wenn semantische Ambiguitäten unsere Erkenntniskräfte herausfordern.[836] Allerdings lässt diese Vorliebe nicht allgemein auf künstlerische Qualität schliessen: jede Zeitepoche bringt unterschiedliche Ausdrucksformen und entsprechende Einstellungen der Rezeption hervor. Albert Ankers Freundinnen-Bild ist formal und semantisch kaum mehrdeutig, die über das gegenständlich Dargestellte hinausweisende Qualität seines künstlerischen Ausdrucks geht aus einem stimmigen Zusammenspiel von gestalterischen und expressiven Eigenschaften hervor. Auch wenn dieses Gemälde heute vielleicht auf weniger Interesse stösst als Klees *Adler,* ist es nicht grundsätzlich schlechter zu bewerten. Die Mehrdeutigkeit der poetischen Prägnanz sperrt sich zwar stärker dem verstehenden Festlegen von Bildgehalt, ebenso wichtig für eine adäquate bildkünstlerische Rezeption indessen ist die sinnlich-emotionale *Erfahrung*, das heisst die implizite Erkenntnis der spezifischen Prägnanz eines anschaulichen Gehalts. Kantisch gesprochen: Mit der *Kleinen Freundin* setzt sich die reflektierende Urteilskraft ebenso in Gang wie mit Wols' *Seltsamer Reise*. Bei Anker vertieft sie sich in die Verhältnisse zwischen Darstellungsinhalt und Ausdruck; in Wols' *Reise* werden Vorstellungskraft und affektive Vermögen zur Bewältigung der formalen und semantischen Mehrdeutigkeit noch stärker gefordert.

Auf der ganz abstrakten Seite erlangt auch ein Bild wie Mondrians *Boogie Woogie*, ohne im eigentlichen Sinne mehrdeutig zu sein, in seiner fröhlich tanzenden Gestimmtheit eine ästhetisch erfahrbare, propositional unausschöpfbare Prägnanz. Allerdings wird es uns vermutlich nicht bei jeder erneuten Betrachtung mit derselben Kraft ergreifen, wie Klees *Adler* dies vermag.

Kaum ein künstlerisches Bild lässt sich auf den Begriff bringen. Ausnahmen sind neben „konkreter Malerei" gewisse konzeptuelle Gemälde: Ein Ideen-Kunstwerk wie Duchamps *L.H.O.O.Q. shaved* ist weitgehend unabhängig von der malerisch-sinnlichen Erscheinung der berühmten Dame aus der Renaissance. Es kann ohne grosse Verluste begrifflich erfasst werden. Mein Vorschlag, solche konzeptuellen Kunstformen, die fast ganz von der Prägnanz des Anschaulichen losgelöst sind, als „gestaltende Philosophie" zu bezeichnen, stellt deren Zuordnung zur bildenden Kunst infrage. Solche gleichsam philosophischen Gesten bringen zwar die reflektierende Urteilskraft sehr wohl in Gang, ist der „Witz" der Sache jedoch einmal verstanden, braucht es das anschauliche Bild-Objekt nicht mehr.

Zusammenfassend lässt sich sagen, dass die Mehrdeutigkeit der vorgestellten Beispiele von Bild-Poesie nur ein jeweils einzelner wenn auch wichtiger Aspekt ihrer anschaulichen Dichte ist; ihre besonderen, im dritten Kapitel angeführten formalen, materialen und expressiven Eigenschaften sind ebenso daran beteiligt. Formale und semantische Ambiguität können nicht als absolutes Qualifikativ gesehen werden. Insofern sind bildpoetische Gemälde in der Vieldeutigkeit ihrer Gestaltungen nicht grundsätzlich die bessere Kunst als Bilder mit eindeutig bestimmbarem Gehalt; ebenso wenig wie Poesie von vornherein bessere Literatur ist als Prosa. Sie ist anders und richtet sich an unterschiedliche Vorstellungswelten und Affinitäten.

7.4. Als Hinführung zum dritten Teil

Zum Abschluss dieses zweiten Teils und im Hinblick auf die Frage nach einer Möglichkeit von Bild-Poesie in der Gegenwart soll an dieser Stelle ein Blick auf den sich zur Jahrhundertwende stellenweise anbahnenden Wandel im kunsttheoretischen Denken vorausgeschickt werden. Die Malerei hatte in den 1960er Jahren mit Greenbergs Forderung nach einer Einschränkung auf gattungsspezifische Merkmale wie Flächigkeit, Farbe und Begrenzung einen Kulminationspunkt in ihrem Streben nach Autonomie erreicht. Zur selben Zeit wurden Adornos Ansprüche an eine die Gesellschaft verändernde Kunst vom Kulturbetrieb weit herum aufgenommen und oftmals als sinnlichkeits- sowie emotionsfeindlich missverstanden. Eine zunehmend „denkende" Kunst etablierte sich in Europa, sodass mancherorts sogar ein „postautonomes Zeitalter" prognostiziert wird. Kunst hat sich als gesellschaftlich relevant zu zeigen und verbindlich zu sein.[837]

Vor diesem Hintergrund werden allmählich Stimmen laut, welche die Hegemonie einer ausschliesslich auf Reflexion angelegten Kunst infrage stellen. Angesichts der manifesten Vielgestaltigkeit von künstlerischen Erscheinungen, die als Mittel zum Zweck fast grenzenlos beliebige Formen annehmen können, schreibt der Kunsttheoretiker und Kurator Jean-Christophe Ammann:

> „Seit dem Ende der historischen Avantgarden gibt es das Neue nicht mehr. Was bleibt, ist die Poesie, jene anthropologische Konstante, die Menschen seit jeher verbunden hat. Während die ‚Heldengeschichten' den ideologischen Kitt der kollektiven Identitäten darstellen, richtet die Poesie das Auge auf die Schönheit und das Vergängliche."[838]

Auch im allgemeinen kulturellen Denken scheint das Poetische vermehrt ins Gespräch zu gelangen. So veröffentlicht die Neue Zürcher Zeitung (NZZ) vom 12.06.2010 einen polemisierenden Artikel von Ammann, in welchem dieser fordert:

> „Ich will Kunst als Poesie. Poesie! Kunst ist Poesie! Menschen brauchen Poesie. Das war von Anfang an so. Belehren tut die Theologie oder die Philosophie oder die Ethik. Aber nicht die Kunst. Kunst war immer Poesie. Und die besten Künstler waren immer Poeten – alle anderen waren Handwerker." Poesie ermögliche uns, „das Unmittelbare zu sehen und es in Verbindung zu bringen mit anderen Sichtweisen, mit solchen, die eine emotionale Aufgeladenheit besitzen. Man muss nichts erfinden: Es geht darum, uns die Welt so vor Augen zu führen, wie wir sie potenziell in uns tragen – aber nicht sehen können, weil wir an unseren Gewohnheiten hängen. Das ist das Poetische".[839]

Ammanns Poesie-Begriff ist um Vieles breiter und allgemeiner gefasst als im vorliegenden Text. Poesie wird für ihn zur absoluten Qualität, die jeder Art von guten Kunstwerken zufallen kann – so lange diese nicht primär mit gesellschaftlichen Zwecken verbunden sind, noch der Kritik oder einer Vermittlung zwischen dem Individuum und der äusseren Welt *dienen*. Das Poetische, fügt er hinzu, vermag eine Brücke zwischen unserem bewussten und dem im Unbewussten verankerten potenziellen Denken zu bilden. Poesie, auch da ist ihm vorbehaltlos zuzustimmen, mobilisiert emotionales Vermögen und generiert solcherart ein Wissen, das wir über den Intellekt allein nicht erlangen können. Ammann geht jedoch noch weiter, indem er andeutet, dass die Vermittlung von Emotionen und damit verbunden die Erweiterung unseres Empfindungsvermögens als notwendige und hinreichende Bedingung für eine Bestimmung von Kunst gesehen werden können. Vor dem Hintergrund meiner in dieser Schrift geleisteten Argumentation würde dies bedeuten: Wenn ein Bild eine – begründbare – Erfahrung von Poesie zu vermitteln vermag, so handelt es sich mit einiger Sicherheit um ein Kunstwerk, was auch für mich vertretbar scheint. In diesem Sinn zu restriktiv aber ist die Umkehr von Ammanns Denkrichtung: Kunst ist, was die Erfahrung von Poesie zu vermitteln vermag – wie ich weiter oben erläutert habe. Eine abschliessende Klärung solcher kunstontologischer Fragen gehört jedoch nicht zur Aufgabe dieser Untersuchung.

Der Nachdruck, mit welchem Ammann sein normatives Statement formuliert, mag uns als Zeichen dafür gelten, dass die Frage nach dem meist sehr vage verstandenen Ausdruck „Poesie" im Bild auch in unserer Gegenwart mehr denn je einer Klärung bedarf. Denn das Attribut des Dichterischen scheint zunehmend auch im Diskurs von kunstspezifischen Publikationen auf: Das Kunstmagazin *Art* vom August 2015 verwendet das Attribut „poetisch" gleich für zwei der besprochenen Künstlerinnen: auf dem Titelblatt „Die Zauberin. Poesie mit dem Skalpell: Die Wunderwerke der Georgia Russell", und dann in Bezug auf ein Werk der Performance-

Künstlerin Nezaket Ekici, *Tor mit 34 Orientteppichen*, das als „poetische Provokation" bezeichnet wird. Eine Ausgabe der *Weltkunst* von 2019 würdigt „Rebecca Horns poetisches Werk" und spricht von der „puren, poetischen Kraft ihrer Bilder".[840] Die Liste liesse sich beliebig verlängern.

Ebenso gibt es bei den offiziellen Kulturinstitutionen Anzeichen dafür, dass sich die Begrifflichkeit der Kunst da und dort gleichsam entrationalisiert: Das Museum Frieder Burda zeigte 2010 eine Miró-Ausstellung „Die Farben der Poesie", wohingegen ein solcher Titel noch zehn Jahre zuvor inopportun erschienen wäre.[841] Die Ausstellung von Joan Miró in Hamburg und Düsseldorf, organisiert durch die Kunstsammlung Nordrhein-Westphalen, lief unter dem Titel „Miró. Malerei als Poesie". In der Ausstellungs-Rezension der NZZ vom 14. Februar 2015 wird Miró zitiert: „Ich mache keinen Unterschied zwischen Malerei und Poesie", was die Journalistin zur Frage verleitet, ob man es bei Miró vielleicht mit einer „Philosophie der Poesie zu tun" habe, mit „einer intellektuellen Position also, die es ihm als Maler ermöglichte, sein Verständnis vom Ort des Menschen im Kosmos zeichenhaft zu formulieren?"[842] Offensichtlich ist es für Kulturjournalisten noch immer kein Leichtes, das fest sitzende Gängelband der Ratio zugunsten des Emotionalen ein wenig zu lockern.

Allmählich beginnt der Gedanke einer gegenseitigen Durchdringung von Dichtung und Malerei, wie wir bei Ammann und in unterschiedlicher Weise auch bei Regine Prange und Daniel Graf feststellen konnten, auch Kunsthistoriker-Kreise zu beschäftigen.[843] In diesem zweiten Teil der Studie habe ich versucht, das Vorkommen von Bild-Poesie in der Moderne aufzuzeigen. Der Frage, ob die sich abzeichnenden Veränderungen im ästhetischen Denken auch im bildnerischen Schaffen sichtbar werden, wird sich unter anderem der dritte und letzte Teil zuwenden. Anhand von Bild-Beispielen aus der heutigen Gegenwart wie auch aus der fernen Vergangenheit soll der These nachgegangen werden, dass Bild-Poesie – im Unterschied zu einer zeitlich abgeschlossenen und unwiederholbaren Stilrichtung wie etwa dem Impressionismus – eine überzeitliche Ausdrucksweise ist, die jenseits von historischen Bezugnahmen ihre permanente Aktualität gerade darin findet, dass sie über ihre Zeit hinausgreifend zu jeder Zeit als unzeitgemäss erscheinen muss.

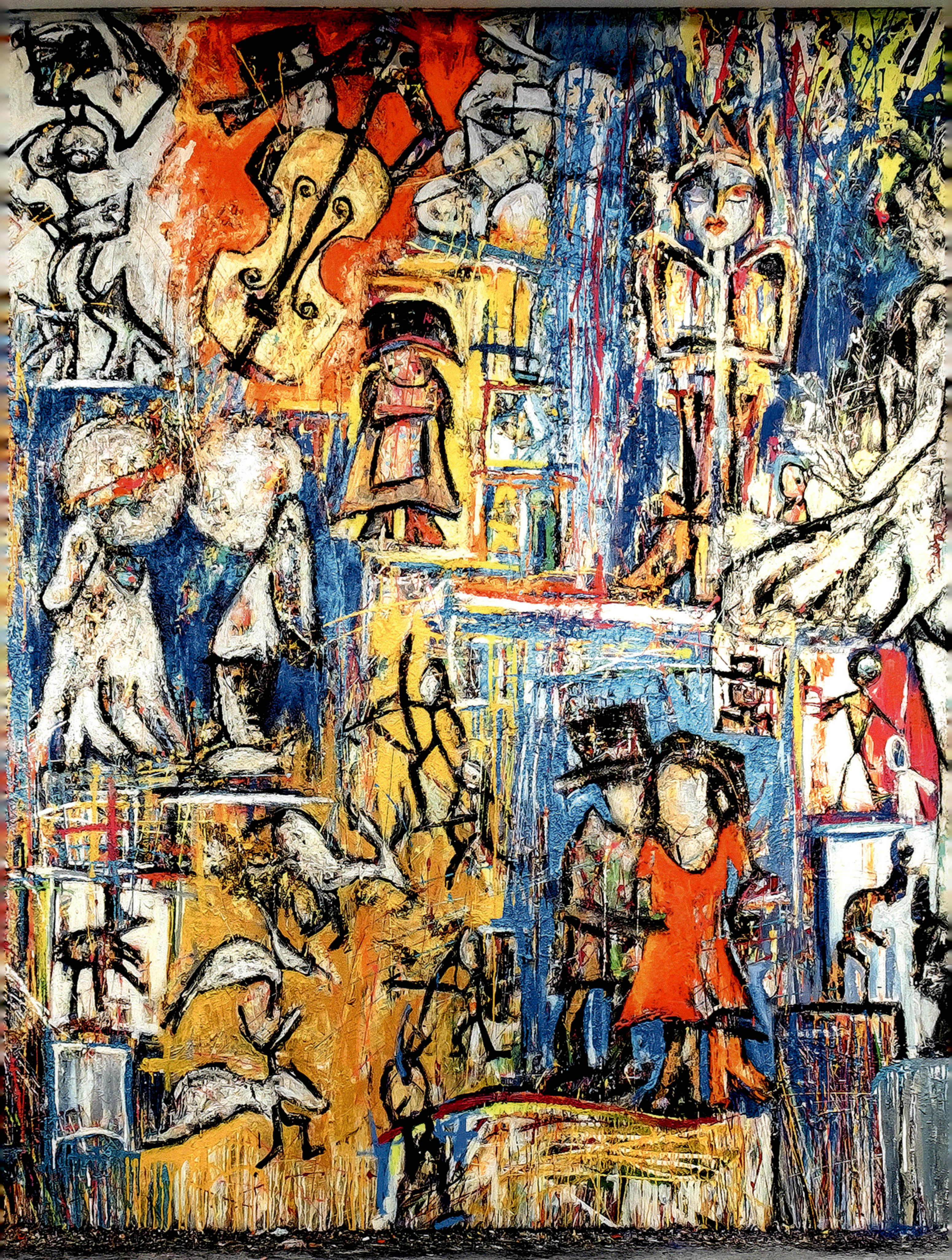

TEIL III
PHÄNOMENOLOGIE EINER TRANSHISTORISCHEN BILD-POESIE

1. EINLEITUNG

Nachdem wir im ersten, mehrheitlich theoretischen Teil den wesentlichen Beitrag unserer affektiven Fähigkeiten für ein implizites Erkennen von Kunstwerken beleuchtet haben, ist im zweiten Teil gezeigt worden, was Bild-Poesie ist. Das Phänomen wurde anhand von Beispielen aus dem geistigen Umfeld von Paul Klee beschrieben: Bilder von Roger Bissière, Didonet, Otto Nebel, Hans Reichel, Hans-Hermann Steffens und Wols sind auf ihre poetischen Aspekte hin untersucht worden. Eine Art Mosaik aus Anschauung und theoretischen Reflexionen, aus der Darstellung von Künstler-Aussagen wie auch von Stimmen aus der Rezeption hat uns das notwendige Rüstzeug verliehen, um uns in diesem dritten Teil zunehmend phänomenologischen Untersuchungen zu widmen. Das erworbene Hintergrundwissen erlaubt es nun, die Kunstwerke mehrheitlich über eine Evokation von subjektiven Erfahrungen zu beschreiben. Die Begründungen für eine Empfindung von Poesie werden summarischer anhand von einzelnen Hinweisen auf strukturelle Gegebenheiten angeführt und auf die jeweiligen Hauptaspekte begrenzt. Denn letztlich soll es in dieser Studie auch darum gehen, den Rezipientinnen und Rezipienten solcher Bilder den Mut zum subjektiv emotionalen Erleben eines Ausdrucksgehalts zu vermitteln. Wie wir nun wissen, sind die phänomenalen Erkenntnisse, die wir über unsere Gefühle gewinnen, nicht weniger richtig und wahr als das, was unser Verstand analysierend zu begreifen vermeint.

Die Feststellung der formalen Unterschiede zwischen den ausgewählten Gemälden hat unter anderem zur Erkenntnis geführt, dass sich das Phänomen Bild-Poesie über Familienähnlichkeiten zwischen den Einzelerscheinungen feststellen lässt. Kann Paul Klees Denken und künstlerisches Schaffen als eine Art Urknall für die Ausdrucksweise dieser ideellen Gemeinschaft gesehen werden, so hat jeder der sechs Künstler im Zeichen des Dichterischen dennoch eine ihm allein zugehörige Bildsprache entwickelt. Aus dieser formalen Vielfalt der bildpoetischen Gestaltungen ergeben sich die drei grundlegenden Thesen für diesen dritten Teil:

1. *Das Spielfeld des Poetischen in der Moderne greift weit über die Gemälde der sieben vorgestellten Künstler hinaus.*
2. *Das Phänomen Bild-Poesie könnte theoretisch auch in den Zeiten lange vor Klee zu finden sein.*
3. *Es ist davon auszugehen, dass auch in der heutigen Gegenwart solche Bilder entstehen.*

Eine erweiterte Betrachtung von bildpoetischen Beispielen aus der Moderne zeigt unter anderem, dass die spezifischen Merkmale des Poetischen auch in einem einzelnen Œuvre in ganz unterschiedlichen Erscheinungsbildern auftreten können. Die gestalterische Mannigfaltigkeit dieser Werke mag mit ein Grund dafür sein, dass sie oftmals im Schatten der bekannten, formal einheitlicheren künstlerischen Bewegungen verblieben sind. Ein Blick auf die Rolle der Privatsammler, durch welche einige dieser Bilder mit Verzögerung heute dennoch für die Öffentlichkeit sichtbar werden, gibt Anlass zur Vermutung, dass im Rückblick aus der Zukunft auf die künstlerische Produktion unserer heutigen Gegenwart weitere „farbige Gedichte" auftauchen könnten (III, 2).

Ist Bild-Poesie effektiv ein transhistorisches Phänomen, so müsste sie auch in den Epochen vor Klee zu finden sein, was im dritten Kapitel geklärt wird. Bei der vorangehenden Untersuchung von Caspar David Friedrichs *Mönch am Meer* sind gewisse poetische Aspekte ans Licht gekommen, die jedoch als Vorwegnahme moderner Bildgebung gedeutet wurden. In Bildern aus der weiter zurückliegenden Vergangenheit werden zwar abstrahierende Verfahren sichtbar, die formale Reduktion der Darstellung erfüllt jedoch fast immer eine klare Funktion. Eine Feststellung von Bild-Poesie scheitert hier an der Tatsache, dass diese Werke nicht als autonome Objekte geschaffen worden sind (III, 3).

Im vierten Kapitel wenden wir uns der These zu, dass Bild-Poesie in unserer Gegenwart neue Erscheinungsbilder hervorbringen kann. Unsere Kenntnis der formalen Ungebundenheit des Poetischen ist nun hilfreich, wenn wir uns auf das Spielfeld einer veränderten Kunstwelt mit neuen künstlerischen Vorstellungen und Anforderungen an das einzelne Werk begeben. Was von den gegenwärtigen Produktionen sichtbar ist, sind Bilder, die entweder durch ihre Grösse oder durch spektakuläre Themen auffallen. Ein Aufspüren von Bild-Poesie kann unter diesen Voraussetzungen nur mit stark geweitetem Blick unternommen werden. Für ein umfassendes Urteil über das Vorkommen von Bild-Poesie in der Gegenwart fehlt zudem die historische Distanz. Es kann nur beispielhaft gezeigt werden, in welchen neuen Gestalten sich das Dichterische zu manifestieren vermag. Da heute scheinbar immer weniger Bilder als eigenständige Kunstwerke gemalt, sondern als Teil von multimedialen Installationen in einem grösseren Zusammenhang präsentiert werden, führt ein Exkurs weg von der eigentlichen Bild-Poesie in diese Sphären der drei- beziehungsweise vierdimensionalen Kunstformen. „Poesie" im Sinne einer Verzauberung durch suggestiv verschlüsselte Erscheinungen, die uns über ein Bündel von Eigenschaften dichterisch anmuten und welche uns in ihrer stimmigen Vollkommenheit direkt betreffen, berühren und dergestalt als wahr erscheinen, lassen sich ebenso beim Eintauchen in Raum-Installationen wie mit multimedialer Kunst erleben.

Die Betrachtung eines gegenwärtigen Gemäldes aus dem Kulturkreis der australischen Aborigines ruft uns zum Abschluss in Erinnerung, was wir anhand der Bilder aus ferner Vergangenheit feststellen können: Eine Erfahrung von Bild-Poesie muss nicht nur einer Analyse von strukturellen und expressiven Gegebenheiten standhalten. Vor allem wenn die Werke aus vergangenen oder fremden Kulturen zu uns gelangen, wird das Wissen um die kulturgeschichtlichen Hintergründe unsere Erfahrung unweigerlich mitbestimmen (III, 4).

2. SPIELFORMEN DES POETISCHEN IN DER MALEREI DER MODERNE

Die allgemeine Gefühlsskepsis des zwanzigsten Jahrhunderts führte dazu, dass viele Künstler der Lösung neuer Formprobleme fast jegliche sinnlichen Anreize ihrer Kunstwerke opferten. Bildhafte Äusserungen „über" Kunst haben menschliche Anliegen wie das Bedürfnis nach gehaltvoller Schönheit an den Rand gedrängt. Mit Gerhard Altenbourg wird beispielhaft gezeigt, dass neben den sieben vorgestellten Bild-Poeten noch andere Künstler diesem intellektualistischen Klima ihre poetisch verschlüsselten Universen entgegenstellten. Sein bildkünstlerisches Streben nach Überzeitlichkeit, seine lyrischen Schriften sowie sein soziales und künstlerisches Aussenseitertum sind in erstaunlichem Mass vergleichbar mit dem, was wir von Bissière, Didonet, Klee, Nebel, Reichel, Steffens und Wols kennen gelernt haben. Der Maler und Dichter Altenbourg ist für uns besonders interessant, weil wir mit seiner Collage *Laban auf den Spuren der Erinnerung* erleben können, wie sehr sich die Wahrnehmung ein und derselben bildpoetischen Gestaltung verändern kann im Lichte des Erfahrungshorizonts, der ihr entgegengebracht wird.

Eine besondere Figur zwischen Dichtung und Malerei ist Joan Miró. Es ist bereits angedeutet worden, dass seine Bilder zusehends unter den Aspekten des Poetischen wahrgenommen werden. Und effektiv gibt es gute Gründe, diesen dichtenden Maler und malenden Dichter als Bild-Poeten zu betrachten. Am Beispiel von Miró lässt sich zeigen, dass im Œuvre eines solchen Künstlers dennoch Bilder mit mehr und andere mit weniger bildpoetischen Eigenschaften zu finden sind. Mirós oftmals stark an die kindlich zeichenhafte Bildsprache anlehnende Gestaltungsweise erlaubt es zudem, in vergleichender Betrachtung festzustellen, was pseudonaive Kunst von einer echten Kinderzeichnung unterscheidet.

Bild-Poesie kann in einem künstlerischen Œuvre vorkommen, in welchem man es nicht erwarten würde. Frühe Produktionen von Wassily Kandinsky und Mark Rothko zum Beispiel zeigen Merkmale des Poetischen. Eine weitere Eigenheit von Bild-Poesie ist, dass sie in einem einzigen Gesamtwerk in ganz unterschiedlicher Weise in Erscheinung treten kann, wie das bei James Coignard der Fall ist. Coignard und Lou Stengele werden eingeführt um zu thematisieren, weshalb sich die vielgestaltige bildkünstlerische Poesie fast immer an der Peripherie des offiziellen Kunstgeschehens abspielt – und wie dank einiger Privatsammler das eine oder andere Bild gleichsam aus Versehen dennoch ins Museum gelangt.

2.1. „Gerhard Altenbourg, der Bild-Dichter"

So betitelt Lothar Lang 1988 den Maler Gerhard Altenbourg im Katalog seiner grossen Retrospektive in vier deutschen Museen; er nennt ihn einen „grossen Zauberer auf Papier, der Farben und Linien zu Figurationen zwingt, die so in der Kunst noch nicht zu sehen waren".[844] Und effektiv sind Altenbourgs Bilder ganz eigenwillig durchgeistigte Universen. Die poetisierende Ausdrucksweise aber, die sorgfältig geformten Sinnarabesken, welche weder ganz abstrakt noch gegenständlich sind, die anmutig schillernden Schichtungen von Farben und die berührende Schönheit der suggestiven Formen sind uns im Verlauf dieser Schrift als Bild-Poesie immer wieder begegnet.

2.1.1. Im Bann von *Laban auf den Spuren der Erinnerung*

Eine unförmige, durchsichtig weisse Gestalt in Frontalansicht füllt ein oranges, wie eine Standarte zwischen zwei schiefe Stecken eingespanntes Bild im Bild beinahe aus (Abb. 59). *Im Hintergrund lässt sich eine*

TEIL III: PHÄNOMENOLOGIE EINER TRANSHISTORISCHEN BILD-POESIE

hügelige Landschaft mit zwei Dörfern und Kirchtürmen erahnen, auf der mittleren Anhöhe thront ein hoher Mast. Von unten und seitlich wird das hochrechteckige Mittelfeld umrahmt von einer gräulich-braunen, wie erdig strukturierten Masse, die von allerlei Figuren – menschlichen, tierischen und geheimnisvollen Zwischenwesen – bevölkert ist. Alles scheint merkwürdig lebendig in dieser „Unterwelt", ausser das in die Länge verzogene Menschenpaar, das gleich unter dem Wimpel ausgestreckt daliegt, und einer weiteren, ebenfalls horizontal liegenden Gestalt, die den linken Bildrand mit dem Mittelfeld verbindet. Es gibt so Vieles zu entdecken in diesem Gemälde, dass die imaginative Reise in sein Inneres nicht zu einem abschliessenden Ergebnis führen kann.

Laban auf den Spuren der Erinnerung ist der Titel, den Altenbourg dieser mit Kreide übermalten Collage auf Papier gegeben hat. Sie misst fast 70x55 cm. „Laban" bedeutet auf Hebräisch weiss und bezeichnet eine alttestamentarische Gestalt,[845] die ebenfalls in der Thora vorkommt. Die Titelfigur im Bildzentrum scheint wahrlich Erinnerungen von tausenden von Jahren in sich zu tragen.

Längst verklungene Gedanken und Visionen fliessen gleichsam über zwei quer liegende „Rinnsale" aus dem Binnenraum des Kopf-Bereichs in das erdige, mit nicht identifizierbaren Wesen bevölkerte Untergrundreich. Das Bild ist durch horizontale und vertikal liegende Längsformen in Felder eingeteilt. Die mit Pin-

59 Gerhard Altenbourg, *Laban auf den Spuren der Erinnerung*, 1967, Collage, Papier auf Papier, gerissen, kreideübermalt, Bütten 69,5x55,3 cm.

seln und Tusche in Strichelchen und Punkten strukturierte zeichnerische Feinstruktur setzt kleinste repetitive Momente. Aus einer gewissen Distanz wirkt das Mittelfeld wie ein unförmiges Loch, das sich auf eine längst verblichene Welt öffnet. Das Erkennen der geisterhaften Laban-Figur in ihrer kontrastlos flächigen, von opakem Orange umfassten Erscheinung setzt eine bestimmte körperliche Distanz des Betrachtenden voraus. Dann erst fügen sich die transparenten Farbtöne in hellem Blau, Rot und Grün zu einer Gestalt mit Leib, Kopf und einer merkwürdig an eine fernöstliche Gottheit erinnernden, liegenden Figur über dem Scheitel. An dieser Stelle ebenso wie bei den seitlichen Rinnen und im unteren Leib-Bereich sind die Farben wohl mit Wasser in Berührung gekommen, oder der Künstler hat sie mit den Fingern stark zerrieben: die Strichel-Zeichnungen lösen sich dort auf. Das „Innen" und „Aussen" des Rechtecks sowie der schmale, von weiteren Fabelwesen bewohnte Zwischenbereich auf der linken Seite des Laban-Feldes liegen auf derselben Ebene: eine perspektivische Tiefenwirkung kommt nicht zustande. Nicht nur in der transparenten Mittelfigur, sondern auch in den Aussenfeldern schimmert zwischen kleineren Aussparungen von Farbe das nackte Papier hindurch. Die durchgehend abstrahierend verformten Figuren scheinen sich mancherorts einer wohl geordneten Choreographie hinzugeben: wie in anmutigem Tanz umschmeicheln sie den blassen Laban. Oder wie Erinnerungen, welche die Zeit bis ins Unsagbare verformt hat, die aber dennoch in klaren Empfindungen erkennbar sind für denjenigen, dem sie angehören.

Was das Bild ausdrückt, ist schwer zu sagen. Finden wir in der Laban-Figur so etwas wie Augen, so könnten die Rinnsale als Tränen gedeutet werden. Ist Laban traurig – oder einfach nur so alt, dass ihm Auge und Nase überlaufen? Sein Mund, wenn wir denn einen erkennen können, ist schmal, auch er drückt nur Unbestimmtes aus. Beine hat er keine, der Rumpf steht auf so etwas wie einem einzigen grossen, nach links gedrehten Klumpfuss. Laban hat sich wohl schon seit Urzeiten nicht mehr bewegt. Dem Zeitlichen entrückt, gehört diese Gestalt optisch schon fast dem Mineralischen an: ein Steinhaufen in einem belebten Erdreich.

Und auf einmal, gerade jetzt, wird das Steinmännchen für mich lebendig: ich erlebe für einen Augenblick seine Gedankenwelt, meine sie zu verstehen – aber schon wird es wieder zum Abbild auf einem Wimpel in einem grau-braunen Hintergrund mit allerlei gemaltem, fremdartigem Getier. Fast erscheint es wie die Momentaufnahme eines Märchens von einem vor abertausend Jahren verwunschenen und längst vergessenen Prinzen, der von guten Geistern behütet wird. Aber dafür ist die Komposition viel zu komplex und zu uneindeutig. Überall in dieser Unterwelt scheinen nun kleinste Geschöpfe auf, auch Engel, Kleinkinder. Nur oben ist die Landschaft ruhig und ohne Lebewesen.

Die Bedeutungsräume dieses Bildes sind fast unausschöpfbar: weder sind die Figuren zu identifizieren noch deren Funktion im Bildganzen festzulegen. Aber im Bildgefüge gehören sie notwendig zusammen. Wie ein bildliches Stammeln, in welchem jede Figur einen berückenden Eigenwert und Klang hat, dessen eigenartige Melodie aber immer wieder neu und anders zu uns herüber klingt. Im sinnlichen Appell an unsere Imagination wachsen wir gleichsam in das Bild hinein: es geht uns etwas an, ergreift unsere Gefühle. So lange, wie wir im Bann dieses aussergewöhnlichen Gemäldes verharren.

Altenbourgs *Laban* hat mit fast jedem der vorangehenden Beispiele von Bild-Poesie etwas gemeinsam. Mit Reichels *Bilderbogen* und mit Bissières *Composition* teilt es die Gliederung in verschiedene Felder; die fantastischen Wesen wiederum könnten Bissières *Ziegenhirten* beigesellt werden; die weisse Hauptfigur lässt an Klees *Angelus Novus* und Didonets *Magicienne* denken, der erdige Grund sowie die gegen diesen isolierte Figur an Didonets *Fleur devient soleil*. Mit Nebels *Musartaya* und Klees *Ad Parnassum* verbindet das Laban-Bild die in filigrane Striche und kleinste Tupfen zergliederte Malweise, mit Wols' *Seltsamer Reise* die Dynamik der unterbestimmten Formen und mit Steffens' *Abandonné* ein Eindruck von ungeheurem Alter, das alle Elemente schon fast in Erde und Stein verwandelt zu haben scheint. Trotz dieser äusserlichen Ähnlichkeiten ist auch Altenbourgs *Laban* eine ganz eigene Welt.

Das Bild wurde 1967 gemalt. Vier Jahre zuvor hatte Ernst Jandl sein Gedicht *wien: heldenplatz* verfasst. Möglicherweise nimmt das Gemälde Bezug auf den selben politischen Hintergrund. Altenbourg lässt das offen. Tatsache ist, dass wir das Bild am Ende des Kapitels im Kontext seiner Lebensumstände und im Blick auf Jandls suggestive Verse ganz anders wahrnehmen werden (III, 2.1.5.). Und zukünftige Generationen werden *Laban* wieder anders erfahren. Wie ein hermetisches Gedicht, dessen Gehalt in erhöhtem Mass unseren Denk- und Gefühlshorizont mit einbezieht. Dies – so wissen wir mittlerweile – ist ein wichtiges Merkmal von Bild-Poesie.

2.1.2. Altenbourgs bildkünstlerisches Streben nach Überzeitlichkeit

Altenbourg wurde zu Lebzeiten wenig wahrgenommen. Die nachfolgenden Texte – die Stimme des Malers sowie jüngere Fremdkommentare zu seinem Œuvre – zeigen, wie sehr nicht nur Altenbourgs Schaffen, sondern auch seine Gedanken- und Lebenswelt mit derjenigen unserer Bild-Poeten übereinstimmt.

„Wenn ich zeichne, trete ich aus der Zeit heraus", explizierte Altenbourg 1987 in einem Interview mit Friedhelm Mennekes.[846] Mit dieser „Zeit", so lässt der Künstler erahnen, spricht er das Nacheinander von Augenblicken an, die ihn während einer Vertiefung in sein Schaffen zu einer Art Teilhabe an der stetig anwachsenden Weltzeit führen, die er „wahre" Zeit nennt:

> „Ich beginne, mich in der wahren Zeit zu befinden, denn ich trete in ein Kontinuum ein, und zwar in ein Kontinuum derer, die vor mir waren und sich vor mir verwirklicht haben. Ich lebe ganz stark in einem Kontinuum im Geist der Ergebnisse der hinter uns liegenden Jahrtausende."

Sein äusserst langsames Arbeiten mit Marderhaarpinseln, Tusche und Aquarell soll es ihm erlaubt haben, in diese individuelle Zeitlosigkeit zu gelangen.[847] Zu Anfang des Werkprozesses sei er frei, erst mitten in der Arbeit werde er ein Gebundener, expliziert Altenbourg: „Ich bin dann bei einer Schwelle, die ich überschreite, gebunden an das, was nicht ich, sondern das Bild will." Die Sensitivität, solche Anforderungen des anwachsenden Bildes zu vernehmen, schöpft er im Geist, jenem jahrtausendealten kollektiven Wissen. Nur so könne ein zeitüberdauerndes Werk entstehen. Nicht nur für die Bilder, sondern auch für den Künstler selbst ist der Schaffensprozess ein ständiger Versuch, an einer „Überzeitlichkeit" teilzuhaben.[848] Die Verselbstständigung des entstehenden Bildes löst dieses von jeglicher initialen Intuition. Entsprechend schreibt Armin Zweite:

> „Figurenensembles gerieten alsbald zu ‚doppeldeutigen Verwandlungsszenen', Landschaftsdarstellungen galten ihm ‚als Existenzraum' und gegen Ende seines Lebens erschienen ihm die Blätter einer ständigen Metamorphose unterworfen – abgehoben, realitätsfern und vieldeutig."[849]

Aus einer Bildbeschreibung, die der Künstler selber verfasst hat, lässt sich nachvollziehen, dass er seine Bilder im Malen oder nach deren Vollendung meist selber erst entdeckte. Seltener malte Altenbourg nach einem von aussen angeregten Titel wie zum Beispiel „Die Wanze ist friedlich", womit er sich zwar ein Thema vorgibt, das aber höchstens intuitiv im Bild wiederzufinden ist.[850]

2.1.3. Innehalten im verwunschenen Garten der Poesie

Altenbourg wird beschrieben als Solitär, der mit nur wenigen Unterbrüchen in der Zurückgezogenheit seines elterlichen Hauses im thüringischen Altenburg lebte, was ihm zur Grundvoraussetzung für seine Nähe zur Natur und für seine Entwicklung zu einem geistigen Menschen wurde. Im Schreiben, Malen und auch im Gestalten seines Gartens fand er seine Überlebensstrategie gegenüber einer Welt, die ihm so gar nicht entsprach.[851] Der Garten, so Jutta Penndorf, war für den Künstler „trostreicher Ersatz für das unwiederbringlich verlorene Paradies, […] Sammlung universalistischer Erkenntnisse: der verwunschene Garten der Poesie".[852]

Geboren 1926 als Gerhard Ströch, vermochte der Sohn eines baptistischen Predigers zunächst in der Dichtung seine Traumata zu benennen, die er mit 19 Jahren aus dem Krieg heimkehrend ein Leben lang mit sich tragen sollte. Er antwortete auf die „Unzulänglichkeit der Realität" und seine damit verbundene „Sehnsucht nach einem anderen, einem wahren Leben" zunächst mit einer literarischen Gegenwelt. Bald aber wurde das Malen dem „weltungewandten" und verletzlichen Altenbourg über die Leidenschaft und Freude hinaus zur unbedingten inneren Notwendigkeit.[853] Bis Mitte der 1950er Jahre schwankte er zwischen Wort- und Bildkunst, gelegentlich verschmolzen sie in einem seiner Künstlerbücher zu einem Gesamtkunstwerk.[854]

Altenbourg benutzte die Sprache als Ausdrucksinstrument, das keine erzählten Inhalte vermittelt, sondern selbst ihren eigentlichen Gegenstand bildet: mit Willi Heining ausgedrückt: Er emanzipierte die Sprache von ihrer reinen Kommunikationsfunktion und führte sie in eine „absolute Wort-Wirklichkeit".[855] Seine Texte – Romane und Erzählungen, seine „Gedankenlyrik" mit einem christlich-religiösen Hintergrund sowie seine „Prosameditationen" – erfahren sich zuweilen als poetisches, „häufig der Romantik nachhallende[s] Geraune", das in magischer Weise das Dunkle streift.[856] Diesen Zauber erreichte er in seinen Worten wie in seinen Bildern über die Hervorhebung der vermittelnden Struktur des jeweiligen Mediums: „Ich liebe die Struktur, das innere Gefüge der Dinge, die Struktur als Zeichen, als Hieroglyphe: den strukturierten Raumzeitbalken", schreibt der Künstler.[857] Der Mikrokosmos von Altenbourgs Bildern ist jedoch nur scheinbar hermetisch: in einer Erfahrung kann er sich uns unversehens öffnen und uns die Weite, die er in sich birgt, offenbaren.[858]

Heute wird Altenbourg, der 1989 im Alter von 63 Jahren gestorben ist, vor allem über seine Bilder wahrgenommen; es ist immerhin ein mehr als sechstausend Arbeiten zählendes Œuvre. Ist er als Dichter wenig bekannt, so begegnet uns seine literarische Kreativität vor allem in den wortschöpferischen Evokationen seiner Bilder: Motivische und formale Verschränkungen werden in suggestive sprachliche Bilder überführt, die selbst als poetische Anmutungen erfahren werden.[859] Seine Liebe zur Natur scheint in Personifikationen auf, über welche er seine Bildunterschriften ins Poetische zu steigern vermochte: Titel wie *Versunken im Ich-Gestein*, *Durchwebt vom Flug der Zeit*, oder *Hügelland im Hin- und Widerspiel* erheben sich über das Dargestellte hinaus und verselbständigen sich Haiku-artig zur Poesie in ihrer reduziertesten Form.[860]

2.1.4. Dichterischer Schöpfungsdrang wider das Leiden am Diesseits

Als Person gehörte Altenbourg zur Familie der schwierigen Geister. Von Natur aus zeigte er eine labile psychische Verfassung; er nahm sich als Leidender war, ordnete dieses Leiden aber in sein Verständnis des Christseins als Teilhabe am Leiden Gottes ein.[861] Im dichterischen Schöpfungsdrang fand er ein entsprechendes Ventil. Über sein erstes künstlerisches Vorbild, seinen Lehrer Erich Dietz, schrieb Altenbourg in einem kleinen Ausstellungskommentar: „Schöpferrausch – einzige Freude des Schaffens! – Gott gleich, der schuf."[862]

Vom Studium an der Hochschule für Baukunst und Bildende Kunst, für welches er ein Stipendium erlangt hatte, wurde er nach knapp zwei Jahren als „fachlicher und gesellschaftlicher Aussenseiter" hinausgeworfen, weil er, anstatt die Kurse zu besuchen, fast alle Zeit in der Druckerwerkstatt verbrachte, wo er sich die Grundlagen für sein lithographisches Œuvre erarbeitete.[863] Noch 1955 schrieb er an den Maler und Grafiker Wolf Heinecke:

> „Verdammt und allein! Verdammt zur Arbeit, verdammt zum Vergnügen, verdammt zur Existenz. Eine geraume Zeit. Verdammt zur Liebe, verdammt zum Tod. O, alles gleicht nur einer Flucht, Flucht vor dem Raum, in dem und vor dem man zusammenschmilzt, ein armseliges Häufchen Ungemach."[864]

Ab 1961 hatte er zudem mit den Hindernissen einer staatlich kontrollierten Kunst in der DDR zu kämpfen.[865] Seine Arbeit entstand unter schwierigsten Umständen:

> „[M]ein Tun ist keine sparsame Fruchtbarkeit, vielmehr ein überschäumendes Durchdenken und ein von innen Gespeitsein, eines aus unterirdischen Gewölben hervorbrechenden Feuers."[866]

Diese Zeilen aus dem Gedicht *Sparsame Fruchtbarkeit* erinnern uns an Bissières Selbstverständnis als „Pommier", der nicht anders kann, als eben Äpfel hervorzubringen; oder an Nebel als Landmann, der seinen „Acker bestellt".

Altenbourgs geistiges Umfeld war geprägt von Freundschaften mit Paul Celan und André Breton; er las regelmässig Gottfried Benn. Seine eigenwilligen Kunstschriften orientierte er an den bewunderten Robert Walser und Paul Klee.[867] Seine Bilder verbinden sich mit Klees Werken, wo er Modernes und Vormodernes zusammenbringt, formalästhetische und surrealistische Momente mit romantischen Impulsen durchsetzt und sie nicht selten auch mit Ironie hinterlegt.[868] Von Wols, den er von gemeinsamen Ausstellungen bei Johannes Gachnang in Berlin kannte, liess sich Altenbourg vor allem in seinen Bildtiteln inspirieren. Ansonsten beirrten ihn weder Moden noch Vorschriften; sein einziges Ziel war, sein Wesen vollkommen auszudrücken über ein künstlerisches Werk, das in seiner Eigenart und Qualität den grossen Meistern in nichts nachstehen sollte.[869]

In seinen Bildern enthielt er sich direkter politischer Stellungnahmen zur offiziellen Kulturdoktrin – eher schuf er mit seinen verschlüsselten Botschaften einen leisen Protest. Wenn sie zuweilen gewisse Assoziationen mit den biographischen Gegebenheiten nahelegen, so sind diese „in eine abgehobene Atmosphäre transferiert und damit auch ihrer Schärfe entledigt". Der Künstler selbst hat sich als unpolitisch verstanden; seine Flucht nach innen, in seine poetischen Schriften und seinen bildkünstlerischen Kosmos, ermöglichte es ihm, der Wirklichkeit mit einer Gegenwelt aufzuwarten. „Seine Kunst formuliert keinen Widerstand, sie ist Widerstand", expliziert Armin Zweite.[870]

2.1.5. Ein anderer *Laban*

Im Wissen um die Traumata, die Altenbourgs Leben seit dem Krieg belasteten, scheint es nicht unzulässig, eine Erfahrung von *Laban* auch einmal vor dem Hintergrund von Ernst Jandls Gedicht *wien : heldenplatz* zu erfahren.

wien : heldenplatz (Ernst Jandl, 1962)

der glanze heldenplatz zirka
versaggerte in maschenhaftem männchenmeere
drunter auch frauen die ans maskelknie
zu heften heftig sich versuchten, hoffensdick
und brüllzten wesentlich.

verwogener stirnscheitelunterschwang
nach nöten nördlich, kechelte
mit zu-nummernder aufs bluten feilzer stimme
hinsensend sämmertliche eigenwäscher.

pirsch!
döppelte der gottelbock von Sa-Atz zu Sa-Atz
mit hünig sprenkem stimmstummel.
balzerig würmelte es im männechensee
und den weibern ward so pfingstig ums heil
zumah: wenn ein knie-ender sie hirschelte.

Besonders eindrücklich – fast unaushaltbar – ist das Gedicht, wenn es von Ernst Jandl selbst gelesen wird.[871]

Laban, der Prophet, verwunschene Prinz oder das geisterhafte Untergrundwesen, verwandelt sich vor meinen Augen in die bedrohliche Figur Hitlers. Wie er gleichsam mit verkniffenem Mund unter buschigem Schnauzbart aus der Standarte heraus skandierend zu uns spricht, lässt mich erzittern. Der Blick des weisslich-durchsichtigen Wesens, welcher zuvor müde ins Unbestimmte zu schweifen schien, dringt nun scharf aus verkniffenen Augen in mich ein. Die gesichteten Fabelfiguren werden durch diese Schreckensvision zu Leichen, zu wehklagenden Geschöpfen. Tränen fliessen nicht mehr aus den überalten Augen eines Weisen, sondern stechen in umgekehrter Richtung wie Dornen aus Leid und Jammer auf seinen Verursacher ein. Dieser scheint die Fülle an Elend nicht einmal wahrzunehmen.

Kaum vergleichbar ist diese Wahrnehmung mit der ersten Beschreibung desselben Bildes. Es ist nicht anzunehmen, dass Altenbourg etwas gegen die eine oder die andere Sichtweise einzuwenden hätte. So wie er sich wohl wünschte, dass *Laban* dem unendlichen Spiel der Poesie auch in zukünftigen Erfahrungsräumen neue und ganz andere Impulse geben kann.

2.1.6. Zwischenfazit: Stille Emigration ins Reich der bildkünstlerischen Schönheit

Fast unglaublich erscheint mir diese auf allen Ebenen wahrnehmbare Nähe von Gerhard Altenbourg zu unseren Maler-Poeten. Sei es in der Bildbetrachtung, im Blick auf biographische Gegebenheiten, auf das Selbstverständnis des Künstlers sowie auf sein Schaffen zwischen Wort und Bild, oder wie er von den Autoren seines Œuvrekatalogs wahrgenommen wird: überall musste der Versuchung widerstanden werden, auf die Ähnlichkeiten mit Leben und Werk von Paul Klee und Wols, aber auch von Roger Bissière, Didonet, Otto Nebel, Hans Reichel und Hans-Hermann Steffens hinzuweisen. Sind die Namen Wols und Klee dennoch gefallen, so galten sie beispielhaft für die unzähligen Verweise auf diese beiden Künstler im umfassenden Werkverzeichnis.

Sonderlinge und Einzelgänger waren sie alle. Jeder von diesen Malern war mehr oder weniger von einem der beiden Weltkriege und ihren Nachwirkungen betroffen, alle haben jedoch direkte Stellungnahmen zu politischen Gegebenheiten vermieden. Die einen emigrierten ins Ausland, die anderen in ihr Inneres. Mit Klee, Nebel und Didonet verbindet Altenbourg eine geistige, quasi-religiöse Dimension. Ein romantisches Wesen war ihnen allen gemeinsam, keiner von ihnen aber hat im kunsthistorischen Sinn romantische Bilder gemalt. Wie Bissière, Nebel, Reichel und Wols empfand auch Altenbourg eine besondere Nähe zur Natur. Der Schöpfungsprozess scheint bei ihm wie bei seinen Gesinnungsgenossen mit einer meditativen Selbstvergessenheit einherzugehen, in welcher ein entstehendes Bild dem Schaffenden wie eine Gnade zuteil wird. Der Glaube an Fügung und harte Arbeit, an Intuition und Einbezug von formvollendenden Ordnungsprinzipien sowie der naturhafte Schaffensdrang waren auch unseren Bild-Poeten Grundlage und Triebkraft.

Altenbourgs Bilder liessen sich zu ihrer Entstehungszeit nicht einer künstlerischen Bewegung zuordnen. In seinen undurchdringlichen bildnerischen Andeutungen greifen Abstraktion und Gegenständlichkeit ineinander. Janus, der Zweigesichtige, fliesst sogar in einige seiner Bildtitel ein.[872] Zweite spricht denn auch von Altenbourgs „Affinität zur französischen Kunst und Kultur".[873] Wie seine geistigen Brüder ist er zwar in der Tradition der historischen Moderne verwurzelt, unterläuft jedoch immer wieder deren aktuelle Doktrin: Seine Bilder bewegen sich ausserhalb der künstlerischen Strömungen seiner Zeit. Zweite denkt über sie, was für jeden unserer Bild-Poeten geltend gemacht werden kann:

> „Sein Schaffen erscheint [...] in besonderem Masse unzeitgemäss, da es nicht auftrumpft, nicht um jeden Preis originell sein will und sich in keiner Weise dem gängigen Zeitgeschmack anbiedert. Altenbourg war nie Exponent einer Mode oder eines Trends, aber er hat auch nie im Ästhetischen den Umsturz geprobt, gängige Codes durchbrochen und eine gänzlich neue, geradezu revolutionäre Formensprache entwickelt oder sich Aufsehen erregender Motive oder Materialien bedient."[874]

Und da es kaum möglich ist, das Desiderat von künstlerischen Manifestationen, die Zeit und affektive Hinwendung von uns fordern, prägnanter zu formulieren, sei hier Zweite gleich noch einmal das Wort überlassen:

> „In Zeiten rasenden Stillstands, hemmungsloser Quantifizierung, zunehmender Beschleunigung und wachsender Unübersichtlichkeit behauptet sich Altenbourgs Werk weitgehend unberührt als eine Sphäre der Präsenz und der Erinnerung, der Fragilität und der Schönheit, und das ist weit mehr, als man heute in der Regel zu erhoffen wagt."[875]

Die offensichtliche Notwendigkeit, wie Penndorf hervorhebt, solche leisen, im schnelllebigen Trubel der neuen Medien leicht überhörbaren Werke aus ihrer Isolierung herauszulösen und sie mit erneuertem Blick auf den Bezugsrahmen des 20. Jahrhunderts zu beleuchten,[876] hat mitunter die vorliegende Schrift motiviert.

2.2. Joan Miró – Zwischen Dichtung und Malerei

Spricht man heute in Kunsthistoriker-Kreisen von Bild-Poesie, so gelangt in der Regel sehr bald Miró ins Gespräch. Der gebürtige Katalane bezeichnete sich selbst als peintre-poète. Ähnlich wie unsere Maler-Poeten suchte er nach einem inneren Dialog zwischen Dichtung und Malerei, mehr noch als jene trug er dieses Zwiegespräch auch mit fremden Texten aus. Miró illustrierte in seinen 260 Künstlerbüchern Gedichte von Paul Éluard, Tristan Tsara, aber auch von Pablo Neruda und vielen anderen; Franz von Assisis *Sonnengesang* und Henry Millers *Le sourire au pied de l'échelle* gehörten dazu.[877] Michael Peppiatt spricht von Mirós „Grenzüberschreitung" zwischen Malerei und Poesie und meint damit zunächst den kreativen Austausch zwischen dem Maler und den Dichtern. Zudem verweist er damit auf die verfahrenstechnischen Angleichungen an DADA-Dichter wie Tristan Tsara oder André Breton sowie das faktische Einfliessen von kalligraphischen Zeichen, Buchstaben, Wörtern und meist unverständlichen Satzfragmenten in Mirós Bilder.[878]

Miró darf also in unserer Untersuchung zur Bild-Poesie nicht fehlen. Ohne Zweifel hat er wie Klee, Bissière, Didonet, Nebel, Reichel, Steffens, Wols, Altenbourg und andere Künstler Bilder geschaffen, die wir im hier intendierten Sinn als poetisch erfahren. Da wir in unserem phänomenalen Wissen um die Anzeichen des Poetischen im Bild mittlerweile weit fortgeschritten sind, können wir uns mit Miró dem besonderen Aspekt zuwenden, weshalb seine Bilder mehr noch als die Gemälde unserer Bild-Poeten immer wieder mit der Vorstellungswelt von Kindern in Verbindung gebracht werden. Aus der weiter oben geführten Auseinandersetzung mit dem Topos des kindlich Natürlichen ist hervorgegangen, dass Künstler wie Bissière, Didonet und Reichel ihre pseudonaive Ausdrucksweise nicht nur als Strategie einsetzten, sondern dass das unvoreingenommen Verspielte Teil ihrer Lebenshaltung war (vgl. II, 5.2.1.). Anhand von zwei sehr unterschiedlichen Gemälden von Miró kann nun auf der einen Seite sichtbar gemacht werden, inwiefern eine pseudokindliche Formensprache die Erfahrung von Bild-Poesie nicht zwingend verstärkt.

Ein Seitenblick auf eine echte Kinderzeichnung ermöglicht zudem die Hervorhebung der bildimmanenten Unterschiede zwischen naiver und pseudonaiver Bildgebung.

Die Gegenüberstellung der beiden Gemälde von Miró lässt uns verstehen, inwiefern die Bezeichnung „Bild-Poet" im Grunde eine grobe Vereinfachung der Tatsache darstellt, dass gewisse Künstler häufiger als andere bildpoetische Gestaltungen hervorbringen. Bild-Poesie ist nicht das unweigerlich sich einstellende schöpferische Ergebnis eines Bild-Dichters. Auch für die im Vorangehenden so bezeichneten sieben Künstler gilt, dass sich ihre Ausdrucksweise von einem Bild zum anderen, von einer schöpferischen Epoche zur nächsten verändern kann. Nicht jedes Werk von Klee oder Bissière erfahren wir als poetisch. Dennoch spiegelt diese Zuschreibung eines Typus die unübersehbaren Gemeinsamkeiten, welche Künstlerpersönlichkeiten wie Miró mit Altenbourg, Bissière, Didonet, Klee, Nebel, Reichel, Steffens und Wols verbindet. Bezeichnungen wie „Bild-Poet", „Maler-Poet" oder „Bild-Dichter" lassen sich somit der Einfachheit halber rechtfertigen, wenn damit nicht eine eng umgrenzte Kategorie von Künstlern benannt wird, sondern lediglich die Tendenz zu einer besonderen Welt- und Werkbeziehung im Zeichen des Poetischen. Jedes Bild der Kunst steht letztlich für sich allein und kann nur als solches auf die Frage hin untersucht werden, in welchem Mass das Erzählerische und das Plastische dem Dichterischen im Bild Raum geben.

2.2.1. Die spielerische Neugierde des Dichters

Die intuitive Freiheit, die sich Miró gegenüber den künstlerischen Erwartungen und Anforderungen seiner Zeit nahm, entsprang einer spielerischen Neugierde im Entdecken spontaner Formgebungen, die er mit den echten kindlichen Gemütern teilte. Anhand von zwei sehr unterschiedlichen Bildern lässt sich zeigen, dass die pseudokindliche Bildsprache weder eine notwendige noch eine hinreichende Bedingung für Bild-Poesie ist.

- *Cercle rouge, étoile* – Ein Gedicht aus wohlklingenden Silben

    Ein schwarzer Fleck, ein roter Kreis darum herum. Eine grüne Wolke mit gräulichen Auswüchsen, blaue Farbspritzer, fünf schwarze Punkte (Abb. 60). *Es sind durchwegs abstrakte Elemente und Symbole auf einem leuchtend orangen, annähernd opaken Hintergrund. Ganz unten im Bild leuchtet ein gelbes Rund mit einem schimmernden Hof; sein weisses Pendant im oberen Bildviertel ist von zwei schwarzen, sich im Zentrum überschneidenden und gegeneinander verdrehten, weit in den Hintergrund überlappenden, handgezeichneten Linienkreuzen markiert. Roter Kreis, Stern, lautet die Übersetzung des Titels. Das Bild ist so ganz anders als Altenbourgs* Laban.

Dieses stark abstrahierte Gemälde kann nicht von einer Kinderhand stammen, und dennoch drängt sich hier die Bezeichnung Bild-Poesie auf. Etwas erscheint naturhaft an diesem Bild, nicht im irdisch gegenständlichen Sinn, sondern eher als Blick in einen orangen Kosmos. Das weisse Loch mit dem Strich-Zeichen für Stern, die grün-graue Wolke sowie die warm-gelb leuchtende Sonne im unteren Bildfeld verstärken diesen Eindruck. Die Anordnung von Farben und Formen lässt uns nach Bedeutungen suchen – fast möchten wir den grossen schwarzen Fleck mit seiner roten, mit dickem Pinsel unregelmässig hingemalten, ovaloiden Umrandung als ein lebendiges Geschöpf erkennen: mit zwei grauen Beinchen, vielleicht einem Arm. Die gesamte Komposition hat etwas pulsierend Gegenwärtiges, das uns sinnlich-

60 Joan Miró, *Cercle rouge, étoile,* 1965, Öl und Acryl auf Leinwand, 115x89 cm.

emotional anrührt, ohne sich uns zu offenbaren. Fast wie ein Traum, von dem nur noch eine ungewisse Stimmung, vielleicht auch Farben zurückgeblieben sind. Oder ein Gedicht, dessen wohlklingende Silben und Worte uns beschwören und verzaubern, noch lange nachdem sie in unserem Gedächtnis verhallt sind.

- *Der Vogel mit dem ruhigen Blick* –
Poesie des Kindlichen?

Erinnert der *Cercle rouge* nur sehr entfernt an eine Kinderzeichnung – etwa in seiner rudimentären Anlage oder über das Zeichen für den Stern, das Miró von seiner 12-jährigen Tochter Dolores abgenommen haben soll[879] – so spiegelt das Bild mit dem vergleichsweise dichterischen Titel *L'oiseau au regard calme, Les ailes en flammes* stärker die Vorstellungswelt und die Ausdrucksweise eines Kindes (Abb. 61). Dennoch ist die poetische Kraft dieser Erscheinung weniger ausgeprägt. Das Beispiel macht sichtbar, dass die kindliche Formensprache nicht zwingend zu einer Empfindung von Poesie führt.

> *Drei frontal dargestellte, Roboter-ähnliche Figuren in rot und laviertem blau-violett mit Antennen-artigen Aufsätzen auf dem Kopf präsentieren sich vor einem hellblauen, stellenweise transparenten Hintergrund. Zwei davon scheinen einen erwartungsvollen Blick auf uns zu richten. Eine lange Schnörkellinie, ausgehend von einem kleineren, herzförmigen Kopf – vielleicht ein Flugdrache mit seiner langen Schnur – wölbt sich über die beiden roten Figuren. Auch hier fehlt der Strich-Stern nicht, er ist ganz am linken Rand. Unter ihm, unscheinbar und im Vergleich zu den anderen Figuren, die Titelfigur des Bildes, in sich hineinblickend, mit Flügeln in Flammen.*

Würde jemand diese Darstellung als poetisch bezeichnen, so wäre dies wahrscheinlich die Folge einer inneren Berührung durch die Erinnerung an eigene unschuldige Kritzelzeichnungen von ehemals. Vielleicht ist es auch der ganz besondere Reiz im fast klingenden Kontrast zwischen dem schwarz eingefassten Rot und den Blautönen. Die comicartigen Figuren, die uns so unverfroren aus unseren eigenen Kinderaugen anzulugen scheinen, schaffen eine sentimentale Vertrautheit, welche die Erfahrung von Bild-Poesie, wie sie in diesem Text verstanden wird, nicht fördert. Dennoch teilt das Bild Eigenschaften mit Bissières *Ziegenhirten*, mit Klees *Engel* und Altenbourgs *Laban*; von der Stimmung her auch mit

61 Joan Miró, *Der Vogel mit dem ruhigen Blick, die Flügel in Flammen*, 1952, Öl und Gips auf Leinwand, 81x100 cm.

Reichels *Bilderbogen*. Im Unterschied zu diesen Bildern ist Mirós *Vogel mit dem ruhigen Blick* trotz des stellenweise durchscheinenden Hintergrunds keine Illusion von Durchblick auf eine gleichsam dahinterliegende Welt. Die typisierten Figuren halten uns visuell im Vordergrund einer uns wohl bekannten Wirklichkeit zurück: Sie sind was sie sind, wir erkennen sie deutlich – wenn wir uns von unseren Kinderaugen von einst nicht ganz verabschiedet haben. Wohlverstanden, das hindert uns nicht daran, in dem Gemälde das Kunstwerk zu würdigen, den subtilen Witz der Figuren und die anziehende Kraft der Farbspiele.

2.2.2. Pseudokindliche Ästhetik und Kinderzeichnung im Vergleich

Es kann nicht ausgeschlossen werden, dass uns auch eine Kinderzeichnung poetisch anmutet und sogar Anzeichen von Bild-Poesie aufweist. Allerdings würde es sich dabei eher um einen Zufall handeln. In der Regel wollen Kinder kein Kunstwerk schaffen: ihr Zeichnen gilt einer möglichst unverstellten Darstellung dessen, was sie im Sinn haben. Es ist diese unschuldige Spontaneität, die viele Künstler zurückzuerobern versuchen.

Der wunderbare *Engel* eines 8-jährigen Kindes aus der Schule Rottenschwil winkt uns in unverstellter Friedfertigkeit zu (Abb. 62). Ähnlich wie Klees *Angelus Novus* (vgl. Abb. 14) ist auch dieses Geschöpf ein Mischwesen, und zwar zwischen Engel, Schmetterling und Kind. Entspringt diese Abstraktionsleistung einer kindlichen Unbefangenheit, so lässt das Bild farblich durchaus Ansätze eines künstlerischen Kompositionsvermögens erkennen. Im Unterschied zu Klees *Angelus Novus* zeigt uns der Schmetterlingsengel jedoch ganz unzweideutig, dass er fröhlich gestimmt ist und uns nur Gutes verheissen will. Er berührt uns in seiner Unmittelbarkeit und Ursprünglichkeit.

Trotz eines pseudonaiven Formenvokabulars kann Mirós *Vogel mit dem ruhigen Blick* keiner kulturell und technisch unbefangenen Kinderhand entstammen. Zunächst sieht es sehr wohl so aus, als hätte sich ein Kind mit dickem Pinsel und stark verdünnten Ölfarben sowie etwas Gips auf der Leinwand amüsiert. Die Formen scheinen einem ungehemmten Instinkt entsprungen zu sein; der treuherzig staunende, kreisrunde Blick der Mittelfigur erinnert an manches Spielzeug. Das zweibeinige Geschöpf mit getupftem Rock und Kasten-Kopf rechts davon entstammt einer kindlichen Bildwelt. Die blaue Figur auf der anderen Seite mit ihren drei bogenförmig nach aussen gekrümmten Haaren, den beiden Punktaugen sowie den auf einer Rumpf-Seite angebrachten, gekrümmten Stecken-Ärmchen stellt selber in naivster Weise ein Kind dar. Dennoch deutet einiges in diesem Bild darauf hin, dass es nicht in unschuldiger Spontaneität hervorgebracht wurde: der Schöpfer dieser Szene wusste, was er tat.

Die kleine Schülerin hat sich selbst den Engel als solchen zum Thema gemacht; ihn hingestellt und den Hintergrund anschliessend ausgemalt. Miró indessen hat nicht die darzustellenden Figuren im Sinn gehabt, sondern ein künstlerisches Bild mit diesen Figuren, was an der Ausgewogenheit der Formen, Linien und Farben abzulesen ist: Es ist offensichtlich in einem sinnlich-reflektierten Überarbeiten einer zunächst intuitiv hingeworfenen Grundstruktur entstanden. Miró selbst erklärt 1948 in einem Interview:

„Ich fange ein Bild an ohne jede Vorstellung davon zu haben, was am Ende herauskommen wird. […] Dann, nachdem der erste Schock der Eingebung nachgelassen hat, nehme ich es mir vor und bearbeite es nüchtern wie ein Handwerker, geleitet einzig und allein von kompositorischen Anforderungen."[880]

Dieser Entstehungsprozess lässt sich anhand von bestimmten Zeichen nachvollziehen, etwa am kleinen Vogel unten links. Er ist in etwas dichteren Farben gemalt als die anderen Figuren, in klaren Strichen gezeichnet, fast elegant geformt. Die beiden Flügel stehen, wie der Zusatztitel anregen will, „in Flammen": die innere wirft ihre rote Zunge weit in die Höhe, die äussere ist schwarz, leicht gegen den Bildrand nach oben gebogen. Diese Vogel-Gestalt ist sowohl formal als auch farblich wichtig für die optische Stabilität und die farbliche Harmonie des Gemäldes. Um dies wahrzunehmen reicht es, sie mit einem Finger abzudecken und sich die Leerstelle im hellblauen Hintergrund vorzustellen. Auch die Schlangenlinie, welche die Erscheinung auf der linken Bildseite optisch abstützt und eine Art Binnenraum schafft, ist ein wichtiges statisches Element der Bild-Erscheinung. Ohne diese notwendigen Details – es wären noch unzählige zu benennen – würde die Komposition zu einer hübschen Kinderzeichnung mit drei Figuren, wie sie stolze Eltern in der Küche aufzuhängen pflegen. So jedoch wie Miró das Bild vervollständigt hat, handelt es sich zweifelsohne um ein Kunstwerk. Kinderzeichnungen mögen für ihn Quelle der Inspiration gewesen sein. Gewiss hat ihn zudem eine bewusste Haltung von kindlicher Unschuld zeitweise von seinem rationalen Wissen über die Kunstwelt entlastet und Raum geschaffen für altbekannte und doch neue weil kunstästhetisch überformte Resonanzen mit dem Bildlichen.[881]

62 8-jähriges Kind Unterstufe Rottenschwil, *Engel*, 2022, Ölkreide auf Papier.

63 Wassily Kandinsky, *Improvisation Klamm*, 1914, Öl auf Leinwand, 110x110 cm.

Die reelle Unvoreingenommenheit, mit welcher Kinder oder auch Menschen mit kognitiver Einschränkung an ein leeres Blatt Papier herangehen, kann also höchstens im Ausnahmefall zu einem Kunstwerk führen. Echte Naivität zeichnet sich aus durch eine gewisse Aufrichtigkeit in der Einfalt; Kunstwerke entstehen unter diesen Voraussetzungen eher unbeabsichtigt, ohne künstlerische Reflexion und Strategie.[882] Der Maler hingegen bleibt trotz seiner intuitiven Schöpferkraft letztlich ein Handwerker, der sein Metier gelernt haben muss, und sei es nur, mit Henry Miller gesprochen, um es besser wieder „vergessen" zu können.[883] Manchem Künstler mag es wie Picasso ergangen sein, der anlässlich einer Ausstellung von Kinderzeichnungen in Paris zu Sir Herbert Read gesagt haben soll: „Als ich so alt war wie diese Kinder, da konnte ich zeichnen wie Raffael. Es hat viele Jahre gedauert, bis ich zeichnen konnte wie diese Kinder."[884]

2.3. Die Launen des Poetischen

Die Bildvergleiche bei Miró haben uns noch einmal vor Augen geführt, dass auch die Gemälde eines Künstlers, der sich selbst als peintre-poète bezeichnet und dessen Lebenseinstellung von allen Seiten als naturhaft unverstellt wahrgenommen wird, manchmal stärkere, manchmal weniger ausgeprägte bildpoetische Eigenschaften aufweisen. Insofern macht es Sinn, sich jeder Bilderscheinung zunächst möglichst unbefangen zu nähern; fast wie der Künstler, der im Schaffensakt zu vergessen sucht, was er weiss. So können wir erleben, dass Bild-Poesie uns an ganz unerwarteten Orten überrascht.

Bei Wassily Kandinsky zum Beispiel finden wir Bilder, die wir ohne Zögern als poetisch beschreiben; so etwa seine *Improvisation Klamm* von 1914 (Abb. 63). Das Werk, welches im Prometheus Bildarchiv wohl mangels einer besseren Klassifizierung als „abstrakte Malerei" bezeichnet wird, macht eine scheinbar intuitiv hingeschleuderte Welt sichtbar, in welcher es endlos menschliche Figuren und

64 Wassily Kandinsky, *Komposition VIII*, 1923, Öl auf Leinwand, 140x201 cm.

unbekannte Lebewesen mit ihren just vor unseren Augen sich abspielenden Geschichten und Abenteuern zu entdecken gibt. Es erzählt von Windmühlen und tanzenden Bauern, die sich auch gleich im Strudel der Farben wieder verlieren. Ganz anders erscheint Kandinskys *Komposition VIII* von 1923 kühl berechnet (Abb. 64). Es sind durchwegs abstrakte Formen, die in ihrem harmonisch ausgewogenen Zusammenspiel kaum hörbar einen kristallinen Klang vernehmen lassen. Die *Improvisation Klamm* war für den Künstler ein Durchgangsstadium auf dem Weg zur Abstraktion: in dieser Schaffensphase finden sich bei Kandinsky viele bildpoetische Gestaltungen.

Es kommt also vor, dass wir im fast durchgehend abstrakten Lebenswerk eines Malers auf Bild-Poesie stossen. Es sei hier mit Mark Rothko ein Künstler gewählt, dessen Bilder wir als abstrakte Gegenbeispiele zur Bild-Poesie beigezogen haben.

2.3.1. Mark Rothkos *Tiresias* – Poesie auf dem Weg zur Meditation

Das monumentale Ölgemälde *Tiresias* von Mark Rothko stammt von 1944, es misst etwas über zweimal einen Meter (Abb. 65). Entsprechend werden wir es nicht aus der Nähe betrachten wie etwa Reichels Bilderbogen.

Dennoch strahlt dieses Bild etwas merkwürdig Intimes aus. Es lädt zur näheren Betrachtung ein, weil ich das Gefühl nicht loswerde, dass es mich betrifft. Zunächst ist es farblich anziehend in seiner Aufteilung in warme, lavierte Orange- und Ocker-Töne des unteren Bilddrittels und dem eher kühlen, ebenso dünn aufgetragenen Graublau im oberen Bildfeld. Im mittleren Drittel greifen die beiden farblichen Temperaturen ineinander und lösen scheinbar sturmähnliche Wirbel aus. Gleich darüber ein fächerartiger Blitz, der von einem schwarzen Energiezentrum ausgeht. Oder ist es der Zauber, der von im Kreis herumwirbelnden Armen des der Glut eines kantigen Beckens entstiegenen Magiers entbunden worden ist? Ganz ruhig hängt das blaue Oval über dieser entfesselten Kraft. Aus seinem Inneren starrt eine schwärzliche Pupille. Vielleicht ist es dieser Blick aus dem Bild, der mich betroffen macht. Diese Ruhe des Tiresias, des blinden Propheten, der ohne innere Bewegung sieht und uns erahnen lässt, was auf uns zukommen wird.

Die Beschreibung dieses Bildes macht eine zusätzliche Hervorhebung bildpoetischer Eigenschaften nahezu überflüssig. Die Analysen sind in diesem Text genügend oft durchexerziert worden, dass wir nun unserer Erfahrung von Bild-Poesie vertrauen können. Die Wahl des Titels „Tiresias" spielt wie oftmals eine Rolle in der Wahrnehmung des Poetischen. Er scheint aber auch Rothko nicht grundlos zugeflogen zu sein. Es würde eher erstaunen, wenn er sein Gemälde mit einem Titel wie *Orange und Blau mit Blau-Orange* versehen hätte.

Das Bild ist wie Kandinskys *Improvisation Klamm* ein sprechendes Beispiel dafür, dass auch in einem fast

65 Mark Rothko, *Tiresias*, 1944, Öl auf Leinwand, 202,5x101,5 cm.

Künstler in seinen monochromen Farbfeldern, die zu einem bedeutenden Fanal für *Die neue amerikanische Malerei*[886] wurden. Die grossen europäischen Galerien rissen ihm diese Bilder förmlich aus der Hand, der Absatzmarkt für Wiederverkäufe – an andere Galerien und Museen – war garantiert. Der Erkennungswert dieser Werke ist so stark und eindeutig, dass wir im Museum auch schon aus grösster Entfernung eine kontemplative Haltung einnehmen, weil wir im Voraus wissen, dass wir eingeladen sind zu einem meditativen Eintauchen in ihre schillernden Farbräume. Und natürlich darf Rothko in keinem dieser Kunsttempel mit Abteilung „Moderne" fehlen. Eine solche Nachfrage ist für den Künstler fast unvermeidlich verbunden mit einem Druck, ihr zu genügen, das heisst, den einmal präzis gefassten Vorstellungen der Kunstwelt von „einem Rothko" zu entsprechen. Das lässt ihm – dies die Kehrseite des Erfolgs – wenig Spielraum für Veränderung.

Die gestalterische Freiheit, wie sie sich Bissière, Didonet, Nebel, Reichel, Steffens, Wols und vorübergehend auch Klee ausserhalb eines solchen Rampenlichts leisten konnten, hatte ihren Preis: Der Kunstmarkt tut sich oftmals schwer mit einer solchen Vielfalt. Wären da nicht die Privatsammler gewesen, die kauften, weil sie die verbindende „Sprache" dieser oftmals sehr heterogenen Bilder verstehen, könnte hier vermutlich nicht über diese Künstler gesprochen werden.

2.4. Das Poetische im Abseits

Bild-Poesie, so haben wir gesehen, ist weitgehend im Abseits der öffentlichen Aufmerksamkeit entstanden, nicht zuletzt weil die üblichen Gattungskriterien nicht auf sie angewendet werden konnten. Allerdings birgt jede Zuordnung eines Gesamtwerks zu einer künstlerischen Gruppe, Schule oder ideologischen beziehungsweise formalen Bewegung auch das Risiko, die einzelne Erscheinung weniger in ihrer Besonderheit wahrzunehmen.[887] Im Unterschied zu solchen pauschalen Identifikationen muss Bild-Poesie von vornherein an jedem Bild einzeln festgestellt werden und lässt sich nicht auf ein Gesamtwerk übertragen.

Nun hat ein Museum die Aufgabe, allgemeine Tendenzen in der Entwicklung der Kunstgeschichte sichtbar zu machen – singuläre Erscheinungen sind in dieser Hinsicht wenig aussagekräftig. Dasselbe gilt für international tätige Galerien: sie müssen eine klare Linie vertreten, an welcher sich ihre Käufer weltweit orientieren

ausschliesslich abstrakten Lebenswerk bildpoetische Gestaltungen vorkommen können und dass Gesichtspunkten wie dem „Wesen eines Künstlers" oder der „Gesamtausrichtung eines Werks" im Einzelfall wenig Bedeutung zukommt. *Tiresias* ist, zusammen mit einigen anderen, poetisch anmutenden Bildern von Rothkos frühem Schaffen,[885] offensichtlich eine Zwischenstation auf dessen bildkünstlerischem Weg zu seinen Farb-Meditationen. Womöglich lässt uns die Kenntnis dieses Bildes auch ein abstraktes Gemälde wie *Gelb, Orange, Rot auf Orange* in erneuter Weise erfahren.

Kaum jemand würde wohl spontan Rothko hinter dem Bild *Tiresias* vermuten. Wir alle erkennen den können. Auch da wird eher auf Kunstströmungen oder klar erkennbare Wiederholungen eines künstlerischen Typus denn auf Einzelerscheinungen gesetzt. Einzig der Privatsammler kann es sich leisten, jedes Bild für sich hinzunehmen; nicht als Exemplifikation einer Bewegung, sondern als ein nur für sich allein stehendes, gleichsam lebendiges Artefakt, mit welchem er viele Jahre seines Lebens verbringen wird.

Anhand zweier sehr unterschiedlicher Bild-Beispiele von James Coignard wird zunächst der erhebliche Spielraum des Poetischen innerhalb eines einzigen Gesamtwerks vor Augen geführt. Die *Nature morte aux fruits* von 1957 zeigt sich in nahezu barocker Form-Fülle und Farbenpracht, das 23 Jahre später entstandene Bild *Écritures et ouverture* ist in seiner weitgehend abstrahierten Schlichtheit in wenig spektakulären Erdfarben gehalten. Ausser ihre Poesie verbindet diese beiden Werke kaum etwas. Was kann es also für ein Museum bedeuten „einen Coignard" zu besitzen – es müssten viele sein. Ebensowenig eignen sich die kleinformatigen Gouachen von Lou Stengele dafür, eine der gängigen Kunst-Schulen zu repräsentieren. Ohne den sicheren Blick von Privatsammlern wie Karl Im Obersteg und Gottfried Anliker für das Poetische im Abseits würden wir heute diesen Bildern kaum begegnen können.

2.4.1. James Coignards Poesie zwischen Farb-Orgie und stiller Zurückhaltung

Mit dem Titel *Nature morte aux fruits* von 1957 verweist Coignard konkret und ohne dichterische Umschweife auf die althergebrachte Tradition des Stillebens (Abb. 66). Und tatsächlich zeigt das Gemälde die klassischen Elemente dieses Genres: Eine Schale mit Früchten und eine Petroleumlampe, auf einem Tisch arrangiert. Allerdings sind die Früchte einigermassen durcheinander geraten, und die Farben auch. Vieles ist nur angedeutet, manche Form lässt sich gar nicht zuordnen. Alles scheint daraufhin ausgerichtet zu sein, eine farbenfrohe und stimmige Erscheinung abzugeben. Vergleichen wir das Bild mit dem im selben Jahr entstandenen *Bulgarischen Stilleben* von Coignards Altersgenossen Walter Womacka, so fällt auf, dass sich die beiden trotz ihrer ähnlichen Disposition wesentlich unterscheiden (Abb. 67). Bei Womacka ist jede Frucht mehr oder weniger plastisch dargestellt und identifizierbar. Der Bastkorb in welchem sie arrangiert sind, ist bis in die gelockerten Umschnürungen von Korbrand und Henkel detailhaft wiedergegeben.

Die Darstellung ist zur besseren Sicht auf die dargestellten Objekte sogar etwas vogelperspektivisch verzerrt.

Der für ein Stilleben einigermassen bizarre Anblick von Coignards *Nature morte aux fruits* macht sichtbar, inwiefern auch ein solch herkömmliches künstlerisches Genre dichterisch überformt sein kann:

Vor einem in pastosem Grün gemalten Hintergrund türmen sich flächig dargestellte Früchte wie Birne und Trauben sowie nicht spontan erkennbare Formen auf einer dreibeinigen Tonschale. Zu allen Seiten ragt die unübersichtliche Ladung über ihren Träger hinaus. Rechts davon hängen angedeutete Trauben bis über den Tischrand hinab, auf der anderen Seite scheint das milchige Glas der Petroleumlampe zumindest optisch den Überhang abzustützen. Dieser etwas ruhigere Lichtpunkt lenkt den Blick auf ein hellgrünes Rechteck gleich daneben; mit einem opak-schwarzen, zitronengelb geränderten Rund. Nun scheint mich dieses „Auge" geradezu anzuschauen: wie aus dem nach rückwärts gegen die obere Bildmitte gewandten Kopf eines Lasttiers, das mit weit herausgestreckter, oranger Zunge die Köstlichkeiten auf seinem Rücken zu erreichen versucht.

Anders als Womackas Stilleben wird die dichterische Prägnanz von Coignards Früchteschale unsere Vorstellungskraft kaum je ruhen lassen.

Coignards Œuvre umfasst allerdings noch ganz andere Erscheinungen, die wir spontan kaum mit dem Schöpfer der *Nature morte aux fruits* in Verbindung bringen würden. Das 23 Jahre später entstandene Gemälde *Écritures et ouverture* hat auf den ersten Blick nichts mit dem bunten Arrangement von Früchten gemeinsam (Abb. 68):

Eine warme, gedämpfte Leuchtkraft strahlt von den Erdfarben dieses Bildes aus. Als wäre es in fernster Vergangenheit mit Schwamm, Pinsel und Griffel auf Stein geschaffen worden, weist seine Oberfläche Spuren eines längerfristigen Abriebs durch Verwitterung auf. Eine bräunliche Rückenfigur, die uns in Haltung und Faktur an Friedrichs Mönch am Meer *erinnert, betrachtet eine mit unentzifferbaren Graffiti bedeckte Binnenfläche. Ein Pfeil ragt von der einzigen, blauen Farbspur am rechten Bildrand mitten in dieses fast quadratische, tönern anmutende Feld. Gleich darüber scheint ein Steinrelief mit schwarzen Pinselhieben auf den ebenfalls steinernen Untergrund geklammert zu*

66 James Coignard, *Nature morte aux fruits*, 1957, Öl und Acryl auf Leinwand, 46x55 cm.

67 Walter Womacka, *Bulgarisches Stilleben*, 1957, Gouache, 71x101 cm.

sein. In dessen Mitte klafft ein senkrechter Riss, so als handelte es sich doch nur um einen Stoff, der regelrecht aus der Naht geplatzt ist. Die Öffnung aber zeigt nichts weiter als sich selbst.

Beide Bilder – die *Nature morte* wie die *Écritures* – empfinden wir in unterschiedlicher Weise als intimistisch, farblich wie formal ausgewogen und schön. Zeigen sie gegenständlich darstellende Elemente, so können wir nicht mit Sicherheit feststellen, was genau sie sichtbar machen. Eine räumliche Tiefe ist vor allem bei *Écritures* zwar angelegt, aber durch den Pfeil und die Abriebspuren optisch an die Bildoberfläche zurückgebunden. Beide Gemälde lassen uns etwas Geheimnisvolles erahnen. Die Ladung des Früchteschale-Tiers gibt es so in keiner Lebenswelt; ebenso undurchdringlich ist die stark zurückgenommene innere Dynamik der jüngeren Komposition, an deren verblichenen Graffiti sich auch die Rückenfigur offenbar den Kopf zerbricht. Nur manchmal, wenn wir uns ganz auf die eine oder die andere Darstellung einlassen, wissen wir für den Augenblick einer singulären Erfahrung, worum es da geht – ohne es genau benennen zu können. *Écritures et ouverture* ist 1980, zwei Jahre vor Steffens' *Abandonné*, entstanden und hat einiges mit dessen Werk gemeinsam: In beiden Darstellungen scheinen Spuren einstiger Wirklichkeiten in den Bildgrund eingeschrieben zu sein, die unser Gedächtnis als gleichsam Lebendiges zu erreichen vermögen.

James Coignard ist 1925 in Tours geboren und 2008 in Antibes gestorben. Er war Franzose – seine Bilder wurden in der deutschsprachigen Kunstwelt erst spät wahrgenommen. Der französische Dichter und Kunstkritiker Marcelin Pleynet würdigt Coignards Werk in einer Monografie, in welcher er hervorhebt, dass „die Einzigartigkeit einer Kunst, in der die Malerei ihre eigene poetische Welt begründet, die Geschichte wie auch deren Lücken sichtbar macht und aufs Spiel setzt".[888] Pleynet stellt fest, dass Coignards Werk zwar zweifellos alle Kennzeichen der modernen Kunst besitzt, sich aber in keine der kunstwissenschaftlich etablierten Bewegungen einordnen lässt:

„Obwohl präsent in allem, was wir von der Geschichte unseres Jahrhunderts wissen, scheint das Werk James Coignards merkwürdig still, sobald wir versuchen, es mit Bezug auf dieses oder jenes konventionelle Konzept einzuordnen, zu erfassen und zu verstehen. Ich behaupte nun, dass dies ein typisches Phänomen ist für James Coignards Werk und die Art, wie es die von ihm durchlebten und in ihm enthaltenen Erfahrungen sammelt und assimiliert."[889]

Ähnliches liesse sich von Bissières, Reichels, Wols' und Didonets Werk sagen. Wie sie ist auch Coignard zeitle-

68 James Coignard, *Écritures et ouverture*, 1980, Mischtechnik auf Papier, 66x51 cm.

69 Künstlerinnen des 20. Jahrhunderts. Camille Claudel | Elfriede Lohse-Wächtler | Frida Kahlo | Gabriele Münter | Hannah Höch | Hilma af Klint | Jacqueline Lamba | Re Soupault | Käthe Kollwitz | Lotte Jacobi | Louise Bourgeois | Marianne Brandt | Lucia Moholy | Jeanne Claude | Niki de Saint-Phalle | Paula Modersohn-Becker | Sophie Taeuber-Arp | Sonia Delaunay | Georgia O' Keeffe | Meret Oppenheim | Elaine de Kooning | Gunta Stölzl | Lilly Reich | Toyen.

bens ein Insider-Tipp geblieben, den sich Kunstsammler wohl hinter vorgehaltener Hand zuflüsterten. Im öffentlichen Gespräch ist er kaum gegenwärtig. Dennoch befinden sich Werke von ihm im Solomon R. Guggenheim Museum in New York, im San Francisco Museum of Modern Art, sowie im Kunstmuseum Basel. In letzteres sind sie über die Sammlung beziehungsweise Stiftung Im Obersteg gelangt, gleichsam als Beifang eines zweihundert Werke umfassenden Konvoluts mit Werken von Chagall, Picasso, Jawlensky, Klee, Buffet und Soutine. Vierzig dieser Werke sind dort ganzjährig ausgestellt, die anderen, darunter Coignards Bilder, werden ab und an für einige Wochen in Gängen und Nischen präsentiert.[890] Der dazugehörige Saaltext spricht von „lyrisch expressionistischen Kompositionen", eine Bezeichnung, welche in der Regel für die Literatur verwendet wird. Dies wiederum zeigt, dass der grundlegende Unterschied von Coignards andeutungsreichen Gemälden zur spontan gestischen Ausdrucksweise der „Lyrischen Abstraktion" erkannt wurde. „Lyrisch expressionistisch" sagt nichts weiter aus, als dass der nicht figürliche Ausdruck von Coignards Bildern als dichterisch zu begreifen ist, was der Ausdruck „Bild-Poesie" noch in einem umfassenderen, weil weniger konkret auf eine Nähe zur künstlerischen Bewegung des Expressionismus verweisenden Sinn leisten kann.

2.4.2. Lou Stengeles geheimnisvoll erdichtete Welt

Frauen sind aus dem künstlerischen Geschehen der Moderne nicht wegzudenken: „Kein Jahrhundert hat mehr weibliche Künstlerinnen hervorgebracht als das 20.", heisst es im Onlinemagazin *Portal Kunstgeschichte* (Abb. 69).[891] Viele unter ihnen haben die Geschichte der Kunst ihrer Zeit in massgeblicher Weise geprägt. Von der damaligen Kunstwelt wahrgenommen wurden vor allem diejenigen, welche es verstanden, sich mit eher progressiven oder anderweitig auffallenden, zuweilen dezidiert feministischen Positionen in den Vordergrund zu manövrieren.

Es gab jedoch auch stillere Schöpferinnen wie Lou Stengele. Sie erdichtete sich mit ihrer Bildwelt eine Art Heimat, in welcher sie sich, wie sie in ihr Tagebuch notierte, wohl und sicher fühlte.[892] In ihren handschriftlichen *Biographischen Anhaltspunkten* schrieb sie: „Ich bin in meinem ganzen Wesen verschlossen, eigenwillig, nicht mitteilsam"[893] – was uns an das innere Abseits von Bissière, Reichel, Wols, Steffens und Didonet denken lässt. Dieser Rückzug in ihren eigenen Mikrokosmos brachte auch mit sich, dass sie sich physisch nicht allzu sehr in die Ferne bewegte: sie ist 1898 in Luzern geboren und 1992 ebenda verstorben. Ihrem stillen Wesen entsprechen auch die leisen Akkorde ihrer Bilder: wer sie hören will, muss sich ganz in sie hineingeben.

Stengeles in einem sichtbar minutiösen Arbeitsprozess entstandene Gouache *Alles was dazwischen liegt. 5 Jahre, 1966/71* misst gerade mal 14x23,5 cm (Abb. 70). Sie wirkt in der inneren Spannung zwischen vegetabil anmutendem Chaos und sorgfältig verfügter Ordnung eigenartig anziehend. Es sind fast nur abstrakte Formen. Nur rechts oben wird ein Haus sichtbar, etwas unterhalb vielleicht der Kopf einer Schlange, dazwischen ein schwarzes Fenster mit hellem Vollmond – welches, wie ein Koffer, von einer wohlgekleideten Dame getragen wird? Auf der linken Seite die Konturen einer Engelsgestalt mit nach oben geschwungenen, weissen Flügeln – aber schon weicht die Erscheinung im Sog der bewegten Linien. Alles in diesem Bild will mich ansprechen, mir Dinge zeigen, die ich kenne, aber nicht einordnen kann. „Lou Stengele muss ihre Bilder nicht mehr erklären, sie dürfen in ihrem ‚unberedten' Zustand verbleiben, auf ihre ureigene Art und Weise zu sprechen beginnen", schrieb die Kunstdozentin und Künstlerin Marianne Eigenheer. Und da sie die Prägnanz dieses Bildes in einer Weise evoziert, dass ich kaum treffendere Worte dafür finden könnte, soll ihr hier das Spielfeld des einfühlenden Sehens überlassen werden. Viele der bildpoetischen Merkmale finden sich in Eigenheers Beschreibung wieder.[894]

„[…] Das zartgemalte Farbfeld wirkt in der Ausschnitthaftigkeit, der Überschaubarkeit wie eine mikroskopische Aufnahme, ohne dass deshalb aber eine klare Einschätzung der räumlichen Dimensionen möglich wird. Das Auge vermag kaum feste Stützpunkte auszumachen, die eine Orientierung im vielfältigen Bildgeschehen erlauben könnten: Konzentriert man sich beispielsweise auf das kleine Haus in der oberen rechten Bildhälfte, rutscht man plötzlich

70 Lou Stengele, *Alles was dazwischen liegt. 5 Jahre,* 1966/71, Gouache, 14x23,5 cm.

in die untere rechte Bildhälfte ab in ein nicht genau zu definierendes Formenlabyrinth. Immer wieder figurative Anspielungen, die sich aber beim Versuch, sie zu entschlüsseln, verflüchtigen. Wie bei einem mikroskopischen Bild verändert sich der Farbraum fortwährend, wenn die Tiefenschärfe verstellt wird, der Lichteinfall sich ändert. Die Farbfläche lässt sich nicht mit einem Blick erfassen, sie muss im Sehen erwandert werden. Dies lässt sich auch auf inhaltliche Aspekte anwenden: Das Haus ist seinerseits meist das Elternhaus, aber auch einfach ein Attribut der imaginären Landschaft, die sich wie ein Schleier, hauchzart gemalt, über oder durch das Bild zieht. Im Hintergrund scheint eine bergähnliche Linie das Geschehen abzuschliessen, das vor allem von einer aus dem Vordergrund aufragenden, wuchernden Pflanzengestalt dominiert wird. Es könnte aber auch ein Bestandteil einer körperlichen Innenwelt sein, es wirkt wie von Blutgefässen durchzogen, die sich über die ganze Bildfläche weiterziehen.

Doch all diese Hinweise kommen nirgendwo an, wie bei den meisten Arbeiten Lou Stengeles. Der Blick schwebt, spürt den Bewegungen nach, die durch ganz feine, oft beinahe unsichtbare Strukturen, Muster, Gewebespuren, Geflechte erzeugt werden. Es besteht keine Möglichkeit, irgendwo auszuruhen, man kann nur aus der einzelnen Bewegungsspur aussteigen, abschweifen. Versucht man den Farbraum in Lou Stengeles Arbeiten zu definieren, ist ebenfalls kein Untergrund auszumachen, auf dem die Farbspuren aufliegen und damit festgemacht werden können. Es bleibt nichts anderes übrig, als sich auf den Farbklang, auf die Farbstimmung einzulassen. Ganze Farbflächen tauchen praktisch nie auf, sie legen sich meist als transparente Schleierformen über die winzigen Striche, Punkte, Tupfen und feinen Linien und werden von diesen wiederum überwoben, so dass sie sich kaum als festumgrenzte Farbkörper an die Oberfläche halten können. Lou Stengeles Weg durch ihre Lebens-Zeit, die sie sich selbst durch die künstlerische Arbeit erfahrbar gemacht hat, wird auch für den Betrachter nachvollziehbar, wenn er sich diesen Spuren überlässt, die keinen Anfang, kein Ende haben, wie die Zeit, die erst in der Erinnerung eingegrenzt werden kann."

Spuren von Erinnerung, das Fehlen einer festen Blick-Führung durch perspektivische Gestaltungsmittel; Anspielungen zwischen Gegenständlichkeit und Abstraktion, die Bedeutungen aufscheinen lassen, um sie gleich wieder zurückzunehmen; die assoziative Transformation des Bildes vor unseren Augen sowie die Transparenzen, welche die Gleichzeitigkeit von verschiedenen Welten suggeriert: vieles lässt uns an Bilder von Reichel denken, auch von Steffens und Wols.[895] Was aber Eigenheers Beschreibung besonders wertvoll macht, ist die Art und Weise, wie sie die kaum benennbare Stimmung dieser Erscheinung aufleben lässt, wie sie ihre Lebendigkeit für uns evoziert. Man möchte das Werk nicht mehr nur als Abbildung sehen, sondern es physisch in den Händen halten.

Eine solche Bewegung hat wohl auch der Kunstsammler Gottfried Anliker verspürt, als er mehrere von Lou Stengeles Bildern in seine Kunstsammlung aufnahm. Dank seiner Unabhängigkeit gegenüber einer Kunst, die im Rampenlicht erstrahlt, können wir heute *Alles was dazwischen liegt* im Katalog des Kunstmuseums Luzern entdecken, welches das Werk 1992 im Rahmen der Ausstellung *EXPRESSIV – Schweizer Kunst des 20. Jahrhunderts aus der Sammlung Gottfried Anliker* präsentierte.[896] Über den Kunstsammler hatte es dieses Bild sogar ins Museum geschafft. Es wird – zusammen mit einigen Bildern von Hans Reichel – wohl im Gefüge des Sammlungs-Nachlasses einmal endgültig seinen Weg dorthin finden.

2.5. Der Privatsammler als Freund, Kritiker und emotionaler Antrieb

Wo die öffentliche Aufmerksamkeit fehlt, ist der Künstler auf die emotionale und materielle Unterstützung von Privatpersonen angewiesen. Wer wie Reichel, Steffens, Wols und Didonet seine Heimat verlassen hat, kann auch wenig auf Zuwendungen vonseiten staatlicher Institutionen zählen. Es waren auch da die Privatsammler, welche diese eher fragilen Künstler-Naturen zu Lebzeiten mit regelmässigen Käufen unterstützten, sie förderten und kritisierten sowie in vielen persönlichen Belangen auch berieten. Ohne sie wären viele der bildpoetischen Miniaturen vermutlich heute vergessen.

2.5.1. Karl Im Obersteg: Sammler und Vermittler

Beispielhaft für eine solche Sammler-Familie waren die Im Oberstegs in Basel: Vater Karl und Sohn Jürg sammelten während rund siebzig Jahren internationale

Kunst des 20. Jahrhunderts, erfährt man im Saaltext zur Mini-Präsentation von James Coignards Bildern im Kunstmuseum Basel. Jürg Im Oberstegs Ehefrau Doris Im Obersteg-Lerch überführte 1992 die Sammlung in eine Stiftung, die daselbst domiziliert ist. Im Oberstegs folgten keinem eigentlichen Sammlungskonzept, sondern es waren teilweise lebenslange Freundschaften mit Künstlern und die Vorliebe für eine expressiv-figurative Malerei, welche die jeweiligen Ankäufe bestimmten.[897] Der Charakter dieser Freundschaften lässt sich in einer umfangreichen Korrespondenz des Sammlers mit Künstlern wie Cuno Amiet, Alexej von Jawlensky, Ernst Ludwig Kirchner und Wassily Kandinsky erahnen. Oftmals war Karl Im Obersteg der erste, der Neuschöpfungen seiner Künstler-Freunde zu sehen bekam – falls er kein Interesse für einen Ankauf zeigte, gelangten die Bilder auf den Markt.[898] Zuweilen richteten sich die Künstler auch mit ganz praktischen Anliegen an den „Schweizer für alles".[899] Es ging da nicht nur um Hilfestellungen bei Zoll-Angelegenheiten und das Organisieren und Versichern von Bildertransporten: Karl Im Obersteg vermittelte als versierter Geschäftsmann und aktives Kommissionsmitglied des Kunstmuseums wie des Kunstvereins Basel auch Ausstellungen und Käufer. Wo nötig, stellte er den Künstlern zudem finanzielle Mittel zur Verfügung. Die Künstler vergalten die materielle und ideelle Hilfe oftmals mit Geschenken.[900] Wenn der Sammler und Mäzen jedoch ein Bild ankaufte, hatte er klare Vorstellungen von dem, was für ihn bedeutungsvoll war.

So haben die Im Oberstegs mit ihrer Stiftung der Nachwelt eine einzigartig vielfältige Sammlung hinterlassen, welche unter den Werken von bekannten, überall herumgereichten Künstler-Grössen auch weniger spektakuläre, stillere Bilder ans Licht bringen, die ansonsten nur da und dort wie durch Zufall auftauchen, uns berühren und gleich wieder aus unserem Blickfeld verschwinden würden.

2.5.2. Gottfried Anliker – Ein Gehör für leise Töne

Ähnlich wie Im Obersteg war auch der Luzerner Bauunternehmer Gottfried Anliker nicht nur Sammler, sondern Förderer, Tröster und existenzsichernder Beistand seiner jungen, wenig im Rampenlicht stehenden Künstlerfreunde. Er entdeckte seine Leidenschaft für Kunst schon in seiner Kindheit. Als junger Erwachsener beteiligte er sich mit Freunden an einer Galerie in Luzern, deren Zweck es war, noch wenig arrivierte Maler zu unterstützen und über viele Jahre zu begleiten. „Die persönlichen Kontakte zu den Künstlern, die hier geknüpft werden konnten, gediehen in vielen Fällen zu Freundschaften und wenn einer von ihnen in Not geriet, versuchte man zu helfen", schreibt Anliker im Katalog der Ausstellung seiner Sammlung im Kunstmuseum Luzern.[901] Sein Kunstverständnis, so fährt er fort, orientierte sich allein am Gefühl, nicht am Verstand. Auf seinen inneren Bezug zum Bild komme es an. Das war seine einzige Sammlerstrategie. Und diesen Bezug fand er vornehmlich in einer Malerei, die gegenständlichen Elementen in besonderer Weise eine suggestive Kraft und eine ausdrucksstarke, emotionale Qualität zu verleihen vermochte, kommentiert Martin Schwander im Vorwort des Katalogs. Der leidenschaftliche Sammler hat dergestalt seit den vierziger Jahren die wohl grösste Innerschweizer Privatsammlung der Gegenwart zusammengetragen: es sind mehr als 800 Gemälde und Skulpturen und mehr als 1'000 Arbeiten auf Papier. Erst in den letzten Jahren seiner Sammlertätigkeit ergänzte Anliker sein Konvolut an Bildern durch gezielte Ankäufe, die er mit den Sammlungsbeständen des Kunstmuseums Luzern koordinierte.[902] Nie aber hätte er Bilder gekauft, mit welchen er nicht leben konnte: Die meisten von ihnen hängen in den Arbeitsräumen seiner Firma und prägen dort die Arbeitsatmosphäre.

Anliker selber versichert, in seinen jungen Jahren von gewissen Werken so tief berührt und fasziniert gewesen zu sein, dass er wegen eines besonders bezaubernden Bildes nächtelang nicht habe schlafen können. Es sei nicht der spekulative Geist gewesen, der ihn um seine Ruhe brachte, sondern „ein innerer Klang der Werke", die „Spannung des Gegensätzlichen" in ihnen und deren „Überwindung in der Harmonie". Aus der Musik habe er viel für das Verstehen von Bildern gelernt: „Ich erkannte, dass man ein Bild nicht nur mit den Augen betrachten, sondern auch mit einem inneren Ohr ‚hören' kann. Dann hört man seine ‚Töne' und seine ‚Melodie'." Für Anliker besteht ein Kunstwerk nicht einfach nur aus Farbe und Form, die zusammen eine Komposition bilden: es birgt „ein mystisch-magisches Geheimnis. Jedes Kunstwerk hat auch eine Seele, die es zu entdecken gilt und die von jedem Betrachter wieder auf seine Weise erspürt wird." Die Beziehung, die er zu den Bildern habe, sei immer wechselseitig: wenn er eines in Besitz nahm, so fühlte er sich von seiner Schönheit und seinem inneren Wert auch in Besitz genommen. „Meine Bilder sind für mich wie ein Spiegel. Was sie darstellen […] ist nicht wichtig. Im Symbol des Bildes eröffnen sich mir unbewusste Seeleninhalte. Die Kunst ist für mich ein Medium der Selbsterkenntnis und Selbsterfahrung." Anlikers tiefe Beziehung zu den Kunstwerken wie auch seine Begeisterung für das eine oder andere Bild hat deren Urheber mit Sicherheit beflügelt. Die Gespräche, in welchen er sie kundtat, waren – besonders für Aussenseiter wie Lou Stengele und Hans Reichel – wohl auch ein wichtiger emotionaler Antrieb für ihr Schaffen.[903]

Durch Gottfried Anliker ist eine erhebliche Sammlung zustande gekommen; unter den rund fünfunddreissig Schweizer Kunstschaffenden ist Reichel der einzige ausländische Künstler. Wenn Anlikers Sammlung einmal ins Kunstmuseum Luzern aufgenommen wird, werden auch Lou Stengeles und Hans Reichels kleinformatige Bild-Gedichte neben den wohl bekannten Werken von Max von Moos, Dieter Roth oder Varlin für das grosse Publikum sichtbar sein.

2.6. Fazit: Eine vielgestaltige Einheit im Zeichen des Poetischen

Das Poetische kann fast unendlich viele Formen annehmen. Die innere Korrespondenz von Altenbourgs Laban-Bild, Mirós *Cercle rouge*, Coignards *Nature morte aux fruits* sowie seinem späten *Écritures et ouverture* und Stengeles *Alles was dazwischen liegt* mit den Gemälden unserer sieben Maler-Poeten lässt erahnen, dass in der Moderne noch viele weitere Beispiele von Bild-Poesie zu finden sind. Die formalen Erscheinungen dieser Bilder sind zu unterschiedlich, als dass sie sich in einer Stilrichtung zusammenfassen liessen. Sie als „Bewegung" zu verstehen, macht ebenso wenig Sinn in Anbetracht der einzelgängerischen Naturen dieser Künstler. Viel eher handelt es sich um ein Zusammenspiel mehrerer Stilmittel, welches gegenständliche mit abstrakten Elementen verbindet und das eine besonders prägnante Ausdrucksweise ergibt. Angesichts dieses grossen visuellen Spektrums – nicht einmal innerhalb eines einzelnen Œuvres sehen sie sich ähnlich – sind diese Bilder nur schwer einzuordnen und noch schlechter zu vermarkten. Sie passen schlicht in kein Marketingprogramm.

Privatsammler können es sich leisten, fernab vom offiziellen Kunsttreiben ihren anscheinend eklektischen Vorlieben nachzugehen. Als einzige Sammlungsstrategie galt ihnen oftmals zu kaufen, was sie berührte. Damit hatten diese Mäzene nicht nur für die Künstler (über-)lebenswichtige Funktionen inne, sondern sie spielen auch eine entscheidende Rolle für die Kunstwelt. Dank ihrer intuitiven, meist vom Gefühl getragenen Käufe begegnen wir heute da und dort auch in Museen singulären Bild-Erscheinungen, die scheinbar keiner Kategorie angehören und von denen jedes einzelne unsere Einfühlung wie unsere emotionalen Fähigkeiten beansprucht, um das Andersartige, das dichterisch Vieldeutige in ihm zu erkennen. In Marianne Eigenheers Worten zu Lou Stengeles Gemälden: Umgeben von grossen, „wichtigen" Bildern werden diese Werke erscheinen wie „kleine kostbare Behälter, die auch unsere Zeit enthalten".[904]

Das Phänomen Bild-Poesie, davon können wir nun ausgehen, zeigt sich in der Moderne in vielgestaltigen Erscheinungen. Es ist nun zu prüfen, ob solche dichterischen Überformungen des Sichtbaren auch in Gemälden der Vergangenheit zu finden sind.

3. BILDZEICHEN AUS FERNER VERGANGENHEIT ODER DIE AUTONOMIE DES POETISCHEN

Zur Untersuchung von Bild-Poesie als transhistorisches Phänomen gehört auch ein Blick in weiter zurückliegende Bildwelten. In Gedanken führen wir dazu unseren Katalog der prototypischen Eigenschaften mit. Wir werden feststellen, dass einige von ihnen auch in Bilderscheinungen aus ferner Vergangenheit zu finden sind.

So sind zum Beispiel Abstraktionsverfahren keineswegs eine Erfindung der Moderne. Manchem jahrhundertealten Bild kann auch durch Spuren von Alterung der Anschein des Poetischen zufallen. Nicht selten erleben wir die schwer deutbaren Zeichen und Farben auf halb verblichenen Fragmenten als magisch anziehend. Nach eingehender Beschäftigung mit dem einzelnen jedoch lässt sich nicht übersehen, dass es einstmals für konkrete Zwecke und Funktionen mit einer ganz bestimmten Botschaft geschaffen wurde. Sind diese einmal erkannt, so bleibt für die individuelle Wahrnehmung nur wenig Interpretationsraum. Bild-Poesie indessen geht in der Regel aus einem gestalterisch freien Schaffensimpuls hervor. Im Idealfall bewahrt sie auch gegenüber sich wandelnden Wahrnehmungsstrukturen ein letztes Geheimnis.

Anhand von vier Beispielen wird nun die Geschichte der Kunst in Riesensprüngen durchquert. Obgleich diese Erscheinungen bildpoetische Anklänge aufweisen, lässt sich an ihnen zeigen, welche unverzichtbaren Bedingungen für eine Erfahrung von Bild-Poesie sie *nicht* erfüllen.

Die These lautet, dass Bild-Poesie erst möglich wird mit Werken, die nicht mehr nur transparentes Medium auf eine ihnen äusserliche Wirklichkeit sind, sondern die ihre eigene Wirklichkeit verkörpern. Mit Paul Valéry gedacht: Wie die Musik bewahrt sich das Dichterische in der grundlegenden Unausschöpfbarkeit seines Gehalts eine gewisse Autonomie gegenüber dem eindeutig festlegenden Zugriff.

3.1. Der aufgeräumte *Garten von Nebamun*

Der *Garten von Nebamun* ist das Fragment eines Wandgemäldes aus einem Grab im ägyptischen Theben von ca. 1400 v. Chr. (Abb. 71). Es stammt also nicht nur aus fernster Vergangenheit, sondern auch aus einem fremden Kulturraum.

Ein rechteckiger Teich mit Fischen, Vögeln und Gräsern ist umgeben von Bäumen und Pflanzen unterschiedlichster Art. Er ist von oben zu sehen, das Getier und die Bäume im Profil – alles aus der Perspektive, aus welcher sich das Dargestellte am besten erkennen lässt. Die Auslegeordnung mutet naiv an: so als hätte ein Kind die einzelnen Elemente aus einem Bilderbuch ausgeschnitten und sorgsam nebeneinander geklebt. Bäume reihen sich auf der unteren, stark beschädigten Randzone des Fragments sowie am oberen und am linksseitigen Teichrand, von welchem aus sie in horizontaler Lage bis an die linke Bildgrenze reichen. Die farbliche Ausgewogenheit wie die strenge Ordnung der perspektivlos zeichenhaften Verweise auf bestimmte Gegenstände stehen in einem visuellen Spannungsverhältnis zur Gesamterscheinung, welche durch die äusseren wie die inneren Fehlstellen lebendig und fast modern wirkt.

Auf den ersten Blick kann uns dieses Gemälde in seiner kindlich stilisierten Einfachheit fast poetisch anmuten. In seiner konsequenten Zweidimensionalität weist es sich als durchwegs Gemaltes aus. Es erinnert an Reichels und Klees Fisch-Bilder (vgl. Abb. 32 und 33). Allerdings

71 Unbekannt, *Garten von Nebamun*, ca. 1400 v. Chr., Wandmalerei, 64x72 cm.

72 Unbekannt, Titel und Initialletter aus der Schrift *Moralia*, um 1000 n. Chr., spätkarolingische Handschrift.

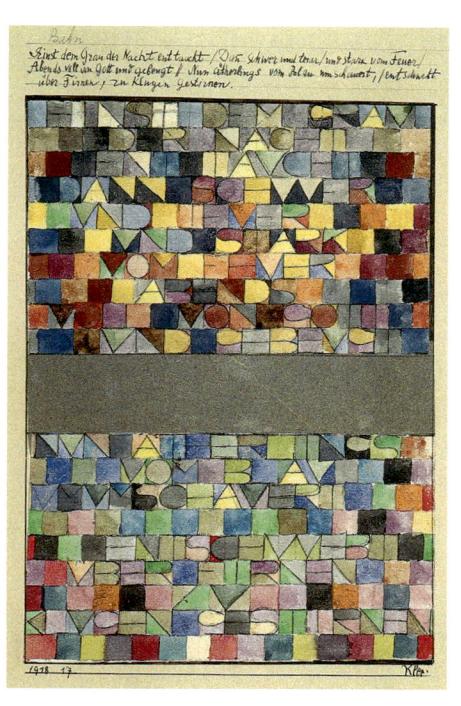

19 Paul Klee, *Einst dem Grau der Nacht enttaucht*, 1918 (vgl. 19).

vereitelt das kompromisslose Zeigen – das heute nur durch den Zufall der Alterung gebrochen wird – den Durchblick auf eine mögliche Hinterseite des Bildes: Das Gemalte verweist nicht auf sich als Gemälde und als solches über sich hinaus, sondern lediglich auf die Objekte, die es zur Darstellung bringt. Die Wiederholung der Elemente lässt keine Empfindung von Rhythmus und Musikalität aufkommen: Bäume und Fische sind gleichsam in einer Ökonomie der Raumnutzung fast wie die Niederschrift einer Aufzählung regelmässig über die Bildfläche verteilt. Der Ausdruck des Bildes ist entsprechend neutral; würde man es als modernes Gemälde beurteilen, wäre im besten Fall eine Bezeichnung wie „Gelassenheit" angemessen. Vermutlich würden wir es jedoch gar nicht als Bild der Kunst wahrnehmen: mit seinem ruhigen und dekorativen Design-Charakter könnte es – zum vollständigen Rechteck ergänzt – etwa als einzelnes, unendlich oft wiederholbares Element einer Wandtapete eingesetzt werden.

Vor dem kulturhistorischen Hintergrund seiner Herkunft aus einer ägyptischen Grabkammer lassen sich auch die nach aussen geklappten Bäume nicht als bildkünstlerische Eigenheit begreifen; diese Darstellungsweise vermeidet schlicht perspektivische Verkürzungen und räumliche Überlagerungen zugunsten einer besseren Erkennbarkeit der einzelnen Elemente.[905] Die Zeichnungen der Fische und die unterschiedlichen Baumsorten deuten auf eine akribische, wenn auch abstrahierte Vergegenwärtigung einer lebensweltlichen Wirklichkeit. Dasselbe gilt für die Frau, die in der oberen rechten Ecke mit übervollen Körben, Töpfen und Gefässen hantiert, sowie für die beiden kaum mehr erkennbaren, menschlichen Gestalten auf der Gegenseite. Im vorliegenden Kontext verstehen wir, dass Sklavin und Körbe für ganz bestimmte Verstorbene – das sind möglicherweise die beiden stark verblassten Gestalten – bereitstehen, um sie auch im Jenseits mit kulinarischen Herrlichkeiten zu erfreuen.

Als Grab-Bild hatte das Gemälde die Bestimmung, den Toten die Welt der Lebendigen in absoluter Klarheit und wohl geordneter Aufstellung zu vergegenwärtigen. Letztlich hindert uns vor allem diese sichtbare Mission daran, das Bild als poetisch zu erfahren.

3.2. Bild im Dienste des Wortes

Es sind oftmals die Ähnlichkeiten mit bekannten bildpoetischen Gestaltungen, die uns in der Begegnung mit Bildern der Vergangenheit aufmerken lassen. So denken wir beim Anblick von Titel und Initiale der spätkarolingischen Handschrift *Moralia* von Gregor dem Grossen, die im Jahr 1'000 in Metz entstanden ist, vielleicht an Bild-Poesie (Abb. 72). Die ornamentale Umrandung des aufwändig inszenierten Titels erinnert an die Binnenrahmungen bei Klee, aber auch an die ausgestalteten Bildränder von Bissières *Composition* und Reichels *Bilderbogen*. Die Weise, wie die stilisierte und farblich inszenierte Schrift in ein Bildganzes eingelassen ist, führt uns Klees Gedichtbild *Einst dem Grau der Nacht enttaucht* (vgl. Abb. 19) vors geistige Auge. In diesem 1918 entstandenen Aquarell mit Feder und Bleistift sind Buchstaben in leuchtende Farbkästchen und Triangel eingeschrieben: die obere, eher warm wirkende Hälfte ist von der unteren, farblich kühleren, durch einen grauen Balken getrennt. Seine schillernde Schönheit und die Verzögerung, welche das Farbmuster im Entziffern von Klees Schrift-Bild mit sich bringt, sind bildpoetische Eigenschaften. Allerdings lässt uns der durch den Künstler am oberen Bildrand aufgeschriebene Textinhalt die Erscheinung eher als Bildgedicht oder Gedichtmalerei erfahren. Zur Bild-Poesie im hier vorgestellten Sinn fehlt ihm eine Spur von Gegenständlichkeit, die unsere Sinne von der reinen Lust am Entdecken des Geschriebenen löst und in weitere Sphären der visuellen Imagination führt.

Anders verhält es sich mit der spätkarolingischen Epistel:

Es sind gewissermassen zwei Bilder in einem: Der Titel mit Betreff und Adressat des Briefs erstreckt sich mit seinen Randornamenten und den gepunkteten horizontalen Zwischenbalken über die Spaltenbreite hinaus. Zusammen mit der unten anschliessenden, noch üppiger mit floral anmutenden Fangarmen gleichsam um sich greifenden Initiale „S" nimmt diese Buch-Illumination einen beträchtlichen Anteil des gesamten Blattes ein. Die Räume zwischen den organisch vegetabilen Auswüchsen des Buchstabens sind ausgemalt in transparentem Grün, Gelb und Rostbraun, stellenweise mit gleichfarbigen Punkten verziert. Es macht den Anschein, als wollte diese eine Letter die gesamte Bedeutungsmacht des Nachfolgenden ankündigen, umfassen und bezeugen. Das Ganze wirkt – zusammen mit dem angefügten, in sorgfältigster Weise ausgestalteten und mit kleinen Farbakzenten verzierten Schriftbild – fast beschwörend.

Im Unterschied zu Klees Bildgedicht ist diese Handschrift nicht als eigenständiges Bild-werk zu verstehen. Ihre ins Sakrale verweisende Inszenierung dient der Ankündigung des Nachfolgenden. Insofern ist die Bildlichkeit von Titel und Initiale konkret zweckgebunden und lädt weder zu freien Assoziationen noch zu einer Wahrnehmung als autonome künstlerische Erscheinung ein.[906] Dennoch sind solche mittelalterlichen Miniaturen in ihrer abstrahierenden Ausblendung des dreidimensionalen Raums – besonders wenn sie noch menschliche Figuren oder Tiere zeigen – gewissen Formen von Bild-Poesie nicht ganz fremd. Die Bildwelten von Paul Klee haben sogar einiges zu einer Neulektüre der altfranzösischen Illuminationskunst beigetragen, wie der Kunsthistoriker Wilhelm Köhler in seiner umfangreichen Studie zu den karolingischen Miniaturen vermerkt hat.[907] Umgekehrt ist anzunehmen, dass sich Klee, der mit Köhler befreundet war, für dessen Forschungsarbeiten interessierte und sich vom dichterisch-raunenden Potenzial der mittelalterlichen Illuminationen inspirieren liess.

3.3. Zeigendes Verbergen des Undarstellbaren

Das sonderbare Bild in Beige und Braun auf Rot, mit blauem Ornamentrahmen und efeuartigen Eck-Verzierungen strahlt in seiner symmetrisch angelegten Ordnung etwas faszinierend Geheimnisvolles aus (Abb. 73). Die Schönheit seiner malerisch abstrahierten Ausgestaltung, vor allem aber das Durchscheinen eines Lichts aus dem Hintergrund lassen uns eine Welt hinter dem Bild erahnen. Als Zentralachse erkennen wir vor dem rot schimmernden Fond ein helles, in leichter Faltung herabhängendes Tuch, das drei Viertel der inneren Bildhöhe einnimmt. Seine obere Hälfte ist durch ein Strahlenbündel halb verborgen. Das Tuch verbindet drei braune Knoten mit je sieben, fast wie lebendig bewegt anmutenden Tentakeln: zwei in den oberen Ecken, der dritte unten in der Mitte.

Möglicherweise würde das Bild unsere Imaginationskraft noch einige Zeit auf der Schwebe halten, hätten wir nicht eben seine Beischrift gelesen: Es handelt sich um das *Trinitätstuch* im Rothschild Stundenbuch aus dem Jahr 1300. Vermutlich wären uns auch ohne dieses Wissen bei längerer Betrachtung zwei über dem Kopf gekreuzte Arme und die aus orange leuchtenden Ärmeln herausragenden Hände aufgefallen. Und das nur erahnbare Gesicht zwischen den Armen, das hinter dem Strahlenbündel ganz verdeckt ist. Zweifellos birgt diese Erscheinung ein Geheimnis; in ihrer pulsierenden Undurchdringlichkeit und berückenden Harmonie lässt sie sich beinahe als poetisch erfahren.

73 Maler der Rothschild Canticles, *Trinitätstuch,* um 1300, Pigment auf Pergament, 11,8x8,4 cm.

Nun kennen wir aber die christliche Tradition in der Darstellung des Undarstellbaren. Stoffliche Entfaltungen und schwebende Heilsstoffe verbildlichen in gleichsam fliessenden Andeutungen die körperliche Anwesenheit des Menschgewordenen in der rein geistigen Dimension des Göttlichen.[908] Verhüllt, verborgen und im Verborgenen vergegenwärtigt wird hier etwas ganz Konkretes, nämlich das christlich Göttliche in seiner dreifachen Gestalt. Es verweist auf eine Transzendenz – zeichenhaft, aber durchaus auch mit sinnlicher Prägnanz – die selbst unfassbar und letztlich auch unvorstellbar ist. Das Geheimnisvolle des Bildes ist die Darstellung *dieses* Geheimnisses. Für die Erfahrung von Poesie, für ein imaginatives Entgleiten in eine Sphäre von möglichen Bildgehalten, ist kein Freiraum gegeben.

Was uns aus heutiger Sicht schmunzeln lässt, sind die Zehen der verborgenen Gestalt, die aus dem unteren „Stoffknäuel" hervorlugen. Klee wäre wohl nicht nur von diesem kleinsten, fast ironisch wirkenden Moment des bemalten Pergaments fasziniert gewesen, sondern auch von dessen künstlerischer Ausgewogenheit: Das strahlende Hell der Fussspitze ist in der Bildkomposition nicht nur als spirituelles, sondern auch als optisches Gegengewicht zu den beiden Händen unabdingbar. Der moderne Blick kann es sich kaum verwehren, in diesem braunen und dennoch sonnenhaft strahlenden Gebilde ein mehrdeutig grinsendes Gesicht mit weissen Zähnen zu sehen. Aber diese Freiheit in der Betrachtung war vom Maler dieses Trinitätstuchs nicht vorgesehen, und zudem greift die Wahrnehmung auch nicht weit über diesen einzigen assoziativen Fremdgang hinaus. Handelte es sich um eine bildpoetische Gestaltung, würde das Sehen und Erkennen von neuen Aspekten damit erst beginnen. Wäre dies jedoch möglich, so hätte der Maler des Stundenbuchs dessen Zweck als Andachts- und Meditationsbild der göttlichen Dreifaltigkeit gänzlich verfehlt.

Oftmals erinnern uns auch Überreste frühchristlicher und mittelalterlicher Wandmalereien, wenn sie nicht überrestauriert wurden, an Bild-Poesie: die Materialität des Untergrunds ist weitgehend sichtbar und die Imagination ist bei fragmentiertem Erhaltungszustand bis an ihre Grenzen gefordert. Allerdings lässt sich auch da mit einigem ikonographischen Wissen die *richtige,* das heisst einstmals intendierte Bedeutung rekonstruieren. Es reichen kleinste Zeichen, oftmals auch Farben, um das Vokabular religiöser Metaphern zu entschlüsseln. Ist dies einmal geschehen, wäre es inadäquat, unseren Assoziationen weiterhin freien Lauf zu lassen. Von der Kenntnis einer konkreten Intention können wir nur noch schlecht abstrahieren.

3.4. Eroberung der Wirklichkeit und Verlust des Nichtidentischen

Was an bildpoetischen Eigenschaften in mittelalterlichen Gestaltungen ansatzweise zu finden war, verlor sich scheinbar in der Renaissance mit der Erfindung der zentralperspektivischen Darstellung. Die Wiederentdeckung der griechisch-römischen Kulturen und das damit einhergehende neue Selbstverständnis läutete eine Ära des ästhetischen Anthropozentrismus ein, die in verschiedenen Spielformen bis ins 20. Jahrhundert fortdauern sollte. Im Vordergrund stand der Mensch und sein alles Sichtbare räumlich und alles Denkbare geistig verortender Blick auf die Welt.[909] Neu empfand er sich nun als Subjekt und Augen-Mass einer erkennbaren Wirklichkeit. Kunst wurde zur Angelegenheit von selbstbewussten Meistern, welche nicht nur ein Stück Welt getreu zu spiegeln, sondern auch das Leben schöner und anmutiger zu gestalten hatten.[910]

Philosophische Grundlage für dieses neue Selbstverständnis bot unter anderem die Aufwertung des menschlichen Geistes durch René Descartes: Aus seiner Sicht war das Denken fähig, aus sich heraus metaphysische Wahrheiten sowie elementare Naturgesetze zu erkennen. Das Subjekt – sein Geist – wird als grundlegend vom ausgedehnten, materiellen und endlichen Körper getrennt betrachtet.[911] Materie und alles, was uns daran erinnert, wurde damit zum Nichtidentischen und Minderwertigen, das in der neuen Malerei nach Möglichkeit ausgeblendet werden musste.[912] In einem solchen Anspruch, das physische Bildmedium zugunsten einer Illusion von Wirklichkeit weitestgehend zu überwinden, sind kaum bildpoetische Eigenschaften zu erwarten. Fantasievolle Anschauungen sowie Transparenzen als Durchblick auf vieldeutige Welten erscheinen falsch für ein Denken, das sich alles zu beherrschen verspricht. Harmonie und Musikalität hatten der Mimesis an die Natur zu dienen. Das Bild als autonome, selbstreflexive Gestaltung musste erst noch erfunden werden.

Unter diesen Voraussetzungen wird man in den Abbildungen der Kunstgeschichtsbücher dieser Zeit vergeblich nach bildpoetischen Eigenschaften suchen. Nicht, dass in der Neuzeit grundsätzlich keine solchen Bilder produziert werden konnten; es gab auch damals begabte Kinder sowie kulturell weniger gebundene Maler – und den Zufall. Nur ist es unwahrscheinlich, dass sie sich erhalten hätten, weil ihr Eigenwert jenseits der herrschenden ästhetischen Regelsysteme nicht erkannt worden wäre. Die Hybris einer visuellen Eroberung der Wirklichkeit sollte den Sinn für bildnerische Erfindung und Poesie noch für nahezu 300 Jahre überblenden.

3.5. Auf dem Weg zur Moderne – Neue Anzeichen des Poetischen

Bis zur Romantik blieben das abbildende und das erzählerische Moment in den Bildern dominant. Auch wenn sich die künstlerischen Anliegen zwischen der Dramatik von Ausdruck sowie der Harmonie von Farbgebung und Figuren-Arrangement unterschieden, war der Zweck der Malerei mehr oder weniger der selbe: es galt, reizvolle Bilder für Menschen zu schaffen, die danach verlangten.[913]

Nach der französischen Revolution begannen die Künstler, über Stilfragen und Geschmacksregeln nachzudenken. Sie erlaubten sich zusehends, bisher unübliche Gegenstände zu malen, so lange sie an das Gefühl appellierten und das Publikum interessieren konnten. Diesen Bruch mit der Tradition vollzogen Maler wie Francisco de Goya und William Blake (vgl. Abb. 18), die – so Gombrich – begannen, mit ihren Bildern fantastische Visionen heraufzubeschwören, „wie man Gedichte schreibt".[914] Diese neue Freiheit des Künstlers gegenüber allgemeinen ästhetischen Werturteilen ging mit dem aufkommenden romantischen Geist des frühen 19. Jahrhunderts einher. Sie prägte auch die Landschaftsmalerei: Wie wir anhand von Caspar David Friedrichs *Mönch am Meer* von 1810 bereits feststellen konnten, liess diese Ungebundenheit da und dort auch bildpoetische Elemente aufscheinen (vgl. II, 6.4). Laut Gombrich hatten die Künstler in dieser neuen schöpferischen Selbstbestimmung nur zwei Möglichkeiten: „Entweder konnten sie malende Dichter werden oder sich ganz der Aufgabe widmen, ein Stück sichtbare Welt wiederzugeben."[915] Allerdings spricht Gombrich mit dem „Dichterischen" im *Mönch* vor allem die neue Freiheit in der Wahl der Sujets sowie die Vergleichbarkeit der Bild-Stimmungen mit romantischen Gedichten oder mit Schuberts Liedern an. Gleichwohl lassen sich in einigen Gemälden dieser Zeit bildpoetische Eigenschaften finden.

Jenseits der Wiedergabe einer „sichtbaren Welt" hat William Turner in den 1840er Jahren sein Light and Colour *angelegt (Abb. 74). Auf den ersten Blick erfassen wir das Gemälde als ein vollends abstraktes Bild. Erst wenn wir uns näher mit dem fast 80 Quadratzentimeter messenden Ölgemälde beschäftigen, fügen sich die feinen Farbakzente zu erkennbaren Formen. Ganz in der Mitte eines kreisrunden, bräunlich-orangen Lichtstrudels wird die wie ein handschriftliches „f" hingezeichnete Schlaufe zu einem losgerissenen Seil, das vom Wind durch die wassergetränkte Luft gepeitscht wird. Festgemacht ist es an einem kaum erkennbaren Schiffsmasten, der in einer schwarzen Masse, vermutlich einem grossen, untergehenden Segler, verankert ist. Und da, mitten im Luftwirbel gleich oberhalb des fliegenden Seils, sitzt eine menschlich anmutende Figur, die mit Pinsel oder Griffel diese Szene zu entwerfen scheint.*

Ein solcher Ausdruck der Erhabenheit eines Naturschauspiels mit seinen starken Lichteffekten gehört ganz der romantischen Bildsprache an. Ähnlich wie der *Mönch am Meer* jedoch durch die Rückenfigur eine selbstreflexive Qualität erlangt, ist auch Turners Darstellung nicht als Erzählung einer maritimen Katastrophe

74 William Turner, *Licht und Farbe. Der Morgen nach der Sintflut. Moses schreibt das Buch Genesis,* vor 1843, Öl auf Leinwand, 78,5x78,5 cm.

angelegt. Die Erscheinung des gleichmütig wirkenden Schöpfers dieser Szene führt die Meta-Ebene von deren Geschaffen-Sein in die Bildwahrnehmung ein: wir schauen dem Urheber dieses Schauspiels gleichsam beim Gestalten zu. Desgleichen lässt die sichtbare Materialität des energischen Farbauftrags keinen Zweifel, dass die Malerei nicht den Anspruch erhebt, die bildliche Illusion eines Naturereignisses zu schaffen. In Anbetracht von Turners Bildwelt lässt sich in diesem Gemälde auch ohne dessen Titel eine anschauliche abstrakte Licht-Studie erkennen. Allerdings einer sehr besonderen Art:

Bei genauerem Hinsehen entdecken wir im unteren Halbrund der Darstellung fast überall menschliche Körper, die aus den entfesselten Fluten auftauchen, um sich vor unseren Augen auch gleich wieder in der wogenden Wassermasse zu verlieren. Mancherorts fügen sich mehrere Köpfe der scheinbar mit den Elementen auf Leben und Tod ringenden Menschen zu fratzenhaften Gesichtern. Am unteren Bildrand werden Skelette von Fischen und anderem Getier sichtbar. Die magische Anziehungskraft der Erscheinung wirkt mit einem Mal beunruhigend – fast als fürchteten wir, selbst vom Drehstrudel mit in die Tiefen des Bildinneren gesogen zu werden.

Obgleich diese Komposition keine Darstellung von Wirklichkeit ist, sondern entschieden sich selbst als Gemälde zeigt, fühlen wir uns von seiner rasenden Sturm-Zeit erfasst. Die runde Energiekugel ist kein in sich abgeschlossenes Universum, mit welchem wir in entspanntem Einverständnis mitgehen können, wie etwa Reichels *Bilderbogen* oder Wols' *Seltsame Reise*. Sie greift zornig nach aussen und droht alles zu erfassen, was in ihre Reichweite gelangt. So unser eindeutiges Empfinden. Und wir werden das Bild auch morgen und übermorgen noch ähnlich erfahren; es wird uns immer die Kraft seiner leiblichen Anziehung, welcher es uns aussetzt, zu spüren geben, auch wenn wir die verlorenen Lebewesen von einem zum anderen Mal unterschiedlich wahrnehmen. Auch der sehr ausführliche Titelzusatz des Bildes beschränkt den Spielraum für andere Sichtweisen: *Morning after the Deluge – Moses writing the Book of Genesis*. Im Unterschied zu Didonets *Magicienne* lässt uns die Bilderscheinung zu jeder Zeit erkennen, *was* der Weltenschöpfer über all diese Lebewesen verhängt hat.

3.6. Fazit: Autonomie des Poetischen

Im Laufe der Geschichte der Kunst hat sich das Selbstverständnis des Malers vom künstlerischen Handwerker zum selbstbewussten Meister verändert. Bis weit über die Renaissance hinaus stand auch dieser weitgehend in Abhängigkeit von kirchlichen oder höfischen Auftraggebern. Die Möglichkeit einer umfassenden Selbstständigkeit von bestehenden Konventionen in Wahl und Ausgestaltung ihrer Sujets haben die Künstler erst gegen Ende des 18. Jahrhunderts erlangt. Wer aber seine Bilder entgegen dem traditionsbefangenen bürgerlichen Geschmack ausrichtete, bezahlte diese schöpferische Freiheit meist mit Missachtung und Armut.[916]

Die Auswahl der Bilder aus der ferneren Vergangenheit hat gezeigt, dass zwar in jedem von ihnen poetische Elemente sichtbar werden, die jedoch immer mit einem konkreten, ausserhalb der Bildrealität liegenden Zweck verbunden sind. Ist dieser Zweck einmal erkannt, gibt es kaum Möglichkeiten, etwas anderes zu sehen als ebendiesen Sinngehalt: das Bild kann sich nicht – gleichsam als etwas autonom Lebendiges – „verändern" und andersartigen Betrachtungsweisen neue Sinn-Spektren eröffnen.

So finden sich etwa im *Garten von Nebamun* durcheinander geratene Perspektiven und eine uns naiv anmutende Bildgestaltung, die jedoch einer aufzählenden Vergegenwärtigung der lebensweltlichen Umgebung des Verstorbenen dient: Die Darstellung kann nicht als eigenständiges Kunstwerk über diese Funktion hinausweisen. Was ihr trotz des braven Hingestellt-Seins der Gegenstände den Anschein einer gewissen poetischen Spannung verleiht, sind die zufällige Fragment-Form sowie die Alterungsspuren des Bildträgers.

Die spätkarolingische Epistel *Moralia* wiederum entbehrt der gegenständlichen Andeutungen, die unsere Vorstellungskraft beflügeln könnte: Das Geschriebene lässt jenseits der bildlichen Evokation einer das Nachfolgende heiligenden Stimmung nur schwer die Vorstellung eines erweiterten Bild-Sinns zu. Auch dies ist jedoch eine konkrete Zweckgebundenheit.

Das *Trinitätstuch* vereint figurative und abstrakte Elemente: zunächst erscheint uns das Bild als durchwegs abstrakt, aber bei genauerer Betrachtung und im Hinblick auf den Titel wird klar, dass es geschaffen wurde, um der Meditation des undarstellbaren Mysteriums der Dreifaltigkeit zu dienen und nicht etwa zur rein ästhetischen Freude eines Kunstsammlers.

Die Selbstreflexivität des Bildes als Geschaffenes findet sich erst in Turners *Light and Colour*. Obgleich hier das Sehen in Bewegung gerät und sich Einzelheiten vor unseren Augen verändern können, wird sich unser Vorstellungsvermögen dennoch auch in fernster Zukunft nicht von der vom Titel evozierten, eindrücklich dargestellten Sintflut lösen.

Sichtbare Anzeichen des Poetischen führen nicht unmittelbar zu einer Feststellung von Bild-Poesie. Die relative Autonomie des Bildes, das in seiner unausschöpfbaren Prägnanz und Mehrdeutigkeit ein letztes Geheimnis für sich bewahrt, scheint eine starke Bedingung für die Erfahrung des Poetischen zu sein. Diese Autonomie stützt sich auf Elemente wie Selbstreflexivität und Eigengesetzlichkeit: das Bild als Bild bringt seine eigene Materialität im Gemacht-Sein zum Vorschein und richtet sich im Entstehen allein nach bildimmanenten Anforderungen. „Relativ" ist sie, weil jedes Kunstwerk eine mögliche Resonanz mit dem Rezipienten oder die Erfahrung eines Sinngefüges zumindest verheissen muss, um als solches wahrgenommen zu werden. Ein absolut selbstreferenzielles, durchwegs „opakes" und damit kompromisslos autonomes Werk, das keine Hoffnung auf eine mögliche Einfühlung oder ein Mitfühlen zulässt, wird uns gleichgültig lassen. Bild-Poesie, so ist im zweiten Buchteil mehrfach aufgewiesen worden, bewegt sich in einem Mittelreich zwischen deutungsresistenter Autonomie und prägnanter, sinnlich-emotionaler Verführung.

Bildtitel spielen dabei eine nicht unbedeutende Rolle. Oftmals dienen sie uns gleichsam als Leiter in ein uns fremd erscheinendes Universum. Sie führen an einen Ort im Bild, von wo aus wir zu einer assoziativen Reise durch da und dort aufleuchtende Sinnzusammenhänge eingeladen werden. Das sprachliche Beiwerk kann auch einmal gezielt der Wahrnehmung allzu offensichtlicher Inhalte entgegenwirken, sie stören und uns auf unerwartete Spuren lenken. Verweist es wie beim *Trinitätstuch* auf einen unmissverständlichen Inhalt und einen bestimmten Kontext, so wird sich die Betrachterin eben diesem Gehalt sinnlich und geistig zu ergeben haben.

Die Möglichkeit von ästhetischer Autonomie im Sinne der Unausschöpfbarkeit eines vieldeutigen Bild-Gehalts wird auch in der Nachfolge von Turner noch auf sich warten lassen: Sogar die gewagtesten Farb- und Lichtstudien der Impressionisten sowie deren Entdeckerfreude an neuen Bildausschnitten bleiben verbunden mit dem Blick auf das „Wie" einer Darstellung von Wirklichkeit. Erst die Erkenntnis, dass bei aller Theoretisierung der Sehprozesse niemand „malen kann, was er sieht",[917] sollte zu neuen Mitteln der Bildfindung führen und auch Bild-Poesie ermöglichen.

Mit Gottfried Boehm gesprochen: Frühestens mit der Loslösung von der ästhetischen Maxime, welche in eminenten Erzählungen des Mythos, der Geschichte sowie der Offenbarung ihre Erfüllung fand, konnte sich die künstlerische Erfindungskraft kritisch auf sich selbst zurückwenden. In den Werken von Goya, Delacroix oder der Impressionisten begannen sich Materialität und Farbe gegenüber ihrer Abbildungsfunktion zu verselbstständigen.[918] Diese neue Dimension des Bildlichen war Voraussetzung dafür, dass Darstellungen des Natürlichen allmählich durch Neuerfindungen von künstlerischer Wirklichkeit abgelöst wurden. Mit der Befreiung von der Repräsentation einer kunstexternen Wirklichkeit zugunsten des anspielungsreichen Eigenwerts von Darstellungs- und Ausdrucksmitteln konnte Bild-Poesie, wie sie in diesem Text vorgestellt wird, überhaupt erst entstehen.

4. BILD-POESIE IM 21. JAHRHUNDERT?

Mit Didonets *Magicienne* von 2006 haben wir bereits unsere Fühler ins 21. Jahrhundert gestreckt. Allerdings ist dieser Künstler in seinem Denken und seiner Bildsprache ganz mit der Moderne verbunden geblieben. Er war – so ist mehrfach festgestellt worden – kein Genosse seiner Zeit. Was uns nun zum Abschluss dieser Studie noch beschäftigen wird, ist die Frage, ob Bild-Poesie in jüngeren Produktionen aufgewiesen werden kann oder ob sie als zeitlich abgeschlossene und unwiederholbare künstlerische Ausdrucksweise der Moderne gesehen werden muss. Aufgrund der formalen Vielfalt des Poetischen ist es vorstellbar, dass sich dieses Phänomen im weiteren Verlauf der Kunstgeschichte in veränderten Bildgestalten wiederfindet.

Was heute an jüngerer Kunst in der Öffentlichkeit *sichtbar* wird, umfasst tendenziell weniger „für sich" gemalte Bilder. Bereits ab den 1960er Jahren greift die Malerei immer mehr in den Raum und mutiert allmählich zu Bild-Objekten, die sich selbst als solche thematisieren. Auch die allgemeine Zugänglichkeit filmischer Techniken sowie ein verbreitetes Interesse an komplexen Gesamtkunstwerken setzen das zweidimensionale Gemälde zusehends dem Verdacht des Altväterischen aus. Installationen von Bildern und Objekten im Ausstellungsraum laden zu immersiven Erfahrungen ein. Bewegte Gegenstände, Lichtspiele, Klänge und Düfte scheinen die spezifischen Grenzen der einzelnen Medien, um welche Clement Greenberg noch gerungen hatte, endgültig gesprengt zu haben. Diese Werke zielen auf leiblich-mentale, möglichst viele unserer Sinne ansprechende Erfahrungen.

Trotz dieser fast erdrückenden Allgegenwart von multimedialer Kunst werden auch heute Bilder produziert, scheinbar seltener in Formaten, wie wir sie von Reichel und Wols her kennen. Für eine allgemeine Sichtbarkeit sorgt allem voran der öffentliche Raum, wofür sich vornehmlich monumentale Werke eignen. Erfahrungen von Poesie sind in diesem Umfeld wenig gefragt: Kunst muss auf die Schnelle Effekte erzeugen. Kleinere Bilder, die da und dort sichtbar werden, vermögen für sich allein die öffentliche Aufmerksamkeit kaum zu erreichen. Es ist nicht auszuschliessen, dass sich in manchem stillen Künstleratelier noch hochkarätige bildpoetische Kleinode finden lassen; sie aktiv aufzuspüren, scheint ein Ding der Unmöglichkeit zu sein. Einzelne von ihnen mögen über das Konvolut eines Privatsammlers einmal ins Museum gelangen.

Ist das Vorhandensein von Bild-Poesie in der Gegenwart nicht offensichtlich, kommt der Poesie-Begriff selbst sehr wohl in Kommentaren zu jüngsten Kunstproduktionen vor; wie es scheint sogar häufiger als in der Moderne. Angesichts der in eine fast grenzenlose Diversität aufgebrochenen künstlerischen Medien ist eine Übertragung von bildpoetischen Merkmalen und Kriterien auf Werke des 21. Jahrhunderts nur mit stark erweiterter Sichtweise möglich.

Die bisher ausgewählten Beispiele haben deutlich gemacht, dass illusionistisch gegenständliche ebenso wie ganz abstrakte Bilder ohne jeglichen Andeutungscharakter kaum zu einer Erfahrung von Poesie einladen; ebenso wenig wie Erscheinungen, die mit eindeutigen visuellen Aussagen oder unüberhörbaren gesellschaftspolitischen Stellungnahmen aufwarten. Auch in der Gegenwart ist das Dichterische mit intensivem, uneindeutigem Ausdruck verbunden, der unser emotionales Mitgehen sowie unsere Assoziationskraft herausfordert. Zu erwarten ist eine gewisse Harmonie in der Musikalität des Sichtbaren, die uns das Werk als schön empfinden lässt – ohne dass es sein Geheimnis preisgibt. Wie ein

Gedicht, dessen Worte wir zwar verstehen, dessen Gehalt wir aber nur immer wieder neu und anders erfahren können.

Anhand von drei Bild-Beispielen sollen diese Kriterien überprüft werden. Von Meral Alma beschäftigt uns ein monumentales Bild mit lauter kleinteiligen Binnenwelten. Denken wir bei diesem Format und der farblichen Intensität nicht spontan an die tendenziell „leisere" Bild-Poesie, hält eine eingehende Betrachtung dennoch dichterische Momente für uns bereit. Angesichts der allgemeinen Reizüberflutung unserer Gegenwart muss ein Gemälde mit einigem Spektakel daherkommen, um öffentlich wahrgenommen zu werden. Aus diesem Grund werden intimistische Erscheinungen wie Isabella Fürnkäs' gezeichnete Visionen zwischen Tag und Traum ebenso wie Camille Henrots sensible Bildmetaphern heute in der Regel in umfassenden Installationen oder wohlkomponierten Ensembles präsentiert.

Im Sinne eines Exkurses soll anhand von drei Beispielen geprüft werden, in welcher Weise Poesie auch in multimedialen Werken erfahrbar ist: Rebecca Horn verzaubert uns mit ihren gemächlich bewegten Objekten, die uns mit dunklen Ahnungen von Sinn erfüllen. Das Erleben von Poesie ist noch eindringlicher, wo – wie in Helen Martens Video – ein eigenwilliger Dialog zwischen Sprache und Bild das Spiel mit Gefühl und Imagination auf die Spitze treibt.

Das Phänomen Bild-Poesie ist bisher mit Ausnahme des ägyptischen *Gartens von Nebamun* an Beispielen aus dem europäischen Kunstschaffen vorgestellt worden. Es ist jedoch denkbar, dass überall auf der Welt solche Bilder vorkommen. Indessen stellt sich bei künstlerischen Produktionen fremder Kulturen mehr noch die Frage, ob sich aufgrund unserer persönlichen, von einer westlichen Vorstellungswelt geprägten Wahrnehmungsweise die Feststellung von Poesie in einer bildkünstlerischen Erscheinung rechtfertigen lässt, ohne die Hintergründe der entsprechenden Kultur und die Intention des Künstlers zu berücksichtigen. Dieses grundlegende Problem wird anhand eines Gemäldes aus der australischen Aborigines-Kunst thematisiert.

4.1. Meral Alma – Kleine Universen in grossem Stil

Viel zu gross ist Meral Almas *Zirkus des Lebens,* um als Bild-Poesie wahrgenommen zu werden (Abb. 75a).[919] Viel zu laut, zu schrill kommt es uns entgegen. Zumindest auf den schnellen Blick. Mit seinen 3x8 Metern sprengt das 2020 entstandene Gemälde in seiner Fülle an Figuren und Zeichen alles, was ein menschliches Auge auf einmal zu erfassen vermag. Denken wir an Wols' „Idealmass der Handfläche", oder an Steffens' *Abandonné,* dessen Breite einen kleinsten Bruchteil dieses monumentalen Formats ausmacht. Auch die Farben scheinen im Vergleich eher rüde in ihrer oftmals komplementären Konstellation. Der Malgestus wirkt ungestüm – wenngleich nicht unkontrolliert. Meral Alma ist eindeutig eine Künstlerin ihrer Zeit. Geboren in den späten 1990er Jahren, studierte sie Freie Kunst an der Kunstakademie Düsseldorf und ist seit 2012 Promotionsstudentin im Bereich Germanistik und Philosophie.[920] Ihr Gemälde hält unserer von Glitter und Lärm durchdrungenen Gegenwart visuelle Kräfte entgegen, die den Eindruck des Rohen und Unabgeschlossenen unseres alltäglichen Erlebens spiegeln.[921]

Die Erfahrung von Poesie braucht in jedem Fall Musse und Hingabe, das haben uns die bisherigen Beispiele gelehrt. Stellen wir uns also aus einiger Entfernung vor das Bild, um es ganz sehen zu können. Ein Bildschirm oder eine Reproduktion vermögen diesen für eine ganze Wand konzipierten Kosmos für uns zusammenzuraffen. Die für das Kunstwerk wesentliche Dimension des leiblichen Erlebens geht damit allerdings verloren.

Allmählich nimmt das Gewirr an Formen und Farben vor unseren Augen Gestalt an. Zwei grosse, weisse Ballet-Tänzerinnen in Spitzenposition mit Tutu und elegant zurückgeworfenen Schultern scheinen wie wir das Treiben in dieser kunterbunten Welt zu betrachten und sich dieser wie nebenbei auch selbst zu präsentieren. Diese einzigen Rückenfiguren im Bild sind gleichzeitig auch Teil des flächig gemalten Universums, dessen Farben durch ihre geisterhaft durchsichtigen Körper schimmern, so dass sie selbst immer wieder aus dem Blick geraten.

Unzählige Geschöpfe gibt es zu erkennen. Ganz in der Mitte im blauen Feld sind zwei Kinder, ein Junge und ein Mädchen, die sich etwas Unsagbares zu gestehen scheinen. Gleich rechts daneben, vor gelbem Hintergrund, vielleicht eine biedere Bauersfrau mit schwarzem Napoleon-Hut. Überall finden sich solche zellenartigen Rechtecke mit Einblicken in einzelne Szenen. Und ja – Musik: an manchen Stellen wird Musik gespielt. Und wo es nicht die Menschen tun, dort übernehmen es die Farben. Auch Tanz! Ein klei-

4. BILD-POESIE IM 21. JAHRHUNDERT? 229

75a Meral Alma, *Zirkus des Lebens. 4. Akt*, 2020. Acryl und Öl auf PVC, 310x800 cm. Ansicht bei Tageslicht.

75b Meral Alma, *Zirkus des Lebens. 4. Akt*, 2020. Ansicht bei vollkommener Dunkelheit.

nes Mädchen mit einem blumenbekränzten, schweinchenartigen Kopf und rotem Träger-Rock scheint zu fliegen. Auf der gegenüberliegenden, linken Bildseite bewegen sich schemenhaft gezeichnete, gelbe Figuren in nächtlichem Reigen. Solche rudimentären Formen finden sich in so manchem anderen Bildfeld: Tiere, wie sie in Höhlenmalereien vorkommen; oder Fabel-Wesen, deren Geschichten man zu erkennen glaubt. Könige, Prinzessinnen, Engel und Kobolde, sowie auch ganz normale Menschen-Familien bevölkern *dieses fröhliche Gemenge an hybriden Kreaturen. In ihrer vereinfachten Darstellung scheinen sie aus Kinderbüchern zu stammen; dennoch drückt jede von ihnen etwas aus, mit einer körperlichen Haltung, mit Gesten, mit einem Blick.*

Die Bildfelder, die ausser den beiden Ballerinen nahezu alle diese Kreaturen umfassen, sind pastos gemalt, meist in unvermischten Grundfarben. Sie sind nicht einfach nebeneinander angeordnet, sondern gegeneinander versetzt oder collagenartig übereinander geschoben – mancherorts greifen sie auch ineinander. Die Geschöpfe oder Szenen, die sie gleichsam umrahmen, sind frontal dargestellt; wie in den kleinen, unrealistisch farbenfrohen Porträts, die in grösseren Ansammlungen am rechten Rand und oben links zu sehen sind. Gerade so, als hätten ihre Sujets kurzzeitig ihren engen Bildrahmen verlassen, um sich für einen besonderen Auftritt in der grossräumigen Arena des Zirkus' zu verlebendigen. Da, unten links von der Mitte, steigt eben ein blauweisser Polizist aus seinem schwarzen Feld aus, um – vielleicht – wieder in sein ruhiges Dasein an der Fotografien-Wand zurückzukehren.

Kaum je werden wir, wie hier auf der Abbildung, den ganzen Schauplatz mit einem Blick umfassen können. Stellen wir uns vor, dass wir im grossen Raum, dessen eine Wand allein diesem Gemälde gehört, herumgehen. Ein paar Schritte auf sie zu – und schon verändert sich unsere Bild-Erfahrung. Ganz aus der Nähe werden die Ballerinen verschwunden sein. Gleichsam an ihrer Stelle fühlen wir uns leiblich in das Bild hineingezogen, schauen da und dort wie durch ein Fenster auf eine Szene, deren Geschichte wir nur erahnen können.[922] Es sind immer neue, je nach Standort – und unserer eigenen Verfassung. Allmählich werden sie uns vertraut, so als handelten sie von lebendigen Wesen, die wir kennen. Diese erahnten Lebenswelten vermögen uns in ihrer disparaten Zusammengehörigkeit zu berühren – ähnlich wie in Bissières *Chevrier*, oder in Reichels *Bilderbogen*. Figuren wie Didonets *Magicienne* oder auch Klees Engelsgestalten könnten uns bei Alma begegnen. Nur klingen jene Bilder leiser in ihren sanften Farben und den zart hingemalten Formen.

Viel zu gross ist Meral Almas *Zirkus des Lebens*, um spontan als Bild-Poesie wahrgenommen zu werden. Und zu laut. Ein Zirkus eben, wo jede Figur die ganze Aufmerksamkeit für sich haben will. Die Zirkusdirektorin, die ihr Völklein hätte orchestrieren sollen, ist scheinbar weggetreten. Oder sie lässt die Instrumentalisten frei einspielen, wie in der Oper vor der Aufführung.

Bis das Saallicht ausgeht. Die Geschichte auf der Bühne beginnt, sich noch einmal anders zu erzählen. In schimmerndem Grün werden Formen sichtbar, die wir bei Licht kaum oder ganz anders wahrgenommen haben (Abb. 75b). Mit nachtleuchtenden Pigmenten hat die Malerin dafür gesorgt, dass die Figuren auch jenseits des alltäglichen Treibens eine Stimme finden.[923] Wenn es dunkel und still wird um sie. Was uns eben noch als polyphones Farbengewitter entgegen dröhnte, erfahren wir nun wie die leise hervorgebrachten Worte eines wohlkomponierten Gedichts, das uns rätselhafte Erinnerungsfetzen zuraunt. Jetzt erst, in dieser skizzenhaften Erscheinung, lässt sich die Harmonie der formalen Komposition erkennen; die Bildstruktur und ihr Tiefenraum, die hinter der dominanten Farbigkeit kaum sichtbar waren.

Wenn nun das Licht im Saal wieder angeht, erwachen die Geschöpfe erneut zur bunten Fülle ihrer Erscheinungen – die jedoch unsere Augen nicht mehr blenden. In der nächtlichen, von der Malerin geführten Begegnung mit dem *Zirkus des Lebens* haben wir den intimen Zauber ihrer Geschichten entdeckt. Nun schlägt unser Blick wieder seinen eigenen Weg durchs Bild ein – aber erneuert durch das Wissen um sein untergründiges Geheimnis. Die Reise durch das Bild führt wieder über die blauen, dort über die gelben oder die roten Farbakzente; ohne Gewissheit, wohin sie uns diesmal führen wird. Darin liegt mitunter die Schönheit, vielleicht sogar die Poesie dieses Gemäldes: in der Unabsehbarkeit des lebendigen Ausdrucks, der aufscheinen wird zwischen dem Artefakt und dem, was wir ihm in diesem singulären Augenblick mit Leib, Verstand und Gefühl entgegenzubringen vermögen.

4.2. Isabella Fürnkäs – Poesie im Chorgesang

Aber pianissimo, bitte!
Anders als Meral Almas Zirkusfelder klingen die vierzig Zeichnungen auf Papier von Isabella Fürnkäs leise; wie ein Summen, das kaum wahrnehmbar den Raum dennoch erfüllt (Abb. 76). Nicht alle stimmen mit gleicher Eindringlichkeit ein. Da – oben aus der linken Ecke – scheint uns eine katzenartige Gestalt etwas Seltsames mitteilen zu wollen. Und dann hier, an derselben Wand unten in der Mitte, leuchtet uns ein gelb-rotes, ‚abstrakt-

4. BILD-POESIE IM 21. JAHRHUNDERT?

76 Isabella Fürnkäs, *Siamese Dreams*, Ausstellungsansicht bei Windhager von Kaenel, Zürich 2021.

und-doch-nicht' anmutendes Etwas entgegen, das nun meine Aufmerksamkeit ganz auf sich lenkt (Abb. 77):

Nichts ist so richtig ausgearbeitet in dieser Zeichnung. Sie wirkt eher wie das Gekritzel eines kleinen Kindes, das nur über ein einziges Blatt Papier verfügt und darum alles, was ihm gerade durch den Kopf geht, übereinander gemalt hat. Und doch ist die Erscheinung in ihrer gezielten Schichtung viel zu ausgewogen, um aus Kinderhand zu stammen. Ganz im Untergrund sind in sorgfältiger Schnürchenschrift Worte zu lesen, von welchen nur einzelne sicher zu entziffern sind: „etwa … sie … hat … so … gegeben". Sie sind auch so angeordnet, dass ich sie als Teil eines gewichtigen Texts auffasse. Zwei semitransparent braunrote, schleierartige Tücher – seitlich voneinander getrennt durch einen opaken, leuchtend roten Balken – sowie allerlei krakelig und doch energisch Hingezeichnetes in undurchsichtigem Schwarz und Gelb verstellen den Blick auf das vermeintlich Eigentliche im Bild. Diese zeichenhaften Farbspuren und die halb verdeckten Wörter verheissen einen Sinngehalt, dessen Geheimnis sich mir jedoch nicht erschliessen will. Wie Erinnerungsfetzen, die im Halbschlaf durch meine Neuronen geistern; bedeutungsvoll und doch unergründlich. Vier blaue Tränen tropfen aus den unteren Tuchrändern.

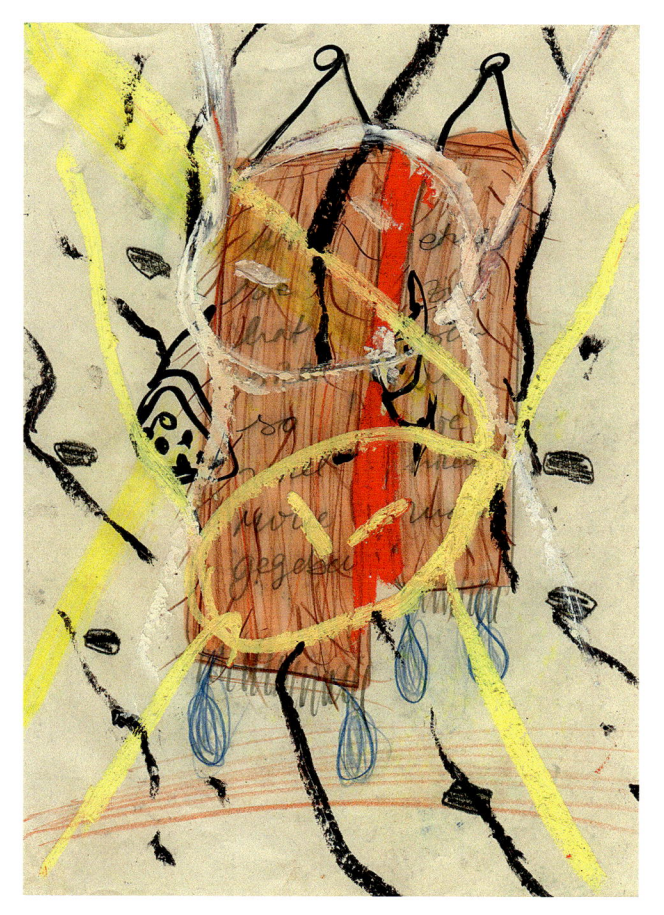

77 Isabella Fürnkäs, aus der Serie *Insomnia Drawings*, 2007 – ongoing, Mischtechnik auf Japanpapier, 25,5x17,5 cm.

Es könnten die Tränen der – im Mittelgrund eben erst entdeckten – geisterhaft weissen Rumpffigur mit ihren fragenden Strich-Augen sein. Oder meine eigenen.

Insomnia Drawings, 2007-ongoing, nennt Fürnkäs diese Serie von Zeichnungen auf japanischem Papier aus einem Notizheft. In fast jedem dieser Bilder lässt sich eine pulsierend lebendige Gegenwart erleben, die ihren namenlosen Gehalt nur denjenigen offenbart, die sich fühlend auf das Spiel von Zeigen und Verbergen einlassen. Die Einladung zu dieser Teilhabe ergeht sehr leise, gleichsam hinter vorgehaltener Hand. Im Einzelbild an eine Wand geheftet vermag sie wohl nur die wenigsten der Vorübergehenden zu erreichen.

Die Künstlerin bindet diese Blätter deshalb meist in grössere, multimediale Installationen ein. Bei Windhager von Kaenel hat sie deren verhaltene und doch ausdrucksstarke Stimmen gleichsam zu einem vierzigfachen Klangteppich verbunden, der uns auch ohne die Pauken und Trompeten einer aufwändigen Präsentation zu fesseln vermag.[924] Wer diesen A-cappella-Klang vernommen hat, wird sich dem dichterischen Murmeln des einzelnen Bildes mit Neugierde zuwenden.

4.3. Camille Henrot, *Alloscendency* oder Das eine durch das andere

Weniger hermetisch als Fürnkäs' Tagträume erfahren wir Camille Henrots Aquarell *Alloscendency*. Dieses schlichte Gemälde aus wenigen monochrom-bräunlichen, sorgsam geführten Pinselstrichen auf einer tomatenrot eingefärbten Leinwand ist fast dreimal so gross wie jene Zeichnungen (Abb. 78). Dennoch wird auch dieses Bild kaum je als einzelnes Kunstwerk, sondern in der Regel als Teil einer komplexen Installation präsentiert, die der fragilen, intimistisch wirkenden Erscheinung gleichsam einen schützenden Rahmen zu geben vermag.

Zu sehen ist ein hybrides Wesen im Profil, dessen Konturen teilweise hinter zwei weiss kontrastierenden, breiten Farbspuren verschwimmen, die zwar den roten Hintergrund, nicht aber die Zeichnung der Figur decken. Diese wirkt isoliert und verloren in ihrem flächigen Umfeld. Es ist nicht einfach zu bestimmen, weshalb uns Henrots Pinselzeichnung berührt.

Sie zeigt einen menschlich wirkenden Körper mit nach vorne geneigtem Kopf und einem im Verhältnis viel zu kleinen Unterteil. Das so zusammengekauerte Geschöpf lässt an einen Fötus denken, der auf einer die ganze Bildbreite einnehmenden Basis hockt und in gewisser Weise sogar an diese angebunden ist: mit zweimal drei Bändern oder Klammern. An dieser Verbindungsstelle verdunkelt sich das sonst flächig gemalte Rot des Hintergrunds zu einer längsfasrigen Struktur. Das hinter der weissen Pinselspur verschwommene Auge inmitten des grossen Schädels ist leer und blicklos. Eines dieser weissen Felder ist annähernd parallel zum Körper nach links geneigt. Das zweite rechts davon wirkt etwas solider, aufrechter – es lässt die Rückenlinie der Gestalt durchschimmern. Im Zusammenspiel erwecken diese beiden abstrakten Formen den Eindruck einer zweifachen Gegenwart im Bild. Die starke Neigung der weicher konturierten, unten ausgefransten linken Pinselspur vermittelt das Gefühl von Fragilität. Das breitere, mehr zur Senkrechten tendierende Rechteck über dem Rückenteil hingegen vermag der Komposition etwas optischen Halt zu geben. Dennoch wirkt die gesamte Erscheinung instabil, verletzlich.

Der Ausdruck dieses Bildes ist ein zweifacher: Der fötusartige obere Anteil der Figur drückt – vielleicht – ein Verlangen nach Schutz und Geborgenheit aus, die äussere, ovaloide Kontur wiederum vermittelt das Gefühl einer bergenden Hingabe – wohl durch die etwas festere Linie im unteren Bereich und durch die das kleine Geschöpf gleichsam umfangende Neigung der nun in ihrer Gesamtheit wahrgenommenen Rückenlinie. Es ist, als sähen wir eine Mutter mit ausgestreckten Beinen auf dem Boden sitzen, die ihr vielleicht schon geborenes Kind mit ihrem Körper schützt. Wieviel Kraft sie das kostet, lassen uns die fasrig angespannten Oberschenkel-Muskeln erahnen, welche in dieser Haltung maximal und vermutlich schmerzhaft gedehnt werden. Es ist der Ausdruck von beidseitiger Verwundbarkeit in der Verschmelzung der ineinander geborenen Existenzen, die uns ergreift. *Alloscendency:* „Aus-dem-anderen-geboren", oder „Vom-anderen-herkommend" ist eine sensible Wortschöpfung der Künstlerin für diese gegenseitige Hervorbringung von Kind und Mutter.

Henrots Bild lässt sich in seinem Ausdruck einheitlicher deuten als Fürnkäs' *Insomnia Drawing* – oder auch als Reichels *Bilderbogen,* der wiederum eine ähnliche Empfindung von Fragilität vermittelt. Denken wir an Rilkes *Panther* und an seine undurchdringlich hermetische Grabinschrift zurück: *Alloscendency* ist dem Panther-Gedicht näher als Fürnkäs' Zeichnung. Den-

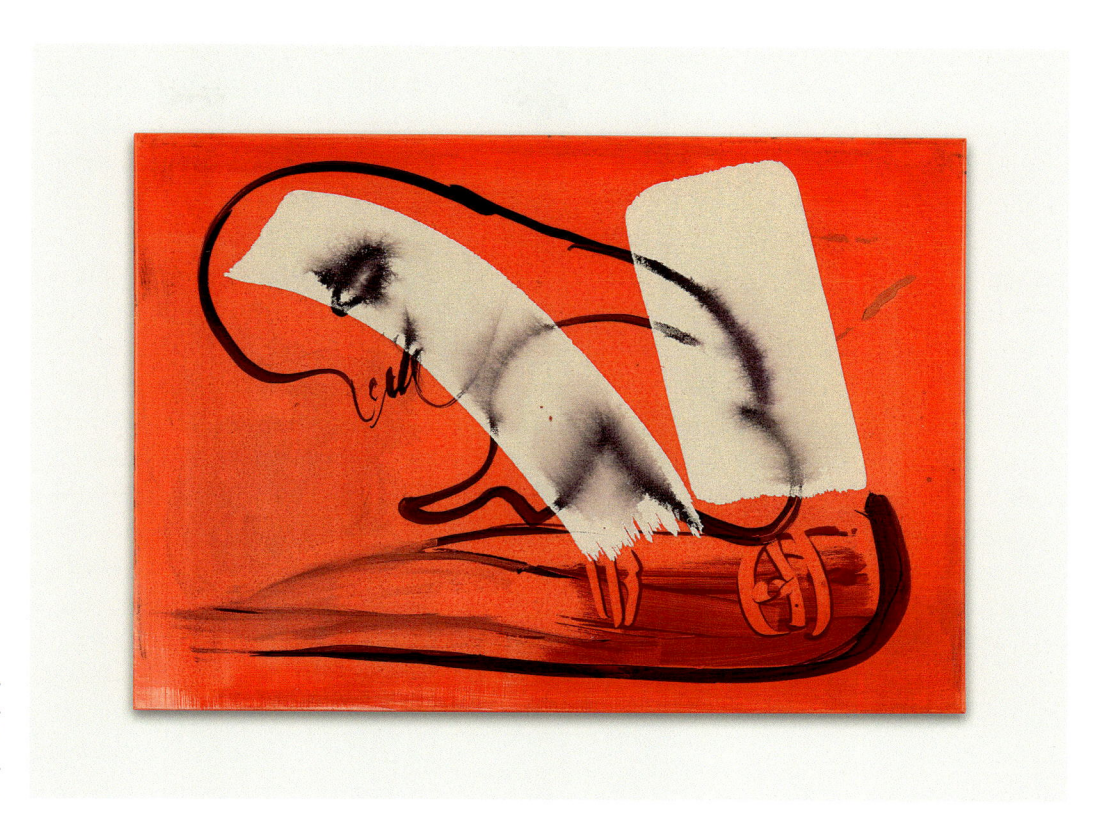

78 Camille Henrot, *Alloscendency,* 2020, Aquarell, Acryl und Öl auf Leinwand, 50x70 cm.

noch führt auch Henrots Zwitterwesen Mehrdeutigkeiten mit sich – etwa die Bedeutung der weissen Felder, die Zuordnung der Körperkonturen und nicht zuletzt die Frage, was genau an diesen einfachsten malerischen Gesten uns berührt. Vielleicht ist es die Verbindung von elegantem Schwung und sorgsamer Pinselführung, die uns dieses Bild als poetisch empfinden lässt.[925] Oder die Weise, wie das Spannungsfeld zwischen der fragilen „Fötus"-Zeichnung und den auf Blessuren verweisenden Heftpflastern eine nahezu hörbare Harmonie ergibt.

Bild-Poesie, das wird auch an diesen drei Beispielen aus der Gegenwart sichtbar, ist ein graduelles Vorkommnis und wird entsprechend mehr oder weniger deutlich erfahren. Ob uns das eine oder andere wie ein hermetisch verknapptes Gedicht ergreift und uns anhaltend beschäftigen kann, hängt immer auch von uns Rezipierenden ab. Davon, ob wir dem ernsthaften Zwiegespräch zwischen den gegenständlichen Andeutungen und den abstrakten Zeichen zu lauschen vermögen, ohne die in sich eingekapselten Welten vollends für uns erobern zu wollen. Wie Fürnkäs wird auch Henrot nicht über diese Art von Gemälden wahrgenommen. Ihr Name steht für Videos, surrealistisch anmutende Skulpturen, installative Objekte. Bilder kommen vornehmlich als Einzelelemente von Raum-Installationen in grossem Stil – mit bewegten Elementen und akustischen Untermalungen – vor, wie zum Beispiel in Henrots *The Pale Fox* von 2014.[926] Wie die meisten von der Künstlerin bis ins letzte Detail konzipierten und von mehreren hundert Objekten bestückten Ausstellungen ist auch diese gattungs- und medienübergreifend. Im leiblichen Eintauchen in solche Installationen werden die Besucherinnen selber Teil des Kunstwerks; sie erschaffen es gleichsam im synästhetischen Erleben der vielfältigen narrativen Schichten. Für eine Vorstellung, wie sich auch und gerade in einem solch komplexen künstlerischen Kosmos eine Empfindung von „Poesie" einstellen kann, verlassen wir für zwei Augenblicke den eigentlichen *bild*poetischen Bereich.

4.4. Erfahrung von Poesie in Formen visueller Intermedialität

In einer Kunstwelt, die uns mit Haut und Haaren in Beschlag nimmt, entfaltet sich das dichterische Moment über mehrere Sinne. In Raum-Installationen, vor komplexen Objekt-Anlagen oder beim Eintauchen in die bewegten und beschallten Visionen eines Videos können sich Worte, Bewegung und Klang dergestalt miteinander verbinden, dass unsere Zeit in der Erfahrung eines Jetzt-Erlebens mit derjenigen der künstlerischen Manifestation zusammenfliesst.

4.4.1. Rebecca Horns „poetisches Werk"

So überschreibt Tim Ackermann seinen Artikel im Magazin Weltkunst zur Ausstellung Körperphantasien, einer Retrospektive der 1944 geborenen Bildhauerin, Aktionskünstlerin und Filmemacherin Rebecca Horn im Museum Tinguely in Basel.[927] Im Vorwort des Katalogs wird von der „Vielfalt, Offenheit und Poesie" ihres Gesamtwerks gesprochen, auch vom „latenten dichterischen Potential" ihrer mechanischen Objekte. Werden diese „poetischen Qualitäten" vor allem mit den Texten der Künstlerin sowie mit den literarischen Bezügen ihrer Installationen in Verbindung gebracht,[928] so lässt eine solche Konzentration von Hinweisen dennoch aufhorchen. Horn fördert diese Rezeption, indem sie ihren Objekten Prosagedichte zur Seite stellt, die – ohne direkten Bezug zu ihrer Umgebung – auf die Haltung der Ausstellungsbesucher einwirken und derweise auch die Raumatmosphäre mit gestalten:

> Sonnenstaub rieselt
> Orlando bittet zum Tanz
> weiblich-männlich gepolt
> sprüht blitzenden Beifall
> von seinem Logensitz.[929]

Wir haben mehrfach festgestellt, dass wir von Gedichten und Kommentaren nicht auf einen poetischen Gehalt der Werke schliessen können. Schon eher lässt sich anhand einer Fotografie von Horns raumgreifender Installation Licht gefangen im Bauch des Wales erahnen, dass diese Atmosphäre einer Erfahrung von Poesie zuträglich ist (Abb. 79): Die im dunklen Raum bewegten, dichterischen Worte und Zeilen vermitteln keine Inhalte, sie zeigen sich in ihrer sinnlich erfahrbaren Gegenwart. Eigens dafür komponierte Jazz-Gesänge begleiten den Prozess der immer neu entstehenden Zeichen.[930] Die buchstäblich zum Schatten verkommene Besucherin auf dem Bild scheint sprachlos durch die sie umflutenden Worte zu gehen, die ihr Bedeutungen zuraunen, deren sie nicht habhaft werden kann. Nicht ganz zu Unrecht würde sie dieses Gefühl der Überwältigung vielleicht „Poesie" nennen.

Wenden wir uns jedoch zwei von Horns Objekten zu, die sich besser über Abbildungen vermitteln lassen. Es sind Alltagsgegenstände, deren überraschende Konstellation in unerwartete, meist physisch bewegte Beziehungen zu uns Betrachtenden treten.

Da entfalten sich vor unseren Augen in ruhiger Bewegung die elf Notenblätter von Floating Souls *(Abb. 80): wie eine Musik, die sich zum Fortissimo dehnt, um*

79 Rebecca Horn, *Licht gefangen im Bauch des Wales,* 2002, Installationsansicht, Palais de Tokyo, Paris 2002.

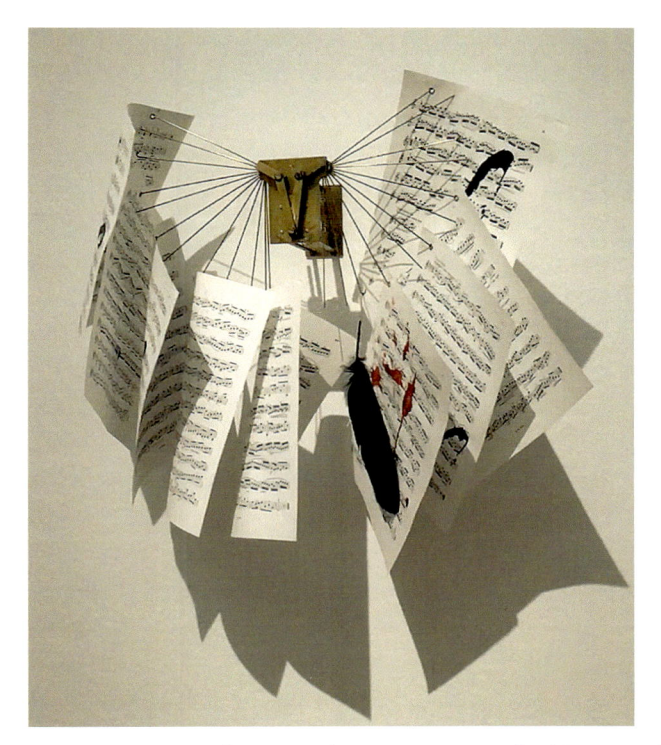

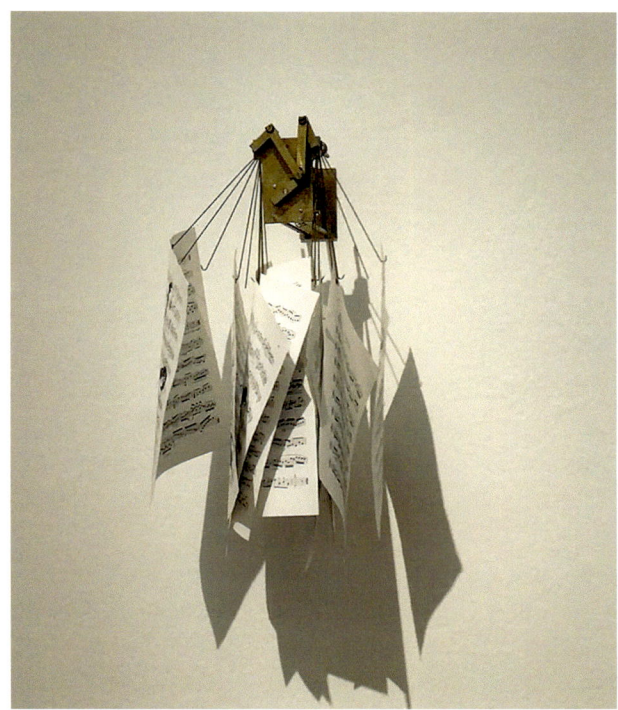

80 Rebecca Horn, *Floating Souls,* 1994, Partitur, Feder, Tinte, Metallkonstruktion und Motor (Momentaufnahmen).

sich anschliessend bis zum fast tonlosen morendo zurückzunehmen. Diese Bewegung ist nicht einfach konstant da, sie geht unvermittelt und scheinbar ohne äusseren Anlass los, um ebenso unerklärlich wieder zu enden. Das bewirkt, dass wir vor jedem anderen, neu entdeckten Objekt der Ausstellung mit Spannung lauern, was geschehen wird.

Vor dem rechteckigen Acrylkasten zum Beispiel, auf dessen Boden ein Paar Schuhe liegen, die – mit den Sohlen zur Schauseite gedreht – über einen Draht mit einem offen auf das Gehäuse gelegten Buch verbunden sind (Abb. 81). Beinahe warten wir mit den Schuhen, dass etwas in Gang kommt. Und wirklich – ganz unvermittelt – beginnt sich das Buch langsam zu- und wieder aufzuschlagen. Es zieht dabei leicht am feinen Draht, so als möchte es die Schuhe bewegen, was dann aber doch nicht geschieht. Kafka-Zyklus nennt die Künstlerin dieses dreiteilige Werk, das noch zwei identische Boxen, mit Koffer und Regenschirm anstelle der Schuhe, umfasst.

Auch ohne Kenntnis der Titel erzählen uns diese Objekte Geschichten ohne Anfang noch Ende. Ähnlich wie Bissières *Chevrier* oder Wols' *Voyage*, deren einzelne Figuren nicht einfach nur für sich stehen, sondern sich vor unseren Augen zu einem Gedicht fügen, dessen Gehalt sich uns in immer erneuerter Weise zeigt.

81 Rebecca Horn, *Kafka-Zyklus*, 1994, Plexiglas, Metall, Schuhe, Draht, Buch, Motor (Momentaufnahme eines Ausschnitts).

Auf dem Streifzug durch Horns ureigenen Kosmos lässt mich kaum ein Werk unberührt. Die Vielstimmigkeit ihrer Objekte führt von einem Imaginationsraum in den nächsten, in welchem sich zwischen dem sanften auf und ab von Pfauenfedern und wie aus dem Nichts an die Wand schlagenden Hämmern ein immer neu entstehendes Zusammenspiel von oftmals auch gegensätzlichen Empfindungen einstellt. Viele dieser Installations-Objekte lassen mich aufmerken, berühren mich in ihrem – ja – leicht melancholischen Ausdruck. Die sich in langsamer Abfolge wiederholenden Bewegungen der zweckentfremdeten Objekte binden mich in die Zeitlichkeit ihres sinnlosen und doch scheinbar völlig ordnungsgemässen Eigenlebens ein. Sie wirken leicht, anmutig, und in einer eigentümlichen Weise schön. Ich kann nicht anders, als manchem von ihnen – im Einklang mit vielen Kunstkritikern und Künstlern – eine poetische Kraft zuzuschreiben. In den zahlreichen Youtube-Filmen über Rebecca Horn erfährt man von der Künstlerin – wohl weil das Fragen sonst nie aufhören würde – wovon dieses und jenes bestimmte Werk handelt. Als poetisch erfahre ich sie indes vor allem, wenn ich nichts von dieser konkreten Bestimmung weiss.

4.4.2. Helen Martens Poesie zwischen bewegter Form und Literatur

In den Videos der 1985 geborenen Helen Marten erwachen Objekte zum Leben; sie werden gleichsam zu selbstständig agierenden Subjekten, ohne deshalb ihr materiales Gemachtsein zu verleugnen. Die Künstlerin lockt mit verschiedenen Bedeutungsebenen, die sie über philosophische Gedanken und zeichenhafte Anspielungen in Beziehung zueinander setzt.

In *Orchids, or a hemispherical bottom* von 2013, einem Video, das knapp 20 Minuten dauert, zieht ein Sammelsurium von Dingen an unseren Augen vorbei (Abb. 82).[931]

Eine männliche Stimme verbindet in einem ausgesprochen expressiven Erzählton mittels einer literarisch elaborierten Sprache die vor uns auftauchenden und wie selbstverständlich wieder aus dem Bildraum entschwindenden Objekte zu einer Art Geschichte, die absolut keinen Sinn ergibt, und die wir dennoch als stimmig, ja selbstverständlich hinnehmen. Die konkreten, scheinbar beliebig zusammengewürfelten Gegenstände fügen sich mit erratischen Zeichnungen souverän zu einer hermetischen „Wirklichkeit". Sie ist einfach da, wir können sie erfahren und sie berührt uns, auch wenn sie für unseren Verstand nicht dekodierbar ist. Ab und an möchte man eines der vorbeiziehenden Bilder anhalten; manches unter ihnen würde für sich ein kleines dadaistisch anmutendes Kunstwerk hergeben. Die einzelnen, traumartigen Szenen liegen wie Collagen nebeneinander. Von der einen zur anderen gelangen wir über skurrile Sprünge, die der Erzähler uns jedoch mit überraschender Leichtigkeit bewältigen lässt. Denn die Wörter der Dichtung spielen über Klänge und Alliterationen mit unserer Imagination. Der beschwörende Sprechduktus verheisst die Erfah-

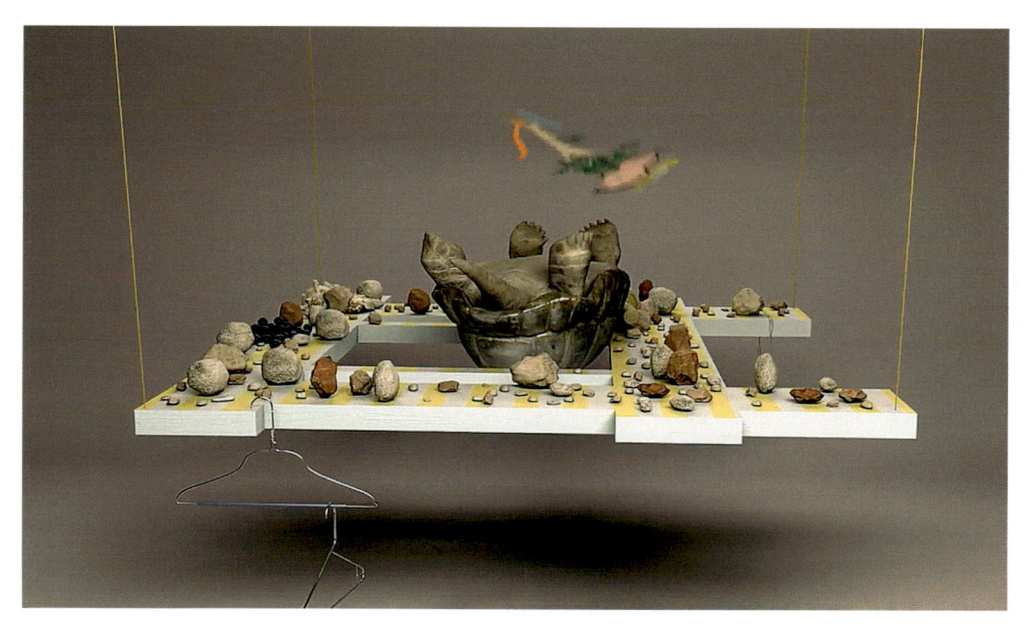

82 Helen Marten, *Orchids or a hemispherical bottom*, 2013, Film Still, 5:32.

rung eines signifikanten Gehalts, der jedoch bestenfalls sinnlich, affektiv und intuitiv zu erlangen ist. Wenn sich die Assoziationen in wundersamer Weise an die ruhig bewegten oder sich vor unseren Augen verwandelnden Figuren schmiegen.

Zwischen Verführung und Verstörung ergreift uns die Künstlerin und nimmt uns mit in ihr hybrides Universum, in welchem offensichtlich nichts dem Zufall überlassen wurde. Die Welt, welche uns Helen Marten in diesem Video vorführt, ist „komplex und eklektisch, aber auch spielerisch, vielschichtig, verdichtet und immer prägnant", kommentiert Rein Wolfs im Kunstmagazin Parkett anlässlich einer umfassenden Darstellung ihres künstlerischen Werks.[932] Die Gegenstände und Assemblages, die wie aus dem Nichts auftauchen; die Bilder, welche vor unseren Augen buchstäblich auf- und wieder abgerollt werden: Sie sind so disparat und dennoch geheimnisvoll verbunden, dass wir sie – immer neu und anders – zu einem Sinngehalt verknüpfen. Dennoch erkennen wir in ihnen allmählich auch eine gewisse Struktur und Ordnung. Wie ein beschwörender Refrain wiederholt sich in sprachschulmässiger Deutlichkeit – wenn auch unterschiedlich betont – eine dreimal gesprochene „Blaubeeren-Sequenz"; nach viereinhalb, dann nach zehn Minuten und nach weiteren viereinhalb Minuten erneut zum Abschluss des Werks. Bei diesem letzten „Zauberspruch" frage ich mich, ob mir etwa gerade ein Erwachsener ein viel zu schwieriges Märchen erzählt hat, dessen Inhalt ich nicht verstanden habe, aber von dem ich weiss, dass es schön und wahr ist.

Das Video lässt uns ratlos zurück, aber doch auch irgendwie verändert. Und neugierig auf ein erneutes Eintauchen, weil wir wissen, dass es uns schon ab dem ersten Bild wieder faszinieren wird. Vielleicht lässt es sich noch besser verstehen. Wie die Blaubeeren-Sätze.

In einem Gespräch von Marten mit den Künstlern Jordan Wolfson und Uri Aran erfahren wir von ihrem bewussten Spiel zwischen sinnlicher Befriedigung und denkerischer Ausweglosigkeit:

> „Das lässt sich zum Beispiel mit Verzögerungsstrategien erreichen, indem man reine Beschreibungen durch Anspielungen ersetzt, um die Geschwindigkeit, mit der angehäuftes Zeug dekodierbar wird, zu drosseln. Als würde man Materie, Form und Stil zwischen einer höchst realen Welt und einer anderen, die nur einen lockeren Bezug zur Realität hat, hin und her transponieren. Das macht die Bilder elastischer."

Das Material, sagt sie, fordert eine spezifische Behandlung; es zwingt sie, das Konzept des Werks im Laufe seines Entstehens immer neu zu überdenken.[933] Den Titel, der uns nicht wirklich ins Werk begleitet – und der dieses gerade deshalb spiegelt – erfindet sie sicherlich im Nachhinein.

Orchids, or a hemispherical bottom ist ein Kunstwerk zwischen Sprache und bewegtem Bild. Lässt es sich nach der in dieser Schrift vertretenen Theorie nicht der eigentlichen *Bild*-Poesie zuordnen, so hat es dennoch einiges mit den Gemälden unserer Bild-Poeten gemeinsam. In seinem Bedeutungsreichtum erfahren wir das Video wie ein hermetisches Gedicht: als in sich gültiges Universum voller lebendig erscheinender Elemente, die sich scheinbar ohne konkretes Ziel dem freien Spiel von Assoziationen darbieten. Wie Bissière seine *Grande composition* durch die innere Rahmung als geschlossene Einheit präsentiert, bindet Marten die disparaten Objekte über den scheinlogischen, aber ausdrucksstarken Sprechduktus in einen fast musikalischen Rhythmus ein und so zu einer durchwegs undurchdringbaren und dennoch stringenten Einheit zusammen. Die Künstlerin hält mit diesem Video unsere Sinne, unser Denken wie unsere Gefühle in spannungsvoller Aufmerksamkeit: Sie schenkt uns, es ist fast nicht anders zu benennen, ein umfassendes Erleben von Poesie.

4.5. Pedro Wirz – Naturethik durch Poesie und Schönheit

Der ethische Aspekt von Poesie und Schönheit ist im Vorangehenden mehrfach theoretisch ins Feld geführt worden, wenn es darum ging, das schön Erscheinende vom apriorischen Verdacht des Oberflächlichen und Harmlosen zu befreien. Einblicke in die Ausstellung *Environmental Hangover* von Pedro Wirz 2022 in der Kunsthalle Basel zeigen, wie eindringlich uns die emotionale Erfahrung von Schönheit auch für ein besseres Leben motivieren kann – wenn sie ein Wissen um unersetzbare Werte zu vermitteln vermag, die über das rein intellektuelle Verstehen einer Botschaft hinausreichen.[934]

Der Zugang zur Ausstellung von Pedro Wirz ist optisch von innen her versperrt durch eine riesige schwarze Kugel (Abb. 83). Nur der lächerlich klein wirkende Türrahmen scheint diese daran zu hindern, ins Foyer des Museums, von da aus beschleunigt durch die abgehende Treppe über die Ankommenden hinweg das Portal durchbrechend auf die Strasse zu rollen. Denn dort gehört sie hin, die Kugel aus Bitumen, Erde und Styropor, die wie der übergrosse Bauch eines Schneemanns im rollenden Ansammeln von Material auf frisch geteerten Wegen über jegliches lenkbare Mass hinaus gewachsen zu sein scheint. Es ist unsere Erde, die wir bald ganz mit Teer, Abfall und anorganischem Schutt überzogen haben werden, schliesst man auch ohne den Blick auf das unmissverständliche Ausstellungsplakat.[935]

Dieser wenig einladende Anblick verlangsamt schon einmal unseren selbstsicheren Schritt in den ersten Ausstellungsraum. Was uns da begegnet, sind geheimnisvoll anziehende, matratzenförmige Objekte aus bunten, zusammengehefteten Stoff- und Lederresten, die uns mannshohe Ausschnitte aus lebendig anmutenden Welten zeigen: Abstrahierte, ineinander verwickelte Wurzeln, Blumen, Sträucher, Bäume, mäandernde, an Blutadern gemahnende Flüsse und seltsame Vögel sind da zu sehen sowie immer auch wieder Höhlen, vielleicht Nester von irgendwelchem Getier (Abb. 84–86). Und Augen – von überall her betrachten uns Augen, einzeln oder auch einmal als Paar. Und da wird das Nest plötzlich zur klaffenden Verletzung im Baum, dort zum klagenden Maul. Sein Inneres ist aus demselben Material wie die todbringende Kugel, die ihre Schmutzspur aus alten, eingeteerten Kleidern durch die gesamte Raumlänge gelegt hat, sodass man sie immer im Auge behalten muss: der Weg von einer Saal-Seite zur anderen erfordert einen gezielten Schritt, um die runzelig eingetrocknete Schlacke zu überqueren. Lockten uns die Objekte zunächst mit den nahezu pulsierenden Komplementärfarben und ihrer dennoch warmen Stofflichkeit wie auch mit der sichtbar handwerklichen Faktur, so werden die Störungen in der Schönheit dieser verzauberten Welt immer spürbarer.

Titel sind bei den Objekten keine angebracht – wir dürfen also sehen und erleben, ohne gleich erklärt zu bekommen, wovon sie handeln. Einen Text zur Ausstellung gibt es an der Kasse, aber brauchen wir ihn denn? Informationen zu Materialien und Faktur der Objekte sowie interessante Hintergründe und Zusammenhänge mit der brasilianisch-schweizerischen Herkunft des

83 Pedro Wirz, Installationsansicht *Environmental Hangover*, Kunsthalle Basel 2022, Blick v.l.n.r. auf *Exúvia*, *Coro de Princesa (Sumaúma)*, *Coro de Princesa (Seringa)*, *Coro de Princesa (Envira Preta)*.

84, 85, 86 Pedro Wirz, *Coro de Princesa (Sumaúma)*, 2022, *Coro de Princesa (Amarelão)*, 2022, *Coro de Princesa (Matamatá)*, 2022.

Künstlers können vermittelt werden. Es sind Dinge, die der Künstler in Interviews – immer mit einem koboldhaften Schmunzeln, das „vielleicht" zu sagen scheint – zu seinen Werken erzählt: von Spannungsfeldern zwischen der Sehnsucht nach unberührter Natur und dem Begehren nach technischer Weiterentwicklung. *Coro de Princesa*, heissen die Wandobjekte, *Exuvia* – abgestreifte tierische Körperhülle – die Teerkugel. Mit solchen symbolisch aufgeladenen Werktiteln führt der Künstler diejenigen in seine Vorstellungswelt, welche von der dichterischen Anmutung des sichtbar Mehrdeutigen nicht schon spontan erfasst worden sind.

Wie diese Artefakte uns ergreifen, lässt sich allerdings kaum mit Worten beschreiben – die Botschaft steckt in der emotionalen Erfahrung ihres lebendigen Ausdrucks. Was genau sie ausdrücken, ist ebenfalls unklar: es ist der Rhythmus der tanzenden Farben und der naturhaft verschlungenen Formen, der uns mit sich fortträgt. Dieser sinnliche Appell der Stoff-Exponate ist in hohem Mass poetisch. Die fast klanglich hörbaren Farbharmonien von einigen dieser Universen treiben über die leibliche Anziehung hinaus ihr undurchdringliches Spiel zwischen identifizierbaren und abstrakten Formen. Immer wird uns vor Augen geführt, dass es ein handwerklich Geschaffenes ist – es sind Stoffresten, wie wir sie zu Hause liegen haben, die da und dort mit Heftklammern zu einer organisiert unstrukturierten Urwald-Erscheinung zusammengefügt wurden. Oder Lederteile, welche gerade wegen ihrer abstrakten Formen an Tiere erinnern, die nicht in diese Umgebung gehören. Es wird keine Illusion von Tiefe simuliert – die Höhlen sind regelrechte Löcher im Korpus der Objekte. Im *Coro de Princesa (Matamatá)* kann die Öffnung ebenso als sorgfältig geformtes, Geborgenheit verheissendes Nest wie als Wunde oder als schmerzverzerrtes Maul gelesen werden (vgl. Abb. 86). Die beiden schief stehenden Glasaugen drücken Sorge und Angst, das untere für sich gesehen auch Angriffsbereitschaft aus.

In zahlreichen Andeutungen vergegenwärtigt uns der Künstler mit seinen Gebilden eine von Menschenhand noch unberührte Natur mit einer Vielfalt von kaum erkennbaren, aber überall erahnten Lebewesen, die je nach unserem Standort und Blickwinkel aus dem dichten Gesträuch hervorlugen. In Augenblicken ästhetischer Resonanz mit der Fülle dieser Erscheinungen vermitteln uns Imagination und Gefühl ein unaussprechbares Wissen darüber, worum es in dieser Ausstellung geht. Dazu gehört die Erkenntnis, wie unwiederbringlich die von uns angestossene, scheinbar unaufhaltbar rollende Teerkugel Schneisen in unsere Wälder und Landschaften schlägt und dabei alles Lebendige platt walzt. Im Empfinden des unersetzbaren Wertgehaltes einer unberührten Natur erkennen wir die Notwendigkeit, ihr so gut wie nur möglich Sorge zu tragen. Die legendäre Zwitterfigur der brasilianischen Volklore *Curupira (Chapéu Telúrico),* deren Kopf aus Stoffabfällen baumartig in den Himmel wächst und einer fernen Sonne zustrebt, scheint im Unterschied zu uns diese symbiotische Verschmelzung mit der Schöpfung nie verloren zu haben (Abb. 87).[936]

87 Pedro Wirz, Installationsansicht, *Coro de Princesa (Amarelão)*, 2022 (re.), *Chapéu Telúrico*, 2022 (li.), *Ovo Espacial*, 2022 (Boden).

Die umweltethische Botschaft von *Environmental Hangover* ist umso stärker, als die künstlerische Installation nicht mit dem üblichen Droh- und Mahnfinger auf die kaum zurücksetzbaren Vergehen an unserer Lebenswelt zeigt, sondern indem sie uns die Natur als wesenhaftes, liebenswertes und deshalb zu behütendes Gegenüber nahe bringt. Im Blick, der da und dort aus dem Dickicht auf uns trifft, sehe ich für uns als Zurückblickende eine Chance, uns selber erneut als symbiotischen Teil eines uns allen anvertrauten Lebensraums zu erfahren. Haben wir uns ganz zu Anfang unserer Auseinandersetzung mit Bildpoesie bei Klees *Mit dem Adler* gefragt, ob das Gemälde als eine sinnlich dargebotene Traumwelt, als politisches Statement oder doch eher als Poesie zu lesen sei, so ergibt sich aus den wenigen Einblicken in die Ausstellung von Pedro Wirz die Erkenntnis, dass sich die unterschiedlichen Lesarten nicht gegenseitig ausschliessen. Im Gegenteil: Eine solche Installation vermag über sinnliche Verzauberung und poetisch vieldeutiges Raunen ein implizites, gefühltes Wissen davon zu vermitteln, was auf dem Spiel steht. Solche ethischen Einsichten entfalten zuweilen von der Basis her eine stärkere politische Wirkmacht als ein wortgewandt faktenträchtiges Argumentarium aus dem ökopolitischen Werkzeugkasten. Schönheit und Poesie können in höchstem Mass ethisch wertvoll wie auch politisch wirksam sein.

Als Abschluss der Betrachtungen zur Möglichkeit von Poesie in künstlerischen Produktionen der Gegenwart wollen wir uns nun noch einmal ein Bild ansehen, dessen Erscheinung an Klees *Mit dem Adler* erinnert, das jedoch unter grundlegend anderen Voraussetzungen entstanden ist.

4.6. Unerreichbare Spiritualität im Schein von Poesie

Zuweilen werden auf dem Kunstmarkt Bilder angeboten, die uns unmittelbar an Bild-Poesie denken lassen. So erinnert Ginger Wikilyiris farbenprächtig in Rot-, Orange- und Gelbtönen flirrende Komposition mit Tieren, Büschen, Bäumchen und vielen abstrakten Formen spontan an Klees Adler-Bild, nur dass es viel grösser ist als dieses und uns entsprechend mehr noch auch über unseren Leib ergreift (Abb. 88):

Mit seinen 1,2 Metern Breite kann das 2017 entstandene Gemälde in polymeren Farben auf Leinwand gerade noch mit ausgestreckten Armen getragen werden. Überall sind tiefschwarze Rundflächen zu sehen, jede von ihnen ist von einem rötlich-erdfarbenen Hof umgeben, der seinerseits durch einen kreisrunden Ring aus weissen Tupfen durchbrochen ist. Stark abstrahierte, kindlich anmutende Zeichen für Pflanzen und Tiere lassen an eine belebte Landschaft denken, die einzelnen Elemente aber finden in diesem gepunkteten Universum ohne Perspektiven nicht recht zusammen. Das Bild stellt keinerlei Anspruch auf eine Illusion von Wirklichkeit, sondern zeigt sich auch in seinen farblich und formal rhythmisierten Wiederholungen deutlich als Gemaltes. Die durchgehend opake Struktur dieser Malfläche lichtet sich nicht einmal an den helleren Stellen. Unser Blick prallt gewissermassen an der undurchdringlichen Oberfläche ab. Damit findet auch unser Vorstellungsvermögen kaum einen Weg, um gleichsam hinter die Farben ins Bild hinein zu gelangen. Das Erkennen eines Gehalts wird dadurch erschwert.

Es ist nicht klar, was das Bild ausdrückt – vielleicht ein Gefühl von Geborgenheit: Alles Lebendige ist von den warmen Orange-Rot-Tönen umgeben. Aber dazu fehlt die Vermittlung eines Raumgefühls. Dennoch wirkt die Erscheinung anziehend in ihren als musikalisch erlebten Farbharmonien. Sie ist geheimnisvoll aufgeladen mit etwas Fremdem, wozu wir keinen Zugang haben, und das uns dennoch vertraut vorkommt.

Vieles verbindet dieses Bild von Ginger Wikilyiri mit den Gemälden unserer Bild-Poeten. Was es von diesen unterscheidet, ist jedoch etwas Grundlegendes: Der Künstler gehört zu den australischen Aborigines. Er ist 1932 in Nyapari, Südaustralien geboren, wo er heute noch lebt und arbeitet.[937] Diese biographische Gegebenheit bedeutet, dass – was uns auf den ersten Blick als abstrakt und mehrdeutig erschien – auf einem Missverständnis beruhen. In einem eingehenden Artikel zur Kunst der Aborigines erklärt Henrike von Spesshardt, dass es sich bei den Kreisen, Linien, Punkten oder auch bei den monochromen Flächen teilweise um jahrtausendealte zeremonielle Muster handelt, die von den Künstlern jeweils neu interpretiert werden. Die Malerei der indigenen Kultur Australiens diene einst wie heute dazu, uraltes und „heiliges Wissen zu praktizieren und weiterzugeben". So sind diese Bilder untrennbar mit der Spiritualität der Ureinwohner dieses Kontinents und der Weitergabe von dessen Schöpfungsgeschichte, dem „Tjukurpa", verbunden.[938] In einem Video erklärt der Maler Wikilyiri in seiner indigenen Sprache, dass er die Geschichte seines angestammten Landes *Kunamata* male:

„Ich male meine Geschichte, die Geschichte der Bäume, der Steinhöhlen, die Vögel, die ich höre. Meine Bilder sind über mein Land. Ich skizziere zuerst, was es da alles gibt, ich zeichne die Emu-Vögel, die Bäume, die Wasserstellen – dann gebe ich die Farben hinzu. Wir haben unseren Ort auf diese Bilder gemalt, unser *Tjukurpa* gemalt und in der Zeit festgeschrieben, damit die Generationen, die nach uns kommen, unseren Ort sehen und fühlen können und dieses Wissen weiter tradieren."[939]

88 Ginger Wikilyiri, *Ilpin*, 2017, Synthetisches Polymer auf Leinwand, 100x120 cm.

Dieser Ort, so lässt sich aus dem Titel schliessen, nennt sich *Ilpin*. Unterschiedlicher könnte dieser kreative Ansatz gegenüber Klees künstlerischem Schaffen nicht sein. Und dennoch: Auch Wikilyiri macht mit dem *Tjukurpa* etwas Unsichtbares sichtbar – aber nur für diejenigen, die es in seiner geistigen Dimension zu erreichen vermögen. Heute sind uns zwar einige der gängigen Muster und Symbole der australischen Wüstenkunst zugänglich, andere wiederum sind nach wie vor so komplex, dass nur der Künstler oder die Eingeweihten der entsprechenden Gemeinschaft sie dekodieren können – „will man sie denn ihrer Mystik berauben", fügt von Spesshardt lakonisch hinzu.[940]

Das Geheimnis von Wikilyiris Bild besteht für uns, so lange wir es nicht in seiner figürlichen Bedeutung festzulegen versuchen. Zu seiner spirituellen Dimension aber, zur eigentlich „richtigen" Interpretation haben wir aus der Perspektive unserer Kultur keinen Zugang, auch wenn wir uns ernsthaft in diesen Kosmos vertiefen und mit unseren Seh- sowie Denkgewohnheiten zu brechen versuchen. Und dennoch gibt es sie – auch wenn nur der weiseste unter den weisen Aborigines dieser spezifischen Gemeinschaft erahnen kann, was genau dieses Gemälde im Verborgenen aufscheinen lässt. Trotz der vielen Ähnlichkeiten mit bildpoetischen Gestaltungen ist Wikilyiris Gemälde in seiner konkreten Bedeutungsintention als religiös oder spirituell, nicht aber als bildpoetisch zu begreifen.

Es ist wohl dieses Wissen um die für uns unerreichbaren Geheimnisse einer fremden Kultur und Spiritualität, das immer mehr Kunstsammler an diesen Bildern fasziniert. Zudem sind solche farbenfroh lockenden Bilder auf dem heutigen Markt für Gegenwartskunst selten anzutreffen. Im Zeichen des Fremdländischen und Ursprünglichen setzen sich Händler wie Käufer weniger dem allgegenwärtigen Verdacht von Kitschverhalten aus.

Dennoch bleibt zu hinterfragen, ob es richtig ist, dass diese Bilder aus ihrem Kontext herausgerissen und an europäischen Kunstauktionen angeboten werden. Experten betonen, dass nicht jede künstlerische Schöpfung der Aborigines für den internationalen Kunstmarkt geeignet sei. Aber nach welchen Kriterien wird „Geeignetes" ausgewählt? Riskieren wir damit nicht, dass sich unsere Kriterien über eine Erfolgsquote im Handwerk dieser Aborigines niederschlagen und dass letztlich – jenseits ihrer spirituellen Funktion – nur noch Bilder produziert werden, die den Europäern gefallen? Der Gehalt ihrer traditionellen bildnerischen Praktiken würde damit entleert.

4.7. Fazit: Vom poetischen Kleinod zur multimedialen und installativen Poesie

Der Versuch, die im Vorangehenden herausgearbeiteten Aspekte und Eigenschaften von Bild-Poesie auf Kunstwerke der Gegenwart anzuwenden, war mangels einschlägiger Beispiele wenig ergiebig. Die These, dass auch heute noch bildpoetische Werke in erneuerter Form entstehen, konnte dennoch bestätigt werden. Für eine Feststellung, wie zahlreich solche Bildwelten im Verhältnis zu anderen künstlerischen Produktionen sind, mangelt es auf der einen Seite an einer umfassenden Sicht auf infrage kommende Bilder, denn solche geraten nur schwer in den Wahrnehmungsbereich des öffentlichen Kunstgeschehens. Zudem fehlt auch die historische Distanz, um abschliessend über ein Vorkommen von Bild-Poesie im 21. Jahrhundert urteilen zu können.

Es ist nicht auszuschliessen, dass im Laufe der Jahre auch weniger spektakuläre Kunstwerke wieder an die Oberfläche dringen und darunter noch eindeutigere Beispiele von Bild-Poesie sichtbar werden. Womöglich verhält es sich mit diesen wie mit den erwähnten Sammlungsstücken aus der Moderne: Sie gelangen im Einzelfall gewissermassen als Beifang eines umfänglichen Konvoluts ins Blickfeld. Oder sie bleiben als Element einer Installation in den Kommunikationsmedien „hängen". Es ist fraglich, ob Henrots *Alloscendency* oder Fürnkäs' Zeichnung wahrgenommen worden wären, wenn die Künstlerinnen nicht durch ihre Installationen und Videos einen internationalen Ruf geniessen würden.

„Poesie", so scheint es, wird heute eher empfunden, wenn ein Kunstwerk möglichst viele Sinne gleichzeitig anspricht. Was wir in der Erfahrung von dichterischer Prägnanz in einem Bild von Wols an emotionaler Kraft einbringen müssen, um uns einem künstlerischen Gehalt zu nähern, wird in den multimedialen Werken gleichsam „nach aussen gestülpt", das heisst, es wird uns mehr oder weniger konsumfertig auf einem Tablett serviert. Nach einer Moderne, in welcher unsere Fähigkeit zur emotionalen Resonanz mit dem Kunstwerk zumindest angeschlagen ist, könnte es sinnvoll sein, die Menschen mit umfassenderen Reizen abzuholen. Meral Alma überrollt unsere Sinne förmlich mit dem monumentalen Format und den grellen Farben, um uns letztlich dennoch leise Geschichten zu erzählen. Ob vor diesem Makrokosmos von unzähligen Bild-Fenstern auf private Welten, in Rebecca Horns bewegten Sinn-Spielen oder in Helen Martens beschwörendem Video: Für eine Erfahrung von Poesie ist nicht entscheidend, was die Künstlerin inszeniert, sondern *wie* sie es gestaltet. Es kommt auf jedes Detail an. Wenn da ein Notenbündel sich gleichsam selber dirigiert, sind Ausmass, Geschwindigkeit wie Dauer der Bewegung und sogar das schnatternde Geräusch des rudimentären Antreibers, bis hin zum Ort der Tintenkleckse auf den Blättern, von Bedeutung. Die Raumstimmung selbst kann imaginative Bereiche in uns eröffnen. Besonders wo die Eindrücke in der räumlichen Fortbewegung von einem Objekt zum anderen verblassen, helfen Geräusche, um eine immersive Kontinuität zu erhalten.

Unbewegt, lautlos und doch in starker Prägnanz erfahren wir die sinnlich verzaubernden und zugleich beklemmenden Universen von Pedro Wirz. Das Spannungsfeld zwischen diesen diametralen Wertgehalten vermag uns im Sinne einer geheimnisvoll stimmigen Gegenwart zu fesseln. Was vermittelt wird, erscheint uns grundlegend wahr, auch wenn wir konkrete Bedeutungen immer nur für Augenblicke erahnen. Wenn wir in einem unmittelbaren Jetzt-Erleben von gehaltvoller Wirklichkeit an die Schwelle des Zeitlosen gelangen, so dürfte man wohl berechtigterweise von Poesie sprechen.

Die Rückkehr zur Malerei mit Ginger Wikilyiris poetisch anmutendem Gemälde soll uns in Erinnerung halten, dass eine Erscheinung allein noch keine Bild-Poesie ausmacht. Mag der Anblick dieser märchenhaft verzauberten Welt uns ähnlich wie Klees *Adler* oder Steffens' *Abandonné* Rätsel aufgeben: Sobald wir um seinen einzig wahren, spirituellen und für uns unerreichbaren Gehalt wissen, spüren wir diesem nicht mehr in imaginierender Freiheit nach.

5. ERGEBNISSE VON TEIL III – VEREINZELTE HINWEISE AUF EINE TRANSHISTORISCHE BILD-POESIE

Ein Blick auf die Spielformen des Poetischen in der Malerei der Moderne hat uns für die Vielfalt der Erscheinungsformen, in welchen sich Bild-Poesie auch innerhalb eines einzelnen Œuvres manifestieren kann, sensibilisiert. In einer eingehenden Betrachtung von Gerhard Altenbourgs *Laban* sind die mannigfachen Übereinstimmungen mit den Bildern unserer Maler-Poeten sichtbar geworden. Ebenso wurde deutlich, dass die Familienähnlichkeiten nicht auf einer gemeinsamen, von Paul Klee abgekupferten Formensprache beruhen: Altenbourg hat zu einer eigenständigen Ausdrucksweise zwischen gegenständlichen Andeutungen und dichterischer Abstraktion gefunden. Anhand eines Bildes von Miró, dem für seine naiv anmutende Formensprache bekannten „poète-peintre", sind die grundlegenden Unterschiede zu einer Kinderzeichnung dargelegt worden. Wendet sich gerade dieser Künstler mit einer gleichsam kindlichen Neugierde einer neuen Bildschöpfung zu, so liess sich zeigen, wie das Werk im Entstehen offensichtlich Mirós ganzes künstlerisches Wissen und Können in Anspruch genommen hat, um ein Eigenleben und eine die Zeit überdauernde Kraft zu erlangen.

Bild-Poesie tritt oftmals auf, wo sie nicht erwartet wird. Im Gesamtwerk von Mark Rothko zum Beispiel spielt sie eine Vermittlerrolle auf dem Weg zu seinen abstrakten Farb-Meditationen. Poetische Miniaturen wie die Bilder von James Coignard und Lou Stengele werden mehrheitlich im Abseits der öffentlichen Aufmerksamkeit geschaffen. Dennoch können auch sie vereinzelt an die sichtbare Oberfläche dringen: durch Privatsammler wie Karl Im Obersteg oder Gottfried Anliker, die ein besonderes Sensorium und auch die entsprechende Handlungsfreiheit hatten, diesen sonderbaren „Gedichten in Farbe" nachzugehen, werden sie allmählich für die Nachwelt zugänglich.

Die Feststellung einer überkategorialen Gemeinsamkeit bei diesen Künstlern führt zur Frage nach der Möglichkeit einer transhistorischen Bild-Poesie: Ist diese Ausdrucksweise nicht an eine bestimmte Formensprache gebunden, so kann sie theoretisch auch vor Klee aufgetreten sein und in der heutigen Gegenwart neue Erscheinungsformen annehmen. Die Untersuchung von Bildern aus verschiedenen Epochen der Vergangenheit zeigt jedoch, dass diese in der Regel an einen eindeutigen Zweck gebunden sind und damit keinen Spielraum für die Wahrnehmung von Poesie lassen. Die abstrahierenden Formen fungieren als Aufzählungszeichen (*Garten von Nebamun*), oder als ornamentale Aufwertung einer gewichtigen Botschaft (*Moralia*-Handschrift); oder sie werden als Versuch einer Vergegenwärtigung des undarstellbaren göttlichen Geheimnisses eingesetzt (*Trinitätstuch*). Alle diese Bilder haben eine starke Präsenz, die auf eine Wirklichkeit jenseits des Dargestellten verweist; im bildpoetischen Sinn prägnant sind sie nicht. Wäre in der Anschauung nicht klar geworden, *was* gezeigt, ausgezeichnet oder vergegenwärtigt wird, hätten die Bilder ihren Zweck verfehlt. Anders indessen ist Bild-Poesie keine abstrahierende Verhüllung eines konkreten Geheimnisses, sondern sie ist selbst das Rätsel, für welches es keine eindeutige Lösung gibt. Ohne diese Autonomie gegenüber äusseren Zwecken ist Bild-Poesie nicht denkbar.

Die These, dass Bild-Poesie ein transhistorisches Phänomen ist, kann somit nur an Bildern der Nachmoderne, das heisst der heutigen Gegenwart verifiziert werden. Allerdings, so hat sich gezeigt, fehlt dazu nicht nur die historische Distanz, sondern insbesondere auch eine umfassende Sicht auf die gegenwärtige Bildproduktion. Die intimistische Natur dieser Gemälde erschwert ihr Auffinden in einer Kunstwelt, die mit monumentalen oder multimedialen Produktionen, mit spektakulären Performances wie auch mit synästhetischen Stimuli bei einem reizüberfluteten Publikum um Aufmerksamkeit ringt. Im *Zirkus des Lebens* von Meral Alma erfahren wir jedoch, dass auch überdimensionierte Gemälde kleine, geheimnisvolle Universen im bildpoetischen Sinn umfassen können. Ebenso lässt sich im Ensemble von Objekten einer Raum-Installation von Camille Henrot ein bildpoetisches Kleinod wie *Alloscendency* finden. Mit Rebecca Horn und Helen Marten haben wir den eigentlichen bildpoetischen Raum verlassen um zu zeigen, dass auch installative wie intermediale Kunstwerke Erfahrungen von Poesie für uns bereithalten. Die Objekte von Pedro Wirz machen für uns noch einmal die gehaltvolle Schönheit des Poetischen sichtbar.

Anhand von Ginger Wikilyiris Gemälde wird – diesmal aus der Perspektive der Gegenwart – erneut darauf hingewiesen, dass sich die Erfahrung von Bild-Poesie nur auf autonome Kunst beziehen kann. Bilder aus einem religiösen oder spirituellen Kontext dürfen nicht auf unsere Weise des Sehens reduziert werden. Im Wissen um ihre Herkunft und den eigentlichen Zweck ihres Geschaffenseins scheint es mir unangemessen und auch moralisch fragwürdig, sie unseren freien Imaginationen preiszugeben.

Nach diesem letzten Beispiel ist die Frage nach der Möglichkeit von Bild-Poesie im 21. Jahrhundert nicht abschliessend geklärt. Ein Rückblick aus der Zukunft auf die heutige Kunstproduktion wird vermutlich noch mehr bildpoetische Gestaltungen zutage fördern. Wir würden sie erkennen in der Erfahrung einer gleichsam musikalischen Verzauberung vor etwas Unfassbarem, das uns betrifft und berührt. Und dessen Sinn wir – wenn auch nur für die Dauer eines Wimpernschlags – fühlend verstehen und als wahr erkennen.

SYNTHESE BILD-DICHTUNG IN DER MODERNE

Bild-Poesie ist ein bildkünstlerisches Phänomen der Moderne. Einer betont gefühlsskeptischen Kunstwelt haben Maler-Poeten wie Roger Bissière, Didonet, Paul Klee, Otto Nebel, Hans Reichel, Hans Hermann Steffens, Wols und andere ihre bilddichterischen Schöpfungen entgegengestellt, die einen verstehenden Zugriff zwar verheissen aber zugleich untergraben. Die höchst eigene Ausdrucksweise dieser Künstler lässt sich nicht in eine formale Kategorie einordnen.

Bild-Poesie manifestiert sich graduell über charakteristische – strukturelle und expressive – Eigenschaften, die wir mit guten Gründen als dichterisch empfinden. Eine der wichtigsten Voraussetzungen für die Erfahrung des Poetischen im Bild ist die Mehrdeutigkeit des Gehalts, wie sie nur in autonomen Kunstwerken zu erwarten ist. In ihrer formalen Vielgestalt zwischen gegenständlichen Andeutungen und abstrahierenden Verfahren sind bildpoetische Merkmale nicht grundsätzlich an die Moderne gebunden, einige von ihnen sind auch in jüngeren Gestaltungen aufweisbar.

Der Gewinn eines Konzepts „Bild-Poesie" liegt – über die historische Feststellung einer „künstlerischen Familie" hinaus – in einer allgemeinen Sensibilisierung für die dichterische Prägnanz gewisser Kunstwerke. Genoss das Poetische ähnlich wie das Schöne in der künstlerischen Moderne einen zweifelhaften Ruf, so wird heute die Poesie-Metapher tendenziell inflationär für alles und jedes eingesetzt, was in irgendeiner Weise zu berühren vermag. Differenzierte Vorstellungen von der Möglichkeit visueller Poesie-Erfahrungen können verhindern, dass eine fortwährende Überbeanspruchung solcher Zuschreibungen reaktiv in eine Ära des intellektualistischen Umgangs mit Kunst mündet, wie dies nach der Romantik geschehen ist. Ein vertieftes Wissen um die kognitiven Aspekte des Gefühls sollte einer erneuten Hinwendung zu lebensfernen, vornehmlich rational unterfütterten Kunsttheorien Vorschub leisten. Der entspannte Umgang mit der poetischen Vieldeutigkeit dürfte auch in lebensweltlichen Bereichen unseren Sinn für die heuristische Produktivität des Mannigfaltigen befördern.

VERLAUF UND GRUNDLEGENDE ERKENNTNISSE

Im ersten Teil werden die kunsthistorischen Gründe für die Notwendigkeit dargelegt, bildkünstlerische Schönheit, Gefühl und Stimmung aus jüngster, emotionsphilosophischer Sicht zu beleuchten. Die wichtigste Erkenntnis im Hinblick auf die verbreitete Gefühlsskepsis der modernen Kunstwelt ist, dass Gefühle und Stimmungen kognitive Funktionen haben und zu phänomenalen wie praktischen Erkenntnissen führen können, die dem expliziten oder propositionalen Wissen gleichwertig sind. Unsere affektiven, intellektuellen, imaginativen und leiblichen Vermögen erfüllen komplementäre Funktionen in unserem mentalen Weltbezug, so auch in unserer Erfahrung von Kunstwerken. Vor dem Hintergrund dieser Einsicht um das fruchtbare Zusammenspiel von Sinnlichkeit, Gefühl und Verstand in der Wahrnehmung von Bildern verschieben sich die Werkbeschreibungen von der üblichen Strukturanalyse zusehends in die Richtung einer Evokation von sinnlich-emotionalen Erfahrungen. Dadurch kann eine Empfindung von Poesie vermittelt und anschliessend anhand der materialen Gegebenheiten begründet werden.

Der zweite Teil legt mit einer Einführung zu den prototypischen Merkmalen des lyrischen Gedichts die spezifischen Eigenschaften des Poetischen fest, die sich auf Bilder übertragen lassen. Die besondere Weise, wie uns Gedichte jenseits des intellektuellen Verstehens zu einer emotionalen Resonanz einladen, kann anhand beispielhafter Gemälde von sieben Künstlern der Moderne nachvollzogen werden. Jeder von diesen hat zu einem unverwechselbaren bilddichterischen Ausdruck gefunden. In einem zweiten Schritt werden Künstlerbekenntnisse einbezogen, um auch die Familienähnlichkeiten im Denken und Leben dieser Maler-Poeten sichtbar zu machen. Ein Blick auf die Rezeption ihrer Bilder zeigt, dass die Erfahrung von „Poesie" im Laufe ihrer Wirkungsgeschichte periodisch auftaucht und wieder verschwindet. Auch als „romantisch" werden sie da und dort bezeichnet, was aus kunsthistorischer Sicht die – meist negativ empfundene – Konnotation von „aus ihrer eigenen Zeit gefallen" mit sich bringt. Überlegungen zum Zeitkern der Kunst und zur besonderen Zeitlichkeit von Bild-Poesie führen zur Feststellung, dass diese überkategoriale Ausdrucksweise zu jeder Zeit als unzeitgemäss wahrgenommen werden muss, weil die Bilder in ihrer formalen Vielgestaltigkeit keinem Zeittrend ganz angehören. Grundsätzlich ergibt sich daraus die Möglichkeit, dass Bild-Poesie bereits vor der Moderne und bis in die heutige Gegenwart hinein in unterschiedlichen Gestalten zu finden ist.

Dieser Frage nach einer transhistorischen Bild-Poesie geht der dritte Teil nach. Zunächst wird das Blickfeld auf ihre vielfältigen Erscheinungsformen in der Moderne – auch innerhalb eines einzelnen Œuvres – erweitert. Die anschliessende Untersuchung von Bildern aus ferner Vergangenheit, welche visuelle Ähnlichkeiten mit Bild-Poesie aufweisen, führt zur Einsicht, dass das dichterisch Vieldeutige eher in autonomen Kunstwerken erfahrbar wird, die also weder einem bestimmten Zweck dienen noch eine konkrete Botschaft transportieren. In künstlerischen Gestaltungen der Gegenwart kann die Existenz von Bild-Poesie vereinzelt aufgewiesen und damit die Frage nach einer möglichen Überzeitlichkeit dieser Ausdrucksweise positiv beantwortet werden: Allerdings fehlen eine umfassende Sichtbarkeit der gegenwärtigen Bildproduktion wie auch die notwendige historische Distanz, um das Phänomen quantitativ erfassen zu können. Offensichtlich ist, dass auch künstlerische Installationen und Videos Erfahrungen von Poesie für uns bereithalten; wenn sie uns in stets sich erneuernde Abenteuer des Sehens, Fühlens und impliziten Verstehens entführen.

In der Moderne ist Bild-Poesie scheinbar eher bei männlichen Künstlern zu finden. Künstlerinnen wie Lou Stengele waren jedoch vermutlich nicht so sehr die Ausnahme, wie es aussieht; bloss hatten sie wohl noch weniger als ihre gleichgesinnten Künstlerkollegen Chancen, wahrgenommen zu werden. Frauen wie Meret Oppenheim oder Valie Export konnten sich mit eher progressiven oder anderweitig auffallenden, zuweilen dezidiert feministischen Positionen in den Vordergrund manövrieren. Anders scheinen nicht zuletzt in den multimedialen Kunstproduktionen des 21. Jahrhunderts häufiger Frauen die sinnlich-emotionale Dimension des Dichterischen auszuschöpfen. Dies wäre ein Forschungsfeld, welches aus einer zukünftigen Perspektive eröffnet werden könnte.

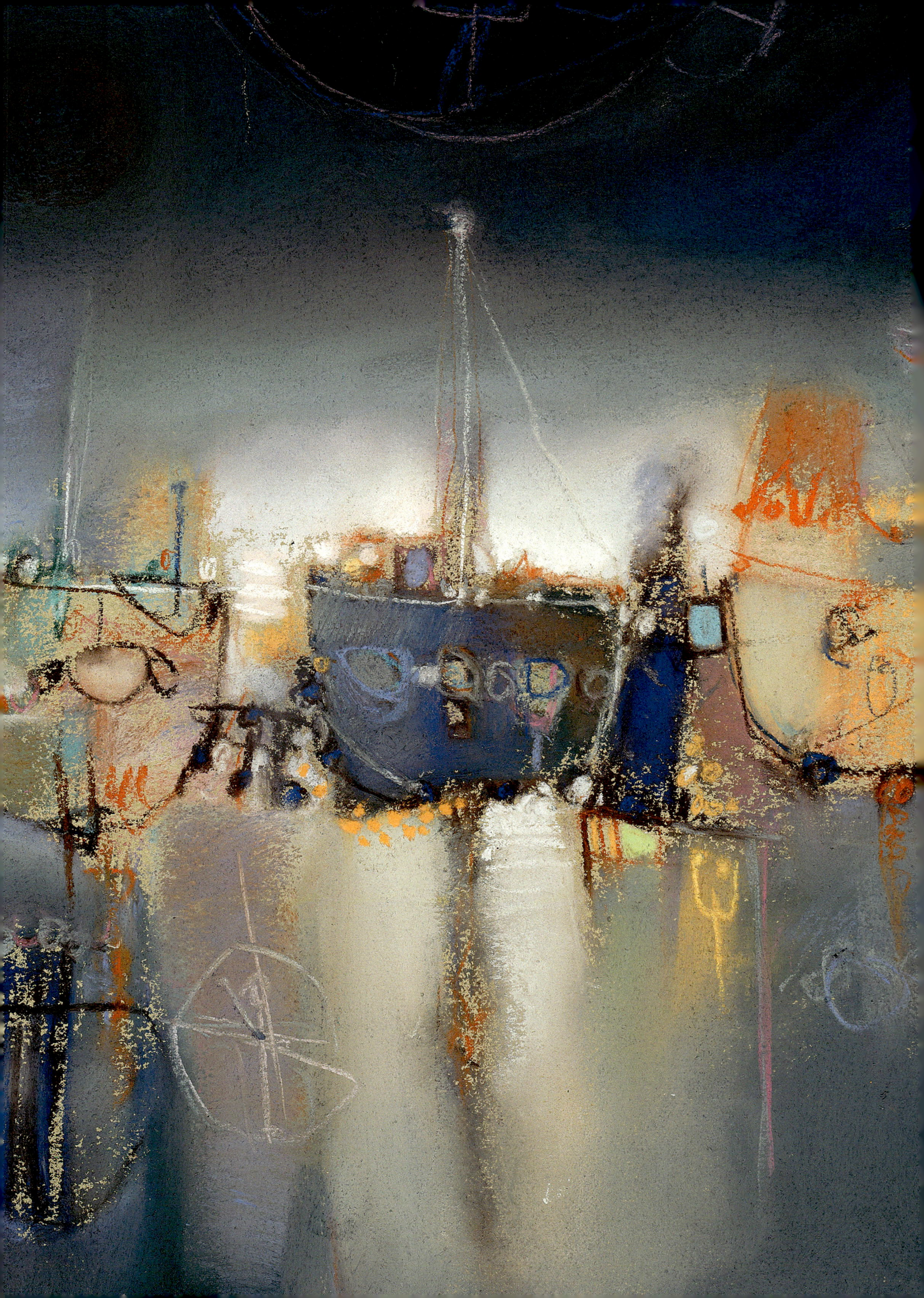

La peinture figurative impose la nature.
La peinture abstraite suppose la nature.
L'Art Poétique transpose la nature.

Didonet 1995

Die gegenständliche Malerei legt die Natur fest.
Die abstrakte Malerei denkt die Natur.
Bild-Poesie lässt die Natur in einem neuen Licht erscheinen.

Didonet 1995

ANMERKUNGEN ZU TEIL I–III

1. Aus Gründen der Lesbarkeit werden in dieser Schrift wechselnd männliche und weibliche Formen benutzt. Wenn im Kontext nicht ein konkretes Geschlecht angesprochen wird, gelten die entsprechenden Bezeichnungen stets wertneutral für alle Geschlechtsidentitäten.
2. Von Matt 1998/2 (*Was ist ein Gedicht?*), 112.
3. Noch der Kunsthistoriker Alois Riegl verwies im ausgehenden 19. Jh. auf die besondere Aufgabe der „modernen" Kunst, dem Menschen die „tröstliche Gewissheit von der Existenz jener Ordnung und Harmonie" zu verschaffen, nach welchen er sich angesichts der widersprüchlichen Herausforderungen der Erfahrungswelt sehnte (vgl. Wellbery 2003, 718; Alois Riegl, „Die Stimmung als Inhalt der modernen Kunst", in: ders., *Gesammelte Aufsätze,* Augsburg/Wien 1929, 28–39).
4. Axel Müller, *Die ikonische Differenz. Das Kunstwerk als Augenblick,* München 1997, 17 und 19. Diese Sehtheorien richten sich vor allem auf das Verständnis von physiologischen Mechanismen der Verbindung zwischen Auge und Intellekt und unterscheiden sich grundlegend von Theorien zur „leiblichen Wahrnehmung", anhand welcher etwa Helmut Plessner und Max Scheler die Kommunikation mit der Aussenwelt zu erklären versuchten. „Ikonisch" meint in diesem Kontext schlicht „bildhaft, anschaulich".
5. „Moderne" bezeichnet im Nachfolgenden die Kunst, welche durch die Impressionisten vorbereitet wurde und deren Künstler seit dem expressionistischen Bruch mit Perspektive und illusionistischer Wiedergabe des Motivs die Malerei als Experimentierfeld betreiben (Gombrich 1996, 561). Ob und wann sie von einer „Postmoderne" mit neuen ästhetischen Werten und einer Vielzahl an intermedialen Kreationsformen abgelöst wird, steht seit den 1970er Jahren zur Diskussion und ist bis heute ungeklärt. Deshalb wird hier als Zeitfenster der „Moderne" grob das 20. Jahrhundert festgelegt.
6. Der Begriff „Kunstwelt", 1964 durch Arthur Danto als „Artworld" eingeführt, bezeichnet eine Art „Diskursgemeinschaft", deren Teilnehmer über Gründe für die Bestimmung eines Objekts als Kunstwerk debattieren, vgl. URL (am 14.11.2021): http://links.jstor.org/sici?sici=0022-362X%2819641015%2961%3A19%3C571%3ATA%3E2.0.CO%3B2-6). Dieser vage Begriff wurde allmählich extensional ausgeweitet, sodass er heute ebenso die Kunstwerke wie auch KünstlerInnen, Kunst-Kritiker, -Historiker, -Händler, -Kuratoren sowie auch -Theorien umfasst (vgl. Maria E. Reicher, *Einführung in die philosophische Ästhetik,* Darmstadt 2010, 154).
7. Der Begriff „künstlerische Avantgarde" bezieht sich auf das erste Drittel des 20. Jhs. und fasst verschiedene künstlerische Strömungen zusammen, die nach Fortschritt und Erneuerung strebten.
8. Scruton 2011, 54.
9. Kant KdU § 16, A 52. Dazu auch Gadamer 2010, 51: zur unfreien Schönheit sind bei Kant „das ganze Reich der Poesie, der bildenden Kunst und der Baukunst zu zählen, wie auch alle Naturdinge, die wir nicht derart auf ihre Schönheit allein hin ansehen wie die Zierblume".
10. Zum reinen Geschmacksurteil als „interesselosem Wohlgefallen" bei Kant, das weder das Interesse der Sinne noch das der Vernunft einbezieht, vgl. Kant KdU § 5, A 15.
11. Gottfried Boehm bezeichnet diesen visuellen Grundkontrast zwischen der Materialität des Bildes und dessen Vermögen, über sich hinauszuweisen, d. h. zwischen der (simultanen) Ansichtigkeit der materalen Fläche und dem (sukzessiven) Aufscheinen-Lassen einer für sich sinnhaften Wirklichkeit als „ikonische Differenz", von welcher letztlich die Wirkungsstärke eines Bildes der Kunst abhängt (Boehm 1994, 30).
12. Zur Notwendigkeit der Einnahme einer ästhetischen Distanz zur Erfahrung *künstlerischer* Schönheit vgl. Scruton 2011, 88 und 135.
13. Scruton 2011, 52.
14. Zur Flucht vor dem Schönen vgl. Scruton 2011, 144–147. Scruton stellt fest, dass es keine Lebensformen gibt, in welchen das Ästhetische als „Zweck für sich" überflüssig wäre, und in welchen die Menschen ohne den Trost auskommen, den ihnen der Anblick des Schönen zu schenken vermag (ebd., 54).
15. Vgl. Scruton 2011, 3, zu den modernen moralischen Vorbehalten gegenüber der Hingabe an das Schöne. Scruton konstatiert mit Bedauern, dass ein Verständnis von Schönheit als letztgültigem Wert dem modernen Geist nicht mehr ohne Weiteres zur Verfügung steht.
16. Adorno 1973 [1970], 381.
17. Adorno 1973, 168. Es geht hier nicht um Adornos normative Vorbehalte gegenüber einer künstlerisch prästabilierten Harmonie (ebd., 75–79 und 237), sondern um die einander bedingenden Prinzipien: Dissonanz und Harmonie sind für Adorno im Sinne einer lebendigen Dialektik innerhalb des Kunstwerks aufeinander angewiesen (ebd., 168).
18. Adorno 1973, 55–60; 59: ein Kunstwerk hat sich gegen das vorangehende abzugrenzen.
19. Adorno 1973, 14.
20. Bertram 2011, 141. Vgl. auch I, 5.4.3.
21. Über das gegenseitige Aufeinander-angewiesen-Sein von Identität und Andersheit vgl. Adorno 1973, 263–264. Ein kitschiges Objekt wie Jeff Koons *amore* ist auf Identifikation und Bestätigung ausgerichtet.
22. Vgl. Freedberg/Gallese 2007, 198–199. Als ich 2017 mein Vorhaben, eine Dissertation über Poesie und Gefühl in der Malerei der Moderne zu schreiben, einem Lehrstuhlinhaber für Kunstgeschichte vortrug, meinte er schlicht, über „Gefühle" liesse sich nicht wissenschaftlich arbeiten.
23. Zu nennen sind etwa Henri Bergson, *Le rire,* Paris 1900; Theodor Lipps (Lipps 1914 [1903]); Oskar Kutzner, *Das Gefühl nach W. Wundt,* Leipzig 1912; Benedetto Croce, *Grundriss der Ästhetik,* Leipzig 1913; Robin George Collingwood, *The Principles of Art,* Oxford 1938.

24 Scheler 1973 [1913], 42. Aaron Ben-Ze'ev deutet mit Jon Elster diese althergebrachte „addiction to reason", die wohl mit unserem Selbstbild als rationale Wesen zusammenhänge, als irrational (Ben-Ze'ev 2000, 165).
25 Noël Carroll bringt die Vagheit der kunsttheoretischen Diskurse mit der Vagheit der damaligen Emotionstheorien in Zusammenhang, die sich erst ab den 1970er Jahren ansatzweise zu präzisieren begannen (Carroll 2003, 521–522).
26 Da sich die deutschsprachige Emotionsforschung – nicht etwa „Gefühlsforschung" – gegenüber den angelsächsischen in der Minderheit befindet, dominiert heute vor allem im kunstästhetischen Diskurs die lateinisch-stämmige Form Emotion: sie hat sich durch Übersetzungen von Autoren wie Nelson Goodman im deutschen Sprachraum mehrheitlich eingebürgert (vgl. z. B. Goodman 1997). Für die Übersetzung von Roger Scrutons Buch *Beauty* hingegen wählt Reinhard Kreissl für „emotion" konsequent „Gefühl", allerdings spricht er adjektivisch auch da von „emotionalem Mangel" (Scruton 2012, 241), was auch andernorts so gehandhabt wird.
27 Peter Prechtl, Art. „Emotiv", in: MLP 2008, 133.
28 Dorothea Lüddeckens, Art. „Gefühl", in: MLP 2008, 197.
29 Im vierbändigen Werk *Philosophy of Emotion* (Ben-Ze'ev/Krebs 2018) zeichnen zahlreiche Autoren in einem breit angelegten Überblick die unterschiedlichsten theoretisch-analytischen und phänomenologischen Positionen der jüngsten Emotionsforschung in kritischer Weise nach und beleuchten auch deren praktische, ethische und ästhetische Implikationen. Zudem kombinieren interdisziplinäre Aufsätze philosophische Analysen mit anderen Gattungen von wissenschaftlicher Forschung und tragen damit zur Konstitution eines sprachlichen Konsenses innerhalb des ständig anwachsenden Korpus verschiedenster Forschungsbereiche zum Verständnis dessen bei, was Gefühle sind und welche Funktionen sie haben. Weitere Beispiele sind Peter Goldie, *The emotions,* Oxford 2009; Aaron Ben-Ze'ev, *The subtlety of emotions* (Ben-Ze'ev 2000); Martha C. Nussbaum, *Upheavals of Thought. The Intelligence of Emotions* (Nussmaum 2001).
30 So etwa bei Levinson 1997; Hjort/Laver 1997; Herding/Stumpfhaus 2004; Löw-Beer 2004; Gaut 2007; Freedberg/Gallese 2007; Recki 2010; Lüdtke 2013; Flach 2016; Wettstein 2015; Knaller/Rieger 2016; Thomas 2018; Boehm 2018, Gabriel 2003, 2007, 2010, 2015; Nussbaum 2001; Krebs 2017, 2021.
31 Vgl. auch Roger Fayet, *Ästhetik der Rührung. Erkundungen auf dem Gebiet eines wenig angesehenen Gefühls.* Fayet zufolge ist Rührung ein vertrautes, aber nur selten reflektiertes Gefühl; es werde insbesondere im Kontext von Kunst als Anzeichen für fehlende Tiefe gesehen (Basel 2023).
32 Stein 2008, 24–25; Goldie 1999, 397–398 und 408–412.
33 Zu den Stufenmodellen zwischenmenschlicher Gefühle vgl. Scheler 1973 [1913], 19–48; Stein 2008 [1916] 11–30; Goldie 1999; Krebs 2015.
34 Schwartz 2009, 152; zu den Ursachen des Misskredits auch Anz MLÄ 2006, 90 und Löw-Beer 2004, 105. Die wiederholten Rückgriffe dieses Kapitels auf das MLÄ 2006 (Metzler Lexikon Ästhetik) und das MLP 2008 (Metzler Lexikon Philosophie) sollen mitunter darstellen, welche Aspekte von den Autoren im Rückblick auf die Moderne festgehalten worden sind.
35 Der auf Vischer zurückgreifende Handlungsaspekt des Schönen und die damit verbundene Vorstellung eines leiblichen Antwortgeschehens zwischen Kunstwerk und Rezipient wird im heutigen Kunstdiskurs von Vertretern einer performativen Rezeptionsästhetik wieder vermehrt diskutiert (vgl. Schwarte 2011).
36 Vgl. Thomas 2018, 95; Robert Vischer: Über das optische Formgefühl, in: ders.: *Drei Schriften zum ästhetischen Formproblem*, Halle 1927, 1–44. Vischers Beiträgen zur Einfühlungsästhetik kommt mit der heutigen Wiederentdeckung der Leiblichkeit in der Wahrnehmung von Form wieder vermehrt Beachtung zu.
37 Curtis/Koch 2009, 18. Curtis verweist auf Johann Gottfried Herder, „Auch eine Philosophie der Geschichte zur Bildung der Menschheit" [1774], in: ders., *Schriften zu Philosophie, Literatur, Kunst und Altertum,* Frankfurt am Main 1994, 32f. Zu Novalis zitiert Curtis aus dessen Fragment „Die Lehrlinge zu Sais", in: ders., *Schriften,* Stuttgart 1837, 99.
38 Curtis/Koch 2009, 20.
39 Curtis/Koch 2009, 17. Vgl. Lipps 1914 [1903], 247 zur Einfühlung ins Kunstwerk.
40 Edith Stein kritisiert diese projektive, selbst-identifizierende Einfühlung im Fremden bei Lipps dahingehend, dass wir z. B. im Zirkus die inneren Vorgänge im Akrobaten höchstens in nicht-originärer Weise nachvollziehen und uns nicht mit ihm einfühlen, so als stünden wir selbst auf dem Hochseil: „Ich bin höchstens *bei* dem Akrobaten: falls mich dennoch Angst befällt, so handelt es sich nicht um dieselbe Angst, ich habe mich höchstens in den anderen hineinversetzt". Fremdgefühle werden nicht originär wahrgenommen, sondern lediglich imaginativ vergegenwärtigt (Stein 2008 [1916], 21–22; 27–29). Zur Kritik an Lipps' Selbsteinfühlung vgl. auch Christiane Voss, „Einfühlung als epistemische und ästhetische Kategorie", in: Curtis/Koch 2009, 31–47. Identifikation, „Verschmelzung" oder – mit Scheler – „vollständige Einsfühlung" schliesst Einfühlung und Mitgefühl aus (vgl. Scheler 1973 [1913], 29–48); in der jüngeren Philosophie vgl. Peter Goldie zur *emotional identification* im Unterschied zur Empathie (Goldie 1999, 494–423) und noch expliziter: Krebs 2015, 49–50.
41 Lipps 1914 [1903], 182.
42 Theodor Lipps, „Einfühlung und ästhetischer Genuss", in: Ders., *Aesthetik*, Berlin 1924, 152.
43 Zum nachhaltigen Einfluss von Worringers Schrift auf die Rezeption der Einfühlungsästhetik vgl. Curtis/Koch 2009, 26f.
44 Theodor Lipps, *Ästhetik. Psychologie des Schönen und der Kunst,* Leipzig/Hamburg 1914, 247: „Ich bin also in der Einfühlung nicht dies reale Ich, sondern bin von diesem innerlich losgelöst, d. h. ich bin losgelöst von allem dem, was ich ausser der Betrachtung der Form bin. Ich bin nur dies ideelle, d. h. dies betrachtende Ich. Als solches fühle ich in der Form mich frei, und lebe in ihr frei mich aus."
45 Wilhelm Worringer, *Abstraktion und Einfühlung,* München 1987 [1908], 60.
46 Joseph Imorde, „Einfühlung in der Kunstgeschichte", in: Curtis/Koch 2009, 127–141; 127–128.
47 Ebd., 137–138. Imorde bezieht sich auf Julius von Schlossers *„Stilgeschichte" und „Sprachgeschichte" der bildenden Kunst. Ein Rückblick,* München 1935, 5.
48 Schwartz 2009, 145 und 151–152. Zu weiteren Kritikpunkten der Einfühlungstheorie vgl. Jutta Müller-Tamm, *Abstraktion und Einfühlung. Zur Denkfigur der Projektion in Psychophysiologie, Kulturtheorie, Ästhetik und Literatur der frühen Moderne,* Freiburg im Breisgau 2005, 270.

49 Schwartz 2009, 150–152: Die philosophisch-anthropologischen Forschungen von Plessner und Scheler sowie der nachfolgenden Phänomenologen (wie etwa Hermann Schmitz), welche auch die Formen von leiblichen Aspekten der Wahrnehmung untersuchten, seien von der Kunstgeschichte weitgehend unbeachtet geblieben. Als Ausnahmen nennt Schwartz die Arbeiten zur „Körperlichkeit des Sehens" von Michael Fried, der sich seinerseits auf Maurice Merleau-Pontys Verständnis der „gelebten Perspektive" sowie auf Jonathan Crary bezieht.

50 Kathryn Porter Aichele, *Paul Klee's pictorial writing*, Cambridge 2002, 45. Die Autorin stellt fest, dass insbesondere Klees bekannte Strichzeichnungen als „radikale Reinterpretationen der *Ut-pictura-poesis*-Tradition visueller Texte" gesehen werden können, welche infrage stellten, ob es eine substanzielle Differenz zwischen Schreiben und Zeichnen gebe (ebd. 17).

51 La Fontaine evoziert das Thema in: *Fables de La Fontaine*, Paris 1829, anhand der 10. Fabel, 82. Sein entsprechendes Gedicht befindet sich im 2. Buch als 10. Fabel (Livre II Fable X): „On a dit que la perfection de la poésie étoit d'être une peinture animée: Ut pictura poesis: mais la poésie n'a-t-elle pas encore un autre secret que celui de représenter la nature! Oui, celui de l'ennoblir." Vgl. URL (am 26.07. 2022): https://books.google.ch/books?id=FHZD8nfDpfoC&pg=PA82&lpg=PA82&dq=fables+de+la+fontaine+%20ut+pictura+poesis&source=bl&ots=4a_BbUHHSt&sig=0QrbKz-11q_6p2biixBpzDov9Jc&hl=de&sa=X&ei=4EtwVb7cOcmUfb6gEg&%20ved=0CBQQ6AEwAA#v=onepage&q=fables%20de%20la%20fontaine%20ut%20pictura%20-%20poesis &f=false.

52 Vgl. Gotthold Ephraim Lessing, *Laokoon oder Über die Grenzen der Malerei und Poesie*, Stuttgart 2003 [1864], 114: „Wenn es wahr ist, dass die Malerei zu ihren Nachahmungen ganz andere Mittel, oder Zeichen gebrauchet, als die Poesie; jene nämlich Figuren und Farben in dem Raume, diese aber artikulierte Töne in der Zeit; wenn unstreitig die Zeichen ein bequemes Verhältnis zu dem Bezeichneten haben müssen: so können nebeneinander geordnete Zeichen auch nur Gegenstände, die nebeneinander, oder deren Teile nebeneinander existieren, aufeinander folgende Zeichen aber auch nur Gegenstände ausdrücken, die aufeinander, oder deren Teile aufeinander folgen."

53 Greenberg 1940. Greenbergs normative Rolle im Kunstdiskurs wurde durch Michael Frieds Antwort von 1967 beendet (vgl. Fried 1998, 148-172).

54 Heute ist sich der kunsttheoretische Kanon mehr oder weniger einig über die „Gleichursprünglichkeit von Raum und Zeit im Bild", womit Lessings Oppositionsdenken jegliche Grundlage entzogen ist (vgl. etwa Gottfried Boehm, *Die Sichtbarkeit der Zeit,* Paderborn 2017, 257–270 und 275).

55 Boehm weist darauf hin, dass die ideale illusionistische Darstellung einem Ikonoklasmus gleichkomme (Boehm 1994, 35). Dazu auch Danto 1991, 234: „Es ist das Medium, das die Realität von der Kunst sondert. Und was die Nachahmungstheorie am Ende empfiehlt, ist weniger der Gedanke des Duplizierens als solcher, sondern das Versprechen, dass die richtige Art Duplikation das Medium überwinden könne."

56 Greenberg 1997 [1940], 74.

57 Greenberg 1997 [1940], 66; für das Nachfolgende 64–66.

58 Greenberg 1997 [1940], 69. Hubert Locher zufolge haben solche Fluchtbewegungen vor dem romantischen Gefühlsüberschwang, mit welchem musikalische oder bildende Werke beschrieben zu werden pflegten, im 20. Jh. zu einer regelrechten Theorie-Versessenheit beigetragen, welche nun zusehends Begriffe aus dem diskursiven Feld der Logik auf Bildverfahren anwandte (Locher 2010, 7–9).

59 Greenberg präzisierte zwanzig Jahre nach seinem Laokoon, dass sich die Malerei allein durch Flächigkeit und Zweidimensionalität des Bildträgers von anderen Künsten sonderte, Farbe und Linien können auch Bildhauer oder Bühnenkunst verwenden (vgl. „Modernistische Malerei", in: Greenberg 1997, 265–278; 268).

60 Greenberg 1997 [1940], 69–70.

61 Greenberg 1997 [1940], 72 und 74.

62 Schwartz 2009, 151. Er zeigt, dass sich bis in die Gegenwart nichts Wesentliches geändert hat.

63 Einen vielseitigen Überblick über die historisch sich verändernden Wahrnehmungen, Deutungen und Interessen, die sich mit der Zuschreibung von „Kitsch" verbunden haben – von dessen Verteufelung durch Hermann Broch und Fritz Karpfen bis hin zur weihnachtlichen *Kleinen Kitsch-Ecke* in der Wochenzeitung *Die Zeit* – bietet das Buch *Kitsch. Texte und Theorien* (Dettmar/Küpper, Stuttgart 2007). Vgl. auch Broch 1955; Greenberg 1997; Anz 2013; Scruton 2011, 156–161; Krebs 2021, 168–170.

64 Vgl. Dettmar/Küpper 2007, 14 und 17–23.

65 Broch 1955, 342 ff: Der Kitsch-Mensch brauche als Kunstkonsument die Lüge. „[D]as Kitsch-System verlangt von seinen Anhängern „Arbeite schön", während des System der Kunst das ethische „Arbeite gut" an seine Spitze gestellt hat. Der Kitsch ist das Böse im Wertsystem der Kunst" (vgl. Hermann Broch, „Einige Bemerkungen zum Problem des Kitsches", Vortrag 1950/51, in: Dettmar/Küpper 2007, 214–226; 223). Brochs Kitsch-Urteil bezieht sich auf den sentimentalen Kunstgenuss. Eine ähnliche Auffassung, dass der Unterschied zwischen Kunst und „Kitsch keine immanent ästhetische, sondern eine allgemein philosophisch- anthropologische Frage" sei, die mit der Einstellung des danach verlangenden Menschen zusammenhänge, vertritt auch Otto Friedrich Bollnow: „Auch das innere seelische Leben eines Menschen kann bis in seine Wurzeln hinein der Verkitschung verfallen sein", wenn es nach Scheinbefriedigungen als Surrogat für das eigene Erleben sucht (Bollnow, 2009, 114–115).

66 Scruton konstatiert, dass dieser Furcht vor dem Kitsch der Expressionismus, die kubistische Revolution wie auch die Atonale Musik zu verdanken sei (Scruton 2011, 157).

67 Adorno 1973, 411 (Zitat) und 22.

68 Scruton 2011, 86. Auch Pierre Bourdieu: „Reisserisch-reizend", „grell", „oberflächlich" seien einige dieser unzähligen Mittel der Verführung, die den Menschen auf „primitive Stufen der Lust regredieren" lassen (Pierre Bourdieu, „Der Ekel vor dem Leichten", in: Dettmar/Küpper 2007, 265–278, hier 266–267. Zum billigen Genuss des Kitschs auch Giesz 1971, 52–54.

69 Adorno 1973, 22 und 411 für das vorangehende Zitat.

70 Adorno 1973, 355. Zu Adornos Definition des Kitschs als Vortäuschung nicht vorhandener Gefühle ebd. 466. Scruton spricht von „disneyfication" unserer Alltagswelt (Scruton 2011, 156–159); sie scheint, wie am nachfolgenden Beispiel von Jeff Koons' *amore* gezeigt wird, auch die Kunstwelt erreicht zu haben.

71 Für Adorno bleibt Kunst eine nicht zu erfüllende Utopie: „Erfüllte sich die Utopie von Kunst, so wäre das ihr zeitliches Ende" (Adorno 1973, 55).

72 Greenberg 1997, 29–55, Zitat 41.
73 Vgl. Giesz 1971, 58: „Nicht einlullen soll das Kunstwerk mithin, vielmehr im Gegenteil die dumpfe Privatheit des Selbstgenusses zur höchsten Wahrheit aufstacheln." Kitschliebe zeuge von moralischem Versagen. Ähnlich urteilt Bollnow über den verantwortungslos passiven Selbstgenuss im Erleben von Stimmungen, die „das bewusste Leben sonst nur begleiten" (Bollnow 2009, 116).
74 Vgl. Giesz 1971, 22 und 76. Giesz zufolge kann man Kindern kein Kitschverhalten nachsagen, weil ein solches an ein Bewusstsein von Kunst gebunden sei (ebd., 77).
75 Scruton 2011, 88: „The purpose of this distance is not to prevent emotion, but to focus it, by directing attention towards the imaginary other, rather than the present self." Beim ästhetischen Interesse wird Distanz geschaffen (vgl. Kant: „Interesselosigkeit des Wohlgefallens"), bei der sentimentalen Antwort auf Effekthascherei (Kitsch) wird sie zerstört.
76 Diese Ableitung der sentimentalen Bild-Erfahrung bezieht sich auf den Artikel „Sentimentality" des Musikkritikers und Philosophen Michael Tanner (Tanner 1977, 132–143) sowie auf Krebs 2021, 168–170.
77 Koons' *amore* wurde gewählt, obgleich es sich um ein Objekt handelt, weil es nicht nur kitschig *ist*, sondern in seiner konsequenten Kitschverkörperung diesen auch *thematisiert*. Wir können uns *amore* auch gemalt vorstellen.
78 Vgl. auch Dettmar/Küpper 2007, 302–304.
79 Spiegeleffekte werden mit allgemein menschlichen Schlüsselreizen verschiedenster Art kombiniert. Die Höhe von *amore* entspricht ca. derjenigen eines 5-jährigen Kindes. Koons' überdimensionierte, Stahl-Tulpensträusse zieren öffentliche Plätze, wo jedermann sich selbst in deren farbigem, phallisch aufgedunsenem Glanz sehen kann.
80 Aus philosophischer Perspektive ermöglicht es Koons' *amore* beispielsweise, uns Gedanken darüber zu machen, was jemandem fehlt, der dieses Objekt gerührt betrachtet – oder darüber, was in unserer Gesellschaft schief läuft, wenn Jeff Koons heute zu einem der teuersten lebenden Künstler geworden ist.
81 Scruton 2011, 158–159.
82 Vgl. Tanner 1977, 138–139; Scruton 2011, 156.
83 Dettmar/Küpper 2007, 9–12. Mit der „Entvertikularisierung des soziokulturellen Raums" beziehen sich die Autoren auf Gerhard Schulze, *Die Erlebnis-Gesellschaft: Kultursoziologie der Gegenwart,* Frankfurt am Main/New York 1992.
84 Dettmar/Küpper 2007, 14.
85 Scruton 2011, 159–161.
86 Eine Stärke von Adornos Ästhetik liegt gerade darin, dass er die Kunst gleichzeitig als „autonom" und als „fait social" sah: ihr kritisches Potenzial liege nicht in politischen Stellungnahmen sondern sei ihrer dialektischen Struktur immanent (vgl. Adorno 1973,16). Vgl. dazu auch Matthias Zeindler, „Kunstwahrnehmung als exemplarische Beziehung. Zum Verhältnis von Kunst und Ethik" (Zeindler 1996); Larissa Kikol, *Politik. Ethik. Kunst,* Köln 2018; Christoph Strasser, *Ethik und Kunst,* Berlin 2014. Friedrich Schiller hatte schon 1793 in seiner Schrift *Über die ästhetische Erziehung des Menschen* den Grundstein für ein Bewusstsein der ethischen Funktionen von Kunst gelegt. Vgl. auch I, 3.2.1. zum motivationalen Aspekt von Gefühlen.
87 Ben-Ze'ev 2018. Kognitivistische Ansätze in der Emotionstheorie vertreten neben Ben-Ze'ev (Ben-Ze'ev 2018; Ben-Ze'ev 2000) auch Martha Nussbaum mit *Upheavals of Thought. The Intelligence of Emotions* (Nussbaum 2001), *Love's Knowledge* (Oxford 1992) sowie „Emotions as judgements of value and importance", in: Ben-Ze'ev/Krebs 2018, Bd. 1, 77–92; Robert Solomon, „The philosophy of emotions" in: ebd., 21–41. Einen nicht kognitivistischen, Emotionen auf „feelings" (hier: Empfindungen) oder sogar auf Programme reduzierenden Ansatz findet sich bei Jesse Prinz mit „Embodied emotions", in: ebd., 159–173. Zum *ästhetischen* Kognitivismus vgl. I, 5.1.
88 Ben-Ze'ev 2018, 128–133 zur Einteilung des mentalen Systems und zum affektiven Bereich.
89 Ben-Ze'ev 2018, 113–117 für die Einleitung dieses Unterkapitels. Im Unterschied zu einer binären Kategorie (man ist Junggeselle oder nicht) haben prototypische Ausdrücke wie „Gefühl" unscharfe Grenzen: sie verfügen über eine graduelle Ähnlichkeit mit dem ildealtypischen Beispiel der entsprechenden Kategorie.
90 Ben-Ze'ev 2018, 117–119.
91 Trotz des Risikos einer perspektivischen Verzerrung ist dieses emotionale Wissen wertvoll, weil es ungenaue oder nicht hinreichende Informationen schnell verarbeiten und spontan zu adäquaten Reaktionen führen kann (Ben-Ze'ev 2000, 53–56): Wenn wir in akuter Gefahr sind, ist es in den meisten Fällen angemessen, nicht erst zu überlegen, sondern sofort zu handeln.
92 Martha Nussbaum, „Emotions as Judgments of Value", in: *Upheavals of Thought,* Cambridge 2012, 19–88, über URL (am 24.02.2023): https://www.cambridge.org/core/services/aop-cambridge-core/content/view/3AA4D644A03AF48EAE461A7767FA0565/9780511840715c1_p19-88_CBO.pdf/emotions_as_judgments_of_value.pdf.
93 Ben-Ze'ev 2000, 166–169.
94 Kant nennt etwa den Wunsch, sich länger und wiederholt der Schönheit eines Werks auszusetzen, weil es ihn innerlich „in Motion versetzt", was wiederum der „Beförderung des Lebens" dient (Kant Werke 1912, 1, 419). Der Wille, das Werk zu besitzen, widerspricht insofern nicht Kants Forderung von „Interesselosigkeit" im Wohlgefallen, als diese Interessen das ästhetische Urteil nicht bestimmen, sondern ihm nachfolgen.
95 Vgl. Scruton 1997, 348: „[…] art provides us with a means not merely to project our emotions outwards, but also to encounter ourselves in them." Auch Ben-Ze'ev 2000, 171–172, zur Aufdeckung unserer Werte und Haltungen durch Emotionen.
96 Die Jahrtausende alten Vorbehalte gegenüber der ethischen Motivationskraft von Kunst hängen laut Matthias Zeindler nicht zuletzt damit zusammen, dass Kunst zwar einen ethischen Impuls freizusetzen vermag, diesen aber auch im Selbstgenuss stilllegen kann (Zeindler 1996, 93).
97 Scruton 1997, 348. Vgl. auch Krebs 2015, 271–273; 271: Laut Iris Murdoch befreie uns die liebevolle Hingabe an das Schöne von unserem „fetten, unerstättlichen Ego" mit seinen vielen Gelüsten. Zum motivationalen Charakter von ästhetischen Emotionen auch Menninghaus 2018, 47–50. Wichtiger Vorläufer für den Gedanken der Kunst als Mittel der Selbsterziehung war Friedrich Schiller, *Über die ästhetische Erziehung des Menschen,* [1795], Berlin 1908.
98 Der Motivationsaspekt von künstlerisch generierten Emotionen wird konkret fassbar, wenn etwa Dagmar Reichert mit ihrer Stiftung ARTASFOUNDATION FOR PEACE zeigt, wie in politischen Krisenregionen kreative Freiräume zur Vermittlung und Friedensförderung beitragen können.

Die künstlerischen Aktivitäten, welche in Konflikt stehende Gruppen oft auch direkt mit einbinden, fungieren als „Einladung, sich anders auf die Welt zu beziehen", sie „schaffen Räume der Begegnung und des Austauschs", bieten aber auch Gelegenheit, „neue Rollenverständnisse einzuüben und mit Möglichkeitsräumen zu experimentieren", expliziert Reichert. Wenngleich diese Aktivitäten von aussen gesehen zuweilen „Spielcharakter" haben, so scheint gerade der Appell an diesen anthropologischen Urtrieb, der gemeinsame Handlungen auf eine Metaebene verlegt, eine emotionale Verbindung herzustellen und Menschen zu befähigen, miteinander zumindest in der Vorstellung „neue Welten" zu erfinden. Vgl. URL (am 08.07.2023): http://www.artasfoundation.ch.

99 Ben-Ze'ev 2000, 64–69. Zum Unterschied zwischen Gefühl und Empfindung: ein Masochist würde positive Gefühle beim Erleben von negativen Empfindungen wie Schmerz wahrnehmen.
100 Krebs 2015, 177–179.
101 Fuchs 2000, 91.
102 Die geläufige Bestimmung von „Leib" ist laut Mathias Kossler „beseelter Körper" (ders., Art. „Leib", in: MLP 2008, 333–334). Krebs begreift den „Leib" als „empfundenen Körper" (Krebs 2015, 178), was (vgl. weiter unten) Schelers Auffassung weitgehend entsprechen dürfte.
103 Vgl. Ben-Ze'ev 2000, 56–59.
104 Ben-Ze'ev 2000, 58.
105 Laut Ben-Ze'ev ist etwa das psychologische Modell des „Expertenwissens" auf ein ursprünglich in deliberativer und praktischer Weise angelerntes, in der kognitiven Struktur verankertes und später spontan über entsprechende Schemata abrufbares, *intuitives* Wissen zurückzuführen. So könne es geschehen, dass schematisch-emotionale Reaktionen rationaler (in einem normativen Sinn) sind als Antworten, die durch den Verstand nur mit Verzögerung und auch nicht garantiert fehlerfrei herbeigeführt werden (Ben-Ze'ev 2000, 175–181). In vergleichbarer Weise beruht für den Psychologen Gerd Gigerenzer das praktische Vermögen einer intuitiven und adäquaten Entscheidungsfindung auf einer „Intelligenz des Unbewussten", dem „Bauchgefühl", das als persönlich entwickelte Fähigkeit über ein Wiedererkennungsgedächtnis vor allem in Fällen von partiellem Wissensstand einspringen kann (Gerd Gigerenzer, *Risiko – wie man die richtigen Entscheidungen trifft*, München 2013).
106 Ben-Ze'ev 2000, 59.
107 Vgl. Krebs 2017, 237 und Wellbery 2003, 703: Laut Wellbery vermag kein fremdsprachiges Wort das gesamte Bedeutungsspektrum von „Stimmung" wiederzugeben.
108 Reents 2015, 13.
109 Vgl. Gamboni 2010, 132. Im 16. Jh. wurden „Stimmung" resp. „Harmonie" v.a. im Sinne der musikalischen Eingestimmtheit verwendet und gelten erst ab dem 18. Jh. als Fähigkeiten der menschlichen Seele (vgl. Krebs 2017, 237–238). Den Aspekt der musikalischen Bedeutungsdimension von Stimmung vertiefen Wellbery 2003, 704, und Reents 2015, 14–15.
110 Bollnow zeichnet drei verschiedene Ebenen der Übereinstimmung auf: 1. zwischen Innen- und Aussenwelt; 2. zwischen Leibes- und Seelenverfassung; 3. zwischen den einzelnen Leistungen innerhalb der Seele, die auf einen einheitlichen Grundton abgestimmt sind (Bollnow 2009, 26). Zur relationalen Auffassung von Stimmung auch Reents/Meyer-Sickendiek 2013, 219–234.
111 „Resonanz" kann hier noch unbefangen als „Einklang" verstanden werden; im 4. Kapitel wird der Begriff differenziert und erlangt im 6. Kapitel seine volle Bedeutung.
112 Hajduk 2016, 11.
113 KdU, § 9, A 31 und ebd., A 28–29; auch Wellbery 2003, 708; zur Stimmung bei Kant Pfau 2011. Stimmung scheint bei Kant etwas „geradezu Technisches" zu sein, nämlich „eine *Einstellung*, ein Dis*ponieren* der Gemütskräfte", dessen kognitives Ergebnis allerdings fühlbar ist (vgl. Frey 2011, 81).
114 Kant KdU § 9, A 27.
115 Thomas 2004, 448. Die Autorin bezieht sich auf Vischers *Ästhetik oder Wissenschaft des Schönen*, worin er das „Stylbild und Stimmungsbild" als Kategorie der Landschaftsmalerei angibt. Als weitere neue kunstwissenschaftliche Forschungsansätze zur „Stimmung" sind zu nennen: Thomas 2010, 2011, 2018; Hubert Locher, „Der stimmungsvolle Augenblick. Realitätseffekt und poetischer Appell in Malerei und Fotografie des 19. und 20. Jahrhunderts, in: *Marburger Jahrbuch für Kunstwissenschaft*, Bd. 37 (2010), 7–45.
116 Reents 2015, 21–22.
117 Thomas 2010. Das Spektrum der Autoren umfasst neben Kunsthistorikern Philosophen, Literaturwissenschaftler, Kulturwissenschaftler und Musikologen.
118 Thomas 2004, 461.
119 Stephan Günzel/Dieter Mersch (Hg.), *Bild. Ein interdisziplinäres Handbuch*, Stuttgart/Weimar 2014.
120 MLÄ 2006; das Lexikon erwähnt Stimmungen auch nicht im Zusammenhang mit dem Eintrag „Gefühl/ Emotion/Affekt" (vgl. Marie Luise Raters, ebd., 129–130).
121 Wellbery 2003, 703–733; 732. Dazu auch Reents/Meyer-Sickendiek 2013, 3; Hajduk 2016, 11.
122 Gisbertz 2011.
123 Reents/Meyer-Sickendiek 2013.
124 Eine umfassende Liste der Literatur zu „Stimmungen" aus phänomenologischer, literarischer, psychologischer, psychopathologischer und neuropsychologischer und auch philosophischer Sicht findet sich im Vorwort zum Workshop, unter: URL (am 27.07.2021): https://link.springer.com/content/pdf/10.1007%2Fs11406-017-9900-6.pdf.
125 Hajduk 2016, 28.
126 Ben-Ze'ev 2018, 112–137 (vgl. Abb. 4, Schaubild).
127 Thomas 2010, VIII und Bollnow 2009, 42–43.
128 Bollnow 2009, 22 und 24. Bollnow steht damit in der Tradition seines Lehrers Martin Heidegger, für den das Gestimmt-Sein die jeweilige Verfassung unseres Selbst- und Weltverständnisses bedeutete (vgl. Martin Heidegger, *Sein und Zeit*, § 29: „Das Dasein [ist] je immer schon gestimmt"). Auch in Heideggers *Ursprung des Kunstwerks* gehört „Stimmung" nicht dem Objekt an, sondern meint die immanente Gestimmtheit des Daseins (vgl. Heidegger 1960 [1935–36]).
129 Krebs 2017, 238. Krebs schlägt deshalb vor, Stimmungen als affektives Gegenstück zur Vernunft zu sehen, die mit Blick auf umfassende Zusammenhänge die Einseitigkeit des Verstandes zu überwinden vermag.
130 Bollnow 2009, 39, spricht z. B. von der „immer schon durchgehend gestimmten Wahrnehmung", die sowohl unsere Entscheidungsfindungen als auch unser Verhalten mitbestimmt.
131 Krebs 2021, 100. Zu den Formen von propositionalem und nicht-propositionalem Weltzugang nach Gottfried Gabriel vgl. I, 5.
132 Krebs 2017, 248–251.

133 Wollheim 1993, 145–146.
134 Laut Wollheim ist die Natur nicht im *Besitz* ihrer Ausdruckseigenschaften, diese gehören dem Erlebenden an, der sich „of a piece" mit der Natur fühlt (Wollheim 1993, 152–154). Projektive Eigenschaften sind für ihn sekundäre Qualitäten wie etwa Farben und Gerüche (Wollheim 1993, 149).
135 Krebs 2021, 102. Die Tatsache, dass die meisten Menschen dieselben Atmosphären in ähnlicher Weise erfahren, spricht zumindest für eine *objektiv* wahrnehmbare Wertqualität dieser Stimmung (Fuchs 2013, 23).
136 Scruton 1997, 367–368: Auch eine antirealistische Auffassung hindert uns nicht daran zu glauben, dass es richtige und falsche Antworten auf das Kunstwerk gibt sowie eine Art Argument, welche die eine gegenüber der anderen Antwort rechtfertigen würde.
137 Koss 2009, 107. Der Sammelband *Einfühlung* (Curtis/ Koch 2009) beschäftigt sich vor allem mit einer Nachzeichnung der historischen Einfühlungstheorien. Vonseiten der *Kunstschaffenden* wird das Phänomen „Einfühlung" seit Beginn des 21. Jhs. in Performances und Installationen thematisiert, etwa von Karen Finleys Performance im Cutting Room, New York 2002, unter dem Titel *The Distribution of Empathy* oder Barbara Krugers Installation *L'empathie peut changer le monde* von 1995 in einer Strassburger U-Bahn-Station (dazu Koss 2009, 105–126; 105).
138 Zum verstehenden „Wahrnehmen, dass" vgl. Scheler 1973 [1913], 19–23. Auch für Peter Goldie geht Wahrnehmung mit Verstehen einher, und zwar über Vernunft und Imagination, mit Einbezug des fremden Narrativs (Goldie 1999, 398–404). Allg. zur zwischenmenschlichen Fremdwahrnehmung vgl. Krebs 2017; Scheler 1973 [1913], Stein 2008 [1916], Peter Goldie (*The Emotions*, Oxford 2009, Kap.7) sowie Krebs („The Phenomenology of Shared Feeling", in: *Appraisal*, 8, 2011, 35–50).
139 Krebs 2021, 59; Stein 2008 [1916], 19–20. Scheler versteht Einfühlung als „Nachfühlen, wie" sich ein Fremdgefühl anfühlt (Scheler 1973 [1913], 19–25).
140 Goldie 1999, 398: Für Goldie ist Einfühlung keine Voraussetzung für Mitgefühl; es reicht das Verstehen des Fremdgefühls.
141 Vgl. Stein 2008 [1916], 24–25. Im Nachfolgenden wird „partizipatorisch" durch „partizipativ" ersetzt.
142 Scheler 1973 [1913], 23–25, er nennt das Mitfühlen „Sympathie"; Goldie 1999, 419–421. Zum „Sich- Hineinversetzen" in Fremdgefühle und der Möglichkeit des Überspringens des Gefühls vgl. Stein 2008, 15– 25; Goldie 1999, 397–398 und 408–412; 410.
143 Scheler 1973 [1913], 20–29; auch Peter Goldie zum Phänomen der Ansteckung (Goldie 1999, 404–408).
144 Krebs 2017, 251–252.
145 Mit meiner Auffassung folge ich weitgehend John Dewey, der künstlerischen Ausdruck als „auf Kommunikation ausgerichtete Artikulation eines […] Gefühls von öffentlichem Interesse in speziell zur künstlerischen Ausdrucksgestalt bearbeitetem physischen Material" versteht (vgl. Marie Luise Raters, Art. „Ausdruck", in: MLÄ 2006, 46–47; 46).
146 Scruton 2011, 95–98 reflektiert die treffende Unterscheidung von Benedetto Croce zwischen Repräsentation, die sich als Symbolbeziehung zwischen Bild und Welt von einem Medium in ein anderes übertragen lässt, und Ausdruck, dessen spezifische Erfahrung über Intuition erst die begriffslose Einzigartigkeit eines Gegenstands zu übermitteln vermag.

147 Zum irreduziblen Wert der metaphorischen oder qualitativen Wahrheit, die uns ästhetische Objekte vermitteln können, vgl. Krebs 2021, 14.
148 Martin Seel, „Ein Schritt in die Ästhetik", in: Andrea Kern/Ruth Sonderegger (Hg.), *Falsche Gegensätze. Zeitgenössische Positionen zur philosophischen Ästhetik*, Frankfurt am Main 2002, 330–343; 332. Vgl. auch Krebs 2015, 271.
149 Auch in den neueren Texten zur Kunst stellt Menninghaus eine Definitionslücke fest (Menninghaus 2018, 4). Die Beiträge des interdisziplinär konzipierten Sammelbandes *Ästhetische Emotion* von Susanne Knaller/Rita Rieger (Hg.), Heidelberg 2016, thematisieren in exemplarischer Weise den Realitätsstatus, die Handlungsmacht und die kognitiven, moralisch-ethischen und ästhetischen Aspekte von Emotionen für Philosophie, Literatur, Kunst und Film, mit einem Schwerpunkt auf literarischen Emotionsfigurationen, ohne einen konkreten Bedeutungsumfang für den Begriff festzulegen.
150 Zur Geschichte des Begriffs seit Kant vgl. Menninghaus 2018, 5–7. Joel Fingerhut und Jesse Prinz verfolgen die historischen Begriffsinhalte zurück bis Abbé Du Bos (Fingerhut/Prinz 2020).
151 Eine ausführliche Darstellung der Ästhetik Baumgartens findet sich bei Bornmüller 2019, 18–19. (Vgl. I, 5.1.)
152 Kant KdU § 9, A 27–29 zum ästhetischen Gefühl als „Lust" oder „Wohlgefallen an der proportionierten Stimmung": Im ästhetischen Wohlgefallen geht die Beurteilung des Gegenstandes dem Gefühl der Lust voraus, wodurch das Urteil mitteilbar wird und sich über die „reine Sinnenempfindung", über die blosse Annehmlichkeit und über eine nur private Gültigkeit erhebt. Vgl. dazu auch Frey 2011, 79–80. Es scheint sich bei Kant eher um eine Lust der Rezipientin am freien Spiel ihrer eigenen Erkenntnisvermögen Sinnlichkeit und Vernunft als um eine eigentliche Freude an dem gelungenen künstlerischen Objekt zu handeln.
153 Kant KdU § 37, A 148.
154 Scruton 2011, 23–26 und 153–154 für den Themenkomplex der ästhetischen Freude.
155 Einige neuere Studien vertreten die Möglichkeit negativer ästhetischer Antworten auf visuelle Kunstwerke, in vielen Fällen jedoch unterscheiden sie nicht zwischen psychologischer Emotion (Wirkung) und ästhetisch urteilender Emotion; vgl. z. B. Paul J. Silvia/Elizabeth M. Brown, „Anger, disgust, and the negative aesthetic emotions: Expanding an appraisal model of aesthetic experience", in: *Psychology of Aesthetics, Creativity, and the Arts*, Mai 2007, 100-106. DOI:10.1037/1931-3896.1.2.100; „Sex, Violence, and the Human Body: Disgust and Censorship in the Visual Arts", in: *GENRE – International and Interdisciplinary Journal for the Literature and the Arts*, 2012, 85–100; „The Fairest in the Land: The Deconstruction of Beauty in Paul McCarthy's WS", in: *Afterimage – Journal of Media Arts and Cultural Criticism* 41 (2013), Nr. 3, 14–18; „Ernst Ludwig Kirchner's Drawings of the Apocalypse", in: *The Getty Research Journal*, Nr. 6, 2014, 83–102.
156 Vgl. dazu Noël Carroll: „There is no necessary connection between liking a work and judging it to be good" (Noël Carroll, „Hume's Of the Standard of Taste", in: *The Journal of Aesthetics and Art criticism* 43/2 (1984), 187). Vgl. dazu auch Bossart 2013, 112.
157 Kant Werke 1912, 1, 425. Zu dieser positiven Bewertung gehören laut Kant auch ein Unterhaltungswert der Entde-

ckung von immer neuen Empfindungen und Gedanken sowie „das Wohlgefallen daran, dass [der freie Mensch] eines solchen Vergnügens fähig ist" (Kant Werke 1, 420–425). Vgl. auch Menninghaus 2018, 26–30 zum positiven Interesse des Rezipienten an künstlerisch bewirkten, negativen Emotionen; ebenso Jerrold Levinson, „Emotion in response to art", in: Ben-Ze'ev/Krebs 2018, Bd. III, 153–168; Jonathan Lear, „Catharsis", in: ebd., 287–312. Michael Haneke wendet sich diesem paradoxen ästhetischen Interesse an negativen Emotionen im Erleben von Filmen („paradox of tragedy") zu, vgl. „Violence and the media", in: ebd., 320–324.

158 Fingerhut/Prinz 2020, 10–16.

159 Laut Wollheims „Zweifachthese" erlaubt uns das „Sehen-in" ein *gleichzeitiges* Sehen von zwei unterschiedlichen Aspekten, besser noch als das „Sehen-als", das zwischen zwei Alternativen wählen muss (Wollheim 1982, 192–207; 198). Diese „doppelte Aufmerksamkeit" sowohl auf die bildlichen Eigenschaften des Objekts als auch auf das freie Spiel der entstehenden metaphorischen Bedeutungs- und Erfahrungsräume zu richten, müsse in der Malerei und vor allem in der Lyrik geradezu ein normativer Zwang sein für jeden, der die Werke einzuschätzen versucht. Wir würden, ergänzt er, Gedichte kaum adäquat erfahren können, wenn wir nicht über ein simultanes Bewusstsein von Laut und Bedeutung der Wörter verfügten. Das gilt ebenso für abstrakte Werke (ebd., 201). Ähnlich spricht Scruton im Hinblick auf musikalische Werke von einer doppelten Intentionalität des „hearing in": von der Fähigkeit, 1. aufmerksam auf die musikalische Lautfolge als solche zu hören und 2. gleichzeitig die Aufmerksamkeit auf den musikalischen *Ausdruck in der Lautfolge* zu richten – wodurch erst ein emotionales Mitgehen mit dem musikalischen Ausdruck möglich wird (Scruton 1997, 351–353).

160 Vgl. Gernot Böhme, *Aisthetik*, München 2001, 30–31: „Aufs Ganze gesehen ist die bisherige Ästhetik nicht Aisthetik, d. h. gerade die Sinnlichkeit kommt in ihr zu kurz. Sie ist nicht eine Theorie sinnlicher Erfahrung, sondern der intellektuellen Beurteilung. Das bedeutet insbesondere, dass die menschliche Leiblichkeit in ihr keinen Platz hat."

161 Alexander Gottlieb Baumgarten, *Theoretische Ästhetik, Die grundlegenden Abschnitte aus „Aesthetica" (1750/58),* übersetzt und hg. von Hans Rudolf Schweizer, Lateinisch-Deutsch. Philosophische Bibliothek Band 355, Hamburg 1988. Über: URL (am 06.08.2022): https://meiner-elibrary.de/media/upload/leseprobe/9783787307852.pdf., Prolegomena und §§ 1-27.

162 Vgl. Wilhelm Dilthey: *Einleitung in die Geisteswissenschaften*, Stuttgart 1883; Henri Bergson: *Matière et Mémoire*, Paris 1896; Georg Simmel: Lebensanschauung, München/Leipzig 1918; Georg Misch: *Lebensphilosophie und Phänomenologie*, Leipzig/Berlin 1930; Friedrich Nietzsche: *Ecce Homo,* Köln 1908.

163 Scheler 1913–1916, II.40. Zur Schichtung im emotionalen Leben vom Sinnlichen zum Geistigen vgl. ebd., II.331–II.345: Auf unterster Stufe (1.) sind „lokal-sinnliche Gefühle" oder „Empfindungsgefühle", z.B reaktive Gefühle wie Schmerz. Auf nächst höherer Stufe (2.) sind „Leibgefühle" (als Zustände, die am Leibich haften) bzw. „Lebensgefühle" oder gleichbedeutend: „Vitalgefühle". Es handelt sich auch bei Vitalgefühlen um Leibgefühle, aber als global nach innen und nach aussen gerichtete sinnliche Funktionen (vgl. II.340), weshalb ich sie als „leiblich-vital" bezeichne, etwa Unwohlsein, Behaglichkeit. Es folgen (3.) „rein seelische Gefühle" mit Ichqualität wie Trauer; und (4.) „geistige Gefühle": persönliche, alles durchdringende Gefühle, d. h. Emotionen und Stimmungen, z. B. Seligsein.

164 Der Leib zeichnet sich für Scheler durch seinen Gesamtausdehnungscharakter aus. Es handelt sich bei Leib- und Lebensgefühlen nicht um eine Verschmelzung sinnlicher Empfindungen, da sie auch *neben* solchen vorkommen und sich in ihrer Wertung von diesen unterscheiden können (Scheler 1913–1916, II.340–341; Ausz. M.S.). Im Unterschied zu Scheler ist für Bollnow Behaglichkeit eine Grundstimmung, wobei „Stimmung" für letzteren auch die Zustände des Leibes umfasst (Bollnow 2009, 26).

165 Dieses „Dunkle" als unterste Erkenntnisstufe taucht schon bei Leibnitz auf (G.W. Leibnitz, *Kleine Schriften zur Metaphysik,* Frankfurt a. M. 1965, 33–35); bei Heidegger als „Verborgenes", das Voraussetzung für das Aufscheinen von Wahrheit (Unverborgenheit /ἀλήθεια) ist (Heidegger 1960 [1935–36], 48–56).

166 Scheler 1913–1916, II.342: Das Leben selbst ist Situationen oder anderen Lebewesen im Sinne einer grundlegenden Teilhabe „im Nachfühlen und Mitfühlen und in der vitalen Sympathie zugewandt". Leib- wie Lebensgefühle gehören auf Schelers Stufenleiter noch weitgehend zum Bereich der leiblichen Empfindungen, wohingegen spätere Autoren wie Misch und Bollnow global „wertnehmende" Funktionen eher den Stimmungen, also den seelischen Empfindungen, zuschreiben (Bollnow 2009, 26–27; Misch 1994, 513; auch Carroll 2003, 530). Gernot Böhme konstatiert mit Hermann Schmitz, dass insbesondere die synästhetischen Charaktere unserer Umgebung über leibliche, nicht-reflexive Empfindungen wahrgenommen werden. Er betont, dass solche Atmosphären über untereinander austauschbare, sinnlich-spezifische Daten vermittelt werden: so könne z. B. eine Klinik-Atmosphäre als „kühl" empfunden werden aufgrund der weiss getünchten, glatten Wände *oder/und* der technischen Einrichtungen *oder/und* der versachlichten Umgangsformen des Personals usw. (Böhme 2002, 52–56). Scheler scheint mit der „vitalkausalen Wertnehmung" solche synästhetischen Erfahrungen der Aussenwelt in ihrer „Bedeutung für uns" bereits angedacht zu haben (Scheler 1913–1916, II.35–36).

167 Scheler 1913–1916, II.342, Ausz. M.S.

168 Scheler 1913–1916, II.343. Die Frage, inwiefern sich Schelers vital-wertnehmende Empfindungen auf Gottfried Wilhelm Leibnitz' petites perceptions beziehen lassen, bedürfte einer gesonderten Untersuchung. Die *kleinen Perzeptionen* sind „schwache und verworrene Empfindung[en]", die dennoch eine grosse Wirksamkeit haben, indem sie uns den „Geschmack nach etwas, diese Vorstellungsbilder von sinnlichen Qualitäten, welche alle in ihrem Zusammensein klar, jedoch in ihren einzelnen Teilen verworren sind" vermitteln. „Sie bilden auch jene Eindrücke, die die umgebenden Körper auf uns machen […], *jene Verbindung, die jedes Seiende mit dem ganzen Universum besitzt* (Ausz. B.D.). Man kann sogar sagen, dass vermöge dieser kleinen Perzeptionen die Gegenwart mit der Zukunft schwanger geht und mit der Vergangenheit beladen ist". Auch die *„merklichen Perzeptionen"* entstehen stufenweise aus Perzeptionen, welche zu gering sind, um bemerkt zu werden (G.W. Leibnitz, *Nouveaux Essais sur L'Entendement Humain*, 1985, XXII–XXIX und § 1, 17). Horst Bredekamp bezeichnet dieses Konzept von Leibnitz als „die wohl tiefgreifendste jemals formulierte Theorie der vorbegrifflichen Erkenntnis" (Bredekamp 2019, 84–85).

169 Scheler 1913–1916, II.40.
170 Scheler 1913–1916, II.40. Zur Wertnehmung vgl. ebd., 39–46. So finde allgemein die Wahrnehmung von Fremdgegebenheiten – erwägt Scheler im Sinne von Hans Driesch – wohl auch beim Menschen nicht nur als Reaktion auf eine Summe von wahrgenommenen Sinnesinhalten und Reizen statt, sondern folge als ungeteiltes Ganzes einer *vorangehenden* Wertnehmung nach. Zur Ursprünglichkeit und „Unmittelbarkeit der Erfahrung eines anderen ich" bei Scheler vgl. Schlossberger 2005, 148–154. Vgl. auch Fuchs 2000, 90, wie uns die „Person des Anderen" über seine leibliche Sprache *ursprünglich* und vor aller Unterscheidung von Aussen und Innen, von Physischem und Psychischem anspricht und allg. zur Leiblichkeit als *Prozess* der Vermittlung zwischen Leib und Welt.
171 Scheler 1913–1916, II.35–36. Sie hängen mit der gesamten Lebensweise, aber auch mit der „individuellen und Rassen-Veranlagung" zusammen (ebd., II.338).
172 Moderne Studien zu impliziten, automatischen und unbewussten Prozessen der Intersubjektivität, die auf neuronaler Basis stattfinden, sind z. B.: Vittorio Gallese, „The Roots of Empathy. The Shared Manifold Hypothesis and the Neural Basis of Intersubjectivity", in: *Pschopathologie* 36.4 (2003), 171–180; Tan 2009. Mit Scheler führen auch Merleau-Ponty und Bollnow unsere Fähigkeit der Fremdbewertung auf eine frühkindliche Ungeschiedenheit von Selbst und Welt zurück, die als undifferenziertes, unmittelbares Gefühl des Verbunden-Seins bis ins Erwachsenenalter fortwirken soll (vgl. Bollnow 2009, 26–27); auch Fuchs 2013, 24; Fuchs 2000, 244–251; Schlossberger 2005, 155, zur entwicklungspsychologischen Perspektive und dem Lernen als „zunehmender Ent-Seelung" bei Scheler. Merleau-Ponty folgt Scheler in der Auffassung, dass diese ursprüngliche, unspezifische Fähigkeit (er nennt es „sympathie initiale") die *Grundlage* für einfachstes Verstehen, Nachfühlen und auch Mitfühlen („sympathie vraie") bilde, indem es noch beim bewussten Individuum die psychophysische Getrenntheit vom anderen ansatzweise zu überwinden vermag (vgl. Scheler 1973 [1913], 46; Merleau-Ponty 1969, 24–27). Ohne mentale Abtrennung vom Anderen – das räumen Merleau-Ponty und Scheler ein – kann es kein eigentliches Mitgefühl geben.
173 Scheler 1973 [1913], 42.
174 Schwartz 2009, 150–151. Auf philosophischer Seite geben Joerg Fingerhut und Rebekka Hufendiek einen Überblick über die jüngste Entwicklung der Forschung zur „Philosophie der Verkörperung" (2019). Ihre Grundthese lautet, dass Kognition – vom Wahrnehmen, über geschickte Verhaltensweisen, bis hin zu abstrakten Überlegungen – nicht nur im Kopf, sondern auch im Körper und in der Welt verortet werden muss über: URL (am 17.11.2021): https://www.academia.edu/35096503/Philosophie_der_Verkörperung_Forschungsbericht_auto_download=true&email_work_card=view-paper. Vgl. Fingerhut/Hufendiek/Wild 2013, 18: Die Autoren bemängeln in ihrer *Philosophie der Verkörperung* eine allgemeine Körpervergessenheit der Theorien von Kognition und Geist.
175 Vgl. z. B. Andreas Arndt (Arndt 2004); Peter Bürger, „Das Denken der Unmittelbarkeit und die Krise der Moderne", in: ders., *Ursprung des postmodernen Denkens,* Weilerswist 2000, 153–168. Seit dem letzten Drittel des 18. Jhs. wird die Bedeutung einer ästhetischen Distanz vonseiten der Psychologie (Wilhelm Wundt, Wilhelm Dilthey), der Lebensphilosophie (Henri Bergson) sowie der Phänomenologie (Edmund Husserl) zugunsten einer „Unmittelbarkeit" als „nicht abgeleitete, präreflexive Erlebnis- und Wahrnehmungskategorie" periodisch in Frage gestellt (Ulrich Krellner, Art. „Distanz – Unmittelbarkeit", in: MLÄ 2006, 86–87). Zum Leid des Ästhetizisten (in Leopold Andrians Roman *Der Garten der Erkenntnis*, 1895), der jede Erfahrung in Reflexion umsetzt und damit um das Geheimnis des unmittelbaren Erfahrens gebracht wird vgl. Gisbertz 2011, 181.
176 Vgl. Dominique de Menil (Hg.), *The Rothko Chapel*, New Haven 2010, v.a. Les Levine, „The infinite with the finite", 29); Eliza E. Rathbone, „Der Rothko Room in der Philipps Collection", in: Kat. Rothko 2001, 47– 53, 47 und 49; Oliver Wick, „Mark Rothko, ,A consummated experience between picture and onlooker'", in: ebd., 23–34; 31.
177 Vgl. Seel 1996, 126–144.
178 Gernot Böhme, *Atmosphäre. Essays zur neueren Ästhetik,* Frankfurt am Main 1995, 136.
179 Fuchs 2013, 20–21; Fuchs 2000, 87–91, 193–204. Zum somatischen und kognitiven Anteil der Wirkung von Stimmungen in der Kunst vgl. auch Thomas 2011, 217. Ebenso erinnert Eva Schürmann in ihrem Aufsatz „Embodied Perception Revisited" mit Seitenblick auf das „Verkörperte Denken" bei Merleau-Ponty auf die Gebundenheit jeder sinnstiftenden Wahrnehmung an die unterschiedliche Leiblichkeit jedes Rezipienten sowie an die spezifische Situiertheit des Wahrgenommenen (in: Lauschke et al. 2018, 29–44). Zum leiblichen Spüren und atmosphärischen Gespür vgl. auch Burkhard Meyer-Sickendiek, „Über das Gespür. Neuphänomenologische Überlegungen zum Begriff der ‚Stimmungslyrik'", in: Gisbertz 2011, 45–61.
180 Fuchs 2000, 200.
181 Scheler 1913–1916, II.343, Auszeichnungen M.S.
182 Z. B. Mersch 2019, 29–30; Adorno 1973 [1970], 152.
183 Rosa 2016, 281–298; 285; 289. Angelika Krebs gibt zu bedenken, dass ein solches Respons-Verhältnis zwischen uns und unserer Umgebung höchstens metaphorisch bilateral sein könne (Krebs 2017, 253). Im kunsttheoretischen Diskurs wurde die Metapher eines bilateralen Respons-Verhältnisses zwischen Kunstwerk und Rezipientin bereits von Friedrich Theodor Vischer vorbereitet, anschliessend von psychologischer Seite vereinnahmt: Ausgehend von Jean-Paul Sartres „Philosophie des Anderen", in welcher dieser die Bedeutung des Blicks nach aussen und von aussen für die Existenz und das Selbstverständnis des Menschen verdeutlicht (vgl. ders., *l'être et le Néant*, Paris 1943, insbes. Kap. 3) und Jacques Lacans „Sardinenbüchse, die den Petit-Jean anblickt" (vgl. ders., *Die Vier Grundbegriffe der Psychoanalyse,* Weinheim 1996, 101–103) hat sich alternativ zur „Resonanz" eine ebenso bilaterale, ästhetische Blick-Metapher herausgebildet, z. B. mit Georges Didi-Huberman, *Was wir sehen blickt uns an,* München 1999, 11: „Was wir sehen", schreibt er, „gewinnt in unseren Augen Leben und Bedeutung nur durch das, was uns anblickt, uns betrifft"; Erika Fischer-Lichte spricht von einem Blick-Akt, der gewissermassen in beide Richtungen stattfindet (dies., *Performativität. Eine Einführung,* Bielefeld 2013, 79–80). Die Entstehung dieser Blick-Metapher hängt wohl nicht zuletzt mit der französischen Doppelbedeutung von „me regarder" (mich anschauen/mich betreffen) zusammen.
184 Rosa 2016, 472–500; 479.
185 Zur performativen Emergenz des Bildes in der Betrachterin und zum permanenten Interaktionszusammenhang zwi-

schen Werk und Rezipient vgl. auch Marion Lauschke, „Ikonische Formprozesse und Affordanzen", in: Lauschke et al. 2018, 45–62; 53–55.

186 David Freedberg erläutert in seiner Geschichte und Theorie der Wirkkraft von Bildern in welcher Weise Bilder über die Jahrhunderte hinweg sowohl in magisch-religiösen, in ethisch-rechtlichen, in politischen als auch in erkenntnistheoretischen Kontexten eine handelnde, wirklichkeitskonstituierende Rolle innehaben (vgl. David Freedberg, *The Power of Images*, Chicago/London 1989). Jan Assmann stösst mit seinem Aufsatz *Die Macht der Bilder* in dieselbe Richtung wie Freedberg (Assmann 1990). Zusammen mit anderen Autoren legt er nahe, inwiefern die Metapher der Handlungspotenz von Bildern Sinn macht. Als Antwort auf die neuzeitliche Sprachdominanz der westlichen Kulturen wurde laut Doris Bachmann-Medick das neue Bewusstsein der visuellen Kompetenz von Bildern 1992 durch den Literaturwissenschaftler und Kulturtheoretiker William J.T. Mitchell unter dem Terminus *pictorial turn* diagnostiziert (Doris Bachmann-Medick, *Cultural Turns. Neuorientierungen in den Kulturwissenschaften*, Reinbek bei Hamburg 2014. 330). Im neuen Bildbewusstsein dynamisiert sich die einstige Vorstellung vom passiven Bild-Objekt als kulturellem Bedeutungsträger zum subjektartigen Generator kultureller Erfahrungen. Vgl. auch Horst Bredekamp, „Die Prägnanz der Form", in: Lauschke et al. 2018, 123–141. Schwächer sieht Wolfgang Prinz das latente ästhetische Potenzial von Bildern in den „Handlungen und Intentionen" *ihrer Autoren*, welche in Akten der Rezeption aktualisiert werden können (Wolfgang Prinz, „Fremde Bilder", in: ebd., 101–121).

187 Krämer 2011, 76, zum Widerfahrnischarakter der Bilder. Für Georg Misch besteht zwischen uns und dem uns Begegnenden ein reziproker „Anmutungscharakter": der Eindruck einer Landschaft etwa sei nicht bloss optisch-bildhaft: das mir Begegnende „mutet mich an und ich mute es an" (Misch 1994, 514); auch Joseph König zum gegenseitigen Sich-Affizieren zwischen Betrachter und Bild (König 1978, 303).

188 Vgl. Krämer 2011, 76; Schwarte 2011, 16: „Bilder erzeugen uns."

189 Assmann 1990, 4. Assmann spricht vom „Bildakt" in Analogie zu Austins und Searles „Sprechakt".

190 John Dewey hat 1934 mit seinem Buch *Kunst als Erfahrung* das heutige Verständnis des Kunstwerks als Ereignis vorbereitet (Dewey 2014). Zur Auffassung, dass das Kunstwerk nicht einfach vom Künstler in seiner Materialität geschaffen und stillgelegt wurde, sondern dass die Betrachterin an der produktiven Bewegung seines Werdens teilhat, vgl. Sebastian Egenhofer, *Produktionsästhetik*, Zürich 2010, 7.

191 Vgl. z. B., aus der Sicht der 1980er Jahre, Christiane Hopfengart: Im Zuge der Vorstellungen einer religiösen Dimension von Kunst (wie das „Magische" und das „Poetische") hätten im ersten Viertel des 20. Jhs. die Klee-Rezeptoren in den Bildern vor allem nach ihren eigenen Privatmythologien gesucht: der Ursprung entsprechender Aussagen sei eher in einem historisch bedingten Eskapismus, als in der bildimmanenten Wirklichkeit zu finden (Hopfengart 1989, 34–35). Aus Hopfengarts „abgeklärter" Sicht sind es also allein die Rezeptoren, welche ihre postromantischen Bedürfnisse, sei es nach Religion oder Poesie – oder nach Poesie als säkularisierter Religion – in die Bilder projizierten.

192 So war etwa für Benedetto Croce Ausdruck „in Form gebrachte Empfindung" des Künstlers, wobei er das physische Kunstwerk sogar als verzichtbare Gedächtnisstütze der ästhetischen Tätigkeit sah (vgl. Marie Luise Raters, Art. „Ausdruck", in: MLÄ 2006, 46–47; 46); Wellbery zufolge entstand bei Johann Gottlieb Fichte die Vorstellung von Stimmung als „Bewegungsform der eigensten Subjektivität des Künstlers", durch welche er „der todten Masse seine Seele [lieh], dass diese sie auf uns übertragen möchte" (Wellbery 2003, 715, bezieht sich auf J.G. Fichte, „Über Geist und Buchstab in der Philosophie (1794), in: *Fichte, Sämmtl. Werke,* Bd. 8, Berlin 1846, 294).

193 Dewey 2014, 66–67.

194 Wollheim 1993, 154–157; 157: „That the emotion is felt is not a sustainable requirement."

195 Wollheim 1993, 155–156. Vgl. dazu auch Georg Misch zu Goethes Gedicht *Der Fischer*: Wenn Goethe bemerkt, er wolle das „Gefühl des Wassers" vermitteln, meint er nicht eine Gefühlszuständlichkeit in der Seele des Dichters, sondern die Vermittlung seines emotionalen Wissens, wie das Wasser, das „uns im Sommer lockt zu baden", sich anfühlt (Misch 1994, 512 und 518).

196 Thomas 2018, 97; auch Krämer 2011, 74.

197 Vgl. Paul Klee zum Unterschied zwischen den von Kindern absichtsvoll geplanten Bildaussagen und seinen eigenen Werken: „Der Maler, wie ich ihn verstehe, bildet, oder besser: er lässt es sich bilden. Er hat keine Absicht, nicht unmittelbar." Das Gebilde entsteht „ohne Zutun des Willens zunächst, ohne Wissen, ohne inhaltliche Intention. [...] Die Bezeichnungen, die ich den Bildern gebe, weisen nur in eine von mir nachträglich empfundene Richtung" (Geist 1950, 187–188). Es versteht sich von selbst, dass Klee mit dieser Beschreibung einer primär „empfangenden Haltung" auch den Topos des „dem Genius ausgelieferten Künstlers" bedient – dennoch beschreiben viele Maler das Phänomen, dass das Bild im Laufe seiner Entstehung die anfängliche Idee zunichte macht. Zur Problematik der starren Vorherbestimmung eines künstlerischen Endprodukts auch Dewey 2014, 161–162.

198 Blumenberg 2014, 116.

199 Vgl. Blumenberg 2014, 113: „Das aber bedeutet, dass der Gedanke nicht einfach nur in ein passendes Medium der Anschaulichkeit übersetzt ist, um diesem Medium jederzeit wieder entnommen werden zu können und in seine Ausgangsidentität zurückzukehren [...], sondern es heisst, dass der Gedanke endgültig und irreversibel Gegenstand geworden ist, dass er für jeden Rezipienten etwas anderes und eigenes bedeuten wird, dass er endgültig aus der Eindeutigkeit seiner Herkunft verloren gegangen ist in die Vieldeutigkeit einer ihm immanenten Geschichte."

200 Hans-Georg Gadamer, *Vom Zirkel des Verstehens*, Tübingen 1959, 57–59.

201 Vgl. Thomas 2018, 89.

202 Wollheim 1993, 155.

203 Wollheim spricht von der Notwendigkeit eines Hintergrundwissens für eine adäquate Erfahrung von Kunst, das auch Überzeugungen über die Produktionsgeschichte des Werks und über den spezifischen künstlerischen Prozess, der darin eingeflossen ist, umfasst (Wollheim 1993, 155–157). Arthur Danto zufolge lässt sich eine geschichtslose Kunsttheorie philosophisch nicht verteidigen (Danto 1991, 265–266); dazu auch Seel 2003, 138.

204 Zu Malewitschs Suprematismus als Darstellung von „Welt als reine Empfindung" vgl. Flach 2016, insbes. 291–294. Malewitsch schrieb zum schwarzen Quadrat in *Die gegen-*

standslose Welt (Mainz/Berlin 1980, 66): „[D]as beglückende Gefühl der befreienden Gegenstandslosigkeit riss mich fort in die ‚Wüste', wo nichts als die Empfindung Tatsächlichkeit ist [...] Es war dies kein ‚leeres Quadrat' [...], sondern die *Empfindung* der Gegenstandslosigkeit (Ausz. B.D.)." Wie viele Künstler dieser Zeit war auch Malewitsch vom intellektuellen Klima der Lebensphilosophien geprägt: die Schriften von Henri Bergson waren bereits ab 1900 ins Russische übersetzt worden. Aus der Perspektive der *heutigen* Kunsttheorie ist das *Schwarze Quadrat* eine „künstlerische Reflexion über den Ursprung des Ikonischen", es fasst gleichsam alle Bilder in sich, die es verschlingt und ersetzt (Mersch 2019, 35). So viel zur „Rezeption als Produktion".

205 Sabine Flach erinnert an die altgriechische Auffassung der Kunst als *zoon,* als immer schon Lebendiges, und folgert für Malewitschs *Schwarzes Quadrat:* „Das Bild ist dann kein statisches Ab-Bild mehr, sondern ihm eignet eine permanente Prozessualität und Potentialität, ein Eigenleben, das sich immer dort zeigt, wo keine Sprache mehr hinreicht – in jenem schmalen Zwischenfeld zwischen Signifikat und Signifikant, welches erst eine Projektionsfläche bieten kann für das, was in reiner Form zur Erscheinung kommen soll" (vgl. Flach 2016, 295).

206 Gamboni 2010, 122 und 125. Entzieht sich die Bedeutung des Kunstwerks zumindest teilweise der Macht seines Urhebers, so werden jüngere Tendenzen, die in Über-Interpretation von Roland Barthes' Diagnose vom „Tod des Autors" auch für die bildende Kunst die Deutungshoheit allein dem Bild-Leser zuschreiben, den komplexen Wechselwirkungen von Produzent, Werk und Rezipient nicht gerecht. Auch für Barthes ist der Spielraum der Rezipientin nicht grenzenlos, weil diese letztlich nicht beliebige Bedeutungen jenseits von den im Text oder in der Bildstruktur angelegten Sinneinheiten generieren kann (Roland Barthes, „Der Tod des Autors", in: Uwe Wirth (Hg.), *Performanz. Zwischen Sprachphilosophie und Kulturwissenschaften,* Frankfurt am Main 2015, 104–110).

207 Thomas 2018, 94.

208 Zur kausalen physiologischen und psychologischen, z. B. hedonistischen Erfahrung von blosser Wirkung vgl. Krebs 2017, 253. Im Anschluss an die weiter oben angeführte Kitsch-Problematik liesse sich von einer „ausserästhetischen Aneignung" (vgl. I, 2.4.2) sprechen: das Kunstwerk wird nicht als Anderes, sondern ausschliesslich als Spiegel eigener Seelenzustände erlebt.

209 Vgl. Scruton 1997, 358.

210 Jenefer Robinson, *Deeper Than Reason. Emotion and its Role in Literature, Music, and Art,* Oxford 2005, 117.

211 Zur sinnlichen Präsenz von Farben, die in unser Lebensgefühl eingreift auch Goethes Farbenlehre, z. B. § 778f (aus Böhme 2002, 53–56); Eva Heller, *Wie Farben wirken. Farbpsychologie, Farbsymbolik, kreative Farbgestaltung,* Reinbeck bei Hamburg 2009 [1989]. Für Eduard Hanslick galt: „Jede Farbe atmet einen eigentümlichen Charakter: Sie ist keine bloße Ziffer, sondern eine Kraft, schon von Natur aus in sympathetischen Zusammenhang mit gewissen Stimmungen gesetzt" (ders., *Vom Musikalisch-Schönen,* Leipzig 1854, zitiert nach Sebastian Klotz, „Musik als Artikulation von Stimmungen", in: Gisbertz 2011, 197– 209; 202). Feinste Abweichungen in der Farb-Bedeutung können z. B. für Marketing-Strategien im interkulturellen Kontext entscheidend sein, vgl. „Farbe als kulturspezifisch interpretiertes Verpackungsmerkmal", in: Stefan Müller/Katja Gelbrich, *Interkulturelles Marketing,* München 2004, 614– 621.

212 Thomas Fuchs argumentiert einleuchtend, dass Atmosphären offensichtlich eine gewisse Objektivität zukomme, weil andernfalls Bemühungen, sie durch geschickte Arrangements, entsprechende Beleuchtungen und Raumgestaltungen zu prägen, keinen Sinn machen würden (vgl. Fuchs 2013, 23).

213 Zur spontanen Erfahrung von äusseren Stimmungen als Gesamtqualität vgl. auch Thomas 2010, VIII. Erfahrungen von Stimmungen und Gefühlsausdruck sind zunächst subjektiv, weshalb ich für deren Beschreibungen mehrfach die Ich-Form wähle, im Vertrauen darauf, dass sie in ihrer Nachvollziehbarkeit eine gewisse Allgemeingültigkeit erlangen (vgl. I, 3.4.4; Kant KdU § 37, A 148).

214 Neuere Einfühlungsästhetiken verbinden ihre Thesen heute vermehrt mit kognitionswissenschaftlichen und neurowissenschaftlichen Erkenntnissen. So zeigt etwa eine neurowissenschaftliche Studie von David Freedberg und Vittorio Gallese zum Verhältnis von Erkenntnis und Emotion in unserer Rezeption von Kunst, dass ein dargestellter Gefühlsausdruck oder der bewegte Duktus einer Pinselführung über eine Art physische Simulation zu einer leiblichen Resonanz und damit verbunden zu einer empathischen Antwort führen können. Die Autoren sprechen von einer möglichen Beteiligung der noch wenig erforschten Spiegelneuronen. Sie haben neuronal spezifisch lokalisierte „Affizierungen", z. B. bei Betrachtern von Lucio Fontanas *Cut Images* (mit Messern aufgeschlitzte Leinwände) messen können (Vgl. Freedberg/ Gallese 2007, 197–199). Allerdings ist mit Goldie gezeigt worden, dass Empathie nicht auf reflexhaften Reaktionsmechanismen beruht, wie es etwa die Spiegelneuronentheorie suggeriert (vgl. dazu auch Thomas 2018, 99).

215 Visuelle Gestaltverläufe induzieren laut Fuchs ähnlich wie akustisch oder taktil erfassbare Konturen entsprechende Affekte: Entwicklungspsychologische Studien zeigen, dass „schon zwei- bis dreijährige Kinder eine ansteigende Schnörkel-Linie als ‚fröhlich', eine gezackte Linie als ‚ärgerlich', einen aufsteigenden Bogen als ‚stolz', einen abfallenden als ‚traurig'" empfinden (Fuchs 2013, 20). Fuchs stützt sich auf die *Einführung in die Entwicklungspsychologie* von Heinz Werner, München 1959.

216 Dieses Skandalon gegenüber der manifesten Bild-Aussage beschreibt Barthes in seiner Analyse von S.M. Eisensteins Fotogrammen als „stumpfen Sinn", welcher der zitathaften Emphase des entgegenkommenden Sinns eine unauflösbare Mehrdeutigkeit entgegenstellt (vgl. Roland Barthes, *Der entgegenkommende und der stumpfe Sinn,* Frankfurt am Main 1990, 51–64).

217 So etwa Kerstin Thomas (Thomas 2018, 94–95); Vom „Unbestimmten" Kunstwerk handeln die meisten Aufsätze in Gamm/Schürmann 2007, z. B. James Elkins, „Einige Gedanken über die Unbestimmtheit der Repräsentation" (119–140); Gottfried Gabriel, „Bestimmte Unbestimmtheit – in der ästhetischen Erkenntnis und im ästhetischen Urteil (141–156); Gerhard Gamm, „Das rätselvoll Unbestimmte" (Gamm 2007).

218 Bredekamp 2015, 9–19.

219 Es ist bis anhin wenig über den Ausdruck von abstrakten Bildern nachgedacht worden, indessen einiges über den Ausdruck von Musik, z. B. Scruton 1997, Jerrold Levinson, „Emotions in the arts", in: Hjort/Laver 1997; Tom Cochrane,

„The emotional experience of the sublime", in: Ben-Ze'ev/Krebs 2018, 267–286.

220 Noël Carroll unterscheidet in *Art and Mood* zwei unterschiedliche Wirkungsweisen von Stimmung in der Kunst: auf der einen Seite kommt den somatischen Anteilen der Stimmung direkte Wirksamkeit auf die Körpergefühle des Rezipienten zu, „indem er diese Rhythmen und Bewegungen unmittelbar leiblich erfassen" könne; auf der anderen umfasst sie einen kognitiven Anteil, der vom Rezipienten erkannt wird, indem er sich in die Situation einfühlt und sie mit eigenen Erfahrungen abgleicht. Durch diesen Erfahrungsabgleich kann sich bei ihm eine analoge Stimmung einstellen (vgl. Thomas 2011, 217).

221 Scruton 1997, 345–346.

222 Scruton 1997, 354–457; 355. „The life in music belongs in the musical process, abstract, indeterminate, unowned except through the act whereby we listeners possess it." Wenn wir zur Musik tanzen, fährt er fort, antworten wir mit körperlichen Bewegungen harmonisch auf eine Form von Leben, das keiner bestimmten Person angehört.

223 Scruton 2011, 99.

224 Scruton 1997, 94. Vgl. auch Krebs 2021, 70–72, zum Anmutungscharakter tertiärer Qualitäten wie Ausdruck, Stimmung, Atmosphäre.

225 König 1978, 305–306; Joseph König spricht hier vor allem vom dichterischen Werk.

226 Georg Misch versteht Gegenstände mit Ausdruckscharakter (ebenso Sprache wie Bilder) als hermeneutische Gestaltungen, die Zeugnis von sich selbst ablegen und die gleichzeitig durch das produktive Vermögen des „evozierenden Ausdrucks" über sich hinausweisen (Misch 1994, 499–578; 556). Gemäss Arthur Danto bedeutet eine neutrale, rein auf materielle Gegebenheiten bezogene und nicht-interpretierende Beschreibung, „das Werk *als ein Ding* anzusehen und somit nicht als Kunstwerk" (vgl. Danto 1991, 192f). Während laut Danto Interpretation gleichbedeutend ist mit einem „Akt der künstlerischen Identifikation", die letztlich von der Künstlertheorie abhängig ist (ebd. 207), so versuche ich mit Scruton zu zeigen, dass sich das Kunstwerk nicht nur im hermeneutischen Abgleich mit der entsprechenden Theorie konstituiert, sondern zudem in einer individuell geprägten, sinnlichen Erfahrung eines materiell gesetzten, allenfalls durch den Bild-Titel eingegrenzten oder erweiterten Imaginations-Raums. Zur „Künstlertheorie" vgl. Wollheim 2009, 85: Sie ist die Theorie der Kunst, unter deren Einfluss ein Künstler arbeitet und deren Kenntnis uns erlaubt, seine Arbeit besser zu verstehen.

227 Programmatisch *konkrete Kunst* wendet sich gegen jede Art solcher Transfers: z. B. will Max Bills *Nine fields divided by means of two colours* von 1968 nichts anderes sein oder darstellen, als was zu sehen ist. Der Kunstkritiker Joseph Mashek bezeichnet solche Bilder, aus welchen „the pictorial ‚contents' of painting had been drained away, all that might be left was an empty container exhibiting its own physical shape" als „hardcore painting" und nennt als Beispiele Werke der Konstruktivisten sowie der konkreten Kunst (vgl. *Artforum* 16, April 1978, 46–55, über: URL (am 17.11.2021): http://www.josephmasheck.com/ARTicles_files/Hard-Core%20Painting.pdf).

228 John Dewey zufolge stellt Rhythmus ein allgemein gültiges Daseinschema dar, das einer jeglichen Verwirklichung von Ordnung innerhalb des Wandels zugrunde liegt und welches deshalb sämtliche Gattungen der Kunst durchzieht: „Dem Rhythmus einer jeden Kunst und eines jeden Kunstwerks liegt, gleichsam als Substrat in den Tiefen des Unbewussten, das Schema der Beziehungen des Lebewesens zu seiner Umwelt zugrunde" (vgl. Dewey 2014, 174). „Im Rhythmus", so zeigt Claudia Blümle anhand eines Vergleichs verschiedener Fassungen des ästhetischen Rhythmus bei John Dewey, Henry Maldiney und Gilles Deleuze, „erhält die ikonische Form eine raumzeitliche Struktur, die einen ästhetischen Bezug zur Welt erst ermöglicht" (dies., „Rhythmus im Bildraum", in: Lauschke et al. 2018, 143–162, Zitat ebd. XVI). Analog dazu dürften auch Erfahrungen von „Harmonie" und „Dissonanz" aus solchen in tieferen Bewusstseinsschichten verankerten Beziehungen hervorgehen (vgl. Dewey 2014, 194 zum Missklang).

229 Zur Kunst als Quelle des Unverfügbaren vgl. Gamm/Schürmann 2007, v.a. Gamm 2007, 47; Voss 2013, 208; Thomas 2018, 100; Rosa 2016, 476.

230 Dieter Mersch nennt in *Epistemologien des Ästhetischen*, Zürich/Berlin 2015, 20, für die Moderne beispielhaft Martin Heidegger, Theodor Adorno, Maurice Merleau-Ponty oder auch Nelson Goodman. Vgl. auch Gadamer 2010 [1960], 103, zur Kunst als Form von Erkenntnis.

231 Brandstätter 2013, 66–81, für die Unterscheidung von „Erkenntnis *von* Kunst" und „Erkenntnis *durch* Kunst"; 69 zum Nicht-Verstehen als konstitutivem Bestandteil dieses impliziten Verstehens.

232 Gadamer 2010 [1960], 102 (Hervorhebung B.D.).

233 Vgl. Jens Badura et al. (Hg.), *Künstlerische Forschung. Ein Handbuch*, Zürich 2015. Der Sammelband *Grenzgänge in der Philosophie – Denken darstellen* von Alexander Fischer und Annett Wienmeister (Hg.) untersucht, unter welchen Bedingungen nichtsprachliche Kunstwerke wie Bilder, Film und Architektur auch als Formen „ästhetischen Denkens" angesehen werden können und beleuchtet deren erkenntnistheoretischen Stellenwert (Fischer/Wienmeister 2019). Zur Kunst als Erforschung komplexer Prozesse visueller Wahrnehmung vgl. Flach 2016, 276–277. Impressionisten wie Seurat waren geprägt von den zeitgenössischen Wahrnehmungstheorien, in welchen die Zusammenhänge von Gedächtnis, Gefühl und Perzeption diskutiert wurden (Thomas 2011, 227; Brandstätter 2013, 74–76). Zum Selbstverständnis des Malers als Wissenschaftler vgl. Sabine Flach, „Abstraktion zwischen Kunst und Lebenswissenschaften", in: *Struktur, Figur, Kontur. Abstraktion in Kunst und Lebenswissenschaften*, Zürich/Berlin 2007, 118. Wassily Kandinskys *Über das Geistige in der Kunst* von 1912 ist ein weiteres Beispiel (Bern 2006).

234 Vgl. Bornmüller 2019, 18f. zur systematischen Begründung des Entsprechungsverhältnisses von Logik und Ästhetik bei Baumgarten, sowie zu dessen Bestimmung des Erkenntniswerts zwischen „dunklen" oder „verworrenen" Vorstellungen im unteren Erkenntnisvermögen und den klar-deutlichen Vorstellungen des oberen Erkenntnisvermögens. Bornmüller zeigt, dass die verworrenen Vorstellungen eine unerlässliche Voraussetzung für die Entdeckung von Wahrheit sind: Die aus der Dunkelheit in die Klarheit und Deutlichkeit des Denkens übergehenden Erkenntnisleistungen geschehen in einem stetigen und umfassenden Kontinuum – weshalb strikt propositional begriffliche Erkenntnis anhand von deutlichen Vorstellungen eher die Ausnahme sind (ebd. 19). Die Terminologie der dunklen oder verworrenen respektive klaren und deutlichen Begriffe stammt ursprünglich aus Leibnitz' Erkenntnistheorie (vgl. Leibnitz 1966, 9–16).

235 Gabriel 2010, 379 (Hervorhebungen G.G.).
236 Gabriel folgt dem klassischen Verständnis des propositionalen Wissens „als begründeter wahrer Glaube" (vgl. Gabriel 2015, 29).
237 Vgl. Gabriel 2003, 423.
238 Z. B. Angelika Krebs wendet gegen diesen abgeschwächten Wahrheitsbegriff ein, dass er den „tiefen Einsichten oder eben Wahrheiten", die etwa Dichtung oder Religion vermitteln können, nicht zu entsprechen vermag. Ein propositionales „Wissen, dass" unterscheide sich in seinem Wahrheitsgehalt nicht grundlegend von einem verkörperten „Wissen, wie": auch im Hinblick auf letzteres dürfe „ungeschminkt von Wahrheit oder Begründung" gesprochen werden (Krebs 2021, 33). Stärker als nur „adäquat" scheint auch für Georg Misch nicht-propositionale Erkenntnis zu sein, die über „hermeneutische Gestaltungen" oder „evozierenden Ausdruck" erlangt werden kann: ist dieser „lauter und rein", geht er mit der Erfahrung von Objektivität und Wahrheit einher (Misch 1996, 519).
239 Gabriel 2015, 61.
240 Vgl. Misch 1994, 547: evozierende Rede als hermeneutisches Verfahren.
241 Zur grundlegenden „Nichtnegativität des Ikonischen" vgl. auch Hessler/Mersch 2009, 21–22.
242 Laut Martin Seel nimmt bereits die Wahrnehmung von Kunstwerken ein „reiches historisches sowie theoretisches und praktisches Wissen auf" (Vgl. Seel 2003, 138) und stützt sich somit auf propositionale *und* nicht-propositionale Erkenntnisformen.
243 Gottfried Gabriel, „Der Erkenntniswert der Kunst", in: Gabriel 2015, 96–123, 104.
244 Zur These, dass diese Wissensvermittlung wesentlich für die literarische Praxis und für deren ästhetischen Wert mitbestimmend ist, vgl. Vendrell Ferran 2014, 125; Gaut 2006, 115–126 und Gaut 2007, 165–194.
245 Gaut 2006,115. Zum Erkenntniswert der Literatur und den Argumentationen zwischen ästhetischen Kognitivisten und Antikognitivisten vgl. auch Reicher 2014, 74–79.
246 Vendrell Ferran 2014, 121.
247 Vendrell Ferran 2014, eine ähnliche Auffassung vom ästhetischen Kognitivismus vertritt auch Berys Gaut (Gaut 2006).
248 Vendrell Ferran 2014, 123.
249 Vendrell Ferran 2014, 123–124. Vendrell Ferran bezieht sich auf Jerome Stolnitz, „On the Cognitive Triviality of Art", in: Eileen John/Dominic McIver Lopes (Hg.), *Philosophy of Literature. Contemporary and Classic Readings,* Oxford 2004, 317–323; 322. Als weitere Position nennt die Autorin diejenige von Peter Lamarque, nach welcher die Wissensvermittlung durch literarische Werke zwar möglich, aber kein wesentlicher Bestandteil der literarischen Praxis ist (ebd. 124).
250 Die Philosophie ist seit ihren Anfängen nicht ausschliesslich mit deliberativ logischen Mitteln betrieben worden: sie findet sich in Darstellungsformen unterschiedlichster literarischer Gattungen wie im klassischen Lehrgedicht, in Platons Dialogen, Augustins *Confessiones,* Descartes' *Meditationen.* Ebenso finden sich in Aphorismen und Essays philosophische Gedanken, die propositionale Wahrheiten ansprechen. Die meisten dieser Texte enthalten sowohl argumentative als auch fiktionale Elemente (Gottfried Gabriel, Zwischen Wissenschaft und Dichtung. Nicht-propositionale Vergegenwärtigungen in der Philosophie, DZPhil, Berlin 51 (2003) 3, 415-425, insbes. 419). Vgl. dazu auch Danto 1984; Fischer/Wienmeister 2019. Angelika Krebs zeigt mit ihrem *Weltbild der Igel,* wie eindringlich sich etwa Naturethik anhand von literarischen Texten vermitteln lässt (Krebs 2021).
251 Martha Nussbaum formuliert dazu die These, dass „bestimmte Wahrheiten über das menschliche Leben nur in der narrativen Sprache und Form angemessen und akkurat ausgedrückt werden können" (Martha Nussbaum, *Love's Knowledge. Essays on Philosophy and Literature,* New York 1990, 5, zitiert nach Krebs 2015, 238). Zur „Wahrheit" in der Literatur vgl. auch Roger Scruton, „Knowledge and Feeling", in: Mark Dooley (Hg.), *The Roger Scruton Reader,* London 2009, 152–162.
252 Gabriel 2015, 125.
253 Vendrell Ferran 2014, 126–127.
254 Vendrell Ferran 2014, 128. Die Autorin entleiht den Begriff der „virtuellen Erfahrung" von Dorothy Walsh, *Literature and Knowledge,* Middletown, Connecticut 1969, 101. Zur Bedeutung der Imagination für den Wissensgewinn durch Kunstwerke auch Gaut 2006, 116–118; Currie 1997 und Currie 1998.
255 Gaut 2006, 118.
256 Gaut 2006, 119; Gaut 2007, 147–157. Zur Kunst als Selbstverständigungspraxis Bertram 2019, 186–189.
257 Vgl. KdU, B 18 und B 23f zur „subjektiven Allgemeinheit" des Geschmacksurteils; ebd., B 28 zur Funktion der Einbildungskraft „für die Zusammensetzung des Mannigfaltigen der Anschauung".
258 Roger Scruton geht davon aus, dass sympathetische Gefühle aufgrund imaginärer Situationen sogar noch stärker sein können als solche, die durch reelle Fakten ausgelöst werden. Fiktionen ermöglichen eine gewisse Distanz, die zulässt, dass wir gefahrlos die reinen Archetypen menschlicher Gefühle dem Raum ihrer Selbstschöpfung überlassen können (Scruton 1997, 354–355). Jerrold Levinson z. B. zeigt in *Emotion in Response to Art* verschiedene Lösungsansätze dieses Paradoxes (in: Hjort/Laver 1997, 20–34). Ebenso Kendall Walton, „Spelunking, Simulation, and Slime: On Being Moved by Fiction", ebd., 37–49; Kaufmann 1960, 117–123; Ben-Ze'ev 2009, 91–94 und Ben-Ze'ev 2018, 123; Todd 2014, 287–294, Wettstein 2015.
259 So z. B. Lisa Jones (Jones 2014), 113. Zur Vervielfältigung unserer Perspektiven auf die Welt durch die Literatur auch Vendrell Ferran 2014, 119–140. Laut Gabriel (in Anlehnung an Kant) schafft Literatur das Besondere, das für allgemeine Wahrheiten steht (Gabriel 1991, 2–19; 10). Zu „Fiktion und Wahrheit" in der Literatur auch Krebs 2015, 247–252.
260 Wolfgang Prinz, Fremde Bilder, in: Lauschke et al. 2018, 101–119; 102.
261 In den Naturwissenschaften können Bilder letztlich auch Hypothesen aufstellen oder Beweise erbringen, also propositionales Wissen generieren, vgl. Hessler/ Mersch, 2009, 11.
262 Hessler/Mersch 2009, 8–59, hier 8f. Die Autoren verweisen allerdings auf eine dennoch bestehende „Tradition der Beschäftigung mit nicht-diskursiven Symbolformen", etwa bei Ernst Cassirer, Susanne K. Langer, Nelson Goodman oder bei Charles Sanders Peirce.
263 „Das Logische meint hier ein Strukturelles, das als eine *Ordnung des Zeigens* ausbuchstabiert wird, wobei wiederum der Begriff der ‚Ordnung' auf eine *Grenze* verweist, die dem Bildlichen besondere Fähigkeiten sowohl zuspricht als auch abspricht" (Hessler/Mersch, 2009, 10).

264 Mersch 2019, 43. Vgl. dazu auch Adorno 1973 [1970], 152: „Kunst kann, als wesentlich Geistiges, gar nicht rein anschaulich sein. Sie muss immer auch gedacht werden: sie denkt selber."
265 Vgl. dazu auch Peter Goldie/Elisabeth Schellekens, *Who ist Afraid of Conceptual Art?* Abingdon (Oxon) 2010, 70.
266 Bippus 2019, 62.
267 Mersch 2019, 51.
268 Klaus Sachs-Hombach, „Philosophische Rationalität und epistemische Grenzen bildlicher Darstellungen", in: Fischer/Wienmeister 2019, 181–198; 194.
269 Arthur Danto spricht von einem Spannungsverhältnis zwischen der „Opazität des Materialen" und der „Transparenz auf Sinn", vgl. Danto 1991, 241. Vgl. auch Boehm 1994, 30–32, zur „ikonischen Differenz".
270 Hessler/Mersch, 2009, 12, 20, 29–30, und 21: „Bilder zeigen und zeigen sich im Zeigen, weshalb Erscheinen und Bedeuten ineins fallen."
271 Hessler/Mersch, 2009, 12 und 29–30.
272 Dazu Gabriel 2015, 103.
273 Zu den „ikonischen Affordanzen" vgl. auch Lauschke 2018, 46.
274 Hessler/Mersch, 2009, 25. Letztlich ist auch für Gabriel die begriffliche Unterbestimmtheit keine blosse Vagheit oder Ambiguität: im ästhetischen Bereich bringt sie einen gebündelten konnotativen Bedeutungsüberschuss mit sich, der als ästhetischer Reichtum zu begrüssen ist (Gabriel 2007, 142–145).
275 Vgl. auch Kant, KdU, § 49, A 190 zur Komplementarität von Anschauung und Vernunftidee: Der Darstellung ästhetischer Ideen kann kein Begriff adäquat sein und umgekehrt kann die Vernunftidee keiner Anschauung adäquat sein. Dennoch beschränkt sich für Gabriel der Erkenntnisgewinn durch Bilder auf eine „anschauliche Unterstützung" (Gabriel 2015, 99–105, dazu auch Fischer/ Wienmeister 2019, 9).
276 Zur „Nichthypothetizität des Sichtbaren" vgl. Hessler/Mersch, 2009, 23–24. Bildliche Evidenzen erscheinen „stets schon im Modus der Wirklichkeit, nicht von Möglichkeit", konstatieren die Autoren mit Seitenblick auf Kant (ebd. 30).
277 Gamm 2007, 26. Im Sammelband von Aufsätzen unter dem Titel *Das unendliche Kunstwerk* wird die Unterbestimmtheit der Kunst und deren Funktion in der ästhetischen Erfahrung an Beispielen aus der Literatur, der Musik sowie aus der bildenden Kunst dargelegt (vgl. Gamm/Schürmann 2007); auch Gabriel 2015, 102f zum „Überschuss an Anschaulichkeit", die mit der ästhetischen Unaussagbarkeit einhergeht.
278 Boehm 2006, 251–253 (Ausz. G.B.)
279 Martin Seel spricht von einer „gebundenen Imagination" (Seel 2003, 140).
280 Vgl. dazu auch Hans-Georg Gadamer, „Ende der Kunst? Von Hegels Lehre vom Vergangenheitscharakter der Kunst bis zur Antikunst von heute", in: *Ende der Kunst – Zukunft der Kunst,* Heinz Friedrich et al., München 1985, 16–33, 21.
281 Während das Bild seit den Anfängen der Kunst (buchstäbliche oder metaphorische) Abbilder der „Wirklichkeit" schuf und seine Bestimmung darin lag, „sein eigenes Für-sich-sein aufzuheben und ganz der Vermittlung des Abgebildeten zu dienen" (vgl. Gadamer 2010, 143), zeigt die Moderne Bestrebungen, die opake Materialität des Bildes sichtbar zu machen und in einem fruchtbaren Spannungsverhältnis zur Illusion des Dargestellten zu zeigen. Clement Greenberg hat versucht, dieses Wechselverhältnis zugunsten der materialen Verfasstheit aufzulösen und das Bild dergestalt einer radikalen Autonomie zuzuführen.
282 Zur Kunst-als-Kunst vgl. Gamm 2007, 29–34: Was Kunst mit dieser Selbstbezüglichkeit an Autonomie gewinnt, verliert sie an Sinn. Kann nichts mehr oder nur noch Beliebiges über sie gesagt werden, so ist auch kein ästhetisches Qualitätsurteil mehr möglich. Dahingegen beruht die Unausschöpfbarkeit des Kunstwerks gerade auf der unnachgiebigen Spannung zwischen widerstreitenden Urteilen, die gleicherweise als notwendig angesehen werden können (28).
283 Das rote Quadrat auf weisser Leinwand kann allerdings jenseits der reinen Selbstbezüglichkeit auch konzeptuell verstanden werden, nämlich etwa als Exemplifikation der oben erwähnten Forderungen von Greenberg nach Gattungsspezifik des Bildnerischen: Fläche, Farbe, Begrenzung. Aus dieser Perspektive ist auch dieses Werk nicht mehr radikal autonom, weil es eine Idee ausdrückt.
284 Christoph Menke, *Die Souveränität der Kunst,* Frankfurt am Main 1991, 9–10.
285 Seel 2003, 132; 139.
286 Seel 2003, 136–144.
287 Seel 2003, 143–144 (Ausz. M.S.). Vom „ästhetischen Objekt" losgelöste Fantasien sind intersubjektiv nicht zugänglich; es sind private Erlebnisse jenseits der ästhetischen Erfahrung. Zum Unterschied von Imagination und Fantasie vgl. auch Scruton 2011, 88.
288 Krebs 2017, 251. Laut Krebs sind Dichter besonders begabt für metaphorisches „Sehen-als". Vgl. auch I, 3.4.4. zu Wollheims Zweifachthese.
289 Vgl. Schürmann 2007, 179–207; 197, zum „semantischen Sehen", welches das Figürliche ins Abstrakte hineinsieht. Zur produktiven Verflochtenheit des Sichtbaren mit dem Unsichtbaren ebd., 200f.
290 Schwarte 2006, 95.
291 Kant KdU, § 49, B 198.
292 Vgl. Fingerhut/Hufendiek/Wild 2013, 25, zum Leib als Ort der Kognition. Die Autoren stellen anhand von zwölf Texten zur Philosophie der Verkörperung dar, welche Rolle unser Leib für das Denken, die Wahrnehmung, das Bewusstsein und unser gesamtes In-der-Welt-Sein spielt.
293 Hüppauf/Wulf 2006, 30.
294 Ben-Ze'ev 2018, 132.
295 Schwarte 2006, 92–93; 93: „Die Bilder, die wir uns voneinander und füreinander machen [wären] ohne kollektive Imagination undenkbar."
296 Hüppauf/Wulf 2006, 41.
297 Adorno 1973, 14: „Ästhetische Identität soll dem Nichtidentischen beistehen, das der Identitätszwang in der Realität unterdrückt." Über das gegenseitige Aufeinander-angewiesen-Sein von Identität und Andersheit vgl. ebd., 263–264. Vgl. auch Bertram 2011, 141.
298 Bauer 2018. Bauer befindet sich mit seiner Ambiguitätsthese in der Tradition von Baumgarten, der sich wiederum auf Leibnitz stützt: Laut Baumgarten ist eine „dunkle Vorstellung, die mehr Merkmale umfasst als eine klare, stärker als diese; eine verworrene, die mehr Merkmale umfasst als eine deutliche, stärker als diese. *Vorstellungen,* die mehrere in sich enthalten, heissen vielsagende Vorstellungen. Also sind vielsagende Vorstellungen stärker" (vgl. Alexander Gottlieb Baumgarten, *Metaphysica,* Stuttgart 2011, 275; zitiert nach Bredekamp 2019, 68).
299 Bauer 2018, 42–43 zu den musikalischen Beispielen; zur mehrdeutigen Schönheit ebd., 54.

300 Bauer 2018, 55. Unter dem Aspekt einer der Kunst notwendigen Ambiguität erfährt die Forderung nach Neuem, wie sie etwa Adorno formuliert, einen tieferen Sinn: Die wesenhaft geschichtliche Natur der Kunst gründet mitunter in einem Zustand des „Noch-nicht-assimiliert-Seins", im „Nicht-Identischen", oder eben: im Uneindeutigen. Vgl. Adorno 1973, 38: „In der Abstraktheit [dem Unbekannten, Unsagbaren, Noch-nicht-Verallgemeinerten] des Neuen verkapselt sich ein inhaltlich Entscheidendes."
301 Bauer 2018, 38. Zur verführerischen Eindeutigkeit des Marktwertes auch ebd., 95.
302 Vgl. dazu auch Krebs 2021, 107.
303 Vgl. Blumenberg 2014, 119.
304 Nussbaum 2001, 243.
305 Neben Stein 2008, 15–25 vgl. auch Goldie 1999, 216 zum reaktiven „Überspringen von eingefühlten Gefühlsqualitäten" auf den Einfühlenden. Zum Unterschied zwischen psychophysiologischer Wirkung und ästhetischer Resonanz mit äusseren Stimmungen vgl. Krebs 2017, 252–255.
306 Gabriel stützt seine Terminologie der klaren und deutlichen Begriffe auf Gottfried Leibnitz' Erkenntnistheorie, vgl. Gottfried Wilhelm Leibnitz, *Fünf Schriften zur Logik und Metaphysik,* Stuttgart 1966, 9–16.
307 Gabriel 2015.
308 Gabriel 2015, 105–106. Zur Frage, ob Emotionen selbst „kognitive Funktionen" haben können, nimmt er nicht eindeutig Stellung.
309 Eine Vorarbeit für diese These ist bereits 1968 von Nelson Goodman geleistet worden. Für ihn sind Stimmungen und Gefühle unverzichtbare Hilfsmittel, anhand derer sich die Eigenschaften eines Werks und mithin dessen charakterisierender Ausdruck entdecken lassen (Goodman 1997, 226–232). Goodmann spricht vom Gefühl als einem „Modus der Sensibilität gegenüber einem Werk" (ebd. 231). Zur Erkenntnisfunktion des Gefühls in der Literatur auch Vendrell Ferran 2014, 210; Axel Spree, „Erkenntnistheorie der Kunst", in: Thomas Hecken/Axel Spree (Hg.), *Nutzen und Klarheit,* Paderborn 2002, 124–151; 147f; Spezifisch zum Gefühl im Erkenntnisgewinn durch Bilder vgl. Thomas 2010, 2011, 2018; Reents/Meyer-Sickendiek 2013.
310 Gabriel 2015, 97; für Ben-Ze'ev 2000, 175–181: Ben-Ze'ev zeigt in seinem Abschnitt zur emotionalen Intelligenz, dass ein Zusammenspiel von emotionalen und intellektuellen Systemen sich in vielen Situationen als optimal erweist.
311 So schreibt etwa Martin Heidegger im *Ursprung des Kunstwerks*: „Vielleicht ist jedoch das, was wir [...] Gefühl oder Stimmung nennen, vernünftiger, nämlich vernehmender, weil dem Sein offener als alle Vernunft, die, inzwischen zur ratio geworden, rational missgedeutet wurde" (Heidegger 1960 [1935–36], 16–17).
312 Misch 1994, 319.
313 Zu Klees „manifester" Weltfremdheit z. B. Perdita Rösch, *Die Hermeneutik des Boten. Der Engel als Denkfigur bei Paul Klee und Rainer Maria Rilke,* Dissertation 2006, Universität Konstanz, 2009.
314 Für Hans-Ernst Mittig z. B. hat Klee zwar Deutungshindernisse in seine Bilder gelegt, aber gleichzeitig Bezüge und Verweise zu erkennen gegeben, die eine Interpretation von seinen Bildern durchaus als richtig oder falsch erweisen können (Mittig 1997, 357–359).
315 Zitiert nach Oskar Bätschmann, „Angelus Novus und Engel der Geschichte: Paul Klee und Walter Benjamin", in: *Engel, Teufel und Dämonen. Einblicke in die Geisterwelt des Mittelalters,* Basel 2006, 225–239.
316 Klee 1920, 39.
317 Laut Misch führt die (künstlerische) Evokation im Sinne eines „hermeneutischen Verfahrens" zu einer gefühlten „cognitio rei", d. h. zur Erkenntnis einer Sache selbst, wohingegen ein intellektuelles Wissen lediglich verschiedene Erkenntnis-Aspekte „von aussen" – eine „cognitio circa rem" hervorbringen könne (Misch 1994, 518–524, 547). Insbesondere die Poesie lässt uns laut Viktor Šklovskij durch eine Intensivierung der sinnlich-affektiven Wahrnehmung zum „Wesen" des Evozierten vordringen (vgl. Gess 2016, 40).
318 Aaron Ben-Ze'ev 2000, 166.
319 Vgl. Krebs 2017, 252–255. Anders als Resonanz wiederholt ein „Echo" nur das Eigene (Rosa 2016, 286).
320 Dazu Heidegger 1960 [1935–36], 83.
321 Vgl. Kants Forderung, dass die Anschauung im ästhetischen Urteil nicht durch einen Begriff stillgestellt werden darf (Kant KdU, § 5, A 15).
322 Kant KdU, B 121–122; vgl. auch Krebs 2021, 107. Den Begriff „Gemüt" verwendet Kant im Sinne von Bewusstsein: es ist der „Inbegriff aller Vorstellungen" und hat drei Sphären: „Erkenntnisvermögen, Gefühl der Lust und Unlust und Begehrungsvermögen" (vgl. Rudolf Eislers Kant-Lexikon, über URL (am 8.12.2021): http://www.textlog.de/ 32336.html).
323 Hartmut Rosa konstatiert allgemein die übermächtige Tendenz moderner Gesellschaften zur *Aneignung* des Fremden, die versuchen, sich dieses Andere ‚einzuverleiben', anstatt dessen Unverfügbarkeit konstitutiv anzuerkennen und zu ihm in eine Antwortbeziehung zu treten (Rosa 2016, 326).
324 Zur Verfremdungs-Strategie bei Benjamin und Brecht vgl. Nicola Gess, *Poetiken des Staunens* (Gess 2016, 32–45).
325 Rosa 2016, 321; 322: „An der Wurzel der Resonanzerfahrung liegt der Schrei des Nichtversöhnten und der Schmerz des Entfremdeten. Sie hat ihre Mitte nicht im Leugnen oder Verdrängen des Widerstehenden, sondern in der momenthaften, nur erahnten Gewissheit eines aufhebenden ‚Dennoch'."
326 P.J. Silvia, „Confusion and interest: The role of knowledge emotions in aesthetic experience", in *Psychology of Aesthetics, Creativity, and the Arts,* 4 (2), 2010, 75–80, über URL (am 9.12.2021): DOI:10.1037/a0017081; auch Bossart 2013, 31.
327 Lachmann 1970, 247–248. Renate Lachmann widmet Šklovskijs Verfremdungstheorie eine eingehende Studie. Šklovskijs Texte wurden mangels zugänglicher Übersetzungen aus dem Russischen über Lachmann und Nicola Gess rezipiert. Vgl. auch Beate Jonscher, *Viktor Šklovskij, Leben und Werk bis zum Beginn der dreissiger Jahre unter besonderer Berücksichtigung des Verfremdungsbegriffes und seiner Entwicklung,* Dissertation, Jena 1994. Laut Achim Trebess nimmt „Verfremdung" als Konzept über Šklovskij Eingang in die moderne Kunsttheorie (vgl. ders., Art. „Verfremdung", in: MLÄ 2006, 404).
328 Gess 2016, 43. Zur „Verfremdung als Kunstgriff" bei Šklovskij auch Lachmann 1970, insbes. 235–237.
329 Lachmann 1970, 226–227.
330 Zitiert nach Lachmann 1970, 231.
331 Lachmann 1970, 237.
332 Gess 2016, 40–44.
333 Gess 2016, 42–43. Zur vitalen Wertnehmung bei Scheler vgl. I, 3.3.4.; zum Resonanzraum Leib bei Fuchs vgl. Abb. 8, Schaubild.

334 Gess 2016, 51, mit Hinweis auf Robinson Douglas, *Estrangement and the Somatics of Literature. Tolstoy, Shklovsky, Brecht*, Baltimore 2016. Zum mimetischen Aspekt in der Rezeption von Kunst, der in der sinnlichen Materialität verankert ist, vgl. auch Brandstätter 2013, 66–81.
335 Bergsons *Le rire* wurde im Rahmen von Russlands Öffnung nach Westen bereits um 1900 ins Russische übersetzt, *L'Évolution créatrice* folgte 1909, die „Gesammelten Werke" 1913–14 (vgl. Evelin Priebe, *Henri Bergson und der Innere Klang in der Kunsttheorie Wassily Kandinskys,* über URL (am 9.12.2021): http://archiv.ub.uni-heidelberg.de/artdok/volltexte/2006/191).
336 Bergson 2011.
337 Bergson 2012, 120.
338 Bergson 2011, 111, auch für das Vorangehende.
339 Bergson 2011, 114: „Aus alledem wird klar, dass die Kunst immer auf das *Individuelle* abzielt. [...] Auch wenn wir diese Gefühle mit allgemein bekannten Namen bezeichnen, werden sie in einer anderen Seele nicht mehr dieselben sein. Sie sind *individualisiert* worden." (Hervorhebungen H.B.)
340 Bergson 2012, 118–119, Übers. B.D. Mit der Erfahrung von neuen Gefühlen erweitert sich auch unser nicht-propositionales Wissen über diese.
341 „Ich glaube, wir erkennen [den Wahrheitsgehalt der künstlerischen Schöpfung] an unserem durch sie ausgelösten Bestreben, unserer eigenen Wirklichkeit möglichst offen und aufrichtig zu begegnen" (Bergson 2011, 114). Die Wirkkraft des Werks entspricht seinem Wahrheitsgehalt: Je grösser seine Überzeugungskraft ist, desto tiefer greift die erahnte Wahrheit. Wenn wir subjektiv gerade dieser Art von singulärer Erfahrung einen Wahrheitswert beimessen, so mag das auch daher rühren, dass die Werke der grossen Meister etwas in uns anklingen lassen, was in unserem tiefsten Inneren vielleicht als flüchtige Vision bereits vorhanden war (Bergson 1934, 149–150, Übers. B.D.).
342 Bergson 2013, 107.
343 Bergson 2013, 103–105.
344 Bergson 2011, 109, und Bergson 2013, 108, zur Verdinglichung der Bewusstseinszustände und der daraus resultierenden Selbstentfremdung. Von unserer Neigung, unsere Weltbeziehungen verdinglichend zu objektivieren, spricht auch Rosa 2016, 385.
345 Bergson 2011, 108.
346 Vgl. Scruton 1997, 348 zum künstlerischen Ausdruck, der Möglichkeiten schafft, unsere Gefühle nach aussen zu projizieren und auch uns selbst in ihnen zu begegnen.
347 Erhabenheit gilt seit der Antike bis zur Nachromantik als Gegenbegriff zum Schönen, verliert dann an ästhetischer Bedeutung, bis der Begriff in Adornos Ästhetischer Theorie von 1970 rehabilitiert wird (Manfred Weinberg, Art. „Erhabenes/Erhaben", in: MLÄ 2006, 97). Vgl. auch Fingerhut/Prinz 2020, 12–14 über die Art unserer Gefühle im Erleben von Erhabenheit.
348 Kant KdU, § 49, B 198.
349 Kant KdU, § 23, A 74–75.
350 Vgl. Kant, KdU, B 77.
351 Adorno 1973, 410.
352 Adorno 1973, 363–365.
353 Boehm 1994, 342–343 (Ausz. G.B).
354 Weiterführende Literatur: Jean-François Lyotard, *Die Analytik des Erhabenen. Kant-Lektionen,* München 1994; Susanne Kogler, „Die Problematik des Erhabenen", in: *Adorno versus Lyotard. Moderne und postmoderne Ästhetik,* München 2014, 203–304.
355 Dazu auch Krebs 2021, 131; Tom Cochrane, „The Emotional Experience of the Sublime", in: Ben-Ze'ev/Krebs 2018, Bd. III, 267–286.
356 Vgl. Ben-Ze'ev 2000, 165–173 zum kognitiven, moralischen und funktionalen Wert sowie zur kommunikativen Funktion von Emotionen.
357 Zur Zuträglichkeit einer spirituellen Haltung für ein gelassenes, glückliches Leben vgl. Krebs 2021, 135–155; Fuchs 2013, 19–20.
358 Vgl. Scruton 1997, 355: „Through the free play of sympathy in ficition our emotions can be educated, and also corrupted. And that is one reason why art matters." Ben-Ze'ev zeigt in „Emotions and Morality" inwiefern Emotionen, obgleich sie einseitig und parteilich sind, unter gewissen Umständen eine wichtige Rolle im moralischen Verhalten spielen können und zudem als Ausdruck unserer innersten Werte und Anliegen fungieren (Ben-Ze'ev 2000, Kap. 9, 243–278).
359 Wittgenstein PU, § 66 (57).
360 In Anlehnung an Georges Didi-Huberman (Huberman 1999, 16): Er verändert James Joyces Passage „Schliess deine Augen und schau!" in ein performatives: „Öffne deine Augen, um zu spüren, was du nicht siehst", was er dahingehend deutet, dass uns das, was uns aus einem Bild heraus anblickt, oftmals entgeht.
361 Karl Lotter, Art „Das Poetische", in: *Lexikon der Ästhetik*, Wolfhart Henckmann und Konrad Lotter (Hg.), München 1992, 193–194.
362 Braak 1969, 13.
363 Ernst Jandls *schtzngrmm* von 1957 z. B. ist eine reine Aneinanderreihung von Zisch- und Roll-Lauten. Dennoch kann sie in ihrer suggestiven Abfolge und Rhythmik als Lyrik verstanden werden, als lautmalerische Evokation dessen, was in einem kriegsumwitterten Schützengraben erlebt wird.
364 Lamping 1989, 81–82.
365 Vgl. Einführung des Max-Planck-Instituts für empirische Ästhetik zum Thema *Poetischer und rhetorischer Sprachgebrauch,* URL (am 20.12.2020): https://www.aesthetics.mpg.de/forschung/abteilung-sprache-und-literatur/poetischer-und-rhetorischer-sprachgebrauch.html. Die Autoren beziehen sich auf Roman Jakobsons noch immer aktuelles Modell von 1960.
366 Im eher veralteten Sprachempfinden von Emil Staiger mutet auch eine Landschaft „lyrisch" an (Lamping 1989, 83).
367 Lamping 1989, 23. Ähnlich charakterisiert Hermann Paul im *Deutschen Wörterbuch* Lyrik als „Erfindung eines Dichters [...] zumeist durch Notation in Versen, durch sprachlichen Rhythmus, durch Bildhaftigkeit und (zumeist) Kürze gekennzeichnet [...] sowie durch einen freieren Umgang mit den sprachlichen Mitteln als eine Form der ‚Verdichtung' von Sprache" (H.P., *Deutsches Wörterbuch,* Tübingen 1992, 317).
368 Lamping 1989, 36–38. Neben Prosagedichten gibt es auch Mischtexte, die sowohl Vers- als auch Prosapassagen enthalten.
369 Beispielhaft ist hier Peter Kurzecks mehrere hundert Seiten umfassender Roman *Vorabend* zu nennen (Basel/ Frankfurt am Main 2011).
370 Lamping 1989, 33–37.
371 URL (am 08.07.2023): http://https://www.kunstmuse umbern.ch/en/service/media/media-releases-2008/12-02-08-

mumprecht-258.html, auch Wortlaut der Todesanzeige NZZ 21. Sept. 2019. Mumprecht ist 1928 in Basel geboren und 2019 in Bern verstorben. Es wird sich im nachfolgenden Kapitel zeigen, dass mit „Bild-Poesie" etwas anderes gemeint ist.

372 Vgl. William Blake, *Songs of Innocence & Experience*, London 1991.
373 Vgl. Porter Aichele 2006, 154–184; 175.
374 Valéry 1929, 918–920.
375 Lamping 1989, 21.
376 Neue Zürcher Zeitung (NZZ) vom 29. Januar 2020, 4.
377 Es bleibe dahingestellt, ob es zuvor noch zu einem regelrechten „Poetical Turn" kommen könnte.
378 Lamping 1989, 76; auch Braak 1969, 114. Die Bindung der Lyrik an die Musik im Sinne einer besonderen „Musikalität und Sangbarkeit" bleibt bis weit in das 20. Jahrhundert ein konzeptuell leitender lyriktheoretischer Aspekt (Zymner 2016, 25).
379 Kathrin Schulz, Art. „Poetik", in: MLP 2008, 465–466 zu diesem Abschnitt. Zur Kunstfrömmigkeit der Romantik in Malerei und Musik, der „Anbetung der Kunst mit dem Herzen, mit der Seele" vgl. auch Pikulik 1992, 269–293; 275.
380 Zymner 2016, 26.
381 Vgl. Peter Hühn, „Zwischen Romantik und Moderne", in: Lamping 2016, 431–438; 431. Auch Von Matt 1998/2, 64–133.
382 Valéry 1929, 926–927. Zu Malherbes Vergleich: Gro Bjørnerud Mo, *La poésie est une danse : Lire François de Malherbe,* Oslo 1999.
383 Kurzeck 2011, 157.
384 Vgl. Jakobson 2007, insbes. 155–216. Die nachfolgenden Überlegungen werden sich hauptsächlich auf Roman Jakobsons Aufsätze zur Linguistik und Poetik beziehen, in welchen er die Struktur der Sprache im Hinblick auf die Frage untersucht, was eine sprachliche Botschaft zum Kunstwerk macht.
385 Jakobson 2007, 163.
386 Jakobson 2007, 168.
387 Jakobson 2007, 157f.
388 Ähnlich wie Jakobson argumentieren Autoren wie Eva Müller Zettelmann und Stefan Schenk-Haupt, dass es sich mit der poetischen Funktion nicht um ein gattungskonstitutives Merkmal handle (vgl. Müller 2016, 84– 85).
389 Jakobson 2007, 169f, auch für die nachfolgenden Ausführungen.
390 Die für Nichtlinguisten schwer verständliche Formulierung von Jakobson zur poetischen Funktion lautet so: „Die Selektion findet auf der Grundlage von Äquivalenz, von Similarität und Dissimilarität, Synonymie und Antonymie statt, während die Kombination, die Zusammenfügung zur Sequenz, auf Kontiguität basiert. *Die poetische Funktion bildet das Prinzip der Äquivalenz von der Achse der Selektion auf die Achse der Kombination ab.* Die Äquivalenz wird dabei zum konstitutiven Verfahren für die Sequenz erhoben" (Jakobson 2007, 170). Zur Äquivalenz gehört im Interesse der Spannung immer auch Nicht-Äquivalez oder Devianz (Müller 2016, 87).
391 Jakobson 2007, 172.
392 Vgl. William Blake, *Songs of Innocence & Experience,* London 1991. Blake habe sogar einige seiner Gedichte selber vertont, diese Vertonungen sind jedoch verloren (vgl. Richard Holmes, ebd., X, Einleitung). 393 Jakobson 2007, 174.
394 Jakobson 2007, 192.
395 Vollbrecht 1989, 162. Zum Eigengewicht und Eigenwert des dichterischen Wortes nach Jakobson vgl. auch Wyman 2004, 139–140.
396 Roman Jakobson/Linda R. Waugh, „Einige Schlussfolgerungen aus einem Gedicht von Cummings – Sprache und Dichtung", in: Hendrik Birus (Hg.), *Roman Jakobson, Poesie der Grammatik und Grammatik der Poesie,* Bd. I, Berlin/New York 2007, 717–731; 728.
397 Roman Jakobson, *Langage in Literature,* Cambridge 1987, 368–378.
398 Zum Mehrkomponentenmodell für eine Begriffsbestimmung vgl. Müller 2016, 85: Es wird z. B. durch Eva Müller-Zettelmann vertreten, in: *Lyrik und Metalyrik. Theorie einer Gattung und ihrer Selbstbespiegelung anhand von Beispielen aus der englisch- und deutschsprachigen Dichtkunst,* Heidelberg 2000, 24–58. Ein ähnliches Modell verfolgt Werner Wolf, „The Lyric: Problems of Definition and a Proposal for Reconceptualisation", in: *Theory into Poetry. New Approaches to the Lyric,* Amsterdam/New York 2005, 21– 56.
399 Müller 2016, 90–91; 91; Wittgenstein PU § 65–66: Für Objekte, deren Erscheinungsformen nicht Eines gemeinsam haben, verwenden wir oftmals ein und dieselbe Bezeichnung. Beim genauen Hinschauen lässt sich „ein kompliziertes Netz von Ähnlichkeiten" zwischen ihnen entdecken, Wittgenstein nennt diese *Familienähnlichkeiten*.
400 Vgl. Wittgenstein PU, § 43 und § 67.
401 Berys Gaut, „,Kunst' als Clusterbegriff," in: Roland Bluhm/Reinhold Schmücker (Hg.), *Kunst und Kunstbegriff,* Bluhm/Schmücker, Paderborn 2005, 140–165; 142–143.
402 Solche relativierenden Formulierungen werden im Nachfolgenden weggelassen, im Wissen, dass es sich immer nur um *mögliche* Eigenschaften handelt.
403 Müller 2016, 90.
404 Müller 2016, 86.
405 Zymner 2016, 26.
406 Müller 2016, 84. Zur Form-Inhalt-Beziehung der Literatur vgl. z. B. Dirk Oschmann, „Die Sprachlichkeit der Literatur", in: Alexander Löck/Jan Urbich (Hg.), *Der Begriff der Literatur. Transdisziplinäre Perspektiven,* Berlin/New York 2010, 408–426; 411.
407 Lamping 1989, 40–44; 40.
408 Valéry 1960, 637: „La puissance des vers tient à une harmonie *indéfinissable* entre ce qu'ils disent et ce qu'ils sont." Übers. B.D. Dazu auch Wolf Schmid, *Der ästhetische Inhalt. Zur semantischen Funktion poetischer Verfahren,* Lisse 1977, 49.
409 Vgl. Emil Winkler, „Sprachtheorie und Valéry-Deutung", in: *Zeitschrift für französische Sprache und Literatur,* Heft 56, Wien 1932, 129–160; 140–141. Ein bemerkenswertes Detail an Winklers Valéry-Aufsatz ist auch, dass er Valérys „ressources *émotives*" (über welche die Sprache im Unterschied zur reinen Zeichenfunktion verfüge) mit „*dichterischen Möglichkeiten*" übersetzt.
410 Scruton 2011, 93–95: Scruton bezieht sich auf Cleanth Brooks, der zur „Häresie der Paraphrase" expliziert, dass eine Gedichtzeile mehrere Gedanken gleichzeitig zum Ausdruck bringen könne, während jede Form der Paraphrasierung dieser Zeile die verschiedenen Gedanken bestenfalls nacheinander aufzählt, wodurch der eigentliche Sinn des Gedichts verloren geht.
411 Müller 2016, 74. Rilkes *Panther* wird unter II, 2.4.2. wiedergegeben.
412 Valéry 1929, 925.

413 Valéry 1929, 928–929.
414 Paul Valéry, *Nouvelle Revue Française*, Februar 1930, 218. Dazu auch Emil Winkler, Zeitschrift für französische Sprache und Literatur, Bd. 56, 1932, 129–160, über URL (am 14.12.2021): http://www.jstor.org/stable/40615270.
415 Eco 2012, 37.
416 Im Extremfall kann das Kunstwerk auch einmal „leer" sein, dann ist nicht mehr nur die Rezipientin, sondern auch „der Zufall" gefragt: Seit den 1940er Jahren, als Spätfolge von Marcel Duchamps Ready-mades, werden in der Kunst periodisch Sinnleere und Geschmacksneutralität angestrebt, „als Gefässe oder Emfängerstrukturen, denen der Zufall und die Zeit einen Sinn einschreiben". Ein Paradebeispiel: John Cages Silent piece „4'33". Vgl. Sebastian Egenhofer, „Passagen des Objekts in der Kunst der Moderne", in: *Re-Object,* Ausst.-Kat. Kunsthaus Bregenz (18. Februar–13. Mai 2007), Köln 2007, 132.
417 Eco 2012, 8.
418 Eco 2012, 27 und 29–30 (Zitat). Vgl. auch Martha Nussbaum zum „impliziten Leser", einem vom Autor während dem Schöpfungsakt abstrakt vorgestellten und mit einbezogenen Rezipienten: Insofern gibt es nicht die eine „korrekte Lesart", sondern nur eine Reihe von möglichen Erfahrungen, die jedoch mit der Wahrnehmung der spezifischen literarischen Struktur eng verbunden bleiben (Nussbaum 2001, 242–243 und 247).
419 Müller 2016, 89.
420 Dewey 2014, 283.
421 Die Musik erreicht von allen Kunstformen die grösstmögliche Distanz zur expliziten Feststellung (Scruton 1997, 364).
422 Dewey 2014, 282.
423 Die literaturwissenschaftlichen Definitionen von „Abstraktion" sind keineswegs einheitlich: sie bewegt sich zwischen „Emanzipation eines lyrischen Textes von der Wiedergabe der Welt", der „Darstellung des Unbekannten" bis hin zum Fehlen jeglichen Ereignisses, Vorgangs und Gegenstandes. Unter „Abstraktion" fungieren auch destrukturierte Texte, die auf ihre eigentliche Textur zurückverweisen (Jacobs/Lüdtke/Meyer-Sickendiek 2013, 76–77).
424 Stimmungslyrik gilt ursprünglich als eine sehnsuchtsvoll-sentimentale Lyrik, die durch eine seit der Romantik bestehende Beziehungen zur Musik geprägt ist (Meyer-Sickendiek 2011, 45).
425 Jacobs/Lüdtke/Meyer-Sickendiek 2013, 75.
426 Gess 2016, 17; Lachmann 1970, 232–233; Zitat Šklovskij ebd. 232.
427 Gess 2016, 17, bezieht sich auf Douglas Robinson, *Estrangement and the Somatics of Literature,* Baltimore 2008, 95.
428 Hetzel 2007: Andreas Hetzel, „Das Unmögliche in der Poesie. Zum Verhältnis von Ästhetik und Poetik", in: Gamm/Schürmann 2007, 59–87; Anmerkung 59. Hetzel beruft sich dabei auf William Empson, *Seven Types of Ambiguity,* London 1930.
429 Hetzel 2007, 80 bezieht sich auf Schlegel KA2, 370. Zur Transzentendalpoesie vgl. Heinz-Dieter Weber, Art. «Transzendentalpoesie», in: J. Ritter/K. Gründer, G. Gabriel (Hg.): *Historisches Wörterbuch der Philosophie,* Basel 1998, über: DOI (am 17.11.2021): 10.24894/ HWPh. 4342.
430 Hetzel 2007, 80; Schlegel, KA2, 140.
431 Rosa 2016, 324.
432 Paul Valéry, *Zur Theorie der Dichtkunst,* Frankfurt am Main 1962, 80–89.
433 Christian Morgenstern, *Ausgewählte Werke,* Leipzig 1975, 249, geschrieben ca. 1895. Im Schulbuch Gedichte vom Lehrmittel-Verlag des Kantons Zürich von 1971 befindet sich dieses Opus von Morgenstern auf der Seite 30, wohingegen man in der vorangehenden (nahezu identischen) Ausgabe desselben Buches von 1964 vergebens danach sucht, was sich als Paradigmenwechsel der 70er Jahre im Sinne einer beginnenden Wiederaufwertung der (emotionalen) Wirkung von intellektuell nicht Greifbarem deuten liesse. Link zur Erzählung von Trudi Gerster: URL (am 07.03.2019): https://www.youtube. com/watch?v=9ojcQrn ZHSs, Zauberspruch: 4'24".
434 Von Matt 1998/2, 112; für das Nachfolgende im Abschnitt ebd., 108–112.
435 Von Matt 1998/2, 112.
436 Safranski 2009, 52.
437 Von Matt 1998/2, 109. Vgl. Artur Rimbaud, *Le bateau ivre,* über URL (am 20.06.2022): https://www.poetica.fr/ poeme-1906/arthur-rimbaud-le-bateau-ivre/. Zur Übersetzung von Paul Celan, über URL (am 01.08.2023): https:// www.kassiber.de/bateautrunkene.htm
438 Meret Oppenheim, aus: *Husch, husch, der schönste Vokal entleert sich. Gedichte, Zeichnungen,* Frankfurt am Main 1984.
439 Von Matt 1998/2, 107–116. Allerdings sei das hermetische Reden nur eine Möglichkeit der lyrischen Sprache der Moderne.
440 Scruton 1997, 364. Man kann immer nur vermuten, dass Rimbauds „saisons" für „Lebenszeiten" stehen, die „châteaux" für Träume und Ambitionen, der „Coq gaulois" für das Glück, das man besitzen könnte. Zum Gedicht: URL (am 20.06.2022): http://abardel.free.fr/petite_anthologie/ o_saisons.htm.
441 Ben-Ze'ev 2000, 164.
442 Von Matt 1998/2, 119–120. Von Matt beruft sich auf Antonin Artaud, welcher vor allem der hermetischen Poesie „un pouvoir d'incantation" und „des possibilités d'ébranlement physique" zuschrieb (vgl. Antonin Artaud, *Le théâtre et son double,* Paris 1964, 67).
443 Von Matt 1998/2, 125.
444 Zu „Poesie und Immersion" vgl. Reents/Meyer-Sickendiek 2013, 63–94; 5: Empirische Tests zeigen, dass auch hoch abstrakte lyrische Texte immersive Stimmungen hervorrufen können. Vgl. auch Lüdtke 2013, 119–138.
445 Wellbery 2003, 718. Der Titel dieses Unterkapitels versteht sich als eine Hommage an Peter von Matts Buch „Die verdächtige Pracht" (Von Matt 1998/1), in welchem sich der Autor unter anderem mit dem dichterischen „Willen zur Schönheit" sowie mit dem damit verbundenen Verdacht der Lüge beschäftigt.
446 Alois Riegl, „Die Stimmung als Inhalt der modernen Kunst" (1899), in: *Ders., Gesammelte Aufsätze,* Augsburg/Wien 1929, 31.
447 Rudolf Brandmeyer, „Poetiken der Lyrik: Von der Normpoetik zur Autorenpoetik, in: *Lamping 2016,* 2– 14; 6–10. Poesie wurde für Poe (und an ihn anschliessend für Charles Baudelaires Auffassung der „poésie pure") zur „Rhythmical Creation of Beauty", womit „Machen und Genuss" auch zu einer intellektuellen Angelegenheit werden, der man zugunsten des „geheimnisvollen Lebens der Werke des Geistes" auch die Inspiration unterwerfen solle.
448 Theodor W. Adorno, *Prismen. Kulturkritik und Gesellschaft,* Berlin/Frankfurt 1955, 31. Die Ausführungen zu Nietzsche

449 Adorno 1973, 26 und 146 zur „Anschaulichkeit". ἡδονή (Hedone) meint den sinnlichen Genuss.
450 Adorno 1973, 336 und 365.
451 Staigers integrale Rede vom 20. Dez. 1966, die den so genannten „Zürcher Literaturstreit" ausgelöst hat, findet sich unter: URL (am 20.06.2020): https://static.nzz.ch/download/pdf/Emil_Staiger_Rede.pdf.
452 Emil Staiger, *Grundbegriffe der Poetik*, Zürich 1956, 61f. Zu Staigers Begriff des „lyrischen Ineinander" vgl. Lamping 2013.
453 Lamping 2016, 57; Reents 2015, 179.
454 Reents 2015, 176–178. Die kritische Rezeption von Staigers Schriften habe zu einem Ausschluss der Stimmung aus dem Katalog ästhetischer Relevanz geführt. So erreichte auch der Stimmungsdiskurs gegen 1945 einen lange anhaltenden Tiefpunkt (Reents 2015, 375; 183–185). Erst seit Beginn des 21. Jhs. erlebt die Stimmungsforschung einen Aufschwung mit Autoren wie David Wellbery (Wellbery 2003), oder Burkhard Meyer Sickendiek (Meyer-Sickendiek 2011); Krebs 2017.
455 Scruton 2011, 2–4.
456 Von Matt 1998/1.
457 Von Matt 1998/1, 10.
458 Für Nietzsche ist der „Romantiker ein Künstler, den das grosse Missvergnügen an sich schöpferisch macht – der von sich und seiner Mitwelt wegblickt, zurückblickt" (nietzschesource.org, eKGWB/NF-1885,2[112] – Nachgelassene Fragmente, Herbst 1885–Herbst 1886).
459 Nietzsche ruft 1882 in der *Fröhlichen Wissenschaft* den Tod Gottes aus: „Der tolle Mensch" schreit auf dem Marktplatz „Gott ist todt! Gott bleibt todt. Und wir haben in getödtet!! [...] Welche Sühnfeiern, welche heiligen Spiele werden wir erfinden müssen? Ist nicht die Grösse dieser That zu gross für uns? Müssen wir nicht selber zu Göttern werden, um nur ihrer würdig zu erscheinen?" (KSA 3, 480–481).
460 Von Matt 1998/1, 20–22; 22.
461 Scruton 2012, 7.
462 Octavio Paz, „Liberté sur parole" (1958), Collection Poésie/Gallimard 1966, Teil II: *Aigle ou soleil? 1949– 1950*, Nr. IX, Paris 1966. Übers. von Jean-Clarence Lambert, 55: „Aujourd'hui, je rêve à un langage de couteaux et de becs, d'acides et des flammes. Un langage de fouets. Pour exécrer, exaspérer, excommunier, expulser, excorier, excentrer, exacerber, exprimer, exulcérer, excrémenter (les sacrements), extorquer, exténuer (le silence), expier. Un langage qui coupe la respiration. Qui racle, taille, tranche. Une armée de sabres. Un langage de lames exactes, d'éclairs affilés, poignards infatigables, éclatants, méthodiques. Un langage-guillotine."
463 Von Matt 1998/2, 16–19. Von Matt nennt als Beispiel das Ende von Shakespeares 18. Sonett: „So long as men can breathe or eyes can see, So long lives this, and this gives life to thee."
464 Von Matt 1998/2, 121. Für Hans Magnus Enzensberger ist es der Anteil an Unvollendetem, der diese Dauer des Kunstwerks bewirkt: die Nachgeborenen erst werden es vollenden. (H.M. Enzensberger, *Einzelheiten II, Poesie und Politik*, Frankfurt 1987, 59).
465 Celan 2000, 198–199.
466 Scruton 2017, 168: „... the moment of ‚standing back', when eternal significances shine trough the now".
467 Scruton 2017, 168.
468 Von Matt 1998/1, 14–15.
469 Faust zu Mephisto: „Werd ich zum Augenblicke sagen: Verweile doch! du bist so schön, Dann magst du mich in Fesseln schlagen, Dann will ich gern zugrunde gehn!" (Johann Wolfgang Goethe, Faust I, über: URL (am 20.11.2021): http://www.digbib.org/Johann_Wolfgang_von_Goethe_1749/Faust_I_.pdf, 33).
470 Scruton 2017, 165. In diesem Sinne interpretiert Scruton auch Nietzsches Schluss des dritten Tanzliedes aus „Zarathustra": „Doch alle Lust will Ewigkeit –, [...] – will tiefe, tiefe Ewigkeit" (Friedrich Nietzsche, *Also sprach Zarathustra*, KSA 4, 286).
471 Bergson bezeichnet das Hinfliessen der Zeit, den Wandel und das Werden in der Veränderung als „Durée": jeder Zeitabschnitt der Durée bleibt uns erhalten dank unseres Bewusstseins, das alle diese Abschnitte als Ensemble in unserer erlebten Gegenwart zusammenführt. Er sieht diese zusammengezogenen Zeiteinheiten als eine „vierte Dimension des Raums", eine Art homogene Zeit, in welcher wir einander nachfolgende Ereignisse als ein ständig anwachsendes Zusammenspiel von Gleichzeitigkeiten denken können (Bergson 2013 [1889], Essai, 92). Diese „homogene Zeit" ist als Synthese des erinnernden Geistes wesentlich gedächtnishaft, sie erfasst die Wirklichkeit in ihrer ständig sich fortbewegenden Dauer, womit die sukzessiven Momente unserer Vergangenheit zur Vorstellung von einem simultanen Werden verschmelzen (Bergson 1934, 166). Bergson löst damit das Problem der einander zeitlich nachfolgenden und doch symbolisch als Gesamtheit wahrgenommen Schläge einer Uhr.
472 Scruton 2017, 169. Er fügt hinzu: „That is why Bergson thought of subjective time – la durée – as somehow incommensurate with physical time."
473 Schuster 2019, 39–40. Peter Kurzeck, *Vorabend. Roman*, 2011 Basel/Frankfurt am Main, 817.
474 Jan Gerstner „Die Zeit erzählen", in: Matthias Bauer/ Christian Riedel (Hg.), *Peter Kurzeck*, München 2013, 19–26; 21.
475 Schuster nennt diese Erfahrung „Freiheit von der Zeit" (Schuster 2019, 43). Sie beleuchtet auch die besondere Fähigkeit der Musik, den „Schritt der Zeit" in unserem Erleben für Augenblicke aussetzen zu lassen (ebd., 47).
476 Boehm 2017, 273.
477 Klee 1920, IV. Roman Jakobson unterstreicht ähnlich wie Klee das dem Räumlichen inhärente Zeitpotenzial (vgl. Wyman 2004, 139 und 142).
478 Von Matt 1998/2, 121. Es ist dieses unverwechselbare Zusammenspiel sinnlicher Erfahrungen, in welchem wir auch den Urheber eines Gedichts erkennen.
479 Dewey 2014, 101–102: „Poetisches im Unterschied zum Prosaischen, ästhetische Kunst im Unterschied zur Wissenschaft, Ausdruck im Unterschied zur Aussage bewirken etwas, das sich von einem Hinführen zur Erfahrung unterscheidet. Sie *bedeuten* Erfahrung."
480 Valéry 1929, 930, auch für das nachfolgende Zitat.
481 Dewey 2014, 102. Die Feststellung des kommunikativen Vermögens der Dichtung jenseits von sprachlichen Konventionen veranlasst Wolfhart Henckmann zur Vermutung, dass die theoretische Beschäftigung mit der Wirkungsweise von Poesie uns allgemeine Erkenntnisse über die Funktionen von anthropologisch komplexen, das Ganze der menschlichen Existenz erfassenden Beziehungen, eröffnen könnte (Henckmann 2004, 78).
482 Von Matt 1998/2, 23. Laut Hans Blumenberg gilt dies jedoch für jede „ästhetische Behauptung": „... in dem Augen-

blick, in dem sie zur identischen Meinung aller möglichen Partner dieses Austausches geworden wäre, [hätte sie] nicht nur ihren intersubjektiven Sinn verloren", sondern würde „zur erledigten Sache" zusammensinken (Blumenberg 2014, 117–118). Dennoch gibt es in der Bedeutungsoffenheit zwischen Poesie und Prosa einen graduellen Unterschied.

483 Zum Anmutungscharakter von evozierender, nicht-diskursiver Rede vgl. Misch 1994, 520.
484 Vendrell Ferran 2014, 127.
485 Celan 2000, 197.
486 Vgl. Celan 2000, 193: „Vielleicht – ich frage nur – vielleicht geht die Dichtung, wie die Kunst, mit einem selbstvergessenen Ich zu jenem Unheimlichen und Fremden, und setzt sich – doch wo? doch an welchem Ort? doch womit? doch als was? – wieder frei." Zu Celans *Meridian* als poetologischem Versuch, im Medium poetisch selbstreflexiver Sprachlichkeit jenseits des Diskursiven und damit ohne Begründungsdruck die „Bedingungen der Möglichkeit seines eigenen poetischen Schaffens zu erkunden" vgl. Vollbrecht 1989, 147–252; 148 und 157.
487 Paradigmatisch für die epistemische Kraft dialektischer Denkweisen, die ohne synthetische Auflösung auskommen, ist Theodor Adornos *Negative Dialektik* (Adorno 2013): Adorno charakterisiert in seinen Fragmenten zur Vorlesung von 1965/66 (Frankfurt am Main 2007, 15f.) die Negativität seiner Dialektik folgendermassen: keine Identität von Sein und Denken; keine Versöhnbarkeit von Begriff und Sache; keine Versöhnbarkeit zwischen Subjekt und Objekt.
488 Laut Vollbrecht (1989, 220–221) meint Celan mit „Dunkelheit […] nicht eine vermittlungslose Differenz zum natürlichen Bewusstsein und dessen Sprache", sondern lediglich das von der Dichtung entworfene Fremde.
489 Pascal selbst konnte sich nicht auf Lebnitz' Unterscheidung von „klar" und „dunkel" beziehen. Das Originalzitat lautet: „Qu'on ne nous reproche donc plus le manque de clarté puisque nous en faisons profession" (Œuvres de Blaise Pascal. *Les Pensées*, Paris 1830, 288).
490 Celan 2000, 195 und 196; 198: „Das Gedicht will zu einem Andern, es braucht dieses Andere, es braucht ein Gegenüber. Es sucht es auf, es spricht sich ihm zu. Jedes Ding, jeder Mensch ist dem Gedicht, das auf das Andere zuhält, eine Gestalt dieses Anderen." „Atemwende" interpretiert Vollbrecht als die „Bedeutsamkeit des dichterischen Wortes selber […] in der sich der kommunikative Bezug auf ein ‚ganz Anderes', eine ästhetische Gestalt, gibt" (Vollbrecht 1989, 242).
491 Nietzsche KSA 3, 538.
492 Nietzsche KSA 9, 448, Ausz. F.N. Dazu auch KSA 1, 884: Nietzsche zufolge gibt es keinen Massstab der richtigen Perzeption.
493 „Dichter unseres Lebens" könnte als drittes auch ein spielerisches Nachdenken über das Gelingen des Lebens heissen. Die „Selbstverantwortlichkeit im Handeln" meint hier vor allem die Verantwortung sich selber gegenüber, in der Wahl eines eigenen Lebensweges, im Sinne von Nietzsche KSA 1, 340: „Es giebt in der Welt einen einzigen Weg, auf welchem niemand gehen kann, ausser dir: wohin er führt? Frage nicht, gehe ihn."
494 Nietzsche KSA 5, 293.
495 Vgl. Nietzsche KSA 3, 464 (§ 107), schreibt Nietzsche unter dem Titel *Unsere letzte Dankbarkeit gegen die Kunst*: „Als ästhetisches Phänomen ist uns das Dasein immer noch ERTRÄGLICH, […]."
496 Nietzsche KSA 6, 127.
497 Nietzsche KSA 3, 464–465: § 107: „Wir müssen unserer Thorheit ab und zu froh werden, um unserer Weisheit froh bleiben zu können!"
498 Die Forderungen Nietzsches scheinen grundsätzlich nicht absolut zu sein, sondern sich immer auf die gegenwärtige Situation der Menschen zu beziehen und als Wegweisung auf ein Gleichgewicht hinzustreben. Regeln (auch eine konsequente Freiheit wäre schliesslich eine Regel) und Ausnahmen sind beide notwendig. Vgl. Nietzsche KSA 3, 432: „Nun, es lässt sich wirklich etwas zu Gunsten der Ausnahme sagen, VORAUSGESETZT, DASS SIE NIE REGEL WERDEN WILL" (sic!). Der christlichen Lehre z. B. wirft er nicht vor, dass sie moralisch ist, sondern dass sie NUR moralisch sei und damit sowohl kunstfeindlich als auch lebensfeindlich (vgl. Nietzsche KSA 1, 18).
499 Nietzsche KSA 6, 313.
500 Von Matt 1998/2, 34–38: Vgl. William Shakespeare, *A Midsummer Night's Dream,* Harmondsworth 1957, 77. Die Genieästhetik der Romantik wird allgemein als Restbestand dieses säkularisierten Verständnisses des dichterischen Ereignisses gesehen, wobei der Künstler „durch die ihm zugeschriebene Kompetenz, die verlorengegangene Einheit von Mensch und Kosmos wieder anschaulich zu machen", gleichsam Fetischcharakter annimmt (Prange 2017, 197).
501 Kant KdU, A 179–180. Da es keine „bestimmte Regel" für das Kunstwerk gibt, besteht das „Talent" für Kant in der Fähigkeit des Genies, seine Gemütskräfte Einbildungskraft und Verstand so zu disponieren, dass dem Werk über eine diesem eigentümliche Regel „Originalität" erwächst, die ihrerseits exemplarisch für die Beurteilung anderer Produkte, aber nicht in Worten erfassbar sei. Der Begriff des Genies stammt ursprünglich aus der Rhetorik, wurde in der klassischen deutschen Ästhetik zur Bezeichnung für die Gesamtheit der den Künstler auszeichnenden Fähigkeiten und fand seinen Höhepunkt in der Genieästhetik und im Geniekult des „Sturm und Drang" (Rudolf Lüthe, Art. „Genie", in: MLP 2008, 205).
502 Kikol 2017, 16. Vgl. auch Verena Krieger, *Was ist ein Künstler? Genie – Heilsbringer – Antikünstler. Eine Ideen- und Kunstgeschichte des Schöpferischen,* Köln 2007, insbes. 115 und 45.
503 Hans Egon Holthusen, „Versuch über das Gedicht", *Merkur,* 8. Jahrgang, 1954, Heft 72, Stuttgart 1954, 137, über: URL (am 27.04.2024): https://volltext.merkur-zeitschrift.de/article/mr_1954_02_0133-0160_0133_01.
504 Celan 2000, 198.
505 Vgl. Ernst Kris, *Die ästhetische Illusion. Phänomene der Kunst in der Sicht der Psychoanalyse,* Frankfurt am Main 1977, 24 und 69; Kris/Kurz 1995, 87–99.
506 Von Matt 1998/2, 33. Laut Valeska von Rosen reicht der Topos des Malers als *alter deus* bis ins vorchristliche Griechenland zurück, wo Zeuxis seine Werke zu verschenken begann, weil es keinen angemessenen Preis zur Zufriedenstellung eines gottgleich schöpfenden Malers gebe („Formen wie Gott mit Farben. Der Maler als *alter deus*", in: Franz Engel/Yannis Hadjinicolaou (Hg.), *Formwerdung und Formentzug,* Berlin/Boston 2016, 51–76; 55–56).
507 Von Matt 1998/2, 39, für das Nachfolgende ebd., 29–42.
508 In: *Christoph Martin Wieland, Werke,* Bd. 5, München 1968, 606; dazu auch Von Matt 1998/2, 40.
509 Von Matt 1998/2, 26–27.
510 Nietzsche KSA 1, 25, 30 und 140.

511 Vgl. Nietzsche KSA 1, 137, zeigt Nietzsche, wie das Dionysische, im Dienste des Apollinischen, dessen Wirkung zu steigern vermag. Eine solche Versöhnung strebte Klee in seinen Gemälden an mit dem Versuch, „architektonische und dichterische Malerei in Einklang oder doch in Zusammenklang zu bringen" (Porter Aichele 2006, „Harmonizing Architectonic and Poetic Painting", 122–153).

512 Ekaterina Poljakova, *Differente Plausibilitäten. Kant und Nietzsche, Tolstoi und Dostojewski über Vernunft, Moral und Kunst,* Berlin/Boston 2013, 191.

513 Es sei hier an Ben-Ze'evs „learned spontaneity" erinnert (vgl. I, 3.2.2.): Spontane Funktionen und Reaktionen greifen meist auf deliberativ und praktisch angelernte Fähigkeiten zurück. Henry Miller, der Dichter und Maler, erzählt vom Problem einiger seiner Künstler-Freunde mit ihrer einmal erlangten „Geschicklichkeit", die sie als „Schwäche" und „Gefahr" betrachten und viel daran setzen, wieder zu vergessen was sie wissen oder zu wissen glauben (Miller 1962, 18).

514 Valéry 1929, 933.

515 Paul Klee, Tagebücher, Köln 1957, 427. Nach Christine Hopfengart handelt es sich nicht um ein „zweckfremdes Selbstbekenntnis, sondern [um] eine auf Publikumswirksamkeit zugespitzte, literarisch pointierte Formulierung" (Hopfengart 1989, 34–35). Daniel Graf spricht von einer „dichterischen Selbstvergottung", die sich bei Klee auch via Bildtitel in „Zentralvokabeln einer Weltabkehr" wie auch der Apposition „Über …" (z. B. Ueber-Pflanzliches) manifestiert (Graf 2018, 52 u. 57).

516 Epstein/Didonet 1995, 58. Die Übersetzung von Yla Margrit von Dach lautet: *Der Zauberer.* Meine Reise ist Mühsal/ Aber ich bin der Zauberer./ Und tief in meinen Augen/ Funkelt meine Macht./ Schaut zu, im Handumdrehen/ Werde ich Merlin sein./ Und schon kleid' ich eure Haut/ In den Zauber eines Lächelns ein./ Schaut zu, noch mal,/ Und im Nu setz ich euren/ Erstarrten Gliedern Flügel an!/ Meine Reise ist Mühsal,/ Aber ich bin der Zauberer,/ Der hinter eurem Grab/ Einst fröhlich winken wird!

517 Hopfengart 1989, 34–35. Zur romantischen Vorstellung, dass „die wahre Kunst die Sprache Gottes spreche", wodurch die Kunst selbst zu einer neuen, von der Kirche unabhängigen, neuen Religion wird und auch ihre Mittlerfunktion übernimmt vgl. auch Pikulik 2012, 271–284; 276.

518 Einzelne Beschreibungen stützen sich auf meine Master-Arbeit (Descœudres-MA 2015), allerdings sind sie hier überarbeitet und analytisch erweitert.

519 Vage oder unexakt ist Wittgenstein zufolge nicht un*brauchbar*: „Ist das Unscharfe nicht oft gerade das, was wir brauchen?" (vgl. Wittgenstein PU, § 88 und § 71).

520 Locher 2010, 7.

521 Locher 2010, 8. Für eine eingehende Analyse von Wackenroders *Herzensergiessungen* und *Musikalischen Schriften* vgl. Lothar Pikulik (Pikulik 2012, 271–284). Zur „romantischen Ästhetisierung der Religion" bei Wackenroder, der „Kunstbetrachtung als Gottesandacht" dem akademisch normierten Abhandlungsstil entgegensetzte, vgl. auch Matuschek 2021, 153–163.

522 Locher 2010, 8–9.

523 Dazu auch Hopfengart 1989, 29–30: Klee diente von 1916–1918. Der deutsche Reichsadler wird allerdings üblicherweise mit Kopfdrehung nach links und nicht wie hier im Bild nach rechts dargestellt.

524 Klee 2012, 118. Laut Porter Aichele 2006, 81–82, gehen Klees „Flug-Allusionen" immer mit persönlichen Bedeutungen einher.

525 Geist 1950, 187–188. Vgl. auch I, 4.2.2.

526 Es sei mit Arthur Danto noch einmal daran erinnert, dass die auf Kunstwerke als solche zutreffenden Prädikate nicht auf die materiellen Gegenstücke der Kunstwerke zutreffen (vgl. Danto 1991, 243).

527 Zum Gegensatz von „Transparenz" (auf einen „hinter den" Materialen hervorscheinenden Sinn) und „Opazität" (Hervorhebung der Materialität), vgl. Emmanuel Alloa, Art. „Transparenz/Opazität", in: MLK 2019, 445–446. Arthur Danto beschreibt die Transparenztheorie, nach welcher Transparenz auf Sinn nur durch die Negation der eigenen Materialität erfolgen könne, sowie die Opazitätstheorie, die Bilder auf ihre „verschlossene" dingliche Natur reduziert (vgl. Danto 1991, 241–243).

528 Scruton 2012, 7.

529 Pleynet 1990, 11.

530 Didonet bezeichnete seine Bilder wie diejenigen seiner Gesinnungsgenossen als „poèmes colorés", d.h. als „farbige Gedichte" (Dok. 3).

531 Bissière hat tatsächlich Kirchenfenster konzipiert, z. B. in den Kirchen von Cornol und Develier (Jura, CH). Sie zeigen indessen weniger symbolische Aufladung als die *Grande composition*.

532 Reichel pflegte zu seinem Freund Henry Miller zu sagen: „Wenn du ein Bild anschaust, muss es auch dich anschauen." (Vgl. Miller 1962, 33, Übersetzung durch Richard Moering, ebd. 34).

533 Ein Grossteil des Lebenswerks von Didonet (1932–2009) ist in der Spätmoderne entstanden. Wie viele poetische Gestaltungen lässt es sich weder der restriktiven Spätmoderne noch der Postmoderne zuordnen.

534 Nussbaum 2001, 241–243.

535 Epstein/Didonet 1995.

536 Regine Prange, „Paul Klees poetische Abstraktion aus dem Geist der Satire" (Prange 2017); Daniel Graf, „Jenseits des Gedichts. Paul Klee als Poet" (Graf 2018).

537 Pleynet 2010.

538 Charles Baudelaire, *Salon de 1846*, Oxford 1975, 166–168: „Chercher la poésie de parti pris dans la conception d'un tableau est le plus sûr moyen de ne pas la trouver. Elle doit venir à l'insu de l'artiste. Elle est le résultat de la peinture elle-même; car elle gît dans l'âme du spectateur, et le génie consiste à l'y réveiller."

539 Hirschberger 1993, 12–20. Delacroix gilt als Wegbereiter der Moderne, indem er die Farben in ihrem Eigenwert zugunsten einer gesamthaften Bilderscheinung zur Geltung brachte. Hätte Baudelaire Klees Bilder kennen können, wäre ihm dieses Beispiel wohl noch näher gelegen. Mit „Rätsel" spricht Baudelaire schlicht das „propositional nicht Einholbare" von Bild und Gedicht an.

540 Hirschberger 1993, 115–130.

541 Vgl. Porter Aichele 2006, 9–10; 71–74.

542 Greenberg 1940, 56–81; 61.

543 Pleynet 2010, 59–61. Zur gegenseitigen Durchdringung von Bild und Wort in der Kunst schreibt auch John Dewey (Dewey 2014, 274): „Das Bildliche […] gibt es in den Werken vieler Künste. […] Prosa und Drama erreichen oft das Anschauliche, und Poesie das genuin Bildlich-Malerische, d. h. die Kommunikation der anschaulichen Seite der Dinge."

544 Nicolas Boileau-Despréaux, „*Art Poétique*", Paris 2006. Es handelt sich um eine Sammlung von Episteln, Oden, Gedichten und Epigrammen.

545 Paul Claudel, *Art Poétique,* Paris 2002; auch François Debulë, *Art Poétique,* Lausanne 1993. Vgl. auch André Breton/Jean Schuster, *Art Poétique,* Cognac 1990.

546 Integraler Text des Gedichts über URL (am 23.12.2020) https://www.uni-due.de/lyriktheorie/texte/1882_verlaine.html, für die dt. Übersetzung: https://www.uni-due.de/lyriktheorie/scans2/ 1908_jaffe2.pdf.

547 Etwa zur gleichen Zeit wurden zunehmend auch formale Vergleiche von Bild und Poesie angestellt, z. B. wiederholt zwischen Georg Trakls Gedicht „Die Nacht" und Paul Klees „Der Tod für die Idee". Oftmals wird lediglich eine „schillernde Beziehung" zwischen den Werken festgestellt, die in einer beidseitigen Wende zur Abstraktion gründe, z. B. bei Peter Sprengel, „Kristallisierung: Trakl, Klee und der Krieg", in: *Deutsche Vierteljahrsschrift für Literaturwissenschaft und Geistesgeschichte,* Nr. 68 (1994), 549–561; 549.

548 Epstein/Didonet 1995, 22, auch für das nachfolgende Zitat.

549 Didonet 1991, o.S.

550 Vgl. Didonet 2000, 101–111; 107. Er spielt damit vor allem auf die Naturferne der „konkreten" Abstraktion an und kritisiert gleichzeitig deren Prädominanz in der Kunstwelt der 50er bis 70er Jahre.

551 Vgl. Didonet 2000, 39, er führt dazu die kommerziell motivierte Gefälligkeit von Bildern der Werbung an, wobei er gleichzeitig betont, dass das Schöne nicht zwangsläufig inhaltsleer sein muss (40). Künstlerische Emotion aber sei unabhängig vom unmittelbaren Gefallen.

552 Didonet 1988, o.S.

553 Didonet 2006, o.S.

554 Ausstellung vom 14.6.–23.7.1988.

555 Didonet 1988.

556 Paris Match, Juli 1988, 12.

557 Didonet 2000, 124.

558 Epstein/Didonet 1995, 68.

559 Otto Stelzer, *Die Vorgeschichte der abstrakten Kunst. Denkmodelle und Vor-Bilder,* München 1964, 154. Zur Musik als Leitmedium der abstrakten Malerei vgl. auch Braun 2012, 24.

560 Vgl. auch Prange 198–199.

561 Hopfengart 1989, 146–147.

562 Prange 2017, 199 und 208–209. Werner Haftmann bezeichnet dies als „Verwebungsprozess gegenständlicher Zeichen und abstrakter Farb-Formklänge zum Ausdruck einer gegenständlich gebundenen Ergriffenheit bei Klee" (Haftmann 1979 [1954], 453).

563 Epstein/Didonet 1995, 123.

564 Roger Bissière, „Ecrire quelques lignes", in: Mathey 1979, 78. Ebd. 19 schreibt Mathey über Reichel: „Comme dans un songe éveillé l'œuvre oscille entre la mélodie et le rythme, la figuration et l'abstraction."

565 Mathey 1979, 68: Franz Roh nennt 1961 Reichels Bilder ein „Zwischenglied zwischen formeller und informeller Malerei".

566 Daniel Abadie, Bissière, Neuchâtel 1986, 21–22.

567 Zum Streit zwischen Abstraktion und Figuration, der vor allem die französische Kunstwelt der 1950er Jahre beschäftigte, vgl. z. B. Laurent Greilsamer, *Le prince foudroyé. La vie de Nicolas de Staël,* Paris 1998, 206. Die Abstraktion stand unter dem Verdacht des Dekorativen und des Mangels an Menschlichkeit. De Staël habe sich dagegen gewehrt, als Abstrakter gesehen zu werden, „pour éviter que le terme ne pollue la vision".

568 Kat. Bissière 1990, 11.

569 Penndorf 2004 (2), 26–31.

570 Didonet 2000, 101–111.

571 Klee 1920, 28.

572 Porter Aichele 2002, 1–2.

573 Porter Aichele 2006, 10. Eines der malerischen Mittel, die Klee zur Hervorbringung von Poesie anwandte, war laut Porter Aichele die willkürliche Verbindung von Zeichen zu einem nicht illusionistischen Raum, die nicht nur zu sehen geben, sondern auch Wissen und Gefühl vermitteln. Zur Erfahrung des Poetischen führt Klee zufolge der ungegenständliche Anteil der Malerei (ebd.).

574 Vgl. Porter Aichele 2006, 66: „There is evidence throughout his [Klees] creative practice that he referred to poetic texts – for devices that he adapted to the process of transferring poetic figures from textual to pictorial settings. As Klee negotiated the transfer, he submitted his figurative vocabulary to the reductive process of abstraction, making his images poetic in the way that modernists used the term." Diese Mittel der malerischen Transposition von Gedichten sollten sich jedoch allmählich zur eigentlichen Bild-Dichtung verselbstständigen.

575 Graf 2018, 52; Paul Klee, *Tagebücher 1898–1918. Textkritische Neuedition,* Stuttgart/Teufen 1988, 155.

576 In Klees *Pädagogischem Nachlass* existieren Skizzen, in welchen der Künstler zeichnerisch strukturale Rhythmen (Statik und Dynamik der Linienbezüge) untersucht (vgl. Porter Aichele 2006, 24).

577 Graf 2018, 63. Klees schöpferische Spracharbeit habe schon damals mit anderen Avantgardisten wie Magritte und Duchamp eine neue, intermediale Gattung zwischen Bild und Sprache angebahnt (vgl. Graf 2018, 48).

578 Graf 2018, 56.

579 Graf 2018, 61.

580 Graf stellt fest, dass Klees Titel auf genuin poetische Wortfindungsmuster in Hinsicht auf Klang und Rhythmus hindeuten besonders effizient im Erwecken von Neugier sind, was nicht auf einen Effekt des denotativ Gesagten zurückzuführen sei, sondern „von einer offenbar wirkmächtigen sprachlichen Form" getriggert werde (Graf 2018, 48 und 55).

581 Grohmann 1959, 15.

582 Vgl. Prange 2017: Die „poetische Dimension von Klees Kunst" wird aus dem Zusammenspiel von Zeichnen, Schreiben und Assoziieren gewonnen (210). Die Strichführung gewisser Federzeichnungen, in welchen Klee die Linie gleichsam in einen kontinuierlichen Fluss versetzt, scheinen den Schreibprozess selbst zu imitieren. Prange spricht von „grafischer Dichtung" (205).

583 Paul Klee, „Wege des Naturstudiums", in: *Paul Klee, Kunst-Lehre. Aufsätze, Vorträge, Rezensionen und Beiträge zur bildnerischen Formlehre,* Leipzig 1987, 67–70; 68.

584 Graf 2018, 60.

585 Hopfengart 1989, 42.

586 Wolfgang Kersten, *Paul Klee. Tagebücher 1898–1918,* Stuttgart 1988, 527.

587 Wyman 2004, 138–139.

588 Graf 2018, 57.

589 Hopfengart 1989, 69 und 79.

590 Hopfengart 1989, 241.

591 Nello Ponente, *Paul Klee,* Lausanne 1960, 104. Übers. aus dem Frz. von B.D.

592 Mittig 1997, 357–359.
593 Hopfengart 1989, 30 und 32. Vgl. auch den Katalog-Titel: *Paul Klee. Bilder träumen,* Kat. zur Ausstellung „Paul Klee – die Zeit der Reife", 23. März–16. Juni 1996, München/New York 1996.
594 Geelhaar 1976, 140.
595 Vgl. I, 6.2. und Geelhaar 1976, 122.
596 Frasnay 1969, 152. Vgl. auch Epstein/Didonet 1995, 31.
597 Kat. Bissière 1990, 7.
598 Frasnay 1969, 152, auch für das folgende Zitat.
599 Bissière 1964, o.S.
600 Kat. Bissière 1990, 11.
601 Kat. Bissière 1990, 12 zu Bissières Klee-Ähnlichkeit; Hopfengart 1989, 64–69 zu Klees Erfolgen in Paris, seiner Approbation durch die französischen Surrealisten, und zum damit verbundenen Prestigegewinn in Deutschland.
602 „La peinture de Bissière relève à la fois de l'ordre de l'intime et du poétique." Vgl. Pressemitteilung der Retrospektive *Bissière, figure à part,* 18.12.2014–15.02.2015, Galerie des Beaux-Arts, über URL (am 01.07.2022): http://www.musba-bordeaux.fr/sites/musba-bordeaux.fr/files/images/rich_text/dossier_de_presse-bissiere_figure_a_part_-_bordeau_musee_beaux_arts.pdf.
603 Kat. Bissière 1990, 67–68.
604 Kat. Bissière 1990, 11.
605 Bhattacharya-Stettler 1982, 6.
606 Denaro 2012, 241. Zitat aus Nebels Vortrag von 1936 „Vom Wesen und Geiste neuer Kunstmalerei".
607 Bhattacharya-Stettler 2012, 194. Zur kontinuierlichen Unterstützung durch die Solomon R. Guggenheim-Stiftung New York vgl. Kat. Nebel 2012, 72–77. Zu Nebels Ablehnung der Einteilung seiner Bilder in gegenständliche und ungegenständliche vgl. Bhattacharya-Stettler 1982, 96.
608 Kat. Nebel 2012, 226–235 zu Nebels „musikalischen Werken".
609 Kat. Nebel 2012, 254, in: *Tagebuch* I, 217, 13.12.1029. Dazu auch: Otto-Nebel-Stiftung 1990, 6.
610 Otto Nebel, „Die Kunstschöpfung als geistige Wirklichkeit und ihr Wertbereich, in: Nebel 1988, 137.
611 Bhattacharya-Stettler 1982, 110.
612 Therese Bhattacharya-Stettler et al., „Einleitung", in: Kat. Nebel 2012, 7–11; 7, auch für das Zitat des Tagebucheintrags; Epstein/Didonet 1995, 98.
613 Otto Nebel, *Vom Wesen und Geiste neuer Kunstmalerei. Ein Einführungsvortrag von Otto Nebel,* Bern 1936, Manuskript. Zitiert nach: Denaro 2012, 244.
614 Bettina Braun, Otto Nebels Runen-Fugen, in: Kat. Nebel 2012, 17–33; 18.
615 Darsow 2012, 123–133; 129–131; zur reziproken Notwendigkeit von Geist und Sinnlichkeit in der Kunst ebd., 132.
616 Didonet/Epstein 102, aus: Otto Nebel, *Worte zu Bildern,* Bern 1954, 7.
617 Zu Nebels Selbstidentifikation mit dem Prinzip des Schöpferischen auch Kat. Nebel 2012, 268.
618 Nebel 1988, 123, Zitat 374 und Kat. Nebel 2012, 132 zur „Wiederherstellung des Alls" durch den bildenden Künstler, ebd. 16; zur immer wiederkehrenden musikalischen Terminologie bei Nebel ebd. 194.
619 Radrizzani 1979, 200. Auch Darsow 2012, 128 zu Nebels Ansicht, dass trotz seines schwerverwundeten Gemüts „die unzerstörbare Seele als Ganzheit fähig sein würde, aus ihrer Gesundheit himmlische Bilder, Klänge und Urworte zu erzeugen, die das verletzte Innen allmählich wieder vollkommen würden heilen können." Auch Bhattacharya-Stettler 1982, 132: Handschriftlicher Brief von Nebel, 1973, in dem er sich als Unverstandener, Vernachlässigter beschreibt.
620 Radrizzani 1979, 208–209.
621 Otto Karl Werckmeister, „Sozialgeschichte von Klees Karriere", in: *Paul Klee. Kunst und Karriere. Beiträge des internationalen Symposiums in Bern,* Bern 2000, 38–67, 45 und 52. Dazu auch Christian Rümelin, „Klee und der Kunsthandel", in: *ebd.,* 26–37: Rümelin berichtet von einer schwierigen Akzeptanz und schleppenden Verkäufen von Klees Werken, die erst im Verlauf des Ersten Weltkriegs durch die Bemühungen Herwarth Waldens und Hans Goltz' zu einer ausreichenden finanziellen Basis führten.
622 Kat. Wols 1959, 9; ebd. 29 zur Einsamkeit des Weges von Wols.
623 Vgl. Andreas Kreul, Ausst. Kat. *Wols. „Das Mass der Handfläche ist heilig",* 27. Mai – 1. Sept. 2001 in der Kunsthalle Bremen, Bremen 2001, 64. Zum Titelzitat von Wols, das von seinem Freund Henri Pierre Roché überliefert wird, ebd. 58.
624 Kat. Wols 1959, 20 und 29.
625 Kat. Wols 1959, 17.
626 Christiane Lukatis, „Von Antonin Artaud bis zu Jean-Paul Sartre. Zu den Buchillustrationen von Wols", in: Kat. Wols 2014, 26–57; 35–36 zum Abschnitt.
627 Gutbrod 2014, 87.
628 Gutbrod 2014, 91.
629 Kat. Wols, Ausstellung im Musée d'Art Moderne de la Ville de Paris, 19.12.1973–3.2.1974, Paris 1973, o.S.
630 Gutbrod 2014, 92.
631 So etwa bei Gutbrod 2014, 92. Wie Wols' Schaffen werden auch die Bilder von Klee und Bissière mangels einer besseren Klassifizierung zuweilen der „Lyrischen Abstraktion" zugeordnet. Als „lyrisch" wird von den Mitgliedern dieser Bewegung der spontan gestische künstlerische Ausdruck verstanden (im Unterschied zur geometrischen „kalten" Abstraktion wie Mondrians *Boogie Woogie*). In Frankreich war Georges Mathieu eine der prägenden Figuren (vgl. Tina Grütter, „Zur Geschichte und Theorie des Tachismus und des Informel in Paris, in: *Beginn des Tachismus in der Schweiz: Lyrische Abstraktion – Informel – Action Painting,* Zürich 1978, 13–19, 13).
632 Kat. Wols 1959, 25. René Guilly hat in seinem Katalog von 1947 zur Ausstellung von Wols in der Galerie René Drouin dessen Bilder dem Surrealismus zugeordnet. Rathke übernimmt diese Ansicht, betont aber die grundsätzliche Theorieferne von Wols (ebd. 20).
633 Grohmann 1959, 47.
634 Kat. Wols 1959, 51.
635 Kat. Wols 2014, 150. Zur Problematik der Titel von Wols' Bildern vgl. Kat. Wols 1959, 51.
636 Mathey 1979, 24.
637 Brassaï et al.1962, 6, vgl. auch Miller 1973, 36–37.
638 Mathey 1979, 73.
639 Brassaï et al. 1962, 79.
640 Miller 1973, 36 und 52. Leider ist auch antiquarisch nur noch die französische Übersetzung von G. Belmont greifbar. Der Ausdruck „peintre maudit" steht so in Millers englischer Originalversion.
641 Mathey 1979, 62; Brassaï et al. 1962, 42.
642 Dokument im Nachlass Didonet. Hoberg hat einem Abdruck ihres Briefes vom 26.03.1997 im Dokumentationsanhang dieser Schrift nicht zugestimmt mit der Begründung, dass dieses Statement in der Zeit weit zurückliege.

643 Mathey 1979, 11.
644 Mathey 1979, 16
645 Brassaï et al. 1962, 43–44 und 48.
646 Brassaï et al. 1962, 40.
647 Mathey 1979, 56.
648 Brassaï et al. 1962, 46.
649 Brassaï et al. 1962, 47.
650 Brassaï et al. 1962, 48–50.
651 Brassaï et al. 1962, 73.
652 Kat. Steffens 1997, o.S.
653 Häring 1991, 16–18.
654 Häring 1991, 15. Vgl. Didonets Explikation des Poetischen im Bild, das sich gleichermassen an die Augen, ans Herz und an den Verstand richtet (II, 4.1.1).
655 Kat. Steffens 1994, o.S.
656 Marteau 1988, 5, Zitat 12.
657 Epstein/Didonet 1995, 152: „Als ich in sein Atelier eintrat, war es gleichzeitig ernst und klangvoll. Die Wände waren dicht behängt mit kleinen Fenstern, die sich ins Unendliche öffneten. In ihrer Mitte zwinkerte mir ein kleines Bild von Reichel bedeutungsvoll zu."
658 Epstein/Didonet 1995, 149.
659 Vom „innegehaltenen Moment der Meditation" in der verinnerlichten Schau von Steffens' Bildern vgl. Friedhelm Häring, „Hans Hermann Steffens. Die Farben sind die Taten des Lichts", in: Kat. Steffens 2012, 7– 9, auch für das Nachfolgende.
660 Marteau 1988, 8.
661 Kat. Steffens 2012, 34. Er fügt hinzu: „Klee ist jemand, der ein weites Anwesen hat, jeder kann sich da eine Parzelle aussuchen und beackern."
662 Didonet 2008, o.S. Die *Souvenirs* sind eine romantisch überhöhte Erzählung biographischer Ereignisse. Viele der dort erwähnten persönlichen Katastrophen konnten von Didonets jüngerem Bruder bestätigt werden, wenngleich mit abgeschwächter Dramatik.
663 Didonet 1988, o.S.; Didonet 1991, o.S.; Didonet 2000, 188, Epstein/Didonet 1995, 72, Didonet 2006, o.S. – Mehrere Zeitungsausschnitte, leider ohne sichtbare Angaben von Name und Datum der Zeitung, zeugen von dieser Ausstellung.
664 Didonet 2000, 128.
665 Didonet 2000, 49.
666 *Paris Match* vom 1.7.1988, „Les Rendez-vous de Jacques Bofford", 12–13.
667 Didonet 2000, 132–134; Dok. 1.
668 Zur Rolle der Kunstsammler für die Bild-Poeten vgl. III, 2.5.
669 Kat. Klee 2018, 93.
670 Kat. Wols 1959, 13.
671 Die Aufsatz-Sammlung *Polyphone Resonanzen. Paul Klee und Frankreich* geht einer Rezeptionsgeschichte dieser „unvollendeten Liaison" nach (vgl. Wedekind 2010): Trotz des Aufsehens, das Klees Bilder in den 1920er Jahren in Paris vor allem im Kreis der Surrealisten erregte, ist ihm längerfristig der grosse Publikumserfolg in Frankreich versagt geblieben. „Zu wenig deutsch, zu wenig französisch", so geht aus dem Text hervor, habe Klee seinen Platz in einem künstlerischen Zwischenreich behauptet (vgl. ebd., Umschlag- Rückentext). Zum Ursprung der „französischen Klee-Hagiographie" vgl. auch Kersten 1994, 58–60.
672 Wedekind 2010, VIII (Einleitung) und 8.
673 *Paul Klee, 39 aquarelles*, Kat. Ausst. Paris, Galerie Vavin-Raspail, 21. Oktober–14. Nov. 1925, o.S. Vgl. Michael Baumgartner, „C'est à Weimar que fleurit une plante qui ressemble à la dent de sorcière", in: Wedekind 2010, 63-82; Baumgartner zur Ausstellung 71–74; Zitat Aragon 74, Übers. B.D.
674 Der vollständige Titel dieser Einheiten von Bild und Text lautet: *Von der Azurküste zur Normandie. Eine Dichtung in Farbformen*. Anna M. Schafroth spricht von Nebels ebenso beeindruckender wie folgenschwerer Begegnung mit der flimmernd-pulsierenden Grossstadt Paris (vgl. Anna M. Schafroth, „Frühe Mappenwerke und Serien", in: Kat. Nebel 2012, 98–105; 98).
675 Steffens lebte und arbeitete die letzten 35 Jahre seines Lebens in der Provence, Reichel die letzten 30 Jahre in Paris, Wols hat sein gesamtes Œuvre in Paris geschaffen.
676 Miller 1973, 56–57: „Est-il surprenant qu'on trouve en France tant de peintres-poètes? Où que le regard se porte, il trouve de la couleur, de l'irrégularité, de la fantaisie, du caprice, mêlés aux témoignages de l'âge et de l'usage, à la patine de la vie vécue."
677 Haftmann 1979 [1954], 454–455.
678 Ebd., 456–457.
679 Sarah Wyman z. B. führt die „synästhetische Rhetorik" von Klee auf sein von Musik und Poesie durchdrungenes Denken und bildnerisches Schaffen zurück (vgl. Wyman 2004, 142).
680 Böttcher/Mittenzwei 1980, 8–28.
681 Eine Ausnahme wäre vielleicht Henri Michaux' *Fürst der Nacht* (Friedman 2008, 171). Aber dieses Bild ist auch in Michaux' Werk wiederum ein Ausnahmefall.
682 Mit den „Runen-Fugen" hat Nebel eine gemalte Zeichensprache erfunden, die sich in einer „oszillierenden Bewegung zwischen nonverbaler und verbaler Sprache, Unlesbarkeit und Lesbarkeit, Bild und Schrift" erfährt (vgl. Braun 2012, 22–24). Unter dem Wort „Runen" verstand Nebel „erlebte Buchstaben"; er leitete es von „Raunen" ab. Als Maler verglich sich Nebel mit dem Dirigenten, der eine bestimmte Partitur mit seinem Orchester einübt; vom Bildbetrachter fordert er unentwegt „die Bereitschaft, sich den ‚Klängen', die ihm entgegenkommen, zu öffnen" (Bhattacharya-Stettler 2012, 195).
683 Braun 2012, 18–19. Vgl. Aufnahme der Neun-Runen-Fuge, gesprochen von Otto Nebel, unter: URL (am 20.12.2021): http://www.planetlyrik.de/otto-nebel-unfeig-eine-neun-runen-fuge-zur-unzeit-gegeigt/2010/04/.
684 Nebel hatte die Klangwelten der Farben durch die Musikpädagogin Gertrud Grunow und deren „Harmonisierungslehre" kennen gelernt (Nebel 2012, 179). Zur wiederkehrenden musikalischen Terminologie bei Nebel vgl. René Radrizzani (Hg.), *Otto Nebel, Schriften zur Kunst*, München 1988. Zu Nebels Streben nach dem Gesamtkunstwerk vgl. Christoph Geiser, „Hören & Schauen: auf Zuruf & Zeichen. Die Erschaffung der Welt aus Sprach-Klang und Schrift-Bild", in: Kat. Nebel 2012, 13–15; 13.
685 Vgl. z. B. Hans Platschek, *Dichtung Moderner Maler*, Wiesbaden 1956; der nur wenig kommentierende Katalog *Dichtende Maler, malende Dichter*, zur Ausstellung im Kunstmuseum St. Gallen von 1957; Herbert Günther, *Künstlerische Doppelbegabungen*, München 1960; die erwähnte Publikation Böttcher/Mittenzwei 1980 verfügt über eine umfassende Bibliographie zum Thema. Donald Friedman gibt in seiner Zusammenstellung von 115 *Malende[n] Dichter[n]* anhand von 220 Gemälden mit Begleittexten Aufschluss über biografische Daten, Lebensumstände und künstlerisches Werk (Friedman 2008). Weiter gibt es viele Einzelstudien

zu Dichter-Malern wie z. B. Kathrin Porter Aichele, *Paul Klee, poet/painter*, Rochester/NY 2006.
686 Kurzeck 2011, 873. Der Schriftsteller Peter Kurzeck ist 1943 in Tachau (Sudetenland) geboren und 2013 in Frankfurt am Main verstorben. Ab 1993 lebte und arbeitete er vorwiegend in Uzès, Südfrankreich.
687 Kurzeck 2011, 935.
688 Miller 1973, 43: „Ils [les peintres] utilisent les mots d'une manière plus plastique, comme s'ils avaient conscience de leur origine dans la matière. Quand ils écrivent […] leur style a une qualité poétique qui manque bien souvent aux écrivains." Miller interessierte sich zeitlebend für die Malerei, pflegte Freundschaften mit vielen Malern. Vor allem in seinen letzten Jahren ging er selbst der Aquarellmalerei nach, allerdings ohne sich für einen Maler zu halten.
689 Krebs 2021, 34–35.
690 Ebd.; Kurzeck 2011, 62.
691 Donald Friedman berichtet, dass viele Schriftsteller aus Tradition wie aus praktischen Gründen Bildtagebücher führten – gleichsam als Erinnerungsbilder für etwas, woraus sie später eine Geschichte machen würden (Friedman 2008, 12–15).
692 Die Löcher in den Ecken sowie die Klebe- und Riss-Spuren an den Rändern dieser Aquarelle scheinen darauf hinzuweisen, dass der materielle Träger einer Erinnerung, war sie einmal in Worte gefasst, für den Künstler entbehrlich wurde.
693 Vgl. Friedman 2008, 14.
694 Christoph Meckel, *Jul Miller*, Gifkendorf 1998.
695 Vgl. Anne Hofmann, „Formen der *transposition d'art* bei Théophile Gautier. Artefaktreferenz im Lichte des poetischen Systemwandels", in: Klaus W. Hempfer (Hg.), *Jenseits der Mimesis: parnassische transposition d'art und der Paradigmenwandel in der Lyrik des 19. Jahrhunderts*, ZFSL (Zeitschrift für französische Sprache und Literatur), Beiheft 27, Stuttgart 2000, 77–121; 100–103.
696 Pleynet 2010 (Buchrücken): „Qui parle? C'est la première question que doit produire tout discours sur l'art. Qui parle? Pourquoi? Au nom de quoi? En ce qui me concerne, c'est d'abord et essentiellement mon expérience d'écrivain et de poète qui ordonne mon approche de l'œuvre d'art."
697 Boris Kositzke, Art. „Topos", in: MLP 2008, 618. Der Begriff „Topos" ist gegen den ihm semantisch verwandten Begriff „Klischee" abzugrenzen, unter welchem insbesondere von der normativen Ästhetik der Moderne abwertend das schablonenhaft „Abgedroschene" und „Kitschige", das sich an einen Massengeschmack adressiert, verstanden wird (Uwe Hebekus, Art. „Klischee", in: MLÄ 2006, 197). Da es im vorliegenden Text nicht um Bewertung, sondern um Zuordnung geht, wird das mehr oder weniger wertneutrale „Topos" verwendet.
698 Zur Genie-Ästhetik der Romantik vgl. II, 6.4.2., insbes. Prange 2017, 197; Rudolf Lüthe, Art. „Genie", in: MLP 2008, 205. Christian Saehrendt spricht von einer romantischen Selbststilisierung als Taugenichts, der sich als unkonventionell betrachtet bzw. die Arbeitswelt „zu pervers", geprägt von „Hierarchien, Intrigen oder Routine" und welcher vor einem gescheiterten bürgerlichen Leben ins Reich der Kunst rettet, wo er nicht mehr negativ auffällt (vgl. Saehrendt 2015, 19).
699 Kikol 2017, 40; die kindliche Formensprache wird als eine Untergattung des Primitivismus gesehen.
700 Kat. Kinderzeichnung 1995, 24 und 60. Die Literatur über Kinderkunst reicht zurück bis ins 16. Jh. (ebd., 34). Ab der Mitte des 19. Jhs. wurde sie unter psychologischen Gesichtspunkten thematisiert, worauf die Zahl der Veröffentlichungen rasch anstieg (ebd., 17–18). Eine ausführlich kommentierte Chronologie der Literatur zur Kinderkunst seit dem 13. Jh. bis 2003 findet sich bei Jonathan Fineberg, *When We Were Young: New Perspectives on the Art of the Child*, Berkeley, California, 2006, 199–271.
701 Kat. Kinderzeichnung 1995, 219.
702 Wassily Kandinsky, „Über die Formfrage", in: Wassily Kandinsky und Franz Marc (Hg.), *Der Blaue Reiter*, München/Zürich 1994, 186.
703 Kikol 2017, 11: Pablo Picasso hat mit acht Jahren wie Raffael gemalt und, wie er seiner Zeit gestand, ein Leben lang gebraucht, um wie ein Kind zu malen. Dubuffets „rohe Kunst" sollte ähnlich wie bei Klee den „kulturellen Künsten" entgegengehalten werden und sowohl den zeitgenössischen Geschmack als auch die Sehgewohnheiten infrage stellen (Kikol 2017, 21).
704 Kikol 2017, 17 und 54.
705 Diese Vorstellung reicht bis in die Romantik zurück: Caspar David Friedrich betrachtete das Kind geradezu als Prototyp des Künstlers: Die einzig wahre Quelle der Kunst sei unser Herz, die Sprache des reinen kindlichen Gemüts (Kat. Kinderzeichnung 1995, 14 und 17).
706 Miller 1973, 33–34. Wir erinnern uns an das Misstrauen der Künstler gegenüber der Geschicklichkeit im schöpferischen Tun (vgl. Kap II, 6.2.1. und II, 4.2.7.).
707 Kat. Kinderzeichnung 1995, 17.
708 Prange 2017, 200 und 209–210. Klee überbiete damit „das klassisch-moderne Kunstwerk, das im Vorweisen der Konstruktion den Schein der Scheinlosigkeit etablierte, durch den avancierten Schein der ‚Nicht-Form'". Vgl. auch „Paul Klee und die Rückkehr zu den Uranfängen", in: Kat. Kinderzeichnung 1995, 92–129.
709 Kat. Steffens 2018, 44.
710 „Die liebste und intensivste Beschäftigung des Kindes ist das Spiel. Vielleicht dürfen wir sagen: jedes spielende Kind benimmt sich wie ein Dichter, indem es sich eine eigene Welt erschafft, oder, richtiger gesagt, die Dinge seiner Welt in eine neue, ihm gefällige versetzt" (Sigmund Freud, „Der Dichter und das Phantasieren. Schriften zur Kunst und Kultur", in: *Neue Revue. Halbmonatschrift für das öffentliche Leben 1 (1907/08)*, 716–724; 717, über URL (am 17.10.2021): https://www.gutenberg.org/ files/28863/28863-h/28863-h.htm).
711 So schreibt etwa Leopold Zahn zu Paul Klees Werken: „Kindliche Phantasie und tiefe Weisheit sind hier nicht Gegensätze, sondern Ergänzungen", in: Kat. Klee und Cobra 2011, 74. Klee stellt auch tatsächlich immer wieder seine eigenen Kinderzeichnungen neben seine künstlerischen Werke, „um sein Schaffen mit einer leichten Unbefangenheit zu mystifizieren" (Kikol 2017, 45–46; Rümelin 2004, 6f). Für Klee waren Kinderzeichnungen indes lediglich Inspirationsquelle, er sah sie nicht als vollendete Kunstform (Michael Baumgartner, „Paul Klee. Die Entdeckung der Kindheit", in: Kat. Klee und Cobra 2011, 12–23; 15).
712 Friedrich Schiller, *Über naive und sentimentalische Dichtung*, Stuttgart 2002, 21. Zum Ideal der Kindlichkeit in der Romantik vgl. auch Gerhard Schaub, *Le génie enfant. Die Kategorie des Kindlichen bei Clemens Brentano*, Berlin/New York 1973.
713 Klee verklärt wie einige andere Künstler der Avantgarde ab ca. 1911 mit der Metapher der Giesskanne in seinen Bildern

die Produkte schöpferischer Arbeit zu natürlichen Ergebnissen eines organischen Wachstumsprozesses (vgl. Lorenz Dittmann, „Wachstum im Denken und Schaffen Paul Klees", in: *Ausstellungskatalog Paul Klee, Wachstum regt sich. Klees Zwiesprache mit der Natur*, München 1990, 39–50; Kersten 1994, 56).

714 Laut Kikol findet eine gleichsam unmittelbare Kommunikation mit dem Betrachter statt (Kikol 2017, 54) sowie Kat. Kinderzeichnung 1995, 226. Zum Unterschied zwischen einer pseudonaiven Zeichnung und einer echten Kinderzeichnung vgl. III, 2.2.2.

715 Kat. Kinderzeichnung 1995, 34 und ebd., 162–187 („Jean Dubuffet: Kindheit als Strategie").

716 Vgl. Kris/Kurz 1995, 151–152.

717 Gockel 2010, 25. Auch ebd., 13: Oftmals wird das Motiv des Leidens „zum Element einer idealen, kreativen Person" stilisiert, „die gerade und trotz des Leidens grossartige kulturelle Leistungen zu erbringen scheint". Dieser Topos werde ebenso von der philosophisch orientierten Psychopathologie und Psychiatrie wie von der Kunstkritik genährt. Vgl. auch Kris/Kurz 1995, 152.

718 C.G. Jung vertrat die Ansicht, dass ein Kunstwerk nicht in Zusammenhang mit psychischen Defiziten zu bringen sei, sondern nur aus sich selbst heraus als genuine Schöpfung verstanden werden müsse, denn: „Krankheit ist nie förderlich für das Schöpferische, im Gegenteil, sie bildet sein stärkstes Hindernis" (vgl. Urs H. Mehlin, *Kreativität ein moderner Mythos. Künstlerisches Schaffen aus Jungscher Sicht*, Oberwil 1989, 37). Umgekehrt lässt sich mit Mehlin die Meinung vertreten, dass auch *Gesundheit* nicht förderlich ist für das Schöpferische: sie habe die Tendenz, sich selbst zu genügen und sich selbst zu erhalten, was zu wenig Anlass führe, sich den Mühen der Gestaltung zu unterziehen (ebd., 47; vgl. auch C.G. Jung, *Über die Entwicklung der Persönlichkeit*, Ostfildern 2011, 133–134).

719 Anna M. Schafroth, „Bauwerkliche Sinngefüge", in: Kat. Nebel 2012, 106–121; 106.

720 Gutbrod 2014, 93

721 Zur künstlerischen Positur und zur „bildnerischen Selbstvorführung" vgl. Wolfgang Kersten, „Für die Nachlass-Sammlung bestimmt" – Strategien zur Erlangung unsterblichen Ruhms, in: Werner Egli, Kurt Schärer (Hg.), *Erbe, Erbschaft, Vererbung*, Zürich 2005, 227–241; 227–231.

722 Vgl. Wols: „Die im Wachen träumen, haben Kenntnis von tausend Dingen, die jenen entgehen, die nur im Schlaf träumen" (Kat. Wols, Ausstellung im Musée d'Art Moderne de la Ville de Paris, 1973–1974, Paris 1973, o.S., Übers. B.D.).

723 Es darf nicht vergessen werden, dass die Bedeutung des französischen Worts „magie" nicht dasselbe Gewicht noch dieselben Konnotationen hat wie im Deutschen der Begriff „Magie" oder „Zauber": Im Französischen kann ein Augenblick oder eine Person „magique" sein, man spricht von der „magie de la nature": Verzauberung und Bezauberung verschmelzen zu einer Vorstellung des deutschen Begriffs „Verklärung".

724 Marteau 1988, 17. Vgl. auch Friedhelm Häring in Kat. Steffens 2012, 7, zum Zauber von Material- und Farbklang bei Steffens.

725 Mathey 1979, 9.

726 Brief vom 1.12.1798, Ernst Behler (Hg.), *Kritische Friedrich-Schlegel-Ausgabe*, Paderborn/München 1958, XXIV, 208. Vgl. dazu Pikulik 1992, 169.

727 Kat. Nebel 2012, 244.

728 Noch 1934 hat Will Grohmann Klees Bildern „magische Kräfte" zugeschrieben. Vgl. Hopfengart 1989, 104.

729 Dazu vgl. Didonet 2000, 20: „Le pouvoir magique appartient au monde de la sensation pure, du sentiment contenu, c'est une présence-fée, une vibration intérieure: en quelque sorte la vie de l'œuvre d'art. Cette chose essentielle se trouve dans le petit cheval Ming comme dans l'autoportrait de Rembrandt ou „l'oiseau et le chat" de Paul Klee, ou encore dans les cathédrales de Claude Monet. Et ce mystère s'en ira, au-delà des années, porter son pouvoir magique."

730 Didonet 2006, o.S.

731 Vgl. Hugo M. Enomiya Lassalle, *Zen-Meditation für Christen*, Frankfurt a.M. 2005. Ein Beispiel für ein Koan wäre: Du hörst den Laut zweier klatschender Hände. Nun höre auf den Laut einer einzigen klatschenden Hand.

732 Vgl. Henri Bergson, La pensée et le mouvant, 1938, 149–150, vgl. URL (am 11.7.2021): https://fr.wiki-source.org/wiki/La_Pensée_et_le_mouvant. Übers. B.D. Die Bezeichnung „poète" scheint hier für den künstlerischen Schöpfer überhaupt zu gelten. Die französische Sprache ist auch da weniger restriktiv als die deutsche.

733 Für Roger Scruton sind solche Erfahrungen des Heiligen, z. B. in der Gegenwart des Todes, eine menschliche Universalie (Scruton 2012, 224–225).

734 Mittig 1997, 369, vgl. auch Siegfried Gohr, „Symbolische Grundlagen in der Kunst Klees", in: *Paul Klee, Das Werk der Jahre 1919–1933*, Ausstellungskatalog Kunsthalle Köln, Köln 1979, 81–110.

735 Porter Aichele 2002, 64. – „The Black Magician is one of a group of works from 1920 that explore the relationship between art and magic", fügt sie hinzu.

736 Zitiert aus Grohmann 1977 [1966], 96.

737 Mittig 1997, 369.

738 Landbote, März 1968, ungefähre Datierung durch Rückschluss von der besprochenen Ausstellung.

739 Ausgabe vom 21. April 1972, o.S.

740 Ausgabe vom 2. Mai 1975, o.S.

741 Vgl. z. B. Dok. 1: Im Interview am Radio Suisse Romande sagt Didonet: „Certains tableaux ont un pouvoir magique, pas seulement les miens. […] Un tableau magique est un tableau qui ne meurt pas" (Es ist diese Magie, welche die Bilder unsterblich macht).

742 Brassaï et al. 1962, 48–49.

743 Mathey 1979, 11.

744 Hopfengart 1989, 11–12 zur „Resonanzkurve" von Klees Werk.

745 Bhattacharya-Stettler 2012, 192–198.

746 Mathias Frehner zu Nebels Rezeption, die im Schatten von Klee und Kandinsky heute noch zögerlich erfolgt (Kat. Nebel 2012, 7).

747 Paul Klee, Pädagogischer Nachlass 1, Manuskript 1, 3.

748 Adorno 1973, 36–37.

749 Adorno 1973, 272: „Kunst geht […] insofern keineswegs in den Kunstwerken auf, als Künstler immer auch an der Kunst arbeiten, nicht nur an den Werken."

750 Joseph Beuys war einer der ersten Künstler der Moderne, der seine Selbstdarstellungen offensichtlich manipulativ eingesetzt hat. Vgl. dazu Hartmut Kraft, *Über innere Grenzen. Initiation in Schamanismus, Kunst, Religion und Psychoanalyse,* München 1995, 170: „Selbst wenn Beuys […] sein Erlebnis bewusst im Sinn einer Initiationsgeschichte ausgestaltet und verändert haben sollte, so wäre das bei sei-

ner prinzipiellen Gleichsetzung von Lebenslauf und Werklauf als künstlerische Arbeit zu akzeptieren."
751 Descœudres 2015, 7–9.
752 Prange 2017, 200–201.
753 Vgl. Boehm 1990, 28, zur galoppierenden Abfolge von künstlerischen Trends, Schulen, Gruppen im 20. Jh.
754 Gockel 2010, 10.
755 Patrick A. Walter, *Die Neue Perspektive. Eine Kunsttheorie: Von der visuellen Wahrnehmung zum Bild der Zukunft*, Essen 2000, 16.
756 Ausstellung vom 9. Nov. 2012 – 24. Feb. 2013, vgl. Kat. Nebel 2012.
757 Vgl. Braun 2012, 24.
758 Bhattacharya-Stettler 2012, 195.
759 Vgl. z. B. Juliane Rebentisch, *Theorien der Gegenwartskunst*, Hamburg 2014, 17–18); Gabriele Mackert et al. (Hg.), *Blind Date. Zeitgenossenschaft als Herausforderung*, Nürnberg 2008; Kikol 2017, 72.
760 Adorno 1973 [1970], 285–288; 285.
761 Adorno 1973 [1970], 19.
762 Adorno 1973 [1970], 67. Für Adorno konnte ein solches „entsühntes" Erbe ihrer Vorzeit erst einer befreiten Menschheit zufallen: „Was einmal in einem Kunstwerk wahr gewesen ist und durch den Gang der Geschichte dementiert ward, vermag erst dann wieder sich zu öffnen, wenn die Bedingungen verändert sind, um derentwillen jene Wahrheit kassiert werden musste: so tief sind ästhetisch Wahrheitsgehalt und Geschichte ineinander." Dazu auch ebd. 433–434: „Die Inhalte, die in den Formen sich niedergeschlagen haben, wachen im Veralten auf."
763 Adorno 1973 [1970], 50: „Entschlüge sich Kunst der einmal durchschauten Illusion des Dauerns; nähme sie die eigene Vergänglichkeit aus Sympathie mit dem ephemeren Lebendigen in sich hinein, so wäre das einer Konzeption von Wahrheit gemäss, welche diese nicht als abstrakt beharrend supponiert, sondern ihres Zeitkerns sich bewusst wird."
764 Adorno 1973 [1970], 65.
765 Adorno 1973 [1970], 59–60. Mit Georg W. Bertram „übersetzt": Das Kunstwerk bricht notwendigerweise mit dem Regelbestand, auf den es antwortet (Bertram 2019, 190–191). 766 Adorno 1973 [1970], 240.
767 Adorno 1973 [1970], 14.
768 Adorno 1973 [1970], 38. Zu Adornos Auffassung von Abstraktion 38–40.
769 Adorno 1973 [1970], 273.
770 Die sich abwechselnden normativen Dekrete der modernen Kunstwelt waren oftmals ebenso restriktiv wie im 19. Jh. die Glaubenssätze der Akademie (Boehm 1990, 27).
771 Juliane Rebentisch, *Theorien der Gegenwartskunst*, Hamburg 2014, 13; Bertram 2019, 190.
772 De Duve 2000: Er nennt sein Überblickswerk zur Kunst des 20. Jhs. „100 Jahre Gegenwartskunst".
773 Thierry de Duve kommentiert aus heutiger Sicht die damalige Situation folgendermassen: „L'art visuel a mauvaise presse, comme si le fait de donner à voir l'empêchait de donner à penser." De Duve 2000, 39–42. 774 De Duve 2000, 39.
775 Dazu de Duve 2000, 39: „Pour les fractions les plus avantgardistes du milieu de l'art des années soixante-dix, cela signifiait que le statut de l'œuvre d'art n'avait plus grand-chose à voir avec l'émotion ni avec la qualité esthétiques."
776 Die künstlerischen „Moden" sollen hier nicht grundlegend negativ konnotiert erscheinen, denn sie bedeuten weder das Befolgen von einheitlichen Regeln noch das blosse Wiederholen von künstlerischen Strategien, wie Georg W. Bertram richtig festhält. Jedes Kunstwerk – auch wenn es die Strategien einer Modeströmung aufnimmt – ist eine spezifische Antwort auf diese und Erweiterung von ihr (Bertram 2019, 192–196).
777 Hopfengart 2010, 89.
778 Didonet 2000, 157.
779 Adorno 1973 [1970], 119. Adorno spricht vom kleinsten Raum, der den Kunstwerken „zwischen diskursiver Barbarei und poetischer Beschönigung" bleibt (ebd., 54).
780 Claudia Albert, Art: „Harmonie", in: MLP 2008, 233–234.
781 Vgl. Wassily Kandinsky, *Über das Geistige in der Kunst*, Bern 2006 [1911], zu seiner Harmonielehre vgl. 22; zu seiner Neigung zur Theosophie vgl. 46–47.
782 Adorno 1973 [1970], 25.
783 Adorno 1973 [1970], 365.
784 Dahingehend „rechtfertigen" Christa und Axel Murken ihre Ausstellung zur „Romantik in der Kunst der Gegenwart" (Murken 1993, 7).
785 Bertram 2019, 192–194, auch zur Kunst als Antwort auf gesellschaftliche Defizite.
786 Vgl. *Construire* No. 27, 6. Juli 1988: „Didonet ne veut pas être témoin de son temps. Il fait de la peinture parce que c'est le meilleur moyen pour lui de respirer", schreibt Denise de Ceuninck ganz im Sinne des Künstlers.
787 Pikulik 1992, 78. Jüngere, ebenso umfassende literaturwissenschaftliche Studien zur Romantik finden sich bei Rüdiger Safranski (Safranski 2009) und Stefan Matuschek (Matuschek 2021).
788 Zur Kunstfrömmigkeit der Romantik in Malerei und Musik, der „Anbetung der Kunst mit dem Herzen, mit der Seele" vgl. Pikulik 1992, 269–293; 275, auch Kathrin Schulz, Art. „Poetik", in: MLP 2008, 466.
789 Pikulik 1992, 169 und Murken 1993, 49 zu den Charakterzügen des Romantischen, die auch Naturmystik und Weltflucht sowie das Selbstverständnis des Menschen als Teil eines Weltganzen umfassen. Zum romantischen „Weltschmerz" zwischen literarischem Stil und existenziellem Ernst vgl. auch Matuschek 2021, 86–104.
790 Der Individualismus und damit verbunden die Freiheit im persönlichen Ausdruck steht mit dem Gedanken von der Einheit in der Mannigfaltigkeit und der Mannigfaltigkeit in der Einheit in Verbindung, der laut Pikulik die Romantik wie ein Leitfaden durchzieht (Pikulik 1992, 157).
791 Vgl. Matuschek 2021, 218.
792 Als Beispiel einer solchen Zuordnung vgl. Jürgen Glaesmer, „Paul Klee und die deutsche Romantik", in: *Ausstellungskatalog Paul Klee, Leben und Werk*, Stuttgart 1987, 13–29). Zur Diagnose von „Neoromantik" bei Klee vgl. auch Oliver Kase (Hg.), *Paul Klee. Konstruktion des Geheimnisses*, München 2018, 48–50. Kathryn Porter Aichele zufolge ist vor allem Klees „poetic-personal idea of landscape" romantisch, und zwar „in its affirmation of human feeling and its implicit understanding of nature as a site of introspective rumination" (Porter Aichele 2006, 114). Brassaï sprach im Hinblick auf Reichel von einer „lignée romantique". In der jüngeren Kunstgeschichte wird „Romantik" retrospektiv in allen Stilepochen diagnostiziert: für die Moderne vgl. Rosenblum 1993; für die Gegenwart vgl. Murken 1993; auch Kat. Romantik/Gegenwart 2015.
793 Umfassende kritische Reflexionen über die als selbstverständlich hingenommenen Bezüge von Klee zur Romantik finden sich z. B. bei Richter 2004, 11–34; ebenso bei Kramer 1997, 100: „Es ist zweifelsohne angebracht, die Bilder,

für die Klee bekannt ist und in denen der Prozess einer Versöhnung der Gegensätze stattfindet, als Ausdruck eines modernen Versuchs zu sehen, die romantische Idee einer nahen aber immer entschwindenden Einheit von Ich und Kosmos zum Ausdruck zu bringen. Aus dieser Sicht kann man die formalen ‚Ursprünge' einer Kleeschen Moderne in der Romantik finden, was allerdings ausser dieser Identifizierung von Wahlverwandtschaften wenig mehr über das Werk aussagt."

794 Grob/Schöning 2006 zur Begriffsgeschichte. Laut Pikulik hat sich das Adjektiv „romantisch" zur Bezeichnung einer nichtklassischen Form des Romans entwickelt und meinte auch als ausserliterarische Empfindung „wie in Romanen", d. h. abenteuerlich, fantastisch und unglaubwürdig (vgl. Pikulik 1992, 73–79; 74). Die eigentliche Stil-Epoche der Romantik wurde gesamteuropäisch rückwirkend zwischen 1795 und 1830 bestimmt.

795 Grob/Schöning 2006, 331. Für eine eingehende Analyse der Kunstfrömmigkeit vgl. Pikulik 1992, 269–293.

796 Grob/Schöning 2006, 330; auch Kat. Romantik/Gegenwart 2015, 7; Murken 1993, 48.

797 Novalis, *Werke und Briefe,* München 1953, 439. Vgl. auch Safranski 2009, 56. Zur romantischen Naturbegeisterung und der Sehnsucht, die ursprüngliche Einheit mit der Natur wiederzufinden, sowie zur animistischen Naturmetaphysik nach Jakob Böhme vgl. Pikulik 1992, 241–246.

798 Pikulik 1993, 75.

799 Richter 2004.

800 Richter 2004, 12–23. Zur romantischen Auffassung einer „Göttlichkeit der Landschaft", und der damit einhergehenden neuen Religiosität vgl. Rosenblum 1981, 11–43.

801 Pikulik 1992, 76 und 78 zum Romantischen als Verfahrensweise; Pikulik stützt sich mit seiner These auf Erklärungen von Novalis und Clemens Brentano. Zum Romantischen als „Haltung" vgl. auch Saehrendt 2015, 16.

802 Pikulik 1992, 79.

803 Richter 2004, 30–31.

804 Konitzer 2012, 6.

805 Konitzer 2012, 7–8 und 14.

806 Richter 2004, 33–34.

807 Neben nebelverhangenen Tälern und Klosterruinen stehen seit der Moderne auch endlose Landschaften gleichsam auf dem Index: als „Metaphern für das Unbewusste und Abgründige, für Bereiche also, die weder nützlich noch alltäglich sind und das Schöne und Erhabene nicht nur beschwören, sondern auch desavouieren" (Erik Stephan, „Die Romantik und die Gegenwartskunst", in: Kat. Romantik/Gegenwart 2015, 9–13; 10).

808 Richter 2004, 57–58 zu den „romantischen Inhalten" der Malerei dieser Epoche.

809 Richter zufolge kommt für viele Romantiker der Begriff des Schönen allem zu, was „göttliches Wesen in Naturdingen rein ausspreche". Aus dieser Sicht wird die Natur selbst „poetisch" (Richter 2004, 58–59).

810 Rosenblum 1981.

811 Angelika Krebs unterscheidet am Beispiel von Peter Kurzecks Texten zehn lebensweltlich vertraute „Logiken der Personifikation" (vgl. Krebs 2021, 64–72).

812 Zitat aus: Peter Kurzeck, *Bis er kommt,* Frankfurt: 2015, 323. Vgl. auch Krebs 2017, 251: Vor allem Dichter zeichnen sich durch eine besondere Fähigkeit aus, passende Sinnbilder für ein Phänomen zu finden, die nicht wörtlich auf dieses zutreffen.

813 Rosenblum 1981, 149–150.

814 Rosenblum 1981, 154–156.

815 Rosenblum bezeichnet denn auch Van Gogh aufgrund der zahlreichen „Göttlichkeitsmetaphern" in seinen Naturdarstellungen sowie seiner „Suche nach quasi-religiöser Bedeutung in allen Dingen" als einen „Erneuerer der Romantik" (vgl. Rosenblum 1981, 69–107). Ebenso konstatiert er eine „Neubelebung der Romantik" bei Edvard Munch und Ferdinand Hodler (ebd., 107–136), er bezieht sich dabei v.a. auf die dargestellten Motive.

816 Rosenblum 1981, 158.

817 Rosenblum 1981, 159–160.

818 Rosenblum 1981, 160.

819 Christian Riedel, *Peter Kurzecks Erzählkosmos. Idylle – Romantik – Blues,* Bielefeld 2017, 80–103.

820 Christoph Schmälzle, Art. „Idylle/Idyllisch", in: MLÄ 2006, 169–170.

821 Paul Klee, Tagebücher 1898–1918, Köln 1980, Nr. 951.

822 Rosenblum 1981, 165–167. Laut Daniel Graf betrieb Klee dezidiert keine romantische Kunstmetaphysik (Graf 2018, 58).

823 Kerstin Thomas spricht im Hinblick auf die Romantik von einer „seelenvollen Stimmung" im Unterschied zur „ästhetischen Stimmung" der Moderne, die eher unstimmig ist (Thomas 2011, 211–212).

824 Richter 2004, 59–61; 61, zu Klees Bildern. Im Unterschied zu Klee *zeige* uns z. B. der Romantiker Carl Gustav Carus mit seinen Gemälden das Poetische, d. h. das geheimnisvoll Berührende der Naturerscheinungen.

825 Vgl. Matuschek 2021, 234–252; 236.

826 Pikulik 1992, 230–233: Das „sentimentalische Bedürfnis" der Romantik geht auch mit einer Lust an Spiel und Scherz einher, worin das Märchen wie der Traum zum „fröhlichen Kinderspiel, aber mit tieferer Bedeutung" wurde. In den Jahren 1812 und 1858 haben die Gebrüder Grimm: der Sprachwissenschaftler Jacob und der Volkskundler Wilhelm Grimm, die bis anhin berühmteste Sammlung von „Kinder- und Hausmärchen" angelegt. Zum Stellenwert von Fantastischem und Märchen in der Romantik und dem damit verbundenen Hang zur Kultivierung von Unentschiedenheit vgl. auch Matuschek 2021, 216–251; 216.

827 Ausnahmen sind z. B. J.H.W. Tischbeins *Baumwurzeln, als Tierköpfe gesehen* (Andreas Beyer Hg., *Klassik und Romantik,* München 2006, 464); oder gewisse Märchenillustrationen.

828 Walter 1968. Richter 2004, 88–94 zu Walters Vergleich, 94–154 zu ihren eigenen Vergleichen zwischen Hoffmanns Märchen und Klees Bildern.

829 Walter 1968, 481 und, 475–476. Zum an Märchen erinnernden „Zauber" in den Bildern von Klee vgl. auch Richter 2004, 112–118: Klee arbeite „mit den gleichen Mitteln wie ein Zauberer, der seinem Publikum grosszügig die Auflösung eines Zaubertricks verspricht, um anschliessend in einem Akt gesteigerter Kunstfertigkeit von neuem und noch mehr zu verblüffen". In der Irritation dieser Erfahrung von „durchschaubarer Undurchschaubarkeit" sieht Richter die „poetische Komponente" dieses Zaubers (ebd., 116– 118).

830 Walter 1968, 470–471, 481.

831 Matuschek 2021, 238.

832 Braak 1969, 170; Matuschek 2021, 236–237.

833 Max Lüthi, *Märchen,* Stuttgart 2004, 25–31; Max Lüthi, *Das europäische Volksmärchen,* Bern 1960, 78–79; vgl. auch Braak 1969, 170.

834 Originaltext in französisch vgl. II, 6.2.1.

835 Vgl. II, 2.2.1. Malherbe (1555–1628), der Wegbereiter der lyrischen Klassik im französischen Sprachraum, hat natürlich nicht an „hermetische" Gedichte gedacht. Dennoch trifft sein Sinnbild auf diese besser zu als auf die meisten Gedichte seiner Zeit.
836 Claudia Muth, Vera M. Hesslinger und Claus-Christian Carbon, „The appeal of challenge in the perception of art: How ambiguity, solvability of ambiguity, and the opportunity for insight affect appreciation", in: *Psychology of Aesthetics, Creativity, and the Arts*, 2015, 9 (3), 206-216, über: doi: 10.1037/a0038814, am 21.10.2021.
837 Hannes Langbein, „Postautonom. Das Verhältnis von Kunst und Kirche nach dem prognostizierten Ende künstlerischer Autonomie", in: *Spektakel der Transzendenz. Kunst und Religion in der Gegenwart*, Würzburg 2017, 223–231; 226.
838 Jean-Christophe Ammann, *Bei näherer Betrachtung. Zeitgenössische Kunst verstehen und deuten*, München 2009, 16–17 und 71.
839 URL (am 07.01.2015): http://www.nzz.ch/aktuell/startseite/poesie-kunst-ist-poesie-1.6048546. Ammanns umfassende Verwendung von „Poesie" dürfte ihre Wurzeln im französischen Anteil der zweisprachigen Kultur seines Geburtsorts Fribourg haben (vgl. „Poesie"-Gebrauch von Henri Bergson in Kap. II, 5.2.3.).
840 Art. Das Kunstmagazin. August 2015, Titelblatt und 31; Weltkunst Nr. 160, August 2019, 70–71; usw.
841 Katalog Kunstsammlung Nordrhein-Westfalen (Hg.), Ausstellung vom 13. Juni – 27. September 2015, und Jean-Louis Prat (Hg.), Joan Miró, *Die Farben der Poesie*, Ostfildern 2010. Mirós Bilder wurden zuvor fast durchwegs mit den Surrealisten in Verbindung gebracht, oder die Ausstellungen liefen unter dem Zeichen der Gattungen der Exponate. Eine erste Wendung zeichnete sich 1994 in Köln ab, wo die Galerie Hubertus Gassner die Ausstellung: „*Joan Miró. Der magische Gärtner*" präsentierte.
842 Ursula Seibold-Bultmann, NZZ, 14.02.2015, 45.
843 Vgl. Prange 2017, Graf 2018, Richter 2004 (vgl. II, Kap. 6), auch Porter Aichele 2006 (vgl. II, Kap. 4). Von der literaturwissenschaftlichen Seite stellt z. B. Sarah Wyman in ihrem Artikel „The poem in the painting. Roman Jakobson and the pictorial language of Paul Klee" die Gemeinsamkeiten von Poesie und der Malerei von Klee dar (Wyman 2004).
844 Lothar Lang, „Altenbourg, der Bild-Dichter", in: Kat. Altenbourg 1988, 9–11. Lang zufolge „durchgeistigt" und „poetisiert" Altenbourg die Landschaft (ebd., 11), auch zum treffenden Ausdruck „Sinnarabeske".
845 Vgl. Gen 24, 29–60.
846 Altenbourg/Mennekes 1987, 47, auch für das nachfolgende Zitat.
847 Altenbourg/Mennekes 1987, 48.
848 Vgl. dazu auch Zweite 2004, 16–17.
849 Zweite 2004, 16.
850 Janda I 2004, 42–43; Zweite 2004, 18.
851 Die biographischen Angaben stützen sich weitgehend auf das umfassende Werkverzeichnis von Altenbourg (Janda 2004–2010).
852 Penndorf 2004a, 9.
853 Heining 2004, 57–61.
854 Heining 2004, 70; Janda I 2004, 17–18.
855 Heining 2004, 61 und 74.
856 Heining 2004, 66. Zweite betont, dass Altenbourgs „romantischer Habitus" keine unreflektierte Schwärmerei zulasse (Zweite 2004, 25).
857 Zitat aus „Zehn Reproduktionen und zwei Original-Zeichnungen", Werkverzeichnis 59/3, 13, Zitiert nach Penndorf 2004b, 26.
858 Penndorf 2004b, 27.
859 Zweite 2004, 16.
860 Vgl. auch Janda I 2004, 43; Penndorf 2004b, 26; Lothar Lang, „Altenbourg, der Bild-Dichter", in: Kat. Altenbourg 1988, 9–11.
861 Vgl. Willi Heining, „Als Christ in der mündigen Welt. Gerhard Altenburg zu Gedanken von Dietrich Bonhoeffer", in: Janda II 2004–2010, 32–38; 32 und 38).
862 Janda I 2004, 30.
863 Janda I 2004, 33.
864 Janda I 2004, 54.
865 Janda II 2004 (2), 9 und 18.
866 Autograph A 325, ca. 1970, nach Janda II 2004–2010, 24.
867 Penndorf 2004b, 28.
868 Vgl. dazu Zweite 2004, 27–28; Penndorf 2004a, 9.
869 Janda II 2004, 9.
870 Zweite 2004, 24–29; 25. „Was sich Altenbourg in der Auseinandersetzung mit den Romantikern, mit Klee und den Surrealisten bis hin zu Wols und anderen erschliesst, sind in erster Linie intellektuelle Rückzugsgebiete und Fluchträume, die man sich als Bedingung und Voraussetzung seiner künstlerischen Existenz in der ehemaligen Residenzstadt Altenburg unter den oktroyierten Bedingungen des sich als sozialistisch ausgebenden Staats DDR vorzustellen hat" (ebd., 27).
871 URL (am 29.07.2023): https://www.lyrikline.org/de/gedichte/wien-heldenplatz-1229.
872 Etwa *Janus im Flüstern Pans*, in: Janda II 2004–2010, 112.
873 Zweite 2004, 25.
874 Zweite 2004, 28.
875 Zweite 2004, 31.
876 Penndorf 2004b, 31; auch Zweite 2004, 30.
877 Zu Mirós Malerbüchern vgl. Valerie Hortolani, „Malerei als Poesie. Malerbücher 1928–1983, in: Kat. Miró 2015, 162–165; Miller 1973.
878 Peppiatt 2015, 10–19.
879 Kat. Kinderzeichnung 1995, 151.
880 Kat. Kinderzeichnung 1995, 159; der Katalog zitiert nach James Johnson Sweeney, „Joan Miró. Comment and Interview", in: Margit Rowell (Hg.), *Joan Miró. Selected Writings and Interviews*, Boston 1986, 207.
881 Die Kinderzeichnung beschäftigte Miró als Chiffre des kindlichen Denkens „die in seinem eigenen Bewusstsein fortlebte und seine fortschreitende Auseinandersetzung mit der Welt prägte". Er versuchte, mit der Unvoreingenommenheit des Kindes elementaren Fragen nachzugehen (Kat. Kinderzeichnung 1995, 161).
882 Kikol 2017, 23.
883 Miller 1973, 33–34. Vgl. auch Peppiatt 2015, 15, zu Miró, der „wie ein spielendes Kind, einfallsreich und nie ermüdend" seine Zeichnungen schuf, aber gleichzeitig „Urteilsvermögen und Besonnenheit eines Erwachsenen ein[brachte], der weiss wann er aufzuhören hat, bevor das Blatt überfrachtet wird und das durchdachte Gleichgewicht verloren geht". Zum Künstler als Handwerker vgl. auch Didonet, Dok. 1.
884 Kat. Kinderzeichnung 1995, 143; die Autoren zitieren nach Herbert Read, Leserbrief in *The Times*, 27, Okt. 1956.
885 Vgl. z. B. auch Rothkos Ölmalerei *Slow swirl at the edge of the sea*, ebenso von 1944.

886 Titel der Ausstellung in der Kunsthalle Basel von 1958, in welcher fünf von Rothkos monumentalen Farbfeld-Bildern ausgestellt waren (Oliver Wick, „Zum Geleit", in: Kat. Rothko 2001, 7–14; 8–9).
887 Pleynet 1990, 11.
888 Pleynet 1990, Klappentext. Die französische Originalfassung der Monografie ist vergriffen, wie auch das dreibändige Werkverzeichnis von Coignards Grafiken, Stockholm 1986/1980/1986.
889 Pleynet 1990, 12.
890 Kunstmuseum Basel, *Fokus Sammlung Im Obersteg. Antoni Clavé und James Coignard,* 2019.
891 Sabrina Möller, „Das emanzipierte 20. Jahrhundert?", in: *Portal Kunstgeschichte,* über URL (am 7.1.2022): https://www.portalkunstgeschichte.de/themen/kuenstlerinnen-des-zwanzigsten-jahrhunderts/.
892 Nach Marianne Eigenheer, „Lou Stengele", in: Kat. Sammlung Anliker 1992, 103.
893 Kat. Lou Stengele 1980, o.S.
894 Zum vorangehenden Zitat wie zur nachfolgenden Beschreibung vgl. Kat. Sammlung Anliker 1992, 103; Textfragment Eigenheer © 2023 Anliker-Stiftung für Kunst und Kultur. Marianne Eigenheer, geboren 1945 in Luzern und gestorben 2018 in Basel, war von 1971–1977 Assistentin vom damaligen Leiter des Kunstmuseums Luzern, Jean-Christophe Ammann. Wir erinnern uns: „Kunst ist Poesie!" (vgl. II, 7.4.).
895 Stengele hat sich von den Bildern von Paul Klee immer wieder ermutigen lassen; sie galten ihr als „technische Richtschnur", notiert sie in ihre Tagebücher von 1940 und 1948 (vgl. Karl Bühlmann, in: Kat. Lou Stengele 1980, o.S.).
896 Kat. Sammlung Anliker 1992, 105.
897 Vgl. URL (am 30.04.2022): http://www.sammlung-imobersteg.ch/files/fokus/DE_2.pdf. Vgl. auch Henriette Mentha, „Sammlungsgeschichte", in: *Die Sammlung Im Obersteg im Kunstmuseum Basel,* Basel 2004, 23–25.
898 Hugo Wagner/Jürg Glaesemer, *Sammlung Im Obersteg,* Bern 1975, o.S.
899 So nannte der russische, in der Schweiz lebende Maler Robert Genin seinen Sammler-Freund und fortwährenden Helfer Karl Im Obersteg im Brief vom 05.03.1921 (abgedruckt in: Im Obersteg 2011, 50). 900 Matthias Hagemann/Hans Furer, in: Im Obersteg 2011, 7–8 (Vorwort).
901 Kat. Sammlung Anliker 1992, 11–12, für alle nachfolgenden Aussagen von Anliker.
902 In: Kat. Sammlung Anliker 1992, 7–10; 8, 7.
903 In einem persönlichen Gespräch im Herbst 1994 erzählte mir Christine Anliker, dass Hans Reichel ihren Vater oftmals aufsuchte, wenn er seinen Zuspruch und seine materielle Hilfe benötigte.
904 Marianne Eigenheer, in: Kat. Lou Stengele 1980, o.S.
905 Ernst Gombrich zufolge legten es die Maler im alten Ägypten nicht auf Schönheit an, sondern auf Vollständigkeit und umfängliche Erkennbarkeit des Dargestellten (Gombrich 1996, 60–61).
906 Der hier verwendete Autonomiebegriff entspricht in vielem Adornos kantischem Verständnis einer „ästhetischen Autonomie" (Adorno 1973, 34). Ästhetische Autonomie meint die Freiheit eines Kunstwerks von fremden Zwecken in dem Sinn, dass diese nicht über inhaltlich vermittelte Werk-Bedeutungen, sondern nur über die Weise einer künstlerischen Gestaltung erreicht werden können (ebd., 336 und 365). Vgl. dazu auch Angelika Krebs: Das Werk selbst ist die Botschaft (Krebs 2021, 32).

907 Köhler beschäftigte sich zwischen 1906 und 1954 mit den karolingischen Handschriften. Er war mit Heinrich Wölfflin einer der ersten Kunstwissenschaftler, die den begabtesten Malern des Mittelalters anstelle des bisher verbreiteten Vorurteils einer plastisch-gestalterischen sowie perspektivischen Unfähigkeit einen bewussten Akt des Verlernens einer antikischen Bild-Rhetorik zusprach (vgl. Tilmann Buddensieg, „Die karolingischen Maler in Tours und die Bauhausmaler in Weimar. Wilhelm Koehler und Paul Klee", in: *Zeitschrift für Kunstgeschichte,* Bd. 73, Heft. 1, Berlin/München 2010, 1–18).
908 Vgl. Trinks 2016, 19–49; 32–34. Fruchtbare Gesichtspunkte für das Verständnis der mittelalterlichen Kunst und den vergleichbaren Bezug zur Moderne liefert Rosario Assunto mit seiner *Theorie des Schönen im Mittelalter,* Köln 1982. Zum mittelalterlichen Kunstwerk als Metapher einer bestimmten Bedeutung ebd., 26–28.
909 Zentralperspektive meint die Konvergenz der Fluchtlinien in einem einzigen Punkt, dem so genannten Augenpunkt eines vorgestellten Betrachters. „Als ,symbolische Form' steht die Perspektive für das neue Welt- und Wirklichkeitsverständnis der Renaissance. Sie hat besondere Bedeutung für die Herausbildung neuzeitlicher Subjektivität" (vgl. Christoph Schmälzle, Art. „Perspektive", in: MLÄ 2006, 291–292).
910 Gombrich 1996, 247–267. „Die Eroberung der Wirklichkeit" ist der Titel, den Gombrich in seiner Kunstgeschichte der Epoche des frühen 15. Jhs. gegeben hat (ebd., 224–285).
911 Vgl. René Descartes, „Sechste Meditation", in: ders., *Meditationes de prima Philosophia,* Stuttgart 1996, 177–213.
912 Vgl. Erwin Panofsky, „Die Perspektive als ,symbolische Form'", in: ders., *Aufsätze zu Grundfragen der Kunstwissenschaft,* Berlin 1980, 123.
913 Gombrich 1996, 476.
914 Gombrich 1996, 476 und 489–490.
915 Gombrich 1996, 496.
916 Vgl. Gombrich 1996, 501–503.
917 Gombrich 1996, 561.
918 Boehm 1990, 27.
919 Es ist der 4. (und vorläufig letzte) Akt einer Bild-Serie ähnlichen Formats.
920 Künstler zusehends akademisiert und verwissenschaftlicht: Nicht selten absolvieren Künstler zusätzlich Universitätsstudien.
921 Vgl. hierzu auch Sabine Heinke, über URL (am 12.09.2021): https://meralalma.de/text/; ebd. auch Robert Fleck anlässlich der beiden Förderpreise für Meral Alma.
922 Alma bezieht sich mit diesem Raum-Aufbau auf die Art, wie man im 18. Jh. Raumillusionen mit Hilfe so genannter Guckkästen erzeugte; vgl. URL (am 18.04.2021): https://meralalma.de/bildebenen/. Von Meral Alma liegen bis anhin „nur" für jedermann zugängliche online-Publikationen vor (https://meralalma.de/buecher/).
923 Alma hat den *Zirkus des Lebens* in mehreren Bildebenen angelegt, welche auf verschiedene Lichtfrequenzen reagieren und die bei Tageslicht flächig wirkende Erscheinung in unterschiedlicher Art plastisch hervortreten lässt.
924 Ausstellung *Isabella Fürnkäs, Siamese Dreams,* Windhager von Kaenel, Zürich, 17.09.–7.11.2021. 925 „Melancholisch und poetisch", so beschlagwortet der Kunsthistoriker und Kurator der Ausstellung der Kestnergesellschaft in Hannover, Michael Stöber, seine Erfahrung dieses Bildes (vgl. Hannoversche Allgemeine vom 16.04. 2021, über URL (am

926 20.04.2021): https://www.haz.de/ Nachrichten/Kultur/Region/Kestnergesellschaft-Hannover-zeigt-Camille-Henrot.
926 Vgl. URL (am 1.11.2021): https://vimeo.com/97236680.
927 Weltkunst Nr. 160, August 2019, 70–71; Ausstellung vom 5. Juni – 22. September 2019.
928 Vgl. Kat. Rebecca Horn 2019, 5 (Vorwort). Andere Publikationen sehen die Rolle von filigranen Automaten als „poetische Konstanten" in ihrem Werk, z. B. Kat. Rebecca Horn 1997, 8.
929 Ausstellung im Kunstforum Wien vom 28.09.2021–23.01.2022.
930 Horn hat das Gesamtkunstwerk zusammen mit dem Dichter Jacques Roubaud und dem Jazz-Musiker Hayden Danyl Chisholm realisiert.
931 Video über URL (am 1.1.2021): https://vimeo.com/ 86501892.
932 Rein Wolfs, „Helen Marten. Autonome Bereiche" in: *Parkett,* No. 92, 2013, 90–99; 90. Über URL (am 10.11.2021): http://doi.org/10.5169/seals-679823, 90.
933 Helen Marten: „problem cookies = Problemkekse", in: *Parkett,* No. 92, 2013, 76–89; 86–87. Über URL (am 1.11.2021): http://doi.org/10.5169/seals-679754.
934 Ausstellung vom 21.01.–01.05.2022. Vgl. URL (am 29.04.2022): https://www.kunsthallebasel.ch/exhibition/pedro_wirz/.
935 Vgl. URL (am 30.04.2022): https://www.kunsthallebasel.ch/poster/environmental-hangover/.
936 Diese geheimnisvolle Gestalt lässt auch Didonets *Magicienne* mit ihrem ins Unendliche wachsenden Kopfschmuck und ihrer kugelförmigen Laterne in einem neuen Licht erscheinen (vgl. Abb. 27).
937 Spesshardt 2020, 50. Die Aborigines sind heute weitab der Städte in so genannten *Community Based Art Centres* organisiert. Diese Kooperativen sind im alleinigen Besitz der jeweiligen Gemeinschaft; es existieren ca. 80 davon mit insgesamt geschätzten 7'000 Künstlern. Zudem gibt es ‚Stadtkünstler', die in den Metropolen leben und dort sozialisiert sind.
938 Spesshardt 2020, 51. Die Spiritualität des *Tjukurpa*, die wie ein ungeschriebenes Gesetz die Lebensform der einheimischen Anangu bestimmt, tradiert sich in Geschichten, die neben komplexen Erklärungen über die Ursprünge und die Struktur des Universums auch wichtige Lektionen über das Land und ein Überleben in der Wüste, aber auch über konkrete Verhaltensregeln umfasst. Ihr Verstehen vertieft sich innerhalb einer Lebenszeit, ein umfassendes Wissen über diese Zusammenhänge wird nur von den wenigsten erreicht. Vgl. URL (am 12.03. 2021): https://parksaustralia.gov.au/uluru/discover/culture/tjukurpa/.
939 Vgl. URL (am 12.03.2021): https://www.youtube.com/watch?v=wyMoaJKQ69k. Übers. der engl. Untertitel B.D.
940 Spesshardt 2020, 51.

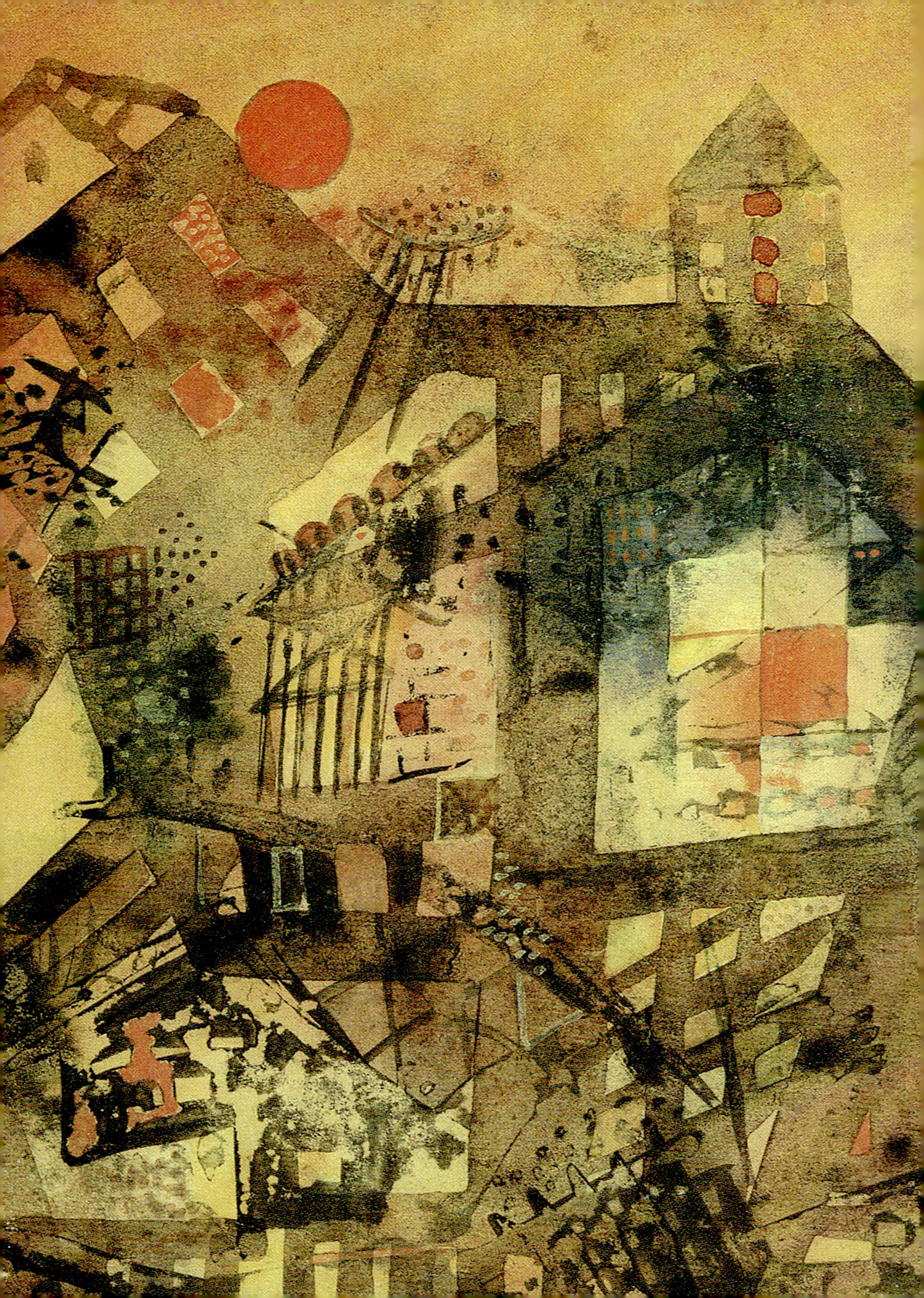

ANHANG

I. Bibliographien 282
  Bibliographie Teil I 282
  Bibliographie Teil II 287
  Bibliographie Teil III 291

II. Dokumente 292
  Dok. 1 Interview von Didonet durch Jacques Bofford, RSR, 1979 292
  Dok. 2 Deckseite Katalog erste Ausstellung *Art Poétique,* 1986 in Horgen (Zürich) 300
  Dok. 3 Interview von Didonet durch Jacques Auderset, RSI, 1993 300
  Dok. 4 *Journal de Sanary,* undatiert (1959) 303
  Dok. 5 Ausstellungsliste von Didonet 304
  Dok. 6 Text eines Sammler-Ehepaars zu Didonet, Kat. *Musée Denon* 1989 305

III. Abbildungsnachweis 306

IV. Anstelle eines Registers: Ausführliches Inhaltsverzeichnis 308

I. BIBLIOGRAPHIEN

Bibliographie Teil I

Adorno 1973: Theodor Adorno, *Ästhetische Theorie,* Frankfurt am Main 1973.

Adorno 2013 [1966]: Theodor Adorno, *Negative Dialektik,* Frankfurt am Main 2013.

Anz 2013: Thomas Anz, „Stimmungskunst und -kitsch um 1900. Untersuchungen zum Gelingen und zur Bewertung von emotionaler Kommunikation", in: Reents/Meyer-Sickendiek 2013, 235–247.

Anz MLÄ 2006: Thomas Anz, Art. „Einfühlung/Empathie", in: MLÄ 2006, 90–91.

Arndt 2004: Andreas Arndt, *Unmittelbarkeit,* Bielefeld 2004.

Assmann 1990: Jan Assmann, „Die Macht der Bilder. Rahmenbedingungen ikonischen Handelns im Alten Ägypten", in: *Genres in Visual Representations, Visible Religion VII, 1990,* 1–20, über URL (am 14.12.2021): http://archiv.ub.uni-heidelberg.de/propylaeumdok/1932/1/Assmann_Die_Macht_der_Bilder_1990.pdf.

Bauer 2018: Thomas Bauer, *Die Vereindeutigung der Welt. Über den Verlust an Mehrdeutigkeit und Vielfalt,* Stuttgart 2018.

Ben-Ze'ev 2000: Aaron Ben-Ze'ev, *The subtlety of emotions,* Cambridge/London 2000.

Ben-Ze'ev 2009: Aaron Ben Ze'ev, *Die Logik der Gefühle,* Frankfurt am Main 2009. Übers. aus dem Engl. von Friedrich Griese.

Ben-Ze'ev 2018: Aaron Ben-Ze'ev, „The thing called emotion: a subtle perspective", in: Ben-Ze'ev/Krebs 2018, Bd. I, 112–137.

Ben-Ze'ev/Krebs 2018: Aaron Ben-Ze'ev/Angelika Krebs (Hg.), *Philosophy of Emotion,* Bd. 1–4, London/New York 2018.

Bergson 1934: Henri Bergson, *La pensée et le mouvant. Conférences faites à l'Université d'Oxford les 26 et 27 mai 2011, Paris 1934,* über URL (am 14.12.2021): http://fr.wikisource.org/wiki/La_Pensée_et_le_mouvant.

Bergson 2011: Henri Bergson, *Das Lachen. Ein Essai über die Bedeutung des Komischen,* übers. 1972 von Roswitha Plancherel-Walter, Hamburg 2011.

Bergson 2012 [1932]: Henri Bergson, *Les deux Sources de la morale et de la religion,* Paris 2012.

Bergson 2013 [1889]: Henri Bergson, *Essai sur les données immédiates de la conscience,* Paris 2013.

Bertram 2011: Georg W. Bertram, *Kunst. Eine philosophische Einführung,* Stuttgart 2011.

Bertram 2019: Georg W. Bertram, „Gibt es Moden der Künste?", in: Hubertus Busche/Yvonne Förster (Hg.), *Mode als ein Prinzip der Moderne? Ein interdisziplinärer Erkundungsgang,* 183–196.

Bippus 2019: Elke Bippus, „Künstlerisch-ästhetische Prozesse des Denkens", in *Fischer/Wienmeister 2019,* 61–75.

Blumenberg 2014: Hans Blumenberg, *Ästhetische und metaphorologische Schriften,* Frankfurt am Main 2014.

Boehm 1994: Gottfried Boehm (Hg.), *Was ist ein Bild?*, München 1994.

Boehm 2006: Gottfried Boehm, „Unbestimmtheit. Zur Logik des Bildes", in: Hüppauf/Wulf 2006, 243–253.

Boehm 2018: Gottfried Boehm, „Der Haushalt der Gefühle. Form und Emotion", in: *Lauschke et al. 2018,* 63–84.

Böhme 2002: Gernot Böhme, „Synästhesien im Rahmen einer Phänomenologie der Wahrnehmung", in: Hans Adler/Ulrike Zeuch (Hg.), *Synästhesie. Interferenz – Transfer – Synthese der Sinne,* Würzburg 2002, 45–56.

Bollnow 2009: Otto Friedrich Bollnow, *Das Wesen der Stimmungen,* Würzburg 2009.

Bornmüller 2019: Falk Bornmüller, „Denken ohne Sprache? Sprache, Begriffe und das Problem der Darstellung von Denken", in: *Fischer/Wienmeister 2019,* 10–31.

Bossart 2013: Yves Bossart, *Ästhetik nach Wittgenstein. Eine systematische Rekonstrukion,* Frankfurt am Main/Paris/Lancster/New Brunswick 2013.

Brandstätter 2013: Ursula Brandstätter, *Erkenntnis durch Kunst. Theorie und Praxis der ästhetischen Transformation,* Wien/Köln/Weimar 2013.

Bredekamp 2015: Horst Bredekamp, *Der Bildakt,* Berlin 2015.

Bredekamp 2019: Horst Bredekamp, „Monaden sind Fenster. Perspektiven eines befreiten Leibnitz", in: *Fischer/Wienmeister 2019,* 77–95.

Broch 1955: Hermann Broch, „Der Kitsch", in: Ders., *Dichten und Erkennen* (Essays, Bd.1), Zürich 1955.

Carroll 2003: Noël Carroll, „Art and Mood: Preliminary Notes and Conjectures", in: *The Monist,* 86 (2003) Nr. 4; 521–555.

Currie 1997: Gregory Currie, „The Moral Psychology of Fiction", in: Stephen Davies (Hg.) *Art and its Messages: Meaning, Morality and Society*, Philadelphia 1997, 49–58.

Currie 1998: Gregory Currie, „Realism of Character and the Value of Fiction", in: Jerrold Levinson (Hg.), *Aesthetics and Ethics: Essays at the Intersection*, Cambridge 1998, 161–181.

Curtis/Koch 2009: Robin Curtis/Gertrud Koch, *Einfühlung, Zur Geschichte und Gegenwart eines ästhetischen Konzepts,* München 2009.

Danto 1984: Arthur Danto, „Philosophy as/and/of Literature", in: *Presidential Addresses of The American Philosophical Association 1981–1990,* 2013, 227–246.

Danto 1991: Arthur C. Danto, *Die Verklärung des Gewöhnlichen,* Frankfurt am Main 1991.

Demmerling/Vendrell Ferran 2014: Christoph Demmerling/Íngrid Vendrell Ferran (Hg.), *Wahrheit, Wissen und Erkenntnis in der Literatur. Philosophische Beiträge,* Berlin 2014.

Descoeudres 2015: Brigitte Descoeudres, *Didonets Art Poétique oder Unzeitgemässe Bildgedichte in der ausgehenden Moderne?,* unpubl. Masterarbeit an der Universität Zürich, 2015.

Dettmar/Küpper 2007: Ute Dettmar/Thomas Küpper, *Kitsch. Texte und Theorien,* Stuttgart 2007.

Dewey 2014: John Dewey, *Kunst als Erfahrung,* Frankfurt am Main 2014.

Didi-Huberman 1999: Georges Didi-Huberman, *Was wir sehen blickt uns an,* München 1999.

Didonet 2000: Didonet, *Raconte-moi l'Art. Begegnung mit der Kunst,* Jona 2000.

Fingerhut/Hufendiek/Wild 2013: Joerg Fingerhut/Rebekka Hufendiek/Markus Wild (Hg.) *Philosophie der Verkörperung, Grundlagentexte zu einer aktuellen Debatte,* Berlin 2013.

Fingerhut/Prinz 2020: Joerg Fingerhut/Jesse Prinz, „Aesthetic Emotions Reconsidered", in *The Monist* 2020, über URL (am 14.12.2021) https://www.academia.edu/40631657/Aesthetic_Emotions_Reconsidered.

Fischer-Lichte 2004: Erika Fischer-Lichte, *Ästhetik des Performativen,* Frankfurt am Main 2004.

Fischer-Lichte 2013: Erika Fischer-Lichte, *Performativität. Eine Einführung,* Bielefeld 2013.

Fischer/Wienmeister 2019: Alexander Fischer/Annett Wienmeister (Hg.), *Grenzgänge in der Philosophie – Denken darstellen,* Paderborn 2019.

Flach 2016: Sabine Flach, „Die Welt, das sind unsere Empfindungen, sie besteht aus unseren Empfindungen. Fühlen, Wahrnehmen, Denken – Avantgarde als Laboratorium der Wahrnehmung", in: Susanne Knaller/Rita Rieger, *Ästhetische Emotion. Formen und Figurationen zur Zeit des Umbruchs der Medien und Gattungen (1880–1939),* Heidelberg 2016, 275–298.

Freedberg/Gallese 2007: David Freedberg/Vittorio Gallese, *Motion, emotion and empathy in esthetic experience,* über URL (am 23.04.2016): http://hdl.handle.net/10022/AC:P:8652.

Frey 2010: Christiane Frey, „Kants proportionierte Stimmung", in: Gisbertz 2011, 75–94.

Fried 1998: Michael Fried, „Art and Objecthood", in: Ders., *Art and Objecthood. Essays and Reviews,* Chicago 1998, 148-172.

Fuchs 2013: Thomas Fuchs, „Zur Phänomenologie der Stimmungen", in: Reents/Meyer-Sickendiek 2013, 17–31.

Fuchs 2000: Thomas Fuchs, *Leib – Raum – Person. Entwurf einer phänomenologischen Anthropologie,* Stuttgart 2000.

Gabriel 1991: Gottfried Gabriel, „Über Bedeutung in der Literatur", in: Ders., *Zwischen Logik und Literatur. Erkenntnisformen von Dichtung, Philosophie und Wissenschaft,* Stuttgart 1991, 2–19.

Gabriel 2003: Gottfried Gabriel, „Zwischen Wissenschaft und Dichtung. Nicht-propositionale Vergegenwärtigungen in der Philosophie", *DZPhil* 51 (2003) 3, 415–425.

Gabriel 2007: Gottfried Gabriel, „Bestimmte Unbestimmtheit – in der ästhetischen Erkenntnis und im ästhetischen Urteil", in: Gamm/Schürmann 2007, 141–156.

Gabriel 2010: Gottfried Gabriel, „Logische Präzision und ästhetische Prägnanz", in: *Literaturwissenschaftliches Jahrbuch, Neue Folge,* Bd. 51, Berlin 2010, 375–390.

Gabriel 2015: Gottfried Gabriel, *Erkenntnis,* Berlin/Boston 2015.

Gadamer 2010 [1960]: Hans-Georg Gadamer, *Wahrheit und Methode, Grundzüge einer philosophischen Hermeneutik,* Tübingen 2010.

Gamboni 2010: Dario Gamboni, „‚État d'âme', ‚État d'esprit', ‚État d'yeux': Stimmung et images potentielles", in: Thomas 2010, 121–134.

Gamm 2007: Gerhard Gamm, „Das rätselvoll Unbestimmte", in: Gamm/Schürmann 2007, 23–57.

Gamm/Schürmann 2007: Gerhard Gamm/Eva Schürmann (Hg.), *Das unendliche Kunstwerk. Von der Bestimmtheit des Unbestimmten in der ästhetischen Erfahrung,* Hamburg 2007.

Gaut 2006: Berys Gaut, „Art and Cognition", in: Matthew-Kieran, *Contemporary Debates in Aesthetics and the Philosophy of Art,* Malden/Oxford/Carlton 2009.

Gaut 2007: Berys Gaut, *Art, Emotion and Ethics,* Oxford 2007.

Geist 1950: Hans-Friedrich Geist, „Paul Klee und die Welt des Kindes", *Das Werk,* Bd. 37 (1950), über URL (am 28.01.2015): http://dx.doi.org/10.5169/seals-29041.

Gess 2016: Nicola Gess, „Poetiken des Staunens im frühen 20. Jahrhundert", in: Knaller/Rieger 2016, 25–56.

Giesz 1971: Ludwig Giesz, *Phänomenologie des Kitsches,* München 1971.

Gisbertz 2011: Anna-Katharina Gisbertz (Hg.), *Stimmung. Zur Wiederkehr einer ästhetischen Kategorie,* München 2011.

Goldie 1999: Peter Goldie, „How We Think of Others Emotions", in: *Mind & Language,* Bd. 14, Nr. 4, Dez. Oxford 1999, 394–423.

Goldie 2010: Peter Goldie, *Philosophy of Emotion,* Oxford 2010.

Goldie/Schellekens 2010: Peter Goldie/Elisabeth Schellekens, *Who is Afraid of Conceptual Art?,* Abingdon (Oxon) 2010.

Gombrich 1996: E.H. Gombrich, *Die Geschichte der Kunst,* Frankfurt am Main 1997.

Goodman 1997: Nelson Goodman, *Sprachen der Kunst,* Frankfurt am Main 1997.

Graf 2018: Daniel Graf, „Jenseits des Gedichts. Paul Klee als Poet", in: *ZWITSCHERMASCHINE.ORG,* No. 6/2018, 48–67, über URL (am 14.12.2021): https://zenodo.org/record/1855798.

Greenberg 1997 [1940]: Clement Greenberg, „Zu einem neueren Laokoon", in: Greenberg 1997, 56–81.

Greenberg 1997: Clement Greenberg, *Die Essenz der Moderne. Ausgewählte Essays und Kritiken,* Dresden 1997.

Hajduk 2016: Stefan Hajduk, *Poetologie der Stimmung. Ein ästhetisches Phänomen der frühen Goethezeit*, Bielefeld 2016.

Heidegger 1960 [1935–36]: Martin Heidegger, *Der Ursprung des Kunstwerks*, Stuttgart 1960.

Herding/Stumpfhaus 2004: Klaus Herding/Peter Stumpfhaus (Hg.), *Pathos. Affekt. Gefühl, Die Emotionen in den Künsten*, Berlin 2004.

Hessler/Mersch 2009: Martina Hessler/Dieter Mersch, „Bildlogik oder Was heisst visuelles Denken?", in: Martina Hessler/Dieter Mersch (Hg.), *Logik des Bildlichen. Zur Kritik der ikonischen Vernunft*, Bielefeld 2009, 8–59.

Hjort/Laver 1997: Mette Hjort/Sue Laver [Hg.], *Emotion and the Arts*, New York/Oxford 1997.

Hopfengart 1989: Christine Hopfengart, *Klee. Vom Sonderfall zum Publikumsliebling. Stationen seiner öffentlichen Resonanz in Deutschland 1905–1960*, Mainz 1989.

Hopfengart 2012: Christine Hopfengart et al., *Paul Klee. Leben und Werk*, Bern/Ostfildern 2012, über URL (am 14.12.2021): http://pm.nlx.com/xtf/view?docId=scheler_de/scheler_de.02.xml;chunk.id=div.scheler.v2.6;toc.id=div.scheler.v2.6;brand=default.

Hüppauf 2006: Bernd Hüppauf, „Zwischen Imitation und Simulation – Das unscharfe Bild", in: Hüppauf/Wulf 2006, 254–277.

Hüppauf/Wulf 2006: Bernd Hüppauf/Christoph Wulf (Hg.): *Bild und Einbildungskraft*, München 2006.

Ingarden 1997: Roman Ingarden, „Vom Erkennen des literarischen Kunstwerks", in: *Gesammelte Werke*, Bd. 13, Tübingen 1997.

Jones 2014: Lisa Jones, „Der zweifache kognitive Wert des imaginativen Aspekts von fiktionalen Texten", in: Demmerling/Vendrell Ferran 2014, 97–117.

Kant KdU: Immanuel Kant, *Kritik der Urteilskraft*, Frankfurt am Main 2014.

Kant Werke: Immanuel Kant, *Sämtliche Werke in sechs Bänden*, Leipzig 1912.

Kat. Klee 2018: Oliver Kase (Hg.), *Paul Klee. Konstruktion des Geheimnisses*, Ausst.-Kat. Bayerische Staatsgemäldesammlungen, Pinakothek der Moderne, München, 1. März – 10. Juni 2018, München 2018.

Kat. Rothko 2001: Fondation Beyeler (Hg.), *Mark Rothko – A consummated experience between picture and onlooker*, Ausst.-Kat. 18. Februar – 24. Juni 2001 in der Fondation Beyeler, Riehen (Basel) 2001.

Kaufmann 1960: Fritz Kaufmann, *Das Reich des Schönen*, Stuttgart 1960.

Klee 1920: Paul Klee, „Schöpferische Konfession", in: *Tribüne der Kunst und der Zeit. Eine Schriftensammlung*, Band XIII, Berlin 1920, URL (am 14.12.2021): https://de.wikisource.org/wiki/Schöpferische_Konfession:_Paul_Klee.

Klee 1925: Paul Klee, *Pädagogisches Skizzenbuch*, München 1925.

Klee 1988: Paul Klee, *Tagebücher 1898–1918*. Textkritische Neuedition, Stuttgart/Teufen 1988.

Knaller/Rieger 2016: Susanne Knaller/Rita Rieger, *Ästhetische Emotion. Formen und Figurationen zur Zeit des Umbruchs der Medien und Gattungen (1880–1939)*, Heidelberg 2016.

König 1978: Joseph König, „Die Natur der ästhetischen Wirkung", in: Günther Patzig (Hg.): *Joseph König, Vorträge und Aufsätze*, Freiburg/München 1978.

Koss 2009: Juliet Koss, „Über die Grenzen der Einfühlung", in: Curtis/Koch 2009, 105–126.

Krämer 2011: Sybille Krämer, „Gibt es eine Performanz des Bildlichen? Reflexionen über ‚Blickakte'", in: Schwarte 2011, 63–88.

Krebs 2015: Angelika Krebs, *Zwischen Ich und Du. Eine dialogische Philosophie der Liebe*, Berlin 2015.

Krebs 2017: Angelika Krebs, „‚As if the earth has long stopped speaking to us': resonance with nature and its loss", in: Ben-Ze'ev/Krebs 2017, Bd. III, 231–266.

Krebs 2021: Angelika Krebs, *Das Weltbild der Igel. Naturethik einmal anders*, Basel 2021.

Krellner MLÄ 2006: Ulrich Krellner, Art. „Distanz – Unmittelbarkeit", in: MLÄ 2006, 86–87.

Lacan 1964: Jacques Lacan, „Was ist ein Bild/Tableau", in: Boehm 1994, 75–89.

Lachmann 1970: Renate Lachmann, *Die Verfremdung und das ‚neue Sehen' bei Viktor Šklovskij*, Poetica, Bd.3 (1970), 226–249, URL (am 18.05.2019): https://www.jstor.org/stable/43028621.

Lauschke 2018: Marion Lauschke, „Ikonische Formprozesse und Affordanzen. John Dewey und Paul Klee", in: Lauschke et al. 2018, 45–62.

Lauschke et al. 2018: Marion Lauschke/Johanna Schiffler/Franz Engel (Hg.), *Ikonische Formprozesse. Zur Philosophie des Unbestimmten in Bildern*, Berlin 2018.

Leibnitz 1966: Gottfried Wilhelm Leibnitz, *Fünf Schriften zur Logik und Metaphysik*, Stuttgart 1966.

Lessing 2003 [1864]: Gotthold Ephraim Lessing, *Laokoon oder Über die Grenzen der Malerei und Poesie*, Stuttgart 2003.

Levinson 1997: Jerrold Levinson, „Emotion in Response to Art: A Survey of the Terrain", in: Mette Hjort/Sue Laver [Hg.], *Emotion and the Arts*, New York/Oxford 1997, 20–34.

Lexikon Ästhetik 1992: Wolfhart Henckmann/Konrad Lotter (Hg.), *Lexikon der Ästhetik*, München 1992.

Lipps 1914 [1903]: Theodor Lipps, *Grundlegung der Ästhetik*, Leipzig/Hamburg 1914.

Locher 2010: Hubert Locher, „Der stimmungsvolle Augenblick. Realitätseffekt und poetischer Appell in der Malerei und Fotografie des 19. und 20. Jahrhunderts", in: *Marburger Jahrbuch für Kunstwissenschaft*, Bd. 37 (2010), 7–45, über URL (am 14.12.2021): www.jstor.org/stable/41445819.

Löw-Beer 2004: Martin Löw-Beer, „Einfühlung, Mitgefühl, Mitleid" in: Klaus Herding/Peter Stumpfhaus (Hg.), *Pathos. Affekt. Gefühl, Die Emotionen in den Künsten*, Berlin 2004, 104–121.

Lüdtke 2013: Jana Lüdtke, „Eine Frage der Empirie. Zum emotionalen Erleben bei der Rezeption", in: Reents/Meyer-Sickendiek 2013, 119–138.

Matravers 2010: Derek Matravers, „Expression in the Arts", in: Goldie 2010, 617–634.

Menke 2013: Christoph Menke, *Die Kraft der Kunst,* Berlin 2013.

Menninghaus 2019: Winfried Menninghaus et al. (Hg.), *What are Aesthetic Emotions?,* Frankfurt am Main 2019, über URL (am 31.10.2019): https://www.aesthetics.mpg.de/fileadmin/user_upload/Dateien_LIT/Menninghaus_et_al._What_are_aesthetic_emotions.pdf.

Merleau-Ponty 1969: Maurice Merleau-Ponty, *Les relations avec autrui chez l'enfant,* Paris 1969.

Mersch 2015: Dieter Mersch, *Epistemologien des Ästhetischen,* Zürich/Berlin 2015.

Mersch 2019: Dieter Mersch, „Die ästhetische Dimension. Zu der Eigenart künstlerischen Denkens", in: Fischer/Wienmeister 2019, 33–59.

Meyer-Sickendiek 2011: Burkhart Meyer Sickendiek, „Über das Gespür. Neuphänomenologische Überlegungen zum Begriff der ,Stimmungslyrik'", in: Gisbertz 2011, 45–61.

Misch 1994: Georg Misch, *Der Aufbau der Logik auf dem Boden der Philosophie des Lebens,* Freiburg/München 1994.

Misselhorn 2011: Catrin Misselhorn, „Literatur, Wahrheit und Philosophie", in: Catrin Misselhorn/Schamma Schahdat/Irina Wutsdorff (Hg.), *Erkenntnis und Darstellung. Formen der Philosophie und der Literatur,* Paderborn 2011.

Mittig 1997: Hans-Ernst Mittig, „Über das Nichtverstehen von Bildern, besonders im Falle Paul Klees", in: Wolfgang Kersten (Hg.), *Radical Art History. Internationale Anthologie,* Zürich 1997, 356–373.

MLÄ 2006: Achim Trebess (Hg.), *Metzler Lexikon Ästhetik. Kunst, Medien, Design und Alltag,* Stuttgart 2006.

MLP 2008: Peter Prechtl/Franz-Peter Burkard (Hg.) *Metzler Lexikon Philosophie. Begriffe und Definitionen,* Stuttgart 2008.

Nietzsche KSA: Giorgio Colli/Mazzino Montinari (Hg.), Friedrich Nietzsche, *Kritische Studienausgabe* in 15 Bänden, München 1999.

Nussbaum 2001, Martha C. Nussbaum, *Upheavals of Thought. The Intelligence of Emotions*, Cambridge/New York 2001, über URL (am 14.11.2021): https://doi.org/10.1017/CBO9780511840715.

Pfau 2011: Thomas Pfau, „The Appearance of *Stimmung*: Play (*Spiel*) as Virtual Rationality", in: Gisbertz 2011, 95–111.

Porter Aichele 2002: Kathryn Porter Aichele, *Paul Klee's pictorial writing*, Cambridge 2002.

Prange 2017: Regine Prange, „Paul Klees poetische Abstraktion aus dem Geist der Satire", in: *Paul Klee. Die abstrakte Dimension,* Ausst.-Kat. Fondation Beyeler, Riehen (Basel), Berlin 2017, 195–213.

Raters MLÄ 2006: Marie Luise Raters, Art. „Ästhetische Erfahrung", in: MLÄ 2006, 35–36.

Recki 2010: Birgit Recki, „Stimmung und Lebensgefühl bei Immanuel Kant, Ernst Cassirer und Walter Benjamin", in: Thomas 2010, 1–12.

Reents 2015: Friederike Reents, *Stimmungsästhetik. Realisierungen in Literatur und Theorie vom 17. bis ins 21. Jahrhundert,* Göttingen 2015.

Reents/Meyer-Sickendiek 2013: Friederike Reents/Burkhard Meyer-Sickendiek (Hg.), *Stimmung und Methode,* Tübingen 2013.

Reicher 2014: Maria E. Reicher, „Können wir aus Fiktionen lernen?", in: Christoph Demmerling/Íngrid Vendrell Ferran (Hg.), *Wahrheit, Wissen und Erkenntnis in der Literatur. Philosophische Beiträge,* Berlin 2014. 73–96.

Rosa 2016: Hartmut Rosa, *Resonanz. Eine Soziologie der Weltbeziehung,* Berlin 2016.

Scheler 1973 [1923]: Max Scheler, *Wesen und Formen der Sympathie,* Bern/München 1973.

Scheler 1913–1916: Max Scheler, „Der Formalismus in der Ethik und die materiale Wertethik, 1913–1916, 1921, 1927, Teil II, in: Ders., *Gesammelte Werke und Schriften,* Charlottesville (Virginia) 2015, über URL (am 30.04.2018): http://pm.nlx.com/xtf/view?docId=scheler_de/scheler_de.02.xml;chunk.id=div.scheler.v2.6;toc.id=div.scheler.v2.6;brand=default.

Schlossberger 2005: Matthias Schlossberger, *Die Erfahrung des Anderen,* über URL (am 4.1.2020): https://www.academia.edu/10634458/Die_Erfahrung_des_Anderen.

Schürmann 2007: Eva Schürmann, „Das Unsichtbare im Sichtbaren", in: Gamm/Schürmann 2007, 179–207.

Schuster 2019: Stephanie Schuster, *Die Ewigkeiten macht man sich selbst. Schönheit und Zeiterleben in Peter Kurzecks Werk,* unpubl. Master-Arbeit an der Universität Basel bei Prof. Dr. Angelika Krebs, Basel 2019.

Schwarte 2006: Ludger Schwarte, „Intuition und Imagination – Wie wir sehen, was nicht existiert", in: Hüppauf/Wulf 2006, 92–106.

Schwarte 2011: Ludger Schwarte (Hg.), *Bild-Performanz,* München 2011.

Schwartz 2009: Frédéric J. Schwarz, „Die Angemessenheit der Einfühlung", in: Curtis/Koch 2009, 143–158.

Scruton 1997: Roger Scruton, *The Aesthetics of Music,* Oxford 1997.

Scruton 2011: Roger Scruton, *Beauty. A Very Short Introduction,* Oxford 2011.

Scruton 2012: Roger Scruton, *Schönheit. Eine Ästhetik,* übers. von Reinhard Kreissl, München 2012 (Übersetzung von *Scruton 2011*).

Scruton 2017: Roger Scruton (Hg.), „The Point of Intersection of the Timeless with Time", in: *Ephemera*, Symposium „The Alpine Fellowship 2016", Venice 2017.

Scruton 2018: Roger Scruton, „Content", in: Ben-Ze'ev/Krebs 2018, 168–191.

Seel 1996: Martin Seel, *Ethisch-ästhetische Studien,* Frankfurt am Main 1996.

Seel 2003: Martin Seel, *Ästhetik des Erscheinens*, München/Wien 2003.

Staiger 1956: Emil Staiger, *Grundbegriffe der Poetik*, Zürich 1956.

Stein 2008 [1916]: Edith Stein, *Zum Problem der Einfühlung*, Freiburg im Breisgau 2008.

Tan 2009: Ed Tan, „Was ist Empathie", in: Curtis/Koch 2009, 185–210.

Tanner 1977: Michael Tanner, *Proceedings of the Aristotelian Society*, New Series, Bd. 77 (1976–1977), 127–147, über URL (am 27.07.2016): http://www.jstor.org/stable/4544903.

Thomas 2004: Kerstin Thomas, „Stimmung in der Malerei. Zu einigen Bildern Georges Seurats", in: Herding/Stumpfhaus 2004, 448–466.

Thomas 2010 (Weltzugang): Kerstin Thomas, „Stimmung als Weltzugang", in: Kerstin Thomas (Hg.), *Stimmung. Ästhetische Kategorie und künstlerische Praxis*, Berlin/München 2010, 135–158.

Thomas 2010: Kerstin Thomas (Hg.), *Stimmung. Ästhetische Kategorie und künstlerische Praxis*, Berlin/München 2010.

Thomas 2011: Kerstin Thomas, „Bildstimmung als Bedeutung in der Malerei des 19. Jahrhunderts", in: Gisbertz 2011, 211–234.

Thomas 2018: Kerstin Thomas, „Das bestimmte Unbestimmte. Formen der Emotion im Bild", in: Marion Lauschke/Johanna Schiffler/Franz Engel (Hg.), *Ikonische Formprozesse. Zur Philosophie des Unbestimmten in Bildern*, Berlin 2018, 85–100.

Todd 2014: Cain Todd, „Literatur, Aufmerksamkeit und epistemische Emotionen", in: Demmerling/Vendrell Ferran 2014, 285–301.

Vendrell Ferran 2014: Íngrid Vendrell Ferran, „Das Wissen der Literatur und die epistemische Kraft der Imagination", in: Christoph Demmerling/Íngrid Vendrell Ferran (Hg.), *Wahrheit, Wissen und Erkenntnis in der Literatur. Philosophische Beiträge*, Berlin 2014. 110–140.

Von Matt 1998/2: Peter von Matt, *Was ist ein Gedicht?*, München 1998.

Voss 2013: Christiane Voss, „Der affektive Motor des Ästhetischen", in: Stefan Deines et al. (Hg.) *Kunst und Erfahrung*, Berlin 2013, 195–217.

Weitz 1943: Morris Weitz, „Does Art tell the Truth", in: *Philosophy and Phenomenological Research* 3/3, 338–348.

Wellbery 2003: David E. Wellbery, „Stimmung", in: Karlheinz Barck/Martin Fontius/Dieter Schlenstedt/Burkhart Steinwachs/Friedrich Wolfzettel (Hg.), *Ästhetische Grundbegriffe*, Stuttgart 2003, 703–733.

Wettstein 2015: Adrian Wettstein, *Fiktive Geschichten – Echte Emotionen*, Münster 2015.

Wittgenstein PU: Ludwig Wittgenstein, *Philosophische Untersuchungen*, Frankfurt am Main 2003.

Wollheim 1982: Richard Wollheim, *Objekte der Kunst*, Frankfurt am Main 1982.

Wollheim 1993: Richard Wollheim, *The mind and its dephts*, Cambridge/London 1993.

Wollheim 2009: Richard Wollheim, „Sind die Identitätskriterien, die in den verschiedenen Künsten für ein Kunstwerk gelten, ästhetisch relevant?", in: Reinhold Schmücker, *Identität und Existenz: Studien zur Ontologie der Kunst*, Paderborn 2009, 76-101.

Zeindler 1996: Matthias Zeindler, *Kunstwahrnehmung als exemplarische Beziehung. Zum Verhältnis von Kunst und Ethik*, über URL (am 30.12.2018): https://www.degruyter.com/downloadpdf/j/nzst.1996.38.issue-1/nzst.1996.38.1.74/nzst.1996.38.1.74.pdf.

Zymner 2016: Rüdiger Zymner, „Theorien der Lyrik seit dem 18. Jahrhundert", in: Lamping 2016, 23–37.

Bibliographie Teil II

Adorno 1973: Theodor Adorno, *Ästhetische Theorie*, Frankfurt am Main 1973.

Adorno 2013 [1966]: Theodor Adorno, *Negative Dialektik*, Frankfurt am Main 2013.

Ben-Ze'ev 2000: Aaron Ben Ze'ev, *The Subtlety of Emotions*, Cambridge/London 2000.

Bergson 1934: Henri Bergson, *La pensée et le mouvant. Conférences faites à l'Université d'Oxford les 26 et 27 mai 2011*, Paris 1934.

Bergson 2013 [1889], Essai: Henri Bergson, *Essai sur les données immédiates de la conscience*, Paris 201.

Bhattacharya-Stettler 1982: Therese Bhattacharya-Stettler, *Otto Nebel*, Bern 1982.

Bhattacharya-Stettler 2012: Therese Bhattacharya-Stettler, „Erlebniswelt Italien", in: Kat. Nebel 2012, 175–197.

Bissière 1964: Roger Bissière, *Journal en images*, Einführung durch François Mathey, Paris 1964.

Boehm 1990: Gottfried Boehm, „Ikonoklastik und Transzendenz", in: Wieland Schmid (Hg.), *GegenwartEwigkeit. Spuren des Transzendenten in der Kunst unserer Zeit*, Stuttgart 1990.

Boehm 2017: Gottfried Boehm, *Die Sichtbarkeit der Zeit. Studien zum Bild in der Moderne*, Paderborn 2017.

Böttcher/Mittenzwei 1980: Kurt Böttcher/Johannes Mittenzwei (Hg.), *Dichter als Maler*, Stuttgart/Berlin/Köln/Mainz 1980.

Braak 1969: Ivo Braak, *Poetik in Stichworten*, Kiel 1969.

Brassaï et al. 1962: Brassaï/Henry Miller/Lawrence Durrell/Roger Bissière, *Hans Reichel. 1892–1958*, Paris 1962.

Braun 2012: Bettina Braun, „Otto Nebels Runen-Fugen", in: Kat. Nebel 2012, 17–33.

Celan 2000: Paul Celan, „Der Meridian", Rede zur Verleihung des Büchner-Preises 1960, in: Paul Celan, *Gesammelte Werke in sieben Bänden*, 3. Bd. Gedichte III, Prosa, Reden, über URL (am 14.12.2021): https://www.zgw.ethz.ch/fileadmin/AG_Wirtschaft/Celan_Bremer_Rede_und_Meridian.pdf.

Darsow 2012: Götz-Lothar Darsow, „Otto Nebels Kampf um das ‚Geistige seiner Kunst'", in: Kat. Nebel 2012, 123–133.

De Duve 2000: Thierry de Duve, *VOICI, 100 ans d'art contemporain*, Brüssel 2000.

Denaro 2012: Dolores Denaro, „Grosse Schau des inneren Lichts", in: Kat. Nebel 2012, 237–253.

Descoeudres 2015: Brigitte Descoeudres, *Didonets Art Poétique oder Unzeitgemässe Bildgedichte in der ausgehenden Moderne?*, unpubl. Masterarbeit an der Universität Zürich, 2015.

Dewey 2014: John Dewey, *Kunst als Erfahrung*, Frankfurt am Main 2014.

Didonet 1988: *Didonet et l'Art Poétique*, Zürich 1988.

Didonet 1991: Didonet, *Poèmes en couleurs*, Zürich 1991.

Didonet 2000: Didonet, *Raconte-moi l'Art. Begegnung mit der Kunst*, Jona 2000.

Didonet 2006: Didonet, *L'Art Poétique ou La couleur des mots*, Bergisch Gladbach 2006.

Eco 2012 [1973]: Umberto Eco, *Das offene Kunstwerk*, Frankfurt am Main 2012.

Epstein/Didonet 1995: Didonet (unter dem Namen Karl Epstein), *L'Art Poétique mit Bissière, Didonet, Klee, Nebel, Reichel, Steffens, Wols*, Clarens 1995.

Fineberg 2006: Jonathan Fineberg (Hg.), *When We Were Young: New Perspectives on the Art of the Child*, Berkeley CA, 2006.

Frasnay 1969: Daniel Frasnay, „Roger Bissière", in: Ders., *Peintres et sculpteurs, leur monde*, Paris 1969, 151–156.

Friedmann 2008: Donald Friedman, *Und ich mischte die Farben und vergass die Welt. Malende Dichter*, München 2008.

Geelhaar 1976: Christian Geelhaar (Hg.), *Paul Klee. Schriften. Rezensionen und Aufsätze*, Köln 1976.

Geist 1950: Hans-Friedrich Geist, „Paul Klee und die Welt des Kindes", in: *Das Werk*, Bd. 37 (1950), über URL (am 4.3.2019): http://dx.doi.org/10.5169/seals-29041.

Geist 1956: Hans Friedrich Geist, „Das poetische Element in der gegenstandslosen Malerei", in: *Das Werk*, Bd. 43, 1956, über URL (am 4.3.2019): http://retro.seals.ch/digbib/view?pid=wbw-002:1956:43::1411.

Gess 2016: Nicola Gess, „Poetiken des Staunens im frühen 20. Jahrhundert", in: Knaller/Rieger 2016, 25–56.

Gockel 2010: Bettina Gockel, *Die Pathologisierung des Künstlers. Künstlerlegenden der Moderne*, Berlin 2010.

Gombrich 1996: E.H. Gombrich, *Die Geschichte der Kunst*, 16. Ausgabe, Frankfurt am Main 1997.

Graf 2018: Daniel Graf, „Jenseits des Gedichts. Paul Klee als Poet", in: *ZWITSCHERMASCHINE.ORG*, No. 6/2018, 48–67, über URL (am 14.12.2021): https://zenodo.org/record/1855798.

Greenberg 1940: Clement Greenberg, „Zu einem neueren Laokoon", in: *Die Essenz der Moderne. Ausgewählte Essays und Kritiken*, Dresden 1997, 56–81.

Grob/Schöning 2006: Thomas Grob/Matthias Schöning, Art. Romantik/Romantisch/Neoromantik, in: MLÄ 2006, 329–331.

Grohmann 1959: Will Grohmann, *Paul Klee. Handzeichnungen*, Köln 1959.

Gutbrod 2014: Philipp Gutbrod, „I Got Rhythm. Wols, der Jazz und bisher unbekannte Ausstellungbeteiligungen im New York der 1940er-Jahre", in: Kat. Wols 2014, 86–97.

Haftmann 1979: Werner Haftmann, *Malerei im 20. Jahrhundert. Eine Entwicklungsgeschichte*, München 1979.

Häring 1991: Friedhelm Häring, „Die Farbe als geistiges Zeichen. Zu Bildern von Hans-Hermann Steffens, in: Kat. Steffens 1991, 15–20.

Hetzel 2007: Andreas Hetzel, „Das Unmögliche in der Poesie. Zum Verhältnis von Ästhetik und Poetik, in: Gamm/Schürmann 2007, 59–87.

Hirschberger 1993: Elisabeth Hirschberger, *Dichtung und Malerei im Dialog. Von Baudelaire bis Eluard, von Delacroix bis Max Ernst*, Tübingen 1993.

Hopfengart 1989: Christine Hopfengart, *Klee. Vom Sonderfall zum Publikumsliebling. Stationen seiner öffentlichen Resonanz in Deutschland 1905–1960,* Mainz 1989.

Hopfengart 2012: Christine Hopfengart, *Paul Klee. Leben und Werk,* Bern/Ostfildern 2012.

Jacobs/Lüdtke/Meyer-Sickendiek 2013: Arthur M. Jacobs/Jana Lüdtke/Burkhard Meyer-Sickendiek, „Bausteine einer Neurokognitiven Poetik", in: Reents/Meyer-Sickendiek 2013, 63–94.

Jakobson 2007: Roman Jakobson, „Linguistik und Poetik", in: *Poesie der Grammatik und Grammatik der Poesie,* Berlin/New York 2007, 155–216 (Übers. aus dem Engl. Stephan Packard).

Kat. Bissière 1990: *Bissière,* Ausst.-Kat. „Maison des Arts Georges Pompidou", Cajarc, 16. Juni–16. Sept. 1990, Cajarc 1990.

Kat. Kinderzeichnung 1995: Jonathan Fineberg, *mit dem auge des kindes, Kinderzeichnung und moderne Kunst.* Helmut Friedel und Josef Helfenstein (Hg.) Katalog der gleichnamigen Ausst.-Kat. Lenbachhaus München vom 31. Mai–20. Aug. 1995 und im Kunstmuseum Bern vom 7. Sept.–26. Nov. 1995.

Kat. Klee 2018: Oliver Kase (Hg.), *Paul Klee. Konstruktion des Geheimnisses,* Katalog zur Ausst.-Kat. Bayerische Staatsgemäldesammlungen, Pinakothek der Moderne, München, 1. März–10. Juni 2018, München 2018.

Kat. Nebel 2012: Therese Bhattacharya-Stettler et al. (Hg.), *Otto Nebel. Maler und Dichter.* Ausst.-Kat. „Zur Unzeit gegeigt …", Otto Nebel, Maler und Dichter, 9. Nov. 2012 – 24. Feb. 2013, Kunstmuseum Bern, Bielefeld/Bern 2012.

Kat. Romantik/Gegenwart 2015: Erik Stephan, *Das Unendliche im Endlichen. Romantik und Gegenwart. Malerei, Zeichnungen, Fotografie und Installationen.* Ausst.-Kat. Kunstsammlung Jena, 30. August–22. November 2015.

Kat. Steffens 1994: Jacques A. Rouland (Hg.), *Hans Steffens. Peintures sur papier.* Ausst.-Kat. der Galerie Lambert Rouland Rouland, 4. Okt.–5. Nov. 1994, Text von Robert Marteau, Paris 1994.

Kat. Steffens 1997: Galerie Rolf Ohse Bremen (Hg.), *Hans Hermann Steffens. Malerei auf Papier.* Ausst.-Kat. 14. Februar–5. April 1997.

Kat. Steffens 2012: Kat. *Hans Hermann Steffens. Den Ort finden, wo ich selber bin".* Ausst.-Kat. 17. März–10. Juni 2012 im Gerhard-Fietz-Haus, Gifkendorf 2012.

Kat. Wols 1959: Will Grohmann (Text), *Wols.* Ausst.-Kat. Galerie Europe, Paris, Dezember 1959–Februar 1960, Paris 1959.

Kat. Wols 2014: Bernd Küster (Hg.), *Wols. Aufbruch nach 1945.* Ausst.-Kat. 14. März–15. Juni 2014, Museumslandschaft Hessen Kassel, Neue Galerie, Petersberg 2014.

Kikol 2017: Larissa Kikol, *Tollste Kunst. Kindliche Ästhetik in der zeitgenössischen Kunst,* Bielefeld 2017.

Klee 1920: Paul Klee, Schöpferische Konfession, in: *Tribüne der Kunst und der Zeit. Eine Schriftensammlung,* Band XIII, Berlin 1920, über URL (am 11.02.2020): https://de.wikisource.org/wiki/Schöpferische_Konfession:_Paul_Klee.

Klee 1925: Paul Klee, *Pädagogisches Skizzenbuch,* München 1925.

Konitzer 2012: Viktor Konitzer, *Scheitern am Bild, Scheitern am Text. Zur Opazität von Caspar David Friedrichs* Seelandschaft (Der Mönch am Meer) *und Heinrich von Kleists Empfindung vor diesem Gemälde,* über URL (am 13.11.2020): https://www.academia.edu/25291347/_Scheitern_am_Bild_Scheitern_am_Text._Zur_Opazität_von_Caspar_David_Friedrichs_Seelandschaft_Der_Mönch_am_Meer_und_Heinrich_von_Kleists_Empfindungen_vor_dem_Gemälde_in_artefakt_Zeitschrift_für_junge_Kunstgeschichte_und_Kunst_2012?auto=download.

Kramer 1997: Kathryn E. Kramer, „Paul Klees ägyptische Idyllen", in: Kat. *Paul Klee, Reisen in den Süden,* Ostfildern-Ruit 1997, 98–107.

Kris/Kurz 1995: Ernst Kris/Otto Kurz, *Die Legende vom Künstler,* Frankfurt am Main 1995.

Kurzeck 2011: Peter Kurzeck, *Vorabend. Roman,* Basel/Frankfurt am Main 2011.

Lachmann 1970: Renate Lachmann, *Die Verfremdung und das neue Sehen bei Viktor Šklovskij,* Poetica, Bd.3 (1970), 226–249, über URL (am 18.05.2019): https://www.jstor.org/stable/43028621.

Lamping 1989: Dieter Lamping, *Das lyrische Gedicht. Definitionen zu Theorie und Geschichte der Gattung,* Göttingen 1989.

Lamping 2013: Dieter Lamping, „Das ‚lyrische Ineinander'. Ein Rückblick auf die Stimmungs-Theorie Emil Staigers", in: Reents/Meyer-Sickendiek 2013, 281–290.

Lamping 2016: Dieter Lamping (Hg.), *Handbuch Lyrik. Theorie, Analyse, Geschichte,* Stuttgart 2016.

Locher 2010: Hubert Locher, „Der stimmungsvolle Augenblick. Realitätseffekt und poetischer Appell in Malerei und Fotografie des 19. und 20. Jahrhunderts", in: *Marburger Jahrbuch für Kunstwissenschaft,* 37. Bd. (2010), 7–45, über URL (am 4.3.2020): https://www.jstor.org/stable/41445819.

Lüdtke 2013: Jana Lüdtke, „Eine Frage der Empirie. Zum emotionalen Erleben bei der Rezeption", in: Reents/Meyer-Sickendiek 2013, 119–138.

Marteau 1988: Robert Marteau, *H.H. Steffens,* Gifkendorf 1988.

Mathey 1979: François Mathey, *Hans Reichel,* Frauenfeld 1979.

Matuschek 2021: Stefan Matuschek, *Der gedichtete Himmel,* München 2021.

Meyer-Sickendiek 2011: Burkhart Meyer Sickendiek, „Über das Gespür. Neuphänomenologische Überlegungen zum Begriff der ‚Stimmungslyrik'", in: Gisbertz 2011, 45–61.

Miller 1962: Henry Miller, „Reichel is as Reichel was", in: Mathey 1979, 30–36 (übers. aus dem Engl. von Richard Moering).

Miller 1973: Henry Miller, *Peindre c'est aimer à nouveau / Le sourire au pied de l'échelle,* Paris 1973. (Übers. ins Frz. durch Georges Belmont. Der englische Originaltext „To Paint Is to Love Again" ist nicht zugänglich.)

Misch 1994: Georg Misch, *Der Aufbau der Logik auf dem Boden der Philosophie des Lebens,* Freiburg/München 1994.

Mittig 1997: Hans-Ernst Mittig, „Über das Nichtverstehen von Bildern, besonders im Falle Paul Klees", in: Wolfgang Kersten (Hg.), *Radical Art History. Internationale Anthologie,* Zürich 1997, 356–373.

MLÄ 2006: Achim Trebess (Hg.), *Metzler Lexikon Ästhetik. Kunst, Medien, Design und Alltag*, Stuttgart 2006.

MLK 2019: Ulrich Pfisterer (Hg.), *Metzler Lexikon Kunstwissenschaft*, Stuttgart 2019, über URL (am 2.4.2019): https://doi.org/10.1007/978-3-476-04949-0.

MLP 2008: Peter Prechtl/Franz-Peter Burkard (Hg.), *Metzler Lexikon Philosophie. Begriffe und Definitionen*, Stuttgart 2008.

Müller 2016: Wolfgang G. Müller, „Die Sprache der Lyrik", in: Lamping 2016, 84–92.

Murken 1993: Axel und Christa Murken (Hg.), *Romantik in der Kunst der Gegenwart*. Ausst.-Kat. Ludwig Forum für Internationale Kunst, Aachen, 4.6. bis 22.8.1993, Köln 1993.

Nebel 1988: René Radrizzani (Hg.), *Otto Nebel, Schriften zur Kunst*, München 1988.

Nietzsche KSA: Giorgio Colli/Mazzino Montinari (Hg.), Friedrich Nietzsche, *Kritische Studienausgabe* in 15 Bänden, München 1999.

Nussbaum 2001, Martha C. Nussbaum: *Upheavals of Thought. The Intelligence of Emotions*, Cambridge/New York 2001, über URL (am 20.3.2021): https://doi.org/10.1017/CBO9780511840715.

Penndorf 2004 (2): Jutta Penndorf, „Ein Gehen der Wege, ein Schweben …", in: Janda 2004–2010. 26–31.

Pikulik 1992: Lothar Pikulik, *Frühromantik. Epoche – Werke – Wirkung*, München 1992.

Pleynet 2010: Marcelin Pleynet, *Comme la poésie la peinture*, Domont 2010.

Porter Aichele 2002: Kathryn Porter Aichele, *Paul Klee's pictorial writing*, Cambridge 2002.

Porter Aichele 2006: Kathryn Porter Aichele, *Paul Klee. Poet/Painter*, New York 2006.

Prange 2017: Regine Prange, „Paul Klees poetische Abstraktion aus dem Geist der Satire", in: *Paul Klee. Die abstrakte Dimension*. Ausst.-Kat. Fondation Beyeler, Riehen (Basel)/Berlin 2017, 195–213.

Radrizzani 1979: René Radrizzani (Hg.), *Otto Nebel. Das dichterische Werk*, München 1979.

Reents 2015: Friederike Reents, *Stimmungsästhetik. Realisierungen in Literatur und Theorie vom 17. bis ins 21. Jahrhundert*, Göttingen 2015.

Reents/Meyer-Sickendiek 2013: Friederike Reents/Burkhard Meyer-Sickendiek (Hg.), *Stimmung und Methode*, Tübingen 2013.

Richter 2004: Dorothea Richter, *Unendliches Spiel der Poesie. Romantische Aspekte in der Bildgestaltung Paul Klees*, Weimar 2004.

Rosa 2016: Hartmut Rosa, *Resonanz. Eine Soziologie der Weltbeziehung*, Berlin 2016.

Rosenblum 1981: Robert Rosenblum, *Die Moderne Malerei und die Tradition der Romantik. Von C.D. Friedrich zu Mark Rothko*, München 1981.

Rosenblum 1993: Robert Rosenblum, „Romantik und Rückblick. Interview mit Andreas Papadakis", in: Murken 1993, 35–47.

Rümelin 2004: Christian Rümelin, *Paul Klee. Leben und Werk*, München 2004.

Saehrendt 2015: Christian Saehrendt, „Die Sehnsucht nach der Sehnsucht. Wie romantisch ist die Gegenwartskunst?", in: Kat. Romantik/Gegenwart 2015, 15–19.

Safranski 2009: Rüdiger Safranski, *Romantik. Eine deutsche Affäre*, Frankfurt am Main 2009.

Schlegel KA2: Friedrich Schlegel, *Kritische Ausgabe in 35 Bänden*, Paderborn/Darmstadt/Zürich 1958, Bd. 2.

Schuster 2019: Stephanie Schuster, *Die Ewigkeiten macht man sich selbst. Schönheit und Zeiterleben in Peter Kurzecks Werk*, unpublizierte Master-Arbeit an der Universität Basel, 2019.

Scruton 1997: Roger Scruton, *The Aesthetics of Music*, Oxford 1997.

Scruton 2011: Roger Scruton, *Beauty. A Very Short Introduction*, Oxford 2011.

Scruton 2012: Roger Scruton, *Schönheit. Eine Ästhetik*, übers. von Reinhard Kreissl, München 2012 (dt. Übers. von Scruton 2011).

Scruton 2017: Roger Scruton (Hg.), „The Point of Intersection of the Timeless with Time", in: *Ephemera*, Symposium „The Alpine Fellowship 2016", Eigenverlag Roger Scruton 2017.

Scruton 2017: Roger Scruton, „Content", in: Ben-Ze'ev/Krebs 2017, 168–191.

Valéry 1929: Paul Valéry, *Das Wesen der Poesie,* über URL (am 20.02.2020): http://doi.org/10.5169/seals-759861 (übers. ins Dt. von Peter Gan).

Valéry 1960: Paul Valéry, „Rhumbs", in: *Tel Quel, Œuvres,* Bd. II, Reihe Pléiade, Paris 1960.

Vendrell Ferran 2014: Íngrid Vendrell Ferran, „Das Wissen der Literatur und die epistemische Kraft der Imagination", in: Christoph Demmerling/Íngrid Vendrell Ferran (Hg.), *Wahrheit, Wissen und Erkenntnis in der Literatur. Philosophische Beiträge*, Berlin 2014. 110–140.

Vollbrecht 1989, Peter Vollbrecht, *Das Diskursive und das Poetische. Untersuchungen über den Unterschied philosophischer und poetischer Sprache am Beispiel von Hegel und Celan*, Dissertation, Würzburg 1989.

Von Matt 1998/1: Peter von Matt, *Die verdächtige Pracht*, München/Wien 1998.

Von Matt 1998/2: Peter von Matt, *Was ist ein Gedicht?*, München 1998.

Walter 1968: Jürgen Walter, „Hoffmanneske Märchenszene. E.T. A. Hoffmann und Paul Klee", in: *Antaios* 9, Jan. 1968, 466–482.

Wedekind 2010: Gregor Wedekind, „Metaphysischer Pessimismus. Stimmung als ästhetisches Verfahren bei Caspar David Friedrich", in: Thomas 2010, 31–49.

Wellbery 2003: David E. Wellbery, „Stimmung", in: Karlheinz Barck/Martin Fontius/Dieter Schlenstedt/Burkhart Steinwachs/Friedrich Wolfzettel (Hg.), *Ästhetische Grundbegriffe*, Stuttgart 2003, 703–733.

Wittgenstein PU: Ludwig Wittgenstein, *Philosophische Untersuchungen*, Frankfurt am Main 2003.

Wyman 2004: Sarah Wyman, „The poem in the painting: Roman Jakobson and the pictorial language of Paul Klee", *Word & Image,* 20:2, 138–154, über URL (am 14.12.2020): https://doi.org/10.1080/02666286.2004.10444011.

Kat. Klee und Cobra 2011: Zentrum Paul Klee, Kat. *Klee und Cobra. Ein Kinderspiel,* Ausst.-Kat. 25.05.2011–04.09.2011, Ostfildern 2011.

Zymner 2016: Rüdiger Zymner, „Theorien der Lyrik seit dem 18. Jahrhundert", in: Lamping 2016, 23–37.

Bibliographie Teil III

Adorno 1973: Theodor Adorno, *Ästhetische Theorie*, Frankfurt am Main 1973.

Altenbourg/Mennekes 1987: Gerhard Altenbourg und Friedhelm Mennekes im Gespräch, 1987, in: Janda III 2004–2010, 45–53.

Boehm 1990: Gottfried Boehm, „Ikonoklastik und Transzendenz", in: Wieland Schmid (Hg.), *GegenwartEwigkeit. Spuren des Transzendenten in der Kunst unserer Zeit*, Stuttgart 1990.

Epstein/Didonet 1995: Didonet (unter dem Namen Karl Epstein), *L'Art Poétique mit Bissière, Didonet, Klee, Nebel, Reichel, Steffens, Wols*, Clarens 1995.

Fineberg 2006: Jonathan Fineberg (Hg.), *When We Were Young: New Perspectives on the Art of the Child*, Berkeley CA 2006.

Gombrich 1996: E.H. Gombrich, *Die Geschichte der Kunst*, Frankfurt am Main 1997.

Heining 2004: Willi Heining „Gerhard Altenbourg als Dichter und Schriftsteller", in: Janda I, 2004–2010, 57–77.

Im Obersteg 2011: Stiftung Im Obersteg (Hg.), „*Sie lieber Herr Im Obersteg, sind unser Schweizer für alles". Briefwechsel mit Cuno Amiet, Robert Genin, Alexej von Jawlensky, Alexander und Clotilde Sacharoff, Marc Chagall, Ernst Ludwig Kirchner und Wassily Kandinsky*, Basel 2011.

Janda 2004–2010: Annegret Janda (Hg.), *Gerhard Altenbourg*, Monographie und Werkverzeichnis in drei Bänden, Köln 2004–2010.

Janda I 2004–2010: Annegret Janda, „Gerhard Altenbourg, Chronik eines Künstlerlebens im 20. Jahrhundert, 1926–1958", in: Reinle, Kunstgeschichte der Schweiz III, Bd. 1, 16–55.

Janda II 2004–2010: Annegret Janda, „Gerhard Altenbourg, Chronik eines Künstlerlebens im 20. Jahrhundert, 1959–1976", in: Reinle, Kunstgeschichte der Schweiz III, Bd. 2, 9–25.

Kat. Altenbourg 1988: *Gerhard Altenbourg. Arbeiten 1947–1987*, Bremen 1988.

Kat. Friedel/Helfenstein 1995: Helmut Friedel/Josef Helfenstein (Hg.), *mit dem auge des kindes, Kinderzeichnung und moderne Kunst*. Ausst.-Kat. Lenbachhaus München vom 31. Mai–20. Aug. 1995 und im Kunstmuseum Bern vom 7. Sept.–26. Nov. 1995.

Kat. Lou Stengele 1980: *Lou Stengele*. Ausst.-Kat. der Gemeindegalerie Emmen, Luzern 1980.

Kat. Lou Stengele 2012: *Wundersame Welten. Anna Blume – Lou Stengele*, Ausst.-Kat. der Kunstplattform akku, Emmenbrücke, 03. Nov. –23. Dez. 2012, Emmen 2012.

Kat. Miró 2015: Michael Peppiatt et al., *Miró. Malerei als Poesie*. Ausst.-Kat. Bucerius Kunst Forum, 31.01–25.05.2015, München 2015.

Kat. Rebecca Horn 1997: Carl Haenlein (Hg.), *Rebecca Horn. The Glance of Infinity*, Zürich/Berlin/New York 1997.

Kat. Rebecca Horn 2019: Rebecca Horn, *Körperphantasien*. Ausst.-Kat. Museum Tinguely vom 5. Juni – 22. September 2019, Wien 2019.

Kat. Rothko 2001: Fondation Beyeler (Hg.), *Mark Rothko. „A consummated experience between picture and onlooker".* Ausst.-Kat. 18. Februar – 29. April 2001 Fondation Beyeler, Riehen (Basel)/Ostfildern-Ruit 2001.

Kat. Sammlung Anliker 1992: *Expressiv. Kunstmuseum Luzern: Schweizer Kunst des 20.-Jahrhunderts aus der Sammlung Anliker*, Luzern 1992.

Kikol 2017: Larissa Kikol, *Tollste Kunst. Kindliche Ästhetik in der zeitgenössischen Kunst*, Bielefeld 2017.

Krebs 2021: Angelika Krebs, *Das Weltbild der Igel. Naturethik einmal anders*, Basel 2021.

Miller 1973: Henry Miller, *Peindre c'est aimer à nouveau / Le sourire au pied de l'échelle*, Paris 1973. Übers. ins Frz. durch Georges Belmont. Der engl. Originaltext „To Paint Is to Love Again" ist nicht zugänglich.

MLÄ 2006: *Metzler Lexikon Ästhetik. Kunst, Medien, Design und Alltag*, Achim Trebess (Hg.), Stuttgart 2006.

Penndorf 2004a: Jutta Penndorf, „Grenzgänger", in: Janda I, 2004–2010, 8–15.

Penndorf 2004b: Jutta Penndorf, „Ein Gehen der Wege, ein Schweben …", in: Janda II, 2004–2010, 26–31.

Penndorf 2004c: „Der Garten des Innehaltens", in: Janda III, 2004–2010, 9–13.

Peppiatt 2015: Michael Peppiatt „Joan Miró. Ein Maler unter Dichtern", in: *Kat. Miró 2015*, 10–19. Übers. aus dem Engl. von Wolfgang Himmelberg.

Pleynet 1990: Marcelin Pleynet, *James Coignard*, Paris 1990. Übers. ins Frz. von Wiebke Schoeniger.

Spesshardt 2020: Henrike von Spesshardt, „Kunst der Aborigines", in: *Weltkunst,* März 2020, Nr. 168, 48–57.

Trinks 2016: Stefan Trinks, „Formen von Abstraktion im Mittelalter. Einfalten und Verschleiern in trinitarischen Enthüllungen", in: Franz Engel/Yannis Hadjinicolaou (Hg.), *Formwerdung und Formentzug*, Berlin/Boston 2016, 19–49.

Valéry 1962: Paul Valéry, *Zur Theorie der Dichtkunst*, Frankfurt am Main 1962.

Zweite 2004: Armin Zweite, „Wenn ich zeichne, trete ich aus der Zeit heraus." Anmerkungen zum Œuvre von Gerhard Altenbourg", in: Janda III 2004–2010, 16–31.

II. DOKUMENTE

Die nachfolgenden Interview-Transkriptionen wie auch die Dokumente belegen Aussagen von und über Didonet, die sonst nirgendwo nachweisbar sind. Sie vertiefen zudem den Einblick in die künstlerische Gedankenwelt, welche der Bild-Poesie zugrunde liegt.

Dok. 1
**Interview von Didonet durch Jacques Bofford,
Radio Suisse Romande 1979**
(Umschrift ab Ton-Dokument durch B.D.)

J.B.: Bonsoir. Jacques Bofford avec Henri Didonet. Vous êtes peintre, sculpteur et poète, Henri Didonet, vous avez derrière vous de nombreuses expositions, vous avez été le plus jeune peintre à exposer seul avec Picasso à Antibes, c'était en 1959: Pensez-vous avoir beaucoup de talent?

D: Vous me posez une question piège tout de suite en arrivant … Si je vous dis que j'ai beaucoup de talent, vous allez dire que je suis prétentieux, si je vous dis que je n'en ai pas, ça voudrait dire que je n'ai pas confiance en moi. Alors, qu'est-ce que je dois répondre? Répondez vous-même …

J.B.: Non, c'est à vous de répondre, je suis là pour vous poser les questions.

D.: Alors, écoutez, je vais vous raconter une très petite histoire pour commencer. C'est qu'à une certaine exposition du Salon de Sanary il y avait le peintre Pignon, et il y avait André Salmon. Salmon était venu me voir à l'atelier, il avait écrit ma préface, j'avais vingt-trois ans. Et voilà que ces deux-là entrent à l'exposition de Sanary et Pignon dit: „C'est fou ce que ces gens ont du talent". Salmon lui répond: „Hélas!"

J.B.: Vous savez définir ce qui est le talent, en fait?

D.: Je pourrais le définir en vous disant tout de suite que – pas pour moi mais pour l'histoire – il y a deux catégories de peintres: une catégorie de bons peintres et une de grands peintres. Alors, je peux m'expliquer sur les bons peintres, et vous les connaissez bien, il y en a beaucoup: Ce sont des peintres qui copient la nature plus ou moins bien, qui la transposent plus ou moins bien, qui vont peindre les bords du Lac Léman, si vous voulez, qui font un portrait ou un bouquet de fleurs. Et puis, il y a les autres. Alors, les autres, qui sont des créateurs, ça c'est une histoire qui est complètement différente. Le créateur, c'est celui qui va inventer un monde qui lui appartient en propre. Et la différence est très grande, vous vous en doutez bien. Je ne veux pas mépriser, négliger les bons peintres, mais les créateurs, c'est une aventure.

J.B.: Mais le talent, c'est pas tout d'abord beaucoup beaucoup de travail?

D.: Le talent, c'est beaucoup de travail. Si vous voulez, dans cette catégorie de bons peintres on ne peut pas dire que ces bons peintres ne travaillent pas, ça serait stupide. Mais dans la catégorie des peintres créateurs, le travail est sûrement multiplié par dix.

J.B.: Vous travaillez beaucoup vous-même?

D.: Si je vous disais la vérité? C'est entre dix et douze heures par jour.

J.B.: Comment travaillez-vous?

D.: Mais, le plus simplement du monde. Je crois qu'avant tout je suis un artisan-peintre, ça c'est tout à fait évident, un excellent technicien, on n'a jamais dit que je n'étais pas un professionnel. D'ailleurs, parler de soi, c'est très pénible, mais il faut bien le faire … Et, à côté de ça c'est une recherche perpétuelle dans plusieurs sens. D'abord, être unique. Ce qui est grave aujourd'hui, c'est d'apporter quelque chose de nouveau à la peinture qui est déjà encombrée d'un tas de petits pions de talent, mais qui n'ont pas assez d'envergure. Alors il faut ajouter au talent quelque chose d'autre. Quelque chose qui vient de loin.

J.B.: De quoi avez-vous besoin pour travailler?

D.: D'abord de la grande musique. Parce que sans Beethoven, je crois, je n'aurais pas fait grand-chose. En tous les cas sans musique, je ne travaille pas. Et puis, de beaucoup d'énergie, de la passion aussi. Travailler sans passion, ce ne pas travailler du tout.

J.B.: Vous pouvez travailler n'importe où?

D.: N'importe où, non. Il faut un atelier qu'on a bien senti, mais je peux travailler n'importe où, c'est vrai.

J.B.: Et c'est quoi un atelier qu'on a bien senti?

D.: Un atelier, qu'on a bien senti c'est un atelier qui a plein d'âme. Dans lequel on a déjà crée quelque chose. Un atelier dans lequel on se sent en sécurité.

J.B.: Vous arrive-t-il de renier certaines toiles?

D.: Alors, j'ai la réputation d'être très sévère.

J.B.: Certaines sculptures aussi?

D.: Pourquoi pas? Si c'est nécessaire … La création, c'est une évolution permanente. Il y a deux catégories dans les créateurs, il y en a qui ont fait une œuvre – je pourrais citer des noms sans être méchant – mais qui pendant vingt ou trente ans ont fait la même chose. Ce n'est pas mon cas. Il faut remettre en question tous les jours ce qui est à faire. Et je dis bien: tous les jours. Après une série d'un an ou de dix-huit mois il faut la repenser. Il faut penser à détruire tout ça pour aller plus loin. Ça c'est capital.

J.B.: Il vous arrive de détruire certaines toiles?

D.: Ah oui, j'ai fait une série „Aquarelles Zen" de plus de cent pièces et j'en ai brûlées plus de soixante. Mais ça, c'est normal. Je ne suis pas un homme spécial. Je crois que Braque a été toute sa vie un type qui s'est mis en question, et Picasso aussi. Les grands peintres, je suis désolé de le dire, les créateurs remettent en question en permanence le travail qui est à faire.

J.B.: Chagall disait que, lorsque je passe devant mes tableaux, je ne comprends rien, rien du tout. Alors vous, lorsque vous passez devant vos tableaux, devant vos sculptures, quel est votre sentiment?

D.: Je ne comprends pas plus. Alors, je ne voudrais pas décevoir ceux qui écoutent parce que la peinture, quand elle fait partie de ce domaine créatif, c'est une aventure qui est personnelle, profonde, passionnante. Vous essayez de faire l'impossible pour que l'âme se trouve à l'intérieur, cette espèce de chose, dont Malraux a parlé à la fin d'une série de conférences sur France Culture, et Dieu sait que Malraux est capable, on n'a pas à douter de ce qu'il a écrit en ce qui concerne l'art. Il a dit: J'ai eu la confidence de tous les grands peintres. Ils m'ont dit: Ce qui est essentiel en art est inexplicable.

J.B.: Et lorsque vous travaillez, vous avez l'impression d'être presque guidé par une force supérieure, si puis dire?

D.: Alors, si nous allons dans les confidences, peut-être bien que oui. Parce que je crois qu'après trente ans de travail, si vous voulez – il y a beaucoup de choses à faire encore puisque je commence, je fais partie encore de la jeune peinture pour les critiques – on est guidé, non pas par l'inspiration. C'est un mot que je n'aime pas tellement, c'est assez galvaudé.

J.B.: Pourquoi n'aimez-vous pas ce mot?

D.: Braque a dit aussi (je cite encore Braque parce que pour nous, c'est le patron) … il a dit qu'on a pas le droit de fixer le rendez-vous. Alors, si vous voulez, vous devez vous trouver à l'atelier, le matin, et être prêt. C'est une question de disponibilité vis-à-vis de l'art. Alors, si vous avez de la chance, vous ne savez pas quand le tableau s'arrête, quand vous aurez gagné, mais vous savez quand il aura de l'âme. Je crois qu'on le sait, très sincèrement. Le peintre qui vous dit ne pas le savoir, c'est qu'il n'a pas de lucidité, ce n'est pas un peintre.

J.B.: Mais vous avez l'impression d'être une sorte de médium … nous parlions d'une force supérieure il y a un instant?

D.: Je me souviens très bien que David disait à ses élèves: Vous avez le droit de parler le langage des Dieux. Vous voyez à quel point nous sommes prétentieux.

J.B.: Justement, cette force supérieure, c'est Dieu?

D.: On ne voudrait pas, peut-être, mêler Dieu là-dedans. Mais il existe, dans la création, un moment qui est béni, que tous les créateurs connaissent bien, qui vous élève au-dessus de tout, qui est merveilleux, qui fait que cette drogue circule dans le sang et vous avez envie d'une chose c'est de retrouver cet état. Pour le retrouver il faut travailler davantage, il faut approfondir les choses, il faut donner de vous-même et il faut la passion qui soulève les montagnes.

J.B.: Vous croyez en Dieu?

D.: On avait posé la même question à Sacha Guitry qui a répondu: „Je préfère y croire pour être bien avec lui. Donc, j'aimerais bien y croire."

J.B.: Vous êtes une sorte de magicien, le peintre est-il une sorte de magicien?

D.: Alors je ne suis pas spécialement le peintre-magicien, mais je crois que, si je me place en face des critiques qui ont écrit que j'étais magicien, je dois leur donner raison, car on s'est aperçu avec le temps qui s'écoule, il existe à l'intérieur de certaines toiles une espèce de magie qui fascine. Or, je me mets en dehors de ça, parce que je reste toujours l'artisan qui va essayer de continuer. Il ne faut pas du tout y voir une démarche prétentieuse. Mais je sais que certains tableaux ont un pouvoir magique. Pas seulement les miens, mais dans l'histoire.

J.B.: Qu'entendez-vous en ‚pouvoir magique'?

D.: Si vous voulez, on pourrait parler de l'art beaucoup plus facilement pour expliquer cette histoire. Un tableau qui est magique c'est un tableau qui ne meurt pas. Donc, l'art est éternel. On ira voir Rembrandt, comme nos enfants iront voir Rembrandt. On ira voir Picasso, et les petits enfants de nos enfants iront voir Picasso parce qu'il y a cette espèce de magie qui est éternelle et qui s'appelle l'art.

J.B.: Et justement, l'Art: il est difficile de le définir!

D.: Eh bien, je vais vous étonner, je vais le définir tout de suite. L'art – je prends la responsabilité de ce que je vous dis – c'est n'importe quoi, d'une certaine façon, mais qui résiste au temps. Je suis formel.

J.B.: Et c'est n'importe quoi?

D.: N'importe quoi, mais d'une certaine façon, et qui résiste au temps. C'est à dire que Pierre Bonnard est toujours aussi beau aujourd'hui qu'il était au siècle dernier. Je vous ai parlé de Rembrandt tout à l'heure, de Modigliani et de van Gogh, je pourrais vous parler de Kandinsky ou de Picasso: ce sont des gens qui résistent au temps et qui ont fait de l'art. C'est pour ça, chaque fois qu'on parle d'avant-garde, ça m'amuse beaucoup, car le mot d'avant-garde est la plus grande fumisterie de notre époque. Comment voulez-vous dire qu'un tableau est d'avant-garde, puisque vous n'êtes pas dans le temps pour le juger. Vous pourrez savoir s'il est d'avant-garde dans dix ans. Je vous donne un exemple qui est tout-à-fait étonnant. A Zurich, où j'ai habité pendant dix-sept ans, il y a un très grand mouvement qui s'appelle l'abstraction géométrique. On ne va pas faire un cours d'histoire de l'art, l'abstraction géométrique, ce sont des petits carrés, plus ou moins bien alignés. Cette abstraction géométrique a été inventé par Malévitch il y a soixante ans avec un petit carré blanc sur un fond blanc. Soixante ans! Nous sommes bien d'accord avec cette date. Or aujourd'hui à Zurich, en ce qui concerne l'abstraction géométrique, on parle encore d'avant-garde. C'est une stupidité déconcertante, car c'est une peinture de grand-père. L'avant-garde n'est pas là, vous êtes bien d'accord. Elle ne peut pas avoir soixante ans d'âge. Nous allons, par exemple, quinze années en arrière, j'ai toujours fait cette peinture que j'appelle l'irréalisme, j'étais complètement seul au milieu des abstraits géométriques. Aujourd'hui à Paris, on ne parle que d'un surréalisme romantique, on n'ose pas dire „irréalisme" puisque j'ai trouvé ce nom-là. Donc, il y a quinze ans, j'étais un homme d'avant-garde. Aujourd'hui je me trouve être un peintre à la mode, et je ne l'ai pas cherché. La définition de l'avant-garde est la définition la plus stupide que l'on puisse faire sur l'art.

H.B.: C'est une étiquette, en fait …

D.: C'est une étiquette, mais tellement banale que je la refuse totalement. Et je ne suis pas le seul. Je crois que des grands penseurs comme René Huyghe, Joseph-Emile Muller la refusent. Il n'y a pas de peinture d'avant-garde.

J.B.: Alors, vous, vous avez créé l'irréalisme, mais c'est quoi, l'irréalisme?

D.: D'abord, je n'ai pas créé l'irréalisme, parce qu'on a toujours dit que j'étais surréaliste et ça me gêne beaucoup parce que le surréalisme, dans la pensée du public, c'est une représentation figurative des choses. Vous connaissez très bien les montres molles de Dali, par exemple: Alors vous avez ces montres qui sont très définis. Ce sont vraiment des montres molles. Où vous avez une femme nue, et à la place de la tête vous mettez une rose. Voilà un surréalisme qu'on appelle polémique, par exemple. Alors, ça me gênait beaucoup qu'on m'appelait surréaliste: je ne suis pas du tout l'homme qui impose quelque chose. L'irréalisme est tout sauf ça: c'est à dire, c'est une immense ouverture pour l'avenir. C'est les possibilités de voir ce que vous avez envie de voir. C'est quelque chose de très ambigu, mais qu'on doit regarder avec le coeur.

J.B.: Mais très concrètement, l'irréalisme se situe entre le surréalisme et le réalisme?

D.: Je pourrais vous dire très modestement que l'irréalisme c'est ce qui vous convient d'imaginer. J'essaie d'être ambigu, très ambigu. C'est à dire, ne pas figurer, ou figurer légèrement, à seule fin que vous puissiez rêver, c'est à dire créer cet espèce d'atmosphère qui vous permettra de rêver – sans vous imposer quelque chose. Car je pense, pour beaucoup de raisons, que la jeunesse est perdue, elle ne sait pas où aller. Elle doit travailler, d'ailleurs, mais tout doit encore être dit en art. Il y a quelque temps vous avez eu une émission d'ailleurs assez bien avec Mathieu qui a dit une chose très très triste. Mathieu a dit à la fin de l'émission: Après moi, c'est la fin de la peinture. Eh bien, cette réflexion a un sens dramatique. Car après Mathieu la peinture ne finira pas, elle continuera, car elle est éternelle. Il y aura des mouvements, des hauts et des bas, et l'irréalisme est une possibilité parmi d'autres. Parce qu'on était irréaliste il y a quarante mille ans.

J.B.: Acceptez-vous l'étiquette de ‚peintre abstrait'?

D.: J'accepte tout. Le problème n'est pas là et on ne va pas faire une querelle d'étiquette. J'ai dit ‚irréaliste' parce que ça me semble beaucoup plus romantique et moins défini, car je ne définis pas les objets. Je ne veux pas toucher à la liberté des autres. Je veux que celui qui est en face peut regarder … avec son coeur d'abord, c'est assez capital, pas en fonction du nom, pas du tout en fonction de la côte, mais en fonction de sa sensibilité. Et l'irréalisme, c'est l'idéal pour le reste de l'avenir, c'est à dire pour ce que nous avons à vivre avec la peinture. Car c'est … des tas de portes ouvertes. C'est la transposition de la nature, pourquoi pas, c'est vous suggérer un paysage, mais ne pas le dire.

J.B.: Et pourquoi pas le dire, justement?

D.: Mais, peut-être parce que je pense qu'on n'en a pas le droit. Regardez ce qui s'est passé avant les impressionnistes. Vous avez toute une série de peintres que vous connaissez bien, je ne vais pas les citer parce que la plupart d'entre eux sont morts et on ne va pas leur en vouloir aujourd'hui. Est-ce que vous connaissez Cabanel, est-ce que vous connaissez Bouguerau? Ces deux hommes étaient les présidents du Salon au dix-neuvième siècle, vers 1880. On a oublié Bouguerau. Bouguerau avait toutes les commandes de l'état. Il avait des portraits ‚officiels', payés en francs or. A l'époque de Bouguerau, il y avait Sisley, Claude Monet, Pissarro, van Gogh, Modigliani, vous les connaissez bien. Voilà, vous comprenez, c'est ça. Alors, on a parlé de l'avant-garde tout-à-l'heure: à cette époque-là, van Gogh, Modigliani, Monet et Pissarro étaient des hommes d'avant-garde. Je crois, très sincèrement, que l'impressionnisme a ajouté l'intelligence à la peinture. Ça, c'est très grave. Je prends la responsabilité de ce que je dis. Mais je suis persuadé que c'est vrai. Quand vous regardez ces magnifiques Cathédrales de Claude Monet, il y a la peinture … et autre chose. Et pourquoi ‚autre chose'? Parce que dans un tableau qui est une longueur et une largeur on n'a pas le droit d'ajouter la profondeur. Je dis, on n'a pas le droit. Parce que la photographie est arrivée depuis, alors, aujourd'hui, il nous faut autre chose. Il nous faut l'intelligence en art.

J.B.: Vous êtes né à Saint Etienne en 1932, Henri Didonet, la peinture et le dessin on fait parti très tôt de votre univers?

D.: Oui, sans aucun doute. J'ai toujours dessiné. Je l'ai entendu dire par les peintres et c'est un peu gênant de le dire, je n'aimais que ça. J'ai fait du théâtre aussi, de quinze à vingt ans, avec la comédie de Saint Etienne qui est devenue célèbre, mais le théâtre ne me convenait pas. J'étais trop timide et puis … avec le dessin, je suis producteur, je suis metteur en scène, je peux tout faire avec ça.

J.B.: Vous avez un peu le sentiment d'être né peintre?

D.: Né peintre, non. Mais né artiste, oui. Ça sans aucun doute. Il fallait absolument que je fasse quelque chose qui ait un rapport étroit avec la création.

J.B.: Vous écrivez aussi. Vous êtes poète. Vous auriez pu écrire?

D.: J'aurais peut-être pu écrire. Disons, la poésie c'est un des à-côtés de la peinture. Je ne conçois pas un tableau sans poésie. Klee par exemple a ouvert une voie qui est absolument colossale à l'art moderne. Il a fait des tableaux qui sont des tableaux poèmes. Le tableau poème c'est des tableaux qui vont vous tenir compagnie. Et s'il a de l'âme, c'est merveilleux.

J.B.: Vous avez écrit très jeune des poèmes?

D.: Comme tout le monde. Enfin, on a toujours écrit des poèmes. Maintenant, j'en écris un peu plus, un peu moins. La peinture, c'est un métier, la poésie, c'est autre chose, c'est une détente.

J.B.: Quel enfant avez-vous été, Henri Didonet?

D.: La question est bien pénible, parce que je n'ai pas eu d'enfance et je n'ai pas eu de jeunesse. Alors je crois qu'on pourrait tirer un trait très vite et dire que mes parents m'ont laissé quand j'avais treize ans et j'ai été seul. Ce n'est pas très agréable ni très intéressant.

J.B.: „Vos parents vous ont laissé", ça signifie quoi?

D.: Ça signifie que mon père est parti un mercredi et ma mère un vendredi. C'est très clair et c'est simple.

J.B.: Et, qui vous a élevé?

D.: C'est à dire que je me suis élevé tout seul. D'abord ce n'est pas très compliqué, mais j'ai élevé mon frère, ce qui était plus difficile. Mais j'avais la chance d'être déjà dans l'académie de Philiday. J'avais douze ans quand je suis entré chez lui, et il a eu la gentillesse de me garder et de m'apprendre le métier sans me faire payer.

J.B.: La peinture, à cette époque là, c'était un moyen d'exister, en quelque sorte?

D.: A treize ans, non. J'ai appris la décoration d'étalage, j'étais étalagiste décorateur à Marseille et puis évidemment, comme je dessinais pas mal, j'ai été associé avec un étalagiste, et puis, te temps suit son cours. Je suis allé à Sanary dix ou douze ans après, j'avais quand-même dix années, j'allais dire de métier, mais enfin dix années d'un bon apprentissage.

J.B.: Mais quelle carrière envisagiez-vous lorsque vous avez débuté dans ce métier?

D.: J'ai commencé ma carrière à l'envers. Parce que je suis arrivé à Sanary et que la chance à voulu qu'à vingt-trois ans Salmon vienne me voir. Salmon, je crois que le public le connaît assez, puisqu'il a été le grand ami de Picasso, il a écrit pour Modigliani en 1920, il a été l'ami d'Apollinaire et de Max Jacob et il a écrit une préface pour moi lorsque j'avais vingt-trois ans. C'était très impressionnant. Et, à ce sujet là, je pourrais vous dire une petite histoire qui est assez amusante, c'est que quand je suis descendu au village, j'ai été assez fâché parce que Salmon avait écrit et j'allais lui dire: „Mais enfin pourquoi vous vous êtes moqué de moi?" Il m'a répondu: „Mais vous êtes stupide, je n'ai pas écrit pour un garçon qui a vingt-trois ans, j'ai écrit pour l'homme de cinquante ans." Et là, j'ai compris: Il faudrait beaucoup travailler pour mériter la préface de Salmon.

J.B.: Et vous avez beaucoup travaillé …

D.: Je ne peux pas le cacher, je travaille beaucoup, c'est vrai.

J.B.: Vous n'appartenez pas à une école?

D.: Malheureusement pas. Je suis un solitaire et tous les critiques le disent. J'ai beaucoup souffert à Toulon de ça parce que on avait plusieurs tendances, les écoles des Beaux-Arts étaient influencées par Baboulène, l'autre moitié était influencé par Olive Tamari qui avait fondé les Réalités Nouvelles à Paris. Et je n'étais influencé par personne: j'avais une peinture qui était mal foutue et qui ne voulait rien dire, mais qui était bien à moi. Seulement elle ne voulait rien dire, elle n'avait pas de valeur. Elle avait très peu d'âme. Il a fallu la piocher, la développer.

J.B.: Vous avez fait allusion tout-à-l'heure à l'atelier de Philiday. Vous n'avez pas eu envie de suivre les cours des écoles des Beaux-Arts.

D.: Si. Je suis resté une demie journée.

J.B.: Pourquoi une demie journée seulement?

D.: Parce que je n'ai pas du tout aimé l'enseignement classique. D'ailleurs plus tard, je me suis souvenu de ça quand j'ai fondé l'école de La Seyne où j'ai pensé qu'il fallait dialoguer avec les enfants et puis enseigner d'une autre façon l'art. Il faut l'enseigner avec le coeur, avec l'amour. Il y a d'autres méthodes que de dessiner des plâtres du matin au soir. J'en ai dessiné, remarquez, mais enfin je pense qu'il y a d'autres approches de l'art.

J.B.: Pendant combien de temps êtes-vous resté dans cette école?

D.: Vous parlez de La Seyne? J'ai fondé cette école avec sept élèves et aujourd'hui ils sont un peu plus de cinq cent. Je crois que c'est une réussite, elle marche très bien d'ailleurs, je crois que les enfants sont contents. Malheureusement je ne m'en occupe plus parce que je suis en Suisse depuis quinze ans, mais j'ai appris il y a quelque temps que cette école était en pleine forme.

J.B.: En fait, le métier de peintre, s'apprend-t-il? Est-ce un métier?

D.: Oui, indiscutablement. Là, je peux vous dire que c'est un métier. La première chose: Si vous n'avez pas l'amour de la technique, si vous n'êtes pas un technicien, vous n'irez pas loin. Si vous avez l'intention de devenir un grand créateur, il faut absolument que vous connaissiez le métier. Sans ça vous êtes perdu.

J.B.: Mais la technique, elle est faite pour être oubliée, non?

D.: Si vous voulez … ça, c'est une question très intéressante: Vous apprenez votre métier de peintre ou de technicien-peintre, par exemple les réactions chimiques entre les couleurs qui n'intéressent personne et tout ça, après un certain moment, disons une dizaine d'années, il faut, vous l'avez très justement dit, l'oublier à tout prix. Car il n'y a pas pire chose que l'habileté. Si vous êtes un peintre habile, c'est terminé. Vous n'avez aucune chance. Je ne peux pas vous citer un peintre habile qui soit un grand peintre. Je pourrais, par contre, vous citer des peintres habiles qui sont de très mauvais peintres.

J.B.: Mais l'habileté, ce n'est-ce pas justement de faire croire à une certaine maladresse?

D.: Alors, c'est très subtil. On a écrit peut-être vingt ou trente mille bouquins sur la peinture qui sont sérieux pour la plupart, il n'existe pas un livre écrit avec une formule. Il n'y a pas de formule pour faire un tableau. Et quand je dis un tableau, je parle d'un tableau qui est vivant, un tableau qui a de l'âme, qui va être pour vous ce dont j'ai parlé tout-à-l'heure: un tableau de bonne compagnie, qui pendant toute la vie va être généreux avec vous parce que vous savez que c'est une petite flamme qui veille, n'est-ce pas. C'est ça qui est grave. C'est l'âme des choses.

J.B.: Mais la peinture, n'est-ce pas une écriture d'abord?

D.: Oui, sans aucun doute. Et à ce sujet je pourrais vous raconter une anecdote qui est très significative. J'étais avec des amis et nous parlions justement d'art moderne qui est très difficile à définir, et j'avais un interlocuteur pas tellement commode qui me disait: „Mais votre avis sur l'art et le mien, c'est exactement la même chose. Je ne savais pas comment m'en sortir. Alors, j'ai pris dans ma poche un petit poème qui a été écrit en chine au dixième siècle, en chinois évidemment, et je lui ai tendu le poème, en disant:

„Voilà un poème merveilleux." Il le regarde et me dit: „Mais enfin, vous êtes en train de vous moquer de moi?" „Mais pas du tout, c'est un poème extraordinaire." „Mais je ne peux pas le lire, je ne connais pas le chinois." J'ai répondu: „L'art moderne, c'est exactement la même chose. C'est un langage qu'il faut apprendre." Et ça, je le sais. Tout le monde le sait. Les gens qui s'intéressent à l'art le savent. Il y a une approche de l'art moderne par l'intelligence dont je vous ai parlé tout-à-l'heure et qui est nécessaire. Quand les impressionnistes ont compris qu'il fallait ajouter l'intelligence à l'art, ça a été un bouleversement fantastique dans l'histoire. On a donné l'impression de la vie. Je me souviens très bien d'une autre anecdote qui est très significative. Un journaliste du Times demande à Picasso qu'il a interviewé à Notre Dame de Vie: „Quel merveilleux coucher de soleil: Pourquoi ne le peignez-vous pas?". Picasso lui répond: „Mais parce que je ne suis pas assez bête pour ça." Donc, vous comprenez, c'est extrêmement simple: Un tableau c'est une impression (quand on parle de peinture créative, je ne parle pas d'un bouquet de fleurs, je parle d'une œuvre qui est une œuvre de création), cette impression vous la donnez avec l'âme, qu'elle soit abstraite ou qu'elle soit plus ou moins représentative. Ce qui est indispensable, c'est le contenu.

J.B.: C'est un élan, aussi …

D.: C'est un élan, aussi, bien-sûr, mais c'est un élan qui est pénible parce qu'on ne peut pas garantir qu'un tableau sera réussi, on fait tout ce qu'on peut. Vous êtes en face de la toile, vous essayez de combiner, d'arranger les couleurs entre elles, de penser que l'histoire de l'art est très ancienne, que d'autres peintres avant vous ont tout fait: et vous êtes seul. Et il faudra vous sortir seul de cette aventure.

J.B.: Tout a été fait mais rien n'a été fait …

D.: Oui, et je suis très heureux de vous l'entendre dire, parce que la jeunesse est perdue. Si nous prenons l'exposition du Musée de l'Athénée par exemple, j'essaie de montrer dix à douze techniques différentes, pour que la jeunesse puisse voir que même avec dix ou douze techniques différentes on est peut-être personnel. On peut être encore personnel. Car rien n'est perdu et tout est à faire.

J.B.: Vous vous sentez très proche des jeunes?

D.: Oui, bien-sûr, pourquoi pas? Je ne suis pas si vieux d'abord. Et il y a quelque chose qui est merveilleux avec la peinture, c'est qu'on ne vieillit pas. Je ne sais pas si vous avez remarqué les yeux de Picasso, quand il a eu quatre-vingts ans, il a fait une exposition à Paris et on a dit que c'était l'éternelle jeunesse. La création a le mérite de conserver l'artiste. C'est merveilleux, non?

J.B.: Vous avez le sentiment d'avoir beaucoup de chance de savoir peindre, d'être peintre?

D.: En aucun cas je voudrais changer de métier. Ça c'est clair. J'ai l'impression, en faisant de la peinture, parce que je suis très pacifique, parce que j'aime faire quelque chose qui fait du bien. C'est très simple, vous savez, comme démarche.

J.B.: Vous avez l'impression d'être utile?

D.: Je crois. J'ai sincèrement l'impression d'être utile, oui. Si vous créez une mise en condition de rêver avec l'art, c'est beaucoup plus agréable que de fabriquer des fusils.

J.B.: Mais comment aimez-vous qu'on regarde vos tableaux, vos sculptures?

D.: Mais qu'on les regarde avec le coeur, c'est tout. Comme on doit regarder l'art moderne, l'art contemporain. Sans savoir qui l'a fait. Sans savoir ce que cette sculpture ou cette peinture vaut. Il n'y a pas de critères valables, si vous voulez, il faut être disponible en face de l'art. Il faut plutôt écouter l'art, dans le fond. Il vaut mieux écouter un tableau au lieu de le regarder. Ne pas regarder la signature. On peut très bien avoir un peintre extraordinaire qui n'est pas célèbre aujourd'hui, n'est-ce pas.

J.B.: On a tendance pourtant de plus en plus de spéculer sur la peinture, à spéculer sur les noms …

D.: C'est bien triste. Et c'est bien dommage. Et je me souviens d'une autre conférence que René Huyghe a donné à France Culture. Un interlocuteur qui s'est trouvé dans la salle s'est levé et a dit: „Écoutez, après tout ce que vous venez de dire sur l'art moderne, nous sommes dans une situation bien pénible, dans un marasme total. Où est l'avant-garde? Qui est bien? Est-ce qu'un peintre qui représente l'art de demain, la peinture de demain, a des chances d'exposer à Beaubourg?" René Huyghe a attendu vingt secondes et lui a répondu: „Non, Monsieur, aucune." Alors vous voyez, c'est une situation bien triste parce qu'il y a beaucoup de peintres, beaucoup de faux peintres, il y a beaucoup de marchands, beaucoup de faux marchands, beaucoup de spéculateurs, et beaucoup de bons marchands, mais qui sont noyés peut-être par les autres.

J.B.: Vous exposez actuellement et jusqu'au vingt mars prochain au Musée de l'Athénée à Genève, Henri Didonet. Que représente une exposition pour vous?

D.: Une exposition, c'est peut-être le bilan de ce qui a été fait. Et c'est surtout aussi la possibilité de montrer la généralité du travail.

J.B.: Vous avez le trac avant une exposition?

D.: Oui, bien-sûr, c'est normal. On n'est jamais tellement sûr de ce qu'on a fait, vous savez, ce serait prétentieux.

J.B.: Vous avez peur?

D.: Oui, très, vraiment. Enfin, je crois être un professionnel, sincèrement. Mais je ne suis jamais sûr de la démarche que j'ai faite. Il faut la remettre en question comme je vous l'avais dit, il faut l'approfondir toujours, qu'est-ce que le public dit etc. Ces sculptures étaient nouvelles, je le savais. Je me suis intéressé à l'histoire de la sculpture, c'était très nouveau comme aventure. J'avais peur. Je me demandais ce que le public allait dire, ce qu'il allait faire. La réaction était bonne, mais elle aurait pu être mauvaise, c'est la loi …

J.B.: Vous avez le sentiment d'avoir pris un risque? Un gros risque même?

D.: Oui, on prend toujours des risques, il faut bien. Si on ne prend pas de risques, c'est la fin de l'art. Il n'y a pas pire, je crois, dans l'histoire de la peinture: Les peintres qui ont notre sympathie ou les peintres qui laissent un nom, ce sont des peintres, comme j'ai dit tout-à-l'heure, ce sont des peintres qui se sont remis en question chaque jour. Donc, il faut bien risquer quelque chose. Vous ne pouvez pas peindre comme un fonctionnaire. Et, si une série à été bien, par exemple, si vous vous êtes libéré dans une série de pastels, vous n'avez pas le droit de continuer. Vous n'avez pas le droit parce que c'est interdit par l'éthique de l'art. Vous devez essayer d'aller plus loin.

J.B.: Vous vous souvenez de votre première exposition?

D.: Oui, c'était une merveille, d'ailleurs. J'ai fait ma première exposition à la Chambre de Commerce de Toulon, elle a duré deux jours … parce que j'ai dû repartir avec les tableaux, mais enfin ça … Ce qui a été extraordinaire, c'est que le deuxième jour en fin d'après-midi j'ai eu la visite du conservateur du Musée de la ville qui m'a dit: „Vous n'êtes pas du tout fait pour être là, il faudrait préparer une exposition pour le musée." Et c'est pour ça que je vous ai dit que j'ai fait ma carrière à l'envers, c'est-à-dire à l'envers de ce que j'aurais dû faire. Je suis allé au musée à vingt-quatre ans, alors que j'aurais dû être dans de petites galeries et au musée plus tard. Mais enfin, je l'ai payé après, de toutes façons.

J.B.: Puis, vous avez été reconnu …

D.: C'est pour ça que j'ai quitté la France. Parce que, quand on est reconnu, comme vous le dites, alors qu'on a des qualités qui sont douteuses … les journalistes sont très gentils, on a parlé à Sanary d'une „future gloire de la peinture", enfin, c'est une stupidité quand on a vingt-six ans, c'est des mots qu'il ne faut pas entendre. Et, heureusement pour moi, j'étais lucide. Alors j'ai choisi de quitter Sanary – dans un petit village on est toujours le peintre du pays – et je suis allé me fixer à Zurich où personne ne me connaissait et où la vie est beaucoup plus difficile et où les gens s'intéressent d'ailleurs énormément à la culture – mais pas forcément à Didonet. D'ailleurs on ne s'est pas du tout intéressé à Didonet. Il a fallu travailler dix fois plus qu'à Sanary.

J.B.: Que pensez-vous des critiques d'art?

D.: Mais je vais me faire un tas d'ennemis si vous me posez une question pareille … Et bien, je pense que la critique d'art ne sert à rien. Par contre, j'aimerais beaucoup d'informateurs. Je ne crois pas que dans l'histoire on trouve des critiques qui ont eu raison. On en trouvera toujours … je pourrais recevoir des lettres probablement qui vont me prouver que j'ai tort. Souvenez-vous de ce qu'on a dit sur les impressionnistes. Vous allez me répondre que Zola était là. Mais attention: Zola a soutenu les impressionnistes et les a condamnés après. Donc, on ne peut pas parler de critiques. La critique peut être bonne et intéressante quand elle encourage l'artiste, car c'est très difficile de peindre et de peindre bien, mais je crois qu'elle fait très mal quand elle le décourage. Et ce n'est pas très agréable d'avoir une mauvaise critique parce que si vous avez une conscience professionnelle, vous serez le plus grand critique. Je suis mon plus grand critique. Par contre, j'aimerais beaucoup voir de plus en plus d'informateurs. Dire ce qui se passe: „A tel endroit il y a ça, allez-y." Il n'y a pas assez d'informateurs.

J.B.: Vous pensez que les gens sont mal informés en matière d'art?

D.: Mais bien-sûr, très mal informés. Nous avons commencé à Zurich un petit travail d'information très modeste et qui a pris évidemment beaucoup d'ampleur. J'ai commencé à recevoir à l'atelier des amis qui ont apporté d'autres amis et qui ont posé mille questions sur l'art: Qu'est-ce qui se passe? Pourquoi on voit celui-ci? Est-ce qu'un morceau de tuyau de plomb est une œuvre d'art? Les gens sont perdus parce qu'on leur dit qu'il vaut vingt mille francs, alors c'est beau. Or il ne faut pas juger une œuvre d'art en fonction du prix de vente. Ce n'est pas parce que ce tuyau de plomb est plus ou moins tordu qu'il aura de la valeur. Il faut se souvenir de la démarche de Duchamp. Duchamp qui était un homme extraordinaire et qui s'était fixé aux états unis il y a bien des années, a dit: l'art, c'est un choix. C'était terrible de dire une chose pareille. Car l'art c'est un choix, mais pour qui? L'art est un choix pour celui qui est capable de choisir, vous comprenez bien. Mais pas du tout pour n'importe qui. Car, si le jeune peintre de vingt-deux ans choisit, c'est une grande différence que quand c'est Monsieur Braque qui choisit. Car si c'est Braque qui choisit, il va choisir bien. Mais n'importe qui ne peut pas choisir, donc, l'art n'est pas toujours un choix. L'art est un choix pour certains. Et c'est pour ça que Duchamp a commis une faute considérable en disant ça, une faute considérable pour la jeune peinture. L'art c'est un *bon* choix, mais qui va faire ce bon choix? Quand il a exposé un bidet au salon et qu'il a décrété que ce bidet avait une forme étonnante, je suis d'accord avec lui, mais parce que Duchamp l'a choisi. Je peux trouver un galet dans la forêt, et un galet qui est remarquable, parce que je suis Didonet avec une trentaine d'années de métier. Mais „x" ou „y" ne peut pas choisir comme Braque va choisir.

J.B.: Au nom de l'art, on ne peut pas faire n'importe quoi?

D.: Au nom de l'art on ne *doit* pas faire n'importe quoi! Il y a tout de même des règles qui existent depuis, je dirais, des millénaires. Si vous prenez la sculpture égyptienne ou grecque, elle a cinq mille ans d'âge par rapport à nous aujourd'hui. Eh bien, quand un sculpteur fait la représentation figurative d'un visage, il n'a rien inventé. Nous sommes d'accord, n'est-ce pas. Il y a encore aujourd'hui des sculpteurs qui font des sculptures représentatives. Très peu. Car, ce qui est merveilleux, c'est que la sculpture a compris qu'elle devait évoluer. La peinture pas encore, il y a encore une peinture représentative. Vous comprenez, on n'est pas prêt encore avec la peinture. Il faut beaucoup apprendre, il faut beaucoup sentir.

J.B.: Mais ne pensez-vous pas que beaucoup de peintres, beaucoup des sculpteurs ne méritent pas le succès qu'ils ont?

D.: Sans aucun doute. Et beaucoup d'autres peintres et sculpteurs mériteraient le succès qu'ils n'ont pas, malheureusement. Il y a une injustice qui est flagrante aujourd'hui. Par rapport à tout, par rapport à la politique aussi, il faut bien en parler, très peu d'ailleurs, n'ayez crainte. Si vous lancez quelqu'un … il sera célèbre. Et puis, je pourrais vous citer des peintres qui ont été célèbres il y a dix ans et qui ne le sont plus. Les peintres sérieux travaillent doucement, lentement, avec patience.

J.B.: On peut lancer un jeune peintre comme on lance une marque de lessive?

D.: Mais absolument, bien-sûr, très facile. Vous pouvez très bien aller au vernissage avec un costume à carreaux et peindre au pistolet. On l'a déjà fait. Souvenez-vous d'Yves Klein. Klein est un bon peintre, il avait un talent certain. Il a fait l'exposition du vide. C'était un gag, mais ce n'était pas de l'art. C'est un jeu. Et le public se prend à ces jeux, alors on va de plus en plus loin dans le jeu.

J.B.: Un certain public se prend à ce jeu …

D.: Un certain public … je me demande. Je reçois très souvent à l'atelier des gens absolument perdus qui, voyant une exposition de déchets lamentables, me disaient: „Mais Didonet, où est l'art là-dedans? Je pourrais vous raconter une petite histoire à propos de l'art. C'est très difficile d'expliquer l'art. Mais ce qui est à l'intérieur d'un tableau est essentiel. Nous allons reprendre ce dixième siècle qui a été merveilleux, qui a été un siècle de poètes. A la cour de l'empereur de Chine il y avait un peintre, parce qu'à cette époque les peintres vivaient à la cour, bien évidemment. Ce peintre était très vieux. Alors il dit à l'empereur: „Je suis fatigué, j'en ai assez, j'ai envie de me reposer. Mais avant … avant je vais peindre un tableau, dans lequel je mettrai toute ma vie." L'empereur lui dit: „Mais, vous avez raison." „Ça me prendra peut-être un an", et l'empereur répond: „Vous avez tout le temps… si c'est votre dernier tableau." Et le peintre se met à l'ouvrage. On ne compte pas les mois, on ne compte pas les heures, le temps passe. L'année suivante, le peintre a terminé son tableau. Il est dans la grande salle, recouvert d'une immense toile. Toute la cour est là. Et le vieux peintre a les mains dans son kimono, il a les petits yeux qui brillent. On enlève la toile. Un cris d'admiration, bien-sûr, „c'est merveilleux!", „c'est étonnant!", et le peintre est toujours dans son coin, vous savez, avec les petits yeux qui pétillent. Et l'empereur dit: „C'est beau." Le grand chambellan dit à l'empereur: „Est-ce que vous ne croyez pas qu'il y a là une espèce d'absence? Il manque quelque chose?" Et l'empereur lui dit à l'oreille: „Vous avez raison, mais comment lui dire, il est vieux, c'est la peinture de toute sa vie." Le grand chambellan dit à l'empereur: „Vous pouvez lui dire, pas moi, mais il faut lui dire." Et, dans le coin, le peintre, les mains toujours dans le kimono, les yeux de plus en plus brillants, attendait la question. L'empereur s'approche et lui dit: „Maître, le tableau est extraordinaire, mais il y manque l'essentiel." A ce moment-là le peintre passe au travers de la toile et disparaît pour toujours.

J.B.: C'est une très belle histoire.

D.: Oui, c'est une belle histoire et qui résume bien l'essentiel de l'art.

J.B.: Croyez-vous qu'il y a aujourd'hui des génies méconnus, Henri Didonet?

D.: Je pense qu'il existe très certainement de très grands peintres méconnus, oui. Mais beaucoup moins qu'au siècle dernier. Parce que nous avons la télévision, la radio, les journaux, beaucoup de galeries, beaucoup plus d'amateurs. Enfin, je pense qu'il est bien difficile d'être totalement méconnu, mais il existe certainement de très grands peintres méconnus, sans aucun doute.

J.B.: Mais pourquoi? Parce qu'ils ne veulent pas être connus? Parce qu'ils ne veulent pas faire l'effort?

D.: Non, parce que je suis un grand timide et je fais un effort considérable pour vous parler de l'art aujourd'hui, je fais un effort sur moi-même pour informer autant que je le peux, pour défendre la qualité de l'art. Ça c'est peut-être le mot qui résume tout. Un tableau, qu'est-ce que c'est, c'est une qualité avant toute chose. Alors, vous avez des peintres qui sont beaucoup plus timides que moi et qui n'osent pas et qui restent dans leurs coins, dans leurs ateliers, sans rien dire. Et malheureusement nous sommes privés probablement de ça.

J.B.: Vous ne pensez pas que le public est de plus en plus attentif pourtant à l'art?

D.: Je crois que le public serait plus attentif à l'art, s'il avait beaucoup plus d'informations. Il est plus près de l'art qu'au siècle dernier, sans aucun doute, vous avez raison.

J.B.: Vous avez l'impression que l'art est descendu un peu dans la rue?

D.: Non, descendu je ne dirais pas. Mais, si vous voulez situer van Gogh par rapport à cette année 1888, il se trouve à Arles, n'est-ce pas, c'est un homme qui est seul, soutenu par son frère, nous le savons. On a jeté des pierres à van Gogh. J'ai eu l'occasion pendant le tournage du film de van Gogh d'être un des techniciens, avec Jacques Latour, le conservateur. Et nous avons rencontré un homme qui avait jeté des pierres à van Gogh. Donc, ça a existé vraiment. Il a été très seul. Aujourd'hui ce peintre qui était d'avant-garde, eh bien pour nos enfants, c'est un peintre classique. Alors, tout est relatif, mais toujours dans le temps, n'est-ce pas. Van Gogh est entré dans notre histoire. Alors, dire que l'art est descendu dans la rue, c'est beaucoup dire. Il est plus près des hommes aujourd'hui, mais il n'est pas encore descendu dans la rue. La preuve – je vous avais parlé de la sculpture tout-à-l'heure, j'y reviens très vite – la sculpture a évolué, elle n'est plus figurative, donc on a gagné, tandis qu'on voit encore des bouquets de fleurs et des portraits qui sont classiques.

J.B.: Vous êtes sectaire, dans une certaine mesure …

D.: Non, ce n'est pas du sectarisme du tout. Mais je pense qu'en ce qui concerne l'art proprement dit, on n'a pas le droit de peindre comme on peint depuis deux mille ans. Il y a quand-même eu une évolution, la photographie existe. Si vous avez un beau paysage, photographiez-le. On demande à la peinture une transposition. C'est tout-de-même le moindre effort. Vous devez montrer un visage de poète. Il me semble que le peintre qui copie servilement la nature ne montre pas un visage de poète. Et en faisant commeça, l'art n'évoluera jamais. Grâce à Dieu il y a une très grande équipe d'artistes d'art contemporain qui l'ont compris et un très grand public qui suit avec passion cette évolution, ce qui est merveilleux, d'ailleurs.

J.B.: En octobre 1961 vous avez quitté la France et vous êtes allé vous installer à Winterthur. Alors, pourquoi la Suisse à cette époque-là?

D.: Ben, je vous l'avais dit tout-à-l'heure très vite, c'est qu'à Toulon j'avais beaucoup trop de compliments, alors j'ai quitté la France pour ça.

J.B.: Oui, mais vous auriez pu choisir un autre pays …

D.: Non, j'aimais la Suisse déjà, j'avais treize ou quatorze ans quand j'y suis venu. J'ai toujours aimé la Suisse, je l'aime encore et je l'aimerais toujours. J'ai choisi Zurich parce que Zurich avait la réputation d'être une ville d'art en ce qui concerne … je ne dis pas la diffusion … mais c'est une ville d'amateurs d'art, ce qui est vrai. Je pense qu'on fera un jour une émission spéciale sur cette espèce de sens qu'ont les suisses allemands vis-à-vis de l'art. C'est très curieux, je ne suis pas le seul d'ailleurs à le dire. Beaucoup de gens le disent. On a eu un reportage dans Paris Match à propos de la grande exposition nationale: on a été très étonné des collections en Suisse allemande. Je dis ‚suisses allemands' parce que la plupart du temps, ils se trouvent là-bas, bien qu'il y en ait ici aussi. Et j'y ai rencontré des gens qui étaient fascinés par l'art et qui n'avaient pas de culture, si vous voulez, pas de culture artistique. C'était merveilleux. J'ai dit par exemple très souvent que j'ai vendu un tableau à ma boulangère; impensable en France, voyez-vous. J'ai vendu un tableau à mon épicier, impensable en France.

J.B.: Est-ce pensable en Suisse Romande?

D.: Pourquoi pas? J'espère que la Suisse Romande aura une approche beaucoup plus ouverte de l'art moderne, parce qu'on n'est pas prêt encore. L'art contemporain en Suisse Romande, vous savez, c'est un petit peu difficile. J'ai toujours voulu parler de l'art avec des mots simples. Et je me souviens d'un voyage à Paris, je rentre dans une galerie, et après avoir regardé un tableau pendant cinq minutes la vendeuse vient vers moi et me dit: „Avez-vous senti l'émotion transcendantale de la picturalité?" Alors qu'il ne faut pas parler de l'art comme-ça, il faut parler de l'art avec des mots simples. Et peut-être, en Suisse romande, on devrait informer davantage pour une ouverture plus grande à l'art contemporain. C'est la différence qui existe entre la Suisse allemande et la Suisse romande. Les suisses romands sont tout aussi sensibles, on est bien d'accord, c'est peut-être une question d'information. C'est tout.

J.B.: Vous pensez qu'en Suisse allemande on informe mieux sur l'art?

D.: Je pense oui, quand-même. Et puis, il y a beaucoup plus de manifestations. D'ailleurs, DADA est né à Zurich. Il y a plus de mouvement. On est prêt, si vous voulez. On achètera un tableau. On achètera moins facilement en Suisse romande. Et quand on achètera, on ira vers un peintre figuratif, un peintre qui représente. Car on n'est pas prêt: on n'est pas sûr d'avoir raison. On n'ose pas. Tandis qu'en Suisse allemande on ose davantage. On va risquer peut-être pour une peinture qui est beaucoup plus difficile.

J.B.: Donc ce n'est pas seulement un problème d'information, alors?

D.: C'est aussi un problème d'information mais ce n'est pas seulement un problème d'information. Si vous avez des expositions d'art contemporain, on les visite, on en parle, on les commente. A Zurich, vous en avez beaucoup, vous avez même des expositions d'avant-garde et des expositions farfelues. Pourquoi j'ai eu tant de visites à l'atelier? C'est parce que ces gens sont allés voir ces expositions et éprouvaient toujours le besoin de venir me voir pour poser des questions: „Pourquoi il a fait ça … vous croyez que c'est bien… ?" Vous voyez, c'est merveilleux, il y a des échanges, on en parle, on retourne voir les expositions et on les critique dans le fond entre nous. Alors, c'est un mouvement que je n'ai pas senti en Suisse romande.

J.B.: Pourquoi avez-vous quitté la Suisse alémanique, pourquoi avoir quitté Zurich?

D.: Peut-être pour faire un travail d'information, puisque je suis là.

J.B.: Vous arrivez à faire ce travail d'information, sincèrement?

D.: Grâce à vous, aujourd'hui, oui. Mais ce n'est pas toujours facile. Car il faudrait beaucoup de contacts avec la jeunesse, et ce n'est pas très commode, c'est la peur, souvent. On ne voit pas les peintres. J'ai rencontré quelques peintres du jura qui m'ont avoué ne travailler qu'avec la Suisse allemande, par exemple. Quand je dis „les grandes collections", on a toujours dans l'idée Hahnloser ou Reinhart, ou bien Bührle. Mais c'est faux: il n'y a pas que des grandes collections en Suisse allemande. Il y a un immense public qui peut acheter une œuvre d'art ou un tableau. Ça c'est merveilleux, parce que le peintre à ce moment-là peut faire son métier avec dignité. Il n'y a pas de plus belle récompense que de vendre un tableau. Le peintre qui vous dit: „Moi, monsieur, je ne veux pas vendre", c'est un homme stupide, car c'est un grand honneur, c'est une immense joie de voir partir un tableau chez un inconnu, en espérant que ce tableau lui tiendra compagnie et qu'il lui donnera un petit peu de joie tous les jours.

J.B.: L'année dernière, Henri Didonet, vous avez voulu donner des cours à des jeunes à Lausanne. Vous n'avez pas pu donner ces cours. Que s'est-il passé?

D.: Bon, alors, j'ai essayé de fonder une école d'orientation sur les métiers d'art avec beaucoup de passion et beaucoup d'amour, parce que j'en avais, mais malheureusement je n'ai pas rencontré l'enthousiasme que j'aurais aimé rencontrer de la part de la Ville de Lausanne, car seul je ne peux pas. Je peux bien peindre seul, mais vous vous doutez bien que je ne peux pas fonder une école seul. Il m'aurait fallu des autorisations, beaucoup d'élèves et un peu d'aide. Et c'était très difficile à obtenir. Alors j'ai abandonné, mais pas de gaieté de coeur, parce que j'aurais bien aimé que Lausanne ait une véritable école de formation en métiers d'art.

J.B.: Mais pourquoi vous a-t-on refusé ces autorisations?

D.: Ça, je ne peux pas vous le dire. Je n'ai pas d'explications à donner. J'ai demandé l'autorisation à enseigner, on ne m'a pas donné cette autorisation. Mais peut-être par manque d'information aussi. Car on ne savait pas qui était Didonet; j'ai eu quelques journalistes qui ont écrit des articles très gentiment, mais on avait peur. Mais peut-être là il faudrait un travail de longue haleine, et je n'ai pas le temps de faire un travail de longue haleine.

J.B.: Mais vous souhaitez encore un jour peut-être ouvrir une telle école?

D.: On ne sait pas ce que l'avenir réserve. En tous les cas, ce qui est certain, c'est que l'idée est dans l'air. Et je crois qu'on a pris conscience qu'il fallait préparer les garçons et les filles pour entrer à l'École des beaux-arts et pour aborder ces métiers d'art qui sont des métiers magnifiques. Entre parenthèse, je vous signale que la France a fait une enquête au sujet des métiers d'art et on en a trouvé plus que trois cent cinquante. Alors, je trouve tout à fait stupide de me dire à Lausanne qu'il n'y a pas de débouchés pour les métiers d'art, tant qu'on a trois cent cinquante ouvertures possibles. Moi je pense qu'avec une licence d'histoire, on enseigne l'histoire, mais quand on apprend le dessin comme professionnel, vous avez trois cent cinquante portes ouvertes, nous sommes d'accord.

J.B.: Vous pensez qu'on ne donne pas assez d'importance à l'art dans les écoles?

D.: Ah, mais bien-sûr, évidemment. En ce qui concerne les métiers d'art. Je ne parle pas de la peinture qui est un métier trop difficile … enfin, il faut beaucoup de nerfs, il faut beaucoup de foi et beaucoup de passion. Si nous parlons des métiers d'art, je crois que pour un garçon ou une fille il n'y a pas de réalisation plus agréable que la création. Et un métier d'art c'est un métier de créateur.

J.B.: Merci, Henri Didonet.

Dok. 2
Katalog erste Ausstellung *Art Poétique*, 1986 in Horgen (Zürich)

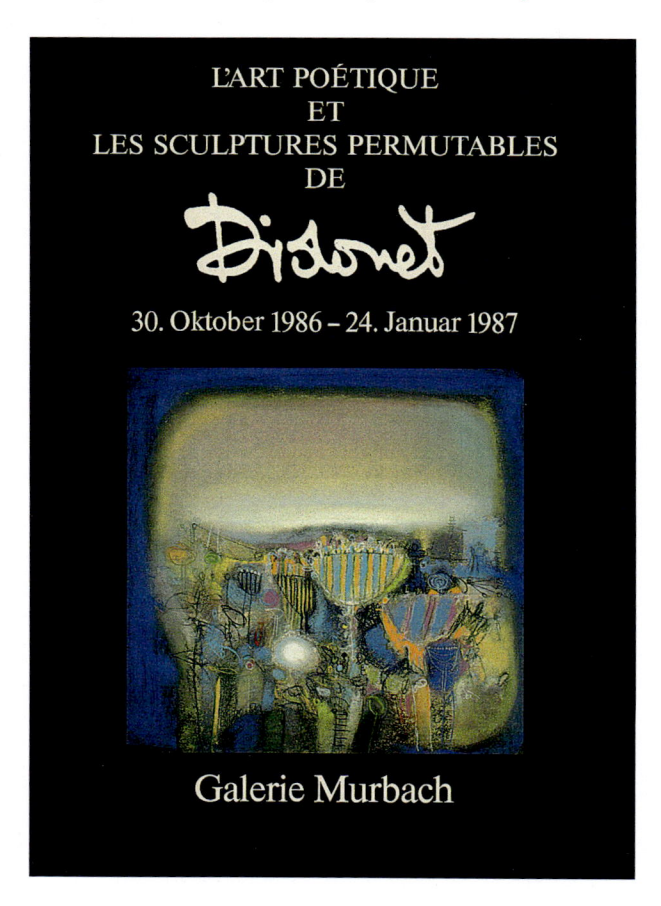

L'ART POÉTIQUE
ET
LES SCULPTURES PERMUTABLES
DE
Didonet
30. Oktober 1986 – 24. Januar 1987

Galerie Murbach

Dok. 3
Interview von Didonet durch Jacques Auderset, Radio Suisse Internationale RSI, 1993
(Umschrift ab Ton-Dokument durch B.D.)

Jacques Auderset reçoit Henri Didonet, un artiste qui fait rêver et qui donne le sourire à la grisaille.

D.: (Mit Musik) *Je suis un Pierrot lunaire / Qui vient d'un pays oublié / J'ai pour amie une éphémère / Et deux oiseaux empaillés. / Une misère aux lèvres / J'ai mendié quatre sous / Et dans quelques bistrots / Aux sons des cavatines / Le coeur bien à l'envers, j'ai bu: / C'était sur Jupiter. / Pour Sonia, fille-fleur / J'ai dansé moi-aussi / Et, noyé dans mes larmes / Un soir, Margot la brune … / Mais … c'était sur la lune. / J'ai vu le petit prince / Avec, dans les cheveux, quarante étoiles d'or – / Là-haut, près d'une rose / Chaque soir il s'endort. / Sur la planète bleue / Où les rêves fourmillent d'un sang noir aux côtés / J'ai perdu Colombine / Et me voilà, fané. / Je suis un Pierrot lunaire / Qui vient d'un pays oublié / J'ai pour amie une éphémère / Et deux oiseaux empaillés.*

J.A.: Henri Didonet que nous venons d'entendre dire un de ses poèmes est un artiste qui honore son temps. Par ses multiples talents d'abord, mais aussi par son engagement à apporter du rêve, ce rêve si nécessaire à notre monde. La voie choisie est celle de l'Art Poétique, qui est la culture du beau, dont Didonet est devenu le magicien. Car il faut de la magie pour refléter par les textes et la peinture l'invisible beauté qui nous entoure. Par une esthétique douce et chaleureuse, l'artiste nous emmène vers des ailleurs que nous cache l'habituelle condition humaine. Didonet est né en 1932 à St. Etienne et après un fulgurant début de carrière dans le sud de la France, il change les horizons et s'installe à Zurich. Il y reste vingt-cinq ans, avant de venir à Montreux, face au Lac Léman. A côté de son œuvre pictural, il a imaginé la Sculpture Permutable, élaborée dans les plus nobles matériaux, fixées sur des tiges et qui permettent toutes les métamorphoses, sans que jamais l'harmonie de l'ensemble ne puisse être rompue: Ainsi, une sculpture nouvelle se crée sous vos yeux, au gré de votre toucher et de vos émotions. Mais revenons à un événement capital dans la trajectoire de Didonet: En 1959, il expose ses premières œuvres seul avec Picasso au Musée d'Antibes.

D.: Le temps ayant passé, je me rends compte que cette exposition je ne l'avais peut-être pas méritée. Mais Picasso avait décidé de donner chaque année la chance à un très jeune peintre. J'avais vingt-cinq ans à l'époque, je connaissais Salmon qui connaissait Picasso, donc j'ai été choisi, mais on aurait pu choisir, j'allais dire, n'importe qui, si vous voulez. J'espère qu'aujourd'hui je ne les ai pas trop déçu – en tous cas j'ai essayé de faire l'impossible pour mériter ce qu'on m'a offert il y a vingt-cinq ans en arrière.

J.B.: Et d'autres peintres vous ont marqués dans votre existence?

D.: Oui, alors ça, il y en a un qui m'a marqué et qui me marque encore aujourd'hui, qui m'a poursuivi tous les temps, c'est Paul Klee. Ça, c'est l'évidence. Je suis venu la première fois, j'avais quatorze ans, à bicyclette jusqu'à Berne pour voir les tableaux de Klee. C'est vous dire quelle fidélité j'ai envers lui. Mais tout simplement parce que c'est pour moi le plus grand peintre du vingtième siècle. Et vous allez tout de suite mettre le nom de Picasso derrière, n'est-ce pas. Alors, on va parler de la création, c'est à dire du créateur Paul Klee. Vous savez que j'ai rencontré Picasso. Si on fait une exposition au Musée Grimaldi, on est obligé de rencontrer Picasso. Et il avait dit déjà en ce temps-là … en 1937 il avait rendu visite à Klee. Ce n'est pas banal pour Picasso quand on pense qui il était. Braque avait été voir Klee. Il a pris un choc terrible, il rentre et il appelle Picasso et lui dit: „Écoute, il y a un type à Berne qui fait de la peinture … n'oubliez pas qu'à cette époque-là „Klee" on ne savait pas qui il était, il n'avait pas fait grand-chose, il y avait quelques tableaux de Klee parmi les collectionneurs privés, mais officiellement, ce n'était pas grand-chose. Et Picasso dira tout de suite au retour qu'il a été bouleversé par cette visite. Alors moi, j'ai eu la chance, des années après à Sanary, c'est à dire en 1959 … Picasso revient à Sanary rencontrer Salmon parce qu'il y avait une brouille entre eux au sujet de … enfin bon, peu importe. Et moi, j'étais là avec Salmon et Picasso dans un petit bistrot qui s'appelait „Le café de la marine", et j'avais une question à poser qui m'embarrassait beaucoup et que j'avais vraiment envie de poser parce que mon chemin commençait à être sérieux, j'étais un professionnel honnête, j'espère que je le suis toujours … J'ai dit à Picasso: „Vous avez rendu visite à Klee. Tant d'années ont passé depuis, est-ce que vous avez les mêmes idées?" Picasso m'a répondu, devant Salmon d'ailleurs: „Pour moi, Klee est le plus grand créateur de notre époque." Alors j'ai dit: „Bon, c'est un génie créateur?", il répondit: „Un génie, c'est un mot qu'on emploie trop souvent, mais c'est le plus grand créateur." Et dans la bouche de Picasso, c'est grave, parce qu'il avait conservé ce souvenir depuis 1937, en 1959 il conservait cette idée-là. C'est que depuis, de 37 à 59, Klee avait influencé tout le monde. Il a été professeur quand les fins de mois étaient difficiles, puisque sa femme donnait des leçons de piano, et lui allait au Bauhaus et il enseignait, ça lui faisait quelque peu d'argent, et il rentrait à la maison, il repeignait, puisqu'il n'a pas vendu ce qu'on veut bien écrire. Klee a vendu très peu. Alors il avait des suiveurs, il avait des élèves. Evidemment, on est toujours emballé par le maître qui vous enseigne, mais son influence à commencé très tôt. Depuis le début. Et ça c'est tout à fait étrange parce que les historiens ne l'ont pas vu. Il a commencé par influencer son meilleur ami qui était Otto Nebel. Il a influencé un peintre qui était à Paris, Hans Reichel. Il a influencé Wols.

J.A.: Et il a influencé Didonet …

D.: Il a influencé Didonet, c'est normal. Mais c'est une influence tout à fait particulière, parce que l'aventure de Klee est l'aventure la plus extraordinaire, je pense … je m'engage beaucoup, mais j'en suis convaincu … depuis les impressionnistes. Vous voyez, je laisse de côté les cubistes et toutes ces mouvements divers qui sont même venus des Etats Unis. Klee a fait ce que moi j'ai baptisé l'Art Poétique, parce qu'il ne savait pas du tout qu'il faisait de l'Art Poétique. Il a, si vous voulez, transformé le tableau en poème coloré. Et c'était le premier qui l'a fait, car personne d'autre avant lui ne l'avait fait, et Picasso l'avait bien vu. L'Art Poétique, c'est peut-être un tableau, comme je viens de vous le dire, qui est plutôt un poème coloré qu'un tableau, et qui vous laissera rêver. C'est de la peinture qui fait rêver. Vous allez me répondre qu'il y a beaucoup de peintres qui on fait rêver. Bien-sûr. Mais l'aventure de l'Art poétique est tout-à-fait différente. Car Klee, dans son aventure picturale, dans sa démarche personnelle, il n'a cessé de chercher. Il a fait des milliers de tableaux, on le sait, son œuvre est considérable, mais en évitant de se répéter. Il a ouvert des portes, mais un nombre incroyable de portes … ce qui fait que des centaines de peintres, je dis bien des centaines de peintres ont toujours été influencés par lui, parce qu'il y a une petite porte qu'on peut enfoncer et dans laquelle on peut rencontrer … je ne sais qui … l'avenir … le passé … tout est là chez lui, tout est dit. Avec un mariage certain … j'allais dire … avec les hommes, parce que nous sommes en train de vivre une époque terrible pour l'art: Jamais dans l'histoire on n'a rencontré un tel divorce entre le public et la peinture, jamais.

J.A.: Ça tient à quoi?

D.: Ah, ça tiendrait à beaucoup de choses, ce serait bien long à raconter aujourd'hui … peut-être parce que les Salons sont devenus des Salons de Marchands, sans avoir un mot désagréable pour les marchands, et non plus des salons de peintres. Et ça, le public ne s'est pas aperçu de ça. Le Salon de Mai, le Salon des Artistes Français … tout ça, c'est mort. Maintenant on a des foires, où on n'a pas de contact avec les peintres. On a un contact avec le marchand, pas avec le peintre. Alors qu'entre 1900 et 1950, si vous voulez, on avait des contacts directs avec les peintres. Il y avait quelque chose qui se passait. Or Klee était l'homme, je répèterais, de ces ‚poèmes colorés', et on a été tellement obnubilé par une autre forme d'art qu'on n'a pas vu que ce type-là était colossal, qu'il était le génie du siècle. Même si Picasso l'a dit, il n'y a pas un journaliste qui l'a repris, cette chose-là. Et c'était fondamental. Car c'est peut-être le plus grand mouvement que nous avons.

D.: (Mit Musik) *Le soleil pose rouge / Bien avant le miracle / C'est l'heure du magicien. / Je quitte mes angoisses / Et m'habille de rêves / Je suis la cher du vent / Et des métamorphoses me coulent dans le sang. / L'univers est mon lieu mais … / A bien d'autres terres / Je confie mes espoirs. / Il faut imiter Dieu / Avant qu'il fasse noir.*

D.: Vous savez comme moi qu'il y a deux grandes tendances, on dira, deux pôles d'attraction, tout le monde sait ça, qu'on a appelé la figuration et d'un autre côté l'art abstrait, n'est-ce pas, qui est à l'opposé. Tout le monde sait ce que ça veut dire de figurer: on peut figurer un arbre, on peint une vache etc. Alors là, il y a une figuration. De l'autre côté, il y a l'art abstrait qui ne doit surtout pas figurer. C'est ça la différence, c'est par opposition à l'art figuratif, on ne doit rien reconnaître, on est bien d'accord là-dessus. Alors, tout l'art contemporain s'est dirigé vers une seule tendance qui est l'art abstrait. On a négligé évidemment les peintres figuratifs, mais ce qu'on n'a pas vu ou ce qu'on a pas voulu voir, c'est qu'entre les deux il existe un mouvement fabuleux, fantastique, extraordinaire; un mouvement aussi grand que les impressionnistes, et là, je vous assure que j'ai réfléchi avant d'en parler, un mouvement que j'ai appelé „la transposition". Je crois que tout le monde comprend. Qu'est-ce que ça veut dire: transposer la nature? C'est la nature à travers le tempérament d'un homme qui s'appelle un artiste, un peintre ou un musicien, et ça c'est merveilleux. Et dans ce grand courant de transposition qui est, je vous le dis, j'en suis convaincu, le plus grand mouvement de l'histoire depuis les cubistes, par exemple. Depuis cinquante ans il n'y a pas eu de mouvement: ça, c'est un mouvement solide, fabuleux. Alors, le public n'a pas su, parce qu'on ne lui a pas expliqué qu'il existait. Donc, Klee inspire toujours, mieux que ça: C'est le seul peintre que je peux vous citer qui bat tous les records d'entrée dans son musée, dans sa collection à Berne. C'est une collection qui ne désemplie pas. Alors, à la minute que nous parlons, il y a une exposition de Klee qui s'organise dans le monde. Ça, c'est un phénomène unique. Même pas Picasso a réalisé ça. Picasso a eu une certaine influence sur une certaine jeunesse, tandis que je crois qu'il n'y a pas un peintre qui n'a pas été plus ou moins influencé par Klee. Mais ceux qui l'ont été directement, évidemment, sont entrés dans cette famille que moi j'appelle l'Art Poétique. Mais ce qui est merveilleux aussi dans le groupe de ces artistes de l'Art Poétique, c'est que tous ces peintres-là ont écrit, comme Klee a écrit. Reichel a écrit. Wols a écrit. C'est merveilleux de penser qu'il y a aussi une sorte de filiation par la parole, si vous voulez, ou de l'écrit, en même temps que la filiation de la peinture. Les poèmes n'ont pas de rapport avec la peinture, mais si vous faites une peinture qui fait rêver, les tout petits poèmes que vous écrivez, c'est pour faire rêver aussi, c'est la même chose: on emploie des mots et des termes qui sont beaucoup plus oniriques que réalistes.

D.: (Mit Musik) *Il était vieux, je sais / Avec un oeil borgne / Le grand cavalier noir / de mes rêves secrets. / Son cheval, trop maigre / Son habit sans velours / Mais il a crié fort / En passant sur la route: / Au Diable les moulins / Je ne veux plus de doutes!*

D.: Sonder l'invisible pour appréhender le merveilleux c'est toujours le ‘donner à voir' de Monsieur Klee. Vous allez dire, on n'en sort pas, de Klee, mais il a écrit avant nous ça. Il a dit exactement: „La peinture, c'est donner à voir." Donner à voir l'intérieur des choses, entendons-nous bien, c'est pas donner à voir une surface. Il y a un peintre qui s'appelle Steffens qui a nonante-quatre ans – et qui vit en France maintenant – qui est aussi inspiré par Klee. Bon, j'ai baptisé ce groupe le groupe de l'Art Poétique, parce que je n'ai d'autre mot qui tienne mieux à Klee et à tous ces frères spirituels, si vous voulez. Le groupe est constitué parce qu'on a déjà fait une exposition à Zurich avec eux et il y a quelques semaines à peine j'ai reçu une lettre du Sénat français qui a dit que la commission culturelle avait approuvé ce groupe et que ces peintres, les peintres dont je vous ai parlé, c'est à dire Reichel, Wols etc. et Klee évidemment étaient invités à faire une exposition au Musée du Luxembourg – malheureusement pour une période qui ne convenait pas parce que c'était du premier au quinze juillet, on tombait en plein dans les vacances. Nous avons dû refuser. Mais cette exposition se fera parce que tous les dossiers sont à Paris et je ne désespère pas de faire une grande exposition à Zurich pour montrer la force du groupe. Mais le groupe existe lui-même. Wols est un peintre immense, mais qui mérite mieux encore. Et ce qui est important surtout, c'est que, si nous faisons une exposition de ce groupe-là, toute la jeunesse qui n'ose pas parler qui est derrière, qui fait partie de ce grand courant que j'ai appelé la transposition, bien: on va leur donner un courage énorme. Ils vont se rallier à ça. Parce qu'ils ont un peu honte d'être influencés par Klee, parce que ce n'est pas par Klee qu'il faut être influencé aujourd'hui. Il ne faut pas parler de poésie. La mode n'est pas à la poésie. La mode est au nihilisme, au défaitisme, à la destruction. Ben non, nous sommes les peintres du bonheur. J'ai décidé que le bonheur de voir et le bonheur d'entendre c'était merveilleux. Le peintre n'est pas fait pour étaler sa nostalgie. Ceux qui vous diront qu'un peintre doit être témoin de son temps, pour moi, c'est complètement stupide. Aucun des grands peintres, avant la photographie (parce qu'avant la photographie on était bien obligé de représenter le Sacre de Napoléon, c'est tout à fait évident), mais après, les peintres étaient des enchanteurs. Renoir était un enchanteur, Claude Monet est un enchanteur; sa peinture enchante. On a le droit au bonheur de voir. On voudrait nous supprimer aujourd'hui le bonheur de voir, on voudrait rester défaitiste jusqu'au bout. Mais si on ne fait pas appel aux artistes, aux musiciens et aux poètes pour nous sortir de là, qu'est ce qu'on va faire? Pour moi, la peinture reste le bonheur de voir. A part Guernica, dans toute l'œuvre de Picasso vous n'allez pas trouver une morosité, si vous voulez. Vous allez trouver l'hymne fabuleux à la grandeur d'être. Avec Matisse c'est l'hymne à la beauté. Même van Gogh a caché ses douleurs … il y a des gens qui trouveront de la douleur dans ses tableaux, mais ce n'est pas vrai, c'est éblouissant de bonheur, ses tableaux, c'est la joie de vivre. C'est comme si vous demandez au trapéziste, n'est-ce pas, „vous avez souffert?", „c'était dur pour en arriver là?", mais non! Il aura le sourire. Pour un peintre c'est la même chose. Enfin je le crois vraiment profondément. Les artistes sont là pour faire rêver leurs contemporains, toute ma vie j'ai essayé de les faire rêver. Alors j'espère que j'aurai encore quelques années pour continuer à le faire et qu'on donne l'exemple à la jeunesse qui vient qui va changer le cap, qui va aussi faire rêver nos enfants. J'ai transformé nos vernissages en soirées, j'allais dire ‚un peu particulières': j'ai marié la poésie, la peinture et la musique. Alors la poésie, c'est facile, la peinture, je l'apporte, évidemment des textes poétiques, on a l'habitude de les faire dire par un acteur, et je prends toujours deux ou trois musiciens qui sont en général très jeunes, mais qui sont déjà des professionnels. Comme nous venons de le faire au Château de Rapperswil avec un garçon qui s'appelle Christian Chamorel qui est tout à fait extraordinaire. Et croyez-moi, les gens sont très heureux de venir rêver pendant une heure avec nous …

D.: (Mit Musik) *Mon voyage est misère / Mais je suis l'enchanteur / Et tout au fond des yeux / Mon pouvoir étincelle. / Laissez-moi faire un tour / Et je serai Merlin / J'habillerai vos peaux d'un sourire magique / Laissez-moi faire encore / Et je mettrai des ailes / A vos membres gelés. / Mon voyage est misère mais … / Je suis l'enchanteur / Qui saluera joyeux / Derrière votre tombeau!*

D.: Les enfants sont des poètes – et les poètes sont des enfants. Et c'est parce qu'on a honte de rester des enfants qu'on a crée cette espèce de morosité. On a peur de tout, vous savez, on a peur des mots, on a peur de l'émotion, on a peur de dire à quelqu'un ‚Je vous aime beaucoup'. On a peur même de ça. Moi, j'aime beaucoup la peinture, on a peur de dire: ça me plaît ou ça ne me plaît pas… Il ne faut pas avoir peur de ses émotions. Quand on aime la poésie, il faut le dire, si on aime la belle peinture, il faut le dire, il ne faut pas avoir honte, c'est une question de snobisme de ne pas dire ce que vous ressentez en face d'une peinture. Si vous ne la trouvez pas belle, dites-le, dites ce que vous ressentez. Si vous la sentez vraiment mauvaise, il faut le dire. Il faut revenir à des choses plus vraies, il faut être beaucoup plus près de la nature. On a quitté la nature même avec l'art et ça c'est une chose qu'il ne faut pas faire; c'est très dangereux de faire ça. Je me rappelle d'un bouquin que j'avais lu quand j'avais dix-neuf ou vingt ans, Renoir disait au début de son livre: „Pour être peintre, il faut absolument aller aux Musées, ça c'est une nécessité péremptoire pour moi." A la fin du livre, dans les dernières pages, il écrit: „Il ne faut jamais mettre les pieds au Musée", n'est-ce pas. Avec la nature, c'est la même chose: Il faut bien regarder la nature, mais il faut essayer de l'assimiler et d'en donner une transposition, ce dont je vous ai parlé tout à l'heure. Parce que sans transposition, ça n'intéresse personne. Vous avez des yeux comme moi, donc vous allez la voir, la nature. Mais Claude Monet nous l'a montré autrement. Les peintres modernes ont fait, j'allais dire ‚quelque chose de mieux' avec elle, pourquoi pas, on peut corriger la nature, ce n'est pas défendu. Cézanne l'a bien fait. On n'en est pas plus malheureux pour autant. Quant à Klee, il a créé un monde qui est naturel, il a créé un monde de fleurs, de filles-fleurs, d'oiseaux-soleils, c'est fabuleux. Même les titres sont des poèmes chez lui.

Je suis venu en Suisse Romande pour avoir un petit peu de paix parce que pendant vingt-cinq ans à Zurich j'ai laissé mon atelier ouvert, ça veut dire que j'ai reçu les étudiants et tous les gens qui voulaient parler avec moi, puisque je suis un parleur, si vous voulez. J'essaye de vaincre ma timidité pour défendre l'Art Poétique. Je crois, je suis un des rares peintres, honnêtement, qui est aussi près des autres artistes. J'aime les artistes, j'aime la peinture et je vais voir les expositions. J'aimerais que les peintres me suivent et fassent la même chose, c'est à dire qu'on fasse entrer le public à l'atelier pour parler avec lui, pour diffuser ce qu'on a envie, pour diffuser ses bonheurs, ses bonheurs de voir et ses bonheurs d'entendre, ses bonheurs d'exister. Ça, ça me plairait beaucoup, oui. Je ne sais pas si j'ai fait quelque chose d'intéressant, mais en Suisse allemande on a laissé des traces. D'ailleurs, je suis en contact permanent avec la Suisse allemande puisque chaque année il y a une exposition. Et en Suisse romande je suis venu chercher un peu de tranquillité, si vous voulez, et puis, j'adore le paysage, c'est un paysage absolument merveilleux. Mais c'est vrai que je ne travaille pas avec la Suisse romande, je n'y fais pas d'expositions parce que j'ai déjà une galerie à Paris qui défend mes intérêts et qui, j'espère, défend l'Art Poétique; et une galerie à Hambourg qui défend bien l'Art Poétique. Alors, entre Paris, Hambourg et Zurich disons que … ça va, on est comblé.

J.A.: Le peintre Henri Didonet était l'invité de notre Samedi Magazine. Nous avons entendu ses réflexions sur l'art et plus précisément sur l'Art Poétique et il nous a dit lui-même quatre de ses poèmes. On peut encore rêver avec lui grâce à deux ouvrages enchanteurs, où se côtoient poèmes et reproductions de ses peintures. Ils ont pour titre: „L'Art Poétique" et „Poèmes en couleurs". Et bien voilà, tout est dit, Jacques Auderset au micro, Philippe Comptesse pour la mise en ondes. Nous vous remercions pour votre attention.

Dok. 4
Journal de Sanary, undatiert (1959). Der Journalist André Godaint zitiert den Katalogtext von André Salmon zu Didonet
(*L'hommage de M. Salmon*, letztes Textdrittel).

Lorsque à la suite d'une conversation qu'il eut avec Mme Sansmeyer, vice-présidente de la Société des Beaux-Arts de Sanary, M. André Salmon vint rendre visite à Didonet, le peintre sanaryen avait toutes les raisons pour être anxieux.

Certes, Didonet, malgré son jeune age, avait déj aoptenu quelques satisfactions. Exposer à 28 ans au Musée de Toulon laisse une bien belle perspective d'avenir. Accrocher ses toiles à la Galerie Fragonard et être ainsi le seul peintre à avoir eu cet honneur de son vivant constitue une exception. Avoir été remarqué parmi une cinquantaine d'exposants à Arles est un encouragement. Etre l'invité de la ville d'Antibes pour cette année semble une consécration.

Et pourtant, malgré toutes ces marques prometteuses, malgré qu'il ait pris confiance en sa peinture, Didonet est inquiet lorsque M. André Salmon pénètre dans le petit salon lui servant d'atelier.

Des discussions, passionnées parfois, se sont amorcées sur son cas. Elles sont propres à ébranler le plus bel optimisme. Didonet serait-il en passe de devenir un autre peintre maudit comme le furent an Gogh ou Modigliani, dont il est un profond admirateur ? Il voit sa route semée d'embûches et quelques déboires sont venus altérer son optimisme naissant. Travaillant d'arrache-pied depuis près de 15 ans, arrivant enfin à « entrer » dans sa peinture le jeune peintre connait l'amertume de l'incompréhension d'autrui.

Faut-il rappeler cette exposition de la Chambre de Commerce où ses toiles resteront accrochés tout juste trois jours et qui rappelle étrangement l'époque où les premiers impressionistes connaissaient les mêmes difficultés ?

La campagne menée contre lui à ce moment là aurait pu le précipiter dans le plus sombre désespoir s'il ne s'était trouvé un homme pour le comprendre et le réconforter : M. Lacan.

« Votre place n'est pas ici, devait lui dire alors le conservateur du Musée de Toulon. Et de fait, grâce à cet homme, Didonet exposait quelques temps après dans ce Musée où beaucoup rêvent d'entrer.

A l'Exposition d'Arles

Un autre conservateur érudit devait défendre le peintre sanaryen contre les attaques des pontifes de l'art pictural. Cette fois c'était en Arles et pourtant M. Jacques Latour, conservateur du musée Cantini, était reputé comme étant un connaisseur impitoyable.

Toutes ces polémiques soulevées autour de sa personne étaient donc propres à ébranler les fondements de la croyance de Didonet en son art. Malgré cela, le peintre continue dans la voie qu'il s'est tracée, mais ce matin d'été, Didonet est pétrifié en voyant apparaitre M. André Salmon. Celui qui a connu la dure vie d'artiste à Montmartre quelques années après le début de ce siècle, celui qui vécut en compagnie de nos grands peintres contemporains, allait-il le condamner ?

L'entretien

La minute de vérité sonnait pour Didonet. Une minute ? Non ! Une demi-heure plutôt, une demi-heure pendant laquelle le critique, regardant, analysant chaque toile, ne dit mot. Une demi-heure où sans doute André Salmon revivait intérieurement l'époque où il avait côtoyé les Max Jacob, le Guillaume Apollinaire, les Soutine, les Braque, l'époque aussi où il avait été le seul à croire au génie de Modigliani.

Et puis le jugement fut donné en une simple phrase : « C'est de la peinture ». Cette phrase payait Didonet de tous ses déboires. Mais croyant quand même à une manifestation de sympathie de la part du critique, le jeune peintre ose une timide réflexion dans ce sens.

« A mon âge, lui répond André Salmon, on n'a plus de complaisance. D'ailleurs ce ne serait pas vous rendre service ».

Dans un climat détendu une longue conversation s'ébauche alors entre l'ancien et le nouveau. Conversation où est évoquée tout cet art qu'est la peinture, cet art qui semble si facile à certains et qui se montre toujours inaccessible à ceux qui sont réellement hantés par les muses.

Le malheur pour Didonet, c'est qu'il n'a que 28 ans. Il est difficile pour certains de l'admettre dans leur cénacle, mais aujourd'hui André Salmon, par sa haute personnalité, peut abattre toutes ces barrières.

L'hommage de M. Salmon

Rendons lui hommage en publiant intégralement la préface qu'il écrivit sur le catalogue qui accueille les visiteurs à l'exposition d'Antibes.

« Le jour où j'entrais dans l'atelier de Didonet, Sanary prit un instant les couleurs d'un Montmartre et d'un Montparnasse de ma jeunesse. Comme au jour des grandes batailles de l'art vivant, je reconnaissais un peintre assuré de son destin. Aux temps héroïques que j'évoque, j'eusse tout de suite publié le nom de Didonet, du vieil « Intran » à « Gil Blas ». Si je ne suis plus critique militant, l'art est toujours vivant.

« Les artistes qui furent mes compagnons de jeunesse ont triomphé des vieux mensonges en prodiguant les vérités nouvelles. Les jeunes d'aujourd'hui leur doivent beaucoup. Ils leur devraient trop, dominés par l'héritage, s'ils n'osaient parfois les contredire.

« Didonet, qui a tout regardé de l'art ancien à l'art moderne, est providentiellement seul. Une flamme secrète le brûle. Ainsi s'exprime une personnalité ambitieuse de donner à la vertu du feu le soutien d'un foyer sévèrement établi. Peintre inspiré, dessinateur sensible, dédaigneux des trucs et des recettes, Didonet a heureusement foi dans le « beau métier ».

« La profondeur de ses paysages et d'un mesureur d'espace sachant que le pittoresque n'est pas le pictural. Ses figures sont d'un humain anxieux d'humanité. Sous son pinceau la fleur, ce modèle nu, nous invite à couronner de songe le front serein de la réalité ».

N'est-ce pas là le plus bel hommage que l'on peut rendre à Didonet. Le docteur Gachet avait foi en Van Gogh, Emile Zola soutint Sézanne. Après avoir défendu Modigliani, André Salmon apporte à Didonet toute la chaleur de son savoir.

Maintenant le peintre sanaryen a retrouvé son optimisme et c'est lui qui nous donne la conclusion de cet article en nous disant l'une de ses pensées : « En art, il ne faut pas tuer le temps. Le crime ne paie pas ».

André GODAINT.

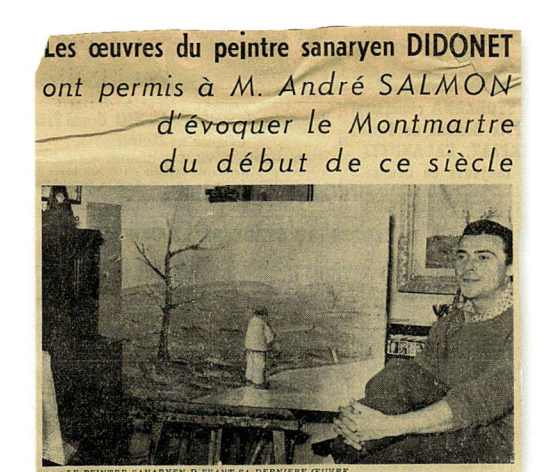

Les œuvres du peintre sanaryen DIDONET ont permis à M. André SALMON d'évoquer le Montmartre du début de ce siècle

LE PEINTRE SANARYEN D EVANT SA DERNIERE ŒUVRE.

Dok. 5

Didonet: Ausstellungsliste

1954	Erste Veranstaltung mit Bildern, Poesie und Musik in Genf
1955	Musée d'Arles
1957	Musée Fragonard, Grasse
1957	Musée de Toulon
1958	Teilnahme am Salon de Sanary, gewinnt den Preis der Stadt Sanary
1959	Ausstellung mit Picasso im Musée Grimaldi, Antibes
1959	Galerie Connaître, Genève
1960	Galerie zur Kunststuben, Küsnacht (ZH)
1960	Institut für Auslandbeziehungen, Stuttgart
1961	Musée de Toulon
1962	Galerie im Weissen Haus, Winterthur
1962	Musée de Toulon
1962	Galleria Vecchia Lugano, Lugano
1963	Galerie Motte, Genève
1964	Galerie Hilt, Basel
1964	Galerie Zu Predigern, Zürich
1964	Musée des Beaux-Arts, Neuchâtel
1965	Galerie Le Solstice, Marseille
1968	Kunstsalon Wolfsberg, Zürich
1970	Galerie Melisa, Lausanne
1971	Galerie Coard, Paris
1972	Galerie 21, Zürich
1973	Lidchi Art Gallery, Johannesburg, Südafrika
1975	Galerie Chantepierre, Aubonne (CH)
1975	Galerie Unterburg, Regensberg
1975	Musée de Toulon: Didonet et l'Irréalisme
1977	Galerie Chichio Haller, Zürich
1979	Musée de l'Athénée, Genf
1979	Galerie Quadri, Lausanne
1980	Boutique Danoise, Paris (Skulpturen und Schmuck-Skulpturen)
1981	Stattet die Intercontinental Bank von Miami mit 39 Bildern und 12 Skulpturen aus
1982	Galerie Rohé AG (Skulpturen)
1984	Didier Beyeler, Bern
1986	Galerie Française, München
1986/87	Galerie Murbach, Horgen
1988	Galerie du Théâtre, Genf
1988	Galerie de l'Orangerie, Neuchâtel
1989	Musée Denon
1989	Banque Indosuez, Zürich
1989	Galerie Vista Nova, Zürich
1990	Gruppenausstellung *Art Poétique mit Roger Bissière, Yves Galgon, Didonet, Paul Klee, Otto Nebel, Douglas Portway, Albert-Edgar Yersin* in der Galerie der Winterthur Versicherung, Zürich
1990	Ausstellung und Veranstaltung *Art & Finance* in der Schweizerischen Kreditanstalt, Zürich
1990	Stern-Galerie, Horgen
1991	Galerie der Winterthur Versicherung, Zürich
1991	Werkstatt-Galerie Paul Nievergelt, Zürich
1991	Landhaus Solothurn
1992	Galerie Claude Lemand, Paris
1993	Galerie Claude Lemand, Paris, Gruppenausst.
1993	Galerie Twerenbold, Luzern
1993	Galerie Claude Lemand, Paris
1993	Galerie Meissner, Hamburg, Gruppenausst.
1994	Banque Indosuez
1994	Galerie Dr. Schenk, Zürich
1994/95	Galerie Meissner, Hamburg
1996	Galerie der Winterthur Versicherungen, Zürich: *Didonet und Steffens*
2003	Galerie Norbert Blaeser, Köln/Düsseldorf. Blaeser vertritt ihn fortan regelmässig an der Art Karlsruhe sowie an der Westdeutschen Kunstmesse Köln und München.
2004	Retrospektive im Zentrum Albuville, Rapperswil
2004	Linklaters Offenhoff & Rädler, Köln
2007	Kunst- und Kulturraum see301, Zürich

Veranstaltungen „Art Poétique" mit Poesie, Musik und Malerei

1992	Petit Palais, Baur au Lac, Zürich
1993	Schloss Rapperswil
1994	Dolder Grand Hotel
1996	Kronprinzenpalais Berlin
1996	Montreux Palace
1997	Aula der Kantonsschule Wetzikon
1998	Theater am Stadtgarten, Winterthur
1998	Kunsthaus Zürich, Vortragssaal
1998	Kursaal Bern
1999	Kantonsschule Chur, Aula
1999	Schloss Au am Zürichsee
2000	Kongresszentrum Pontresina
2001	Dolder Grand Hotel
2002	Tonhalle St. Gallen
2003	Kulturzentrum Kreuz, Jona/Rapperswil
2007	ZKO, Konzertsaal des Zürcher Kammer Orchesters, Zürich-Seefeld

Posthume Ausstellungen

2009	Gedenkausstellung Villa Seerose, Horgen, mit Veranstaltung *Art Poétique*
2010	Kunst- und Kulturzentrum Littau-Luzern
2012	Ausstellung und Veranstaltung Villa Seerose, Horgen, zum 80. Geburtstag

Dok. 6
Text des Sammler-Ehepaars Frey zu Didonet aus dem Katalog vom *Musée Denon*

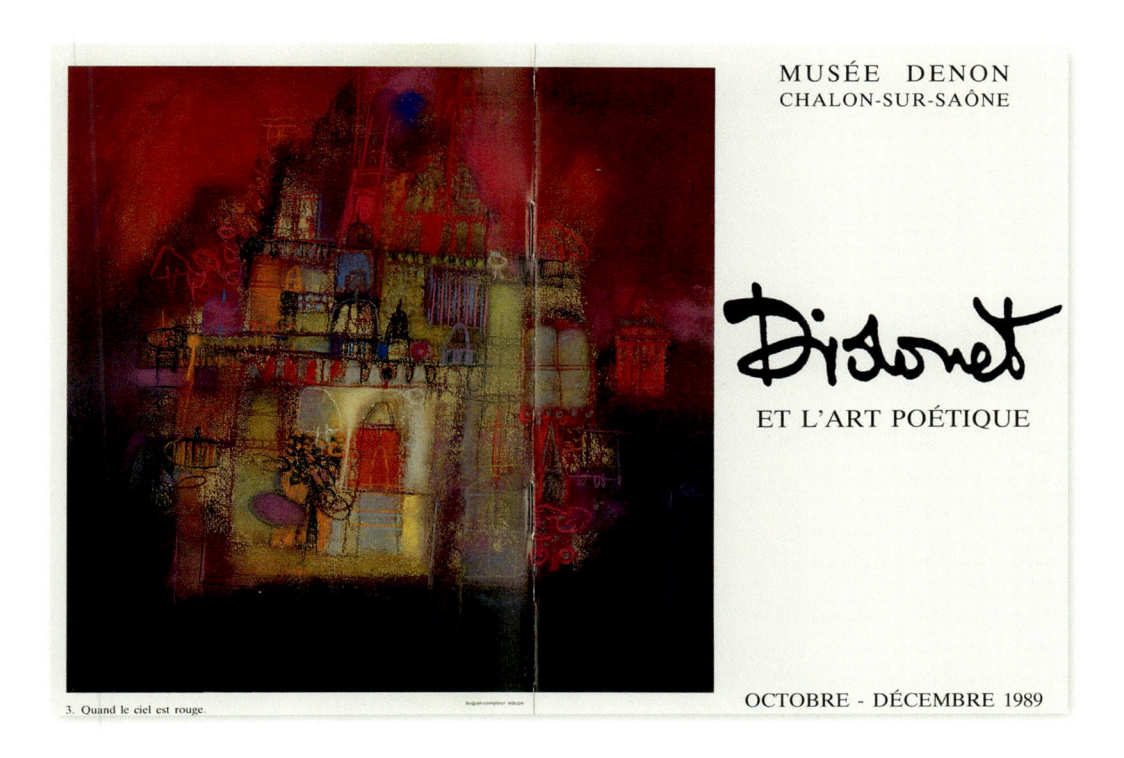

MUSÉE DENON
CHALON-SUR-SAÔNE

Didonet
ET L'ART POÉTIQUE

OCTOBRE - DÉCEMBRE 1989

3. Quand le ciel est rouge.

LES ANNÉES SENSIBLES, témoignages…

C'est à l'Ecole française de Zurich, où Didonet venait d'être nommé professeur de dessin, que nous nous sommes rencontrés, en 1961. L'école était jeune, les moyens dérisoires, les élèves de tous âges, de toutes origines et également sevrés d'art. Dès la fin de l'année scolaire, une exposition de leurs travaux révélait des talents insoupçonnés et les dons pédagogiques du maître.

Quelques mois plus tard, dans une galerie de Winterthur, où Didonet avait exposé, nous avons été séduits par la petite « fleur-soleil ». L'Art Poétique est entré ce jour-là sous notre toit ; il ne l'a plus quitté et notre amitié, vieille de bientôt trente ans, est de celles, si rares, qui ne meurent pas. Malgré leur plénitude et les événements sans nombre qui les ont marquées, ces trois décennies se résument facilement.

« Un peintre, c'est quelqu'un qui a la foi et qui continue » nous a souvent répété Didonet.

La foi ! il devait l'avoir, en effet, pour surmonter tant d'obstacles, ne pas céder au découragement devant les attitudes hostiles et les portes fermées, pour travailler, travailler sans relâche.

La foi, nous l'avons eue aussi, modestement associés à cette passionnante aventure, toujours émerveillés, toujours convaincus que l'effort et le vrai talent ne pouvaient rester sans consécration. Lors de notre dernière rencontre, Didonet nous a dit : « Pour créer, il ne faut jamais avoir sous les yeux les tableaux du passé ».

Nous, par contre, nous avons le privilège de pouvoir les contempler et nous le faisons chaque jour car ils nous racontent ce qu'il y a d'heureux dans notre propre histoire.

André FREY
Traducteur

Andrée FREY
Professeur de Lettres

III. ABBILDUNGSNACHWEIS

1. **Wols,** *Un Voyage étrange (Eine seltsame Reise),* Sammlung Karin und Uwe Hollweg Stiftung Bremen, Foto: Lars Lorisch, Bremen.
2. **Ernst Max Pietschmann,** *Röhrender Hirsch auf Lichtung ins Tal,* über URL (am 11.12.2021): https://deutsche-kunstsammlung.de/oel-gemaelde/377-roehrender-hirsch-auf-lichtung-ins-tal-pietschmann-1921.html.
3. **Jeff Koons,** *amore,* Foto und © Jeff Koons.
4. **Vereinfachtes Schaubild nach Angelika Krebs** (unpubliziert) zu Ben-Ze'ev 2018, entstanden in Zusammenarbeit mit den Studierenden im Seminar „Vernunft und Gefühl" am Lehrstuhl für Praktische Philosophie der Universität Basel (HS 2017). Mit freundlicher Genehmigung von AK. Graphische Gestaltung: Daniela Hoesli.
5. **Angelika Krebs,** *Landkarte des Empfindungslebens,* in: Krebs 2015, 179.
6. **Albert Anker,** *Die kleine Freundin,* Kunstmuseum Bern, Staat Bern, Fotocredit: Kunstmuseum Bern.
7. **Mark Rothko,** *Rothko Chapel,* in: David Anfam, „Mark Rothko. The Works on Canvas", *Catalogue Raisonné,* New Haven/London 1998, 97, © Kate Rothko Prizel & Christopher Rothko / 2023, ProLitteris, Zurich.
8. **Brigitte Descœudres,** Schaubild: Stimmungsräume und Resonanz nach Fuchs 2000, 87–91 und 193–204. Graphische Gestaltung: Daniela Hoesli.
9. **Brigitte Descœudres,** Schaubild: Das Kunstwerk als Resonanzsphäre, nach Rosa 2016, 472–500; 486. Graphische Gestaltung: Daniela Hoesli.
10a. **Kasimir Malewitsch,** *Schwarzes suprematistisches Quadrat,* in: John Golding, *Path to the absolute,* London 2000, 63.
10b. **Kasimir Malewitsch,** *Die letzte futuristische Ausstellung 0.10,* Petrograd 2015, in: Bernd Klüser/Katharina Hegewitsch, *Die Kunst der Ausstellung,* Frankfurt a.M./Leipzig, 1991, 65.
11. **Max Beckmann,** *Kreuzabnahme,* in: Susanne Bosch-Abele, *Kreuzabnahme,* Berlin 2005, 191.
12. **Piet Mondrian,** *Victory Boogie-Woogie,* in: Karin von Maur, *Vom Klang der Bilder. Die Musik in der Kunst des 20. Jahrhunderts,* Ausstellungskatalog, München 1985, 177.
13. **Mark Rothko,** Mark Rothko, ohne Titel (*Gelb, Orange, Rot auf Orange*), in: Christos Joachimides et al., *Amerikanische Kunst im 20. Jahrhundert,* München 1993, Tafel Nr. 113, © Kate Rothko Prizel & Christopher Rothko / 2023, ProLitteris, Zurich.
14. **Paul Klee,** *Angelus Novus,* in: *Paul Klee. Catalogue raisonné,* Bd. 3, Bern 1998–2004, 172.
15. **Christian Morgenstern,** *Die Trichter,* 1905, in: *Alle Galgenlieder,* Zürich 1981, 30.
16. **Reinhard Döhl,** *Apfel mit Wurm,* Foto: ZKM Zentrum für Kunst und Medien Karlsruhe, Franz J. Wamhof, © Reinhard Döhl.
17. **Rudolf Mumprecht,** *die wolke singt vergänglichkeit,* in: Ausstellungskatalog *Rudolf Mumprecht, Zwischen den Worten / entre les mots / fra le parole,* 23.08–10.11.2013, Kunstmuseum Bern, © 2023, ProLitteris, Zurich.
18. **William Blake,** *The Argument,* 2. Tafel von *The marriage of heaven and hell,* in: Morris Eaves, *William Blake, the early Illuminated Books,* London 1993.
19. **Paul Klee,** *Einst dem Grau der Nacht enttaucht,* in: *Paul Klee. Catalogue raisonné,* Bd. 2, Bern 1998–2004, 459.
20. **Paul Klee,** *Gedicht in Bilderschrift,* in: *Paul Klee. Catalogue raisonné,* Bd. 8, Bern 1998–2004, 95.
21. **Ausstellungsplakat** Poesie der Linie, © Kunsthaus Zürich.
22. **Paul Klee,** *Mit dem Adler,* in: *Paul Klee. Catalogue raisonné,* Bd. 2, Bern 1998–2004, 473.
23. **Roger Bissière,** *Grande Composition,* Foto: Galerie Jeanne Bucher, © 2023, ProLitteris, Zurich.
24. **Otto Nebel,** *Schleiertanz,* Foto und © 2023 Otto Nebel-Stiftung, Bern.
25. **Hans Reichel,** *Bilderbogen,* Kunstsammlung Anliker / Anliker-Stiftung für Kunst und Kultur, Emmenbrücke, Foto: Robert Baumann, Luzern.
26. **Hans Hermann Steffens,** *Abandonné,* in: Marteau 1988, 51.
27. **Didonet,** *La magicienne,* Foto und © Nachlass Didonet.
28. **Paul Klee,** *Stuhltier,* in: Sabine Rewald, *Paul Klee: the Berggruen Klee collection in the Metropolitan Museum of Art,* New York 1988, 155.
29. **Otto Nebel,** *Die Kathedrale,* Foto und © 2023 Otto Nebel-Stiftung, Bern.
30. **Otto Nebel,** *Seeland-Sage in Hellblau,* Foto und © 2023 Otto Nebel-Stiftung, Bern.
31. **Wols,** *Sorcières en marche,* in: Kat. Wols 1989, 151.
32. **Hans Reichel,** *Grosser blauer Fisch,* in: Mathey 1979, 154.
33. **Paul Klee,** *Der goldene Fisch.* Foto: Hamburger Kunsthalle, über HeidICON, Universitätsbibliothek, Ruprecht-Karls-Universität Heidelberg.
34. **Hans Reichel,** *Herbstlich,* in: Mathey 1979, 176.
35. **Didonet,** *L'échiquier de Nostradamus,* Foto und © Nachlass Didonet.
36. **Otto Nebel,** *Das Runen-ABC,* Foto und © 2023 Otto Nebel-Stiftung, Bern.
37. **Otto Nebel,** *Seite des Runenbuchs,* Foto und © 2023 Otto Nebel-Stiftung, Bern.
38. **Peter Kurzeck,** *Sommerabend im Hinterhof,* Foto: Sammlung Ostheimer, © Carina Wächter.
39. **Hans Hermann Steffens,** *Garten,* in: Kat. Steffens 1997, 17.
40. **Paul Klee,** *Ad Parnassum,* Foto: Bild & Kunst Eichstätt, Katholische Universität Eichstätt-Ingoldstadt, Lehrstuhl für Kunstgeschichte.
41. **Otto Nebel,** *Die Stadt Musartaya III: Anblick A, Florenz,* Foto und © 2023 Otto Nebel-Stiftung, Bern.
42. **Caspar David Friedrich,** *Mönch am Meer,* Foto: Iconothèque, Université de Genève, Bibliothèque d'art et d'archéologie.
43. **Joseph Anton Koch,** *Schweizerische Berglandschaft mit Brücke und zwei Hirten,* in: Katalog *Joseph Anton Koch, Ansichten der Natur,* Ausstellung Staatsgalerie Stuttgart, 26.8 bis 29.10.1989, Stuttgart 1989, 152.
44. **Vincent van Gogh,** *Olivenbäume mit gelbem Himmel,* in: Ingo F. Walther/Rainer Metzger, *Vincent van Gogh, Sämtliche Gemälde,* Band II, Köln 2019, 574.

III. ABBILDUNGSNACHWEIS

45. **Franz Marc,** *Der weisse Hund,* in: Claus Pese, *Franz Marc – Leben und Werk,* Stuttgart/Zürich, 1989, 161.
46. **Caspar David Friedrich,** *Kreidefelsen auf Rügen,* Foto: HeidICON, Universitätsbibliothek, Ruprecht-Karls-Universität Heidelberg.
47. **Gerbrand van den Eeckhout,** *Pastoral Idyll,* Foto: https://www.rijksmuseum.nl/en/collection/RP-T-1884-A-303(R).
48. **Caspar David Friedrich,** *Mondnacht mit Schiffen,* Foto: Friedrich-Alexander-Universität Erlangen-Nürnberg, Kunsthistorisches Institut.
49. **Lyonel Feininger,** *Sieg der Sloop Maria,* in: Hans Hess, *Lyonel Feininger,* Stuttgart 1959, 109, © 2023, ProLitteris, Zurich.
50. **Paul Klee,** *Abfahrt der Schiffe,* in: Peter-Klaus Schuster (Hg.), *Die Nationalgalerie,* Köln 2001, 190.
51. **Didonet,** *Une histoire de bateaux,* Foto und © Nachlass Didonet.
52. **Paul Klee,** *Hoffmanneske Märchenszene,* in: Katalog *Wege zur Moderne – Richard Hamann als Sammler,* 28.03–28.06.2009, 140.
53. **Roger Bissière,** *Le chevrier,* Foto Galerie Jeanne Bucher, © 2023, ProLitteris, Zurich.
54. **Didonet,** *La fleur devient soleil,* Foto und © Nachlass Didonet.
55. **Hans Reichel,** *Traum einer Stadt,* in: Mathey 1979, 97.
57. **Salvador Dalí,** *Die Versuchung des heiligen Antonius (La tentation de Saint Antoine),* Öl auf Leinwand, 89,5x119,5 cm, Foto: Virtuelle Diathek, Universität Hamburg, Kunstgeschichtliches Seminar, © Fundació Gala-Salvador Dalí / 2023, ProLitteris, Zurich.
57. **Unbekannt,** *Rotkäppchen und der böse Wolf,* Alamy, G5G3X0, über URL (am 24.01.2023): https://www.alamy.com/stock-photo-rotkppchen-und-der-bse-wolf-little-red-riding-hood-history-historical-106689800.html.
59. **Gerhard Altenbourg,** *Laban auf den Spuren der Erinnerung,* in: Janda 2004–2010, 208, © Stiftung Gerhard Altenbourg, Altenburg / 2023, ProLitteris, Zurich.
60. **Joan Miró,** *Cercle rouge, étoile,* in: Kat. Miró 2015, 153, © Successió Miró / 2023, ProLitteris, Zurich.
61. **Joan Miró,** *Der Vogel mit dem ruhigen Blick, die Flügel in Flammen,* in: Kat. Friedel/Helfenstein 1995, 157, © Successió Miró / 2023, ProLitteris, Zurich.
62. **8-jähriges Kind,** *Engel,* mit freundlicher Genehmigung der Schule Rottenschwil.
63. **Wassily Kandinsky,** *Improvisation Klamm,* in: Ingo Walther, *Malerei der Welt,* Köln 1995, 580.
64. **Wassily Kandinsky,** *Komposition VIII,* in: Jelena Hahl-Koch, *Kandinsky,* Stuttgart 1993, 281.
65. **Mark Rothko,** *Tiresias,* in: Katalog *Mark Rothko,* Fondation Beyeler, Riehen/Basel, 18. Februar–29. April 2001, 71, © Kate Rothko Prizel & Christopher Rothko / 2023, ProLitteris, Zurich.
66. **James Coignard,** *Nature morte aux fruits,* Foto: Max Ehrengruber, Creditline: Stiftung Im Obersteg, Depositum im Kunstmuseum Basel.
67. **Walter Womacka,** *Bulgarisches Stillleben,* Foto: Diathek online, Technische Universität Dresden, Institut für Kunstgeschichte, © 2023, ProLitteris, Zurich.
68. **James Coignard,** *Écriture et ouverture,* in: Pleynet 1990, 121.
69. **Künstlerinnen des 20. Jahrhunderts,** *Portal Kunstgeschichte,* über URL (am 7.1.2022): https://www.portal-kunstgeschichte.de/themen/kuenstlerinnen-des-zwanzigsten-jahrhunderts/Künstlerinnen der Moderne.
70. **Lou Stengele,** *Alles was dazwischen liegt, 5 Jahre,* in: Kat Lou Stengele 2012, 105.
71. **Unbekannt,** *Garten von Nebamun,* in: Gombrich 1996, 60.
72. **Unbekannt,** Titel und Initialletter aus der Schrift *Moralia,* in: Markus Riek/Jürg Goll/Georges Descœudres, *Die Zeit Karls des Grossen in der Schweiz,* Sulgen 2013, 258.
73. **Maler der Rothschild Canticles,** *Trinitätstuch,* in: Trinks 2016, 33.
74. **William Turner,** *Licht und Farbe. Der Morgen nach der Sintflut. Moses schreibt das Buch Genesis,* in: Ausstellungskatalog *Goethe und die Kunst,* Stuttgart 1994, 569.
75a. **Meral Alma,** *Zirkus des Lebens. 4. Akt,* Foto und © Meral Alma.
75b. **Meral Alma,** *Zirkus des Lebens. 4. Akt,* Ansicht bei Dunkelheit, Foto und © Meral Alma.
76. **Isabella Fürnkäs,** *Siamese Dreams,* Ausstellungsansicht bei Windhager von Kaenel, Zürich, 17.09–07.11.2021, Foto: Windhager von Kaenel. Zur Ausstellung gehört eine Video-Installation (hinterer Raum).
77. **Isabella Fürnkäs,** aus der Serie *Insomnia Drawings,* Foto: Windhager von Kaenel, © 2023, ProLitteris, Zurich.
78. **Camille Henrot,** *Alloscendency,* Foto: Annik Wetter, © 2023, ProLitteris, Zurich,
79. **Rebecca Horn,** *Licht gefangen im Bauch des Wales,* Installationsansicht, Palais de Tokyo, Paris 2002, in: Kat. Rebecca Horn 2019, 30, © 2023, ProLitteris, Zurich.
80. **Rebecca Horn,** *Floating Souls,* Ausstellung im Kunstforum Wien vom 28.09.2021–23.01.2022, Fotos: B. Descœudres, © 2023, ProLitteris, Zurich.
81. **Rebecca Horn,** *Kafka-Zyklus,* Ausstellung im Kunstforum Wien vom 28.09.2021–23.01.2022, Foto: B. Descœudres, © 2023, ProLitteris, Zurich.
82. **Helen Marten,** *Orchids or a hemispherical bottom,* Film Still, 5:32 (Brigitte Descœudres); ganzes Video über URL (am 7.10. 2021): https://vimeo.com/86501892.
83. **Pedro Wirz,** Installationsansicht *Environmental Hangover,* Ausstellung Kunsthalle Basel, 21.01.2022–01.05.2022, Foto: Philipp Hänger/Kunsthalle Basel.
84. **Pedro Wirz,** *Coro de Princesa (Sumaúma),* Foto: Philipp Hänger/Kunsthalle Basel.
85. **Pedro Wirz,** *Coro de Princesa (Amarelão),* Foto: Philipp Hänger/Kunsthalle Basel.
86. **Pedro Wirz,** *Coro de Princesa (Matamatá),* Foto: Philipp Hänger/Kunsthalle Basel.
87. **Pedro Wirz,** Installationsansicht *Environmental Hangover,* Foto: Philipp Hänger/Kunsthalle Basel.
88. **Ginger Wikilyiri,** *Ilpin,* Foto: Aboriginal & Pacific Art, Australien, © 2023, ProLitteris, Zurich.

IV. ANSTELLE EINES REGISTERS: AUSFÜHRLICHES INHALTSVERZEICHNIS

TEIL I
Vernunft der Gefühle – Problemstellung und philosophische Grundlagen

1. Einleitung: Über Gefühle in der Kunst sprechen ... 18

2. Das Problem der künstlerischen Moderne mit Schönheit, Gefühl und Stimmung ... 19
   - 2.1. Die ästhetische Erfahrung ... 19
   - 2.2. Das Schöne am Pranger – Die Faszination für Dissonanz, Negation, Differenz ... 20
   - 2.3. Vom Schattendasein des Gefühls in der Kunstästhetik der Moderne ... 21
     - 2.3.1. Gefühl – Ein komplexer Forschungsgegenstand ... 21
     - 2.3.2. Einfühlung als Stiefkind der modernen Kunsttheorie – ein Rückblick ... 22
     - 2.3.3. Modernistische Malerei: Materialität statt hingeträumte Gefühle! ... 24
   - 2.4. Kitsch – Das Gespenst der bildkünstlerisch erweckten Gefühle ... 25
     - 2.4.1. Das kitschige Objekt ... 25
     - 2.4.2. Sentimentale Kunsterfahrung oder Die kitschige Rezeption ... 27
     - 2.4.3. Kunst im Deckmantel von Kitsch? Jeff Koons' Ästhetik des Banalen ... 28
     - 2.4.4. Das ethische Unbehagen mit dem Kitsch ... 29
   - 2.5. Fazit und Grundthese ... 30

3. Gefühle als Weisen unseres Weltbezugs ... 31
   - 3.1. Ein relationales Konzept unserer geistigen Vermögen ... 31
   - 3.2. Umfang und Qualitäten des Begriffs „Gefühl" ... 32
     - 3.2.1. Emotionen: Kognition, Evaluation, Motivation und sinnliche Empfindung ... 33
     - 3.2.2. Evaluation zwischen Intuition und Abwägung ... 35
   - 3.3. Das Phänomen der Stimmungen ... 35
     - 3.3.1. Zur Extension des Stimmungsbegriffs ... 35
     - 3.3.2. Stimmungsforschung: ein zögerliches Erwachen aus dem Dornröschenschlaf ... 36
     - 3.3.3. Stimmungen des Gemüts ... 37
     - 3.3.4. Wo „äussere" Stimmungen sich ereignen ... 38
   - 3.4. Die Erfahrung unserer Umgebung und ihre affektiven Aspekte ... 38
     - 3.4.1. Wahrnehmung – Einfühlung – Mitgefühl ... 38
     - 3.4.2. Wahrnehmung und Einfühlung von Darstellung und Ausdruck im Bild ... 39
     - 3.4.3. Mitfühlen mit Menschen oder Kunst ... 40
     - 3.4.4. Ästhetisches Gefühl ... 42
     - 3.4.5. Max Scheler – Der empfindende Leib und das wissende Leben ... 43
   - 3.5. Abstrakte Stimmungsräume und unsere leiblichen Empfindungsvermögen ... 45
   - 3.6. Fazit: Unser Weltbezug über mentale und vor-bewusst leibliche Vermögen ... 47

4. Das Bild und seine Ausdruckseigenschaften ... 48
   - 4.1. Das ästhetische Resonanzereignis – Rezeption als Produktion ... 48
   - 4.2. Gefühle als bildkünstlerische Praxis ... 50
     - 4.2.1. Kein kausales Überfliessen von künstlerseitiger Befindlichkeit ins Werk ... 50
     - 4.2.2. Vom Bruch zwischen schöpferischer Intention und Rezeption ... 50
     - 4.2.3. Und dennoch: Bedeutung der Entstehungsumstände ... 51
   - 4.3. Bildkünstlerischer Ausdruck zwischen Gegenständlichkeit und Abstraktion ... 52
     - 4.3.1. Der widersprüchliche Ausdruck von Affekten im gegenständlichen Bild ... 53
     - 4.3.2. Ausdruck von Emotionen und Stimmungen im abstrakten Bild ... 55
   - 4.4. Fazit: Das Bild-Werk als Resonanzsphäre ... 58

5. Wissensproduktion durch Kunst und die Funktionen der Einbildungskraft ... 58
   - 5.1. Kunst als eigenständige Form von kognitivem Weltzugang ... 59
   - 5.2. Ein fruchtbarer Seitenblick auf die Literatur ... 60
     - 5.2.1. Wissensproduktion durch Imagination ... 60
     - 5.2.2. Die epistemische Kraft von Fiktionen und Leerstellen ... 61

5.3. Das Wissen von Bildern . . . 62
5.3.1. Das „Andere" im Bild: Prägnanz, Andeutung und Widerspruch . . . 64
5.4. Erkenntnisgewinn durch Bilder und die Rolle der Imagination . . . 65
5.4.1. Das Vorstellungsvermögen im Spiel mit Bild-Prägnanz . . . 65
5.4.2. Erkenntnis im Blick „hinter das Sichtbare" . . . 66
5.4.3. Wissenszuwachs in der Erfahrung von Mehrdeutigkeit . . . 67
5.5. Fazit: Bild-Prägnanz und die integrative Kraft der Imagination . . . 68

6. Die epistemische Kraft unserer affektiven Bild-Erfahrung . . . 68
6.1. Rückblick auf das Verhältnis von Intellekt und Gefühl . . . 69
6.2. Dichterischer Ausdruck und seine Vermittlung von implizitem Wissen . . . 70
6.2.1. *Angelus Novus* oder Das subversive Spiel mit der Erfahrung . . . 70
6.2.2. Erkenntnisgewinn zwischen Entfremdung und Resonanz . . . 72
6.2.3. Der Leib als initialer Resonanzraum für intellektuell Unerreichbares . . . 73
6.3. Erkenntnis von Welt und Selbst in der emotionalen Kunsterfahrung . . . 74
6.3.1. Henri Bergson: Die kreative Erweiterung unseres Empfindungsspektrums . . . 74
6.3.2. Das Erhabene im Abseits des ästhetischen Gefühls . . . 76
6.4. Anstelle eines Fazits: Ethische Dimension von ästhetischer Resonanz . . . 77

7. Ergebnisse von Teil I . . . 78

TEIL II
Was Bild-Poesie ist

1. Einleitung . . . 82
1.1. Ein kleines Glossar der Begriffsverwendung . . . 83

2. Lyrik der Moderne – Einige Besonderheiten . . . 84
2.1. Begriffsklärungen und Minimaldefinition des lyrischen Gedichts . . . 85
2.1.1. Visuelle Spielformen des Poetischen . . . 85
2.1.2. „Poesie" und „Musikalität" als Metaphern . . . 87
2.2. Kennzeichen des Dichterischen . . . 89
2.2.1. Vom Tanz der Worte durch die Geschichte . . . 89
2.2.2. Die Poetische Funktion . . . 90
2.2.3. Prototypische Merkmale der modernen Lyrik . . . 91
2.2.4. Poesie und Abstraktion . . . 94
2.2.5. Hermetische Poesie . . . 95
2.3. Verdächtige Pracht . . . 96
2.3.1. Poesie zwischen Instrument und Selbstzweck . . . 96
2.3.2. Das schillernde Moment der lyrischen Stimmung . . . 97
2.3.3. Die immanente Schönheit von Poesie . . . 97
2.4. Dichtung und Dauer . . . 98
2.4.1. Verewigung des besungenen Objekts in der dichterischen Prägnanz . . . 98
2.4.2. Veränderung unseres Zeitempfindens . . . 98
2.4.3. Zeitlose Augenblicke und anwachsende Lebensfülle . . . 99
2.4.4. Verloren in der Zeit: Der schaffende Künstler . . . 100
2.4.5. Die Zeitlichkeit des Bildes . . . 100
2.5. Poesie zwischen Imagination, Sinnlichkeit und Gefühl . . . 101
2.5.1. Zur epistemischen Funktion von Gedichten . . . 102
2.5.2. „Dichter unseres Lebens" – Poiesis und ihr ethischer Aspekt . . . 103
2.6. Dichtung und „göttliche Inspiration" . . . 104
2.6.1. Zwischen Dionysos und Apollon . . . 104
2.6.2. Vom Topos des dichterischen Genius . . . 105

3. Bild-Poesie: Ein erster Einblick . . . 106
3.1. Familienähnlichkeiten zwischen sieben beispielhaften Bildern . . . 106
3.2. Der poetische Appell . . . 106
3.3. Das dichterische Moment in Paul Klees *Mit dem Adler* . . . 107
3.3.1. Traum. Politik. Die schwebende Erfahrung . . . 108
3.3.2. Oder doch eher Poesie . . . 109
1) Formale und materiale Eigenschaften . . . 109

   2) Ausdruckseigenschaften und Wirkung 110
   3) Zeitlichkeit der Bilderfahrung 111
   4) Epistemische Funktion des Poetischen im Bild 111
  3.3.3. Provisorische Rekapitulation der bildpoetischen Eigenschaften 112
 3.4. Roger Bissières *Grande composition* und ihre ausserweltlichen Klänge 112
  • Dichtung in Farbe 113
 3.5. Otto Nebel, Eine sichtbare Musik für den *Schleiertanz*? 114
  • Wie ein Tanz von Kraft um eine Mitte 115
 3.6. Wols, *Un voyage étrange*: Verloren zwischen Ozean und Wüste 116
  • Ein kleines Universum ganz für sich 116
 3.7. Hans Reichel, *Bilderbogen* verstaubter Erinnerungen 117
  • Ein Gedicht, das nie geschrieben wurde 118
 3.8. Hans-Hermann Steffens, *Abandonné* – Sublimierung des Vergangenen 118
  • Sicht- und hörbare Zeit … 120
 3.9. Didonet, *La magicienne*: Verheissung des Unmöglichen 120
  • Zauber der Jetzt-Erfahrung 122
 3.10. Zwei Gegenbeispiele aus der Moderne 122
  3.10.1. *Kreuzabnahme*: Ausdruck von Schmerz, Angst und Verzweiflung 122
  3.10.2. *Gelb, Orange, Rot auf Orange*: ein stimmungsvoller Klangteppich 123
 3.11. Zwischenfazit: Gute Gründe für eine Anmutung „Bild-Poesie" 124

4. Bild-Poesie zwischen Maler-Poeten und träumenden Rezipienten 125
 4.1. *Ut poesis pictura*? Ideengeschichte der These „Bild-Poesie" 126
  4.1.1. *Art Poétique* – Vorgeschichte des Begriffs 127
  4.1.2. Anfänge von Didonets Idee einer „poetischen" Malerei 128
  4.1.3. *Art Poétique* oder Bild-Poesie zwischen Mimesis und Abstraktion 129
  4.1.4. Das Dichterische als überkategoriales Programm 130
 4.2. Bild-Poeten: Eine ideelle Gemeinschaft von Solitären 132
  4.2.1. Paul Klee: „Diesseitig bin ich gar nicht fassbar" 132
  4.2.2. Roger Bissière: „Je peins comme un pommier fait ses pommes" 133
  4.2.3. Otto Nebel: „Ich arbeite genau wie ein Landmann …" 134
  4.2.4. Wols – Poesie als einzige Heimat 136
  4.2.5. Hans Reichels Melodien in Farbe 138
  4.2.6. Hans Hermann Steffens – Poetische Bilder zwischen Konstruktion und Natur 140
  4.2.7. Didonet – Le marchand de bonheurs 141
 4.3. Fazit: Gemeinsames in der Unterschiedlichkeit 143

5. Künstlerbekenntnisse – Eine kritische Betrachtung 145
  • Das französische Element 146
 5.1. Maler-Dichter und Dichter-Maler 147
  • Das Werk zwischen Dichtern und Malern 148
 5.2. Vom „Dichter" und anderen Künstlertopoi 150
  5.2.1. „Wie von Kinderhand gezeichnet" – Vom Topos der Ursprünglichkeit 151
  5.2.2. Der am Leben leidende Solitär, verkannt und mittellos 153
  5.2.3. Magie und Transzendenz 153
  5.2.4. Vom Topos des Poeten als Magier 155
 5.3. Klee-Epigonen? 156
  5.3.1. Die Unterschiede im Ähnlichen 156
  5.3.2. Originäre Resonanzräume des Poetischen 158
 5.4. Fazit: Künstlerische Positur versus Dichternatur 159

6. „Zur Unzeit gegeigt …"? 160
 6.1. Vom Zeitkern der Kunst 161
  6.1.1. Historische und immanente Zeitlichkeit des Kunstwerks 161
  6.1.2. Das „Neue" als dialektisches Gegenüber zum Vorangehenden 162
 6.2. Aus ihrer Zeit gefallen – Die besondere Zeitlichkeit von Bild-Poesie 163
  6.2.1. Keine Zeit für Gefühle 163
  6.2.2. Unzeitgemässe Bildgedichte? 164
 6.3. Ethische Aspekte 164
  6.3.1. Harmonie contra Wirklichkeit 165
  6.3.2. Poesie zur Neubestimmung von Selbstverständnissen 165
 6.4. Das Romantische und das Poetische 166
  6.4.1. Ein kulturgeschichtlicher und typologischer Begriff 166

6.4.2. Romantik zwischen Malerei und Weltanschauung	167
6.4.3. Das Romantische als „poetische Behandlung des Gegenstandes"	167
6.4.4. Caspar David Friedrichs *Mönch am Meer* – romantisch und poetisch	168
6.4.5. Das Poetische im Romantischen	170
6.5. Klee malte keine „romantischen" Bilder	171
6.5.1. „Romantik" von der Moderne bis zur Gegenwart	171
6.5.2. Und die Idylle?	173
6.5.3. Poesie als kleinster gemeinsamer Nenner	174
6.5.4. Gestaltungsverfahren im Vergleich	174
6.6. Dichtung – Märchen – Traum als romantische Anklänge	178
6.6.1. „Poetische" Charakteristiken des Märchens	179
6.6.2. Von Ziegenhirten, Metamorphosen und dem Traum einer Stadt	179
6.7. Fazit: Keine Unzeit für Bild-Poesie	183

7. Ergebnisse von Teil II: Was, wie und wann Bild-Poesie ist 183
- Was Bild-Poesie ist 184
- Wie sich Bild-Poesie zeigt 184
- Erfahrung von Bild-Poesie 184
- Sieben exemplarische Bild-Poeten der Moderne 184

7.1. Wozu ein ideelles Konzept „Bild-Poesie"? 185
- Für uns als Rezipierende 185
- Für das Bild 185
- Für die Künstler 185

7.2. Rückblick in tabellarischen Vergleichen der Bild-Attribute rund um das Poetische 186
 7.2.1. Vergleich von idealtypischen Bild-Beispielen 186
 7.2.2. Literarische Attribute und ihre bildliche Umsetzung im systematischen Vergleich 187

7.3. Offene Fragen 192
 7.3.1. Von schreitenden Versen und tanzenden Wörtern 192
 7.3.2. Ästhetische Prägnanz, Ambiguität und Wertung 193

7.4. Als Hinführung zum dritten Teil 194

TEIL III
Phänomenologie einer transhistorischen Bild-Poesie

1. Einleitung 198

2. Spielformen des Poetischen in der Malerei der Moderne 199
 2.1. „Gerhard Altenbourg, der Bild-Dichter" 199
  2.1.1. Im Bann von *Laban auf den Spuren der Erinnerung* 199
  2.1.2. Altenbourgs bildkünstlerisches Streben nach Überzeitlichkeit 202
  2.1.3. Innehalten im verwunschenen Garten der Poesie 202
  2.1.4. Dichterischer Schöpfungsdrang wider das Leiden am Diesseits 203
  2.1.5. Ein anderer *Laban* 204
  2.1.6. Zwischenfazit: Stille Emigration ins Reich der bildkünstlerischen Schönheit 204
 2.2. Joan Miró – Zwischen Dichtung und Malerei 205
  2.2.1. Die spielerische Neugierde des Dichters 206
   - *Cercle rouge, étoile* – Ein Gedicht aus wohlklingenden Silben 206
   - *Der Vogel mit dem ruhigen Blick* – Poesie des Kindlichen? 207
  2.2.2. Pseudokindliche Ästhetik und Kinderzeichnung im Vergleich 207
 2.3. Die Launen des Poetischen 209
  2.3.1. Mark Rothkos *Tiresias* – Poesie auf dem Weg zur Meditation 210
 2.4. Das Poetische im Abseits 211
  2.4.1. James Coignards Poesie zwischen Farb-Orgie und stiller Zurückhaltung 212
  2.4.2. Lou Stengeles geheimnisvoll erdichtete Welt 215
 2.5. Der Privatsammler als Freund, Kritiker und emotionaler Antrieb 217
  2.5.1. Karl Im Obersteg – Sammler und Vermittler 217
  2.5.2. Gottfried Anliker – Ein Gehör für leise Töne 218
 2.6. Fazit: Eine vielgestaltige Einheit im Zeichen des Poetischen 219

3. Bildzeichen aus ferner Vergangenheit oder Die Autonomie des Poetischen 219
    3.1. Der aufgeräumte *Garten von Nebamun* 220
    3.2. Bild im Dienste des Wortes 221
    3.3. Zeigendes Verbergen des Undarstellbaren 222
    3.4. Eroberung der Wirklichkeit und Verlust des Nichtidentischen 223
    3.5. Auf dem Weg zur Moderne – Neue Anzeichen des Poetischen 224
    3.6. Fazit: Autonomie des Poetischen 226

4. Bild-Poesie im 21. Jahrhundert? 227
    4.1. Meral Alma – Kleine Universen in grossem Stil 228
    4.2. Isabella Fürnkäs – Poesie im Chorgesang 230
    4.3. Camille Henrot, *Alloscendency* oder Das eine durch das andere 232
    4.4. Erfahrung von Poesie in Formen visueller Intermedialität 223
        4.4.1. Rebecca Horns „poetisches Werk" 234
        4.4.2. Helen Martens Poesie zwischen bewegter Form und Literatur 236
    4.5. Pedro Wirz – Naturethik durch Poesie und Schönheit 237
    4.6. Unerreichbare Spiritualität im Schein von Poesie 241
    4.7. Fazit: Vom poetischen Kleinod zur multimedialen und installativen Poesie 243

5. Ergebnisse von Teil III – Vereinzelte Hinweise auf eine transhistorische Bild-Poesie 244

SYNTHESE 246

Anmerkungen zu Teil I–III 250

ANHANG

I. Bibliographien 282
    Bibliographie Teil I 282
    Bibliographie Teil II 287
    Bibliographie Teil III 291

II. Dokumente 292

III. Abbildungsnachweis 306

IV. Anstelle eines Registers: Ausführliches Inhaltsverzeichnis 308